KB168236

코로나19 바이러스
"친환경 99.9% 항균잉크 인쇄"
전격 도입

언제 끝날지 모를 코로나19 바이러스
99.9% 항균잉크(V-CLEAN99)를 도입하여 「안심도서」로
독자분들의 건강과 안전을 위해 노력하겠습니다.

시대교육그룹

Clean Zone

항균잉크(V–CLEAN99)의 특징

- ◉ 바이러스, 박테리아, 곰팡이 등에 항균효과가 있는 산화아연을 적용
- ◉ 산화아연은 한국의 식약처와 미국의 FDA에서 식품첨가물로 인증받아 **강력한 항균력**을 구현하는 소재
- ◉ 황색포도상구균과 대장균에 대한 테스트를 완료하여 **99.9%의 강력한 항균효과** 확인
- ◉ 잉크 내 중금속, 잔류성 오염물질 등 **유해 물질 저감**

TEST REPORT

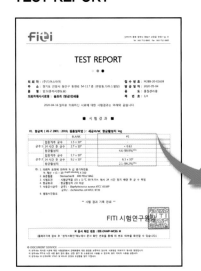

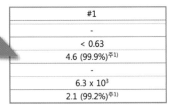

#1
-
< 0.63
4.6 (99.9%)주1)
-
6.3 x 10³
2.1 (99.2%)주1)

Clean Zone

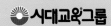

시대교육그룹

글로벌 베스트 콜센터를 만들고자 하는
콜센터 관리자들의 필수도서

디지털 콜센터
매니저

Always **with you**

머리글

이 책을 개정하며

애매한 개념들을 분명히 하고, 각 과목들을 업데이트하고, 특히, 4차 산업혁명의 격변기에 성공적으로 적응하는 고객센터 상담사가 되어야 할 필요성과 콜센터 종사자들의 안전을 위협하는 코로나19의 대비를 위한 질병관리청 지침을 추가하였다.

먼저, 콜센터, 고객센터, 컨텍센터 등 엇비슷한 개념들을 분명히 하였다.

콜센터의 개념을 확장한 개념을 고객센터로 보았으며, 컨텍센터는 이들 콜센터나 고객센터를 구현하는 기술적인 요소로 정의했다. 현실 세계에서도 기업들은 고객센터, 공기업들은 콜센터를 사용하는 추세이며, 컨텍센터를 사용하는 기업들은 기술기업들을 제외하고는 거의 전무한 상황이다.

다음으로, 우리의 생활 및 여러 산업에 큰 변화를 주고 있는 4차 산업혁명 기술들에 대한 이해와 세부 기술들에 대해 부족한 부분을 추가하여, 4차 산업혁명 시대의 고객센터 상담사들이 지향하여야 할 방향을 디지털 매니저로 정하고,

새로이 제1과목(저자 정기주 교수)으로 제시하였다. 제2과목은 고객관계관리론(저자 이진아 박사) 제3과목은 고객센터 인적자원관리론(저자 정미경 박사) 제4과목은 고객센터 기술관리론(저자 박찬선 박사)이다. 제5과목은 고객센터 운영관리론(저자 한승엽 박사)이다. 총체적으로 책 제목도 디지털 콜센터 매니저로 개명하였다.

물론, 제5과목 '고객센터 기술관리론'에서도 4차 산업혁명 기술들을 다룰 수 있으나, 전통적인 기술들을 제5과목에서 다루고, 고객센터 4차 산업 혁명 기술은 제1과목으로 분리하여 다룬다. 전통과 최신 트렌드를 함께 이해하라는 취지이다.

마지막으로, 나의 학문의 스승인 Professor. Jon Anton(retired from Purdue University), 나의 친구 Brad Cleveland(CEO of ICMI)를 비롯하여, 수많은 내 박사 제자들의 헌신적인 도움과 지원에 감사드린다. 또한 시대고시 편집진의 노고에도 심심한 감사를 드린다.

대표저자
(사) 한국콜센터산업협회장
전남대 정기주 교수

디지털 콜센터 매니저 자격증이란?

한국 고객센터 관리자 및 중간관리자, 상담사들의 내부 역량강화와 디지털 환경 대응능력 개발을 위한 인증 제도이다. 기존 고객관계관리, 인사조직관리, 운영관리, 기술관리에, 4차 산업혁명 및 코로나19 과목이 추가되었다.

 ## 시험 접수

- 접수방법 : 콜센터 컬리지 홈페이지의 상단메뉴 매니저 자격인증 시험응시 메뉴에서 접수. 원칙적으로는 개인
  별 접수만 가능. 단체접수는 콜센터 컬리지 관리자와 상담 필요. 응시인원이 특정 수를 넘는 단체응
  시의 경우, 찾아가는 시험 제도 가능
- 홈페이지 : www.callcentercollege.org
- 시험시기 : 28회 시험 : 5월 29일, 29회 시험 : 11월 27일(연 2회)
- 특이사항 : 본 교재는 29회 시험부터 반영 예정

 ## 시험유형 및 응시자격

시험유형	응시자격
디지털 콜센터 매니저	• 매니저 응시 자격과 동일 • 매니저 자격 보유 시, 디지털 매니저 승급으로 응시가능
매니저 승급	• 예비 매니저 취득자 중, 매니저 응시자격 요건을 갖춘 자 • 콜센터/텔레마케팅 관련학과 재학생은 응시대상이 아님
예비 매니저 자격인증	• 고객센터 상담사 • 콜센터/텔레마케팅 관련학과 재학생 및 졸업생 • 기타 고객센터 상담/관련업무 및 취업을 준비하는 자

시험과목 및 시간

구분(시험시간)			시험과목	배점(문항수)
디지털 콜센터 매니저 (100분)	디지털 콜센터 매니저 (20분)	4차 산업혁명과 코로나19	AI(인공지능), 빅데이터, 핀테크, IoT의 4분야를 중심으로 드론, 증강현실, 챗봇 등 고객서비스에 활용되고 있는 4차 산업혁명 지식, 코로나19	100(20)
	매니저 승급 (40분)	기술관리	고객센터 환경 및 기술동향, ACD/CTI/멀티미디어, IPOC, MR/Fax서버 등	100(20)
		운영관리	성과지표의 이해, 성과평가 및 보상, 성과관리 결과의 활용, 예측 및 스케줄링, 필요인력 및 회선산정	100(20)
	예비 매니저 (40분)	고객관계 관리	CRM과 고객센터, 고객센터 CRM 전략, 고객만족관리	100(20)
		인적자원 관리	리더십, 채용과 선발, 조직구성 및 스태핑, 이직관리, 훈련 및 개발, 경력관리 및 보상, 직원만족도 관리, 모니터링 및 코칭	100(20)

제출서류 및 접수비용

응시원서		1통(인터넷 접수)
응시수수료 (원서접수 시 납부)	디지털 콜센터 매니저(일반)	55,000원
	매니저(승급)	20,000원
	예비 매니저	35,000원

※ 시험 신청 시에 사진 파일 업로드
※ 사진파일은 JPG만 가능하며, 파일크기는 500KB 이하
※ JPG 파일 사이즈 : 3*4 또는 115*150 픽셀

환불규정

- 접수기간 내 취소 : 응시료 전액 환불
- 접수기간 이후 취소 : 1차 취소 신청 기간 ~ 접수마감 후 1주일까지 50% 환불
- 기존 환불 규정과 다름

 합격자 결정기준

- 응시과목 평균 60점 이상인 자
- 매 과목 40점 이하(과락전용)

 과목 신청기준

구 분	과 목	면제자격	제출서류
1	고객관계관리	면제없음	재직증명서 or 경력증명서 (과거경력인정)
2	인적자원관리	고객센터 '센터장' 3년 이상 경력자	
3	기술관리	고객센터 '시스템관리', '시스템영업' 담당 3년 이상 경력자	
4	운영관리	면제없음	
5	4차 산업혁명과 코로나19	면제없음	
유의사항	• 제출서류에 위 자격기준에 해당하는 업무(내용, 직급) 및 기간이 정확히 명시되어야 함 • 제출서류 발급처의 직인 날인 필수이며, '원본'은 면제과목 심의 후 최종 해당자에 한하여 해당 시험일 일주일 전까지 제출하여야 함(원본 미제출자는 면제과목 취소됨) • 면제과목 해당자는 해당 회차에만 적용됨(시험취소자 or 결시자 or 원본미제출자의 경우, 시험 재접수 시 다시 제출하여야 함)		

 유의사항

- 자격증 유효기간이 20회차 시험부터 5년으로 변경됨

CONTENTS
이 책의 목차

CONTENTS
이 책의 목차

제 1 과목

4차 산업혁명과 코로나19

01장 4차 산업혁명

디지털 콜센터 매니저

제1절 ▌4차 산업혁명의 최근 트렌드

2016년 스위스 다보스에서 열린 세계경제포럼에서 클라우스 슈밥이 처음 4차 산업혁명을 소개한 이래, AI(인공지능), IOT(사물인터넷), 빅데이터 등과 같은 새로운 기술혁신을 통한 사회변화에 대해 국내외적으로 많은 관심이 집중되고 있다.

특히 4차 산업혁명 시대의 기업은 단순한 제품 판매를 넘어 새로운 기술과 융합하여 서비스화되는 양상을 나타내고 있다. 똑똑한 소비자를 넘어 지혜로운 소비자들의 등장과 더불어 복잡 다양해진 제품과 각종 기술정보 등의 범람으로 기업은 고객대응에 있어서 점점 더 어려운 국면에 직면하게 될 것으로 보인다.

따라서, 향후 기업의 대응 방향을 연구하기에 앞서 우선 4차 산업혁명의 의미와 변화 방향을 짚어보고자 한다.

제2절 ▌4차 산업혁명의 의미

4차 산업혁명이라는 용어는 '16년 1월 개최된 다보스포럼(세계경제포럼)에서 클라우스 슈밥이 인더스트리 4.0 개념을 키워드로 소개하면서 새로이 등장하였다. 4차 산업혁명 개념은 '12년에 독일이 제시한 인더스트리 분류 개념(인더스트리 4.0)에 근원을 두고 있으며, 세계경제포럼에서 거론된 후 전 세계로 확산되어 가는 중이다.

인더스트리 4.0은 독일의 주요 산학연 전문가들이 새롭게 제시한 프레임으로 산업 전 분야에서 IT기술을 접목하고 이를 통해 산업구조를 혁신하여 산업경쟁력을 제고할 목적으로 태동되었으며, 구체적으로는 사물인터넷(IoT), 인공지능, 빅데이터 등을 통해 생산 전과정을 연결하고, 소비자와의 소통을 통해 제품개발, 소비 및 폐기에 이르는 모든 과정에서 일어나고 있는 혁신적 움직임을 의미한다.

안심Touch

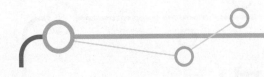

[산업혁명의 시기별 구분]

구 분	인더스트리1.0	인더스트리2.0	인더스트리3.0	인더스트리4.0
산업혁명 시기	1차 산업혁명, 18세기 후반	2차 산업혁명, 20세기 초반	3차 산업혁명, 20세기 후반	4차 산업혁명, 21세기 초반
혁신부문	물과 증기의 동력화	전력, 노동 분업	전자기기, ICT혁명	ICT와 제조업융합
의사소통	책, 신문	전화기, TV	인터넷, SNS	사물인터넷 등
생산방식	생산 기계화	대량 생산	부분 자동화	자동 생산
생산통제	사 람	사 람	사 람	인공지능

※ 출처 : 조호정(2013) 및 송성수(2017) 인용, 재정리

다른 각도에서 보면, 1차 산업혁명은 증기기관의 발명으로 기계에 의한 생산으로의 변화였고, 2차 산업 혁명은 전기로 인한 대량 생산으로의 변화였으며, 3차 산업혁명은 IT와 인터넷을 기반으로 한 정보화혁명이 특징이었다면 4차 산업혁명은 인공지능, 사물인터넷, 나노기술, 바이오기술 등을 바탕으로 인간의 지능을 대체하려는 특징을 가지고 있다.

[산업혁명의 흐름]

구 분	특 징	동 력
제1차 산업혁명 (1784)	• 석탄 · 석유 등 고에너지 화석연료에 기반한 증기기관 발명 • 증기기관차가 발명되고 운송과 이동을 확대시키는 다리, 터널, 항만 등의 건설로 연결성 촉진 • 기계발명을 통한 초기 자동화 시작	기계적 생산, 증기기관
제2차 산업혁명 (1870)	• 품질기준, 운송방법, 작업방식 등의 표준화 및 컨베이어 벨트 생산방식 도입 • 대량생산에 기반한 기업 · 국가 간 연계로 글로벌 공급체인이 구축되어 국제적인 연결성 확대 • 기계제 대량생산의 확대로 노동의 분업과 연결성 촉진	대량생산, 전기에너지
제3차 산업혁명 (1969)	• 1969년 알파넷 개발 이후 인터넷기술이 급속학 발전되고 컴퓨터의 기술혁신과 모바일 기기의 발전으로 IT시대 대두 • 디지털 자동화의 확대와 사람과 사람, 사람과 사물, 사람과 기계 간의 연결성 급증	전자장치, IT
제4차 산업혁명 (현재~)	• 자동화와 연결성의 극대화되면서 국가 간 경계와 장벽이 없어지고 초연결성에 기반한 비즈니스모델과 플랫폼 경제 확대 • 육체노동뿐만 아니라 빅데이터의 분석 및 처리 등을 포함한 인간의 지적인 사무노동까지 인공지능로봇이 대체 • 연결성이 사물과 사물에까지 확대되어, '인간' 없는 자동화된 생산이 가능한 스마트 팩토리로 생산방식의 혁명적 전환	인공지능, 빅데이터, 사이버 물리시스템

제3절 ▌ 4차 산업혁명의 방향

4차 산업혁명을 통해 정보통신기술(ICT)과 기존의 기술들이 상호 융복합되고 함께 진화하는 새로운 패러다임을 창출할 것으로 전망하고 있는바, 인공지능(AI), 로봇공학, 자동차, 생명공학 등 이전에는 서로 독립적으로 존재하던 분야들이 경계를 초월하여 융복합하며 상호 발전을 촉진시킨다는 데에 대해 의견이 모아지고 있다.

또한, 다양한 종류의 여러 사물들과 인간을 연결시키는 디지털 기술인 사물인터넷(IoT)의 발달로 이를 통해 생성되는 거대규모의 데이터를 처리하기 위한 빅데이터 산업이 자연스럽게 발달할 것으로 전망되는데. 빅데이터 처리를 위한 컴퓨터 기술의 발달은 AI 성능 향상, 물리기술의 발전을 통해 무인자동차, 드론, 로봇의 발달로 연결되고, 물리학, 3D프린터, 신소재, AI 기술의 향상은 생물학 및 의학 발전 촉진자로 작용할 것으로 보인다(노용관, 2017). 한편, 인간 중심의 관점에서 재조명하기 위해 3차산업혁명까지를 인간 1.0시대라고 하고, 4차 산업혁명부터를 인간 2.0시대라고 부르기도 한다(박성원, 2017).

[4차 산업혁명을 구성하는 관련 학문별 핵심기술]

구분	핵심기술	설명
물리학	무인운송수단	센서, 인공지능 발달로 드론, 트럭, 항공기 등 무인운송수단 활성화
	3D프린팅	기존의 절삭가공이 아닌 적층방식으로 제작 다품종 소량생산에 적합하며 의료, 자동차, 항공우주 등 광범위한 범위에 적용 가능
	로봇공학	센서 및 인공지능의 발달로 다양한 업무수행 가능 사물인터넷 및 네트워킹 발달로 인간과 밀접한 협업 가능
	신소재	그래핀(graphene)과 같은 최첨단 나노소재는 강철보다 200배 이상 강하며, 두께는 머리카락의 100만분의 1인 혁신적 신소재
디지털기술	사물인터넷	작고 저렴해진 센서기술 발달로 제조공정, 물류, 집, 운송망 등 다양한 분야에서 사물인터넷 확산
	블록체인 시스템	서로 모르는 사용자들이 공동으로 만들어가는 시스템으로 모두에게 공유되기에 특정 사용자가 시스템을 통제하기 어려움. 금융거래, 증명서, 의료기록 등에 적용가능
생물학기술	유전학	과학기술의 발달로 유전자 염기서열분석 비용은 줄고 절차는 간단해짐
	합성생물학	DNA데이터를 기록하여 유기체 제작가능, 심장병, 암 등 난치병 치료에 적용 가능하며 농업 등에도 새로운 대안 제시
	유전자 편집	유전자 편집 기술을 통해 인간의 성체세포를 변형할 수 있고 유전자 변형 동식물도 만들어 낼 수 있음

※ 출처 : 클라우스 슈밥(2016, 36p~50p), 이은민(2016), 노용관(2017) 재인용

안심Touch

제4절 ▎4차 산업혁명 기술의 유형

다양한 4차 산업 혁명 기술들을 아래 표와 같이 이해하면 쉽고, 암기가 쉬울 만큼 재미있게 기억이 될 것이다. A, B, C, D, (E, F ,G)와 I, C ,B, M, (R, V)로 암기하면 될 것이다.

[4차 산업 기술에 대한 유형 분류]

A+B+C+D+E+F+G	I+C+B+M+R+V
A : Artificial Intelligence, 인공지능 B : Block Chain, 블록체인 C : Cloud, 클라우드 D : Drone, 드론 E : Electronic Commerce, 전자상거래 F : FinTech, 핀테크 G : Global Positioning System, 위성위치확인시스템	I : Internet of Things, IOT 사물인터넷 C : Contents, 콘텐츠 B : Big Data, 빅데이터 M : Mobile, 모바일 R : Robot, 로봇·자동 기계 장치 V : Visual Pictorial Lecture, 비주얼 화상강의

1. 정 의

AI(Artificial Intelligence)는 컴퓨터에서 인간과 같이 사고하고 생각하고 학습하고 판단하는 논리적인 방식을 사용하는 인간 지능을 본 딴 고급 컴퓨터 프로그램이다.

Block Chain은 네트워크에 참여하는 모든 사용자가 관리 대상이 되는 모든 데이터를 분산하여 저장하는 데이터 분산처리기술이다.

Cloud는 사용하려는 자료와 소프트웨어를 인터넷상의 서버에 저장하고, 인터넷에 접속하기만 하면 언제 어디서든 자료를 사용할 수 있는 컴퓨터 환경이다.

Drone은 사람이 타지 않고 무선 전파의 유도에 의해서 비행하는 비행기나 헬리콥터 모양의 비행체이다.

E-Commerce는 인터넷이나 기타의 네트워크를 통하여 이루어지는 상거래 활동이다.

Fin-Tech는 금융(Finance)과 기술(Technology)이 결합된 서비스로 금융과 IT의 융합을 통한 금융서비스 및 산업의 변화를 통칭한다.

GPS는 위성에서 보내는 신호를 수신해 사용자의 현재 위치를 계산하는 위성항법시스템이다.

IoT(Internet of Things)는 사물에 센서를 부착해 실시간으로 데이터를 인터넷으로 주고받는 기술이나 환경이다.

Contents는 문자·음성·영상 등의 다양한 정보형태가 통합된 내용물이나 생성·전달·처리되도록 하는 내용물을 총체적으로 일컫는 용어이다.

Big Data는 대용량 데이터를 활용하고 분석해 가치 있는 정보를 추출하고, 능동적으로 대응하거나 변화를 예측하기 위한 정보기술 용어이다.

Mobile은 정보통신에서 이동성을 가진 것의 총칭이며, 본래 '움직일 수 있는' 이라는 뜻으로, 정보통신에서 모바일은 스마트폰과 테블릿PC 등과 같이 이동 중 사용이 가능한 컴퓨터 환경이다.

Robot은 스스로 보유한 능력에 의해 주어진 일을 자동으로 처리하거나 작동하는 기계이다.

Visual Pictorial Lecture은 'Video Lecture'를 포함하며, 인터넷 통신망을 이용한 컴퓨터 화상을 통해 실제 교실에서 받는 것과 같이 이루어지는 강의로, 영상이나 TV의 영상 신호 또는 그 기기나 회로 등을 활용한 강의이다.

02장 인공지능(AI)

제1절 ┃ 인공지능의 정의

1. 정 의

인공지능(人工知能, AI ; Artificial Intelligence)은 기계(소프트웨어)로부터 만들어진 지능을 말한다. 컴퓨터 공학에서 이상적인 지능을 갖춘 존재, 혹은 시스템에 의해 만들어진 지능, 즉 인공적인 지능을 뜻한다. 일반적으로 범용 컴퓨터에 적용한다고 가정한다. 이 용어는 또한 그와 같은 지능을 만들 수 있는 방법론이나 실현 가능성 등을 연구하는 과학 분야를 지칭하기도 한다.

인공지능(AI)은 어떠한 지능과 관련된 일과 관계가 있다. 현대 인공지능 기술은 너무나도 방대하다. 가장 대표적인 인공지능의 예는 자율주행자동차, 의학 진단, 예술, 수학 정리 증명, 게임 등이다.

최근 소셜 미디어가 텔레비전 등 기존 미디어를 제치고 정보 전달에 있어 큰 역할을 주도하면서 주요한 출판사들은 인공지능 기술을 사용하여 기사를 올려 효율을 높이고 있다.

2. 튜링 테스트

1950년 앨런 튜링은 생각하는 기계의 구현 가능성에 대한 분석이 담긴, 인공지능 역사에서 혁혁한 논문을 발표했다. 그는 "생각"을 정의하기 어려움에 주목해, 그 유명한 튜링테스트를 고안했다. 텔레프린터를 통한 대화에서 기계가 사람인지 기계인지 구별할 수 없을 정도로 대화를 잘 이끌어 간다면, 이것은 기계가 "생각"하고 있다고 말할 충분한 근거가 된다는 것이었다. 튜링 테스트는 인공 지능에 대한 최초의 심도 깊은 철학적 제안이다.

제2절 | 인공지능의 철학적 관점(강 · 약 인공지능)

1. 강한 인공지능(범용인공지능, strong AI, AGI)

강한 인공지능은 어떤 문제를 실제로 사고하고 해결할 수 있는 컴퓨터 기반의 인공적인 지능을 만들어 내는
것에 관한 연구다. 즉, 인공지능의 강한 형태는, 지각력이 있고 스스로를 인식하는 것이라고 말할 수 있다.

초기 인공지능 연구에 대한 대표적인 정의는 다트머스 회의에서 존 매카시가 제안한 것으로 "기계가 인간
행동의 지식에서와 같이 행동하게 만드는 것"이다. 그러나 이 정의는 강한 인공지능에 대한 고려를 하지
못한 것 같다.

또 다른 정의는 인공적인 장치들이 가지는 지능이다. 대부분의 인공지능 정의들은 인간처럼 사고하는 시
스템, 인간처럼 행동하는 시스템, 이성적으로 사고하는 시스템, 이성적으로 행동하는 시스템이라는 4가지
로 분류된다.

2. 약한 인공지능(weak AI)

약한 인공지능은 어떤 문제를 실제로 사고하거나 해결할 수는 없는 컴퓨터 기반의 인공적인 지능을 만들
어 내는 것에 관한 연구다. 그와 같은 시스템은 진짜 지능이나 지성을 갖추고 있지는 못하지만, 어떤 면에
서 보면 지능적인 행동을 보일 것이다.

오늘날 이 분야의 연구는 주로 미리 정의된 규칙의 모음을 이용해서 지능을 흉내내는 컴퓨터 프로그램을
개발하는 것에 맞추어져 있다. 강한 인공지능 분야의 발전은 무척이나 미약했지만, 목표를 무엇에 두느냐
에 따라 약한 인공지능 분야에서는 꽤 많은 발전이 이루어졌다고 볼 수 있다.

제3절 ┃ 인공지능 개념의 발전과정

1. AI의 탄생(1956년, 다트머스 컨퍼런스)

1956[16]년에 열린 다트머스 컨퍼런스는 마빈 민스키와 존 매카시, 그리고 IBM의 수석 과학자인 클로드 섀넌과 네이선 로체스터(Nathan Rochester)가 개최했다. 컨퍼런스는 "학습의 모든 면 또는 지능의 다른 모든 특성을 기계로 정밀하게 기술할 수 있고 이를 시뮬레이션 할 수 있다." 라는 주장을 포함한 제안을 제기했다. 참가자는 레이 솔로모노프(Ray Solomonoff), 올리버 셀프리지(Oliver Selfridge), 트렌처드 모어(Trenchard More), 아서 새뮤얼(Arthur Smuel), 앨런 뉴얼(Allen Newell)과 허버트 사이먼(Herbert A. Simon)으로, 그들 모두 수십년동안 인공지능 연구에서 중요한 프로그램을 만들어온 사람들이었다. 컨퍼런스에서 뉴얼과 사이먼은 "논리 이론"을 소개했고, 매카시는 Artificial Intelligence를 그들의 연구를 칭하는 이름으로 받아들이길 설득했다. 1956년 다트머스 컨퍼런스는 AI 라는 이름, 목표점, 첫번째 성공과 이를 이룬 사람들, 그리고 넓은 의미의 AI의 탄생을 포함하는 순간이었다.

2. 황금기(1956~1974년)

다트머스 컨퍼런스 이후에, AI라는 새로운 영역은 발전의 땅을 질주하기 시작했다. 이 기간에 만들어진 프로그램은 많은 사람들을 "놀랍게(astonishing)"만들었는데, 프로그램은 대수학 문제를 풀었고 기하학의 정리를 증명했으며 영어를 학습했다. 몇 사람들은 이와같은 기계의 "지능적" 행동을 보고 AI로 모든 것이 가능할 것이라 믿었다. 연구가들은 개인의 의견 또는 출판물들을 통해 낙관론을 펼쳤고, 완전한 지능을 갖춘 기계가 20년 안에 탄생할 것이라고 예측했다. ARAP같은 정부 기관은 이 새로운 분야에 돈을 쏟아부었다.[24]

3. AI의 첫번째 암흑기(1974~1980년)

70년대에 이르자, AI는 비판의 대상이 되었고 재정적 위기가 닥쳤다. AI 연구가들은 그들의 눈앞에 있는 복잡한 문제를 해결하는데 실패했다. 연구가들의 엄청난 낙관론은 연구에 대한 기대를 매우 높여놓았고, 그들이 약속했던 결과를 보여주지 못하자, AI에 대한 자금 투자는 사라져버렸다. 동시에, Connectionism 또는 뉴럴망은 지난 10년동안 마빈 민스키의 퍼셉트론(시각과 뇌의 기능을 모델화한 학습 기계)에 대한 파괴적인 비판에 의해 완전히 중지되었다. 그러나 70년대 후반의 AI에 대한 좋지 않은 대중의 인식에도 불구하고, 논리 프로그래밍, 상징 추론과 많은 여러 영역에서의 새로운 아이디어가 나타났다.

4. 퍼셉트론과 연결망의 어두운 시대

뉴럴 네트워크 형태의 퍼셉트론이 1958년 마빈 민스키의 고등학교 시절 친구였던 프랭크 로센블랫(Frank Rosenblatt)에 의해 도입되었다. 다른 AI 연구가들이 그러하듯, 그는 낙관론을 펼쳤고, "퍼셉트론은 결국 학습을 하고, 의사 결정을 하고, 언어 번역을 할 것이다"라고 예견했다. 60년대를 이끌던 패러다임 속의 연구 프로그램의 수행은 1969년 민스키와 페퍼의 책 퍼셉트론의 출판과 함께 갑자기 중지되었다. 이것은 퍼셉트론이 할 수 있는 일에 몇 가지 심각한 제안이 있음을, 또 프랭크의 예견은 심하게 과장되어 있음을 알렸다. 이 책의 파급력은 압도적이었다. 향후 10년 동안 뉴럴 네트워크에 대한 거의 모든 연구가 중지되었다. 결국, 뉴럴 네트워크 영역을 회복할 연구원의 새로운 세대가 그 후에 인공지능의 중요하고 유용한 부분을 내놓았다. 로센블랫은 이 책을 보지 못했는데, 그는 문제의 책이 출판되고 곧바로 보트 사고와 함께 사망했기 때문이다.

5. 논리적 접근, 프롤로그와 전문가 시스템(깔끔이 패러다임)

논리적 추론은 1958년 초에 AI 연구에서 존 맥카시가 제안하여 도입되었다. 1963년 알렌 로빈슨(J. Alan Robinson)은 간단하게 추론을 컴퓨터에 구현시키는 분해와 통일 알고리즘을 발견했다. 그러나 맥카시와 그의 학생들이 60년대 후반에 했던 것과 같은 복잡하지 않은 구현은 본질적으로 다루기 힘들었는데, 간단한 정리를 증명하기 위해 천문학적 단계가 필요했다. 더 성공적인 결실을 맺는 논리적 접근은 70년대 에딘벌 대학의 로버트 코왈스키(Robert Kowalski)가 개발했고 곧 프랑스의 연구가인 알라인 콜메루엘(Alain Colmerauer)과 성공적인 논리 프로그래밍 언어인 프롤로그를 만든 필립 오우셀(Philippe Roussel)과의 협업을 이끌어냈다. 프롤로그는 다루기 쉬운 계산을 허용하는 논리의 부분을 사용한다. 규칙은 계속적으로 영향을 미쳤고, 에드워트 페이젠바움(Edward Feigenbaum)이 기대하던 시스템 기초를 제공했으며 알렌 뉴엘과 허버트가 계속 연구하도록 만들었다. 사이먼은 Soar과 인식에서의 통일 이론을 이끌었다. 논리적 접근을 비판하는 지적은, 드레이퓨즈가 했던데로, 사람이 문제를 해결할때 논리를 거의 사용하지 않는다는 것이었다. 피터 왓슨(Peter Waon), 엘리아노 로츠(Eleanor Rosch), 아모스 스벌스키(Amos Tversky), 다니엘 카니만(Daniel Kahneman)을 비롯한 심리학자들이 이를 증명했다. 맥칸시는 이에 대해서 이 증명이 무관하다고 답했다. 그는 정말 필요한 기계란 사람처럼 생각하는 것이 아니라 문제를 해결할 줄 아는 기계라고 일축했다.

6. 비논리적 접근, 프레임과 스크립트(지저분이 패러다임)

맥카시의 접근에 대한 비평가들의 대다수가 그의 동료인 MIT 소속이었다. 마빈 민스키와 사무엘 페퍼와 로저 섕크는 기계를 사람처럼 느껴지도록 만드는 "이야기 이해"와 "물체 인식"의 문제를 해결하려고 노력했다. "의자"나 "음식점" 같은 일반적인 개념을 사용할 때 사람들은 모두 비논리적으로, 사람들이 통용하는 범용적 가정을 함께했다. 불행하게도 이런 부정확한 가정들은 논리적 절차로 대표하기가 힘들었다. 제라드 서스먼(Gerald Sussman)은 "본질적으로 부정확한 개념을 설명하기 위해 정확한 언어를 사용하는 순간 그들은 더이상 부정확하다고 말할 수 없다"라고 표했다. 또한 섕크는 이에 대해 "비논리적" 접근 즉 "지저분이"가 맥카시, 코와스키, 페이젠바움의 "깔끔이" 패러다임과 반대에 있다고 평했다.

1975년 세미나 보고서에서, 민스키는 "지저분한" 많은 그의 동료 연구자들이 무언가에 대한 우리의 모든 상식적 가정을 포착하는 프레임워크를 도구로 사용했다고 적었다. 예를 들어 우리가 새라는 개념을 생각할때, 즉시 '난다', '벌레를 먹는다'와 같은 다양한 사실들 또한 떠올린다. 떠올린 것들이 항상 사실은 아니고 또 "논리적"으로 이것들이 공제가 되지는 않는다. 그러나 이런 가정들의 구조는 우리가 말하고 생각하는 문장의 부분을 차지한다. 그는 이 구조를 "프레임"이라 칭했다. 섕크는 프레임의 설명에 대해서 영어로 된 짧은 스토리에 대한 답변을 성공적으로 하기 위한 "스크립트"라 불렀다. 수년 후 객체지향 프로그래밍에서 AI 연구에서 쓰였던 프레임에서 나온 '상속'이라는 개념을 채택할 것이다.

제4절 | AI(Artificial Intelligence)가 창출하는 지능의 유형

기계 지능, 산술 (분석) 지능, 직관 지능, 공감 지능, 창조 지능

다섯 가지 단계를 통해 직원을 통한 서비스를 대체할 것으로 예상된다. AI의 학습이 고도화되는 정도에 따라 기계지능, 분석지능, 직관지능, 공감지능 및 창조 지능으로 나뉠 수 있다. AI가 서비스 직원을 대체하는 것은 직무(job) 수준이 아닌 과업(task) 수준에서 일어날 것으로 예상되며, AI는 특정 과업을 기업의 전략적인 목표에 맞게 효율적으로 잘 수행할 수 있을 것으로 예상된다.

1. 기계지능

첫 번째로 기계지능(Mechanical Intelligence)은 가장 낮은 수준의 학습과 적응이 필요한 단계로 단순하고 반복적인 업무를 자동으로 수행하는 능력이다. 이 수준에서 요구하는 과업은 단순하고 표준화되어 있으며 반복적이고 거래지향적인 서비스이다. 따라서 정확하고, 일관적이고, 효율적인 기술이 요구된다. 구체적인 사례로는 셀프서비스 기술과 서비스 로봇을 예시로 들 수 있으며, 이들은 콜센터 직원, 소매업에 종사하는 서비스 직원, 택시 운전사의 과업을 대체할 것으로 예상된다.

2. 분석지능

두 번째 단계인 분석지능(Analytical Intelligence)은 문제해결을 위해 정보를 활용하고 이로부터 학습하는 능력이다. 이는 데이터에 기반하여 시스템적으로 학습하고 적응하는 것으로 논리적이고 분석적이며 규칙에 기반한 기술을 요구한다. 이들의 논리적인 사고는 의사결정과정과 지능기반의 서비스에서 활용된다. 머신러닝(machine learning)과 데이터 애널리틱스(data analytics)가 적용 유형이라고 볼 수 있다. 대표적인 예시로는 IBM의 체스 플레이어인 딥블루(Deep Blue), 도요타의 차내 지능시스템(in-car intelligence system), IBM의 왓슨(Watson)이 세금 업무를 위해 세금 보고 전문업체인 에이치 앤 알 블록(H&R Block)과 협업하는 것 등이 있다.

3. 직관지능

세 번째 직관지능(Intuitive Intelligence)은 창의적으로 생각하고 새로운 상황에 효과적으로 적응하는 능력이다. 학습과 적응은 직관적인 이해를 기반으로 이뤄지며 인공의 뉴런 네트워크 기반 혹은 통계 기반의 딥러닝 기술이 활용된다. IBM의 왓슨, 구글의 딥마인드 알파고(Deep Mind Alpha Go) 등이 이 지능의 대표적인 사례이다. 여기서 요구되는 기술은 문제해결을 위해 창의적인 사고와 같이 깊은 사고를 수행하는 것이며 이에 따라 마케팅 매니저, 경영컨설턴트, 변호사, 의사와 같은 전문가의 과업을 대체할 수 있다. 이들의 과업은 본질적으로 복잡하고 혼란스러우며 특유하기 때문에 직관적·전체적·경험적·맥락적 사고가 필요하다.

4. 공감지능

네 번째 단계인 공감지능(Empathetic Intelligence)은 다른 사람들의 감정을 인식하고 이해하며 감정적으로 적절하게 반응하고 다른 사람의 감정에 영향을 줄 수 있는 능력을 의미한다. 이는 경험에 기반하여 공감을 학습하고 적응하는 단계로 감정 인식, 감정적 컴퓨팅, 커뮤니케이션 방식을 학습한다. 휴머노이드 로봇인 소피아(Sophia)와 챗봇 레플리카(Replica)가 구체적인 예시로 의사결정에 감정을 함께 고려한다는 것이 특징이다. 이들은 사회적이고, 감정적이며, 상호작용이 많은 서비스를 대체할 수 있는데 이 과업에서는 공감, 감정 노동, 감정 분석 등을 요구한다. 예를 들어, 레플리카는 정신과 의사의 심리적인 위안이라는 과업을 대체할 수 있으며 소피아 로봇은 서비스 직원처럼 고객과 감정적인 교류를 나눌 수 있다.

다섯 번째 단계는 창조지능(Creative Intelligence)으로서 이전에 없는 것 새로운 것을 창조하는 지능이다. 이 단계 지능은 기계가 인간을 압도하는 단계의 지능이다. 기계가 스스로 전략이나 의사결정을 하는 지능이다.

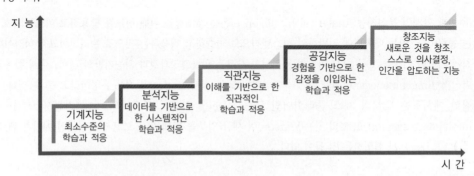

03장 빅데이터

제1절 ┃ 빅데이터의 정의

1. 정의

빅데이터(big data)란 대량의 정형 또는 비정형 데이터 집합으로부터 가치를 추출하고 결과를 분석하는 기술을 의미한다. 즉 기존 데이터베이스 툴로 데이터를 관리, 분석, 수집, 저장할 수 있는 역량을 넘어서는 것이다.

기존의 관리 방법이나 분석 체계로는 처리하기 어려운 막대한 양의 정형 또는 비정형 데이터 집합, 스마트 폰과 같은 스마트 기기의 빠른 확산, 소셜 네트워킹 서비스(SNS)의 활성화, 사물 인터넷(IoT)의 확대로 데이터 폭발이 더욱 가속화되고 있다.

빅데이터 시대를 가능하게 한 것에는 IT의 빠른 발전 속도를 언급하지 않을 수 없다. 특히 하드디스크의 발전으로 인한 용량의 급증과 하드디스크 가격의 하락이 빅데이터의 저장을 가능하게 했고, CPU와 Network의 발전은 클라우드로의 시스템이 이전되어 보다 자원을 효율적으로 활용하고, 남는 자원을 공유할 수 있게 되었다.

2. 빅데이터의 특징

빅데이터는 보편적으로 3V(Volume, Variety, Velocity)의 특징을 가진 개념으로 알려져 있으나, 최근 Value 개념을 포함한 4V(Volume, Variety, Velocity, Value)로도 알려져 있다.

빅데이터를 통한 가치측정은 분석자의 주관에 따라 달라지기 때문에 측정이 어려울 수 있다. 따라서 데이터의 다양한 활용 방식(재사용, 재조합, 다목적용 데이터 등)을 개발하여 새로운 가치를 창출해야 한다.

3. 빅데이터의 활용

빅데이터의 기본 활용 기법으로는 연관성 규칙, 유전자알고리즘, 유형분석, 기계학습 등이 있다. 최근 분석 기술이 발전함에 따라 기업의 비즈니스 모델과 정부 정책의 집행도구로 활용되고 있다.

기업, 정부, 포털 등에서 빅 데이터를 효과적으로 분석·처리하여 미래를 예측해 최적의 대응 방안을 찾고, 이를 수익으로 연결하여 새로운 가치를 창출할 수 있다.

[빅데이터의 활용]

주 체	활용 방향	활용 예시
개 인	개인의 다양한 목적에 따라 활용	경력 관리, 주식 투자 등
기 업	혁신, 경쟁력 향상, 생산성 향상 등 비즈니스에 활용	• 구매이력에 따른 연관성 분석을 통해 상품 추천 • 진료기록, 영상판독을 통한 질병예측·판별 관련 의료 분야 서비스
정 부	환경 탐색, 상황 탐색, 미래 대응 등 정책 결정에 활용	• 대국민 서비스를 위한 의견 청취 • 예산절감을 위한 예산집행 예측

제2절 ▌빅데이터의 분석기법

1. 데이터와 데이터분석

데이터는 정성적 데이터와 정량적 데이터로 구분할 수 있으며, 지식경영의 암묵지와 형식지에서 중요한 역할을 수행한다. 데이터 분석은 데이터가 정보로 바뀐 내용을 다루는 것으로, 이를 분석하여 지식으로 표현하는 것이다.

데이터는 이러한 분석과정을 통해 데이터 → 정보 → 지식 → 지혜로 발전하게 된다. 특히, DIKW 피라미드(Data, Information, Knowledge, Wisdom hierarchy) 개념에서는 데이터가 지혜로 연결되는 것을 확인할 수 있다.

예를 들면, 데이터가 '비가 온 데이터, 월 평균 강수량 정보'라면, 데이터 분석은 '여름에 비가 많이 온다는 지식, 여름 전에 일을 마무리하는 지혜'라고 할 수 있다.

2. 데이터베이스

데이터를 체계적으로 관리하는 것은 데이터베이스이다. 데이터베이스는 데이터의 수집 및 저장을 목적으로 한다. 데이터베이스의 특징으로는 통합된 데이터, 저장된 데이터, 공유 데이터, 변화하는 데이터의 특성을 갖고 있다.

데이터 용량이 MB, GB, TB 수준으로 증가하다가 최근에는 EB, ZB 수준으로 증가하게 되었고, 제조 현장에서 발생하는 센서 데이터, 웹서버 등 다양한 서버에서 발생하는 데이터들이 저장되어 활용되기 시작하여 데이터베이스 분야가 발달하기 시작하였다.

복수의 적용 업무를 복수의 사용자가 사용할 수 있도록 한 것이 DBMS인데, 대표적인 DBMS는 RDBMS로 이 둘은 동일한 의미의 용어로 사용되고 있다.

현재 데이터베이스는 기업 내부의 업무(CRM 포함)와 사회 기반 분야(물류, 지리, 교통, 의료, 교육)에서 다양하게 활용되고 있다.

3. 빅데이터의 주요 분석기법

대규모의 정형/비정형 데이터를 처리하는 데 있어 가장 기본적인 분석 인프라로 하둡(hadoop)이 있으며, 데이터를 유연하고 더욱 빠르게 처리하기 위해 NoSQL 기술이 활용되기도 한다.

(1) 하둡(hadoop)

하둡은 맵리듀스 시스템과 HDFS로 구성된 플랫폼 기술이다. 하둡의 맵리듀스와 분산 파일 시스템은 빅데이터 처리와 분석을 위한 기반 시스템 기술이다.

하둡은 고장 감내성이라는 특징이 있는데, 특정 서버에서 장애가 발생하더라도 동일 복제본이 있기에 데이터 유실을 방지할 수 있는 특징을 말한다. 또한 하둡은 여러 대의 서버로 클러스터를 만들어 선형적인 성능과 용량 확장이라는 특징을 갖는다.

(2) NoSQL

NoSQL은 데이터 베이스 기술 중 하나로, key, value 구조로 데이터를 저장하고 빠르게 조회소로 join연산을 지원하지 않지만 대용량 데이터와 대규모 확장성을 제공한다. 비슷한 유형으로 구글 빅테이블, 아마존 SimpleDB, 마이크로소프트 SSDS가 있다.

(3) 텍스트 마이닝

텍스트 데이터에서의 단어 패턴을 이용해서 내용을 파악하거나 분류 및 핵심단어 주제를 추출하는 경우로, 자연 언어 처리 기술에 기반하여 유용한 정보를 추출, 가공하는 것이다.

텍스트 마이닝에서는 분석 가능한 document term matrix를 만들기 전에 불필요하거나 빈도가 매우 낮은 데이터를 전처리를 하는 과정이 있다. 연관된 단어, 빈번하게 나오는 단어, 부정적인 단어, 긍정적인 단어에 따라 기업이나 제품, 브랜드를 평가하는데 활용된다.

(4) 오피니언 마이닝(소셜 네트워크 분석)

소셜미디어 등의 정형 · 비정형 텍스트의 긍정, 부정, 중립의 선호도를 판별하는 것이다. 소셜 네트워크 분석을 통해 소셜 네트워크의 연결 구조 및 강도 등을 바탕으로 사용자의 명성 및 영향력을 측정한다. 이는 사회적 네트워크를 분석하기 위해 네트워크 이론을 사용하는 것으로, 네트워크 내의 개인의 활동을 노드와 선을 이용해 표현한다.

관계정보를 통해 주체가 되는 노드와 관계가 되는 링크로 구성된 그래프를 만들고 그래프의 집합인 네트워크가 구성된다. 네트워크에서는 커뮤니티를 구분하여 특성과 주체의 역할에 대해 파악하여 질병, 정치, 사회, 소셜 마케팅 등 다양한 분석을 수행하는데 사용한다. 또한 clustering, classification 등의 입력자료로도 활용한다.

(5) 군집 분석(clustering)

정형 데이터 마이닝 분야 중 하나로, 관찰 대상에 대해 수집된 정보로 유사한 특성을 가진 그룹으로 나누어 집단의 특성을 도출하는 기법으로 집단의 프로파일링, 집단 간 구분 기준 파악에 활용한다.

※ 출처 : http://denodo1.tistory.com/287

04장 핀테크

제1절 | 핀테크의 정의

1. 정 의

핀테크는 금융(Financial)과 정보기술(Technology)의 합성어로, 금융과 정보통신기술의 결합을 통하여 제공되는 새로운 상품과 서비스 등을 통칭하는 말이다. 즉 인터넷·모바일 공간에서 결제·송금·이체, 인터넷 전문 은행, 크라우드 펀딩, 디지털 화폐 등 각종 금융 서비스를 제공하는 기술이다.

정보통신기술 덕분에 온라인 시스템의 구축과 더불어 은행 지점 간의 자유로운 실시간 입출금 거래가 가능해졌으며, 거리 곳곳의 현금자동출납기 역시 정보통신기술 발전의 산물이다

예전에는 금융 회사들이 필요에 따라 정보통신기술을 주도적으로 채택해 활용해온 반면, 최근에는 비금융 분야의 정보통신기업들이 주도권을 쥐고 금융 관련 영역으로 진출하고 있다는 점이 특징적이다.

2014년 11월, 베스트셀러 『머니 볼』의 저자 마이클 루이스는 다음과 같이 언급하였다.

"금융 회사들은 스스로는 느끼지 못하지만 이미 사형을 기다리는 상태"라면서 "그동안 자금을 투자하려는 사람과 빌리려는 사람 사이에서 중개자 역할을 해왔는데, 인터넷과 테크놀로지가 월스트리트가 독점했던 이런 비즈니스를 파괴적으로 변화시킬 것"이라고 하였다.

핀테크는 스마트폰, 인터넷을 통해 간편하게 금융 업무를 처리할 수 있도록 해주기 때문에 전 세계에 금융 혁명을 몰고 올 것으로 예측되고 있다.

2. 주요 현황

전 세계 주요 IT 업체들은 금융업을 새로운 먹거리로 보고 경쟁적으로 핀테크에 뛰어들고 있다. 애플은 모바일 결제 서비스 '애플페이'를 출시했으며, 구글, 아마존 등도 핀테크 시장에 진출했다. 글로벌 핀테크 업체의 한국 공략도 시작되었다. 중국의 1, 2위 전자 결제 회사인 알리페이와 텐페이가 국내 영업을 시작했으며, 대만의 최대 온·오프라인 전자 결제 업체인 개시플러스(Gash+)와 싱가포르의 전자 결제 회사인 유페이도 한국 시장에 진출하겠다고 밝혔는데, 글로벌 핀테크 업체의 한국 진출이 본격화하면 연간 15조 원 규모로 성장한 국내 모바일 결제 시장을 잠식할 것이라는 전망도 나왔다. 글로벌 핀테크 업체에 맞서 한국의 IT 업체들도 핀테크 경쟁에 합류하고 있다. 온라인 메신저 업체인 카카오가 제공하는 카카오페이(결

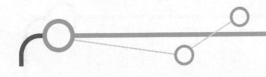

제), 뱅크월렛카카오(송금), 결제·송금이 모두 가능한 서비스인 네이버의 라인페이 등이 그런 경우다. 삼성전자도 2015년 2월 미국 매사추세츠에 위치한 모바일 결제 솔루션 업체 루프페이(LoopPay)를 인수해 삼성페이를 내놓았다.

3. 앞으로의 전망

핀테크가 한국 시장에 맞는 서비스 산업인지 의문을 제기하는 사람들이 있다. 그 의견은 다음과 같다.

> 외국에서 핀테크가 활발한 것에 비해 한국은 인터넷 결제조차 번거로운 과정을 거쳐야 하니 얼핏 보면 우리가 뒤처져 있다는 조바심을 느낄 수도 있다.

또 다른 핀테크에 대한 의견은 다음과 같다.

> 조금만 생각해보면 한국에서 핀테크가 그리 급한 것인지, 핀테크 규제만 풀면 금융 산업이 활성화될 것인지 의문이 든다.
> 우선 한국은 외국보다 대출받기가 쉽다. 텔레비전에서는 전화 한 통화로 대출을 받을 수 있다는 광고를 쉽게 볼 수 있다. 외국과 달리 신용카드 발급도 쉽고, 신용카드로 돈을 빌리기도 까다롭지 않다. 모바일 뱅킹도 활발하다. 스마트폰을 통한 금융거래는 수수료가 거의 없다시피 하다.
> 이 때문에 금융권에서도 '인터넷 뱅킹이 활발하고 수수료도 낮은 상황에서 핀테크가 새로운 수익 창출원이 될까' 라며 고개를 갸우뚱거리는 이들이 적지 않다.

한 금융업계 관계자의 의견에 따르면, 한국은 해외와 환경이 다른 만큼 핀테크의 성패를 장담할 수 없다고 한다. 요약한 의견은 다음과 같다.

> 해외 사례들을 검토하고 있지만, 우리나라에서 발달할 핀테크가 무엇인지에 대한 개념 자체가 잘 서지 않는다. 정부의 육성 의지만 보고 선뜻 나서기 어려운 측면이 있다.

05장 IoT(사물 인터넷, Internet of Things)

제1절 ▌IoT의 정의

1. 정 의

센서와 통신 칩을 탑재한 사물(事物)이 사람의 개입 없이 자동적으로 실시간 데이터를 주고받을 수 있는 물리적 네트워크를 의미한다.

사물인터넷 환경에서는 센서나 통신 기능이 내장된 기기(사물)들이 인터넷으로 연결되어 주변의 정보를 수집하고, 이 정보를 다른 기기와 주고받으며 적절한 결정까지 내릴 수 있다.

사람이 일일이 조작하거나 지시하지 않더라도 기계가 알아서 일을 처리해주는 것이다.

부착된 센서와 칩을 바탕으로 유무선 네트워킹을 하는 사물들의 거대한 생태계라 할 수 있겠다. 사물인터넷은 블루투스나 근거리무선통신(NFC), 센서데이터, 네트워크 등을 기반으로 하고 있다.

2. 대표 기기

구글의 웨어러블 컴퓨터, 구글 글라스, 나이키의 건강 관리용 스마트 팔찌인 듀얼밴드, 각종 가전제품 및 생활형 전기 기기, 헬스케어, 도시 주변 밝기에 따라 가로등 밝기가 자동 조절되며 길거리 주차 공간도 알려주는 서비스(사고 시, 부착된 무선통신모듈이 긴급신고번호로 전화해준다) 등이 있다.

IoT가 예를 들어 각종 가전 기기에 연결되어 문제 부문을 중앙 데이터 센터로 발신한다면, 콜센터 상담사 대신에 수리 엔지니어들에게 Dispatching을 Order하여, repair time을 최소화할 수 있다. 즉, 콜센터를 by-pass할 수 있다.

휴지통은 무선주파수식별(RFID) 칩이 내장되어 비울 시간을 알려주고 쓰레기통 적재량을 센서로 측정해 최적의 수거 경로를 차에 알려준다.

소화 장비, 전선의 전력 손실 등을 측정해 스마트폰으로 전송해준다. 또 초소형 음향 센서를 산의 경사면에 설치해 산사태 움직임을 미리 감지할 수 있고 아마존은 열대우림 지역에 있는 나무에 셀룰러 모듈을 장착해 불법 벌목 방지도 가능하다.

약 복용 시간을 약통·알람·스마트폰 등이 알려주며 초소형 센서가 부착된 약을 먹으면 센서가 피부에 부착한 패치로 약이 소화되었는지 여부를 알려준다.

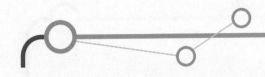

IT업계는 사물인터넷이 인터넷 혁명과 모바일 혁명에 이어 새로운 정보 혁명을 불러올 것으로 예측하고 있다. 존 체임버스 시스코 회장은 세계 최대 전자박람회 CES 2014 기조연설에서 "이제는 모든 것이 네트워크와 연결되는 시대가 왔습니다." 라며 사물인터넷 시대에는 "하이테크 시대에서 벌어진 모든 일보다 더 많은 것이 벌어질 것"이라고 강조했다.

사물인터넷은 단순히 기술적 문제가 아니라 "인류 생활 방식 자체를 바꾸는 혁명적인 일이 될 것"이라는 게 체임버스의 주장이다. 세계적 IT 시장조사기관 가트너는 2014년 가장 주목해야 할 10대 기술 중 하나로 사물인터넷을 꼽았는데, 바로 그런 장래성 때문에 글로벌 기업들은 사물인터넷을 차세대 성장 동력으로 삼고 있다. 예컨대 미국의 GE는 "생산하는 모든 제품을 인터넷과 연결해 새로운 가치를 창출하겠다"고 선언했다. 항공용 제트엔진, 자기공명단층촬영장치(MRI) 등을 인터넷과 연결해 데이터를 수집하고 분석해 고객 만족도를 높이고 비용도 절감하겠다는 것이다. 2013년 영국의 반도체 설계 회사 ARM이 영국 『이코노미스트』와 함께 발간한 보고서에 따르면, 전 세계 779명의 기업 리더 가운데 75퍼센트가 이미 사물인터넷 시장을 공략하기 위한 전략을 마련한 것으로 나타났다. 2013년 6월 미래창조과학부는 인터넷 신(新)산업 육성 방안을 발표하면서 사물인터넷을 인터넷 신산업 분야의 주요 기술로 선정했다.

사물인터넷(IoT)은 고객커뮤니케이션에도 혁명적인 변화를 가져올 것이다. 장기적으로, 상담사들도 거추장스러운 헤드셋을 사용하지 않고도 상담할 수 있는 최신 기술이 포항공대 연구팀에 의해 이미 개발이 되어있다.

인공지능, 빅데이터, 핀테크, 사물인터넷은 서로가 융복합적으로 활용되어야 의도하는 효과를 발휘할 수 있다. 즉, MTD(Mutually technology dependent)하다.

06장 코로나19 관련 콜센터 운영지침
(질병관리청)

디지털 콜센터 매니저

제1절 ▌운영지침

1. 근로자

(1) 공통사항

① 발열 또는 호흡기 증상(기침, 인후통 등)이 있거나 최근 14일 이내 해외여행을 한 경우 출근을 자제하기

② 다른 사람과 2m(최소 1m) 이상 거리 두기

③ 흐르는 물과 비누로 30초 이상 손을 씻거나 손 소독제로 손 소독하기

④ 기침이나 재채기를 할 때는 휴지, 옷소매로 입과 코 가리기

⑤ 침방울이 튀는 행위(노래부르기, 구호외치기 등)나 신체접촉(악수, 포옹 등) 자제하기

⑥ 실내 다중이용시설을 이용하는 경우 마스크 착용하기

⑦ 실외에서 2m 거리 유지가 안 되는 경우 마스크 착용하기

(2) 해당 유형 적용사항

① 매일 비접촉식 체온계나 열화상카메라 등으로 증상 여부(발열, 호흡기 증상 등) 확인에 협조하기

② 근무 중 발열, 기침 등이 나타나면 사업주에게 알린 후 마스크 착용하고 퇴근하기

③ 휴가제도(가족돌봄휴가, 연차휴가, 병가 등) 적극 활용하기

④ 재택근무, 시차출퇴근제 등을 적극 활용하여 동시 근무 인원 최소화하기

⑤ 국내 · 외 출장은 가급적 줄이기

⑥ 워크숍, 교육, 연수 등은 가급적 온라인 또는 영상을 이용하고, 대면하는 경우 마스크 착용, 손 소독제 사용 등 개인위생수칙 준수하기

⑦ 가급적 마스크 착용하고 근무하기
   사무실 내 환기, 근로자 간 간격 및 등 설치를 준수한 경우 마스크는 개인 선택에 따라 착용

⑧ 개인 찻잔 · 찻숟가락 등 개인물품 사용하기

⑨ 자주 사용하는 사무기기(전화기, 헤드셋, 마이크)에 1회용 덮개 사용 또는 주기적 소독

⑩ 사무실, 작업장 등을 환기하기

⑪ 소규모 모임, 동아리 활동, 회식 등은 자제하고, 퇴근 후 일찍 귀가하기
⑫ 구내식당 이용 시 가급적 일렬 또는 지그재그로 앉고 대화는 자제하기
⑬ 엘리베이터 등 밀폐된 공간에서는 마스크를 착용하고 대화를 자제하기
⑭ 휴게실 등은 여러 명이 함께 이용하지 않기

2. 사업주

(1) 공통사항

① 방역을 관리하는 담당부서(관리자)를 지정하고 지역 보건소 담당자의 연락망을 확보하는 등 방역 협력체계 구축하기
② 공동체 내 밀접 접촉이 일어나는 동일 부서,동일 장소 등에 2~3명 이상의 유증상자가 3~4일 내에 발생 시 유증상자가 코로나19 검사를 받도록 안내하며, 유증상자가 추가 발생 시 보건소에 집단감염 가능성을 신고하기
③ 종사자가 발열 또는 호흡기 증상이 있는 경우 출근 중단 및 즉시 퇴근 조치하기
④ 사람 간 간격을 2m(최소 1m) 이상 거리 두기
⑤ 손을 씻을 수 있는 시설 또는 손 소독제를 비치하고, 손 씻기 및 기침예절 준수 안내문 게시하기
⑥ 자연 환기가 가능한 경우 창문을 상시 열어두고, 에어컨 사용 등으로 상시적으로 창문을 열어두기. 어려운 경우 2시간마다 1회 이상 환기하기
⑦ 공용으로 사용하는 물건(출입구 손잡이 등) 및 표면은 매일 1회 이상 자주 소독하기
⑧ 고객(이용자)을 직접 응대하는 경우 마스크 착용하게 하기
⑨ 발열 또는 호흡기 증상이 있거나 최근 14일 이내 해외여행을 한 경우 방문 자제 안내하기
⑩ 실내 다중이용시설을 이용하는 경우 마스크 착용 안내하기
⑪ 실외에서 2m 거리 유지가 안 되는 경우 마스크 착용 안내하기

(2) 해당 유형 적용사항

① 방역관리자는 근로자 밀집도, 환기상태, 업무방식 등을 고려하여 방역지침 만들기
② 발열이나 호흡기증상이 있거나, 최근 14일 이내 해외여행이나 해외출장을 다녀온 사람은 재택근무, 병가 · 연차휴가 · 휴직 등을 사용하게 하기(필요시 취업규칙 등에 반영)
③ 매일 비접촉식 체온계나 열화상카메라 등으로 근로자 증상 여부(발열, 호흡기 증상 등) 확인하기
④ 유연근무제 및 휴가를 자유롭게 활용할 수 있는 분위기를 조성하기
⑤ 재택근무가 가능하도록 시스템 구축하기
⑥ 국내 · 외 출장은 가급적 줄이기

⑦ 워크숍, 교육, 연수 등은 온라인 또는 영상 활용하되, 대면방식으로 실시하는 경우 체온측정, 마스크 착용, 소독용품 비치하기

⑧ 모니터 · 책상 위치 및 방향을 조정하거나 유휴공간을 활용하여 근로자 간 간격을 2m(최소 1m) 이상 유지하기

⑨ 근로자 간 투명 칸막이 또는 가림막 등 설치(권장 높이: 책상 면에서 90cm)하기

⑩ 근로자가 고정좌석에서 근무하게 하기

⑪ 채팅이나 챗봇 등 비음성 상담 방식을 활용하기

⑫ 상담건수, 응답률 등을 이유로 휴가 사용을 제한하거나 불이익 주지 않기

⑬ 침방울이 튀는 행위(구호외치기 등) 유도하지 않기

⑭ 부서 또는 층별로 점심시간 시차운영 활용하기

⑮ 구내식당 좌석 간 투명 가림막을 설치하거나 가급적 일렬 또는 지그재그로 앉게 하기

⑯ 충분한 휴식 시간 부여하기

⑰ 개인용 청소 · 소독용품을 지급 또는 비치하기

⑱ 마이크 사용 시, 덮개 사용하거나 개인별로 사용하도록 하기

⑲ 마스크 및 위생물품을 사업장 상황에 맞게 지급 · 비치하거나 구입 지원하기

⑳ 손 씻기, 손 소독제 사용, 기침예절 등 위생관리방안을 게시 또는 교육하기

㉑ 휴게실 등은 여러 명이 함께 이용하지 않도록 안내하기

㉒ 외부인을 응대할 수 있는 간이 회의실 등을 사업장 상황에 맞게 마련하기

안심Touch

01 과목 연 습 문 제

01 다음 중 4차 산업혁명(4IR ; fourth industrial revolution)을 의미하는 기술(description)이 아닌 것은?

① 정보통신기술(ICT)의 융합으로 이루어낸 혁명 시대를 말한다.
② 인공지능(AI)은 '기계 근육'을 만드는 프로세스에 대한 혁명이다.
③ 계속적으로 웹에 연결하고 비즈니스 및 조직의 효율성을 획기적으로 향상시키며, 더 나은 자산 관리를 통해 자연 환경을 재생산 할 수 있는 커다란 잠재력을 가졌다.
④ 가상현실, 증강현실도 물리적 세계와 디지털 세계의 접목에 해당될 수 있다.

02 4차 산업혁명이 콜센터에 미치는 영향 중, 현재의 기술 수준으로 할 수 있는 분야와 가장 거리가 먼 것은?

① 적정 상담원 수 산정
② 최적 상담 시나리오 제시
③ 지능형 CTI 활용
④ 최종 운영 전략 의사 결정

03 다음 보기의 설명과 관련된 4차 산업혁명 분야로 가장 적합한 것은?

> "기존의 관리 방법이나 분석 체계로는 처리하기 어려운 막대한 양의 정형 또는 비정형 데이터 집합, 스마트폰과 같은 스마트 기기의 빠른 확산, 소셜 네트워킹 서비스(SNS)의 활성화, 사물 인터넷(IoT)의 확대로 데이터 폭발이 더욱 가속화되고 있다. 기업, 정부, 포털 등에서 대규모 데이터를 효과적으로 분석·처리하여 미래를 예측해 최적의 대응 방안을 찾고, 이를 수익으로 연결하여 새로운 가치를 창출할 수 있다."

① 인공지능   ② 로봇공학
③ 사물 인터넷   ④ 빅데이터

04 다음 중 인공지능(AI)과 관련된 설명이 아닌 것은?

① 기계로부터 만들어진 지능을 말한다.
② 대표적인 인공지능의 예로는 자율주행자동차, 의학진단, 예술, 드론 등이 있다.
③ 로봇 격투기도 인공 지능의 예이다.
④ 인공지능으로 모든 인간 생활을 대체할 수 있다.

05 다음 중 인공지능의 유형이 아닌 것은?

① 기계 지능
② 공감 지능
③ 창조 지능
④ 직관 지능
⑤ 정서 지능

06 다음 중에서 핀테크에 대한 설명으로 적합하지 않은 것은?

① 금융(Financial)과 정보기술(Technology)의 합성어이다.
② 인터넷, 모바일공간에서 결제, 송금, 이제, 인터넷 전문 은행 등 각종 금융서비스를 제공하는 기술을 의미한다.
③ 대량, 비정형 자료들을 슈퍼컴퓨터를 활용하여 처리하는 기술이다.
④ 스마트폰, 인터넷을 통한 금융혁명을 가능하게 하는 기술이다.

07 다음 중에서 IoT의 설명으로 적합하지 않은 것은?

① IoT는 Internet 관련 모든 Technology를 총칭하는 용어이다.
② 사물인터넷이라고도 한다.
③ 국가 차세대 성장 동력 기술이다.
④ 네트워크 연결 기술을 의미한다.

안심Touch

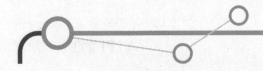

08 **다음 중 코로나19의 예방 수칙이 아닌 것은?**

① 실내 다중이용시설을 이용하는 경우 마스크 착용하기
② 기침이나 재채기를 할 때는 휴지, 옷소매로 입과 코 가리기
③ 다른 사람과 2m(최소 50cm) 이상 거리 두기
④ 흐르는 물과 비누로 30초 이상 손을 씻거나 손 소독제로 손 소독하기
⑤ 발열 또는 호흡기 증상(기침, 인후통 등)이 있거나 최근 14일 이내 해외여행을 한 경우 출근을 자
　제하기

01 과목 정답 및 해설

01 ②

해설 ▶ 인공지능(AI)은 기계 근육을 만드는 프로세스가 아니라, 기계가 사람처럼 생각하게 하는 것이다.

02 ④

해설 ▶ 현재의 기술 수준으로는 적정 상담원 수 산정, 최적 상담 시나리오 제시, 지능형 CTI 활용이 가능하다. 하지만 최종 운영 전략 의사 결정을 할만한 AI(인공지능)은 아직 구현되지 않은 상태이다.

03 ④

해설 ▶ 정형 데이터와 비정형 데이터를 포함한 대규모 데이터를 효과적으로 분석 · 처리하는 4차 산업혁명의 한 분야는 빅데이터이다.

04 ④

해설 ▶ 인공지능이 인간의 모든 생활을 대체한다고 보기에는 어렵다.

05 ⑤

해설 ▶ 정서 지능은 공감 지능의 일부로서, 정확한 명칭은 공감 지능이다.

06 ③

해설 ▶ 대량의 데이터, 비정형 데이터를 이용하는 분야는 핀테크가 아니라 빅데이터이다.

07 ①

해설 ▶ IoT는 Internet of Thing의 약자로 여러 센서들을 이용하여 사물과 인터넷을 연결하는 기술을 의미한다. Internet 관련 모든 Technology를 총칭하는 용어로 보기는 어렵다.

08 ①

해설 ▶ 다른 사람과 최소 거리는 50cm가 아니라 1m이다.

여기서 멈출 거예요? 고지가 바로 눈앞에 있어요.
마지막 한 걸음까지 시대에듀가 함께할게요!

제2과목

고객관계관리

01장 CRM과 콜센터

제1절 CRM의 목적

> **핵심 포인트**
>
> • CRM은 기업이 고객의 요구와 행동을 분석하여 고객응대를 계획하고 실행하는 비즈니스 프로세스이다.
> • CRM의 목적은 신규 및 기존 고객을 기반으로 기업의 수익증대 및 비용절감이다.
> • 고객은 과거 또는 미래에 기업과 상호작용하는 개인(Individual), 세대(Households), 조직/기업 (Organization)을 포함한다.
> • 고객과 기업 간의 관계는 고객이 기업에 대하여 보유하고 있는 충성도, 몰입도, 관여도로 나타난다.

1. CRM 목적

고객관계관리로 해석되는 CRM(Customer Relationship Management)은 고객상담 애플리케이션, 고객 데이터베이스, 콘택트관리시스템 등의 고객지원시스템을 기반으로 신규 고객을 획득하고 기존 고객을 유지하기 위해 고객요구와 행동을 분석하여 고객응대를 계획하고 실행하는 비즈니스 프로세스라고 정의할 수 있다.

CRM의 목적은 고객가치를 최적화함으로써 기업의 수익증대 및 비용절감을 획득하는 것이다.

CRM의 목적을 구체적으로 설명하면 다음과 같다.

(1) 신규 고객확보 및 기존고객 유지를 통한 고객수 증대

(2) 고객가치 증진을 통한 매출 및 고객충성도 향상

(3) 고객 운영비용 효율화를 통한 비용절감

(4) 고객 유지비용의 최적화를 통한 마케팅 비용효율화 등을 통하여 기업의 수익을 증대하고 비용을 절감하는 것이다.

2. CRM 용어정의

CRM에 대한 이해를 좀 더 높이기 위하여 관련 용어들에 대하여 살펴보도록 하자.

(1) 고객(Customer)

고객은 과거, 현재에 기업과 상호작용했거나 미래에 기업과 상호작용할 개인, 세대, 조직, 기업을 의미한다.

고객은 기업 내부고객(직원)과 기업 외부고객(소비자)으로 구분할 수 있으며, 신규고객과 기존고객으로 구분할 수도 있고, 중간 구매고객(중간 유통, 도매상)과 최종 구매고객(최종 소비자)으로 구분할 수도 있다. 또한 고객의 수익성 기준에 따라 일반인, 잠재고객, 일반고객, 애호고객(충성고객)으로 구분할 수도 있다.

(2) 관계(Relationship)

고객과 기업의 관계란 고객과 기업 간의 장기간 콘택트(커뮤니케이션)로 형성되는 상호작용을 의미한다. 상호작용은 고객이 기업과의 개인적인 커뮤니케이션을 통하여 형성되며, 고객의 기업에 대한 충성도, 몰입도, 친밀감 등으로 나타난다.

(3) 관리(Management)

관리란 고객과 기업 간의 커뮤니케이션 관리를 의미한다. 기업은 고객과의 모든 콘택트 및 커뮤니케이션을 효과적으로 관리하고자 한다.

(4) 콘택트관리시스템(Contact Management Systems)

콘택트관리시스템은 고객과의 커뮤니케이션을 지원하고 관리하는 비즈니스 애플리케이션이다. 기업은 콘택트관리시스템을 통하여 체계적인 고객커뮤니케이션 관리가 가능하다.

3. CRM의 등장배경

CRM의 등장배경은 크게 3가지로 요약할 수 있다.

(1) 고객의 변화

기업 비즈니스 전략이 1970년대 공급자 관점에서 1980년대 이후 판매자 관점으로 전환하면서 영업부문의 강화와 생산과 판매의 결합 등이 시도되었다. 또한, 1990년대 후반의 치열한 시장경쟁과 인터넷의 등장은 고객이 마음만 먹으면 언제든지 경쟁사로의 이동을 가능하게 만들었고, 다양하고 개성화된 고객의 기대와 요구를 양산시켰다.

이에 따라 기업은 변화하는 고객의 기대와 요구에 부응하여 고객을 안정적으로 유지하면서 기업의 경쟁우위를 고수하기 위해 고객중심적(Customer Centric)인 경영방식인 CRM을 도입하게 되었다.

(2) 시장의 변화

1990년대 후반 이후 시장규제의 완화, 경쟁사의 증가, 시장의 성숙, 경기 침체, 판매채널의 다양화 등으로 시장 수요보다 공급이 증가하면서, 시장은 생산자가 아닌 소비자가 중심이 되는 구매자 중심의 시장(Buyer's Market)으로 변화하였다. 구매자 중심의 시장에서 고객은 각자의 선호와 욕구에 맞는 상품과 서비스를 찾기 때문에 기업은 고객을 동질적 집단으로 간주하는 매스마케팅에 더 이상 의존할 수 없게 되었다.

이에 따라 기업은 고객정보를 바탕으로 전략적인 고객세분화를 통해 목표고객을 설정하고, 적절한 마케팅 믹스를 실행하는 고객마케팅 접근전략인 CRM을 도입하게 되었다.

(3) IT의 발전

컴퓨터 하드웨어의 저장용량이나 데이터 처리성능이 빠르게 발전하면서 기업은 방대한 양의 고객 관련 데이터를 데이터 웨어하우스에 저장하고 데이터마이닝과 같은 통계프로그램을 활용하여 과학적인 고객분석이 가능하게 되었다.

이와 같은 IT의 발전은 고객 및 시장에 관한 중요한 정보와 지식을 기업에 제공하였을 뿐만 아니라 본격적인 CRM 도입을 가능하게 하는 기술적 환경을 형성하였다.

4. CRM과 고객특성

콜센터에서 고객관계를 효과적으로 관리하기 위해서는 고객의 특성을 정확히 파악해야 한다.

(1) 고객만족은 고객 충성도를 향상시킨다.

콜센터를 이용한 고객의 만족도가 높을수록 기업의 제품/서비스에 대한 충성도도 높아진다. 다음 그림을 보면, 기업과의 콘택트를 통하여 만족한 고객의 58%는 기업을 계속 이용하는 것으로 나타났다. 따라서 콜센터 관리자는 콜센터 이용고객의 만족도 향상을 위하여 노력해야 한다.

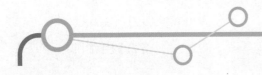

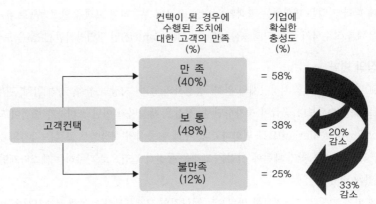

〈자료 : TARP industry research, 2001〉

[고객만족이 고객충성도에 미치는 영향]

(2) 고객문제해결은 고객충성도를 향상시킨다.

콜센터는 고객이 요청하는 문제나 불만족사항을 신속하게 해결함으로써 고객충성도를 향상시킬 수 있다. 다음 그림에서 보면, 기업과의 콘택트를 통해 불만족사항을 해결한 고객이 일반 고객보다 재구매율이 높게 나타나 고객충성도가 더 높음을 시사하고 있다.

즉, 기업과의 만족한 콘택트를 통하여 고객은 기업과 우호적인 개인적 경험을 형성하게 된다. 따라서 콜센터 관리자는 상담사가 고객에게 우호적인 개인적 경험을 제공할 수 있도록 콜센터를 관리해야 한다.

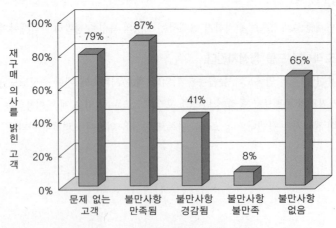

[고객문제해결과 재구매의사율]

(3) 불만족 고객 중 문제제기 고객은 일부분이다.

TARP의 연구에 따르면 고객의 50% 이상이 제품/서비스에 대해 불만족을 경험하지만, 20~80%는 기업대상으로 개선을 요구하지 않는다. 불만족한 고객이 기업에게 콘택트하여 개선을 요구하지 않는 주요한 이유는 다음과 같다.

① 기업에게 콘택트하는 방법을 모른다.

② 기업에 콘택트하여 불만을 제기할 시간이 없다.

③ 불만을 제기해도 해결하지 못할 것이므로 불만을 제기할 가치가 없다.

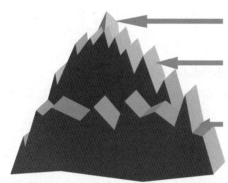

불만족 고객 중 1~5%는 기업에 직접적으로 불만제기

불만족 고객 중 45%는 지점, 매장에서 고객 불만제기

불만족 고객 중 50%는 지점에 고객 불만제기를 안 함

〈자료 : TARP, Serving the American Public, 1988〉

[불만족한 고객 중 기업대상 불만제기율]

(4) 고객은 기업에 대한 경험을 서로 공유한다.

콜센터의 고객상담 및 개선조치사항에 대하여 만족한 고객은 구전마케팅의 중요한 원천이 된다. 이러한 고객은 만족한 경험을 주변 사람에게 이야기함으로써 긍정적인 구전(Word of Mouth)광고효과를 만든다. 긍정적인 구전은 다른 사람들에게 제품과 서비스를 이용하도록 유도하여 기업의 시장점유율과 수익을 증가시킨다.

반면에, 콜센터에서 만족할 만한 해결책을 얻지 못한 불만족한 고객은 부정적인 구전광고효과를 만들어 기존 및 잠재 고객을 경쟁기업으로 유도하게 된다. 특히, 부정적인 구전은 긍정적인 구전보다 2배 더 빠르게 확산될 뿐만 아니라 긍정적인 구전보다 고객의 신뢰도는 2배 더 높다.

[기업과의 콘택트경험에 대한 부정적 및 긍정적 구전효과]

구 분	콘택트에서 만족한 고객수	콘택트에서 불만족한 고객수
경험을 공유하는 주변인의 수(작은 문제)	5	10
경험을 공유하는 주변인의 수(큰 문제)	8	16
인터넷 채팅룸 게시율	4%	16%

〈자료 : TARP Cross-industry Data, 1995~2000〉

(5) 충성고객은 수익고객으로 이어진다.

충성고객은 고객유지를 위해 투입되는 마케팅 비용을 절감시켜 기업의 수익성을 증가시킨다. 또한 충성고객은 기업의 제품 및 서비스에 대하여 익숙하므로 제품 및 서비스 사용에 대한 추가적인 고객서비스 비용을 절감시켜 준다.

(6) 고객만족도와 고객충성도는 콜센터에서 측정가능하다.

콜센터는 다음 항목들을 통하여 고객만족도와 고객충성도 간의 관계를 측정할 수 있다.

① 고객의 구매행동

② 고객의 재구매의사

③ 고객의 추천의사

콜센터는 재구매의사, 구매추천의사 등에 대한 고객응답을 통해 고객의 충성도와 미래행동을 예측할 수 있다. 예를 들어, "반드시 재구매하겠다"라고 응답한 고객의 95%는 실제로 재구매하는 것으로 나타났으며, "반드시 재구매하지 않겠다"라고 응답한 고객의 95%는 실제로 재구매하지 않는 것으로 나타났다.

특히, 구매추천의사는 구매행동의사보다 더욱 정확하게 재구매율을 예측한다. 즉, 고객은 습관에 의하여 재구매할 수 있지만 만족하지 않는 기업을 추천함으로써 본인의 명성을 위험하게 하지는 않는다.

제2절 ▌콜센터의 목적

> ○─ **핵심 포인트**
>
> • 콜센터는 고객이 편리하게 이용가능한 기업과의 콘택트채널이다.
> • 콜센터는 고객을 대상으로 비대면 콘택트채널을 총괄하여 고객의 인/아웃바운드 응대를 수행하는 고객 콘택트
>   센터를 의미한다.
> • 오늘날 콜센터는 고객관계관리를 총괄하는 CRM 센터로 진화하고 있다.

1. 콜센터의 등장배경

텔레커뮤니케이션 기술과 인터넷이 발전하면서 고객은 자신이 원할 때 전화, 이메일, SMS, 팩스, 영업사원 등의 다양한 채널을 통해 기업과 편리하게 콘택트하는 동시에 기업이 적시에 응대하기를 기대하게 되었다. 이에 따라, 고객이 손쉽게 이용가능한 콘택트채널로서 콜센터가 부각되었고 기업의 고객관계관리를 위한 핵심 콘택트채널로 자리매김하였다.

오늘날 콜센터는 편리한 고객접근성을 기반으로 고객만족 서비스 제공과 업셀링 및 크로스 셀링을 통한 고객수익성 확대라는 2가지 과제를 해결하기 위해 노력하고 있다.

2. 콜센터의 정의

콜센터의 사전적 의미는 고객의 전화를 조직적으로 처리하는 컴퓨터 자동화가 되어 있는 중추적인 장소이다. 오늘날의 콜센터는 고객대상으로 전화를 받고 거는 동시에 이메일, SMS, 웹, 팩스, 우편, 메신저(채팅) 등의 비대면 콘택트채널을 총괄하여 고객의 인바운드 문의와 아웃바운드 응대를 수행하는 고객 콘택트센터이다. 또한, 다음과 같은 환경변화에 따라 콜센터는 고객관계 관리를 총괄하는 CRM 센터로 진화하고 있다.

① 통신 및 정보시스템 기술의 발달
② 원투원 마케팅 기법의 발달
③ 비용효율화에 따른 오프라인 영업조직의 축소
④ 고객의 시간효율성 추구성향 증가

3. 콜센터의 발전단계

콜센터의 발전단계를 살펴보면 다음과 같다.

(1) 전화센터

초기의 콜센터인 전화센터는 고객의 전화문의를 상담사가 직접 전화응대를 통해 처리하였다. 전화센터에서는 업무효율 향상을 위하여 단순한 문의에 대해서는 정형화된 질의응답을 미리 녹음한 후 ARS를 통하여 고객문의를 처리하는 방식이 일부 도입되기도 하였다.

(2) CTI 콜센터

전화센터 상담사의 업무효율 향상을 위하여 컴퓨터와 전화시스템을 통합한 CTI(Computer Telephony Integration) 기능이 도입되었다. CTI 기능이 도입되면서 ARS를 통하여 고객문의에 대한 자동처리율이 높아졌으며, 콜센터 내 인바운드와 아웃바운드 업무를 상담사가 병행처리할 수 있게 되었고, 상담사의 상담능력에 따라 콜을 자동분배하는 콜라우팅이 가능하게 되었다. 이와 같은 CTI 기능이 도입되면서 콜센터는 비약적인 발전을 이룩하게 되었다.

(3) 통합고객센터

통합고객센터는 전화뿐만 아니라 다양한 멀티채널을 통한 고객응대 개념을 포함하고 있다. 기존의 콜센터에서는 전화만을 통해 상담사가 고객응대업무를 처리하였다면 통합고객센터에서는 음성과 데이터망을 이용하여 이메일, 메신저(채팅), 팩스, SMS 등의 다양한 콘택트채널을 통하여 고객응대가 가능하다.

또한 통합고객센터는 다양한 채널을 통해 고객응대가 분산되어 이루어지지만 고객콘택트 데이터는 통합관리되게 함으로써 고객과 일관된 콘택트가 가능하도록 하였다.

(4) CRM 센터

CRM 센터는 고객콘택트시스템을 기반으로 수동적인 고객응대업무에서 더 나아가 적극적인 고객캠페인을 통하여 고객수익성을 높이는 데 초점을 두고 있다.

기존의 콜센터는 고객만족을 위해 비용이 투입되는 비용센터였던 반면 CRM 센터는 크로스셀링 및 업셀링, 신규 세일즈 유도 등을 인바운드와 아웃바운드 센터에서 적극적으로 수행함으로써 콜센터에서 직접적인 수익을 획득하는 데 초점을 둔 수익센터라고 할 수 있다.

제3절 ┃ CRM과 콜센터

- 콜센터의 운영목적은 고객만족도와 충성도 향상, 기업의 수익창출, 품질개선 이슈제공, 고객서비스의 제공 등이다.
- 콜센터에서 CRM 운영효과를 최대화하기 위해서는 기업의 적극적인 의지가 필요하다.

1. CRM 측면에서 콜센터 운영목적

CRM 측면에서 콜센터 운영목적은 다음과 같다.

(1) 고객만족도와 충성도 향상

콜센터는 고객이 요구하는 전문적인 서비스를 신속하고 편리하게 제공함으로써 고객만족도를 향상시키고 고객충성도를 높인다.

(2) 영업 및 수익 창출채널

콜센터에서는 고객콘택트시스템을 활용하여 인바운드 문의고객에게 적시에 적합한 제품/서비스를 크로스셀링 및 업셀링을 할 수 있다.

또한 구매 트랜드, 인구통계정보, 고객 피드백 등의 고객 프로파일 분석을 통하여 고객을 세분화하고, 타겟 고객에게 적시에 아웃바운드 세일즈 캠페인을 수행하여 기업의 수익성을 높인다.

(3) 품질개선 이슈제공

고객의 소리(Voice of Customer)와 같이 콜센터로 인입되는 제품 및 서비스 개선요청사항을 분석함으로써 콜센터는 제품/서비스에 대한 품질이슈를 쉽게 발견할 수 있다.

(4) 고객서비스 제공채널

콜센터는 고객이 편리하게 이용할 수 있는 대고객 서비스 채널로 제공됨으로써, 고객만족과 고객신뢰를 증대시킨다.

2. CRM 측면에서 콜센터 역할

CRM 측면에서 콜센터의 역할은 크게 3가지로 나누어 볼 수 있다.

(1) 콜센터는 고객 요구사항에 대하여 적합하게 응대해야 한다.

콜센터는 고객 요구사항을 원스탑(One-stop)으로 한 번에 처리할 수 있어야 한다(One Call Resolution). 다음 그림에서 나타난 바와 같이, 고객이 동일한 사항으로 콜센터에 수차례 콘택트할수록 고객만족도와 충성도는 급격히 낮아지는 반면, 콜센터의 처리비용은 급격히 증가하게 된다.

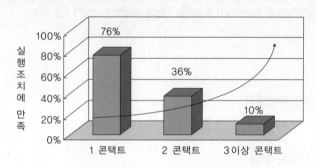

[동일문제로 반복적 콘택트가 고객만족에 미치는 영향]

따라서 상담사가 고객문의에 대해 신속하고 적절하게 응대할 수 있도록 콜센터의 상담 애플리케이션은 고객의 과거 콘택트이력 및 처리이력을 상담사에게 제공해야 한다. 뿐만 아니라 콜센터, 이메일, SMS, 메신저(채팅) 등의 콘택트채널에 상관없이 고객콘택트에 관한 통합된 콘택트이력 및 처리결과가 실시간으로 제공되어야 한다.

(2) 콜센터는 적시에 크로스셀링/업셀링을 유도해야 한다.

만족한 고객은 동일한 제품/서비스를 계속 구매할 가능성이 높으며 만족한 기업의 다른 제품/서비스를 구매할 가능성도 높아진다.

따라서, 콜센터에서 만족한 상담을 마친 고객에 대하여 기업은 다른 제품/서비스에 대한 추가 구매를 권유할 수 있는 기회를 얻게 된다. 이와 같이 콜센터에서 만족한 고객을 대상으로 크로스셀링이나 업셀링을 유도하는 것을 제안판매(Suggestive Selling)라고 한다.

(3) 콜센터는 개별콘택트 데이터를 통합하고 분석해야 한다.

콜센터는 모든 고객의 콘택트내용을 기록하고 관리해야 한다. 고객콘택트를 기록하는 고객콘택트 로깅시스템(Customer Contact Logging Systems)은 상담사가 이용하기 쉽고, 고객정보에 대한 조회 및 저장이 신속하게 이루어져 콜처리시 상담사의 작업시간에 영향을 주지 않아야 한다.

고객콘택트 로깅시스템은 고객의 모든 콘택트내용을 기록할 수 있도록 분류항목이 광범위해야 하는 동시에 고객 콘택트내용에 대한 세부적인 분석이 가능해야 한다.

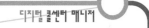
3. 콜센터의 CRM 운영효과

콜센터에서 CRM을 운영함으로써 고객충성도와 재구매율 향상뿐만 아니라 다양한 부가효과를 얻을 수 있다.
콜센터에서 CRM운영에 따른 효과를 몇 가지로 요약하면 다음과 같다.

(1) 콜센터와 연계되는 사업부로부터 전략적 지원획득

(2) 고객만족 및 충성도 최대화

(3) 제품/서비스에 대한 고객피드백을 통한 품질향상 및 혁신

(4) 효과적인 고객마케팅 전략개발

(5) 콜센터에서 획득한 고객지식을 바탕으로 제품/서비스 개선

(6) 콜센터를 통한 고객서비스의 신속하고 효율적인 제공

(7) ARS와 같은 셀프서비스 시스템의 이용촉진을 통한 비용절감

(8) 콜센터에서 크로스셀링 및 업셀링의 수행을 통한 기업의 수익증가

콜센터에서 CRM 운영효과를 최대화하기 위해서는 기업 내 경영진의 적극적인 리더십과 CRM 추진의지,
관련 부서간 원활한 협업이 반드시 필요하다.

02장 콜센터 CRM 전략

제1절 | CRM 전략수립

> **핵심 포인트**
>
> - CRM 전략은 전사적인 CRM 전략 수립 후 각 부서에서 실행가능한 CRM 전략을 수립하는 2단계에 걸쳐 수립된다.
> - 콜센터에서 CRM이 전략이 효과적으로 구현되기 위해서는 고객의 이용편리성 및 고객데이터의 효과적인 활용, 고객과 개인적인 친밀관계형성 등이 선행되어야 한다.

1. CRM 전략수립시 고려사항

CRM 전략이 콜센터에서 효과적으로 구현되기 위해서는 다음 사항을 반드시 고려해야 한다.

(1) 고객의 이용편리성 보장

(2) 고객데이터의 효과적인 활용

(3) 고객과 개인적인 관계형성

2. CRM 전략수립단계

CRM 전략은 2단계로 수립되어야 한다.

(1) 1단계

전사적인 CRM 전략수립단계로서 고객만족 향상, 고객유지 증가, 고객당 평균 수익성 증가와 같은 전사 목표를 달성하기 위한 CRM 전략이다.

(2) 2단계

기업 내 부서(콜센터)에서 실행가능한 CRM 전략을 수립하는 단계로서, 콜센터의 콜품질점수, 응대율, 원콜처리율(One Call Resolution) 등과 같은 부서 세부목표를 달성하기 위한 CRM 전략이다. 기업 내 부서별 CRM 전략은 전사적인 CRM 전략을 지원해야 한다.

제2절 ▌콜센터 CRM 전략

- CRM 전략을 성공적으로 달성하기 위해서는 기업목표와 부서목표가 명확하게 정의되어야 한다.
- 콜센터에서 CRM 전략을 효과적으로 구현하기 위해서는 다양한 전략요소를 활용하여야 한다.
- 콜센터에서의 CRM 전략의 수행효과는 콜센터 품질, 접근가능성, 효율성, 비용성과, 전략적 영향력, 목표의 명확성 등을 통하여 지속적으로 평가관리되어야 한다.

기업에서 성공적으로 CRM 전략을 구현하기 위해서는 기업목표와 부서목표가 명확하게 정의되어야 한다. 우선, CRM 전략의 기업목표를 살펴보면 다음과 같다.

1. CRM 전략의 기업목표

(1) 고객만족도과 충성도

고객만족도는 고객이 구입한 제품 및 서비스에 대한 만족정도로서, 제품/서비스의 품질과 성능뿐만 아니라 판매원의 서비스, 기업의 애프터서비스 등의 만족도까지 총괄적으로 포함한다. 즉, 고객만족도는 고객이 구매 전 기대하는 예상만족과 구매 후 만족수준을 총괄적으로 의미한다.

고객만족도 조사를 통해 기업은 시장에서 자사경쟁력을 파악할 수 있고 고객불만을 일으키는 제품이나 서비스 문제를 파악하여 개선함으로써 고객지향적인 경영활동을 펼칠 수 있다. 고객만족도 조사의 대표적 사례로는 국가고객만족지수(National Customer Satisfaction Index : NCSI)와 KS-SQI(Korean Standard-Service Quality Index) 등이 있다. NCSI는 국내에서 판매되는 제품 및 서비스를 직접 사용한 고객이 평가한 만족도를 모델링에 근거하여 측정, 계량화한 지표이다. NCSI의 최소 측정단위는 개별기업이 생산하는 제품 또는 제품군(Product Line)이며, 측정결과는 개별기업별(Company Level), 산업별(Industry Level), 경제부문별(Economic Sector Level) 그리고 국가단위별(Nation Level)로 발표된다. NCSI 모델은 제품 및 서비스에 대한 고객의 기대수준, 인지품질수준, 인지가치수준, 종합만족수준, 고객불만수준, 고객충성도, 고객유지율로 구성되어 있으며, 모델구성요소 간의 인과관계를 종합적으로 분석할 수 있다. 특히 기업의 최대 관심사인 고객만족도의 변화가 고객유지율로 대변되는 수익성에 어떻게 영향을 미치고 있는가를 NCSI 시뮬레이션 소프트웨어(NCSI

Simulation Software)를 통해 분석가능하다. 고객만족도는 고객충성도, 반복구매행동, 구전광고와 관련이 높다. 기업은 전통적으로 고객만족을 중요하게 다루어왔으나 오늘날에는 고객만족을 넘어서 고객충성도를 측정하고 향상시키는 데 좀더 관심을 두고 있다.

(2) 고객가치

고객가치란 고객이 기업에게 제공하는 장기적인 수익성이다. 고객가치는 현재뿐만 아니라 잠재적인 고객수익성을 포함한다. 기업은 수익성 높은 고객 또는 크로스셀링 또는 업셀링 가능고객을 파악하여, 고객가치에 따라 마케팅 자원을 적절히 분배한다.

(3) 고객유지율

고객유지율은 기업 내 고객의 유지비율을 의미하는데, CRM이 효과적으로 운영되면 핵심고객의 유지율이 높아진다. CRM 측면에서 고객유지율은 고객가치가 낮은 고객은 유지율을 낮게 하고 고객가치가 높은 핵심고객의 유지율은 높아지도록 유도한다.

고객유지율은 일반적으로 이탈의사를 밝힌 고객 중 유지된 고객의 수로서 측정한다. 예를 들어, 보험 해약을 위해 콜센터로 전화한 고객 중 상담사의 해지방어 노력으로 해약하지 않은 고객의 비율을 의미한다.

고객유지율 측정시에는 몇 가지 사항에 대하여 기준을 명확히 해야 한다.

① 고객이탈의사에 대한 기준 정의

　어느 정도 강력하게 이탈의사를 밝힌 고객을 이탈의사 보유고객으로 정의할 것인가?

② 고객유지 및 이탈에 대한 기준 정의

　해약이 한 달 지연되었을 경우, 고객유지인가? 이탈인가?

고객유지율을 측정할 때 이와 같은 명확한 기준이 없을 경우 콜센터 상담사의 주관적인 판단에 따라 고객유지율이 영향받을 수 있다. 그러나 고객유지율이 콜센터 상담사의 주관적 판단에 의해 영향을 받을 수 있음에도 불구하고, 고객유지율은 기존고객유지라는 관점에서 기업에게 중요한 목표이다.

(4) 지갑점유율

지갑점유율(Wallet Share)은 고객이 소지한 금액 중에서 우리 기업의 제품 및 서비스 구매를 위해 지출한 금액의 비율을 의미한다. 고객점유율이 단순한 고객수를 나타내는 파워모델(Power Model)이라면, 지갑점유율은 기업별 고객이 부여하는 가치정도를 숫자로 표기한 가치 모델(Value Model)이다.

따라서, 지갑점유율은 고객유지와 관련이 높다. 오늘날 기업은 개별고객의 지출금액 합을 최대화하기 위해 지갑점유율 확대에 초점을 두고 있다.

(5) 고객획득 및 시장점유율

CRM은 기존 고객을 유지하는 동시에 고객만족과 충성도를 향상시킴으로써 고객가치를 높이고, 신규 고객 획득을 통해 기업의 시장점유율을 확대하고자 노력한다. 시장점유율은 해당 업종 내 제품시장의 총거래량에서 기업이 차지하는 비율을 의미한다.

CRM 측면에서 신규고객 획득과 시장점유율 확대는 기존 고객의 긍정적인 구전효과, 핵심고객과 유사한 잠재 고객대상으로 타겟마케팅 수행, 기존 고객 중 타겟고객군에 대한 크로스셀링과 업셀링을 통해 달성하고자 한다.

(6) 총수익

기업의 총수익은 CRM 운영효과의 측정지표 중 하나이다. 그러나 기업 총수익의 증감을 CRM 운영효과 외 제반요인(외부적인 시장상황)의 영향력과 분리하여 계량화하기는 어렵다. 따라서, CRM 운영효과를 측정할 경우에는 기업 총수익과 함께 다른 측정지표들을 고려해야 한다.

(7) 고객 1인당 평균매출액

고객 1인당 매출액은 고객이 기업의 제품과 서비스를 구매할 경우 고객이 소비하는 1인당 총매출액을 의미한다. CRM이 효과적으로 운영되면 고객충성도가 높아지므로 고객 1인당 평균매출액이 향상된다.

(8) 업셀링과 크로스셀링 성공률

업셀링과 크로스셀링 성공률은 업셀링 또는 크로스셀링방법으로 고객에게 추천한 제품 및 서비스의 세일즈 성공률을 의미한다. CRM 분석을 통하여 타겟 고객에게 적시에 적합한 제품 및 서비스를 업셀링 및 크로스셀링을 통해 추천할수록 세일즈 성공률이 높아지는 동시에 고객가치와 기업수익성이 증대된다.

(9) 마케팅 비용과 대응비율

CRM을 통하여 통합관리되는 고객 콘택트데이터는 효과적인 마케팅을 위한 중요한 기초자료이다. 고객마케팅이 고객세분화를 통해 추출된 타겟고객을 대상으로 정확하게 수행된다면 마케팅 비용은 감소하고, 마케팅 캠페인에 대한 고객반응은 향상될 것이다. 그러나 마케팅비용을 효과적으로 사용하기 위해서는 데이터마이닝, 온라인 분석처리(OLAP ; On - Line Analytical Processing) 캠페인 매니지먼트와 같은 고객 콘택트데이터를 분석하고 이용할 수 있는 데이터 활용역량을 보유해야 한다.

(10) 고객데이터의 품질

콜센터는 고객콘택트데이터를 수집하고 통합함으로써 양질의 고객데이터베이스를 구축할 수 있다. 이를 위해 콜센터 관리자는 상담사가 고객상담을 통하여 수집한 고객 문의사항, 불만 및 요구사항, 처리결과를 고객콘택트시스템에 입력하도록 관리해야 한다. 또한, 콜센터 관리자는 상담사가 고객상담 관련 사항을 고객상담 애플리케이션을 통하여 정확하게 입력하고 있는지에 대하여 모니터링해야 한다.

(11) 우수고객의 규모

기업이 보유한 우수고객의 수와 비율은 CRM 효과에 대한 직접적인 평가 척도이다. 파레토 법칙에서 나타난 바와 같이, 20%의 우수고객이 기업 매출의 80%를 점유하고 있으므로 우수고객의 수와 비율이 높을수록 기업의 수익성과 매출규모는 향상된다.

(12) 직원(상담사)의 직무만족도

콜센터에서 근무하는 직원(상담사)의 직무만족도가 높을수록 고객만족도 역시 높아진다. 따라서 콜센터 관리자는 상담사 만족도를 정기적으로 측정하고 관리하면서 직무만족도를 향상시키기 위하여 노력해야 한다.

지금까지 열거한 기업목표는 CRM 전략효과의 평가기준이 되며 기업 내 부서의 CRM 목표수립을 위한 기준이 된다.

한편, 전사적인 CRM 전략이 성공적으로 구현되기 위해서는 다음의 사항이 효과적으로 관리되어야 한다.

① 고객가치에 따라 적절하게 고객세분화하기

② 고객가치 평가방법을 결정하기

③ 고객에게 셀프서비스와 상담사 직접응대 서비스를 선택적으로 제공하기

④ 고객서비스 채널을 통합하여 관리하기

⑤ 고객콘택트데이터를 통합하여 관리하기

⑥ 판매 및 서비스 상담사에게 필요한 고객상담정보를 실시간으로 제공하기

⑦ 고객요구사항 및 기대에 맞는 고객서비스가 제공되도록 고객응대 프로세스 구성하기

⑧ 고객콘택트시 필요한 고객상담정보의 활용이 가능하도록 고객상담 애플리케이션 제공 및 상담사 교육하기

⑨ 고객정보보안 및 관리정책을 수립하기

⑩ CRM 효과를 지속적으로 측정하고 개선방안 마련하기

2. 콜센터의 CRM 전략

콜센터는 기업의 CRM 전략을 지원하는 핵심 고객콘택트채널이다. 콜센터는 고객과 기업 간의 일대일 의사소통채널로서, 고객이 편리하게 콜센터를 이용할 수 있음(편리한 접근성)을 기반으로 콜센터 CRM 전략을 수립하게 된다.

고객의 편리한 접근성을 기반으로 수립되는 콜센터의 CRM 전략을 구체적으로 살펴보면 다음과 같다.

(1) 개별 고객에게 적합한 응대수행

(2) 적시에 적합한 크로스셀링, 업셀링 수행

(3) 고객콘택트데이터의 수집 및 분석

(4) 아웃바운드 콜을 통한 세일즈 수행

(5) 웰컴 콜을 통한 제품 사후안내 및 교육

3. 콜센터의 CRM 전략요소

콜센터의 CRM 전략은 고객접근전략이다.

콜센터에서 고객접근전략을 구현하기 위해 사용가능한 전략적 요소는 다음과 같다.

(1) 고객세분화

고객세분화는 고객가치, 고객특성, 고객수익에 따라 고객을 여러 개의 그룹으로 구분하는 모델링기법이다. 콜센터에서는 고객세분화 그룹별로 콘택트채널, 서비스 수준, 상담운영시간, 상담사 그룹배치 등을 상이하게 하여 고객차별화 서비스를 제공한다.

(2) 주요 콘택트유형

콜센터에 대한 고객문의 응대유형은 고객문의를 광범위하게 수용할 수 있도록 구성하는 동시에 세부적인 고객문의사항에 대한 분석이 가능하도록 구성해야 한다.

(3) 콘택트채널

기업에 대한 편리한 고객 접근성을 제공하기 위하여 콜센터는 전화, 웹, 팩스, 이메일, IVR, 채팅 등 다양한 고객콘택트채널을 제공해야 한다.

(4) 서비스 수준과 대응시간 목표

서비스 수준은 고객콘택트시에 고객대기시간을 어느 정도로 할 것인가, 얼마나 빨리 고객문의에 응답할 것인가를 의미한다. 예를 들어, 콜센터에서는 80%의 고객전화를 20초 이내에 응대하는 것을 기준으로 관리하고 있다.

(5) 운영시간

콜센터 운영일과 운영시간대로서, 예를 들어 연중무휴 24시간 고객응대서비스의 콜센터 운영시간을 의미한다.

(6) 콜라우팅 방법론

콜라우팅 방법론은 콜센터로 인입된 고객콘택트가 상담그룹에게 분배되는 방법이다. 콜센터에서 전담상담사 그룹 또는 상담업무별 전문상담사 그룹을 구분하여 운영하고 있다면, 콜라우팅 기능을 이용하여 고객세분화 그룹별 또는 상담문의 유형별로 적절한 상담그룹에게 콜이 배분된다. 콜라우팅 기법을 활용할 경우, 고객가치에 따라 전담 상담사 배치에 따른 전담응대, 짧은 대기시간과 같은 차별화 서비스제공이 가능하다.

(7) 콘택트에 필요한 사람/기술 자원

콜센터는 고객문의에 대하여 신속하면서 전문적인 고객응대 수행을 위한, 적정보유 상담사의 수와 함께, 고객콘택트시스템, 고객데이터베이스 등이 필요하다.

(8) 지식베이스

콜센터에서 전문적인 고객상담을 위해서는 고객, 제품/서비스에 대한 정보를 제공하는 고객정보시스템이 필요하다.

(9) 분석 및 통합

각종 고객콘택트데이터에 대한 분석을 통해 타겟마케팅에 활용하고, 고객 특화된 제품 및 서비스를 개발하고, 고객 니즈와 욕구에 맞는 고객서비스 제공방법을 모색할 수 있다.

4. 콜센터의 CRM 성과측정

콜센터에서 CRM의 성과는 크게 6가지 항목으로 측정할 수 있다. 콜센터의 CRM 수행성과는 지속적으로 평가 및 관리되어야 한다.

(1) 콜센터 품질

① 상담콜 품질

콜센터 상담사의 상담콜 품질은 QAA에 의하여 매월 평가·관리되는 콜센터의 핵심 성과지표이다. 상담콜 품질은 고객 요구사항에 대한 상담사의 정확한 상담, 상담스크립트 준수, 친절하고 전문적인 상담, 적절한 업셀링 및 크로스셀링 등 고객상담 품질전반을 의미한다.

② 첫 번째 콜해결(First-call Resolution)

고객문의 및 요구사항을 첫 번째 콜에서 정확하게 해결하게 하는 것을 의미하며, 첫 번째 콜해결률이 높아질수록 콜센터 비용을 절감할 수 있다.

③ 오상담률

콜센터 상담사가 고객에게 잘못된 상담을 제공하는 것을 의미하며, 콜센터에서는 오상담률로서 평가한다. 오상담률이 높을수록 고객만족도는 낮아지고, 기업의 고객관리 비용은 증가한다.

(2) 접근가능성

① 서비스 수준(Service Level)

고객이 콜센터에 전화해서 상담사와 연결되기까지 소요되는 시간을 관리하는 평가지표로서, 일반적으로 콜센터 인입콜 중 80%를 20초 이내에 응대하는 것이 콜센터 서비스 수준의 목표이다. 콜센터의 서비스 수준은 고객만족에 직접적인 영향을 미친다.

② 대기시간(ASA ; Average Speed of Answer)

고객이 콜센터에 전화해서 상담사와 연결되기까지 소요되는 평균시간으로서, 서비스 수준과 유사한 개념이다. 콜센터에서는 서비스 수준과 대기시간 목표를 모두 관리할 필요는 없으며 서비스 수준을 관리하기 어려울 경우 대기시간을 평가지표로 사용한다.

③ 포기호(Abandoned Calls)

고객이 콜센터에 전화를 하였으나 인입콜의 폭주, 네트워크 용량부족, 대기 상담사의 부족 등으로 상담사와 연결에 실패한 콜을 의미한다. 포기콜은 서비스 수준을 관리할 때 보조지표로 이용한다.

(3) 효율성

① 예측호와 실제 인입호의 차이(Forecasted call load vs. Actual)

인바운드 콜센터는 인입호를 사전 예측하여 상담사의 수를 시간대별, 일별, 주별로 조절한다. 콜센터 관리자는 콜센터 인입호에 대한 사전예측을 통하여 상담사의 업무투입 스케줄을 관리함으로써 콜센터 응대율과 콜센터 운영비용을 관리할 수 있다.

그러나 예측호 대비 실제 인입호가 적을 경우 상담사가 과다투입되어 콜센터 운영비용이 증가하는 반면, 인입호가 많을 경우에는 서비스 수준 및 콜센터 응대율이 낮아져 고객만족수준이 저하된다.

② 상담사 투입스케줄과 실제 필요상담사 간의 차이(Scheduled staff vs. Actual)

콜센터 인입호에 대한 사전 예측결과에 따른 상담사 업무투입 스케줄의 조정을 통해, 적시 적소에 적절한 상담사를 투입하는 것은 고객의 콜센터 접근가능성 향상과 고품질의 서비스 제공을 위해 필수요소이다.

그러나 실제 상담업무시에는 투입 상담사의 수보다 더 많거나 또는 더 적은 상담사가 필요하기도 한다.

③ 상담사 업무 스케줄(Adherence to Schedule)

상담사의 업무시간을 관리하는 것으로 상담시간, 상담 후 작업시간, 콜대기시간, 휴식시간 등의 지표를 기준으로 관리한다.

④ 평균처리시간(AHT ; Average Handling Time)

콜센터에 인입되는 콜에 대한 평균처리시간을 의미한다. 평균처리시간은 상담업무의 난이도가 높을수록 길어지고, 원콜처리율이 높아질수록 평균처리시간도 길어진다. 따라서 평균처리시간은 콜센터에서 보조적인 평가기준이다.

(4) 비용성과

① 콜당 처리비용

콜센터 인입호를 상담처리하기 위하여 투입되는 콜당 평균소요비용을 의미하는데, 월 또는 분기단위로 평가한다.

CRM은 콜센터에서 원콜처리율 향상을 강조하므로 콜당 처리비용이 증가되는 경우가 많다. 그러나 고객가치 향상을 위해서는 상담시에 필요한 추가시간의 투입도 장려해야 한다.

② 예산/비용 목표

콜센터 운영예산과 투입비용을 관리하는 지표로서, 일반적으로 분기별, 연간 단위로 평가한다.

③ 아웃바운드 목표

아웃바운드 목표는 상담사당 아웃바운드 시도콜수, 연결콜의 비율, 일일 아웃바운드 성공콜수, 콘택트당 소요 비용 및 시간당 소요비용 등을 포함한다. 아웃바운드 목표는, 콜센터 수익성을 평가하는 중요한 지표이다.

(5) 전략적 영향력에 관한 목표

① 고객만족

콜센터 고객만족도는 콜센터 서비스에 만족한 고객비율 또는 평균 고객만족점수를 의미한다. 고객만족은 CRM의 중요한 평가지표이다.

② 상담사 만족

상담사의 업무만족도가 높을수록 고객만족도가 높아지므로, 상담사 만족도는 정기적으로 평가하고 관리되어야 한다. 상담사 만족도를 평가하기 위한 설문조사시에는 콜센터뿐만 아니라 기업 내 타부서도 함께 조사하여 상담사의 업무만족도와 타부서의 직원의 직무만족도를 비교평가해야 한다.

③ 상담사 이직률

고객의 요구가 복잡해질수록, 콜센터 상담업무의 난이도 역시 높아진다. 이에 따라 경험있는 전문상담사의 이직률을 최소화함으로써, 신입상담사 채용에 따른 채용비용과 교육비용 등과 같은 콜센터 운영비용을 절감하는 동시에 상담품질 및 생산성을 향상시키고, 고객만족을 높여야 한다.

④ 콜센터 투자수익률(ROI ; Return Of Investment)

콜센터의 종합적인 투자수익률(ROI) 목표는 CRM 목표와 일관되며, CRM 목표달성을 지원한다.

(6) 목표의 명확성

콜센터의 CRM 성과 측정기준은 현실적이면서 측정가능하고 기업목표와 명확하게 연계되어야 한다. 콜센터의 CRM 성과 측정기준을 명확하게 유지하는 것은 콜센터 관리자의 책임이다.

콜센터의 CRM 성과 측정기준을 명확하게 유지하기 위하여 콜센터 관리자는 다음 사항을 관리해야 한다.

① 콜센터의 핵심 목표달성을 위해 상담사를 프로모션하기

② 보상과 인센티브가 콜센터의 핵심목표와 연계되도록 관리하기

③ 콜센터의 핵심목표와 달성성과에 대한 정기적인 피드백과 보고서를 제공하기

④ 콜센터의 핵심목표의 달성을 위하여 센터 내외 관리자들을 연계시키기

⑤ 다른 부서와 콜센터 핵심목표 달성 진척사항을 공유하고 콜센터에서 필요한 지원을 획득하기

5. 콜센터의 CRM 운영원칙

콜센터는 기업의 중요한 대고객 콘택트채널이다. 따라서 콜센터 관리자는 CRM의 핵심 운영원칙을 이해하고 이를 콜센터에서 구현해야 한다.

(1) 고객에 대하여 지속적으로 학습하라.

기업은 고객의 성별, 연령, 구매상품, 구매빈도, 불만사항 등의 각종 고객정보를 분석하여 고객과 효과적으로 커뮤니케이션을 수행해야 한다.

따라서 콜센터 관리자는 콜센터에서 수집되는 각종 고객정보를 취합하여 고객 프로파일을 작성하고, 고객을 세분화하여 세분그룹별로 적합한 커뮤니케이션이 이루어지도록 관리해야 한다.

고객은 사회와 함께 변화하므로 고객정보를 수집하고 분석하여 고객프로파일을 업데이트하고 고객세분화모델을 최적화하는 업무를 지속적으로 수행해야 한다.

콜센터 관리자는 콜센터의 상담 애플리케이션이 고객변화에 신속하게 대응할 수 있도록 개선하는 동시에 상담사가 변화하는 고객니즈에 대응할 수 있도록 고객응대방법에 대한 재교육을 수행해야 한다.

(2) 고객과 개인적으로 상호작용하라.

콜센터 상담사가 개별 고객을 고객집단이 아닌 한 명의 고객으로 대우하고 신중하게 응대할 때 고객은 기업에 대하여 기분 좋은 개인적인 경험을 얻게 되고 기업에 대한 친밀도가 높아진다. 즉, 콜센터를 이용하는 고객에게 기업이 고객을 충분히 보살피고 있으며 고객을 이해하고자 노력하고 있음을 인지하도록 해야 한다.

(3) 고객을 차별화하라.

하루에도 수천명의 고객이 콜센터를 이용하는데, 고객의 부가가치에 따라 고객을 세분화된 그룹으로 분류할 수 있다. 콜센터는 고객세분화 그룹별로 콜센터 서비스(무료요금번호, 전담 상담사그룹, 빠른 IVR 연결 등)를 차별화하여 제공하게 된다. 이와 같은 고객차별화 서비스는 신중하게 제공되는데, 이는 모든 고객이 우수고객으로 특별대우받기를 원하면서도 차별받는 것은 원하지 않기 때문이다. 또한, 고객차별화 서비스는 추가비용이 소요되므로 고객가치를 최적화할 수 있도록 운영되어야 한다.

(4) 적합한 고객을 유지하라.

CRM의 일반적인 논리는 기존고객 관리비용이 신규고객 획득비용보다 저렴하다는 것이다. 기업은 기업 내 총고객가치를 최대화하기 위하여 모든 고객보다는 가치 있는 고객을 보유하고 관리하는 데 초점을 맞추어야 한다. 그러나 고객가치가 높은 고객 또는 미래가치가 높은 고객을 가치가 낮은 고객으로 분류하여 잘못 취급할 경우 고객이탈에 따른 손실을 입거나 고객부당대우에 따른 여론의 공격을 받을 수 있으므로 고객가치의 산정 및 차별화 서비스를 신중하게 수행해야 한다.

(5) 고객니즈(Needs)를 충족시켜라.

데이터마이닝과 같은 고객프로파일 분석기법은 고객이 언제/무엇을 샀는지와 같은 구매이력을 분석하여, 언제/무엇을 고객이 구매할지를 예측하는 것이다. 콜센터의 콘택트관리시스템은 상담사가 고객과 통화할 때 데이터마이닝을 통해 자동예측된 고객의 구매니즈를 상담 애플리케이션에서 상담사에게 제공함으로써 상담사가 상담종료시에 크로스셀링과 업셀링을 수행할 수 있도록 지원해야 한다. 이와 같이 고객에 대한 지식은 고객니즈를 예측하여 적시에 적합한 제품/서비스를 고객에게 제공할 수 있게 한다.

(6) 고객가치를 증대시켜라.

고객가치의 증대는 CRM의 핵심이다.

CRM을 통하여 고객가치를 증대시키는 방법은 편리한 A/S, 구매채널 다양화, 고객니즈에 따른 제품/서비스의 제공, 콜센터의 높은 응대율 및 편리한 접근성 등 다양하다. 고객가치가 높을수록 고객은 기업으로부터 더 나은 서비스를 얻을 수 있고 기업은 더 높은 수익을 얻을 수 있으므로 궁극적으로 고객과 기업 모두에게 '윈-윈'이 된다.

(7) 통합된 콘택트포인트를 제공하라.

고객은 기업과의 커뮤니케이션이 원활할 때 기업에 대한 친밀감이 높아진다. 고객이 언제, 어디서, 어떠한 문제를 가지고 기업에 접촉하더라도 콜센터에서는 모든 콘택트사항을 통합하여 일관적인 응대가 이루어져야 한다.

콜센터에서 총체적인 응대가 이루어질 때 고객은 기업이 자신을 이해하고 있음을 알게 되고 기업에 대한 충성도가 높아진다.

(8) 비용절감보다는 수익과 보유(Retention)에 초점을 맞추어라.

CRM의 목적은 비용절감이 아니라, 현재 고객의 수익성을 높이고 가치 있는 고객비율을 높이는 것이다. 즉, CRM은 비즈니스 프로세스를 개선하여 운영비용은 절감시키지만 고객관리 비용은 증가시킨다. 예를 들어 상담사가 고객관계 형성을 위해 고객의 말을 경청하고, 고객정보를 수집하고, 고객에게 업셀링 및 크로스셀링 등을 수행할 경우 고객과의 통화시간(Talk Time)이 증가되어 고객서비스 비용이 높아진다. 따라서 기업은 현재 비용절감보다는 고객가치 향상을 통한 수익증가에 초점을 맞추어야 한다.

(9) 전사적으로 통합된 콘택트관리를 수행하라.

콜센터에서 다양한 고객문의에 대하여 통합적으로 응대하기 위해서는 고객 관련 전사적인 정보공유 및 고객콘택트에 대한 통합관리 프로세스가 필요하다. 따라서 CRM을 통해 기업은 기업 내부 의사소통을 향상시키는 부가적인 혜택을 얻을 수 있다.

(10) CRM 운영규칙을 작성하라.

콜센터에서 발생가능한 다양한 고객문의에 신속하게 대처하기 위해서는 CRM 운영규칙 및 프로세스를 구성해야 한다. CRM 운영규칙과 프로세스를 현실에 맞도록 구성하고, 효과적으로 활용할수록 고객만족은 높아진다.

(11) 상담사에게 권한을 이양하라.

상담 애플리케이션은 상담사가 상담을 위하여 필요한 고객정보와 고객상담 가이드라인을 실시간으로 제공하고 있다. 그러나 고객상담 규칙 및 가이드라인을 콜센터의 모든 고객응대상황을 예상하여 제공하는 것은 불가능하다. 따라서 신속한 상담을 위해서는 상담사에게 적절한 권한이양이 필요하다. 상담사에게 적절한 권한이양을 위해서는 기업의 비즈니스 규칙에 따른 고객상담 규칙의 교육과 상담사의 의사결정을 지원하는 상담정보가 반드시 제공되어야 한다.

(12) CRM은 비즈니스 수행방식임을 기억하라.

CRM은 비즈니스를 수행하는 프로세스이며, 고객시스템은 비즈니스 프로세스를 지원한다. CRM은 전사적인 참여와 노력을 통하여 환경 및 고객변화에 따라 끊임없이 최적화되어야 한다. CRM의 최적화는 '계속해서 움직이는 기업의 최종 목표'인 고객가치를 최대화하기 위하여 기업의 비즈니스 프로세스를 끊임없이 정제하고 개선하는 순환과정인 것이다.

CRM의 운영원칙에 따라 콜센터를 운영하기 위해서는 전사적인 지원이 반드시 필요하므로, 반드시 최고경영층의 적극적인 지원이 이루어져야 한다.

제3절 | 콜센터와 고객세분화

◐— 핵심 포인트

- 고객가치는 고객이 기업에 대하여 제공하는 유형 및 무형의 혜택이다.
- 고객가치평가모델은 장기적으로 고객이 기업에 제공하는 가치를 평가하는 수학적 공식이다.
- 고객가치평가모델은 고객라이프가치모델과 추천고객가치모델이 주로 기업에서 사용된다. 기업은 고객가치평가모델을 통하여 고객세분화를 수행한다.
- 콜센터에서는 고객세분화를 활용하여 고객수익성에 따른 고객커뮤니케이션 관리와 고객행동 패턴에 따른 사전대응을 수행할 수 있다.

1. 고객가치의 산정

기업에서 고객의 가치를 어떻게 정의하는가는 매우 중요하다.

가치는 고객관계의 유형 및 무형의 혜택을 모두 포함하는데 판매수익과 같은 유형적인 혜택과 구전 광고를 통한 신규시장 진입지원, 즉 기업의 전략목표 지원과 같은 무형적인 혜택을 포함한다. 따라서 고객가치를 정확하게 평가하기는 어렵다.

그렇다면 고객가치를 어떻게 정확하게 평가할 수 있는가? 고객가치의 평가를 위해 콜센터에서는 고객가치평가모델을 이용하는데, 고객의 잠재적인 미래가치를 정확하게 평가하기는 쉽지 않다. 콜센터에서 활용가능한 고객가치평가모델은 고객생애가치평가모델(LTV)과 추천고객가치모델(RCV) 등이다.

(1) 고객가치평가모델(Customer Valuation Model)

고객가치평가모델(Customer Valuation Model)은 고객이 평생동안 기업에 제공하는 가치를 평가하는 모델(라이프타임 가치모델)이다. 기업이 고객가치평가모델을 개발할 때 고려할 사항은 다음과 같다.

① 전략목표

기업의 전략목표에 따라 중요항목에는 더 높은 가중치를 부여하여 고객가치평가모델을 개발한다. 예를 들어 기업이 어느 특정지역의 시장점유율 증대가 목표일 경우 고객가치평가모델을 개발할 때 해당 지역의 고객에게는 더 높은 가중치를 부여하여 고객가치를 평가한다.

② 데이터 이용가능성과 분석역량

고객가치평가모델의 정밀도는 고객 관련 데이터의 이용가능성과 분석자원(분석시스템, 분석 전문가)의 보유 규모에 크게 의존한다. 데이터웨어 하우스, 캠페인매니지먼트 시스템, 데이터마이닝 분석툴 등의 CRM 시스템은 대규모의 고객데이터를 획득하고 저장하며 분석할 수 있도록 지원한다.

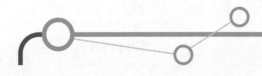

③ 기업의 비즈니스 성격

고객가치평가모델은 고객의 가치점수와 함께 기업에서 판매하는 제품 및 서비스가 내구재 또는 소비재인가? 재구매기간은 어느 정도인가? 등과 같은 제품특성과 시장 내 제품트랜드 교체주기와 같은 시장특성 등의 요인을 포함하여 고객가치를 평가한다.

정확한 고객가치평가모델은 존재하지 않는다. 어느 한 기업에 적합한 모델이 다른 기업에는 적합하지 않을 수 있으며 올해 적합한 모델이 내년에는 적합하지 않을 수 있다. 그럼에도 불구하고 고객가치평가모델은 고객에 대한 이해를 증진시킬 수 있기 때문에 기업에서 중요하게 다루어진다.

(2) 고객라이프타임가치 산출방법(Customer Lifetime Value Calculation)

다음 표는 고객 라이프타임 가치계산법에 대한 예시이다.

[고객세분화 A의 라이프타임 가치]

구 분	1년차	2년차	3년차
신규고객수	5,000	3,500	2,500
고객유지율	70%	74%	80%
고객당 평균 연매출	$1,056	$1,552.50	$2,145
총매출액	$5,280,000	$5,433,750	$5,555,550
총변동비	$5,148,800	$5,081,388	$5,131,826
총수익(Gross Profit)	$131,200	$352,363	$423,724
할인율	1.00	1.20	1.44
NPV수익(Net Present Value)	$131,200	$293.635	$294,253
누적 NPV 수익	$131,200	$424,835	&719,088
라이프타임 가치	$26.24	$84.97	$143.82

〈자료 : Middleton, A., "Building Successful Retail Strategies Using Customer Lifetime Value"
Database Marketing Institute, www.dbmarketing.com〉

1차연도에 기업은 5,000명의 고객을 신규획득하였고 2,500명의 고객을 3차연도까지 유지하였다. 기업의 고객라이프타임가치를 계산하면 다음과 같다.

① 1차~3차연도까지, 각 연도별 총수익을 계산한다.

총수익은 총판매액에서 총변동비를 차감한 값이다. 고객라이프타임가치를 계산할 경우에는 고정성 비용을 포함하지 않는데, 고정비는 고객가치에 상관없이 동일하게 투입되기 때문이다.

② NPV(순현재가치) 수익산정시, 할인율을 적용한다.

1차연도 총수익에 대해 기업은 이자수입을 얻을 수 있는 기회비용이 발생되므로, 2차연도 이후 NPV 수익은 이자수입의 기회비용을 고려하여 할인율을 적용하여 산정한다. 기업에서 적용하는 할인율은 현재 이자율에 위험요인을 가산하여 산정한다.

③ NPV 수익을 누적 합산한다.

1~3차연도까지의 각 연도별 NPV 수익은 기업의 총이익을 계산할 수 있도록 합산한다.

④ 누적 NPV 수익을 1차연도 5,000 고객으로 나눈다.

누적 NPV 수익을 1차연도 5,000 고객으로 나누면 3차연도 고객세분화 그룹(A)의 고객라이프타임 가치는 143.82$가 된다.

다음은 고객의 라이프사이클을 3년으로 고려하여 고객세분화 그룹(A)의 라이프타임가치를 산정하였 다. 고객의 라이프사이클 주기는 고객 행동에 따라 짧아지거나 길어질 수 있으므로, 기업은 신중하게 라이프사이클 주기를 선정한 후 고객라이프타임가치를 산정해야 한다.

(3) 추천 고객가치(Referral Customer Value) 산출방법

추천 고객가치모델은 고객이 구전(Word of Mouth) 광고를 통한 신규고객유입에 따른 가치를 고려한 것이다. 고객추천은 기업의 추가적인 마케팅 비용 없이 시장점유율을 증가시켜 줌으로 기업에게는 중 요하게 다루어진다.

다음에서 보는 바와 같이 고객라이프타임 가치모델에서는 고객세분화 그룹(B)의 가치가 낮게 평가되 었지만, 신규고객 추천가치를 고려한 추천고객가치모델에서는 가치가 더 높게 평가되었다.

[추천고객가치 산정예시]

구 분	고객세분화 그룹(A)	고객세분화 그룹(B)
고객 라이프타임 가치	$143.82	$75.50
추천고객 수(동일한 고객유형에서)	1	3
추천 고객가치	$143.82	$226.50
고객가치의 합	$287.64	$302.00

그러나 추천고객가치모델은 신중하게 적용되어야 하는데, 고객가치가 2배로 산정될 우려가 있기 때문이 다. 즉, 추천한 고객에게 고객가치가 부여되는 동시에, 추천받은 고객에게도 고객가치가 부여되므로 기업 적 측면에서는 고객가치가 2배로 산정될 위험이 있기 때문이다.

(4) 고객가치모델 적용시 고려사항

① 고객가치의 오산정

고객가치가 낮은 고객을 높게 산정하여 마케팅비용을 과다하게 투자할 경우 기업의 비용이 증가되 는 반면, 고객가치가 높은 고객을 낮게 산정하여 고객관리를 소홀히 할 경우, 기업에서 추가적으로 획득할 수 있는 수익이나 고객이 더 높은 고객가치로 전환할 수 있는 기회를 잃게 된다.

② 대중의 지각(Public Perception)

모든 고객은 우수고객으로 특별대우를 원하는 동시에 일반고객으로서 우수고객과 비교하여 차별 대우를 받는 것을 원하지 않는다. 기업으로부터 잘못된 대우나 서비스를 받은 이야기는 특히 언론 이나 인터넷의 관심거리이므로 빠르게 확산되어 기업에 대한 부정적인 이미지를 양산할 수 있다.

한편, 신용카드사와 같은 일부기업은 쇼핑전문 신용카드, 자동차할부 신용카드 등과 같이 고객에 게 차별화된 서비스를 제공하고 있음을 광고하여 고객차별화 서비스를 대중에게 부각시키는 경우 도 있다. 따라서 기업은 차별된 고객서비스를 어떻게 대중과 고객에게 인식시킬 것인지에 대하 여 신중하게 결정해야 한다.

2. 콜센터에서 고객가치관리

콜센터에서는 고객가치에 따라 차별화된 고객응대를 수행할 수 있다. 먼저 고객가치평가모델을 통해 산출된 고객가치별 고객세분화 그룹별로 다음의 예시와 같이 차별화 서비스를 제공할 수 있다.

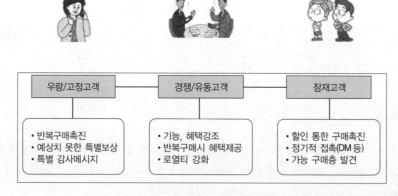

우량/고정고객	경쟁/유동고객	잠재고객
• 반복구매촉진 • 예상치 못한 특별보상 • 특별 감사메시지	• 기능, 혜택강조 • 반복구매시 혜택제공 • 로열티 강화	• 할인 통한 구매촉진 • 정기적 접촉(DM 등) • 가능 구매층 발견

〈자료 : 콜센터 관리자 과정(콜센터의 이해와 관리자의 역할), 안톤컨설팅, 2003〉

[고객가치에 따른 고객세분화 그룹별 차별화 서비스의 예시]

그림과 같이 콜센터에는 콜라우팅기법을 통하여 고객세분화 그룹별 차별화된 고객응대가 가 능하다. 다음 그림은, 고객세분화 그룹별 가치에 따라 전담 상담그룹을 배치하여 고객의 대 기시간과 서비스 수준을 관리하는 방법에 대한 예시이다.

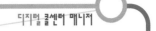

	상위20% 고객	잠재가치 고객	일반 고객	신규 고객	기 타
최상급 상담원	2순위	1순위	2순위	3순위	✕
전문 상담원	1순위	2순위	기 타	1순위	3순위
일반 상담원	3순위	2순위	1순위	2순위	3순위
신규 상담원	✕	✕	1순위	3순위	2순위

〈자료 : 콜센터 관리자 과정(콜센터의 이해와 관리자의 역할), 안톤컨설팅, 2003〉

[콜라우팅을 통한 고객세분화 그룹별 서비스수준 차별화]

미국의 신용카드사인 캐피탈원(Capital One)에서는 고객인입콜을 217개 유형으로 구분하여 54개 상담사 그룹을 구성하고, 14개의 고객세분화 그룹으로 분류한 후 고객가치, 고객문의유형에 따라 상담사 그룹이 배정되도록 구성하였다. 캐피탈원(Capital One)에서는 고객세분화 응대 프로세스를 구축하기 위하여 45,000명의 고객에게 테스트콜을 실시하였다. 응대프로세스를 통하여 캐피탈원은 인바운드 문의고객대상으로 적극적인 크로스셀링과 업셀링을 통하여 고객수익성 및 고객가치를 증가시킬 수 있었다.

3. 콜센터에서 고객세분화모델 활용

고객 프로파일링 및 고객세분화는 CRM의 전략적 토대이다. 고객 프로파일은 기업이 고객에 관하여 알고 있는 것을 의미하며, 고객세분화는 고객프로파일을 토대로 고객을 그룹화하는 방식이다. 고객 프로파일링 및 세분화에 관한 전략적 의사결정은 CRM 전략 성패에 광범위한 영향을 미친다.

(1) 고객 프로파일링(Customer Profiling)

고객 프로파일은 기업에서 보유하고 있는 고객데이터를 의미한다. 고객정보시스템은 고객데이터를 통합하고 종합적으로 분석하여 제공한다. 고객 프로파일 분석(고객 프로파일링)을 위해서는 정확한 고객정보가 취합되어야 하지만 고객정보 취합은 다음과 같은 이유로 어렵다.

① 고객은 정보제공을 위한 추가적인 시간소요를 원하지 않는다.

② 고객은 정보제공에 따른 프라이버시 침해를 걱정한다.

③ 고객은 자신의 니즈를 모두 알고 있지 않다.

따라서 고객 프로파일링은 고객의 변화하는 니즈와 트랜드에 대한 기업의 끊임없는 학습과정이다. 고객 프로파일링은 기업의 CRM 전략목표 특히, 고객세분화 및 고객접근전략과 일치해야 한다.

(2) 고객세분화

고객의 지리적 위치(거주지역, 근무지역), 인구통계적 특성, 연간 구매금액 등과 같은 일반적인 고객분류기준에 따른 고객세분화에는 한계가 있다. 따라서 콜센터에서는 고객의 연간소득, 수익성, 고객니즈, 전략적 가치 등과 같이 다양한 기준에 따라 고객을 세분화한다.

고객세분화에 따라 콜센터는 수익성이 낮은 고객은 IVR 자동응답시스템을 활용하게 하는 등 고객응대 처리비용을 효율화시킬 수 있다. TARP의 연구에 따르면 상담사가 직접 응대하여 처리하는 콜은 평균 5달러인 반면, IVR을 통해 고객문의 처리시 0.36달러가 소요되는 것으로 나타났다.

(3) 콜센터에서 고객세분화의 활용

일반적으로 마케팅부서에서 고객세분화전략을 수립하고, 콜센터는 고객세분화전략을 수행한다. 콜센터에서 근무하는 상담사, 상담프로세스, 고객응대기술 및 시스템, 콜센터 운영전략 등은 모두 고객세분화전략을 수행하는 데 중요한 역할을 한다. 따라서 콜센터는 다음과 같은 방식으로 고객세분화전략에 참여해야 한다.

① 고객세분화전략 개발참여

콜센터 관리자는 고객세분화전략 개발에 참여하여 고객세분화 그룹별 고객관리 방법을 제시해야 한다. 예를 들어 고객세분화 그룹별로 제공가능한 콘택트채널, 콜센터의 서비스 수준, 콜센터 응대 시간 등을 차별화할 수 있는 방법을 제시해야 한다.

② 고객세분화 그룹별 상담사그룹 구성

고객세분화전략에 따라 고객세분화 그룹별 차별화된 상담서비스를 제공하기 위해서는 상담사그룹을 구분하여 운영해야 한다. 고객세분화 그룹별 고객가치와 특성 및 요구되는 서비스 수준에 따라 상담사 그룹이 구성된다. 그러나 고객세분화 그룹별 니즈에 따라 상담사 그룹을 구성하고 교육할 경우, 상담사 업무스킬이 전문화되어 타 고객세분화그룹에 대한 융통성 있는 상담사의 업무투입이 어려워질 수 있다. 따라서 상담사가 너무 전문화되거나 일반화되지 않도록 관리해야 한다.

③ 고객세분화 그룹별 니즈에 따른 상담사그룹 교육

고객세분화는 서로 다른 고객에게 서로 다른 서비스를 제공하는 것을 의미한다. 따라서 콜센터에서 고객세분화 그룹별 니즈에 따라 상담사그룹별로, 상담업무 교육내용을 다르게 구성해야 한다.

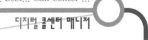
예를 들어 이메일을 주로 이용하는 고객세분화 그룹을 응대하는 상담사 그룹은 효과적인 이메일 응대방법 교육이 필요하며, 전화를 주로 이용하는 고객세분화 그룹은 전화 응대 교육이 필요하다. 또한, 고객세분화 전략이 콜센터에서 효과적으로 운영되기 위해서는 상담 애플리케이션에서 상담 사에게 제공되는 고객정보의 활용방법에 대한 상담사 교육이 필요하다. 고객정보 활용에 대한 가 이드라인이 없을 경우, 상담사가 고객가치가 낮은 고객을 무시하거나 고객가치가 높은 고객에게 서비스 제공을 위해 상담규칙을 무시할 수 있기 때문이다. 적절한 가이드라인을 통해 고객세분화 그룹별 일관된 응대가 가능하도록 관리해야 한다.

④ **고객세분화 그룹별 상담사관리**

콜센터에서 고객세분화 그룹별로 구성된 상담사그룹을 관리하기 위하여 상담사그룹별로 업무스케 줄, 투입상담사 규모, 상담사채용 등을 관리해야 한다.

⑤ **고객세분화 그룹별 고객응대 프로세스관리**

콜라우팅 기술을 이용하여 고객세분화 그룹별로 IVR 자동응답시스템으로 연결하거나 상담사에게 직접 전화를 연결할 수 있으며 고객의 대기시간을 차별화할 수 있다.

고객세분화에 따라 고객응대 프로세스를 관리하는 경우, 상담사는 고객프로파일과 고객세분화 그 룹의 구분정보를 활용하여 개인화된 고객서비스를 제공할 수 있다. 콜센터는 상담사가 개인화된 고객서비스 제공시에 활용가능한 고객응대 가이드라인을 제공해야 한다. 개인화된 서비스를 통하 여 기업은 크로스셀링 및 업셀링의 기회를 확보할 수 있다.

(4) 고객세분화 그룹별 데이터수집 및 분석

고객가치를 최적화시키기 위해서는 고객세분화 그룹분류를 위한 세분화된 고객정보를 지속적으로 업 데이트해야 한다. 이를 위하여 콜센터의 상담사와 IVR 자동응답시스템에서 획득되는 고객정보는 고 객세분화 그룹분류 및 개선에 중요한 데이터로 활용된다.

또한, 콜센터는 각 고객세분화 그룹으로부터 최고의 충성도와 고객당 수익을 획득하기 위하여 데이터 마이닝과 같은 고객세분화 분석을 통해 차별화된 서비스를 제공하고 있다.

4. 콜센터에서 고객세분화 활용의 한계

콜센터에서는 고객세분화를 활용하여, 고객수익성에 따른 고객커뮤니케이션의 관리와 고객행동 패턴분석 에 따른 사전대응(예 이탈고객을 예상하여 해피콜을 이용한 고객이탈방지 캠페인)을 수행할 수 있다.

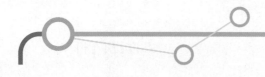

그러나 방대한 고객프로파일을 어떻게 분석할 것인가? 고객세분화 모델개발을 위해 고가의 고객분석 프로그램 도입 및 숙련된 고객분석 전문가의 확보와 같은 고비용을 기업이 부담할 것인가? 고객이 차별화된 서비스를 인지할 경우, 고객가치가 낮은 고객의 반발은 없는가? 등과 같은 문제가 콜센터에서 고객세분화를 활용하는 데 남아 있다.

그럼에도 불구하고 콜센터에서 고객세분화를 통하여 비용대비 효과적인 고객서비스가 가능하므로 콜센터에서는 적극적으로 고객세분화 전략을 도입해야 한다.

03장 고객만족관리

제1절 | 고객만족 조사목적

> **○─ 핵심 포인트**
>
> • 고객의 기대는 개별기업 또는 콜센터에 대한 고객기대와 사회통념적인 고객기대에 의하여 형성된다.
> • 고객만족은 고객의 기대와 기업이 제공하는 서비스의 불일치의 정도를 파악하기 위하여 측정한다.

1. 고객요구의 진화

기업이 고객서비스 향상을 위해 많은 노력을 기울이면서 고객기대는 지속적으로 높아지고 있다. 예를 들어 어느 기업이 온라인 쇼핑몰에서 구매한 제품을 오프라인 매장(Brick-and-Mortar Store)에서 환불 또는 교환가능하게 할 경우, 고객은 다른 온라인 쇼핑몰에서도 동일한 서비스를 기대하게 된다.

기업의 대고객서비스가 향상됨에 따라 고객의 요구는 다음의 4단계에 따라 빠르게 진보한다. ① 서비스에 대해 평가함 → ② 서비스에 대해 익숙해짐 → ③ 더 나은 서비스를 기대함 → ④ 더 나은 서비스를 요구함

2. 고객기대의 평가

기업은 지속적으로 고객기대를 평가하고, 고객서비스가 고객기대를 충족시키는지 분석해야 한다. 다음 그림은 기업이 고객기대를 지속적으로 평가하고 서비스를 개선하는 과정을 보여준다.

(1) 1단계

'고객기대는 무엇인가?' 로서, 기업은 고객기대를 파악하기 위하여 콜센터 내 고객데이터를 분석하거나 또는 설문조사를 통하여 고객기대를 파악할 수 있다.

(2) 2단계

'현재 고객기대를 충족시키고 있는가?' 로서, 서비스에 대한 고객 기대와 제공된 서비스 간의 차이 분석(Gap Analysis)을 통하여 고객 기대 불일치의 정도를 측정한다.

(3) 3단계

'최소의 자원으로 고객기대를 충족시키고 있는가?' 로서, 고객기대 충족과 비용투입 간의 효율성을 분석한다.

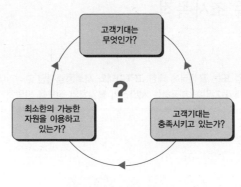

[지속적인 고객기대 평가]

3. 고객기대의 유형

콜센터에 대한 고객기대를 파악하기 위해서는 콜센터에 대한 고객기대와 사회공통적인 고객기대를 모두 파악해야 한다.

(1) 콜센터에 대한 고객기대

콜센터에 대한 고객기대를 파악하기 위해서는 고객 콘택트데이터를 분석하거나 설문조사를 통하여 고객기대를 조사할 수 있다.

콜센터에서는 콜센터 서비스품질에 대한 고객기대를 파악하기 위한 것뿐만 아니라 기업의 신규 제품 또는 서비스에 대한 고객기대를 예측하기 위해 고객기대에 대한 데이터를 수집하고 분석한다.

(2) 사회공통적인 고객기대

고객의 기대는 콜센터에 대한 기대와 더불어 동종 산업과 다른 산업에서 선도기업의 트랜드에도 영향을 받는다.

예를 들어 보험, 펀드 등과 같은 금융기업의 경우 금융 산업에 새롭게 출현하는 고객서비스 트랜드뿐만 아니라 다른 고객중심 산업의 고객서비스 트랜드를 함께 고려해야 한다. 만약, 선도적인 보험회사에서 AI를 통한 고객서비스를 제공한다면, 다른 보험회사 또는 은행권과 같은 금융기업에 대해 고객은 채팅서비스가 제공되기를 기대하게 된다.

[사회공통적인 고객기대]

고객기대	설 명	고객기대를 구체화하는 질문
접근 가능성	고객은 쉽고 편리하게 기업과 콘택트 하기를 원한다.	• 고객 콘택트채널은 찾기 쉬운가?(예) 고객센터 전화번호, 이메일, 팩스 번호 등) • 콜센터 운영시간은 고객편의를 고려하였는가?(예) 24시간 운영, 주말 또는 휴일 운영 등) • ARS 서비스는 24시간 편리하게 이용할 수 있는가?(예) 잔액조회, 계좌이체, 카드 분실신고 등) • IVR은 고객이 편리하게 이용하도록 구성되었는가?
정중한 응대태도	고객은 콜센터로부터 정중하면서 완벽한 서비스를 기대한다.	• 상담사는 전문적이면서도 친절하고 정중하게 상담서비스를 제공하는가? • 상담사는 고객 이야기를 진지하게 청취하고, 적절한 공감 의사를 표현하는가? • 원콜에 고객문의가 처리되었는가? • 첫 번째 콘택트에서 고객문의 또는 요구가 해결되었는가?
고객니즈 수용성	고객은 기업이 자신의 니즈를 제품 및 서비스에 적극적으로 반영하기를 기대한다.	• 자사의 제품/서비스가 고객의 니즈를 충족시키는가? • 자사의 제품/서비스 개선에 대한 고객제안사항은 무엇인가?
고객 서비스의 사전설명	고객에게 고객서비스 정책 및 절차에 관한 세부적인 정보를 제공하기를 기대한다.	• 제품 주문고객에게 언제, 어떻게 배송되는지 명확하게 설명하고 있는가? • 고객에게 문제발생시 처리방법에 대하여 사전에 고지하고 있는가?
신속한 서비스	고객은 콜센터가 신속하게 상담을 응대하는 동시에 요구사항에 대하여 적시적, 즉각적인 처리가 이루어지기를 기대한다.	• 콜센터 문의시 상담사와 통화하기 위해 고객이 얼마나 기다렸는가? 고객이 응답시간을 길게 느끼는가?(예) 서비스 수준, 응대율) • 고객이 기대한 시간 내에 요구사항을 처리하였는가? • 고객이 상담처리시간이 적절하다고 느끼는가?
상담사의 전문성	고객은 전문상담사가 권한을 가지고 상담해주기를 기대한다.	• 상담사는 고객문의처리를 위한 충분한 전문지식이 있는가? • 상담사는 고객응대를 위해 필요한 고객정보(거래기록 등)에 접근가능한가? • 상담사는 고객문의를 원콜 처리가 가능하도록 상담권한이 있는가? • 상담사는 다양한 고객문의에 대응할 수 있는 충분한 경험과 상담능력이 있는가?

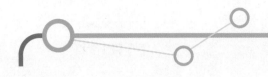

고객과의 약속준수	고객은 약속준수를 기대한다(예 제품 품질, 배송기한, 서비스 수준, 대응시간, 반품 또는 환불정책).	• 제품/서비스가 광고 및 상담사의 응대내용과 일치하는가? • 상품은 약속기간 내 배송되었는가? • 상담사 또는 기업의 약속이 고객기대를 충족하는가?(예 환불, 배송기간, 고객클레임 처리 등)
서비스의 정확한 이행	고객은 기업이, 처음 콘택트시에 주문, 지불, 환불, 응답을 정확하게 수행해 주기를 기대한다.	• 제품/서비스는 고객기대와 일치하는가? • 주문은 약속기간 내 도착하였는가? • 고객요청에 대한 후속조치가 처음 콘택트시에 이루어졌는가? • 고객은 첫 번째 콘택트에서 필요한 정보를 제공받았는가?
기업의 사회적 책임과 윤리성	고객은 사회적 역할을 수행하는 기업과 거래하기를 기대한다(예 사회봉사활동, 공공건강보호). 또한 도덕적/윤리적으로 비즈니스를 수행하는 기업과 거래하기를 기대한다.	• 고객이 주로 관심갖는 사회적 문제는 무엇인가? • 기업이 사회문제해결을 위해 노력해야 한다고 느끼는가?(예 지역사회개발 등) • 고객은 기업 내 건전한 근무환경 조성을 위한 제품/서비스 가격상승을 인정하는가? • 기업의 현재 비즈니스 활동이 윤리적인 표준을 충족시킨다고 느끼는가?
후속조치의 수행	고객은 구매 후 불만족한 고객니즈의 충족을 위해 콜센터에 콘택트시 기업이 성실하게 후속조치를 수행할 것을 기대한다.	• 상담사는 후속조치를 누가, 어떻게 수행할지 고객에게 명확하게 설명하고 있는가? • 상담사가 고객의 콜이나 이메일 응대를 약속시간 내 하고 있는가? • 후속조치이행 후, 해피콜을 통해 후속조치가 만족스러웠는지 확인하였는가?

4. 고객기대의 측정

고객기대를 측정하거나 관찰함으로써 기업은 상품/서비스에 대한 개선포인트를 찾을 수 있다. 예를 들어, 신제품의 "뚜껑이 잘 안 열려서 불편하다"라는 고객문의가 갑자기 많아졌다면 포장안전성에 대한 고객기대에 못 미치고 있음을 알 수 있다.

또한 고객기대를 측정함으로서 고객만족을 달성하기 위한 기준을 찾을 수 있다. 즉, 기업은 고객만족을 달성하기 위해 여러 가지 고객만족 유인요인들에 대하여 우선순위를 수립하고 기준설정을 통해 기업 내 마케팅 비용을 효과적으로 할당할 수 있다.

제2절 ┃ 고객만족 측정방법

- 고객만족조사에 활용가능한 데이터는 콜센터 내부의 고객응대 데이터와 품질모니터링 데이터, 고객설문조사 데이터, 콜센터 통합 데이터 등이다.
- 고객만족조사시의 주요 관리사항으로는 랜덤 샘플, 3분 이내의 짧은 설문지, 모든 콘택트채널에 걸친 측정, 적시에 콜센터에서 측정 가능하고, 달성 가능하며, 통제 가능한 내용으로 설문조사를 수행하는 것이다.
- 고객만족조사는 정기적으로 수행되어 트랜드관리가 이루어져야 한다.

콜센터에서는 콜센터에 대한 고객만족 설문조사뿐만 아니라 기업에 대한 고객만족조사가 이루어지고 있다. 콜센터 또는 기업에 대한 고객만족 조사에 대하여 살펴보도록 하자.

1. 고객만족조사의 목적

콜센터에서 고객만족조사를 수행하는 것은 콜센터에 대한 고객기대와 콜센터의 서비스 품질 간의 차이를 차이를 파악하기 위해서이다. 고객기대 불일치 사항 및 불일치 정도를 분석하여 콜센터의 개선사항을 파악할 수 있다.

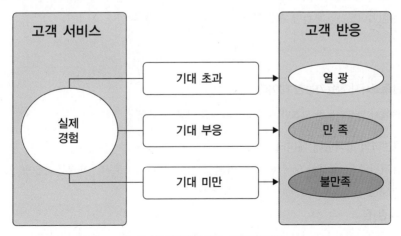

[고객기대 불일치에 따른 고객반응유형]

콜센터에서 고객만족의 측정을 통해, 모든 콘택트채널에서 고객에게 가장 중요한 요소가 무엇인지를 파악할 수 있는데, 이는 고객만족 설문조사(Base-Line 설문조사)를 통하여 가능하다.

고객만족 설문조사의 주요 조사내용은 다음과 같다.

(1) 콜센터 콘택트이유

(2) 콜센터 콘택트경험

콜센터 전화횟수, 통화시간, 문의처리를 위한 전화횟수, 문의처리 완료까지 소요시간

(3) 콜센터 고객만족

① 콘택트경험에 대한 종합적인 만족

② 상담사에 대한 만족(예 전문적 기술, 지식, 친절도 등)

③ 상담에 관한 만족(예 적시성, 명확성 등)

④ 기업, 제품 및 서비스에 대한 전반적인 만족

⑤ 고객충성도

  ㉠ 기업의 제품/서비스 재구매의사

  ㉡ 기업의 제품 및 서비스의 주변인 추천의사

  ㉢ 인구통계적 사항(예 나이, 성별, 이용한 제품 및 서비스 등)

콜센터 고객만족 설문조사 결과를 통해, 콜센터에 대한 고객만족의 기준설정 및 고객만족 및 충성도의 핵심 영향요인을 파악할 수 있다. 또한 콜센터 관리자는 콜센터 콘택트이유에 대한 분석을 통해 고객응대 가이드라인과 상담 프로세스의 개선포인트를 얻을 수 있다.

2. 고객만족조사시 활용가능한 데이터

콜센터에서 활용가능한 고객만족 데이터 유형은 다음과 같다.

(1) 콜센터의 고객응대 데이터

고객만족을 측정하기 위한 콜센터의 고객응대 데이터로서, 고객문의유형, VOC(Voice Of Customer : 고객의 소리), 고객클레임 유형 등이 있다.

① 강 점

콜센터에서 고객상담을 하면서 자연스럽게 취합되는 각종 고객만족 관련 데이터를 분석할 경우, 데이터의 취합이 용이할 뿐만 아니라 고객만족 및 불만족을 야기하는 원인을 손쉽게 파악할 수 있다.

② 약 점

불만족 고객 중 대부분은 불만족한 사항을 기업에게 이야기하지 않는다. 따라서, 콜센터의 고객문의내용은 고객만족수준, 또는 고객불만족 사항의 일부만을 대변한다. 따라서 콜센터에서 활용가능한 데이터만을 분석하여 고객만족수준을 파악하는 것은 한계가 있다.

(2) 콜센터의 품질데이터

콜센터의 대표적인 품질데이터는 콜센터 품질모니터링을 수행하는 콜품질 평가자(QAA ; Quality Assurance Analyst)가 매월 정기적으로 수행하는 콜품질 모니터링 데이터이다. 콜품질 모니터링은 개별 상담사를 코칭하기 위해 주로 사용되지만, 고객만족수준을 파악하기 위해서도 사용가능하다.

첫째, 고객의 목소리 톤과 주요 불만족 사항을 분석함으로써, 고객만족수준 및 주요 개선포인트를 파악할 수 있다.

둘째, 콜품질 모니터링을 통하여, 상담사가 적합한 상담절차에 따라 응대하고 있음에도 고객이 불만족하는 경우를 파악하여 상담프로세스의 개선포인트를 파악할 수 있다.

셋째, 콜품질 모니터링 데이터에서 나타나는 고객불만족 사항을 취합하여, 고객불만족 원인을 파악할 수 있다.

① 강 점

콜품질 모니터링 데이터를 통하여, 고객불만족 사항을 즉각적으로 파악할 수 있는 동시에 개선포인트를 알 수 있다.

② 약 점

콜품질 모니터링 데이터는, 콜품질 평가자(QAA)의 주관적 관점에서 해석될 소지가 있다. 따라서, 콜품질 평가자(QAA)의 개인편차를 최소화하면서 정확한 모니터링이 가능하도록 지속적인 콜품질 평가자(QAA)에 대한 교육 및 훈련이 필요하다.

(3) 고객설문조사 데이터

설문조사를 통하여 수집된 고객만족 데이터는 고객이 만족수준을 직접 표현하였기 때문에 데이터에 대한 신뢰성이 높다.

① 강 점

설문조사 데이터는 고객만족의 실제수준을 파악하는 데 가장 유용하다.

② 약 점

설문조사 데이터는 데이터를 수집하는 데 많은 시간과 비용이 소요된다.

(4) 콜센터 통합 데이터

콜센터 통합 데이터는 콜센터의 콜 데이터, 녹음된 고객 상담내용, 상담사가 입력한 상담결과, ARS / IVR 등의 고객이용 내용, CTI상에서 나타나는 고객응대율 및 포기율 등의 콜센터에서 발생하는 모든 데이터를 통합한 데이터이다.

콜센터 통합 데이터 분석시에는 키워드를 이용한 고객음성인식을 이용하기도 하는데, 예를 들어 고객이 "나는 세 번 전화를 걸었다" 또는 "나는 매우 불만이다" 등의 음성인식된 사항에 대하여, 음성인식 내용과 상담사의 상담결과 입력내용(예 전화문의유형, 요청사항), 콘택트 횟수, 통화시간을 통합하여 고객불만족 사항과 개선포인트를 파악한다.

① 강 점

콜센터 통합 데이터의 분석을 통하여 고객불만족 사항에 대한 원인과 처리결과를 알 수 있다.

② 약 점

콜센터 통합 데이터를 취합하기 위해서는 음성인식 시스템과 같은 고가의 IT지원이 필요하다.

콜센터를 통하여 활용가능한 고객만족 데이터 이외에도 기업에서는 다양한 고객만족 데이터를 취합할 수 있다. 예를 들어 현장판매영업소, 웹, 소매점 등에서 취합되는 고객만족수준, 고객불만족 사항 및 개선요구 포인트 등이다.

그러나 콜센터에서 가장 다양한 고객만족 데이터가 취합되어 고객만족수준 향상을 위한 주요 개선포인트를 제공하고 있다.

3. 고객만족 조사대상의 추출

(1) 조사대상 추출

고객만족 설문조사를 위해 조사대상 추출시 샘플링 원칙은 다음과 같다.

① 임의의 샘플을 이용하라.

설문조사 대상은 2~4주 이내 콜센터를 이용한 고객 중에서 임의적으로 추출(Random Sampling) 해야 한다. 설문조사 결과가 전체 고객모집단에 대한 대표성을 확보하기 위해서는 샘플추출의 임의성(Randomness)이 반드시 필요하다.

② 콘택트 채널별로 샘플을 추출하라.

조사대상의 대표성을 확보하기 위해서는 콘택트 채널별로 나누어 조사대상 고객을 임의로 추출해야 한다. 즉, 조사대상 추출시, 전화, 편지/팩스, 이메일, 웹을 이용한 고객 중에서 채널이용비율만큼 고객수를 배분하여 조사대상을 추출해야 한다.

③ 조사내용에 따라 샘플수를 다르게 하라.

조사대상 샘플규모는 설문조사 내용에 따라 다르다. 예를 들어 다음 표와 같이, 설문조사의 목적이 콜센터에 대한 종합적인 고객만족을 측정하는 것이라면 콘택트 채널당 100여개 콘택트를 임의추출할 수 있다. 또한 조사목적이 문의유형별 상담프로세스의 개선사항을 파악하는 것이라면, 문의유형별로 100개 콘택트를 임의추출해야 한다.

그러나 일반적으로 고객만족 설문조사는 복합적으로 조사결과를 활용하기 위하여 수행된다. 따라서 조사대상의 샘플규모는 다수의 복합적인 조사목적을 달성할 수 있도록 임의추출해야 한다.

[분석단위별 세분화]

목 적	샘플 추출 단위	월별로 추출할 대략적인 샘플규모
콘택트채널별로 전반적 고객만족 측정	콘택트채널	500/콘택트채널*
콜센터 프로세스 개선 위해 콘택트유형별 측정 (예) 콘택트이유, 대응유형)	주요 콘택트유형별	100/콘택트유형
팀별 성과측정	팀 (상담사 그룹)	100/팀
상담사별 성과측정	상담사	30/상담사

* 샘플은 월단위로 추출되고 보고서는 분기별로 작성되며, 20%의 응답률을 기준으로 샘플을 추출한다.

(2) 샘플규모 결정하기

고객만족 설문조사의 조사대상 샘플의 수는 다음 사항을 고려하여 결정해야 한다.

① 신뢰구간(Confidence Interval)

신뢰구간은 조사대상에 대해 수행한 설문조사 결과가 전체 고객 모집단 대상으로 조사한 실제결과에 얼마나 근접하는가를 나타낸다.

신뢰구간은 ±편차로서 표현되는데, 예를 들어 신뢰구간이 5이고, 조사대상의 24%가 "예"라고 응답하였을 경우, 전체 고객 모집단은 19%(24-5)에서 29%(24+5)의 사이에서 "예"를 선택할 것이다.

② 신뢰수준(Confidence Level)

신뢰수준은 조사결과가 신뢰구간 내에 존재할 확률을 의미하는 것이다. 예를 들어, 조사결과의 신뢰수준이 95%일 경우, 전체 고객 모집단은 19%~29%의 사이에서 "예"를 선택할 확률은 95%이다. 대부분의 고객만족 조사분석가들은 95% 신뢰수준을 많이 이용한다.

일반적으로, 조사대상의 샘플수가 많을수록 조사결과의 신뢰성은 높아지는 동시에 조사비용도 높아지므로, 적절한 샘플수를 대상으로 고객만족조사를 수행해야 한다.

4. 설문조사 유형

설문조사는 조사목적에 따라 다음의 4가지로 분류할 수 있다.

(1) 설문조사의 주기

현재의 고객만족도를 조사하기 위하여 수행되는 횡단적인 설문조사는 설문조사시점의 고객만족도를 알 수 있다. 반면, 월별, 분기별로 지속적으로 수행되는 종단적인 설문조사는 고객만족 트랜드를 장기적으로 분석하기 위해 수행된다.

(2) 설문조사의 폭(Breadth)

고객만족 설문조사는 기업 내 모든 고객세분화그룹을 대상으로 조사를 수행할 수 있으며, 특정 고객세분화그룹 혹은 특정 이슈에 대해서만 조사를 수행할 수도 있다.

(3) 설문조사의 대상(고객 대 시장)

고객만족 설문조사는 기존고객만을 대상으로 수행할 수도 있으며, 자사와 타사의 고객을 모두 포함하는 시장을 대상으로 고객만족도를 조사할 수도 있다.

(4) 설문조사의 내용(고객경험 대 고객기대)

고객만족 설문조사 내용을 고객기대, 필요, 욕구 등을 측정하는 고객기대 사항 측정 항목으로 구성할 수도 있으며, 고객의 콜센터에 대한 실제 경험에 대한 만족도를 측정하는 항목으로 구성할 수도 있다. 그러나 고객기대에 대한 설문조사 결과분석시에는 고객이 별로 중요하지 않은 사항까지 서비스기대치가 높다고 응답하는 경우가 많으므로 신중하게 판단해야 한다.

5. 설문조사 방법론

(1) 설문조사 방법론

콜센터에서 활용되는 고객만족 설문조사 수행방법은 다음의 4가지이다.

① 우편설문조사

우편설문조사는 설문조사 고객대상에게 우편으로 설문지를 발송하고 고객이 자기기입식으로 설문을 응답한 후 회신하도록 하는 방법이다. 우편설문조사시에는 응답률을 높이기 위해 요금별납의 반송봉투를 설문지와 함께 발송해야 한다.

㉠ 강 점

우편 설문조사는 고객이 편안하게 설문지에 응답할 수 있으므로 고객의 신중한 응답을 얻을 수 있다.

비용은 전화 설문조사보다는 저렴하다. 우편설문조사시에는 기업을 매우 좋아하거나 또는 싫어하는 고객은 무관심한 고객보다 응답률이 높으며, 적극적인 성향의 고객이 소극적 성향의 고객보다 응답률이 높게 나타날 수 있다.

ⓛ 약 점

설문조사 결과의 회수기간이 4~6주 정도로 장기간이 소요되며, 회신된 데이터에 대한 스캐닝 시스템이 지원하지 않을 경우, 수작업으로 입력해야 되는 불편이 있다.

② IVR 설문조사

IVR(Interactive Voice Response) 설문조사는 고객이 전화기의 키패드나 음성인식을 이용하여 설문조사에 응답하는 방법이다. IVR설문조사시의 설문문항수는 6개 이내가 적절하다.
콜센터에서 IVR설문조사는 다음의 3가지 방법으로 시행된다.
[방법 1] 고객상담의 종료단계에서 상담사가 고객에게 설문응답을 요청하고, 고객을 IVR로 연결시키는 방법
[방법 2] 고객이 콜센터로 전화시에 자동으로 IVR설문조사가 진행되고, 설문종료 후 상담사가 연결되도록 하는 방법
[방법 3] ARS 아웃바운드 콜을 통하여 고객에게 설문조사를 요청하는 방법으로서, ARS에서 자동으로 설문조사가 진행되거나 또는 080 무료전화번호로 고객이 직접 전화하여 설문조사에 응답하는 방법

㉠ 강 점

저렴한 비용으로 20~30% 내외의 높은 응답률을 얻을 수 있다. 또한, 단기간 내 수행이 가능하여 즉각적으로 조사결과의 활용이 가능한 장점이 있다.

ⓛ 약 점

6문항 이내의 짧은 설문조사에 대해서만 수행이 가능하고, 현재의 고객만족 수준에 대해서는 측정가능하나 고객이 요청한 후속조치가 만족할 만큼 진행되었는지에 대해서는 측정하기가 어렵다. 따라서 IVR설문조사를 통하여 수집가능한 고객만족 데이터는 한계가 있다.

③ 전화설문조사

전화설문조사는 아웃바운드 콜을 통하여 설문조사를 수행하는 것이다. 전화를 통한 설문조사는 콜센터에서 수행하거나 전문적인 리서치기업에 조사를 위탁하여 수행하기도 한다.

㉠ 강 점

전화설문조사는 조사 수행기간이 7일 이내로 짧게 소요된다.

ⓛ 약 점

전화설문조사는 고객이 전화를 빨리 종료하기 위하여 불만족사항에 대한 언급을 하지 않고, 긍정적인 답변만 하는 경향이 발생할 수 있다. 또한 전화설문조사는 종종 우편이나 인터넷 설문조사보다 2배 정도 비용이 더 많이 소요된다.

④ 인터넷 설문조사

인터넷(이메일 및 웹) 설문조사는 비용이 저렴하고, 조사기간이 짧으며, 데이터의 수집과 분석이 용이하다. 이메일과 웹 설문조사방법은 크게 3가지가 있다.

[방법 1] 이메일 초대 : 고객에게 설문조사 응답을 요청하는 이메일을 발송하면서, 설문조사 웹페이지로 이동하는 URL을 클릭하도록 권유하는 방법

[방법 2] 이메일 발송 : 고객에게 설문조사 내용을 직접 이메일로 발송하여 설문조사 응답을 요청하는 방법

[방법 3] 웹사이트 내 팝업이용 : 웹사이트상에서 팝업으로 설문조사를 요청 및 설문조사내용을 제공하는 방법으로 일반적인 고객만족 조사시에 많이 이용될 수 있으나, 콜센터에 대한 고객만족도를 측정하기에는 한계가 있다.

㉠ 강 점

인터넷 설문조사는 우편조사보다는 응답률이 높으며, 36~48시간 이내에 응답을 얻을 수 있다. 또한, 고객 응답 데이터가 자동으로 입력되어, 분석이 가능하고 "당신이 불만족한 이유는 무엇입니까?"와 같은 주관적인 질문에 대해서도 다양한 응답을 얻을 수 있으며, 고객의 응답내용에 따라 이어지는 설문문항을 제시할 수 있는 유연성이 제공된다.

ⓛ 약 점

인터넷 설문조사는 인터넷을 주로 이용하는 고객을 대상으로 조사시에 효과적인 반면, 인터넷을 이용하지 않는 고객대상으로는 효과적이지 않다.

(2) 설문조사시 고려사항

설문조사를 효과적으로 수행하기 위해서는 다음의 사항을 고려해야 한다.

① 조사결과는 고객의사에 대한 대표성이 있어야 한다. 조사결과가 고객 대부분의 의견을 대표해야 하고, 일반화가 가능해야 한다. 조사대상에 대한 불완전하거나 불충분한 샘플링은 고객의견을 대표할 수 없으므로 편향된 결과를 제공하게 된다.

② 설문조사 방법은 조사실행 및 관리가 용이해야 한다. 설문조사 수행방법이 조사를 수행하고 관리하기에 어렵다면, 설문조사를 정기적으로 수행하고 관리하기가 어렵게 된다.

③ 설문문항은 효과적인 평가척도로 구성해야 한다. 설문조사에서 일반적으로 이용되는 평가척도는 5점 리커트척도이다. 5점 리커트척도는 1점 매우 불만족, 2점 약간 불만족, 3점 보통, 4점 약간 만족, 5점 매우 만족으로 구성된다

④ 설문조사 방법은 비교적 비용이 효과적이어야 한다. 특히, 고객만족 설문조사는 분기별로 수행하여 고객만족 트랜드를 평가하는 것이 좋으므로, 분기별로 수행가능할 만큼 비용이 효과적이어야 한다.

⑤ 설문조사 결과는 고객의 콘택트유형별로 만족도를 분석할 수 있어야 한다. 설문조사 결과를 통하여 고객의 콘택트유형별로 만족수준을 파악하고 개선포인트를 제시할 수 있어야 한다.

⑥ 설문조사 결과보고서는 콜센터 관리자가 활용할 수 있도록 적시적이고, 행동지향적(Action-Oriented)이면서 이해하기 쉬어야 한다. 설문조사 결과보고서가 복잡하거나 난해할 경우 콜센터에서 조사결과 보고서의 활용도가 낮아질 수 있다.

(3) 설문조사 수행단계

고객만족 설문조사는 다음의 7단계에 따라 수행된다.

① 조사목표 수립하기

고객만족 설문조사를 하는 이유는 무엇인가? 조사결과는 어디에 활용할 것인가? 등에 대한 명확한 설문조사 목표를 수립해야 한다.

② 조사항목 결정하기

설문조사 목표에 따라 설문조사의 질문항목과 문항을 구성해야 한다.

③ 설문조사 방식 결정하기

설문조사를 수행할 채널을 결정해야 한다. 설문조사를 수행할 채널은 설문조사 목적, 설문문항의 구성내용과 문항수에 따라 IVR, 이메일, 전화, 팩스, 우편조사형식을 이용할 수 있다.

④ 샘플 규모 결정하기

설문조사를 수행할 조사대상 고객의 수를 결정해야 한다. 조사대상의 고객수는 예상되는 조사응답률과 설문조사의 신뢰수준을 고려하여 결정한다.

⑤ 설문문항 구성하기

설문조사의 구체적인 설문문항을 작성해야 한다. 조사목표, 질문항목, 설문조사 형식에 따라 설문내용, 설문의 문항수가 구성된다.

⑥ 설문조사 예비 테스트하기

설문 문항이 조사목표에 따라 잘 구성되었는지를 파악하기 위하여 설문조사 예비 테스트(Pre Test)를 수행한다. 설문조사 예비 테스트는 소규모의 고객대상으로 설문조사를 실시한 후 고객반응을 분석하여 설문문항을 개선하는 것이다.

⑦ 설문조사 수행하기

설문조사 수행하기의 단계는 설문지 배포, 설문조사 수행, 조사결과 분석, 결과 보고서 제공 등으로 이루어진다. 또한 설문조사 분석결과를 토대로 고객만족 향상을 위한 실행계획을 수립하고, 요구되는 후속조치를 수행해야 한다.

6. 고객만족조사시의 주요 관리사항

콜센터를 이용한 고객을 대상으로, 고객만족 설문조사시의 주요 관리사항은 다음과 같다.

(1) 랜덤샘플

콜센터에서 고객만족 설문조사를 수행할 경우에는 최근 2~4주 전까지 콜센터를 이용한 고객 중에서 무작위로 추출(임의추출)한다.

(2) 3분 이내의 짧은 설문지

고객만족을 측정하는 핵심항목을 모두 포함하도록 하되 설문문항은 10개 이내로 구성한다.

(3) 모든 콘택트채널에 걸친 측정

콜센터에서 고객만족도 측정시에는 전화뿐만 아니라 모든 콘택트채널에 대한 고객만족을 함께 측정하여 모든 콘택트채널에 대한 통합적인 고객만족도를 분석해야 한다.

(4) 설문조사의 적시성

고객이 콜센터에 콘택트한 2~4주 이내에 설문조사를 하는 것이 가장 바람직하다. 이는 고객이 콘택트 경험을 충분히 기억할 수 있으며, 기업이 제공하기로 약속한 조치가 완료되었는지 여부를 평가할 수 있기 때문이다.

(5) 설문조사 내용은 측정(Measurable) 및 달성(Achievable) 가능하고, 고객경험과 관련있으며(Relevant) 콜센터에서 통제 가능한(Controllable) 항목으로 구성

설문조사는 기업이 관리가 가능한 항목들에 대한 고객만족 수준을 객관적으로 측정하는 것이다. 따라서 설문조사 결과를 토대로 기업의 서비스 향상을 위한 목표를 수립할 수 있어야 한다.

(6) 정기적(Periodic) 관리와 지향적 보고

고객만족 조사는 매월, 분기별로 수행하여 고객만족 트랜드를 분석보고해야 한다. 결과 보고서는 콜센터 관리자가 이해하기 쉽고, 콜센터에서 실행가능한 지침사항을 포함해야 한다.

7. 조사결과의 분석 및 보고

고객만족 설문조사는 고객만족 트랜드를 분석하기 위하여 정기적으로 수행되고 분석되어야 한다. 또한 조사결과는 콜센터에서 고객만족 향상을 위한 개선방안을 제공해야 한다.

콜센터에서 고객만족 설문조사 결과를 효과적으로 활용하기 위한 보고서의 유형은 크게 2가지로 나누어 볼 수 있다.

(1) 등급별 분석보고서

등급별 보고서는 평균 고객만족 점수에 따라 상담팀 또는 상담사를 1등부터 내림차순으로 등수를 매기는 것이다.

[등급별 분석보고서(샘플)]

순 위	상담사	3개월 고객만족점수	당월의 고객만족점수	12개월 평균고객만족점수
1	J	90	93	88
2	A	87	87	86
3	F	85	90	82
4	B	80	77	89
5	C	76	77	76
6	G	69	75	60
7	H	61	65	47
8	D	59	58	60
9	I	48	39	52
10	E	39	29	57

(2) 진단별 분석보고서

진단별 보고서는 고객만족 평가유형에 따라 상담팀 또는 상담사별로 평균고객만족 점수를 평가한다.

위의 등급별 분석보고서에 따르면 상담사 E는 지난 3개월, 당월 모두 고객만족점수(CSI ; Customer Satisfaction Index)가 가장 낮았다. 상담사 E의 낮은 고객만족점수는 진단별 분석보고서에 따르면 전문적 기술과 명확한 대응이 낮기 때문임을 알 수 있다. 콜센터 관리자는 고객만족 설문조사 결과보고서와 콜품질 모니터링, 관리자의 관찰결과와 콜센터 내부의 품질데이터를 종합적으로 분석하여 상담사 E의 고객만족점수를 향상시키기 위한 코칭을 수행해야 한다.

[진단별 분석보고서(샘플)]

구 분		3개월	현재 달	12개월
고객만족점수	상담사 E	39	29	57
	기업평균	68	73	71
대응의 적시성	상담사 E	61	71	62
	기업평균	62	70	64
상담의 전문기술성	상담사 E	39	44	40
	기업평균	70	75	72
대응의 명확성	상담사 E	48	38	53
	기업평균	57	62	58

콜센터에서 고객만족 설문조사를 수행하는 이유는 다양하다. 그러나 일반적으로 가장 많이 언급되는 이유는 다음과 같다.

① 설문조사를 통하여 높고 일관성 있는 고객만족 및 충성도를 유지하기 위해 콘택트경험에 관한 종합적인 고객만족을 측정한다.

② 설문조사를 통하여 콜센터 프로세스와 고객상담 가이드라인의 개선이슈를 파악할 수 있다.

③ 설문조사 결과는 콜센터의 고객만족 성과측성시 활용가능하다.

④ 설문조사 데이터는 개별 상담사들의 고객만족 성과측정시 활용가능하다.

제3절 ┃ 고객만족 결과활용

○― 핵심 포인트

• 콜센터의 고객만족 향상을 위한 핵심적인 유인요소는 접근가능성, 첫 번째 콘택트의 해결, 약속된 조치의 이행, 상담원 전문지식 등이다.

• 콜센터에 대한 고객불만족을 야기하는 유인요소는 콜센터 내부와 기업에 존재하므로 통합적으로 분석해야 한다.

• 콜센터 고객만족 조사결과는 콜센터 개선방향 도출, 콜센터 운영지표 수립, 상담원별 성과평가, 불만고객 후속조치 등을 위하여 활용된다.

1. 콜센터의 고객만족 유인요소

(1) 접근가능성

고객이 언제든지 원할 때 콜센터를 이용할 수 있도록 하는 접근가능성은 서비스 수준과 응답시간으로 측정할 수 있다. 서비스 수준과 응답시간은 얼마나 신속하게 고객문의 전화를 상담사가 응대하는가를 나타내는 지표이다. 접근가능성과 관련된 콜센터 지표는 다음과 같다.

① 서비스 수준(Service Level)

② 평균대기시간(Average Delay Time)

③ 포기콜(Abandoned Calls)

④ 불통콜(Blocked Calls)

⑤ 평균응답속도(Average Speed of Answer)

⑥ 다운시간(Downtime)

⑦ 발생한 에러 메시지 건수 및 유형

⑧ IVR의 완결률(Percentage Complete In IVR)

⑨ 다른 채널로 연결되는 콘택트의 수

콜센터의 서비스 수준이 고객기대에 대비하여 낮다면 고객불만족의 원인이 될 수 있으나, 고객기대 내에서 제공될 경우, 서비스 수준을 높여도 고객만족수준은 향상되지 않는다.

(2) 첫 번째 콘택트의 해결

첫 번째 콜에서 고객문의 및 요청사항을 해결해주는 '첫 번째 콘택트에서의 해결(First Call Resolution)'은 고객만족을 향상시킨다. 또한 첫 번째 콘택트에서 고객문의 처리율이 높아질수록 고객만족수준도 함께 높아진다.

안심Touch

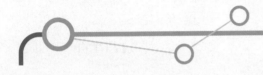

(3) 약속된 조치들의 이행

'첫 번째 콘택트의 해결'과 함께 '약속기간 내 처리'는 고객만족을 향상시킨다. 배송기간, 제품교환기간, 주문처리기간, 고객요청사항 처리기간 등과 같이 고객과 약속한 사항을 기간 내에 처리해야 한다.

(4) 상담사의 지식

고객은 전문적인 상담사가 응대해주기를 기대한다. 예를 들어 고객은 상품에 대한 궁금점을 해결하기 위하여 기술지원센터 및 정보데스크에 문의한다. 따라서 기업에서 마케팅 촉진이나 신상품 출시시에 콜센터와 관련 사항을 반드시 공유해야 한다.

2. 콜센터의 고객 불만족 유인요소

고객불만족의 유인은 콜센터 내외부에 존재한다.

(1) 콜센터 내부에서 발생가능한 고객불만족의 유인

① 상담사의 고객조치

② 콜센터 내 상담프로세스

③ 콜센터와 유관부서의 연계프로세스

④ 고객기대에 대한 부정확한 이해

(2) 콜센터 외부에서 발생가능한 고객불만족의 유인

① 제품 또는 서비스능력을 초과하는 마케팅약속(Promises)

② 제품 또는 서비스의 자체적인 결함 또는 문제

③ 배송지연 또는 부정확한 주문 처리

④ 명확하지 않거나 일관성 없는 고객정책 및 절차

3. 고객불만족 유인요소의 제거

다음과 같이 콜센터는 기업 내 모든 프로세스와 연계된 고객응대시스템이다. 따라서 고객상담 및 유관부서와 업무처리 프로세스 등에 대한 개선 없이 상담사에게 품질향상 및 불만족 요인제거를 독려하는 데는 한계가 있다.

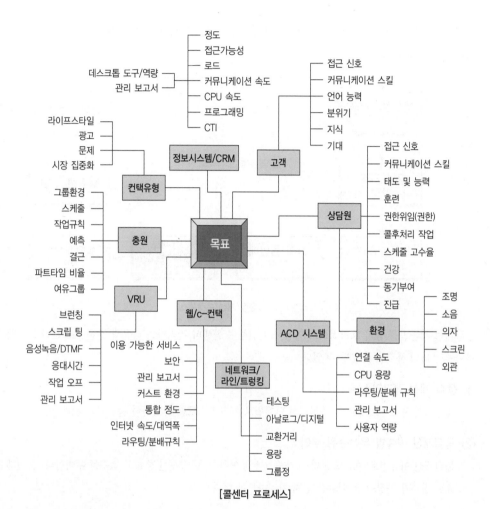

[콜센터 프로세스]

고객불만족 유인을 파악하기 위해서는 먼저, 콜센터에서 반복적으로 발생하는 고객불만족 사항을 파악해야 한다. 반복적으로 발생하는 문제는 불완전한 제품 및 서비스 정보, 유관부서와의 협업부족, 교육부족에 따른 상담사의 오상담, 과도한 상담업무로 인한 상담사의 불친절 등 다양하다. 또한 이와 같이 반복적으로 발생하는 문제들은 복합적으로 나타나기도 한다.

콜센터에서 고객불만족 사항을 개선시키기 위해서는 다음 그림과 같은 체계적인 품질개선 접근법이 필요하다.

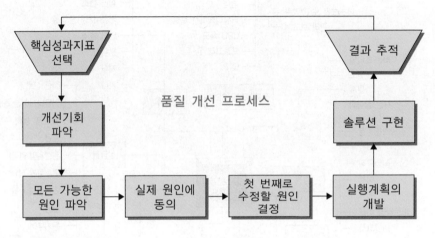

[품질 개선 프로세스]

품질개선 접근법을 좀더 효과적으로 활용하기 위하여 콜센터 관리자는 다음과 같은 품질분석 도구를 활용하여 콜센터의 품질을 측정할 수 있다.

(1) 품질 개선 체크리스트

품질개선 프로세스에 따라 품질개선 단계별로 체크리스트를 작성하여 품질이슈를 관리한다.

(2) 품질개선 이슈별 우선순위 부여

품질개선 이슈별로 중요도에 따라 가중치를 부여하여, 품질개선 중요도 점수를 부여한다. 품질개선 중요도 점수가 가장 높은 이슈를 먼저 처리하도록 한다.

(3) 콜센터 관리항목과 고객불만족 간의 관계

콜센터 관리항목 중 고객불만족과 상관관계가 높은 항목을 찾아내는 것이다. 고객불만족과 높은 상관관계를 갖는 항목에 대하여 집중적으로 품질개선을 수행하도록 한다. 예를 들어 서비스 수준과 고객불만족은 상관관계가 높다. 즉, 서비스 수준이 낮을수록 고객불만족 역시 낮게 나타난다.

(4) 파레토 차트

고객불만족 사항 중 고객불만 빈도가 높거나 또는 심각한 고객불만족을 야기하고 있는 사항을 표로 작성하여, 품질개선 중요도를 파악하도록 한다.

(5) 타사 비교

타사 대비 자사 기업의 제품, 서비스, 고객응대 절차에 대한 벤치마킹을 수행하여 자사의 개선사항을 파악하도록 한다.

4. 고객만족 조사결과의 활용

(1) 콜센터 개선방향 도출

고객만족 설문조사를 통하여 측정항목별 중요도와 고객만족도를 측정함으로써, 콜센터에서 고객만족 향상을 위해 개선되어야 할 항목을 우선순위에 따라 나열할 수 있다. 콜센터 관리자는 항목별 우선순위에 따라 품질개선을 수행하기에 앞서, 품질개선 조치에 따른 비용과 영향력을 함께 고려해야 한다.

(2) 콜센터 운영지표 수립

고객만족 조사결과를 토대로 콜센터 운영지표를 설정할 수 있다. 일반적으로 기업에서 콜센터 내부운영지표는 동종기업의 목표수준을 따르지만, 적정한 운영지표는 고객만족지점이다. 예를 들어 설문조사에서 고객에게 "상담사 연결을 위한 대기시간에 만족하십니까?"를 질문하였을 때 평균대기시간이 45초 이내인 고객은 모두 "만족한다"라고 응답하였을 경우, 기업은 콜센터 대기시간의 운영지표를 40초로 설정할 수 있다.

(3) 상담사별 성과평가

고객만족 조사결과를 토대로 상담사개인별로 상담품질에 대한 성과평가를 할 수 있다. 예를 들어 진단보고서에서 상담사 '홍길동'의 상담 전문성에 대한 고객만족도가 콜센터 평균보다 낮을 경우, '홍길동' 상담사의 상담품질 개선을 위한 코칭자료로서 활용할 수 있다.

(4) 불만고객 후속처리

고객만족 조사결과에서 나타난 '고객의 소리(VOC)'를 통하여 불만고객과 불만원인을 파악할 수 있다. 따라서 콜센터에서는 불만고객을 대상으로 해피콜을 통해 불만해소를 위한 후속조치를 취하여 고객이 탈을 방지하는 동시에 고객만족도를 향상시킬 수 있다.

주요 용어정의

- **원콜 처리(One Call Resolution)** : 원스탑으로 한 번의 콜에서 고객문의를 처리함
- **제안판매(Suggestive Selling)** : 인바운드 문의 고객대상으로 크로스셀링 또는 업셀링을 유도하는 것임
- **고객콘택트로깅시스템(Customer Contact Logging System)** : 고객콘택트의 내용을 기록하고 관리하여 고객정보의 조회 및 저장이 가능한 시스템
- **셀프서비스 시스템(Self Service System)** : ARS와 같이 고객이 시스템을 통하여 고객문의를 스스로 해결할 수 있도록 지원하는 고객문의처리시스템
- **콜품질점수** : 콜센터의 품질측정 점수
- **응대율** : 콜센터의 고객콘택트에 대한 응대율
- **국가고객만족지수(NCSI)**
- **NCSI 시뮬레이션 소프트웨어(NCSI Simulation Software)** : NCSI를 측정된 고객만족도가 고객수익성에 미치는 영향을 추정하는 소프트웨어
- **고객상담 애플리케이션** : 콜센터에서 고객문의에 응대하기 위하여 상담사가 사용하는 상담 애플리케이션
- **서비스 수준** : 고객콘택트시에 고객이 상담사와 콘택트하기 위하여 대기하는 시간
- **대응시간** : 고객콘택트시에 상담사가 고객에게 콘택트하기까지 소요된 시간
- **운영시간** : 콜센터 상담시간
- **콜라우팅 방법** : 콜센터로 인입된 고객콘택트가 상담그룹에게 분배되는 방법
- **첫 번째 콜 해결(First Call Resolution)** : 고객문의 및 요구사항을 첫 번째 콜에서 해결하는 것을 의미
- **포기호** : 고객이 콜센터에 전화하였으나 상담사 연결에 실패한 콜
- **QAA(Quality Assurance Analyst)** : 콜품질 모니터링을 수행하는 콜품질 평가자
- **ARS(Automatic Response Service)** : 자동응답시스템
- **IVR(Interactive Voice Response)** : 대화형 음성응답시스템

02 과목 연습문제

디지털 콜센터 매니저

제1장 ▌CRM과 콜센터

01 다음 빈칸에 들어갈 말을 순서대로 쓰시오.

> CRM은 (　　　) 고객 확보와 (　　　) 고객 유지를 통하여, 기업의 (　　　) 절감과
> (　　　) 확대를 목적으로 한다.

02 1990년대 후반, 대 고객관점은 다음 중 무엇인가?

① 수동적 구매자　　　　　　　② 선택적 구매자
③ 다양화된 구매자　　　　　　④ 능동적 파트너

03 다음 빈칸에 들어갈 말은?

> 콜센터의 전화업무는 크게 인바운드 업무와 (　　　) 업무로 나뉜다.

안심Touch

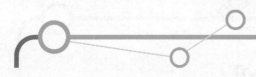

04 콜센터에서 CRM 수행효과는 다음 중 무엇인가?

① 고객만족 향상
② 상품품질 관리
③ 관련부서 간 협업증가
④ 시스템비용 절감

05 기업의 핵심고객에 해당하는 고객그룹은 무엇인가?

① Suspect   ② Prospect
③ Marginal   ④ Advocate

제2장 ▎콜센터 CRM 전략

01 다음 중 CRM 전략 수립시 고려사항으로 맞는 것은?

① 고객데이터 이용범위
② 기업보유 시스템사양
③ CRM 수행부서
④ CS부서 인력규모

02 콜센터에서 적용가능한 CRM 전략 세부목표는 무엇인가?

① 고객만족 향상
② 고객당 평균 수익성 증가
③ 고객유지규모 향상
④ Service Level

03 콜센터에서 CRM 전략을 수행하기 위하여 활용가능한 전략요소 3가지만 적으시오.

04 다음 빈칸에 들어갈 말은?

> 콜센터의 CRM 전략 수행에 대한 성과측정 항목은 품질, 효율성, (   ), (   ),
> (   ), (   ) 등 6가지이다.

05 고객의 구전효과를 고객가치에 포함한 고객가치평가모델은 무엇인가?

06 다음 빈칸에 들어갈 말은?

> 고객세분화 그룹별 고객가치에 따라 콜센터는 (   )을 통해 차별화된 고객응대를 수행
> 할 수 있다.

안심Touch

제3장 ▎고객만족관리

01 콜센터에서 고객만족 조사시, 핵심요소는 다음 중 무엇인가?

① 3개월 이내 콜센터 콘택트한 고객추출
② 콜센터 이용고객만 조사
③ 설문문항은 15개 내외로 구성
④ 조사수행시간은 3분 이내로 제한

02 기업에 대한 고객만족 트랜드 변화를 측정하기에 효과적인 조사방법은 무엇인가?

① 종단 조사
② 타사 고객대상 조사
③ 고객기대 조사
④ 세분그룹별 횡단 조사

03 고객만족 설문조사시, 설문조사 형식 결정 후 다음 수행단계는 무엇인가?

① 측정항목 결정
② 샘플규모수 결정
③ 질문문항 결정
④ 설문조사 테스트방법 결정

04 다음 빈칸에 들어갈 말은?

> 고객만족 조사방법은, 우편설문조사, 이메일/웹조사, (　　　), (　　　) 등이 있다.

....

....

....

05 콜센터의 고객만족 핵심유인요인 중 3가지만 적으시오.

....

....

....

안심Touch

02 과목 정답 및 해설

제1장 ▌ CRM과 콜센터

01 신규, 기존, 비용, 수익

해설 ▶ CRM은 신규고객획득과 기존고객 유지를 포함하는 CARM(Customer Acquisition & Retention Management)의 개념이다. CRM은 고객수익적 측면에서 신규 고객규모를 늘리는 동시에 기존 고객의 생애가치를 증진하여야 하고, 비용적 측면에서는 신규고객 획득비용을 감소시키는 동시에 기존 고객의 유지비용을 절감하는 것이 목적이다.

02 ④

해설 ▶ 기업의 대고객관점의 변천을 살펴보면, 1970년대는 시장공급상품을 일반적으로 수용하는 수동적 구매자 관점, 1980년대는 한정된 시장공급상품 중에서 필요상품을 고르는 선택적 구매자 관점, 1990년대 초반은 본인의 기호에 따라 시장상품을 선택하는 개성화된 구매자 관점, 1990년대 후반은 시장, 기업과 쌍방향으로 의사소통하면서 소비자의 요구를 적극적으로 반영하는 능동적 파트너 관점으로 진화해 나가고 있다.

03 아웃바운드

해설 ▶ 콜센터의 전화업무는, 고객으로부터 걸려오는 전화를 응대하는 인바운드 업무와 고객에게 전화를 걸어서 업무를 수행하는 아웃바운드 업무로 나눌 수 있다.

04 ①

해설 ▶ 콜센터에서 CRM 수행효과는 고객만족도와 충성도, 영업 및 수익 창출채널, 품질개선 이슈제공, 고객서비스 제공채널의 4가지가 있다.

05 ④

해설 ▶ 고객은 기업에 대한 수익성을 기준으로, 다음의 4가지 유형으로 나누어 볼 수 있다. (1) 일반국민과 같은 일반인(Suspect)고객군 (2) 기업의 잠재고객으로 인식되는 잠재고객(Prospect)군 (3) 기업이 제공하는 상품과 서비스에 대한 충성도와 수익성을 제공하는 애호고객(Loyal)군 (4) 기업의 상품과 서비스를 구매하는 동시에 주변사람들에게 추천하는 등의 구전마케팅을 수행하는 열렬고객(Advocate)군 등이다.

제2장 ▌콜센터 CRM 전략

01 ①

해설▶ CRM 전략 수립시에는 전사적인 고객지향적 접근이 먼저 고려되어야 한다. 고객지향적 접근을 위하여 중점적으로 고려해야 되는 사항은 다음의 3가지로 나누어 볼 수 있다. (1) 고객의 이용편리성을 보장할 것 (2) 활용가능한 고객데이터의 이용범위를 분석하여 고객데이터를 효과적으로 활용할 것 (3) 고객과 개인적 관계를 형성할 것 등이다.

02 ④

해설▶ CRM 전략은, 1단계로 전사적인 기업의 CRM 전략을 먼저 수립한 후, 2단계로 기업의 CRM 전략에 따라 기업 내 각 세부부서별 CRM 수행전략을 수립하게 된다. 전사적인 기업전략으로는 고객만족 향상, 고객유지 증가, 고객당 평균수익성 증가 등의 거시적인 목표를 수립하며, 콜센터와 같은 기업의 세부부서는 기업전략 달성을 위해 원콜처리율(One-call Resolution율) 향상, 서비스 수준(Service Level) 증가, 콜품질 향상 등의 세부목표를 수립하게 된다.

03 고객세분화, 운영시간, 콜서비스 목표율, 상담원 규모, 기술지원, 분석, 콜라우팅방법, 콜센터 보유지식, 주요 콘택트채널, 주요 콘택트유형 중 택3

해설▶ 콜센터에서 기업의 CRM 전략 달성을 위하여 수립하는 세부목표인 원콜처리율(One-call Resolution율) 향상, 서비스 수준(Service Level) 증가, 콜품질 향상 등에 대한 목표달성을 위하여 활용가능한 전략은 다음과 같다.
(1) 콜센터에서 효과적인 고객응대를 위한 고객세분화 (2) 고객니즈에 따른 탄력적인 콜센터 운영시간 (3) 서비스 수준(Service Level) 달성을 위한 콜서비스목표율 향상 (4) 콜센터 인입콜 예측에 따른 상담원 규모 및 상담원 근무시간 배치 (5) 신속한 고객응대를 위한 고객상담 어플리케이션 개선과 같은 기술지원 (6) 고객만족 및 콜센터 운영효율성 등에 대한 분석 (7) 고객수익성에 따른 차별화된 고객응대를 위한 콜라우팅방법의 운영 (8) 콜센터 내부 교육을 통한 콜센터 근무자의 보유지식 향상 (9) 주요 콘택트채널 및 주요 콘택트유형에 대한 관리 등이 있다.

04 접근가능성, 비용성과, 전략적 영향, 목표의 명확성

해설▶ 콜센터 CRM 전략수행에 대한 성과측정 항목은 다음의 6가지로 나누어 볼 수 있다.
(1) 콜센터 품질(상담콜 품질수준, 첫번째 콜해결률, 오상담률 등)
(2) 효율성(예측호와 실제 인입호 간의 차이, 상담사 투입스케줄과 실제 필요상담 사간의 차이, 상담사 업무스케쥴 관리, 인입되는 콜에 대한 평균처리시간 등)

(3) 접근가능성(콜센터의 서비스 수준, 고객 대기시간 수준, 콜센터의 포기호수준 등)

(4) 비용성과(콜당 처리비용, 분기별 또는 연간단위의 예산/비용 목표관리 수준, 아웃바운드 시도콜수 / 연결콜의 비율 / 일일 아웃바운드 성공콜수 / 콘택트당 소요 비용 및 시간당 소요 비용 등의 아웃바운드 목표관리 수준 등)

(5) 전략적 영향(고객만족, 상담사 만족, 상담사 이직률 등)

(6) 목표의 명확성(콜센터 핵심목표에 부합하는 상담사 프로모션 / 보상 / 인센티브 수행 여부, 콜센터의 성과 달성에 대한 정기적인 피드백 및 보고 수행 등) 등의 6가지가 있다.

05 추천고객가치 모델

해설 ▶ 고객이 구전(Word-of-mouth) 광고를 통한 신규고객유입에 따른 가치를 고려한 고객가치평가모델은, 추천 고객가치모델이다. 고객 추천은 기업의 추가적인 마케팅 비용없이 시장점유율을 증가시켜 줌으로 기업에게는 중요하게 다루어지고 있다.

06 Advanced Skill Based Routing

해설 ▶ 콜센터에서는 고객가치에 따라 차별화된 고객응대를 수행할 수 있다.

먼저 고객가치평가모델을 통해 산출된 고객가치별로 고객세분화그룹을 구분 후, 세분그룹별로 차별화된 고객응대서비스를 제공하기 위해 콜센터에는 어드밴스드 콜라우팅기법(Advanced Skill Based Routing)을 사용할 수 있다.

어드밴스드 콜라우팅기법(Advanced Skill Based Routing)을 활용하여 콜센터에서는 고객세분화 그룹별 가치에 따라 전담 상담그룹을 배치하여 고객의 대기시간과 서비스수준을 관리 등이 가능하다.

제3장 ▌고객만족관리

01 ④

해설 ▶ 콜센터에서 고객만족을 측정시에 가장 중요하게 고려하여야 하는 핵심요소는 크게 6가지로 나누어 볼 수 있다.
(1) 2~4주 이내 콜센터에 콘택트한 고객을 랜덤추출 (2) 10개 이내 설문문항으로 3분 이내 짧게 조사 (3) 모든 고객콘택트채널의 만족도를 측정, 콜센터 고객만족의 통합분석 (4) 콘택트경험이 기억 가능한 2~4주 이내 설문조사 수행 (5) 조사는 측정가능하고, 콜센터가 달성가능/통제 가능한 항목으로 구성 (6) 매월, 분기별 트랜드 조사분석 및 콜센터에서 실행 가능한 내용으로 보고 등이다.

02 ①

해설 ▶ 기업에서 현재의 고객만족도를 조사하기 위해서는 주로 횡단적인 설문조사를 수행하는 반면, 기업의 장기적인 고객만족 트랜드 변화를 분석하기 위해서는 종단적인 설문조사를 수행하는 데 종단적인 설문조사는 월별, 분기별 또는 연간으로 지속적으로 수행된다.

03 ②

해설 ▶ 고객만족 설문조사의 수행단계는 다음의 7단계로 나누어 볼 수 있으며 각 단계는 (1) 조사목표를 수립하라 (2) 조사항목을 결정하라 (3) 설문조사 방식을 결정하라 (4) 샘플 규모 결정하기 (5) 설문문항 구성하기 (6) 설문조사 예비 테스트하기 (7) 설문조사 수행하기 등으로 구성된다.

04 IVR 설문조사, 전화조사

해설 ▶ 고객만족 조사방법의 대표적인 형태로는, 이메일/웹조사, IVR 설문조사, 전화조사 등이 있다.

05 Service Level, One-call Resolution율, 포기콜, 불통콜, 평균응답속도, 콜센터 운영시간, 오상담 건수, 고객클레임 발생율, IVR 완결률/포기율 중 택3

해설 ▶ 콜센터에서 고객만족의 핵심유인은 고객접근 가능성입니다. 콜센터에서 고객접근 가능성을 향상시키기 위한 핵심유인요인으로는 (1) 서비스 수준(Service Level), (2) 원콜처리율(One-call Resolution율), (3) 포기콜, (4) 불통콜, (5) 평균응답속도, (6) 콜센터 운영시간, (7) 오상담 건수, (8) 고객클레임 발생율, (9) IVR 완결률/포기율 등이 있다.

안심Touch

여기서 멈출 거예요? 고지가 바로 눈앞에 있어요.
마지막 한 걸음까지 시대에듀가 함께할게요!

제3과목

인적자원관리

01장 리더십

제1절 ┃ 효과적인 리더의 특성

○─ 핵심 포인트

- 리더십의 대가인 Stephen Covey에 따르면, 효과적인 리더가 갖는 습관들은 다음과 같다.
  - 서비스 중심의 실천
  - 타인에 대한 믿음
  - 모험적인 삶의 지향
  - 긍정적 에너지의 발산
  - 균형 잡힌 삶의 유도
- 조직 내에서 리더가 자신을 드러내는 중요 영역들
  - 성격
  - 지식
  - 경험
  - 능력
  - 관계성
  - 직관력
  - 과거의 성공
- 이들은 효과적인 리더의 특성들을 정의하기 위한 것들은 아니지만, 중요한 특성의 하나는 유효성이다.

효과적인 리더의 특성들을 결정하는 것은 정의하기 어렵다. 리더십 전문가들에 의해 제시된 근본적인 리더의 특성들이 결여된 리더들의 예는 사업세계에 가득하다. 그래서 여전히 효과적인 리더가 될 수 있는 것이 무엇인지 고려하고 있는 것이다.

1. 효과적인 리더의 특성

사람들은 자신의 개발을 위해, 효과적인 리더의 특성들에 대한 연구의 도움을 받기도 한다. 리더십 전문가인 Stephen Covey는 이런 특성들을 원칙중심의 리더십을 포함해 그의 많은 책들에서 '습관'이라는 말로 인용하고 있다. 그는 리더들은 직장생활에서 이런 특성들을 유지하고 있을 뿐 아니라, 그들의 삶을 안내하는 효과적인 습관들을 개발한다는 것을 발견하였다.

[Stephen Covey의 주장에 포함된 몇 가지 습관]

(1) 서비스 중심의 실천

리더들은 책임감과 봉사와 공헌을 통해 다른 사람들을 이끌기 위해 자신들의 외부(욕망, 야망 그리고 목표들)를 살필 수 있다.

(2) 긍정적 에너지의 발산

Covey는 사람들 중 최고를 찾고 리더들을 주변에 두는 카리스마라고 기술하고 있다.

(3) 타인에 대한 믿음

리더들은 고유한 개인이 갖는 잠재력을 구체화하고 그들의 강점과 약점을 살펴볼 수 있다. 리더들은 모든 사람들이 노동의 윤리나 관점 그리고 욕구들이 같을 수 없다는 것을 이해하고 있다.

(4) 균형 잡힌 삶의 유도

리더들은 감각적으로 살고 곤란한 상황에서 명확한 통찰력을 가져올 수 있다.

(5) 모험적인 삶의 지향

강한 특성을 갖는 리더들은 흥미를 갖고 새로운 경험을 시도하고 용기를 갖고 새로운 경험의 위험을 수용할 수 있다.

이런 개인적 특성들은 사람들이 자신의 사업 활동을 통해 그 특성들을 개인적으로 적용하는 것으로서 리더십 효과로 해석된다. The 21 Irrefutable Laws of Leadership에 따르면, 리더십 전문가인 John Maxwell은 일반적인 리더십특성들은 개인들이 천부적으로 갖고 태어난 개인적 성격들일 수 있기 때문에 모든 특성들은 학습될 수 있는 특성들이라고 강조하고 있다. 그는 조직 내에서 리더를 밝힐 수 있는 7가지 핵심영역을 인용하였다.

① 성 격

리더의 성실함의 깊이는 타인들에게 신뢰를 고취시킨다. 그들은 자신들의 신념을 세우고 타인들에게 신뢰와 정직함 그리고 용기를 줄 수 있다. 리더는 확신에 찬 행동을 하며, 옳은 일을 수행하기 위해 필요한 절차들을 알고 있다.

② 관계성

리더는 올바른 사람들의 유형이 갖고 있는 올바른 관계성의 종류들을 개발한다는 것의 중요성을 이해하고 있으며, 이런 관계성을 얻기 위한 기술을 가지고 있다. 그들은 조직구성원들을 비전의 방향으로 안내할 수 있도록 하는 것이 관계성이라는 것을 이해하고 있다.

③ 지 식

리더가 되기 위한 활력은 지속적인 학습과 지식의 습득이다. 이것 없이 리더는 복잡한 문제에 봉착하거나 미래를 위한 비전을 창조할 수 없을 것이다.

④ 직관력

Maxwell의 "A Leadership Lens"의 문구에 따르면, 리더는 그들이 의사결정을 할 때 추가적인 다른 측면으로서 본능과 느낌에 따른다고 한다. 그들이 사용하는 직관은 무엇보다 중요한 점이라고 강조하고 있다.

⑤ 경 험

과거의 경험과 도전들이 자동적으로 신뢰성을 내포하는 것은 아니다. 그것들은 리더에게 과거의 실수로부터 배울 수 있도록 하거나 미래의 의사결정을 위한 정보로 이용되도록 한다.

⑥ 과거의 성공

리더가 과거에 성공하기 위해 다른 사람들을 이끌어본 적이 있는지 아닌지에 대해 지속인 질문들을 받게 될 것이다.

⑦ 능 력

만일 리더가 자신의 미션을 전달할 수 있고, 조직구성원들이 그 미션을 믿는다면 한마디로 유효한 것이다. 사람들은 자신들의 리더로서 그 리더를 인정하게 될 것이다.

요구되는 능력

효과적인 리더가 되기 위해 요구되는 초점은 무엇일까? 바로 그것은 개척정신(비전)과 집중력이다. 어떤 리더가 개척정신은 있지만 집중력이 결여되어 있다면, 무엇을 할지는 알지만 그것을 결코 성취할 수 없다. 또한 그가 집중력은 가지고 있지만 개척정신이 없다면, 그는 발전 없는 우수함을 지녔다고 할 수 있다. 그러나 그가 이 둘 모두 가지고 있을 때, 그는 훌륭한 업적을 성취하기 위한 잠재력을 가진 것이다.

그래서 당신의 시간과 정력을 어떻게 사용하고자 하는가와 자신을 위한 이런 지침을 이용하고 있는가? 와 같은 질문은 매우 중요하다.

• **강점에 70%의 초점(강점 최대화)**

효과적인 리더들은 그들이 무엇을 잘못하는가보다는 그들이 잘할 수 있는 것이 무엇인지에 대해 초점을 두고 더 많은 시간을 보낸다. 리더십의 전문가인 피터 드럭커(Peter Drucker)에 따르면 "사람들이 하는 일이 나쁘게 되는 경우는 없지만 경우에 따라서 몇 가지 일들만이 잘된다는 사실

이 수수께끼와 같다. 강점은 항상 구체적으로 나타난다. 누구도 부정할 수 없는 예로서, 훌륭한 바이올리니스트인 Jascha Heifetz는 아마도 트럼펫을 잘 연주할 수 없다는 것이다.

• **새로운 일에 25%의 초점(새로운 영역 변화와 개선 유지)**

변화에 맞는 성장. 만일 당신이 보다 잘되기를 바란다면, 당신은 변화와 개선을 유지해야만 한다. 그것은 새로운 영역으로 첫발을 내딛는 것을 의미한다. 만일 당신이 새로운 영역과 관련된 새로운 일에 당신의 시간을 보낸다면, 당신은 리더로서 성장할 것이다.

• **약점에 5%의 초점(약점 최소화)**

어느 누구도 약점의 영역을 피해서 직무를 수행할 수는 없다. 중요한 점은 가능한 최소화하는 것이며, 리더들은 위임을 통해 약점을 최소화할 수 있다.

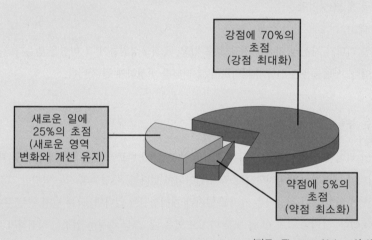

시간과 정력을 어떻게 사용할 것인가?

강점에 70%의 초점 (강점 최대화)

새로운 일에 25%의 초점 (새로운 영역 변화와 개선 유지)

약점에 5%의 초점 (약점 최소화)

〈자료 : Thomas Nelson사 1999년 출판,
John Maxwell의 The 21 Indispensable Qualities of a Leader에서 발췌〉

2. 타고난 리더와 리더십 개발

사람들은 리더들은 타고난다고 보는 사람들과 리더십 능력은 선천적인 개인적 특성이 아니라고 보는 사람들이 있다. 경영 컨설턴트인 피터 드럭커(Peter Drucker)가 쓴 효과적인 관리(The Effective Executive)에서 "효과적인 리더의 실행들은 천성적인 것이 아니다"라고 한다. 미국과 유럽 그리고 라틴아

메리카와 일본 등에서 대기업 및 중소기업체, 정부위탁기업, 노동조합, 병원, 대학, 협의기구 등에서 45년 동안 컨설턴트로 일해 왔던 그는 관리자로서 효과적인 특성을 갖고 태어난 사람은 없다고 하였다. 모든 효과적인 사람은 효과적인 사람이 되고자 그것을 학습하여 얻게 된 것이라고 주장하였다. 그리고 모든 훌륭한 리더들은 실행의 효과성을 얻기 위해 습관이 될 때까지 실행했던 사람들이며 효과적인 관리자로 성공을 이룬 모든 사람들은 그렇게 해왔다고 주장한다.

3. 중요한 리더십으로서 효과성

효과적인 리더의 특성이나 성격특성의 리스트를 정의하기는 어렵지만, 한 가지 특성으로서 중요한 것은 효과성이다.

드러커의 주장을 요약하면, 효과적인 것은 관리에 있어서 중요한 것이다. 효과(To Effect)와 관리(To Execute)는 매우 유사한 용어이다. 기업이나 병원, 정부위탁기업이나 노동조합, 대학이나 군대에서 관리는 우선적으로 올바른 일을 수행하는 것을 기대하는 것이다. 그리고 이것은 효과적이기를 기대하는 것이라고 간단히 설명하였다.

지식과 성실함 그리고 정직함과 직관력 그리고 경험들은 본질적인 자원이지만 이것들이 어떤 결과물로 바꾸어지는 것이 효과적인 것이다. 그리고 결과물이 없는 리더는 조직에서 지속되어야 할 가치가 없는 것이다.

4. 다양한 구성원, 다양한 욕구

예술로서의 리더십(Leadership as an Art)의 작가 Max De Pree에 따르면 두드러진 리더십의 표시는 주로 조직구성원들 사이에서 나타난다. 조직구성원들은 그들의 잠재력을 발휘할 수 있도록 이끌어 갈 수 있는가? 그들은 학습하는가? 봉사하는가? 요구되는 결과물을 성취할 수 있는가? 그들은 감사함을 가지고 변화하는가? 갈등을 관리하는가?

리더들은 매우 자아의식을 필요로 하며, 효과적인 리더는 자신의 성공은 다른 사람들(개인적으로 갖고 있는 다양한 기호, 기술, 강점과 약점)의 성공에 의존된다는 것을 안다. 효과적인 리더는 모든 사람들을 성공적으로 이끌기 위해 보상을 통한 문제해결방법만이 있는 것이 아니라는 사실을 인식하고 있다. 즉, 효과적인 리더들은 조직구성원들이 그들의 잠재력을 발휘할 수 있도록 하기 위해서나 각 개인들에게 영감을 주는 최선의 방법을 발견하기 위해서 조직구성원들의 구체적인 욕구들을 실현할 수 있도록 보상을 제공한다.

5. 서번트 리더십(Servant Leadership)

새로운 리더십의 패러다임으로 그린리프(Robert K. Greenleaf)라는 경영학자에 의해 제시된 서번트 리더십을 꼽을 수 있다. 기존의 리더십이 리더가 우월한 위치에서 부하들을 이끌어가는 것이라면 서번트 리더십은 부하의 능력을 키워주며 헌신하고 봉사하는 리더십이다.

미국 그린리프 연구센터에서 조사한 서번트 리더의 특성을 살펴보면 다음의 6가지로 요약할 수 있다.

(1) 경 청

부하를 존중하고 수용적인 태도로 이해하는 것이다.

(2) 공 감

공감이란 차원높은 이해심이라고 할 수 있는데, 리더는 부하의 감정을 이해하고 이를 통하여 부하가 필요한 것이 무엇인가를 알아내고 리드하는 것이다.

(3) 치 유

리더가 부하들을 이끌어 가면서 보살펴줘야 할 문제가 있는가를 살피는 것이다.

(4) 스튜어드십

서번트 리더는 부하들을 위해 자원을 관리하고 봉사해야 한다.

(5) 부하의 성장을 위한 노력

리더는 부하들의 개인적 성장, 정신적 성숙과 전문분야에서 발전하기 위한 기회와 자원을 제공해야 한다.

(6) 공동체 형성

리더는 조직구성원들이 서로 존중하며 봉사하는 진정한 의미의 공동체를 만들어 가야 한다. 서번트 리더십의 대표적인 사례로는 헤르만 헤세의 『동방으로의 여행(Journey to the East)』을 내용으로 든다. 충직한 심부름꾼이었던 레오는 순례자들의 허드레 일이나 식사 준비를 돕고, 때때로 지친 순례자들을 위해 밤에는 악기를 연주하는 사람이었다. 레오는 순례자들 사이를 돌아다니면서 필요한 것이 무엇인지 살피고, 순례자들이 정신적으로 육체적으로 지치지 않도록 배려했다. 그러던 어느 날 갑자기 레오가 사라져 버렸다. 그러자 사람들은 당황하기 시작했고, 피곤에 지친 순례자들 사이에 싸움이 잦아졌다. 그때서야 비로소 사람들은 레오의 소중함을 깨닫고, 그가 순례자들의 진정한 리더였음을 알게 되었다. 서번트 리더십은 레오와 같이 다른 구성원들이 공동의 목표를 이루어 나가는 데 있어 정신적·육체적으로 지치지 않도록 환경을 조성해 주고 도와주는 리더십이다. 결국 인간 존중을 바탕으로 다른 구성원들이 잠재력을 발휘할 수 있도록 도와주고 이끌어 주는 것이 서번트 리더십의 요체이다.

제2절 ┃ 리더십과 관리의 구분

◉─ 핵심 포인트

- 관리는 조직이 자신의 목표를 달성하기 위해 필요한 일련의 책임들에 의해 정의된다. 리더십 능력이란 효과적인 관리활동을 수행하기 위해 개인이 소유하고 있는 기술, 지식, 경험의 결합이다.
- 관리자와 리더의 능력이 동일하지 않기 때문에 당연히 갈등을 일으키지 않으며, 콜센터 관리자의 역할이 진화되고 있기 때문에 향후 많은 관리자가 리더가 되어야만 한다.

최근 몇 년 동안 리더십과 관리에 대한 논의는 끊이지 않고 계속되어 왔다. 리더는 옳은 일을 수행하는 사람이고 관리자는 일을 올바르게 수행하는 사람이라는 것이 지속되어 왔다. 하지만 이것이 사실인가? 관리자는 리더가 될 수 있는가? 조직은 관리자보다 리더를 더 필요로 하는가? 그렇다면 모든 리더들은 관리를 실현할 수 있는가?

결국 시간의 흐름에 따라 위와 같은 대립을 통해 관리와 리더십의 정의는 요약된다. Stephen Clement와 Elliott Jaques의 "Executive Leadership : A Practical Guide to Managing Complexity"에서는 "리더십이란 가치, 강점, 창조력이 부여된 일이지만, 관리란 현실적이고, 둔하며 지루한 일상의 일이 매일 반복되는 것이다"라고 소개한다. 이러한 관점에서 볼 때 훌륭한 관리자란 창의력 없이 조직의 정해진 프로세스와 절차를 따르는 사람이며 적절한 전략이나 비전을 제시하지는 못한다. 이에 반해 훌륭한 리더는 조직의 비전을 제시하는 과정에서 편안한 의사소통을 느끼게 하지만 조직의 일일운영에 대해 효과적으로 관리하지는 않을 것이다. 또한 Clement와 Jaques는 조직들이 "비현실적이고 부적합한 직무에 대한 책임을 규정하는 것"을 피해야 한다고 제시했다.

대신 리더십과 관리를 구분하는 데 도움이 될 수 있는 예를 들면 다음과 같다. 관리는 조직이 자신의 목표를 달성하기 위해 요구되는 일련의 책임이다. 리더십 능력은 효과적인 관리활동을 수행하기 위해 개인이 소유하고 있는 기술, 지식, 경험의 결합을 의미한다. 리더십은 조직구성원들이 일반적인 목표를 달성하도록 장려하는 반면 관리자는 조직구성원이 조직의 목표를 달성하기 위해 어떻게 해야 하는지를 가이드 하는 것이다.

1. 콜센터의 리더십과 관리

관리자와 리더의 능력이 동일하지 않기 때문에 당연히 갈등을 일으키지 않으며, 콜센터 관리자의 역할이 진화되고 있기 때문에 향후 많은 관리자가 리더가 되어야만 한다.

좋은 기업을 넘어 위대한 기업으로(Good to Great)의 저자 짐 콜린스는 개인적 겸양과 신중함, 목표달성의 굳은 의지를 갖춘 새로운 리더십에 의해 위대한 기업이 만들어진다고 하였으며, 리더십의 5단계 계층구조를 통해 리더와 관리자를 다음과 같이 구분하였다.

[리더십의 5단계 계층구조]

1단계	능력이 뛰어난 개인 (Highly Capable Individual)	개인의 재능과 지식, 기술, 좋은 작업 습관을 통해 생산적으로 공헌함
2단계	합심하는 팀원 (Contributing Team Member)	집단의 목표 달성을 위해 개인의 역량을 발휘하며, 구성된 집단에서 다른 사람들과 팀워크를 이루어 일함
3단계	역량 있는 관리자 (Competent Manager)	설정된 목표 달성을 위해 효율적으로 자원과 인력을 구성하고 업무를 추진함
4단계	유능한 리더 (Effective Leader)	저항할 수 없는 분명한 비전에 대한 책임의식을 촉구하고 그것을 정력적으로 추구하여 보다 높은 성취기준을 자극
5단계	경영자적 리더 (Executive Leader)	개인적 겸양과 목표달성의 직업적 의지를 동시에 갖추어 큰 성과를 창출하며 지속적으로 영위

5단계 리더들이 갖추고 있는 개인적 겸양과 목표달성의 직업적 의지는 다음과 같이 설명할 수 있다.

(1) 개인적 겸양

① 성공했을 때 거울이 아니라 창문 밖을 내다보며 다른 사람들과 외부 요인들, 행운에 찬사를 돌린다 (Window Concept).

② 차세대의 후배들이 훨씬 더 큰 성공을 거둘 수 있는 기틀을 갖추어 준다.

③ 조용하고 차분하게 결정하여 행동한다. 사람들을 고무하는 카리스마보다는 주로 격상된 기준에 입각하여 동기를 부여한다.

④ 비길 데 없는 겸손함을 보이며 대중 앞에 나서서 떠벌리기는 꺼린다. 제 자랑을 늘어놓는 법이 없다.

(2) 목표달성의 직업적 의지

① 결과가 나쁠 때는 창문 밖이 아니라 거울을 들여다보며 자신에게 책임을 돌리고 다른 사람이나 외부 요인들, 불운을 원망하지 않는다(Mirror Concept).

② 오랜 기간 최고의 성과를 내는 데 필요한 일이라면 아무리 어렵더라도 해내고야 마는 불굴의 의지를 보인다.

③ 좋은 회사에서 위대한 회사로의 전환으로의 뚜렷한 계기인 초일류의 성과를 창출한다.

2. 관리의 방법

많은 경영관리 방법이 있지만 다음의 두 범주가 일반적으로 대부분의 분류를 포함한다.

(1) 권위주의형

권위주의적 관리자는 부하직원이 지휘 명령체계에 따라 명령을 수행하는 것을 기대한다. 부하직원들은 스스로 의사 결정을 거의 하지 않기 때문에 그들이 하는 일에 대한 책임도 거의 없다. 의사결정이 신속하게 이루어지는 반면 노동자들의 동기를 유지시키는 것은 상당히 어려운 면이 있다. 의사 결정과정에 공헌할 수 없는 대부분의 종업원들은 자괴감이나 소외감을 느낄 것이다.

(2) 참여형

참여적 관리자는 부하직원을 적극적으로 의사 결정에 참여시키고 자신들의 성과에 대한 책임도 수용하도록 하는 형태이다. 이러한 타입의 관리자는 감독이나 감시자에 대립하는 개념으로 촉진자, 코치, 협력자로 표현되기도 한다. 참여형의 관리자는 노동자들에게 권한을 위양하고 그들에게 요구되는 도움을 주는 데 방해가 되는 요소를 제거하는 활동에 초점을 둔다. 참여적 관리자의 조직구성원들은 금전적 보상이나 인센티브 등의 외재적 동기부여보다 훨씬 더 효과적인 것으로 판명된 성취감이나 직무만족감 등과 같은 내재적 동기부여를 더 경험하게 된다.

리더로서의 감독자

콜센터의 가시적인 진화와 조직 내부의 전략적인 역할, 그리고 이에 대한 자연적 파급효과는 그것들이 진보하듯 관리의 역할을 바꾸어 왔다.

새로운 콜센터에 관한 연구는 최전선의 감독자 역시 이런 개선의 영향을 받고 있다는 사실을 밝히고 있다. ProSci Research와 Vanguard Communications Corp이 함께 제공하는 Best Practices in Call Center Management에 따르면, 1999년에 최전선의 감독자를 채용하는 데 있어서 리더십 기술은 인사관리나 코칭 기술에 비해 최고 중요한 핵심 역량이 되었다고 한다.

또한 이 연구에서 "콜센터의 환경이 항구적으로 급격하게 변화할 것이며, 이런 변화의 과정에서 리더와 직원들이 변화됨으로서 콜센터의 감독자들은 활동적인 역할을 수행하도록 요구 받는다"는 것을 밝혔다.

"코칭 능력이란 혁신에 대한 능력이나 창의적인 생각, 변화의 시작능력을 가지고 직원들이 그들의 직무성과를 달성하도록 지원해 주는 것이다"라고 ProSci Research의 Jeff Hiatt 는 설명한다. "콜센터는 리더와 코치 그리고 관리자 모두를 필요로 한다"

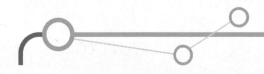

연구자들은 콜센터 감독자에 필요한 가장 중요한 세 가지의 리더십 기술이 고려되어야 한다고 한다.

• 콜센터의 전략과 목표를 분명히 설정하고 이에 대한 개선방안을 제시하는 능력

• 직원들에게 개인적 사례를 통한 동기부여와 개선의 시작을 이끄는 능력

• 목표를 설정하고 이에 대한 의사결정을 하며 결과를 지속적으로 지향하도록 하는 능력

〈자료 : "Leadership Skills No.1 Criteria for Supervisors, Says Study" by Susan Hash, Call Center Management Review, August 2001에서 발췌〉

제3절 ▌콜센터 리더십의 도전

○─ 핵심 포인트

- 콜센터는 조직 내에서 하나의 전략적 역할을 담당하기 때문에 콜센터의 관리자는 리더십의 도전을 받고 있다.
- 콜센터 내에서 일반적인 리더십의 도전들
  - 조직의 성장에 따라 수행해야 할 가치와 비전 그리고 사명의 확립
  - 인력의 적재적소 배치
  - 새로운 리더 창출
  - 콜센터 비전에 대해 기업 내·외부 이해 관계자와의 의사소통
  - 필요한 자원의 보존
  - 다른 부서와의 협력
  - 환경 내에서 올바른 도구와 기술의 통합
  - 산업추세에 편승

콜센터는 조직 내에서 하나의 전략적 역할을 담당하기 때문에 콜센터의 관리자는 리더십의 도전을 받고 있다. 리더는 기업이 공통적으로 추구하는 가치, 비전, 사명에 대한 합의에 도달하기 위해 끊임없이 의사소통하고 촉진하는 역할을 한다. 리더십의 도전들은 주어진 목표를 달성하기 위한 하나의 감독팀이나 콜센터와 같은 그런 조직들의 노력들에 초점이 맞추어져 있다. 콜센터 내의 일반적인 리더십의 도전들은 다음과 같다.

1. 리더십의 도전

(1) 조직의 성장에 따라 수행해야 할 가치와 비전 그리고 사명의 확립

모든 사업단위들은 그 조직의 가치와 비전 그리고 사명이 명확하게 확립되어야 한다. 콜센터에서는 그들이 제공하는 서비스 수준에 대해 고객들과 이런 조직의 원칙으로 의사소통하기 때문에 이 원칙이 가장 중요한 원칙이다.

따라서 콜센터의 리더는 고객에게 긍정적인 영향을 미칠 수 있는 서비스의 제공방법으로 조직의 원칙을 변경하는 것을 세심하게 고려해야만 한다.

(2) 인력의 적재적소 배치

콜센터에 대한 요구의 복잡성 증가에 따라(예) 다양한 매체를 통한 소비자 접근, 증가된 가치의 기여도, 고객관계관리의 중요성 등), 콜센터의 관리자는 급변하는 사업 환경에 적응하기 위한 매우 다양한 활동들에 직면해 있다. 콜센터에 필요한 기술은 증가되고 있기 때문에 경영자들은 콜센터의 목표를 달성할 수 있는 적합한 인재를 얻기 위해 직원을 보유할 뿐만 아니라 모집, 채용과 훈련 등에 중점을 두어야만 한다.

(3) 새로운 리더의 창출

오늘날 국가나 국제 간의 콜센터에 고용된 거대한 상담사들은 차세대 콜센터의 리더들이다. 콜센터에 고용된 직원의 리더십 재능은 변화를 성공적으로 수용할 수 있는 콜센터 산업으로 만들려는 책임성과 권한 위양, 신뢰, 성실함 등을 통해 개발된다. 콜센터 관리는 보다 노련한 콜센터 관리자들이 미숙련된 관리자들의 멘토가 되어야만 한다는 것이다.

(4) 콜센터 비전에 대해 기업 내·외부 이해 관계자와의 의사소통

콜센터의 내·외부에 있는 많은 개인들은 조직을 위한 의사소통의 중심으로서 콜센터의 역할을 이해하고 있지만, 콜센터의 리더들은 콜센터의 독특한 운영환경에 대한 이해가 부족하기 때문에 그들의 요구를 지원해주기가 어려울 수 있다. 이에 대해 리더는 콜센터가 운영되는데 필요한 근본적인 원칙들에 대해 내·외부 관계자들을 교육하는 데 소홀해서는 안 된다. 오직 이러한 교육적 노력을 통해서 콜센터의 조직구성원들에게 그 콜센터의 목표를 내포하는 콜센터의 계획화와 관리방식을 이해시킬 수 있다.

(5) 필요한 자원의 보존

급속한 기술의 발전과 함께 고객의 다양한 욕구도 증가되면서 소비자들의 요구를 충족시키기 위해 콜센터에 새로운 압력이 나타나고 다양한 능력을 가진 많은 조직들이 나타난다. 불행히도 한 개인의 욕구조차 무한히 커지는 상황하에서 많은 콜센터들은 고객의 욕구를 충족시키는 데 필요한 능력을 유지시키기 위한 지원에 어려움을 겪고 있다. 콜센터의 관리자들은 인적자원과 표준작업량 사이의 균형적 관리를 위한 교육을 통해서 고객들이 만족하는 서비스 수준을 유지할 수 있도록 조직구성원들의 요구를 안전하게 지원할 수 있다.

(6) 다른 부서와의 협력

콜센터의 중요성이 대두되고 있기 때문에 콜센터 관리자들은 같은 수준의 다른 부서와 전략을 개발하거나 프로세스를 통합하기 위해 보다 높은 수준의 관리자들과 함께 일한다. 콜센터가 가동되는 과정에서도 미래의 예측이나 질 높은 모니터링, 고객정보수집과 같은 다른 부서가 효율적으로 관리되기 위해 필요한 투입정보가 요구된다. 콜센터의 관리자는 이러한 교차 기능적인 프로세스의 개발을 시도하고 콜센터에 대한 지원을 증가시켜야만 한다.

(7) 환경 내에서 올바른 도구와 기술의 통합

오늘날 기술의 발전에 따라 콜센터의 리더는 많은 선택 안을 가지고 있다. CRM(Customer Relationship Management : 고객관계관리)의 시도와 MAD(다채널 접속 수요자)가 대두됨에 따라, 콜센터 리더는 콜센터의 욕구를 충족하는 데 최상이 될 수 있는 기술들을 찾기 위해 그 기술의 종류에 따라 매도인들을 정리하여야 한다. 효과적인 리더는 보다 효과적인 콜센터가 될 수 있도록 하는 적용기술과 너무 많은 변화를 방해하는 종업원들 사이에 적절한 균형을 이끌어 내야만 한다. 기술을 성공적으로 적용하기 위해서는 그 기술에 대한 결정에 많은 시간과 사려 깊은 고려가 필요하다.

(8) 산업추세에 편승

빠른 속도로 급변하는 콜센터산업에서 리더가 그 산업 추세에 편승하기란 어려운 일이다. 많은 영역(기술, 용어, 관리의 중점, 고용의 관점 등)에서의 변화는 진행되고 있다. 특히 산업은 기존의 채널을 소유한 새로운 고객들과 조직을 더욱더 좋게 인식하도록 기여하는 콜센터의 가치와 같은 것들이 변화하고 있다. 4차산업혁명시대에 시장환경이나 기술의 발전, 고객요구는 눈에 띄게 변화하고 있지만, 종종 동료들과의 토론활동들은 시대에 뒤떨어지고 있다. 따라서 다른 사람들에게 가장 큰 문제거리가 무엇인가에 따라 그들이 무엇을 재빨리 그만두는가를 살펴봄으로써 그들의 경험들로부터 배우는 데 시간을 보낸다.

2. 어려운 환경하에서 효과적인 리더십

경제적 상황이 어려우면 조직은 조직구조를 조정하거나 전략을 변경하거나 직원의 욕구를 안정시키고 효과적인 리더를 찾게 된다. 우리는 어려운 여건하에서 좋은 리더십 활동을 마냥 기다릴 수는 없다. 좋은 리더십은 열악한 상황을 극복할 수 있는 기초 위에 세워지기 때문이다.

> **다운사이징 동안 조직원의 유지**
>
> 내가 다운사이징에서 직원을 유지 할 수 있다는 것을 안 계기는 1980년대 중반 Atari에서 일하고 있을 때였다. 사내 공고에서 앞으로 3개월 이내에 우리 부서가 사라질 것이라고 말했다. 우리 부서장인 John Reddoch는 중대한 도전에 직면하였다. 즉, '어떻게 하면 직원들의 이직에도 불구하고 회사의 생산성을 그대로 유지시킬 수 있을까?' 하는 것이었다. 그는 결국 상식적인 접근법을 택했고 그것으로 높은 성과를 이룰 수 있었다. 후에 나는 조직들을 지원하는 Privada지역의 Myteam.com에서와 JBL에서 이와 유사한 도전들에 직면했을 때 동일한 방법을 사용했는데, 그 중요한 요소들은 다음과 같다.

- 당신들의 직원들에게 절대적으로 정직해라. 상황에 따라서 종종 직원들에게 세세하고 정확한 정보가 공급될 여지가 적다. 하지만 최선을 다해서 당신이 직면한 문제에 대하여 명확히 하고 가능한 구체화하라.
- 직원들의 개인적 욕구에 대하여 개별적으로 이야기 할 수 있는 시간을 가져라(이 책임은 위임될 수 없다).
- 직원들에게 가능한 한 많은 지원과 도움을 주어라. 나는 관심 있는 사원이 일하는 동안 그들에게 대화의 기술을 연마하는 데 도움을 주기 위해 그들과 함께 모의 대화모임을 실행했다.
- 바뀌는 것이 없더라도, 매일 기본적으로 의사소통하라. 빈번한 대화는 루머를 잠재울 수 있다.

〈자료 : "Maintaining Service Loyalty During A Downsizing" by Iva Temes, Call Center Management Review, March 2002에서 참조〉

3. 리더의 영향력

조직의 리더는 조직 특성에 맞는 리더가 콜센터 조직을 성공시키는 리더의 유형이라 할 수 있다. 콜센터의 리더는 직원에게 비전을 주고 융화를 이끌어 낼 수 있어야 하고, 또 인적자원관리 위주의 업무를 하고, 직원의 눈높이에 맞추는 관리자만이 직원들이 따르고 고도의 성과를 낼 수 있을 것이다.

02장 채용과 선발

제1절 ▌모집계획 창출 및 이행

○— 핵심 포인트

- 모집(Recruiting)은 콜센터에서 일하는 데 관심 있고, 자격을 갖추고 있는 지원자 풀(Pool)을 개발하는 프로세스이다.
- 리쿠르팅 프로세스 6단계
  - 1단계 : 직무분석
  - 2단계 : 필요한 특정 스킬과 능력 확인
  - 3단계 : 직무에 필요한 성과 기술
  - 4단계 : 직무기술서 개발
  - 5단계 : Pool의 출처 규명/검증하고 모집계획 창출
  - 6단계 : 선발 프로세스를 정의하고 실행

현재 국내 콜센터 시장은 CRM 전초기지로서 콜센터의 위상이 격상하고 있으며, 상담사직이 전문직으로 점차 인정받으면서 이미지가 개선되고 있는 상황이다. 그러나 업무 자체의 과도한 스트레스, 직업적 비전 제시 및 경력관리가 미흡하고 대체적으로 낮은 보수와 근무시간/식사시간이 불규칙한 것이 악재로 작용하고 있다. 이런 점을 고려하여 자사에 맞는 채용 전략을 수립하는 것이 중요하다.

리쿠르팅은 콜센터에서 일하는 데 흥미를 갖고 있고, 자격을 갖춘 지원자 풀을 개발하는 프로세스이다. 리쿠르팅은 여러분이 자격 있는 지원자들을 찾는 것처럼 각각의 지원자들은 올바른 고용주를 찾고 있는 호혜적(Two-way Street) 관계이다. 결론적으로 리쿠르팅에는 2가지 주요한 목적이 있다.

- 조직을 위한 자격 있는 지원자 풀 개발
- 지원자에게 실제 직무의 사전검토를 제공하여 어떠한 종류의 직무와 기회가 잠재적으로 유효한가에 대한 정직하고 솔직한 평가를 얻고자 함

콜센터 관리(운영/경영)의 많은 다른 측면처럼 모집은 실제적으로 증명된 프로세스로 주도될 때 가장 효과적이다.

1. 리쿠르팅 프로세스

리쿠르팅 프로세스의 6단계(Step)

• 직무과업(Job Task) 분석

높은 성과를 내는 콜센터 직원들을 상세하게 관찰을 시작해라. 그들이 수행하는 과업의 효과성과 효율성 둘 모두를 고려해라. 여러분의 우수한 성과를 내는 직원들의 이력(Resume)을 재검토 (Re-review)하는 것도 유용하다. 또 직원들을 관찰하는 시간을 갖고 직무 수행의 '전문가' 그룹의 추적 인터뷰(Follow-up Interview)를 실시한다. 그들이 잘 수행하는 일반적 과업 규명을 시도해라.

• 필요한 특정 스킬과 능력을 규명

이러한 분석은 커뮤니케이션 능력과 명확한 발음, 분석적 스킬, 조직적 스킬, 콜센터나 고객서비스 경험, 경청 스킬과 컴퓨터 스킬 같은 중요한 스킬 목록을 생성하는 데 사용한다. 여러분이 처음부터 고객서비스 조직을 만들어야 하고, 표준이 될 만한 스타를 보유하지 못하였다면, 유사한 형태의 기업의 벤치마킹을 하라. 여러분들은 산업에 관해 일반적인 것들을 탐색할 수 있고, 콜센터 매니저들은 유사한 스킬을 보유한 상담사를 찾을 수 있다.

• 직무가 요구하는 성과를 기술

여러분이 미래의 직원들에게 보여주길 원하는 능력이나 행동을 고려하라. 일반적인 능력은 긍정적 태도, 유연성, 팀워크와 협력, 고객지향적, 자립심과 지구력 등을 포함한다. 다양한 기업들이 여러분이 규명하고자 하는 이런 것들에 도움을 줄 것이다. 심지어는 유지율을 향상시킬 수 있는 채용도구를 창출하는 데도 도움을 줄 것이다.

• 직무기술서(설명서) 개발

일단 여러분들이 찾고자 하는 상담사 형태를 파악했다면, 성과 유형을 정의하고 직무 기술서를 작성해야 한다. 이 단계는 여러분이 희망하고 요구하는 스킬과 능력의 우선순위를 정하고, 상담사들이 공존하는 작업환경을 기술하고, 직무 범위와 폭을 규명한다.

게다가 이 단계는 상담사의 급여구조를 규명해야 하는 시점이다. 이 프로세스에는 두 개의 핵심 그룹인 HR과 임원진(Senior Leadership)을 포함하는 것이 최선의 방법이다. 인적자원은 외부 마켓에서 보상을 평가하는 것이 도움이 된다. 그들은 조직 내에서 여러분의 직무와 유사한 직무를 평가하는 데 도움이 된다. 임원진들은 급여전략을 규명하는 데 도움이 된다. 여러분이 선택 받는 고용주가 되길 원하는지 간단히 시장평균으로 지불하길 원하는지를 의미한다.

- **채용처와 리쿠르팅계획 정의**

  모든 직원 선발 전략은 선발계획뿐만 아니라 채용처(자사 홈페이지, 인재파견사, 인터넷 채용전문 사이트 등)를 포함하여 수립해야 한다. 지원자를 채용하기 위해서 채용처, 성과, 출석률, 장기근속 등을 추적하고 기록하는 것이 중요하다.

  한 채용처가 높은 성과를 내는 상담사를 끊임없이 유지시킨다면 계속 이용하라. 반대로, 정기적으로 상담사 풀이 이직하는 결과를 가져오면, 그곳을 통한 모집을 그만두어야 한다.

- **선발 프로세스를 정의하고 실행**

  최종 선택 시기에 매니저들이 가장 일반적으로 빠지기 쉬운 함정은 심사/인터뷰 프로세스에 너무 많은 무게를 두는 것이다. 지원자들은 훌륭한 배경, 좋은 레퍼런스, 행동심사에서 좋은 점수를 가졌더라도 직접 대면 인터뷰에 겁먹고 자신의 능력을 발휘하지 못하여 탈락되는 경우가 종종 있다. 잠재력 있는 지원자를 놓치지 않기 위해서는 전화 심사 등 간접적인 방법을 이용해 채용을 하는 방법도 고려해야 한다. 최종선택을 하기 전에, 여러분이 중점을 둔 부분뿐만 아니라 프로세스의 모든 부분을 고려해라.

  〈자료 : "How to Develop a Retention-Oriented Agent Recruiting and Selection Process" by Anita O'Hara, Call Center Management Review, April 2001〉

만약 적합한 스킬을 가진 필요직원수가 부족하거나 이직이 심해 계속적으로 충원할 자원이 고갈되었다면 콜센터는 다른 지역으로 이동하는 것을 고려해야 할 것이다. 다음은 리쿠르팅에 영향을 미치는 위치 선택에 관한 고려사항을 나타내고 있다.

(1) 상담자원 풀

(2) 상담사 연령대의 인구수 및 취업률

(3) 상담사 포화비율(지역 내 콜센터 일자리수)

(4) 인구 증가율(새 거주자수 vs 퇴거자수)

(5) 지자체에서의 지원(보상률)

(6) 노동인력 풀의 교육수준

(7) 노동력 집약지역/시설 보유 여부

(8) 노동인력의 구사언어(다국적 언어가 요구될 경우)

2. 필요한 신규 채용인원 수의 결정

효과적인 모집 전략은 채용을 필요로 할 때에 필요한 신규 채용인원의 수를 정확하게 예측하는 것이다. 이 예측은 예상되는 이직률과 필요한 풀타임 근무자(FTEs) 증가율에 기초해야 한다.

> ### Full-Time Equivalent(FTE)
>
> • 근무자의 생산성이나 프로젝트 관여도를 측정하는 단위로서 1FTE는 전임 근무자(8시간 근무) 1인을 의미한다.
>
> • 4시간 근무 아르바이트생 2명은 1FTE로 계산된다.

다음의 고려사항은 신규 채용을 결정할 때 필요한 요건이다.

(1) 정기적/주기적(Seasonality) 이직률(일상적으로 발생하는 이직률)

(2) 스케줄링 고려사항(예를 들면, 유연성 있는 파트 타이머수, 교대(근무)조건이나 임시직원의 이용)

(3) 신규 채용자의 훈련 기간

(4) 신규 채용 훈련을 성공적으로 완료하지 못한 신규 채용자 백분율

예를 들면, A 콜센터는 지난 4월에 15% 이직률을 보이고, 현재는 100명의 상담사를 보유하고 있다. A 콜센터는 작업량 증가에 기초하여, 6월에 2개의 새로운 제품 라인을 보강하기로 하였고, 추가적으로 일주일에 40시간을 기준으로 하는 20FTEs가 필요할 것으로 예상하였다. 지난 6주 동안 신규 채용자들의 훈련이 진행되었고, 이 신규 채용자들은 4월에 채용될 필요가 있다. 과거의 경험에 비추어 보면 FTEs 필요의 약 10%가 각각 20시간을 근무할 수 있는 상담사로 구성되는 스케줄링이 가장 효과적이라고 보여주었다.

이 시나리오는 새로운 제품 라인이 보강된다면, 총 37명의 신규 채용자가 필요하다는 결과를 의미한다. 즉, 이직이 고려되는 15명의 상담사와 18명의 풀타임 상담사(일주일에 40시간 근무)와 4명의 파트타임상담사(일주일에 20시간 근무)가 필요하다.

신규 인원수를 결정하는 방법으로 Erlang C 공식을 기반으로 한 산출기를 이용할 수 있다.

미국 ICMI의 Queview라는 제품 및 국내에서도 시스템 벤더사들을 통해 일부 제공되고 있다.

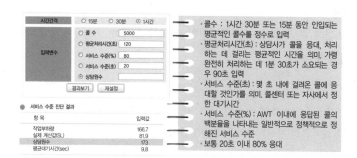

신규 채용자수의 설정목표를 위한 타임프레임은 콜센터 규모와 계절별 고려사항에 기초하여 매월, 분기별 혹은 매년 계산되어야 한다.

제2절 ┃ 리쿠르팅

◯― 핵심 포인트

다양한 채용처와 직원을 모집할 수 있는 방법들이 있다. 대부분의 성공적인 모집 프로그램을 갖고 있는 조직들은 각 방법의 성공률을 추적하고 평가하며, 신규 채용자들의 성과와 채용처를 연관시킨다.

1. 모집을 위한 방법 및 출처

모집 프로세스를 지원하기 위해 지원자 풀을 개발하는 데 사용할 수 있는 자원은 다음과 같다.

(1) 현재의 직원

타부서에 근무하는 직원 등을 사내 인트라넷 채용 공고 등을 통해 모집한다.

(2) 현재의 직원으로부터 소개(추천)

일반적으로 현재 근무하고 있는 직원들로부터 추천된 신규 채용자들은 다른 모집 출처의 채용자들보다 더 나은 충성도, 재직시 직무 만족도가 높은 것으로 나타났다(주된 원인 : 현재의 직원들이 가장 실제적인 직무의 사전검토를 제공하기 때문임).

(3) 과거 직원

이들은 기간제 근무, 파트타임, 임시직원, 해고자 등이며, 그만두었지만 복직하고 싶어 하거나 혹은 도급제 근무자들이다.

(4) 고 객

고객들은 제품과 서비스에 익숙한 고객 서비스를 개선시키는 방법에 관한 식견을 지니고 있는 좋은 점도 있지만 대부분의 콜센터에서는 활용도가 낮다.

(5) 경쟁업체

같은 업종의 경쟁업체에서의 신규 채용은 조직에게 가치 있는 경험을 제공한다.

(6) 직업훈련기관

지역 내 구직자들을 위한 취업프로그램을 운영하는 여성인력개발센터 등 전문 직업훈련기관과의 연계를 통한 인력확보가 필요하다.

(7) 직원공유(Staff-sharing)

직원공유는 콜센터들이 바쁜 계절에 작업량을 비용-효율적으로 처리하고자 상호보완적으로 각 센터를 도와주는 직원제휴 형태이다. 동일 그룹일 경우 여름철 에어콘 콜센터와 겨울철 보일러 콜센터가 상호 보완적으로 업무를 진행할 수 있다.

(8) 장애인(Disabled) 지원자

신체적으로 불편한 지원자들은 많은 콜센터에서 우수함을 나타내고 대체로 미개발된 풀이다.

2. 리쿠르팅 방법

지원자와 관련한 많은 자원들이 있는 것처럼, 리쿠르팅과 관련한 많은 방법들이 있다. 다음은 그러한 예들을 나타낸다.

(1) 인트라넷을 통한 사내 공모

(2) 팀 리더, 슈퍼바이저 혹은 매니저의 추천

(3) 콜센터 관련 협회 및 연구소

(4) 자사 웹 사이트

(5) 온라인 채용 사이트(jobkorea/incruit/saramin.co.kr 등)

(6) 전국신문, 전문저널, 업계잡지, 카탈로그 삽입광고와 전단지 등의 인쇄광고

(7) 공개 취업설명회

(8) 고용노동부(Worknet) 각 지부별 채용란

(9) 지역 정보지(벼룩신문, 교차로, 가로수 등)

(10) 중소 기업청(Small Business Administration)

(11) 공동체 조직(Community Organizations)

(12) 소비자상담학과 등 콜센터 관련학과 대학교 취업상담실

3. 효과적인 리쿠르팅 방법의 결정

여러분은 어느 리쿠르팅 방법이 가장 효과적인지 아는가? 어떤 기준이 자원과 방법을 평가하는데 사용되어야 하는가? 가장 효과적인 방법을 결정할 때 고려해야 할 몇몇 요인은 다음과 같다.

(1) 채용당 평균비용

(2) 장기근속/재직

(3) 직무성과 이슈들
　① 신규 채용자들이 완전히 생산성을 창출할 때까지 걸리는 시간
　② 지원자의 이전 직무 성과
　③ 지원자의 현재 직무 성과

(4) 지원자들을 필요한 위치에 배치시키는 능력

(5) 지원자 대비 채용자 비율

성공적인 모집 프로그램을 갖고 있는 대부분의 조직들은 직무 지원자를 찾기 위해 사용하는 방법들의 성공률을 추적하고 평가한다.

그러한 조직들은 리쿠르팅 프로세스를 향상시키고 훈련과 직원 유지 프로그램에 집중하기 위하여 신규 채용자와 채용처를 연결하여 분석한다.

제3절 ▎채용구분[내부 채용 vs 외부 채용]

◉─ 핵심 포인트

- 콜센터 관리는 조직 혹은 외부에서 공석의 채용에 대한 잠재적인 시사점을 주의해서 검토해야 한다.
- 이러한 내부 혹은 외부 채용 문제는 표준과 공정한 채용 절차에 따라 적당한 사람을 직무에 배치하는 것이 중요하다. 그런 다음 더 나은 콜센터 목표를 이행한다.
- 일반적으로 조직들은 내부에서 대부분의 공석을 채우는 것을 선호한다. 왜냐하면 그것이 지식관리와 경력경로 원칙을 지지하는 것이고 직원들의 사기에 긍정적인 영향을 미치기 때문이다. 그러나 외부채용은 신선한 견해와 새로운 아이디어의 형태로 콜센터에 새로운 생기를 가져올 수 있다.

콜센터 관리는 내부 혹은 외부에서 공석의 채용에 대한 잠재적인 시사점을 주의해서 검토해야 한다. 비록 대부분의 센터들이 채용 프로세스의 지침이 되는 일반적 규칙을 갖고 있지만 결정은 항상 사례별 혹은 직위별 원칙으로 이루어져야 한다.

이러한 내부 혹은 외부 채용 문제는 표준과 공정한 채용 절차에 따라 적당한 사람을 직무에 배치하는 것이 중요하다. 그런 다음 더 나은 콜센터 목표를 이행한다. 일반적으로 조직들은 내부에서 대부분의 공석을 채우는 것을 선호한다. 왜냐하면 그것이 지식관리와 경력경로 원칙을 지지하는 것이고, 직원들의 사기에 긍정적인 영향을 미치기 때문이다. 그러나 외부채용은 신선한 견해와 새로운 아이디어의 형태로 콜센터에 새로운 생기를 가져올 수 있다. 예를 들어, 여러분의 조직은 외부에서 대부분의 상담사를 채용할 것이다.

콜센터 매니저들은 콜센터 상황과 개인의 직책상 필요에 의해 의존하는 예외적인 경우이지만 보통 슈퍼바이저와 품질매니저들은 콜센터 상담사 그룹 내부에서 채워질 것이다. 콜센터 기술을 지원하고 유지하는 직책은 대체로 직무에 필요한 다양한 스킬을 가지고 있는 직원이 기존의 콜센터 직원들에게는 없으므로 외부 지원자로 채워질 것이다.

의사결정에 대한 비용과 자원의 관련성은 각각의 상황에서 특별하다. 예를 들면, 내부의 직원을 훈련하는 것보다 필요한 스킬을 이미 보유하고 있는 외부지원자를 채용하는 것이 비용 효과가 더 뛰어날지도 모른다. 그러나 모집 비용이 예상보다 높고 적임자를 찾는 프로세스가 길다면, 내부 직원을 채용하여 훈련하는 것이 더 나은 해결책이 될 수도 있다.

1. 내부 채용의 장점과 단점

(1) 내부 채용의 장점

① 직원들의 경력을 기를 수 있는 기회를 개발하는 데 조직의 의지를 집중할 수 있다.

② 직원들의 숨겨진 지식, 스킬과 능력을 발굴하는 데 영향을 미친다.

③ 직원 사기에 긍정적 영향을 준다.

④ 장기근속/정년의 촉진으로 솔선하여 지식관리를 지지한다.

⑤ 조직 외부에서 지원자를 선발하기 전에 내부적으로 인력을 모든 직책에 적절하게 배치하기 때문에 조직의 지시에 순응한다.

⑥ 광고비용의 절감으로 모집 비용이 감소한다.

⑦ 새로운 채용자들은 조직 프로세스, 네트워크, 문화에 익숙하기 때문에 더 빠르게 생산성을 갖는다.

⑧ 새로운 채용자들은 이전 관계에 기초하여 콜센터와 다른 부서 간의 제휴/연합을 창출할 수 있다.

(2) 내부 채용의 단점

① 신규 채용자들의 조직 밖의 경험이 부족하다.

② 채용 선발에 의견이 다른 직원들의 원망을 생성할지도 모른다.

③ 승진한 개인들은 동료들을 관리할 때 어려움과 반감을 겪을 수 있다.

④ 경우에 따라서는 새로운 채용자들은 직무 특수적 스킬을 위한 더 많은 훈련을 필요로 한다.

2. 외부 채용의 장점과 단점

(1) 외부 채용의 장점

① 조직 외부의 경험에서 생겨난 새로운 아이디어와 독창성의 유입과 새로운 시선으로 조직과 그들의 책임을 이해하는 능력을 기를 수 있다.

② 산업 노출의 깊이와 폭이 내부 지원자가 제공하는 것을 능가할 지도 모른다.

③ 신규 채용자는 일반적 관행(예 통례의 전통)에 속박되지 않는다.

④ 필요한 특정 스킬 셋을 보유한 사람의 모집으로 직무 특수적 훈련이 덜 필요하다.

⑤ 조직이 더욱 다양한 인력을 창출하는 데 도움이 될 수 있다.

(2) 외부 채용의 단점

① 새 직원의 아이디어와 제안이 기존 직원에게 쉽게 받아들여지지 않을 수 있다.

② 조직의 프로세스, 네트워크, 문화에 익숙해지기까지 부가적인 시간을 요구할 수 있다.

③ 직책이 내부에서 채워져야 한다고 느끼는 기존의 직원들에게서 적의가 있을 수 있다.

④ 내부 경력 경로가 제한적이라는 의욕을 잃게 하는 메시지를 보낼지도 모른다.

⑤ 외부 지원자들은 잘 알려지지 않은 사람들이다. 그래서 그들이 조직의 문화와 상호작용 스타일에 적합할 것인가를 결정하기 어려울 수 있다.

⑥ 모집과 심사비용이 높다면 더 많은 비용이 소요될 수 있다.

어느 경우에나, 콜센터의 리더십은 신규 채용자들이 내부 조직에서 채용되었든지 외부 조직에서 채용 되었든지 상관없이 그들이 조직, 콜센터, 팀과 직위에 융화되도록 조치를 취하여 신규 채용자와 관련한 부정적인 면을 완화시킬 수 있다.

제4절 ▎효과적인 인터뷰 운영

○― 핵심 포인트

• 본질적으로 인터뷰는 여러분과 직원이 될 가망 있는 지원자 간의 대화이다. 인터뷰는 지원자들이 적합한 사람인지를 확인하고 채용 프로세스를 계속할 사람인지를 결정할 정보를 여러분에게 제공한다.
• 구조화된 인터뷰는 편견을 줄이고 일관성을 증가시켜 비구조화된 인터뷰보다 더 나은 결과를 맺는다.
• 인터뷰는 HR 부서, 콜센터 매니저, 슈퍼바이저, 팀 리더, 동료 혹은 다른 단체가 실시한다.
• 전화 혹은 문자 채팅에 의한 최초의 인터뷰가 직무 성과 요구사항/자격요건을 실험하는 것이기 때문에 콜센터에 추천한다.

본질적으로 인터뷰는 여러분과 직원이 될 가망 있는 지원자 간의 대화이다. 인터뷰는 지원자들이 적합한 사람인지를 확인하고 채용 프로세스를 계속할 사람인지를 결정할 정보를 여러분에게 제공한다. 인터뷰의 목적은 프로세스 초기에 부적절한 지원자를 식별하고, 시간을 절약하고, 조직과 지원자 둘 모두의 비용을 절감하는 것이다.

1. 심사 툴(Screening Tools)

간단한 도구에서 복잡한 도구, 낮은 기술에서 높은 기술까지 다음과 같은 다양한 선발 툴이 있다.

(1) 지원서(Application Form)

신청서는 지원자의 최소한의 자격요건을 결정하는 툴이다. 여러분은 직무와 관련한 중요 항목의 신청서 체크리스트를 만들고 체크리스트에 근거한 채용 범위를 결정할 필요가 있다.

(2) 이력서와 자기소개서(Resume and Cover Letter)

지원서에 추가 혹은 대신에 선발 프로세스 부분에서 활용된다. 이력서와 자기소개서는 채용주가 포함된 정보를 계약조건으로 요구하지 않기 때문에 지원서보다는 덜 드러난다.

(3) 테스트

간단한 테스트는 직무 소질/재능이나 지식을 평가할 수 있다. 테스트는 직무분석에 기반을 두어야 하고 성공적인 성과에 대한 타당한 예측지표이여야 한다. 테스트의 종류는 다음과 같다.

① 성과 테스트(Performance Tests) : 데이터 입력 같은 스킬을 수행하는 능력을 평가한다.

② 재능 혹은 인지 능력테스트(Aptitude or Cognitive Ability Tests) : 언어, 매치와 문제해결 능력 같은 부문에서 지원자의 스킬 수준을 평가한다.

③ 체력 테스트(Physical Test) : 콜센터 환경에서는 드문 경우지만 지원자의 체력과 지구력을 테스트한다.

④ 성격 및 심리테스트(Personality and Psychological Tests) : 개인의 성격이나 특성을 평가한다.

⑤ 직무 일치 테스트(Job-match Tests) : 지원자들 가운데 최적으로 일치하는 직무를 확정하고자 꾀하는 테스트이다.

(4) 추천장(Recommendations)

구두 혹은 서면 추천장은 지원자의 장점을 통찰할 수 있고 다른 관점에서 후보자를 평가할 수 있는 기회를 제공한다.

(5) 평판조회(Reference Checks)

채용날짜, 직위를 파악할 수 있다. 재채용 자격을 정하기 위해 관례적인 평판조회로 대부분의 정보는 한계가 있다. 보통 HR 부서가 제공하는 이러한 정보는 허용하는 선까지만 드러나기 때문에 정보의 질적 측면에서는 한계가 있다.

2. 인터뷰 구조 / 체계(Interview Structure)

인터뷰 구조는 다음과 같은 두 가지 기본적인 유형이 있다.

(1) 비정형화된 체계(Unstructured)

무작위 질문으로 구성된 비정형화된 인터뷰는 직무에 대한 지원자의 적격성의 통찰력을 얻기 위해 설계된 유형이다. 질문들은 관례적인 인터뷰 가이드에는 나와 있지 않다. 대신 면접관이 현장에서 선택한 질문이다. 이 유형은 선발에서 일반적인 방법이지만 타당성과 효과성이 낮다. 그러한 이유는 다음과 같다.

① 면접관들이 후보자들을 평가하는 데 동일한 기준을 사용하지 않을 수 있다.

② 공식적인 직무 관련 능력이 인터뷰 질문에 기초하지 않기 때문에 면접관 입장에서 개인적 편견을 가질 수 있는 잠재성이 있다.

③ 면접관들은 너무 빨리 평가하려는 경향이 있다.

④ 인터뷰 경험은 동일한 직무에 대해 인터뷰마다 질문, 포맷, 선발기준, 직무 자격조건에 대한 기술, 책임에 관해서 일관성이 없다.

⑤ 모든 후보자들에게 동일한 질문을 적용하지 않았기 때문에 차별대우 주장을 항변하기 어렵다.

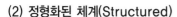

(2) 정형화된 체계(Structured)

정형화된 인터뷰는 직위에 대한 직무 내용 기술서에 기초한다. 직무 책임과 능력, 공인된 기준에 근거하여 개발된 일관성 있는 질문들은 후보자 순위와 평점에 이용된다.

정형화된 인터뷰는 보통 다음과 같은 세 가지 유형의 질문들을 포함하고 있다.

① 행동에 기초한 질문(Behavior-based Question)

이러한 질문들은 지원자들의 취업력에서 이벤트를 기술하도록 요구하여 직무와 관련한 상황에서 개인들이 어떻게 행동하는지를 검토한다. 이러한 유형의 인터뷰를 지지하는 것은 면접관들이 직무와 관련한 능력들의 리스트를 갖고 있어 질문들이 이러한 능력들을 표출하도록 체계화되어 있기 때문이다.

② 내용 질문(Content Question)

이러한 질문들은 특정산업용어 같은 직무를 수행하기 위해 필요한 지식을 지원자가 파악하고 있는지 평가하기 위해 설계된다.

③ 근무 조건과 관련한 질문

이러한 질문들은 어떤 조건하에서(예를 들면 업무스케줄, 준수성/충실성, 모니터링) 지원자가 기꺼이 근무할 수 있는지를 점검한다.

3. 인터뷰(Interview)

인터뷰는 HR 부서, 콜센터 매니저, 슈퍼바이저, 팀 리더, 동료 혹은 다른 단체가 실시한다. 많은 조직들은 지원자를 관리하거나 함께 일할 직원들을 포함하여 인터뷰를 예정한다. 인터뷰는 다음과 같이 개인 혹은 그룹으로 실시한다.

(1) 개인 인터뷰

개인 인터뷰는 지원자가 한 번에 한 명의 면접관과 대화를 하는 전통적인 포맷을 따른다. 선발 프로세스는 면접관 각각이 지원자에 대한 인상을 고려하는 일련의 인터뷰로 구성되어 있다.

(2) 그룹 또는 팀 인터뷰

이러한 인터뷰는 함께 인터뷰할 사람들의 그룹을 선발할 필요가 있다. 인터뷰 구조/체계와 프로토콜은 필요한 자격과 특성을 확실하게 평가하도록 만들어져야 한다. 평점과 견해는 인터뷰 후에 의논된다. 팀 인터뷰는 시간을 절약한다. 그룹이나 팀 인터뷰는 후보자와 다양한 사람과 인터뷰하도록 하여, 지원자가 직책에 적합한지 다양한 평가를 할 수 있게 한다. 팀 인터뷰는 지원자가 장래에 일할 콜센터의 팀 구성원을 인터뷰 프로세스에 참여하도록 체계화되었다. 신규 채용자들이 인터뷰 프로세스 동안

안심Touch

팀 구성원들과 함께 상호작용할 수 있다면 신규 채용자들은 더욱 쉽게 팀에 적응할 수 있다. 마찬가지로 팀 구성원들은 그들이 선발에서 역할을 담당했었기 때문에 신규 채용자들을 더 잘 받아들일 수 있다.

4. 인터뷰 매체(Interview Media)

인터뷰는 전화, 문자 채팅 혹은 대면으로 실시한다. HR 부서, 콜센터 매니저, 슈퍼바이저, 팀 리더, 동료 혹은 다른 단체가 실시한다. 전화나 문자 채팅에 의한 최초의 인터뷰가 직무 성과 요구사항/자격요건을 실험하는 것이기 때문에 콜센터에 추천한다.

(1) 전 화

최초의 심층 인터뷰에는 전화로 실시할 것을 콜센터에 추천한다. 이 매체는 면접관들이 지원자들을 대면으로 인터뷰하기 전에, 필수 요구사항 즉, 전화 구두 커뮤니케이션 스킬을 평가할 수 있고, 시간과 비용 측면 모두에서 효율적이다.

(2) 문자 채팅

문자 채팅 인터뷰는 지원자의 타이핑 능숙도, 전자 매체를 통해 의사소통하는 능력과 특수 약성어로 된 인터넷 속어, 약어, 이모티콘 같은 인터넷 은어에 대한 지식을 실험해 볼 수 있다. 이 유형의 인터뷰는 문자 채팅, 이메일 혹은 문서형태의 커뮤니케이션을 이용하여 요구사항을 처리하는/다루는 직책에 적합하다.

(3) 대면(Face-to-face)

가장 일반적인 인터뷰 매체인 대면 대화/회화는 선발하기 전에 미리 지원자의 커뮤니케이션 스킬, 지식과 경험을 평가할 수 있어 더 나은 기회를 제공한다. 대면 인터뷰는 전화나 문자 채팅을 실시했더라도 마지막 단계로서 추천한다.

5. 인터뷰 준비

모든 효과적인 인터뷰는 면접관들의 계획과 준비를 필요로 한다. 인터뷰를 위해 매니저들은 다음의 사항을 준비해야 한다.

(1) 직무 내용설명서를 재검토하라.

(2) 직무 능력과 관련한 적당한 자격 기준과 인터뷰 질문을 결정하라.

(3) 지원자의 지원 서류 예를 들면, 지원서, 이력서, 테스트 점수 등을 검토하라.

(4) 대화가 도청되거나 방해 받지 않을 위치에 인터뷰를 예정해라.

(5) 인터뷰에 참여할 사람을 결정하라.

(6) 테스트를 시행한다면 관련 정보, 누가 참석할 것인지, 인터뷰 기간을 고려하여 예상되는 지원자를 설정하라.

(7) 인터뷰 동안 필요하다면, 보다 상세한 질문이나 특성을 위해 지원자를 자극하라/격려하라.

(8) 인터뷰 끝에 다음 단계와 의사결정을 위한 타임 프레임을 토론하라.

[인터뷰시 고려할 상담업무별 필요 역량]

구 분	개별 역량	공통 역량
서비스 상담	• 고객지향적 마인드 • 문제해결 능력 • 이해력 등	커뮤니케이션 능력 긍정적 사고 방식 조직 적응력 상황 파악 능력 전산 활용 능력
세일즈 상담	• 목표지향적 마인드 • 친화력, 적극성 • 사교성, 조직 순응력 • 성과 지향적 성향 등	
채팅 및 이메일 상담	• 작문능력, 문장 이해력 • 인터넷 지식 등	

제5절 ┃ 콜센터에 적합한 직원선발

○— 핵심 포인트

• 선발은 모집 프로세스 동안 생겨난 자격 있는 후보자들 풀 가운데서 업무에 적합한 최고의 후보자나 후보자를 식별하는 프로세스이다.
• 신중하게 계획된 접근방법은 매니저가 직원을 선발하는 프로세스에 내재된 위험을 피하도록 도움을 준다. 채용 프로세스는 다음과 같은 기본 단계를 포함하고 있다.
  – 지원자 심사
  – 지원자 인터뷰
  – 근무 환경에 지원자 노출
  – 후보자 평가
  – 채용의사 결정
  – 오퍼를 내다.

선발은 모집 프로세스 동안 생겨난 자격 있는 후보자들 풀 가운데서 업무에 적합한 최고의 후보자나 후보자를 식별하는 프로세스이다. 선발 프로세스 동안 내내 조직의 인적 자원정책을 엄격하게 따르는 것이 중요하다. 경솔한 채용 결정은 대중의 인식, 모집, 소송비용과 법정 배상금 지불 등의 측면에서 조직에게 상당한 비용 부담을 준다. 더 중요하게, 잘못된 선발 프로세스는 조직의 목표를 달성하기 위해 필요한 재능, 지식, 스킬, 능력 없이 조직을 떠나는 것이다.

분별 있고, 체계적인 채용 프로세스는 매니저들이 직원을 선발하는 데 내재된 기회를 이용하고 위험을 피하는 데 도움을 줄 것이다.

[채용 프로세스]

1. 지원자 심사

이력서, 지원서, 테스트 같은 심사 툴은 직무의 기본 요구사항을 충족시키지 못한 지원자들을 걸러내는 것이다. 심사 동안 수집된 정보들은 선발 프로세스의 평가단계에서 지원자를 평가하는 데 유용하다.

2. 지원자 인터뷰

전화, 문자 채팅, 대면 인터뷰는 직무 특성기준에 지원자를 어떻게 잘 매치할 수 있는가를 익히는 깊이 있는 기회를 제공한다. 여러분은 지원자들에게 채용분야, 직무 책임, 근무 환경, 보고 체계, 콜센터의 목표와

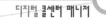
목적을 이야기 해줘야 한다.

지원자들에게 모니터링 정책과 관례를 일깨워 주는 것이 중요하다. 여기에는 모니터링유형과 모니터링 프로그램의 의도와 목표, 모니터링에서 정보를 어떻게 이용하는지에 관한 요약을 포함해야 한다.

3. 근무 환경에 지원자 노출

현재의 상담사 옆에 동석하여 콜센터 운영을 관찰하는 데 시간을 보내는 것은 지원자들이 실제와 비슷한 직무를 이해하는 데 도움을 줄 것이다. 그리고 선발 프로세스에 현재의 직원을 참여시켜 신규 채용자의 성공을 위해 주인의식을 느끼도록 도움을 준다.

4. 지원자 평가

평가단계 중에 직무를 위해 필수적인 지식, 스킬, 능력 등 직무와 관련한 기준에 관해서만 언급하는 것이 중요하다. 공인된 평가 기준은 지원자를 평가하기 위한 평점-등급시스템이나 그밖에 객관적인 방법을 이용하여 후보자를 비교함으로써 어림짐작으로 하는 평가를 없앤다.

5. 채용의사 결정

채용 결정은 직무에 가장 자격이 있는 사람인지, 그리고 직무, 팀, 조직에 가장 적합한 사람인지에 근거해야 한다. 선발 프로세스의 완벽한 증거 서류가 이러한 의사 결정을 지지해야 한다. 가중순위/서열시스템은 가장 자격 있는 지원자가 오퍼를 받도록 하는 데 유용하다.

6. 오퍼를 내다(Extend the Offer).

구두로 지원자에게 오퍼를 알려라. 지원자들이 직책에 흥미가 있거나 더 많은 정보를 필요로 하거나 혹은 그것을 고려할 얼마간의 시간이 필요한지 지원자들에게 물어보는 것이 좋다. 만약 지원자가 구두로 여러분에게 수용을 나타내면, 즉시 문서로 된 오퍼 레터를 보낸다. 오퍼 레터는 직위와 등급에 대한 요약, 급여와 수당 정보, 지원자의 출근 날짜, 조직의 법적 대리인의 서명 등을 포함해야 한다.

안심Touch

제6절 ▎인사정책에 대한 법률적 이해

○─ 핵심 포인트

• 합법적인 인터뷰를 시행하기 위하여 각 직책에 관심 있는 지원자들에게 질문들을 표준화하고, 문서화하여 질문하는 것이 좋다.
• 고용 관련 정부 지원금에 대해서 알아본다.

선발 프로세스 동안 발생할 수 있는 차별은 직무와 관련한 채용 요구사항을 정립하고 이에 기초하는 지원자 평가 심사 툴과 인터뷰를 개발함으로써 방지할 수 있다. 선발 프로세스 내내 각각의 지원자들에게 동일한 선발 기준을 시종일관 적용하는 것이 바람직하다.

채용 요구사항들, 심사 툴과 인터뷰 질문들은 조직의 HR 혹은 법률자문에게 검토 받는 것이 좋다.

1. 지원자 심사(Screening Applicants)

이력서 분류, 지원서 검토, 최초 심사나 테스팅 같은 심사 활동을 실시할 때, 이러한 활동에 관여하는 모든 직원들은 직무와 관련한 기준을 알아야 하고, 그 기준을 적용하여 선발 프로세스에서 후보자들을 탈락시켜야 한다. 이 프로세스에 관여한 직원들은 편파적 인식이 법적 문제를 야기할 수 있다는 것을 깨달아야 한다.

2. 합법적인 인터뷰 실시(Conducting Legal Interviews)

합법적인 인터뷰를 시행하기 위하여 각 직책에 관심 있는 지원자들에게 질문들을 표준화하고, 문서화하여 질문해야 한다. 표준화된 질문들에 대해 지원자들이 응답과 관련하여, 여러분들은 응답의 명확성을 위해 스크립트에 없는 질문들을 요청할 수 있다. 직무와 직접적으로 관련하거나 직무 요구사항에 기초한 질문들이라면 상관없다. 질문들에 대해 확신이 서지 않는다면, 질문 전에 HR이나 법률 부서에 문의하라. 일반적으로 다음과 같은 사항에 대해서는 질문하지 않는 것이 좋다.

(1) 가정 형편, 육아, 결혼상황, 결혼 계획 등

(2) 신체조건/장애/건강 혹은 몸무게, 키, 흡연 습관 등 특성을 구별하는 것

(3) 신용도 평가등급

3. 지원자 평가와 채용 의사결정

선발 프로세스 각 단계 내내 면접관들은 지원자들의 성과 등급과 순위의 표준 체크리스트를 기록하고 완성해야 한다. 면접관들이 직무 요구사항에 기초하여 지원자들을 채용할 것인지 채용하지 않을 것인지를 증명해야 한다면 채용 의사결정을 구체화하는 데 가치 있는 툴이 된다. 또한 지원자들이 차별적 관행을 일관되고 정확하게 지적하지 못한다면 이러한 노트와 순위는 차별 소송을 지원하는 데 도움이 될 수 있다. 지원자의 자격에 대한 사후인터뷰와 면접관의 견해에는 직무와 관련한 기준만을 포함해야 하고 지원자의 용모나 신체적 특성, 악센트, 민족전통 혹은 업무와 관련 없는 요인들을 포함해서는 안 된다.

비록 콜센터에서 차별과 관련한 이슈가 불법적 차별에 중점을 두는 경향이 있지만, 몇몇 차별의 형태가 불법적이지 않더라도 작업환경에 부정적인 영향을 미칠 것이다. 족벌주의는 HR과 관련한 의사결정을 할 때 친척들에게 편애를 보인다. 그것은 거의 좋은 관행으로 여겨지지 않고, 많은 조직들은 이해관계 갈등의 가능성을 최소화하는 정책들을 갖고 있다. 근무하기에 적당하고 공정한 조직으로 간주되고자 한다면 조직들의 채용 관행에서 공정성이 가장 중요하다.

4. 채용과 관련된 법률적 이해

채용 관련해서 국내에서는 아직 법적 문제가 심각하지 않으나 북미 등 해외에서는 연령, 성별 등에 대한 차별 조항이 있을 경우 심각한 법적 제재를 받는다.

국내에서는 채용 관련하여 각종 정부지원제도가 있으며 내용은 다음과 같다.

[채용 관련 정부 지원제도]

직업능력 개발훈련	소속근로자, 채용예정자/구직등록자를 대상으로 노동부장관의 인정을 받은 직업훈련을 실시한 고용보험 가입 사업주가 재직근로자에게 훈련내용을 부담하여 훈련을 실시하는 경우 훈련비용을 지원
육아휴직 대체 인력 장려금	육아휴직 등을 사용하는 근로자를 대체하여 신규로 인력을 채용하는 사업주에게 장려금 지원. 대체인력으로 신규 채용된 자 1인당 월 30만원(우선지원대상 기업인 경우에는 월 60만원)
비정규직 재고용 장려금	임신 중 또는 출산전후휴가 중인 계약직 및 파견근로자를 계약기간 종료 즉시 또는 출산 후 15개월 이내에 그 근로자와 근로계약기간을 1년 이상으로 하는 근로계약을 체결하는 사업주에게 지원
육아휴직 등 부여 장려금	근로자에게 육아휴직·육아기 근로시간 단축을 30일 이상 부여하고, 육아휴직 등 종료 후 직장에 복귀한 근로자를 30일 이상 계속 고용한 사업주에게 지원
직장 어린이집 지원	고용보험에 가입한 사업장의 사업주 또는 사업주 2인 이상으로 구성되어 보육시설을 공동으로 설치·운영하고자 하는 사업주 단체에게 지원
출산전후 휴가	여성 근로자가 자녀를 출산하는 경우 사용할 수 있는 휴가임. 근로기준법은 임신/출산을 준비하고, 소모된 체력을 회복시키기 위해 출산전후 90일의 휴가를 보장
배우자출산 휴가	배우자 출산시 남성근로자가 사용할 수 있으며, 3~5일 사용 가능. 근로자가 3일 미만을 신청하였다고 하더라도 3일 이상 부여해야 함

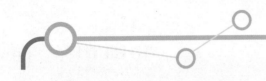

북미의 채용 관련 법규

1964년 제정된 민권 제7조(Title VII of the U.S. Civil Rights Act of 1964)는 인종, 성별, 종교 및 국적에 의한 차별을 금지하였다. 새로운 법률들은 나이, 장애, 숙련 정도와 다른 요인에 의한 차별을 포함하여 법률 해석을 확대하였다. 캐나다 연방정부와 지방정부는 보호 그룹에 대한 불법적인 차별을 금지하는 법률 또한 제정하였다.

03장 조직구성 및 스태핑

디지털 콜센터 매니저

제1절 ┃ 콜센터 조직설계 및 구성

○— 핵심 포인트

- 조직의 미션과 전략이 조직 구조를 결정한다.
- 공식 조직뿐만 아니라 비공식 조직 구조도 고려되어야 한다.
- 보고 책임과 라인을 정하는 것이 책임 소재를 분명히 하는 것이다.
- 지원 조직은 관리 통제자의 역할이 아니라 지원자 또는 실행자가 되어야 한다.
- 팀 분류는 가장 우선순위를 갖는 요인이 무엇인지 고려하여야 한다.

기업의 콜센터 운영 목적을 달성하는 데 있어서 가장 효과적인 형태로 콜센터의 내부 조직을 설계한다. 일반적으로 콜센터는 직접 운영을 담당하는 조직과 운영 팀을 지원하는 조직으로 구성한다. 콜센터 조직 구성의 핵심 이슈는 다음과 같다.

1. 운영조직의 구성 기준

업무의 성격이나 팀의 구분 기준 등으로 콜센터마다 각기 다른 양상을 보이고 있다. 콜센터 운영조직을 어떻게 구성하느냐의 핵심은 무엇을 기준으로 콜센터의 운영조직을 구분할 것이냐를 결정짓는 것이다.

2. 운영조직 및 지원조직 내 직책의 역할과 책임

콜센터 업무는 단순히 걸려 온 전화를 받는 업무에서부터 데이터를 통해 경영정책을 결정할 정보를 산출하는 수준까지의 복잡한 단계로 구성되어 있다. 조직의 각 직원마다 명확한 업무 범위와 역할을 갖고 운영되어야 하며, 구성원들이 맡은 역할과 직급에 따른 본인의 임무를 명확히 인식할 수 있도록 각 직급별 담당별로 해야 할 일과 할 수 있는 일을 미리 정해 놓은 것이 직급별 역할과 책임이다.

다음은 콜센터 조직 구성과 직급별 역할의 일반적인 예시의 참고 사항이다.

☐ 일반적인 콜센터 조직 구성안
[200여명 정도 조직 예]

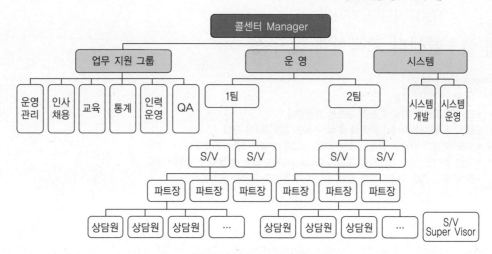

[일반적인 콜센터 조직 구성(예시)]

3. 운영조직의 관리자 대비 상담사 수의 비율 등

콜센터마다 규모가 크고 작은 차이가 있으며, 많게는 수천 명에서 적게는 몇 십 명의 상담직원이 있기 때문에 전체 인원 규모를 고려하여 조정이 필요하다.

2008년 시작된 콜센터 서비스 KS 표준에서는 다음과 같이 조직구성을 권장하고 있다.

1. 운영자는 콜센터 서비스 운영에 대한 운영 조직과 인력을 갖추어야 한다.
2. 운영자는 콜센터 서비스 업무를 운영, 품질, 기획, 지원, 인사, 교육훈련, 제3자 관리 등으로 세분화하여 운영하여야 한다
3. 운영자는 운영자의 피고용인이거나 대리인으로서 종사자를 관리·감독하고 콜센터 서비스를 평가하며 결과를 보고하고 개선할 관리자를 두어야 한다.
4. 운영자는 콜 시스템 규모에 적합한 시스템 매니저를 상주 또는 상시 연락 체계를 갖추어야 한다.

구 분	상담사 비율
수퍼바이저	10 ~ 20명
명품질관리자	60명당 1명 이상
강 사	200명 당 1명 이상

[서비스 KS 표준(KS S 1006-1)에서 권장하는 조직 구조 및 상담사 당 비율]

제2절 | 필요 사항에 따른 스태핑 대안 방법

◯─ 핵심 포인트

• 인력공급업체는 조직의 비즈니스 규칙과 가이드라인에 따라 조직 전체 혹은 일부에서 필요로 하는 직원을 제공한다.
• 일반적으로 계약직원들은 공석인 적은 수의 전문화 직책, 즉 관리직이나 분석가 직책에 이용된다.
• 임시직원은 단기간 그리고 계절 직원배치 요구사항에 매우 적합하다.

관리직원, 계약직원, 임시직원들은 작업량 요구 변화에 따른 유연성과 스킬을 필요로 하는 콜센터에 제공되는 대안이다.

1. 관리직원

직원채용의 유형은 일반적으로 알려진 관리직원 채용이다. 조직의 비즈니스 규칙과 가이드라인에 따라 관리인력 공급업체는 조직의 직원 요구의 전체 혹은 부분적으로 관리 직원을 제공하는 방법이다. 채용된 개인들은 인력공급업체에 채용되고, 행정(관리)책임, 피드백과 코칭, 징계조치 등이 인력공급업체의 책임이 된다. 이러한 직원배치는 아웃소싱 업체 자신들의 시설 대신 여러분의 시설을 이용하는 아웃소싱의 변형이다.

(1) 관리직원들을 채용하여 얻는 이점

① 조직이 계속 진행되는 직원과 관련한 이슈가 아니라, 비즈니스의 핵심기능에 집중할 수 있게 한다.
② HR과 직원 문제에서 관리인력 공급업체가 핵심부분을 책임지기 때문에 조직은 이익을 얻을 수 있다.
③ 많은 관리인력 공급업체는 콜센터 관리에 전문성을 갖고 있다.

(2) 잠재적으로 불리한 점

① 직원들이 조직의 일부분이라고 느끼지 않을 수 있다.
② 높은 이직문제가 발생할 수 있다.
③ 인력공급업체나 직원들이 조직의 가치나 방향을 위해 적합하지 않을 수도 있다. 관리인력 배치는 콜센터의 독특한 요구사항에 초점을 두고 있어 인기가 증가하고 있는 추세다. 실제로 주요한 성공요인은 인력배치 대안들과 상관없이 지원문화를 만들고, 응집력 있는 팀을 형성하는 콜센터 리더가 인력배치의 해결책이다.

    ㉠ Staffing Company : 인력공급업체
    ㉡ Disciplinary Action : 징계조치

2. 계약직원(Contractors)

임시직원과 다르게 계약직원은 콜센터와 직접적인 관계를 맺는다. 계약직원은 아웃소싱 회사를 통해 조직에 들어오지 않는다. 계약직원들은 프로젝트나 지정된 기간 동안 사용될 전문지식 때문에 채용된다. 일반적으로 임시직원들은 반복적 과업 같은 더 간단한 직책에 배치되고, 계약직원들은 공석인 적은 수의 전문화 직책, 즉 관리직이나 분석가 직책에 이용된다. 예를 들면 새로운 고객정보시스템 설계, 통합 프로젝트 관리, 인력관리 팀의 구성이나 새로운 품질 개선 프로세스 조직 등을 포함한다.

(1) 계약직원들을 채용하여 얻는 이점

    ① 기업에서 전문 기술을 개발하는 데 비용이나 시간의 소비가 생긴다.
    ② 적용 가능한 외부의 견해를 들을 수 있다.
    ③ 대체로 세금부담이 계약직원에게 부과된다.

(2) 계약직원 채용으로 인한 부정적인 면

    ① 계약직원들은 우선순위와 스케줄이 긴급하고 경쟁적인 다수의 클라이언트를 보유하고 있다.
    ② 계약직원들은 여러분의 경쟁자와 일하면서 민감한 정보를 제공할 수도 있다.
    ③ 계약직원들은 기업에 대한 충성도가 덜하다.
    ④ 장기간 혹은 계속해서 채용할 경우 비용이 비싸다.

계약직원을 성공적으로 채용하기 위한 필수조건은 그 사람의 스킬, 지식과 능력이 프로젝트요구사항에 적합한지, 그들이 조직의 목표와 목적을 이해하는지 그리고 조직의 목표와 목적에 그들이 어떠한 공헌을 할 수 있을 것인지 확인하는 것이다. 또한 프로젝트는 잘 정의된 파라미터를 갖고 있거나, 잘 정의되어 있지 않는 프로젝트에서는 진행상황, 비용과 의사결정 시점을 평가하는 정기적인 검토를 예정화하는 것이 중요하다.

3. 임시직원

임시직원들은 단기간 업무에 매우 적합하다. 이러한 직책은 회사의 내부 채용 프로세스나 가장 일반적으로는 외부의 임시직 에이전시를 통해 채울 수 있다.

(1) 임시직원들을 채용하여 얻는 조직의 이점

① 사람들의 행동을 관찰할 수 있는 기회를 통해 풀타임 채용을 제안할 수 있다.

② 스케줄링에 융통성이 있다.

③ 작업이 완료되었을 때 해고하기 용이하다.

④ 임시직원이 적합하지 않았을 때 대체하기가 용이하다.

⑤ 세금 및 복리후생 비용을 에이전시가 책임진다.

(2) 임시직원 채용의 부정적인 측면

① 콜센터에 필요한 특정한 스킬이나 훌륭한 숙련도를 얻지 못할 수 있다.

② 때때로 임시직원들은 결석률이 높다.

③ 일반적으로 임시직원들은 조직, 제품, 고객들과 친숙하지 않다.

④ 단기간만 근무할 직원들을 훈련시켜야 한다.

⑤ 임시직원들은 조직에 대한 충성도가 적다.

임시직원은 비교적 짧은 훈련 시간, 유연한 스케줄링 정책으로 비교적 간단한 빠른 콜을 다루는 조직에서는 적합하다. 그러나 장기간의 훈련 시간이 필요한 더욱 복잡한 환경에서 임시직원은 적합하지 않다.

임시직원 채용을 고려할 때, 콜센터 매니저는 임시직원 채용기간에 대한 조직의 정책을 알아야 한다. 많은 조직들은 채용기간이 끝난 임시직원을 계속 유지하고자 하면, 임시직원들을 영구적으로 채용해야 한다고 규정하고 있다. 너무 오랜 기간 동안 과잉신임 받은 임시직원들은 매니저에게 그들을 풀타임 상태로 변환해 주거나 그들을 놓아주길 강요한다.

임시직원을 이용하는 가장 두드러진 이점 중의 하나는 가치 있는 영구적인 직원이 될 것이라고 검증되는 직원들을 채용할 기회를 갖는다는 점이다. 대체로 '임시직에서 정규직으로 배치'라고 부르는 이러한 접근법은 에이전시에게 지불한 사전에 정한 보수에 기초한다. 이러한 방법은 모든 부분(조직, 직원, 에이전시)에게 이익이 된다. 즉, 조직은 검증된 직원을 얻고, 직원들은 그들의 스킬을 발휘할 수 있는 기회를 갖고, 에이전시는 채용이 가능하게 된 부분에 대한 보수를 번다.

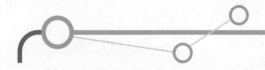

제3절 ┃ 재택근무자 및 직원 공유 약정

◯— 핵심 포인트

- 성공적인 재택근무 프로그램은 다음과 같은 긍정적인 이점을 준다.
  - 훌륭한 직원들을 유인하고 유지하는 수단
  - 높은 수요 기간에 직원 이용 용이
  - 생산성 향상
  - 기상악화나 질병에 대한 커버
  - 공간과 설비 절약
- 올바른 계획과 관리방법이 없다면 재택근무 프로그램은 예상치 못한 비용, 부적절하고 악용된 기술과 어려운 관리문제로 방해가 될 수 있다.
- 직원 공유 관계는 전형적으로 계절적 수요를 대처하기 위하여 두 개 이상의 조직이 일반적인 직원 풀을 공유하는 것이다.
- 성공적인 직원 공유는 유사한 문화와 관리 스타일은 물론, 조직 간의 높은 협력관계를 요구한다.
- 직원 공유 약정의 일부분인 직원들은 소속된 조직의 제품, 서비스, 고객의 기대치 등을 이해해야 한다.

1. 재택근무자

재택근무는 콜센터 조직에서 인기있는 토픽으로, 융통성 있고 큰 인력풀을 활용할 수 있고 공간과 비용절약을 현실화할 수 있다는 잠재적인 이점 때문에 재택근무프로그램을 도입하기 시작하였다. 일부 콜센터들은 성공을 거두었고, 또 일부 콜센터들은 예상치 못한 비용, 부적절하고 악용된 기술과 어려운 관리문제로 난관에 부딪히고 있다. 최근에는 기술의 발전과 시장환경의 변화로 인해 재택근무 경향이 다시 콜센터에서 부각되고 있고, 성공 스토리가 늘어나고 있다. 요즘에 성공률이 높아진 이유는 시작 이전에 잘 계획하고, 더 많은 예비조사를 하기 때문이다. 또 기술의 발전과 더 풍부하고 좋은 정보 등의 요인도 있다. 간단하게 말하면 재택근무는 융통성이 있고 비용효과성이 있는 직원 채용 방법이지만 사리분별하여 구성하고 관리해야만 한다.

(1) 재택근무의 이점

재택근무 프로그램은 콜센터에게 다음과 같은 많은 잠재적 이점을 제공한다.

① 훌륭한 직원 유인과 유지

삶의 질을 이롭게 하는 재택근무는 높은 성과를 내는 직원을 모집하고 유지하는 데 있어 콜센터에게 경쟁우위를 제공한다. 이러한 삶의 질에 대한 혜택은 업무와 가정 사이의 균형적인 시간 배분, 스트레스 감소와 의복, 음식, 통근에 소비되는 비용의 절감으로 가져오는 간접적 임금 인상을 포함할 수 있다. 재택근무는 콜센터들이 일상적인 통근거리의 제약이나 대중교통의 이용가능 여부에 상관하지 않고 직원을 채용할 수 있게 범위가 넓어진다.

② 높은 수요기간에 직원 이용 용이

원격 근무자는 풀타임 상담사일 필요가 없다. 재택근무자들은 피크 기간 동안 콜센터의 수용량을 높일 수 있게 파트타임 스케줄이 설계된 것을 환영하고, 일부 재택근무자들의 이동이 피크 기간 동안 예정되기도 한다. 원격 사이트에서 일하는 상담사들이 여러분 기업의 다른 부서에서 일하더라도 피크 기간 동안에는 콜센터에 도움을 줄 수 있다.

③ 생산성 향상

올바르게 선별되고 관리된 원격 근무자들이 현장에서 일하는 상담사들보다 장기결석이 감소하고, 불화가 적고, 노동시간이 유연하고, 지각이 없고, 오버타임을 위한 즉각적 이용가능 등의 결과를 나타내고 있다. 원격 근무자 매니저들은 명확히 정의된 정책과 절차를 제공하고, 커뮤니케이션을 간결하게 하고, 직원과의 모든 상호작용 가치를 최대화하는 방법을 배움으로써, 그들 자신의 효과성이 증가한 것을 발견할 수 있다.

④ 기상악화나 질병에 대한 커버

분산된 위치에 활용 가능한 상담사를 보유하고 있는 것은 주요한 시설에 기상악화나 재해로 콜센터 운영이 불가능할 수 있는 위험을 감소시킨다. 비상사태 콜라우팅 계획이 미리 개발되어야 하고, 철저히 테스트되어야 한다.

⑤ 잠재적 비용 절약

재택근무 프로그램은 설비비용을 절약할 수 있다. 그러나 이것이 모든 케이스에서 그러한 것이 아니기 때문에, 주요한 시설에 좌석을 만드는 비용과 더불어 보이스와 데이터 전송을 위한 설치비용을 신중히 고려하는 주의 깊은 분석이 필요하다.

(2) 재택근무의 단점

재택근무 프로그램의 시작과 운영에는 다음과 같은 어려움이 있다.

① 관리상 어려움

원격근무자는 대량의 정보에 접근하기 어려워 항상 미팅이나 메모 등 공식적 프로세스가 아닌 곳에서 정보를 주고받는다. 매니저들은 원격으로는 질적 측정보다 용이하기 때문에 양적 측정에 초점을 둘 수 있다. 그리고 전자매체를 이용한 커뮤니케이션은 바디 랭귀지를 읽을 수 없는 문제가 있다.

　예 Water Cooler 교환 : 직장의 냉수기 주변에 모여서 이야기나 정보를 주고받음

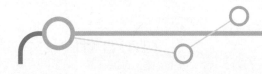

② 개인능력개발과 경력 성장

보고관계와 서류상의 팀을 구성하는 것은 꽤 간단하지만, 실제로는 극복해야 할 많은 장애들이 있다. 양측이 스냅사진만을 얻기 때문에 관계는 더 형식적이고 기계적이 된다. 직원과 매니저가 서로 일정을 잡기 힘들다. 관리를 위한 대면 시간이 적어 원격 근무자를 평가하고, 훈련하고, 코칭하기 어렵다. 직원입장에서 물리적으로 떨어져 있는 것은 때때로 네트워킹과 의사결정과정에 개입을 방해하여 원격 근무자의 경력개발과 이동에 방해를 줄 지 모른다.

③ 기술적 장애

콜센터의 기술 인프라에 대한 업그레이드는 원격 근무자들을 적응시키기 위해 필요하다. 재택근무자가 요구하는 고속, 고대역폭 접근은 그것이 필요한 곳에서는 이용할 수 없을지도 모르고, 혹은 제공된 서비스가 주요 부서에서 이용할 수 있는 것보다 신뢰할 수 없을지도 모른다. 원격 시설의 유지보수는 부가적인 비용, 자원과 계획을 요구한다.

2. 관리 요구사항

매니저가 재택근무 프로그램의 성공을 최대화하기 위해서는 다음과 같은 단계를 필요로 한다.

(1) 기술과 장비 비용을 이익과 비교하라.

원격 근무 배치와 관련한 총비용과 이익의 신중한 평가가 성공의 기본이다. 몇몇 이익은 정량화하기 힘들어(예 재해 대비) 엄격한 재무분석을 할 수는 없지만 전략적 의사결정에는 필요하다.

(2) 프로젝트에 신중하고 밀접한 방향을 제시하라.

성공적인 원격 근무 배치를 위해서는 소규모 파일럿 프로그램으로 시작한다. 필연적인 문제가 발생하기 때문에 원격 근무자를 관리하는 스킬을 개발하기 위해 시간을 투자하고, 프로그램이 확립된 후에도 직접적인 관리를 지속해야 한다.

(3) 상담사 선별

원격 근무에 적합한 상담사 인원 선발이 성공에 중요하다. 결과적으로 몇몇 센터들은 재택근무 배치에 최고 성과의 상담사만 고려한다. 과거의 성과 외에 매니저는 후보자가 얼마나 잘 주도권을 갖고, 변화를 관리하고, 의사결정하고 독립적으로 작업하는가를 고려할 필요가 있다.

(4) 표준 재택근무 계약

조직과 직원의 책임과 요구사항을 상세하게 기술한 계약서의 개발은 재택근무 방법에 대해 양측을 이해하는 데 도움을 주며, 기업의 위험을 최소화할 수 있다. 재택근무자가 재택근무 할 때는 육아를 제공해야 하고, 정신집중할 수 있도록 조치를 취해야 한다.

(5) 성과측정과 모니터링

현장근무자와 원격 상담사를 측정하고 모니터하는 방법의 일관성은 중요하다. 오늘날 콜센터 음성과 데이터기술은 현장근무자가 전달하는 것과 마찬가지로 동일한 정보를 원격 근무자도 제공할 수 있게 한다. 콜모니터링 기술과 프로세스를 공정하게 적용해야 하고, 원격 상담사가 주요 현장에서 근무하는 상담사들과 동일한 피드백과 지원을 받을 수 있게 해야 한다.

(6) 상담사 고립감 관리

어느 정도의 고립감은 본질적으로 재택근무의 일부분이다. 그러나 매니저들은 고립감을 감소시키는 방법들을 보유해야 한다. 가장 중요한 단계는 전통적인 사무실 환경 외에서도 편안하게 근무할 수 있는 상담사를 선발하는 것이다. 몇몇 센터들은 재택근무자들이 적어도 한 달에 며칠은 사무실에서 근무하기를 요구한다.

3. 에이전시 이용

재택근무자는 조직의 직원이거나 에이전시를 통한 사람들이다. 만약 에이전시에 속한다면 조직의 요구사항에 가장 적합한 배치에 따라 조직이나 에이전시 중에서 재택근무자를 채용할 것이다.

4. 직원공유 약정

직원공유관계는 전형적으로 계절적 수요를 대처하기 위하여 두 개 이상의 조직이 일반적인 직원 풀을 공유하는 것이다. 예를 들어, 여름에 작업량이 많은 조직은 겨울에 바쁜 조직과 직원을 공유하는 파트너를 하면 될 것이다. 아직은 직원공유관계가 콜센터 산업에서 일상적이지는 않지만, 이러한 관계가 성공적으로 증명되면 널리 보급될 것이다.

직원공유 약정의 일부분인 직원들은 소속된 조직의 제품, 서비스, 고객의 기대치 등을 이해해야 한다. 그러나 성공한 직원 공유 배치 파트의 대부분은 변화와 도전을 즐긴다.

(1) 직원공유관계의 장점

① 직원 모집과 유지의 노력을 최소화하면서 계절적 수요를 대처할 수 있다.

② 낮은 모집과 이직 비용을 줄일 수 있다.

③ 직원들의 높은 참여도 계절에만 채용되는 상담사보다 영구적으로 채용된 상담사가 조직에 대한 충성도와 참여를 나타낸다.

(2) 직원공유 약정 설정시 중요한 문제

① 두 유형의 조직, 표준 업무, 다중 시스템을 위한 훈련

② 문화 차이

③ 보안 문제

④ 계약상의 문제 채용과 책임문제 처리 방법

주요 관리 이슈

직원공유 약정은 제품과 서비스가 경쟁관계에 있지 않고, 유사한 문화와 가치시스템을 갖고 있는 호의적인 파트너를 요구한다. 양쪽 조직의 직원들로 구성된 훌륭한 프로젝트 팀은 협력과 채용계약을 지원하는 상세한 계획을 확립하고 관리할 것을 요구하는 것이 주요한 업무이다. 다른 조직에서 직원들을 대용한 조직은 직원들을 커뮤니케이션 울타리에 두어서, 그들이 문화와 의사결정에 일부분이라는 것을 느끼게 해야 한다.

일반적으로 한 센터에서는 풀타임 상담사를 채용하고 파트너에게 상환에 대한 청구서를 만드는 것이 이치에 맞다. 공유된 직원을 채용한 센터는 연합하여 얻어진 이익을 제공해야 한다.

제4절 ▌서비스 용역업체(아웃소싱)

- 현재 서비스 용역업체에서 실질적으로 거의 모든 유형의 콘택트나 모든 정도의 복잡성을 처리한다.
- 서비스 용역업체의 작업 결과는 두 조직 간의 통합과 협력의 수준만큼 좋을 것이다.
- 다음은 적절한 서비스 용역업체와 계약을 체결하기 위한 기초적인 단계이다.
  - 전략적 분석을 수행한다.
  - 요구사항을 정의한다.
  - 서비스 용역업체 후보를 식별한다.
  - 서비스 용역업체를 선택한다.
  - 업무를 이관한다.
  - 관계를 관리한다.

서비스 용역업체(아웃소싱)는 조직의 콘택트에 대해 일부 혹은 대부분을 처리하기 위하여 기업을 채용하는 것이다. 과거 많은 콜센터 매니저들은 서비스 용역업체를 콜프로세싱 공장으로 간주하였다. 간단하고 틀에 박힌 콜을 아웃소서에게 보내고, 복잡한 고객서비스 콜은 보내지 않는 것이 보편적인 상식이었다. 대부분의 경우에 그러한 관점은 정확했다.

오늘날 서비스 용역업체는 모든 유형과 능력을 갖고 있다. 몇몇 서비스 용역업체는 실질적으로 거의 모든 유형의 콘택트나 모든 정도의 복잡성을 처리한다. 적절한 예로 기술지원, 금융서비스, 보험 청구와 다른 유형의 복잡한 서비스를 아웃소서가 처리한다. 사실 많은 서비스 용역업체는 동종산업에서 다양한 채널의 콘택트, 복잡한 이슈 및 콘택트를 처리하는 숙련도에 근거하여 서비스를 차별화하였다.

선택의 범위가 광범위함에도 불구하고, 아웃소싱은 모두를 위한 것은 아니다. 여러분은 아웃소서의 잠재적 능력, 그들이 제공하는 서비스의 품질과 깊이를 분석할 필요가 있다. 그런 다음 서비스 전문 부서를 설립하는 것과 구입하는 것의 비용과 이익을 비교할 필요가 있다. 만약 여러분이 아웃소싱하기로 결정하였다면, 여러분은 아웃소싱 기업의 직원과 긴밀하게 일하고, 상담사 목록을 작성하고, 품질을 확실하게 하고, 활동을 추적할 필요가 있다.

1. 서비스 용역업체와의 관계가 제공하는 이익

서비스 용역업체는 콜센터 서비스를 처리하는 데 도움이 필요한 조직에게 다수의 이점을 제공한다.

안심Touch

(1) 비용 절감

일부 혹은 모든 콜을 서비스 용역업체에 아웃소싱하는 것은 내부적으로 콜을 처리하는 것보다 많이 비용-효과적이다.

(2) 특히 일시적으로 역량 증가

조직이 서비스 용역업체를 채용하는 근본적 이유 가운데 하나는 조직이 보유한 현재 역량 이상으로 콜량을 처리하고자 함이다. 특히 일시적으로 콜 증가가 예상된다면, 서비스 용역업체에 콜을 아웃소싱한 것은 기업내부 역량에 비해 더욱 비용-효과적이다.

(3) 어떠한 유형의 콘택트도 효과적으로 처리

몇몇 콜센터들은 특정 유형의 콘택트(예 외국어, 늦은 밤, 이메일 콘택트, 채팅 콘택트 등)나 노련한 직원의 시간을 낭비하는 몇몇 콜(간단한 주문처리나 낮은 수준의 지원이 필요한 콜)을 처리하기 위한 효율적인 방법을 찾고자 고심한다. 서비스 용역업체는 전문성, 24시간 운영, 저비용의 상담사를 제공한다.

(4) 정교한 기술 제공

콜센터 서비스 용역업체는 선택의 여지가 적지만 경쟁우위를 점하기 위하여 가장 최신의 효과적인 기술을 전개한다. 콜센터는 시스템을 업그레이드하기 위한 비용을 사정할 수 있고, 조직은 새로운 콜센터의 건립과 서비스 용역업체를 채용하는 것의 옵션에 대한 비교를 고려할 수 있다. 이것은 설립과 구매에 대한 의사결정의 또 다른 형태이다.

(5) 여분 제공

여러분의 회사가 단일 사이트 콜센터를 보유한다면, 일부 콜을 처리하기 위해 배치한 서비스 용역업체는 여유수준의 백업을 제공한다.

2. 고려사항/문제점

서비스 용역업체가 조직의 콘택트를 일부 혹은 전부 처리할 때 다음과 같은 몇 가지 잠재적 고려사항과 문제점이 있다.

(1) 품질에 대한 우려

전문 상담사를 제외하고는 성공적으로 콜을 처리하지 못하거나 조직이 견고한 프로세스나 문서를 보유하지 않고 있다면 서비스 용역업체는 내부 직원의 품질만큼 되기 어렵다. 유사하게 조직이 자체 콜센터 직원을 위한 견실한 트레이닝 프로세스를 보유하고 있다면 조직이 스킬을 서비스 용역업체에 전수할 수 있다.

(2) 통제이슈

다른 누군가에게 여러분의 고객을 인계하면 그들의 고객 다루는 방법에 대한 통제력이 불가피하게 감소한다. 서비스 용역업체 계약은 운영방법에 대한 상세한 조건을 제공하지만, 결국 콜센터를 사내에서 관리하거나 어느 정도의 통제를 포기한다. 그러나 기존의 콜센터를 관리하는 어느 정도의 통제력은 실제로 고려해야 할 중요한 요인이다. 유능한 서비스 용역업체는 더 나은 프로세스와 컨트롤을 제공할 것이다.

(3) 비 용

변수에 따라 어느 해결책이 가장 비용-효과적이라고 말하기 어렵다. 셋업 비용, 서비스 용역업체와의 관계를 관리하기 위한 내부 비용, 서비스 용역업체 사이트 출장경비, 조직의 계획과 시장을 고려하여 최신으로 서비스 용역업체를 유지하기 위한 비용들을 고려해야 한다.

3. 적절한 서비스 용역업체와의 계약

다음은 적절한 서비스 용역업체와 계약을 체결하기 위한 기초적인 단계이다.

(1) 전략적 분석을 수행한다.

아웃소싱의 필요성을 심도 있게 평가한다. 어느 정도의 관여 수준을 요구하는가, 예상되는 아웃소싱 비용 · 인하우스 비용을 충분히 비교한다.

(2) 요구사항을 정의한다.

서비스 용역업체에서 기대하는 바를 확실히 정의하고, 관계의 모든 측면을 고려한다.

(3) 서비스 용역업체 후보를 식별한다.

규명된 요구사항에 기초한 제안요청서(RFP ; Request For Proposal)를 개발한다. 잠재적 벤더를 탐색하고 기본 자격을 만족시키는 벤더에게 RFP를 보낸다.

(4) 서비스 용역업체를 선택한다.

RFP에 따른 제안내용을 평가하고, 관련된 문제에 대해 후속조치를 취하고, 상담사 사이트를 방문하고, 최적의 서비스 용역업체를 선택한다. 여러분은 단지 벤더를 선택하는 것이 아니라 고객관계를 수립하고, 조직의 미션을 달성할 파트너를 찾는다는 것을 명심해야 한다. 최종 의사결정을 하기 전에, 반드시 서비스 용역업체가 운영하는 콜센터를 방문하여 센터의 경영진 · 상담사와 시간을 보내야 한다.

(5) 업무를 이관한다.

조직을 대표하는 경영팀을 합류시켜 프로젝트팀을 구성한다. 그러면 강력하게 시작하기 위해 필요한 자원을 제공할 것이다.

(6) 관계를 관리한다.

일단 배치가 확립되었으면, 조직은 지속적인 협력과 관리를 위해 팀을 유지할 필요가 있다. 조직은 계속해서 중요한 리포트와 프로세스를 지켜보고, 예정된 콜모니터링과 사이트 방문을 완수하고, 회계처리와 같은 업무를 함께 수행하여 강한 관계를 유지하는 데 시간을 들일 필요가 있다. 몇몇 콜센터는 의사결정에서 큰 존재감과 속도를 위해 서비스 용역업체에 자사 매니저를 배치하기도 한다.

04 장 이직률 관리하기

제1절 ┃이직의 유형과 원인

○─ 핵심 포인트

- 이직은 자발적 이직과 비자발적 이직으로 나눌 수 있다.
- 직원들이 떠나는 이유를 규명하는 것이 이직을 줄이고 통제할 수 있는 근본적 필수사항이다.
- 산업 연구에 따르면 모든 콜센터에서 발생하는 이직의 최고 이유는 다른 조직에서 더 나은 조건의 기회 제공, 급여문제, 긍정적 감소, 진로기회의 부족, 끊임없는 불만과 문제 처리와 관련한 업무 불만족 등이 있다.

"대부분 기업은 3년에서 4년 사이에 직원 1/2 정도를 잃는다. 그리고 5년 안에 고객도 절반을 잃는다. 따라서 고객을 유지하는 만큼 직원을 유지하는 것도 중요하다. 왜냐하면 충성스런 직원이 없이는 충성스런 고객도 없을 것이기 때문이다."

– Frederick. F. Reichheld, "The Loyalty Effect"

신규고객 유치보다 기존고객 유치가 더 비용-효과적(Cost-effective)이듯 신입 직원 채용보다 기존직원 유지가 더 비용-효과적이다. 이직은 직원이 콜센터를 떠나는 것이다. 이직률은 이직한 직원수를 총직원수의 백분율로 정량화한다.

1. 자발적 이직

자발적 이직은 직원이 스스로 조직이나 직위를 떠나기로 결정하는 것이다. 자발적 이직의 사례는 다음과 같다.

(1) 내부승진/측면(부서)이동

내부승진 기회, 개발이나 경력향상으로 부서이동을 하거나, 오랫동안 '특별임무'를 수행하는 등을 예로 들 수 있다. 콜센터는 이직을 경험하지만 조직은 그렇지 않다.

(2) 사직(Employee Quit)

직원들이 사직하는데 많은 이유가 있지만 모두 콜센터 관리의 통제 범위에 있지는 않다. 몇몇 케이스는 조직이 매력적인 해고수당 제공 등으로 사직 원인을 제공하기도 한다. 이러한 의도는 자발적으로 직원수를 축소시키기 위함이다.

(3) 퇴 직

조직에서 정년 나이를 강제적으로 규정하거나 개인이 조기퇴직금을 받도록 장려하지 않는 한, 퇴직은 일상적으로 개인에 의해 수행된다.

2. 비자발적 이직

비자발적 이직은 회사 측에서 채용관계를 끝낸다고 결정될 때 발생하며, 비자발적 이직은 다음과 같다.

(1) 해 고

낮은 성과, 직무에 부적합, 비윤리적 행위, 조직 정책에 방해 등 때문이다.

(2) 정리해고/인원삭감(Layoff/Downsizing)

이는 조직이 인력규모를 삭감할 때 발생하며, 정리해고를 유발하는 요인은 다음과 같다.
① 경제적 여건
② 필요한 스킬의 변경
③ 인수합병(M&A)
④ 통합/공동출자(몇몇 콜센터가 단일 콜센터로 합병)

3. 이직원인 규명

이직은 부적절한 급여, 충분치 못한 경력개발경로, 비구조화된 환경, 비협조적 지원으로 조직에서 만성적인 문제이다. 이러한 문제점을 관리하기 위해서는 발생원인을 이해해야만 한다. 이직원인은 각 조직마다 다르며 다음의 단계는 원인을 파악하는 데 도움을 줄 것이다.

(1) 시장 상황과 비교하여 직무 및 급여 분석 수행

(2) 스트레스, 관리스타일, 작업량 등과 같은 환경적 요인에 대한 토론을 위해 상담사와의 그룹미팅 수행

(3) 신규 직원에게 직무를 정확하게 설명하고 있는지 오리엔테이션 프로그램 리뷰

(4) 기존 인터뷰 분석

(5) 정기적으로 직원 만족도 서베이 실시

4. 이직원인

(1) 요구되는 노력의 속도

(2) 차이를 만드는 무력감

(3) 잘 수행한 업무를 인정하지 않는 것에 대한 좌절감

(4) 반복되는 업무

(5) 계속 집중을 필요로 함

(6) 데스크에 얽매어 있음

(7) 과도한 통제

(8) 감시당하는 느낌

(9) 인정받지 못한다는 느낌

(10) 하루 종일 불만과 문제해결 처리

(11) 불규칙적인 근무시간

(12) 조직 내부나 외부에서 더 나은 기회 획득

(13) 낮은 급여

(14) 적절한 툴이나 훈련 부족

(15) 스킬을 수행하길 원하지 않거나 수행할 수 없는 상담사에게 스킬을 향상하라는 요구

상담사 이직원인 Top 5

- 조직 외부에서 더 좋은 기회 획득
- 보상 문제
- 조직 내부에서 좋은 기회 획득(긍정적 이직)
- 승진 기회 부족
- 하루 종일 불만과 문제해결 처리

제2절 ▎ 이직률 계산과 추적(트래킹)

● 핵심 포인트

• 이직률은 모든 콜센터의 주요성과지표이다. 그래서 다른 주요성과지표만큼 적극적으로 추적되고 관리되어야
  한다.
• 이직 경향을 정확하게 추적하기 위해서 콜센터 매니저들은 이직률을 매년 계산해서 이용해야 한다.

이직은 모든 콜센터에서 피할 수 없는 현실이다. 그러나 이직의 수준은 조직마다 큰 차이를 보인다. 어떤
조직은 100%를 초과하는 이직률을 보이는 반면, 어떤 조직은 매년 5% 이하의 이직률을 나타내기도 한다.
이직률이 높은 조직은 채용 및 훈련의 눈에 보이는 비용 이상으로 많은 비용이 필요하다. 이러한 콜센터들
은 품질이나 생산율이 예상치보다 아래에 있다. 저품질과 생산성은 중요하기 때문에, 이직률은 다른 주요
성과지표(KPI)만큼 적극적으로 계산되고 관리하여야 한다.

이직은 조직의 어떤 수준에서도, 신입 직원부터 고참직원의 경험수준에서도 발생할 수 있다. 모든 이직의
유형은 성과에 대한 영향을 모두 측정해야 한다. 여기에서는 훈련된 상담사의 이직에 포커스를 두고 있다.
이직을 올바르게 측정하기 위해서 콜센터 매니저들은 해마다 이직률을 계산해야 하며, 연간 수는 12개월
동안의 데이터를 필요로 하지 않는다. 연간 수치는 비교와 동향에 대한 일관된 원칙을 제공한다. 이직률
계산은 다음과 같다.

> 이직률 = (직무에서 이탈한 상담사 수 ÷ 기간 동안 실제로 일한 상담사 수 평균)
>   × (12 ÷ 기간의 개월 수)

다음 표의 데이터를 이용하여 이직률을 계산하면 다음과 같은 결과가 나타난다.
(20 ÷ 104) × (12 ÷ 8) = 28.8%
결론적으로 콜센터의 연간 이직률은 약 29%가 된다.
총연간 이직률은 내부/외부 이직, 자발적/비자발적 이직의 카테고리로 분류하면 더욱 가치 있고 유용한 수
치가 된다.

[콜센터 연간 이직률]

기 간	직무에서 이탈한 상담사수	기간 동안 실제 일한 상담사수의 평균
1월	2	104
2월	1	103
3월	4	101
4월	0	101
5월	3	109
6월	5	106
7월	3	105
8월	2	103
합계/평균	20	104

직원에게 내부 이직은 콜센터를 떠나는 것이지만, 조직 내에 머무르는 것을 의미하고, 외부 이직은 조직을 완전히 떠나는 것을 의미한다.

제3절 ┃ 이직의 긍정적 측면과 부정적 측면

○— 핵심 포인트

• 이직은 콜센터에 많은 비용을 초래하므로 중대한 경영 이슈이다. 일반적으로 비용은 다음과 같은 항목을 포함한다.
  – 이탈비용
  – 모집 및 채용비용
  – 훈련 및 오리엔테이션 비용
  – 간접비용
• 이직을 평가하고 처리할 때 많은 트레이드오프를 고려해야 한다. 예 채용비용 vs 유지비용
• 총체적 관리 방법에서 이직의 긍정적 측면 또한 고려해야 한다.

1. 이직비용

기업 내에 많은 직원들이 있지만 이직은 콜센터에 비용을 초래하는 경향이 있다. 일반적으로 비용은 다음과 같은 주요 카테고리로 구분할 수 있다.

(1) 이탈비용

① **계약해제 비용** : 일정기간 동안에 대한 일괄지급이나 이월

② **수당** : 일정기간 동안 혹은 직원이 다른 직업을 찾을 때까지 지속적으로 지불

③ **실업 보험률** : 전직 근로자의 수당을 실업보험 펀드에서 이용하면 기업은 더 많은 세금을 부담하기 때문에 비율이 높아질 것이다.

④ **퇴직 인터뷰** : 직원들이 이직하는 이유를 이해하기 위한 관리 비용

⑤ **전직지원** : 새로운 구직 지원

⑥ **법적 비용** : 직원이 조직에 대해 불만으로 고소 제기시 발생하는 비용

(2) 모집 및 채용비용

① **광고비용** : 다양한 매체의 광고

② **시간비용** : 지원자 소스나 풀 규명, 레퍼런스와 백그라운드 체크, 인터뷰 수행 시간

③ **교통비** : 인터뷰 프로세스 동안 지원자, 콜센터 매니저 및 리쿠르터와 관련한 비용

④ **헤드헌팅 기업** : 이러한 유형의 기업은 직원의 1년 급여에 대해 요금을 부과함

⑤ **재배치** : 신규 직원의 재배치와 관련한 수당 포함

(3) 훈련 및 오리엔테이션 비용

① 초기 및 제반 훈련비용 : 기업, 콜센터, 직무 및 팀에 대한 오리엔테이션 등

② 훈련을 위한 교통비 : 필요한 트레이닝 프로그램

③ 러닝커브 : 트레이닝 클래스가 성공적으로 완료된 후에도, 신규 직원이 필요한 기술과 지식을 적용하는 방법을 충분히 마스터할 때까지 효과적으로 현장연수를 지속한다.

(4) 간접비용

① 생산성 커브 : 전체적으로 낮은 생산성 비용은 서비스 수준에 영향을 미친다.

② 초과근무수당 : 현직 직원이 콜센터 성과를 유지하기 위해 추가 시간업무를 필요로 한다.

③ 영업 손실 : 낮은 고객서비스는 영업 손실과 경쟁사에 고객을 뺏긴다.

2. 이직의 긍정적 측면

이직이 긍정적 시사점을 갖고 있다는 개념은 반직관적일지도 모른다. 그러나 적절히 관리된 이직은 대부분의 관점과는 다르게 우수한 관리 사례로 전체 인력관리를 지원할 수 있다. 이직의 긍정적 측면은 다음과 같다.

(1) 낮은 성과를 내는 직원 제거

일부 직원은 필수 성과를 수행할 능력이 없거나 지식, 스킬, 동기부여 및 능력의 부족 등으로 성과 목표를 끊임없이 달성하지 못한다. 설상가상으로 그들은 콜센터의 사기, 고객서비스, 고객만족, 수익에 부정적인 영향을 준다. 낮은 성과를 내는 직원을 성과 좋은 직원으로 대체하는 것은 콜센터에 이익을 줄 뿐만 아니라 그러한 직원이 본인에게 적합한 직업을 구할 수 있는 기회를 준다.

(2) 신속하게 새로운 기술 습득 기회

여러 케이스에서 콜센터는 신속하게 새로운 방향 전환과 신기술 습득을 필요로 한다. 기존의 직원을 새로운 변화에 적합한 사람으로 대체하는 것이 필요하다.

(3) 새로운 견해, 창조성, 혁신성

외부인들은 다른 관점을 제기하고, 완전히 다른 견해로 문제, 이슈, 기회에 접근하여 새로운 해결책을 가져올 수 있다.

(4) 다양성의 기회

치열한 경쟁 환경에서 콜센터는 다양한 인력이 필요하다. 다양성은 보다 유연한 환경을 촉진하고, 더 나아가 직원의 다양한 기반은 새로운 아이디어와 변화에 더 개방적이다.

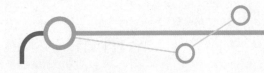

(5) 장기적 비용의 감소

신입 직원은 장기근속 직원보다 일상적으로 기업에 낮은 부담을 준다. 이상적인 인력구조는 신입 직원과 센터에서 리더십을 제공하는 고연봉 스태프의 균형을 이루는 것이다. 시간 경과에 따라 일부 직원은 그들의 기여도 이상의 급여를 받는다. 하나의 해결책은 이러한 직원들이 그들의 관심사와 능력에 더 적합한 직무로 옮기고, 더 낮은 비용의 신규 직원을 채용하는 것이다.

(6) 사내 직원의 승진

직원이 조직의 다른 부서로 승진하여 옮길 때, 콜센터는 단기간에는 고생할 수 있지만, 조직은 전직 콜센터 직원의 지식과 스킬 등을 새 직위에서 발휘함으로써 전체적 이익을 얻을 수 있다. 게다가 콜센터는 조직의 다른 부서에서 지지를 얻을 수 있다.

(7) 사기 진작

낮은 성과를 내는 직원은 스트레스와 긴장감을 유발하고, 팀 결속력을 감소시킨다. 다른 직원들이 낮은 업무 성과자를 도와줘야 하는데, 만약 경영진이 그러한 행동을 거부하면 사기가 침체된다. 이러한 직원들을 대체하면 스트레스나 긴장감을 완화시키고, 관계를 결속시킨다. 직원들은 다시 한번 팀과 콜센터에 에너지를 쏟고 전념할 수 있고, 작업량이 다시 균형을 이루어, 지각된 공정이 다시 수립될 수 있다.

(8) 지역별 재조직

조직은 직무에 대한 물리적 위치의 변화에 따라, 조직구조를 집중화에서 분산화로 혹은 그 반대로 변경할 수 있다. 기존 직원의 재배치는 비용 – 효과적이지 않지만, 휴직 중이거나 새로 채용된 신입 직원에게 그러한 계획을 실행하는 것은 최고의 방법일 수 있다.

3. 트레이드오프(Trade-off)

이직을 처리할 때, 다음과 같은 트레이드오프를 고려해야 한다.

(1) 이직비용 vs 유지비용

이직은 비용이 많이 들지만, 직원을 유지하는 단계에서도 역시 비용이 많이 든다. 유지비용은 정량화하기 어렵다. 콜센터나 조직은 총유지비용 대비 총이직비용의 균형을 이루어야만 한다.

(2) 낮은 보상수준 vs 높은 보상수준

노동시장에서 스킬에 대한 경쟁이 심화됨에 따라 시장 임금 이하를 지불하면 높은 이직결과를 초래하지만 반면 시장 임금 이상을 지불하면 낮은 이직을 보이지만 결과적으로 지속할 수 없는 비용부담을 가져온다. 고정급 범위를 확립하면 급여비용을 컨트롤하는 데 도움이 되지만 역시 이직의 원인이 된다.

(3) 채용비용 vs 숙련된 인력의 재훈련 비용

콜센터 직무는 지속적으로 높은 수준의 스킬과 지식을 요구한다. 노동 시장이 경직되어, 숙련되고 경험이 풍부한 직원을 채용하기 위해서는 프리미엄을 지불해야 하거나 전혀 좋은 스킬을 가진 사람을 찾을 수 없을지도 모른다. 이러한 상황에서는 기존의 직원을 유지하는 것이 가장 효과적이다.

> **Trade-off**
>
> 두 개의 목표 가운데 하나를 달성하려고 하면 다른 목표의 달성이 늦어지거나 희생되는 경우의 양자 간의 관계

제4절 ▌효과적인 상담사 유지 전략

○— 핵심 포인트

• 튼튼한 유지 전략은 올바른 채용에서 시작된다. 상담사 직위에 적절한 사람을 선발하는 데 소요되는 시간은 콜센터에 만연한 이직을 없애기 위한 최고의 투자이다.
• 상담사 유지는 콜센터 내·외부의 다양한 요인이 영향을 미친다. 경쟁력 있는 급여, 인센티브 창출, 전체적으로 긍정적인 콜센터 문화 등은 필수적이고, 직원 유지에 지속적인 영향을 주는 긍정적인 전사기업문화를 강조할 필요가 있다.
• 효과적인 채용 절차에 더하여, 다음과 같은 요인들은 상담사 유지 프로그램의 성공에 중요한 영향을 준다.
  – 콜센터 및 조직의 리더십
  – 콜센터 환경
  – 스트레스로부터 상담사 쇠진을 감소시키는 적절한 인원배치
  – 제공되는 인센티브 및 보상의 종류
  – 상담사에 대한 일반적 인식
  – 내·외부적으로 보상이 공정하다고 인지
  – 상담사가 환경의 일부분에 속해 있다는 인지

상담사 유지는 콜센터 매니저의 최우선 사항에 랭크되어 있다. 콜센터가 즐기는 모든 성공은 최전방에 있는 직원들이 그들의 스킬과 관여로 문제를 해결하기 때문이다. 그러므로 콜센터에서는 훌륭한 상담사를 지속적으로 유지하고 개발하는 것에 집중해야 한다는 것을 명심해야 한다.

상담사 유지는 신중한 선발로 시작된다. 여러분이 직무자격요건과 행동역량에 기초하여 지원자를 채용하는 데 시간을 소요한다면, 여러분들은 직무에 적합한 직원을 확보하고, 높은 직원 유지율을 보장할 수 있는 더 좋은 기회를 갖게 될 것이다. 실제로, 이직률이 높으면, 여러분의 채용프로세스를 재설계하는 것이 전체 유지 전략의 첫 단계로 해야 한다.

효과적인 채용 절차에 더하여, 다음과 같은 요인들은 상담사 유지 프로그램의 성공에 중요한 영향을 준다.

• 콜센터 및 조직의 리더십
• 콜센터 환경
• 스트레스로부터 상담사 쇠진을 감소시키는 적절한 인원배치
• 제공되는 인센티브 및 보상의 종류
• 상담사에 대한 일반적 인식
• 내·외부적으로 보상이 공정하다고 인지
• 상담사가 환경의 일부분에 속해 있다는 인지

어느 정도의 이직은 당연하고 수용할 수 있다. 매니저의 과제는 어느 정도까지 수용할 것인지를 결정하는 것이다. 이렇게 하는 것은 이직의 총비용을 이해하고, 총비용과 직원 유지 프로그램과 관련한 비용을 비교하는 것이 중요하기 때문이다. 목표는 올바른 균형을 찾는 것이다. 매니저들은 직원을 대체하는 비용보다 더 많은 유지비용을 소비하기 원하지 않지만, 직원을 유지하는 비용보다 더 많은 대체 비용을 지출하는 것도 원하지 않는다. 다음은 올바른 균형을 탐색할 때 고려해야 할 실제적 기준들이다.

• 기업이 직무에 대한 급여에 기꺼이 투자할 수 있는 최대 총액
• 상담사 결원을 채울 수 있는 숙련된 인력 풀의 유효성
• 상담사 직위에 적합한 신규 채용자를 위한 효과적 훈련비용
• 조직의 가치와 문화

1. 유지 전략

모든 콜센터에 적합한 상담사 유지 공식은 없지만 여러분의 상담사 유지 기회를 매우 강화할 수 있는 몇 가지 특별한 전략이 있다.

(1) 효과적인 오리엔테이션과 전환훈련 프로그램을 수립한다.

제품/서비스, 프로세스, 기업문화, 고객기대에 대한 적절한 훈련 없이 직무에 신입 직원을 투입하는 것은 상담사를 직무에 적응하지 못하게 만들고, 이직을 증가시키는 확실한 방법이다. 콜센터의 임무, 비전과 가치뿐만 아니라 상담사 직책의 기본적 관점을 포함하는 이해력 있는 초기훈련 프로그램을 갖고 신입 직원이 서서히 직무를 수행하도록 한다. 신규상담사가 충분한 지도와 코칭으로 컨트롤된 환경에서 기초적인 고객처리를 수행할 수 있도록 전환훈련 프로그램 실행을 고려한다.

(2) 최초 훈련 시작시 멘토 프로그램을 창출한다.

최초 훈련 프로그램의 일부분으로 베테랑 상담사와 신규상담사를 팀으로 만드는 것은 콜센터에서 직원 유지를 강화할 수 있는 좋은 방법이다. 멘토링 프로그램은 신규상담사가 초기에 상담사가 그들의 진로를 찾는 데 도움을 줄 뿐만 아니라 경험 있는 스태프에게 그들의 전문성을 공유하는 것과 같은 가치와 임파워먼트를 제공한다. 이러한 프로그램은 종종 멘토와 문하생 간의 지속적인 결속력을 생성하는 데 도움이 되고, 결속력은 상담사 사기에 영향을 미친다.

(3) 진행 중인 스킬과 경력개발에 대한 기회를 제공한다.

그들의 직책을 다이나믹하고 발전가능성 있게 생각하는 상담사들은 콜센터에 더욱 전념할 것이다. 스킬 기반의 급여 프로그램을 창출하고, 가능하다면 콜센터에서 강제적으로 경력경로를 쌓도록 상담사를 격

려하여 그들의 지식과 능력을 지속적으로 확장할 수 있게 한다. 이러한 프로그램의 가치를 강화할 수 있도록 반드시 직원에게 보상을 한다.

(4) 경쟁력 있는 급여와 혜택을 제공한다.

콜센터에서 직무를 잘 수행하기 위해서는 내·외부적으로 적당한 대우를 제공해야 한다.

(5) 바람직한 행위/콜센터 목표의 보상과 관련한 의미 있는 인센티브 프로그램을 실행한다.

이러한 프로그램 생성에 상담사 참여를 유도한다. 상담사에게 동기 부여하는 것이 무엇인지 상담사 자신들보다 잘 아는 사람은 없다.

(6) 상담사가 정기적으로 적시에 코칭과 피드백을 받을 수 있게 한다.

지속적으로 상담사의 성과에 대한 긍정적인 측면을 격려하고, 명확하게 다른 모델에 대해서는 바람직한 행동/행위를 요구한다. 실행 가능한 행동 계획을 만드는 개개의 상담사와 함께 일하는 것은 목표를 달성할 수 있게 한다. 상담사가 자신을 방어하는 것을 그만두도록 코칭/피드백 세션 동안 상담사가 그들의 성과에 대해 자기평가할 수 있게 권한다. 또한, '감시자, 통제자'에 대한 상담사의 두려움을 줄이기 위해 모니터링 프로그램을 어떻게 운영할 것인가 설명할 시간을 가진다.

(7) 지속적으로 좋은 성과를 내는 상담사나 의무콜 이상을 수행하는 상담사에 대해 기업차원에서 인정한다.

회사 메모, 뉴스레터, 인트라넷 등을 통해 상담사의 좋은 업무 성과를 알려 그들이 얼마나 가치 있는 일을 수행하고 있는지 보여준다.

(8) 직무 다양성을 창출하기 위해 개개의 상담사 재능을 활용한다.

여러분의 상담사들은 콜센터에 각각의 풍부한 백그라운드와 능력을 가져온다. 상담사들이 더욱 직무에 흥미를 갖게 만들고 단조로움을 없애기 위해 그들의 스킬과 지식을 활용한다. 예를 들어, 예술적 스킬을 갖고 있는 직원에게 콜센터 포스터를 요청하거나, 작문 실력이 있는 직원에게 회사 뉴스레터에 기고를 부탁한다.

(9) 직원들이 콜센터에 들어왔을 때, 장기근속 계약에 서명을 고려한다.

12~18개월 계약은 상담사를 당분간 채용할 것이라고 안심시킬 뿐만 아니라, 가치 있는 상담사가 조직에 있도록 하는 방법을 서로 의사소통하고, 더 나아가 직원을 유지하고 전념하도록 도움을 준다.

(10) 일관성을 유지하고, 자기중심적 대우를 요구하는 상담사를 해고한다.

모든 팀의 리더, 슈퍼바이저, 매니저가 수긍하는 뚜렷한 정책과 절차(출근, 모니터링, 스케줄 준수율 등)를 수립하고 따른다.

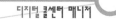

(11) 선발 프로세스 초기에 상담사들이 지원자들의 옆자리에 앉는다.

이러한 방법은 좋은 직무소개를 제공하고 상담사 직책의 본질에 대한 현실적 기대를 수립할 수 있게 한다.

(12) 콜센터 설비 설계에 집중한다.

난방, 통풍, 공기정화뿐만 아니라 인간공학, 공간역학, 가구, 조명 및 음향 상태에 투자는 상담사의 만족과 상담사 유지율에 극적인 효과가 있다.

(13) 이직의 원인을 정의하고 다루는 리서치 수행을 한다.

이직하는 상담사의 이직원인에 대한 구체적인 파악을 위해 구조화된 설문지나 일대일 심층 인터뷰 등을 통해 조사를 실시하고, 개선이 필요한 사안에 대해서는 적극적인 개선활동을 실시한다.

(14) 가능한 스케줄에 많은 유연성을 제공한다.

스케줄을 설계할 때, 업무 수행하는 상담사의 가용성을 고려하고, 스케줄 교환을 제공한다. 콜센터 스케줄링은 콜 도착 요구조건과 상담사 조건 둘 다 가능한 많이 수용되어야 하기 때문에 창조성과 커뮤니케이션이 필요하다.

(15) 재택근무 프로그램 실행을 고려한다.

재택근무 상담사 프로그램은 기업이 자격 있는 대체 노동 인력, 즉 콜센터에 통근하기 어려운 사람이나 장애인 같은 노동인력을 활용할 수 있도록 도움을 준다.

> **신입상담사 이직률 방지 프로그램 사례**
>
> 일반적으로 가장 이직율이 심한 시기는 입사하여 3개월 이내 신입기간 때이다. 이때 정착율을 높이기 위한 프로그램으로 '병아리제도' 라는 프로그램이 있다.
>
> 병아리제도는 상담석 내에 노란색 팻말을 부착하여 누구라도 해당 상담사가 신입기간임을 알게 하여 상담업무간 기존 상담사 및 스텝들의 관심과 격려를 유도하는 제도이다. 이는 군대에서 신병 독려차원에서 실행하고 있는 제도에서 아이디어를 얻은 것으로 본 프로그램 도입 후 신입 정착률에서 큰 성과를 보이고 있다.

05장 콜센터 훈련 및 개발 I

제1절 ┃ 콜센터 훈련전략 개발

○─ 핵심 포인트

- 콜센터 훈련전략 개발의 핵심 요소는 다음을 포함해야 한다.
  - 조직의 목표와 콜센터 목표의 일치
  - 고위 경영진의 지원
  - 콜센터 관리자의 참여
  - 프로그램 설계, 개발, 전달 및 평가 품질
  - 참가자의 동기부여
  - 인적자원 관리 정책과의 통합
- 훈련은 종종 모든 콜센터의 결점에 대한 해결책으로 규명된다. 직원이 목표로 한 성과를 확실히 이루기 위해서 훈련이 필요하다고 결정될 때, 훈련하지 않은 결과보다 훈련하는 것이 더 나은 이점을 가졌을 때, 훈련이 문제나 기회를 해결하는 가장 비용-효과적일 때 필수적이라고 생각한다.

모든 콜센터 훈련전략은 장기간 훈련의 우선순위, 목표 및 방향의 중재수단으로 결정한다. 훈련 전략은 콜센터의 총체적인 목표 및 전략과 일치해야 한다.

1. 훈련전략의 요소

다음과 같은 요소가 효과적인 훈련전략을 위해서 필요하다.

(1) 조직의 목표와 콜센터 목표의 일치

훈련은 전체 조직 및 콜센터의 목표와 연결되어야 한다. 훈련은 비즈니스 요구로 추진되어야 하고, 전체 조직의 목표에 공헌해야 하며, 직원들의 성과를 향상시키는 데 필요한 스킬과 지식을 개인들에게 제공해야 하고, 조직의 가치를 증진시켜야 한다.

(2) 고위 경영진의 지원

조직의 모든 수준의 고위 경영진은 조직의 고객 획득과 유지에 대한 콜센터 훈련의 효과를 이해하고, 지속적으로 재정적 지원을 해야 한다.

(3) 콜센터 관리자의 참여

최상의 결과는 훈련 프로그램을 통해 습득한 스킬이 모의실험 환경에서 실행되고, 실제 직무 상황에 즉시 적용되었을 때 나타난다. 훈련 프로그램이 잘 설계되어도 직무환경이 프로그램에서 습득된 스킬과 지식을 증진시키지 못한다면 요구되는 결과를 얻지 못할 수 있다. 콜센터 슈퍼바이저와 관리자는 훈련에서 습득한 중요한 스킬과 지식을 직원이 설명할 수 있게 모니터하고 코칭할 책임이 있다.

(4) 프로그램 설계, 개발, 전달 및 평가 품질

성공적인 훈련 프로그램은 비즈니스 목표를 직접적으로 지원한다. 참가자들은 무엇을 의도하는지 배우게 되고, 지식은 성공적으로 전달되고 설명된다. 훈련 프로그램 개발은 교수설계와 성인 학습 방법론의 원리를 따라야 한다. 훈련 프로그램 전달은 참가자의 상호작용과 습득한 개념의 실제적 응용에 대한 기회를 포함해야만 한다. 마지막으로, 효과적인 훈련은 성과에서 사실적인 변화에 따라 평가되어야 한다.

(5) 참가자의 동기부여

직원의 동기부여는 성공적으로 배우고자 하는 참가자의 능력에 영향을 미친다. 만약 훈련의 기대, 목표 및 타당한 이유가 전달되지 않거나 훈련 프로그램이 경영진의 지원이나 적절한 시설을 제공받지 못한다면, 습득하고자 하는 데 동기부여를 하지 못한다. 반대로 말하면, 높은 사기는 자기학습, 공식적인 현장학습 및 훈련에 열성적인 참여를 촉진한다.

(6) 인적자원 관리 정책과의 통합

훈련은 HR과 관련이 있다. 예를 들어 훈련 프로그램은 문화적 및 발달적 HR 기준과 일치하는 것과 동시에 법률 요건을 고려해서 만들어져야 한다.

(7) 인력관리 계획에 포함

훈련 스케줄은 인력관리 계획에 통합되어야 한다. 이것은 일반적으로 훈련을 포함한 다양한 활동들 때문에 전화를 받을 수 없는 상담사의 수를 포함하는 RSF(Rostered Staff Factor)를 통해 이뤄진다. 콜센터 관리자와 트레이너, 인력관리팀 간의 커뮤니케이션은 서비스 수준에 도달할 수 있도록 상호조정을 위해 필수적이다.

2. 전략적 의사결정

훈련전략을 설계할 때, 다음과 같은 중요한 의사결정이 이뤄져야 한다.

(1) 포커스

트레이닝이 필요한 주체가 누구인가, 개인, 팀, 콜센터 혹은 조직인가?

(2) 개 발

누가 훈련목적에 부합한 훈련자료 개발을 검토하고 지시할 것인가?

(3) 장 소

콜센터 내부 혹은 외부에서 훈련을 수행할 것인가?

(4) 제공자

훈련을 콜센터나 훈련팀 내부에서 전개할 것인가, 아니면 외부 기관에서 할 것인가?

(5) 콘텐츠

콘텐츠를 커스터마이즈할 것인가, 일반화할 것인가 혹은 기성품 콘텐츠를 구매할 것인가?

(6) 제작 혹은 구매

훈련 프로그램을 사내에서 설계하고 개발할 것인지 혹은 조직 외부에서 구매할 것인지?

(7) 촉진자

콜센터 실무전문가(SME ; Subject Matter Expert)를 훈련하기 위한 촉진자를 내부 트레이너로 할 것인가 혹은 외부 트레이너로 할 것인가?

(8) 전달방법

개인의 학습방법에 따라 전달수단을 채택할 것인가 혹은 모두 동일한 방법으로 학습할 것인가?(클래스룸 학습 혹은 웹기반 학습)

(9) 평 가

훈련 프로그램의 성공 여부를 어떻게 측정하고 판단할 것인가?

전략적 계획의 다른 측면과 다르게 예산상의 제한은 처음에 고려할 사항은 아니다. 훈련계획이 처음에 개발되고, 그 후에 계획을 실행하기 위해 자원은 고려되어야 한다. 만약 자원을 이용할 수 없다면, 훈련 계획은 수정될 것이다. 그러나 종종 훈련을 추진하기 위해 허락된 예산이 불필요한 훈련을 초래하기도 한다.

3. 비즈니스 요구와 훈련 요구분석의 연계

훈련은 비즈니스 요구사항과 내부 관리 목표와 연관되어야만 한다. 콜센터 훈련부서는 훈련이 고객의 요구와 기대 및 조직을 지원하는 상담사와 운영에 어떻게 도움을 줄 수 있는지 설명해야 한다. 더 나아가 훈련하지 않은 결과보다 훈련했을 때 더 좋은 이점을 가졌을 때 훈련이 수행되어야 한다. 다시 말하면 훈련은 비즈니스 요구를 명확하게 지원해야 하고, 훈련계획은 기회나 문제를 규명하는 가장 비용-효과적인 해결책이어야 한다.

많은 관리자들은 언제 훈련이 적당한지 결정하기 위하여 ROI(Return On Investment) 모델을 이용한다. ROI가 훈련에 대한 의사결정을 하는 데 중요한 도구이기는 하지만 유일한 의사결정방법은 아니라는 것은 다음의 예로 알 수 있다.

(1) 몇몇 필수 훈련 프로그램은 부정적인 ROI를 예측할 수 있다(예 보건안전프로그램과 정부시책준수 이슈들).

(2) 긍정적으로 보이는 훈련 ROI가 성공적 성과를 보장하지는 않는다. 훈련 ROI 분석은 훈련이 조직의 제품과 서비스를 상담사가 크로스셀링(Cross-selling)/업셀링(Up-selling)할 수 있다는 것을 보여줄 수 있다. 그러나 만약 조직이 결과적으로 높은 평균 처리 시간 결과를 원하지 않는다면 훈련은 무효가 된다. 요컨대, 훈련 프로그램의 ROI는 따로 혼자서 고려해서는 안 되고, 조직의 목표 및 방향과 관련하여 고려해야 한다.

4. HR부서와 외부 훈련기관과 함께 일하기

훈련을 제공하는 인적자원부서나 외부기업과의 훈련 계약에는 보통 다음과 같은 요소를 포함하고 있다.

(1) 역할과 책임은?

(2) 프로젝트 계획과 스케줄 수립은?

(3) 성과와의 갭을 확인하기 위한 요구분석은?

(4) 학습경험을 위해 기자재 등 요구사항에 대한 준비는?

(5) 학습전략과 전달뿐만 아니라 콘텐츠 개발을 위해 필요한 실무전문가는?

(6) 훈련과 관련한 과정운영 및 학습자 수송책임은?

(7) 지식과 스킬을 업무에 이용할 수 있도록 한 사후점검방법은?

제2절 ▌성인학습의 원리와 훈련촉진자

◯─ 핵심 포인트

• 성인학습은 어린이나 청소년의 교육과는 차이가 있다.
 훈련 환경에의 성인
 – 실제적인 적용을 원한다.
 – 실제 경험이 인식되고 평가되길 원한다.
 – 지속적인 학습자이고, 자신이 학습에 대한 성과를 관리하고자 한다.
 – 다양한 학습스타일을 갖고 있다.
 – 학습해야 하는 이유를 알고자 한다.
 – 자신 내부의 압력이 가장 강하게 동기부여한다.
• 성인학습자들은 다양한 학습 스타일이 제시되기를 요구한다.
• 콜센터의 훈련은 학습자들이 신임할 수 있고, 견실한 촉진 스킬을 갖고 있는 사람이 수행해야 한다.
• 촉진스킬을 갖고 있는 콜센터 실무전문가(SME ; Subject Matter Expert)를 갖출 때, 교수의 품질을 확인하는 프로세스를 수립하는 것이 중요하다.

1. 성인학습자의 특징

훈련에 대한 정책과 방향을 결정하기 위해서는 성인이 어떻게 정보를 처리하고 문제를 해결하고, 어떻게 학습하는지 이해하는 것이 필수적이다. 성인교육은 어린이나 청소년의 교육과는 차이가 있다. 다음의 표는 성인학습자의 중요한 특성과 콜센터 훈련 프로그램에 주는 시사점을 요약하였다.

[성인학습자의 특성]

성인학습자의 특성	콜센터 훈련 프로그램에 주는 시사점
실제적인 적용을 원한다.	과업중심, 문제해결 중심의 훈련프로그램을 개발한다.
자신의 실제 경험이 인정되고 존중받기를 원한다.	학습자의 경험과 사례를 이용하여, 상호작용하는 세션을 개발한다.
성인들은 지속적인 학습자이고, 스스로 학습에 대한 성과를 관리하고자 한다.	학습자가 자기발견과 행동계획을 하도록 학습자를 프로그램 개발과 평가에 참여하도록 한다.
다양한 학습스타일을 갖고 있다.	멀티미디어 등 다양한 전달방법을 이용한다.
학습해야 하는 이유를 알고자 한다.	훈련 시작 전에 훈련을 해야 하는 이유를 알린다.
내부압력(자신)이 가장 강하게 동기부여한다.	학습자들이 직무만족, 자신감, 삶의 질 향상 등 훈련의 이점에 대해 이해할 수 있게 도움을 준다.

2. 성인들의 일반적인 학습 스타일

재능 있고 좋은 의도를 가진 콜센터 트레이너라 할지라도, 학습자들이 어떻게 학습을 할 것인지가 아닌 무엇을 학습해야 하는가에만 포커스를 두면 실패할 것이다. Center for Accelerated Learning은 행동 없는 교육은 교육이 아니다. 모든 학습자의 참여가 필수적이다. 프레젠테이션을 행동으로 바꾸면 학습이 향상되고 강화된다. 훈련 과정은 촉진자가 학습자에게 해주는 것도, 학습자를 위해서 하는 것도 아닌 학습자와 함께 하는 것이다.

성인들은 몇 가지 일반적인 공통된 학습 특성을 갖고 있으며, 그에 따른 다양한 학습 스타일을 갖고 있다. 가장 일반적인 학습 스타일은 다음과 같다.

(1) 의존적, 협동적 혹은 독립적 학습스타일

일부 사람들은 동료를 관찰하거나 가능한 해결책을 논의함으로써 최고로 많이 배운다. 또 다른 사람들은 혼자 일하면서 가장 많이 배운다. 그룹 활동과 개별적 활동의 조합이 모든 유형의 학습자에게 학습 기회를 제공할 것이다.

(2) 시각, 청각 혹은 조작적 학습스타일

시각, 청각, 행동에 의한 학습은 또 다른 학습스타일이다. 클래스 룸과 컴퓨터 기반훈련은 시각과 청각을 선호하는 학습자를 참여시키기 위하여 다양한 멀티미디어를 이용해야 한다. 조작적 스타일을 선호하는 학습자들은 행동이나 역할활동을 통해 가장 큰 이익을 얻을 수 있다.

(3) 목적지향적, 활동지향적 혹은 학습지향적 스타일

세 가지 스타일 모두를 수용하기 위해서는 훈련 초기에 학습자들의 궁극적 목표 및 훈련의 결과로써 배우게 되는 것, 성취하게 되는 활동을 일깨워야 한다.

3. 훈련 촉진자

콜센터의 훈련은 학습자들에게 신임을 줄 수 있는 사람이 수행해야 한다. 신임은 교육, 직무 경험 및 촉진 스킬의 결합에서 생긴다. 여러분은 교육부서나 콜센터에서 훈련을 수행할 수 있는 가장 적합한 사람을 결정해야 한다. 트레이너는 콜센터에 특화된 정보를 효과적으로 전달할 수 있도록 콜센터 활동과 프로세스에 충분한 지식이 있어야 한다. 콜센터 직원은 단지 프레젠테이션 스킬이 아닌 촉진 스킬을 갖추고 있어야 한다. 모든 콜센터의 직원들이 효과적인 트레이너가 될 수 없기 때문에 여러분은 훈련을 하기로 예정된 직원들을 신중하게 선택하고 훈련해야 한다. 콜센터 직원에게 전문 스킬을 훈련하는 것보다는 적합한 콜센터 지식을 갖고 있는 트레이너를 갖추는 것이 더 쉽다.

또 다른 옵션은 트레이너와 콜센터의 누군가를 팀으로 만들어 각자에서 이점을 얻는 것이다. 그러나 이 방법은 많은 비용이 들고, 학습자가 일관된 메시지를 얻을 수 있도록 조정이 필요하다.

(1) 촉진자 요구사항

촉진자는 다음과 같은 요구사항을 포함하는 것이 중요하다.

① 주제에 대한 심도 있는 지식
② 주제 영역에 대한 실제적 경험
③ 소규모, 대규모 그룹 관리, 성인 학습 방법의 이해
④ 훈련 주제 준수, 시간관리, 유머 등을 포함한 적절한 촉진 스킬
⑤ 교육대상자와 경영진의 신임
⑥ 훈련 프로세스에 관여도
⑦ 조직에 대한 지식
⑧ 산업에 대한 지식

(2) 트레이너 양성 프로세스

촉진스킬을 갖고 있는 콜센터 실무전문가는 트레이너 양성 프로세스를 통해 지속적으로 역량을 강화시킬 수 있어야 한다. 트레이너 양성 프로세스 단계에는 다음과 같은 사항을 포함해야 한다.

① 최소한 얼마의 촉진 스킬이라도 증명할 수 있는 촉진자를 선택한다. 만약 콜센터 직원이 선택된다면 그들은 촉진 스킬 훈련을 수반해야 한다.
② 과정 콘텐츠, 학습 전략과 평가를 담당하는 촉진자를 훈련하기 위한 맞춤식 훈련세션을 제공해야 한다.
③ 훈련된 교수와 촉진자가 과정을 공동으로 가르칠 수 있도록 한다. 훈련된 교수는 새로운 촉진자를 관찰해야 하고 피드백과 코칭을 제공한다.
④ 촉진자들이 훈련 과정에서 전달 능력이 나타날 때까지 그들을 평가한다.

제3절 | 훈련요구분석 및 장애요인

- 각각의 훈련 프로그램은 직원들이 기대치를 수행하는 데 필요한 툴로써 직원들에게 제공하고자 설계된 총체적 훈련 체계 내에서 고찰해야 한다.
- 콜센터 훈련의 주요한 6가지 동인은 다음과 같다.
  - 비즈니스 기회나 문제
  - 관리계획
  - 기술의 변화
  - 고객요구사항의 변화
  - 정책/규제의 변화
  - 노동문제
- 훈련의 필요성 분석은 3가지 명료한 스킬을 수행한다.
  - 현재 프랙티스가 무엇인지를 확립한다.
  - 기대되는 결과가 무엇인지 기획한다.
  - 비용 당위성/정당화의 근거를 제공한다.
- 훈련의 필요성을 규명하기 위한 일반적인 프로세스는 다음과 같은 단계를 포함한다.
  - 현재의 성과를 평가하고 미래 목표를 설정한다.
  - 현재의 성과와 기대되는 성과 간의 갭을 정의한다.
  - 갭을 줄이거나 제거하기 위한 검토사항을 개발한다.
  - 성과에 영향을 미칠 수 있는 교육 외적인 이슈를 규명한다.
- 성공적인 콜센터 훈련의 잠재적 장애요인은 다음과 같다.
  - 시간 부족
  - 나쁜 물리적 환경
  - 정책과 절차의 마찰
  - 두려움
  - 서툰 훈련 설계와 비효과적인 전달방법
  - 훈련의 필요성에 대해 명백하지 못한 이유
  - 훈련에 대한 이의 극복 미흡
  - 훈련 사후 지원 부족
  - 관리자들이 긍정적 역할 모델이 아님

각각의 훈련 프로그램은 직원들이 기대치를 수행하는 데 필요한 툴로써 직원들에게 제공하고자 설계된 총체적 훈련 체계 내에서 고찰해야 한다. 몇몇 훈련 요구는 내부 요구사항 때문에 추진되기도 하지만, 다른 몇몇은 법적요구사항이나 노동문제의 변화 같은 외부요인에 의해 촉구되기도 한다.

[콜센터 훈련의 주요한 6가지 동인]

- 비즈니스 기회나 문제 : 비즈니스 기회는 신제품 훈련이나 고객세분화 인지와 같은 새롭고 추가적인 훈련을 종종 요구한다. 산업 혹은 조직의 문제는 기존의 프로세스나 시스템을 처리하기 위해 추가적 훈련이나 재구조화된 훈련을 요구하거나, 직무 프로세스나 시스템을 수정하는 훈련을 요구한다.

- 관리계획 : 콜센터는 다른 경영환경에서는 볼 수 없는 이슈와 문제를 가진 독특한 환경을 보인다. 콜센터 관리자들은 독특한 환경과 연관된 콜센터 자원계획, 대기행렬 원리, 실시간 관리, 콜센터에 특화된 스킬과 독특한 인적 관리 문제 등을 훈련 받아야 한다. 또한 관리자는 콜센터 추세와 산업 발전에 대해 인식할 수 있도록 지속적인 훈련이 필요하다. 이외에도 관리자는 효과적으로 일일 결과를 관리하고, 스케줄 준수율과 품질관리를 위한 고객접점 활동을 모니터하고, 상담사가 성과목표를 달성하도록 코치하기 위한 훈련을 받아야 한다.

- 기술의 변화 : 오늘날 비즈니스 환경은 끊임없는 기술 변화를 필요로 한다. 콜센터 직원들은 특화된 전화, 온라인 기능, 데스크 탑 툴, 리포팅 시스템 등 다양한 시스템과 기술을 이해하고, 운영하고 상호작용할 수 있어야 한다. 게다가 판매 및 고객서비스 같은 경영관리기술을 다양한 매체를 통해 전달할 때 구별하여 나타내야 한다.

- 고객요구사항의 변화 : 고객의 기대를 충족시키기 위해서는 품질 높은 서비스를 제공하고, 고객의 만족감을 창출하는 것이 핵심이다. 고객의 접근 채널이 증가하고, 높아진 고객의 기대는 콜센터 관리가 프로세스, 스킬, 목표를 재정의할 것을 요구하며, 훈련환경에서 그 목적과 상응하는 기대를 분명히 전달할 것을 요구한다.

- 정책/규제의 변화 : 콜센터 상담사는 가장 빈번하게 고객과 콘택트하고, 콘택트포인트가 된다. 잘못된 정보조직의 반응과 고객 커뮤니케이션에 대한 정책 및 규제가 지시되었을 때, 콜센터는 이러한 정책 및 규제에 관한 질문, 관심사항, 불만 등을 처리해야 한다. 잘못된 정보를 갖고 잘 훈련되지 않은 직원은 조직의 부정적인 평판을 가져와 고객을 잃고 심지어는 법적 대응을 하게 만든다. 예를 들어 제품 리콜에 직면한 제약회사는 특정 상담사를 리콜 과정에 대해 정확하게 이해하도록 훈련해야만 한다.

- 노동문제 : 특히 높은 이직률과 결부할 때 숙련된 상담사 확보를 위한 조직의 훈련전략은 지속적인 콜센터의 성공을 위해 중요하다. 이직률, 성장률은 조직이 신입 직원을 훈련할 수 있는 충분한 자원을 지원하도록 요구한다.

1. 훈련요구분석

훈련 컨설턴트 Garry Mitchell에 따르면 요구분석은 조직 내에서 훈련의 필요성을 검토하는 것이다. 요구분석은 다음과 같은 3가지 명료한 스킬을 수행한다.

- 현재 프랙티스가 무엇인지를 확립한다.
- 기대되는 결과가 무엇인지 기획한다.
- 비용 당위성/정당화의 근거를 제공한다.

(1) 훈련요구분석에 도움이 되는 정보소스

훈련요구분석을 수행하는 데 도움이 되는 많은 정보소스들이 있다.

① 조직과 콜센터의 계획, 목적, 목표 및 진행 정도

② 수행해야 하는 과업과 의무에 대한 직무명세서

③ 직무 요구사항과 성과표준에 대한 정보를 제공하는 산업 전문가

④ 직원과 팀성과 추세에 대한 상세한 정보를 제공하는 성과분석 및 모니터링 데이터

⑤ 고객 기대를 처리하는 센터의 능력에 대한 갭을 지적하는 고객만족 데이터

⑥ 성공적인 성과를 낼 수 있었던 노하우를 제공할 수 있는 성과가 높은 직원

⑦ 다른 조직의 표준과 결과를 파악할 수 있는 벤치마킹 데이터(단, 벤치마킹되는 센터의 요구사항과 동인이 여러분의 환경과 매우 다를 수 있다는 점을 주의해야 한다)

(2) 훈련요구분석을 위한 일반적인 프로세스

훈련의 필요성은 일반적으로 다음과 같은 프로세스를 통해 수행된다.

① 현재의 성과를 평가하고 미래 목표를 설정한다.

프로세스의 첫 번째 단계는 현재의 성과를 분석하고 미래의 목표를 설정하는 것이다. 예를 들어 신제품이나 서비스가 6개월 내에 소개된다면 콜센터가 필요로 하는 지식, 스킬 및 능력이 무엇인지 정의한다. 혹은 고객만족 서베이에서 일부 고객들이 부적절한 고객서비스 때문에 경쟁사에서 제품을 구매한다고 밝혀지면, 고객을 유지하기 위한 서비스 방법의 변화가 필요하다.

② 현재의 성과와 기대되는 성과 간의 갭을 정의한다.

이 단계는 기대되는 성과와 현재 성과 수준 사이의 차이를 평가한다. 일단 차이가 측정되었다면, 갭의 원인을 규명하는 것이 중요하다. 일반적으로 이러한 원인은 개인, 경영, 조직과 같은 3가지 범주에서 발생한다. 예를 들어 전체 목표가 최초 접촉에서 고객 문의의 90%를 해결하고자 하는데, 현재 성과수준이 82%에 있다면 이러한 갭의 원인은 상담사 수준에서 스킬과 지식의 부족, 적절한 고객 문제추적시스템을 제공하는 관리의 실패이거나 프론트 라인의 의사결정을 방해하는 조직문화가 원인이 된다. 혹은 이러한 원인들이 결합되어 나타날 수 있다.

③ 갭을 줄이거나 제거하기 위한 검토사항을 개발한다.

갭을 좁히기 위해서 무슨 전략과 행동이 필요한가? 검토사항을 개발하기 위해서는 다음을 고려해야만 한다.

㉠ 우수 집단에 대한 스킬과 경험

㉡ 필요한 자원

㉢ 성공적인 훈련을 방해할 수 있는 장애물

④ 성과에 영향을 미칠 수 있는 교육 외적인 이슈를 규명한다.

성과 갭에 대한 원인이 본질적으로 관리방법, 현재의 프로세스, 조직문화나 다른 요인들에 기인한다면, 훈련은 효과적이지 않을 수 있다. 관리자가 특정한 문제를 처리하기 위해 행동을 취하는 것이 현실적인 해결책이다.

(3) 직책에 필요한 일반적 지식과 스킬 요구사항

효과적인 신입 직원 훈련은 직원의 사기를 높이고 이직률을 낮춘다. 직무분석을 통해 필요한 스킬과 지식을 파악하여 콜센터 내 각각의 직책에서 역할을 하도록 해야 한다. 일반적으로 요구되는 스킬과 조직이 요구하는 특정한 지식, 둘 모두가 수행해야 할 능력이다. 각각의 능력은 고용시점에서 존재해야 하는 스킬이거나 조직에서 훈련을 시킬 것이다. 이러한 능력 맵은 신입 직원이 그들의 직책에서 성과를 내기 위해 필요한 지식과 함께 신입 직원에게 제공되는 훈련 커리큘럼으로 변형되어야 한다. 다음의 표는 콜센터의 직책에 필요한 일반적으로 요구되는 지식과 스킬을 제시한다.

[직책에 필요한 일반적으로 요구되는 지식과 스킬]

직 책	필요역량사례
상담사	• 콜센터 활동(콜센터 운영방법에 대한 기본적 이해) • 데이터 입력 • 전화 스킬(말하기 및 듣기 스킬) • 온라인 커뮤니케이션 • 고객서비스 스킬 • 판매 스킬 • 난해한 고객 응대 • 콜센터 스킬 응용 • 시간관리 • 조직의 제품과 서비스 • 조직에 대한 이해(규칙, 용어 등)

팀리더/슈퍼바이저	• 상담사 역량 • 추가역량 　－ 관리 스킬 　－ 코 칭 　－ 모니터링 　－ 성과관리 수행 　－ 인터뷰 스킬 　－ 리더십 스킬 　－ 대기이론/실시간관리 　－ 콜센터 스킬 응용(모니터링, 실시간관리 툴 등)
콜센터 관리자	• 팀리더/슈퍼바이저 역량 • 추가역량 　－ 인력관리 　－ 콜센터 계획수립 　－ 소비자행동 　－ 품질향상 스킬 　－ 예산집행 프로세스 　－ 콜센터 스킬(계획 및 리포팅 툴 등) 　－ 시간관리 　－ 멘토링 　－ 직원모집, 인터뷰 및 채용 스킬 • 조직의 제품과 서비스 • 조직에 대한 연구(규칙, 용어 등)

2. 성공적인 훈련의 장애요인

콜센터 훈련전략이 효과적이기 위해서 조직은 조직의 문화, 정책, 절차, 경영의사결정의 중요한 부분으로서 직원의 교육과 훈련을 높이 평가해야 한다. 성공적인 콜센터 훈련의 잠재적 장애요인은 다음과 같다.

(1) 시간 부족

랜덤하게 작업량이 주어지는 성질 때문에 콜센터 상담사를 훈련하기 위한 시간을 할애하기란 어렵다. 서비스수준이 떨어질 때는 훈련이 최고로 많은 도움을 주었다 해도 가장 첫 번째 희생물이다. 작업 스케줄에 필수적인 훈련에서 요구되는 추가 인력을 반영할 수 있도록 견실한 인력자원계획과 관리 프로세스가 실행되어야 한다.

(2) 나쁜 물리적 환경

클래스룸 훈련은 콜센터 공간과는 분리되고, 역할 활동이나 소그룹 활동을 할 수 있으며, 스킬을 지원하는 애플리케이션(예) 실습과 역할활동을 할 수 있는 전화, 훈련 중에 소프트웨어가 갖춰져 상담사가 시뮬레이션을 할 수 있는 데스크 탑)이 갖춰진 적당한 장소를 필요로 한다. 클래스룸에서 컴퓨터 기반 훈련(CBT)을 위해 필요한 멀티미디어 스킬을 갖춘 컴퓨터와 스킬적인 문제가 발생했을 때 스킬에 정통한 스킬자를 활용할 수 있어야 한다. 수준별 CBT(Self-paced CBT)이든지, 1:1 혹은 클래스룸 훈련이든지 가장 적합한 환경을 요구한다.

(3) 정책과 절차의 마찰

훈련과 개발은 조직 내에서 다른 핵심 목표 및 목적과 연관되어야 한다. 예를 들면, 훈련활동에 대해 상담사가 동의하지 않는다면 스킬을 기반으로 한 보상계획이 실행되어도 상담사의 스킬을 향상시키고자 하는 관리자의 목적은 달성되지 않을 것이다.

(4) 두려움

두려움은 확인하기 어렵지만 강력한 장애요인이다. 상담사가 훈련과정에서 지지 및 격려 받지 못하거나, 관리자가 필요시 급여의 손실, 징계처분 및 계약 만료 등과 같은 자극을 제공하지 않는다면, 두려움이 훈련에 대한 집중을 방해할 수 있다. 또 다른 두려움에는 변화에 대한 두려움, 새로운 스킬에 대한 불편함, 무지의 노출이나 그룹의 다른 사람들에 뒤처짐에 대한 두려움, 동료, 트레이너, 슈퍼바이저들의 조롱이나 비난에 대한 두려움 등이 있다. 잠재적인 두려움 요인들은 훈련을 통해 다뤄져야 하고, 조직문화가 이러한 마음의 혼란에서 직원들을 자유롭게 하고 어려움을 없애기 위하여 새로운 스킬을 학습하고 적용하도록 조장해야 한다.

(5) 잘못된 훈련설계와 비효과적인 전달방법

훈련설계가 훈련목적을 명확하게 전달하지 못하거나 역할행동, 연습, 시뮬레이션이 정확하게 실제 작업환경을 반영하지 않는다면 훈련은 기대하는 효과를 얻지 못한다. 또한, 서툰 강사의 비효과적인 전달방법은 훈련 프로그램의 성공에 악영향을 준다.

(6) 훈련 필요성에 대해 명확하지 못한 이유

훈련의 목적과 목표가 명확하게 이해되어야 하고, 직원의 합의를 얻고 직원이 훈련목표에 집중하도록 지원해야만 한다. 성인 학습자는 새로운 스킬과 지식이 필요한 이유를 알고자하며, 새로운 스킬과 지식을 적용하는 방법과 그것에서 이익을 얻는 방법을 이해하고자 한다. '나한테 무슨 이익이 있지?'에 대해 훈련 시작 전에 미리 분명하게 커뮤니케이션이 되어야 한다.

(7) 훈련에 대한 이의 극복 미흡

콜센터 관리자는 일부 상담사들의 이의를 예상해야 하고, 이의를 극복할 수 있게 준비해야 한다. 훈련에 대한 일반적 이의는 다음과 같다.

① 나는 훈련이 필요하지 않다. 나는 이미 업무에 대해 잘 알고 있다.

② 훈련은 나의 직무명세서상에 없다.

③ 나는 이것을 할 수 없다.

이러한 문제를 극복할 수 있는 가장 좋은 방법 중 하나는 훈련과 개발 프로세스에 상담사를 포함하는 것이다.

(8) 훈련 사후지원의 부족

훈련 사후지원, 코칭과 지속적인 가이던스는 훈련을 실제 직무성과로 전환하는 데 필수적이다. 직원이 훈련환경에서 새로운 스킬을 보여주더라도 관리적 지원과 훈련지원이 새로운 스킬을 지속적으로 사용하고 일관성 있게 수행할 수 있도록 하는 데 필수적이다.

(9) 관리자들이 긍정적 역할 모델이 아니다.

관리자들은 '자신들이 훈계한 것을 실천' 해야 하고 콜센터 훈련을 기꺼이 수용해야 한다. 그렇지 않으면 훈련의 효과성을 심하게 떨어뜨리는 위험부담을 각오해야만 한다.

06장 콜센터 훈련 및 개발 Ⅱ

제1절 ┃ 교수설계와 개발

> **○─ 핵심 포인트**
>
> • 전형적인 교수설계/개발 모형은 교수체계설계(Instructional System Design) 모형으로 다섯 단계로 구성되어 있다.
>   - 분 석
>   - 설 계
>   - 개 발
>   - 실행/구현
>   - 평 가
> • 훈련 프로그램을 개발할 때, 교육 필요점 분석 자료는 과정 내용이 목표를 추구할 수 있게 과정 목표의 관점에서 만들어져야 한다.

1. 교수설계모형

많은 콜센터 관리자들이 스스로 훈련과정을 개발하지는 않더라도, 효과적인 과정설계원리를 이해하는 것이 중요하다. 다음의 교수설계모형은 다섯 단계로 구성되어 있는 전형적인 교수체계설계모형이다.

(1) 분 석

트래킹을 위한 성과 측정지표 규명과 훈련요구분석을 참고한다.

(2) 설 계

과정목표와 훈련전달방법의 선택을 포함하는 학습경험을 위한 체계를 제공한다.

(3) 개 발

설계와 연계된 콘텐츠 개발 및 교수전략을 수립해야 한다.

(4) 실 행

학습경험을 전달한다.

(5) 평 가

훈련의 효과성을 확인하기 위한 기준을 정하고, 그 결과를 분석한다.

2. 과정 목표 설정

훈련 요구분석 결과와 비즈니스 계획 요구사항에 기초하여, 콜센터 관리자들은 상담사의 스킬을 향상시키고 콜센터 목표를 달성하기 위해 필요한 것이 무엇인지 알아야 한다. 특별한 훈련과정에 요구분석 정보는 훈련과정 목표의 관점에서 활용되어야 한다.

과정 목표는 상담사가 훈련의 결과로 수행할 수 있고, 수행하기 위하여 알아야 하는 것이다. 과정 목표는 측정할 수 있어야 하고, 식별 가능해야 한다.

[과정 목표설정]

지식(Knowledge)	스킬/애플리케이션(Skill/Application)
분석하다(Analyze)	정리(Assemble)
분류하다(Classify)	개발(Develop)
기술하다(Describe)	계산(Calculate)
정의하다(Define)	처리(Conduct)
규명하다(Identify)	실행/구현(Implement)
기록하다(List)	예측(Forecast)
인식하다(Recognize)	협의/교섭(Negotiate)
선별/선택하다(Select)	계획(Plan)

지식 목표는 훈련과정에 포함되거나 배제되는 콘텐츠의 가이드라인이 된다. 또한 지식 목표는 학습활동과 평가유형에 가이던스를 제공한다. 예를 들어 훈련 목표가 제품 포트폴리오에 제품을 기록하는 것이라면 여러분은 간단하게 기록하는 것을 요청함으로써 지식을 평가할 수 있다.

스킬/애플리케이션 목표는 실제 업무 애플리케이션이나 지식으로 변환을 이끄는 것이다. 관리자가 코칭 단계를 실현해보이기를 원한다면, 여러분은 관리자들을 역할활동에 참여시키고, 행동 체크리스트를 이용하여 어떻게 하는지 볼 수 있다.

3. 콘텐츠 개발원리

효과적인 콘텐츠를 개발하기 위해서는 다음과 같은 원리가 있어야 한다.

(1) **과정 목표가 과정 콘텐츠를 유도한다.**

콘텐츠는 훈련목표와 직접적으로 연관되어야 하고, 훈련목표를 지원해야 한다.

(2) **과정 목표는 학습순서로 기록되어야 하고 콘텐츠는 학습순서에 따라 제공되어야 한다.**

[좋은 콘텐츠 구조]

① 과정 소개

② 이전 모듈과의 연결

③ 콘텐츠 제시

④ 콘텐츠 실행

⑤ 콘텐츠 적용

⑥ 검토/요약

(3) **콘텐츠는 직무와 직접적으로 연관되어야 한다.**

직무 요구사항과 실제 콜센터 상황에 포커스를 둔 콘텐츠는 학습자의 성공적인 지식 습득의 기회와 가치를 제공한다.

제2절 ┃ 훈련전달방법 및 외부 훈련과정선택

1. 훈련전달방법 결정요인

오늘날 훈련환경은 많은 다양한 전달 옵션을 제공한다. 다양한 옵션들은 다양한 학습유형의 요구에 적합하며, 각각의 장·단점을 이해하는 것이 중요하다. 최고의 방법을 결정할 때에는 다음과 같은 많은 요인들을 고려할 필요가 있다.

(1) 비 용

(2) 콘텐츠

(3) 학습자 선호도와 스타일

(4) 얼마나 자주 콘텐츠 업데이트를 필요로 하는가?

(5) 자원의 유용성(스킬, 교사, 설비)

(6) 조직의 문화, 목표, 목적

(7) 학습자의 지리적 분포

(8) 훈련 개발에 어느 정도 시간을 활용할 수 있는가?

2. 훈련전달방법

(1) 클래스룸 훈련

클래스룸 훈련은 학습자와 촉진자의 면대면으로 이루어진다. 지식과 스킬은 강의, 멀티미디어 프레젠테이션, 개인 및 그룹활동, 역할활동 등을 포함한 다양한 포맷을 통해 훈련된다. 클래스룸 전달방식은 학습자가 한 장소로 모이는 집중화 방식과 다양한 장소나 텔레컨퍼런싱을 통해 훈련을 하는 분산화방식이 있다.

① 클래스룸 훈련의 강점

  ㉠ 높은 상호작용성

  ㉡ 거의 모든 유형의 콘텐츠에 대한 효과성

  ㉢ 촉진자가 학습자의 '반응 체크'가 가능하여, 반응에 따라 적절한 전달방법을 수행할 수 있다.

  ㉣ 학습자의 선호도와 스타일을 수용할 수 있어 쉽게 커스터마이즈가 가능하다.

  ㉤ 세션별 콘텐츠를 변경하기 용이하다.

  ㉥ 훈련 콘텐츠, 학습자 자료와 테스트 방법을 품질에 따라 표준화하고 검토할 수 있다.

② 클래스룸 훈련의 약점

  ㉠ 품질이 촉진자의 능력과 스킬에 의존한다.

  ㉡ 비용이 높다(시간, 이동, 자료개발).

  ㉢ 직원의 교대나 결석으로 훈련하기 어렵다.

(2) 코칭, 멘토링과 동료교수법

코칭, 멘토링과 동료교수법은 개인의 훈련 니즈를 개발하는 데 적합하다. 이들은 각각 다음과 같이 약간 포커스에 차이가 있다.

① 코 칭

  성과관리 스킬은 관리자나 트레이너가 수행하는 스킬이다. 비공식적인 1:1면담, 창조적으로 설계된 활동과 빈번한 모니터링을 통해, 코치는 특정한 스킬영역에서 직원들의 성과를 향상시키는 데 도움을 준다.

② 멘토링

  장기근속자(멘토)와 경험이 적은 직원(멘티) 간의 장기적 관계로, 멘토는 초보직원의 스킬이나 경력경로와 관계한 문제를 조언한다.

③ 동료교수법

  동료교수법은 콜센터 정책, 절차 및 규칙을 잘 알고 있는 동료와 신입 직원을 짝으로 만든다. 동료는 직원들이 그들 업무의 본질적인 부분을 학습하는데 지식, 코칭 및 지원의 원천이다.

    ⊙ 동료교수법의 강점

- 특정한 목표 스킬을 위해 적합하다.
- 필요한 스킬을 강화하기 위해 현장에서 자주 코칭을 제공할 수 있다.
- 조직의 커뮤니케이션과 직원 만족에 기여할 수 있어 관계를 증진시킨다.
- 낮은 비용

    ⓛ 동료교수법의 약점

- 코칭 스킬과 관계에 의존하는 결과를 가져온다.
- 공식적인 방법이 아니기 때문에 효과적으로 모니터하기 어렵다.
- 코칭 및 멘토의 대상자에 대한 관련 자료를 수집하기가 쉽지 않다.

(3) 자가진단 학습

이 방법은 개인들이 자신의 수준에 맞게 훈련 자료를 학습하는 것이다. 많은 케이스에서 직원들이 자료를 실지로 시험해보거나 본인들이 선택한 콘텐츠를 학습하는 것이다. 자가진단 방법은 다음을 포함하고 있다.

① 인쇄된 자료와 교재

② 책과 아티클의 읽기 프로그램

③ 온라인 혹은 웹 기반 훈련

④ 비디오나 오디오 기반 프로그램

    ⊙ 자가진단 학습의 강점

- 기존의 스킬을 강화하거나 교정적 훈련에 적합하다.
- 많은 직원들이 수행하기가 용이하다(예 파트타임, 교대근무자, 지리적으로 분산된 직원들).
- 공간 사용이 용이하다.
- 모든 학습자들에게 동일하고 표준화된 경험을 줄 수 있다.
- 독립심이 강한 학습자에게 효과적이다.
- 웹기반이나 온라인을 이용한 학습은 콘텐츠를 자주 업데이트할 수 있다.

    ⓛ 자가진단 학습의 약점

- 복잡한 스킬 훈련에는 최선의 방법이 아니다.
- 자기 동기부여가 일부 직원들에게는 장애가 될 수 있다.
- 진행사항과 현장에서 스킬을 사용하는지 추적하고 모니터하기 어렵다.
- e-러닝 모듈과 비디오 학습은 개발하는 데 비용이 많이 든다.

(4) 현장실습 교육

이 방법은 직원들에게 실제 업무 상황을 접하게 하는 방법이다. 지속적인 피드백과 모니터링을 통해, 직원들은 이러한 경험으로 위기를 감수할 수 있도록 격려되며, 그들의 지식체계를 더 쌓을 수 있도록 할 수 있다.

공식적 프로그램의 일부로, 학습자들은 업무를 수행하고 있는 사람의 가이던스하에서 실지로 업무를 수행한다. 덜 정형화된 프로그램은 더 느슨한 방법일 수 있다. 예를 들어, 수퍼바이저는 필요에 따라 질문에 대답할 수 있다.

① 현장실습 훈련의 강점

   ㉠ 지식이 직무에 전이되는 것이 실제로 보장된다.

   ㉡ 활용을 선호하는 조작적 학습자들의 요구를 충족할 수 있다.

   ㉢ 비용이 낮다.

② 현장실습 훈련의 약점

   ㉠ 비정형화된 프로그램의 효과성을 모니터하기 어렵다.

   ㉡ 신입 직원을 지원하지 않아 헤매게 할 수 있다.

   ㉢ 직원들이 검증되지 않은 스킬로 고객을 응대할 수 있다.

3. 외부 훈련과정 선택

훈련의 필요성이 결정되면, 콜센터 관리자들은 가능하면 HR부서의 도움을 얻어, 외부 훈련 기관에서 훈련과정 웨어를 구매할 것인지, 내부적으로 개발할 것인지를 결정해야 한다. 제작 혹은 구매를 고려할 때, 핵심 의사결정 요인은 다음과 같다.

(1) 내부조직이 학습경험을 개발할 수 있는 시간, 전문지식, 내부 신용도가 있는가?

(2) 비용 요인은 무엇인가? 예를 들면 초기개발비용, 각각의 학습자에 대한 진행비용, 정보흐름을 유지하기 위한 비용은 무엇인가?

(3) 외부 훈련기관과 일할 때 누가 소유권을 보유할 것인가?

(4) 누가 훈련을 전달할 것인가? 촉진자는 적절한 스킬을 보유하고 있고 믿을 만한가?

(5) 외부 훈련기관과 조직이 양립할 수 있는 가치와 문화를 갖고 있는가?

(6) 어느 정도의 품질 수준이 요구되는가?

(7) 독립형 과정인가, 대형 커리큘럼의 일부인가?

(8) 스킬을 전체 학습목표와 어떻게 연관시킬 것인가?

(9) 외부 훈련기관이 산업 경험을 보유하고 있는가? 여러분의 조직에 대한 경험은 있는가?

(10) 프로젝트를 맡을 외부 훈련기관의 팀은 어떠한 경험이 있는가?

외부 훈련기관에서 훈련을 하기로 결정하였다면, 여러분의 요구를 최고로 대처할 수 있는 기관을 결정해야 한다. 기관을 비교하는 전형적인 방법은 가중치 기준과 스코어카드 이용이다. 기준을 결정하고, 각 항목의 중요도에 따라 100포인트를 배분하여 가중치를 준다. 마지막으로 스케일은 기준을 처리할 수 있는 각 기관의 능력을 평가하는 데 이용한다.

[외부 훈련기관 평가 예제]

기 준	가중치(a)	평점(b)				점수(c)
콜센터 산업에 대한 지식	10	1	2	3	❹	40
수직시장에 대한 지식	5	1	2	❸	4	15
표적수용자의 신임	10	1	2	❸	4	30
첨단(Leading Edge)/현행 도구	10	1	2	❸	4	30
총비용	5	1	❷	3	4	10
도구의 소유권	2	❶	2	3	4	2
적절한 시기에 제품 출시	10	1	❷	3	4	20
제품인도 방법	8	1	2	3	❹	32
제품인도 능력	10	1	2	3	❹	40
개발자의 스킬 수준	10	1	2	3	❹	40
문화의 친화성	10	1	2	3	❹	40
자질 있는 촉진자	10	1	2	3	❹	40
총 점	100	–	–	–	–	339

스케일 : 1 = 매우 적은 정도, 2 = 어느 정도, 3 = 대단한 정도, 4 = 매우 대단한 정도

점수(c) = 가중치(a) × 평점(b)

각 기관의 점수를 산정하기 위하여 각 항목에 대한 가중치와 평점을 곱하여 점수를 내고, 각 항목의 모든 점수를 더하여 각 기관의 총평가점수를 구한다. 대체로 가장 높은 점수의 기관에게 프로젝트를 맡긴다.

제3절 ┃ 훈련 효과성 평가

◯― 핵심 포인트

- 훈련평가는 다음과 같은 결과를 가져와야 한다.
  - 훈련 프로그램의 효과성을 결정한다.
  - 프로그램을 변경, 중지 혹은 확장할 것인지를 결정한다.
  - 향후 전달방법을 위해 프로그램을 어떻게 개선할 것인지를 결정한다.
- 훈련 프로그램을 평가할 때, 네 가지 평가 레벨이 있다.
  - 레벨 1 : 반응 평가
  - 레벨 2 : 학습 평가
  - 레벨 3 : 적용 평가
  - 레벨 4 : 효과와 ROI 평가
- 콜센터의 역할은 조직의 미션을 지원하고 전략적 목적을 달성하기 위하여 조직을 돕는 것이다. 콜센터는 각각의 직원들의 효과성을 향상시키고 기여도를 높이기 위하여 목표가 되는 콜센터 훈련과정의 개발을 요구한다.
- 콜센터 훈련 목표가 조직차원의 계획에 맞게 조정되기 위해서 콜센터 관리자들은 다음과 같이 해야 한다.
  - 대규모 훈련 계획에 협조하여 운영한다.
  - 조직의 자원으로써 콜센터 직원의 지식과 스킬을 최대화한다.
  - 중요한 비즈니스 이슈에 대한 해결책을 제공하여 훈련을 가치 있게 만든다.
  - 조직 간의 관계를 개발한다.
  - 기관문화를 이해한다.
  - 훈련이 변화에 뒤떨어지지 않게 한다.

콜센터 훈련은 고객콘택트를 처리하기 전에 미리 시간을 필요로 한다. 그래서 프로그램이 콜센터의 목적을 달성하도록 하는 것이 중요하다. 빈틈없고 체계적인 평가 프로세스가 훈련의 효과성을 평가하기 위해 필요하다.

기초 수준에서 평가는 목적을 정의하고, 이러한 목적을 적당하게 구체화하고, 그런 후에 학습자가 그 목적을 어느 정도 마스터했는지 평가하는 것으로 구성되어 있다. 평가는 다음과 같은 결과를 가져와야 한다.

- 훈련 프로그램의 효과성을 결정한다.
- 프로그램을 변경, 중지 혹은 확장할 것인지를 결정한다.
- 향후 전달방법을 위해 프로그램을 어떻게 개선할 것인지를 결정한다.

1. 평가의 4 레벨

훈련 프로그램은 4가지 레벨로 평가되어야 한다.

(1) 레벨 1 – 반응 평가

반응 평가는 주로 훈련 프로그램을 끝맺음 할 때 학습자의 평가로 나타난다. 서베이 포맷에는 일반적으로 프로그램 방법, 그룹과 개인의 실습, 자료나 매체의 품질, 촉진자 능력, 설비 등과 같은 평가 항목을 포함한다.

(2) 레벨 2 – 학습 평가

학습자가 학습경험을 얼마나 학습했고 숙지했는지를 평가하기 위하여 정보를 수집, 분석, 보고하는 과정이다.

(3) 레벨 3 – 적용 평가

이 단계는 클래스룸에서 배운 지식, 스킬 및 능력을 업무에 이용한 정도를 평가하는 단계이다. 이 단계는 성공적인 응용을 촉진하거나 방해하는 동인과 장애요인을 규명하는 것을 포함한다.

(4) 레벨 4 – 효과와 ROI 평가

이 레벨은 조직의 생산성, 고객만족 향상, 조직의 전략적 비즈니스 계획에 대한 훈련의 효과를 결정하는 과정이다. 레벨 4 평가는 두 가지 측면이 있다.

① 효과 : 훈련으로 인해 비즈니스 측정기준에 어떠한 변화가 있는가?
② ROI : 훈련 투자에 대한 수익은 어떤가?

2. 훈련 평가결과 활용

훈련에 대한 결과를 결정하기 위해서, 경영진은 먼저 요구분석에 기초한 베이스라인 성과 측정기준을 수립해야 한다. 즉, "갭을 규명하기 위해 이용되는 측정치는 무엇인가?" 측정치에는 스케줄 준수율, 정보의 정확성, 정책과 절차 순응 등이 있다.

관리자들은 평가 프로세스에서 나온 피드백을 근거로 훈련 프로그램의 변화를 가져와야 한다. 주요한 이슈는 다음과 같다.

(1) 교수자의 변화나 교수자에 대한 추가적인 훈련이 필요하다면 촉진자의 효과성을 진단해야 한다 (레벨 1과 2에서).

(2) 콘텐츠, 차례, 우선순위에 변화가 필요하다면 자료의 효과성을 확인해야 한다(레벨 1과 2에서).

(3) 콘텐츠를 강화하여 실습과 응용이 요구된다면 교육/훈련 전략의 효과성을 파악해야 한다(레벨 1과 2에서).

(4) 콘텐츠, 교육/훈련전략, 전달방법에 변화가 필요하다면 직무에 이용하는 새로운 지식과 스킬의 범위를 진단해야 한다(레벨 3에서).

(5) 시스템 지원 툴의 변화가 필요하다면 직무에 이용하는 지식과 스킬을 지원하거나 방해하는 환경요인을 진단해야 한다(레벨 3에서).

(6) 훈련을 지속하고자 한다면 비즈니스나 기관 측정기준에 대한 효과 정도를 진단해야 한다(레벨 4에서).

(7) 훈련을 지속하고자 한다면 ROI를 진단해야 한다(레벨 4에서).

3. 조직차원의 계획에 맞는 훈련조정

콜센터의 역할은 조직의 미션을 지원하고 전략적 목적을 달성하기 위하여 조직을 돕는 것이다. 콜센터는 각각의 직원들의 효과성을 향상시키고 기여도를 높이는 데 목표를 두는 콜센터 훈련과정의 개발을 요구한다. 콜센터 훈련 목표가 조직차원의 계획에 맞게 조정되기 위해서 콜센터 관리자들은 다음과 같이 해야 한다.

(1) 대규모 훈련 계획에 협조하여 운영한다.

콜센터 훈련은 진공상태에서는 개발하고 수행할 수 없다. 훈련에 공동으로 참여하여 개발하기로 결정하였다면 콜센터 트레이너와 기관의 트레이너 간의 자원과 자료를 공유하여 노력의 중복을 제거한다. 모든 노력은 대규모 훈련을 보강하고 협조하여 콜센터 훈련 프로그램을 설계하는 데 사용되어야 한다.

(2) 조직의 자원으로써 콜센터 직원의 지식과 스킬을 최대화한다.

콜센터의 가치는 개별적인 직원의 광범위한 지식과 스킬에 달려 있다. 관리자는 콜센터 인력의 스킬과 지식 개발에 대한 근본적 책임과 함께 각각의 직원의 잠재성에 영향을 미칠 수 있는 훈련 프로그램을 설계할 책임이 있다.

(3) 중요한 비즈니스 이슈에 대한 해결책을 제공하여 훈련을 가치 있게 만든다.

새로운 비즈니스에 대한 사전대응훈련을 하기 위해서는 전략적 비즈니스 이슈가 규명되어야 하고, 훈련 과정은 이러한 새로운 비즈니스 영역을 훈련 목표로 설계해야 한다.

(4) 조직 간의 관계를 개발한다.

타 부서와의 행동은 콜센터 성과에 영향을 미치기도 하고 반대가 되기도 한다. 훈련 관리자들은 아이디어를 공유하고 콜센터 훈련 전략을 체계화하기 위하여 조직 내의 다른 부서와의 관계를 개발하고 유지해야 한다. 범부처적 훈련과 업무할당은 관계 개발을 촉진한다.

(5) 기관문화를 이해한다.

비록 콜센터가 기관 본사와 지리적으로 떨어져 있어도, 콜센터의 문화는 대규모 조직의 문화를 반영해야 한다. 콜센터 훈련, 특히 신입 직원의 오리엔테이션은 조직의 브랜드 메시지와 이미지를 반영하여 그들이 고객에게 전달하도록 해야 한다.

(6) 훈련이 변화에 뒤떨어지지 않게 한다.

콜센터는 대부분의 조직에서 변화에 순응할 수 있는 능숙한 사람을 만드는 허리케인의 눈 같은 존재이다. 콜센터 훈련은 조직과 산업의 변화에 뒤떨어져서는 안 되고, 훈련은 변화 있게 유연성 있게 대처할 수 있어야 한다. 시대에 앞서기 위해서 콜센터 훈련 관리는 조직의 전망을 주시할 수 있어야 하고, 향후 훈련이 조직의 목적을 지원하는 데 필요하다고 예상할 수 있어야 한다.

안심Touch

제4절 | 오리엔테이션 프로그램

●— 핵심 포인트

- 오리엔테이션 프로그램은 신입 직원에게 콜센터 산업, 조직, 업무 및 팀을 소개하는 것이다.
- 오리엔테이션의 목표는 다음과 같다.
  - 신입 직원의 두려움과 스트레스를 감소시킨다.
  - 오리엔테이션 프로세스는 경영진과 동료에게 느끼고 있는 부담을 감소시킨다.
  - 호의적인 조직의 첫인상을 제공한다.

오리엔테이션 프로그램은 신입 직원에게 콜센터 산업, 조직, 직무 및 팀을 소개하는 것이다. 오리엔테이션의 주요 목표는 다음과 같다.

- 신입 직원의 두려움과 스트레스를 감소시킨다.
- 신입 직원으로 인한 관리자와 다른 동료에게 주어지는 부담을 감소시킨다.
- 조직에 대한 호의적인 첫인상을 제공한다.

1. 콜센터 산업에 대한 오리엔테이션

콜센터 환경에서 일하는 것은 모든 직원들에게 특화된 용어와 독특한 운영 관습을 요구한다. 콜센터에서 성과관리는 대부분의 사업단위 유형과는 차이가 있다. 그래서 모든 직원들은 콜센터의 관습 이면에 있는 '이유'를 이해하는 것이 중요하다. 콜센터 산업에 대한 오리엔테이션은 다음을 포함하고 있다.

(1) 콜센터를 구성하는 인력

(2) 조직의 커뮤니케이션 허브로써의 콜센터

(3) 콜센터의 3가지 추진력

① 무작위로 인입되는 콜
② 대기 심리
③ 고객의 인내 요인

(4) 스테핑과 스케줄링의 기본적 이해는 다음을 포함한다.

    ① Service Level

    ② 콜예측

    ③ 기본 인원 산정방법

    ④ 스케줄링 고려사항

(5) 스케줄 준수

(6) 상담 품질

(7) 모니터링과 코칭

(8) 고객기대 응대

2. 조직에 대한 오리엔테이션

조직에 대한 오리엔테이션은 일반적으로 다음을 포함하고 있다.

(1) 일반적인 조직의 규칙(예 출/퇴근 시간, 기본 절차, 개인 설비사용)에 대한 소개

(2) 경영철학

(3) 조직 구조

(4) 조직과 산업에 대한 정보

(5) 조직이 제공하는 혜택

(6) 보건안전에 대한 강조

(7) 회사의 징계를 가져오는 행동

(8) 콜센터가 기관과 기관의 전략적 방향과 어떻게 일치할 수 있는가에 대한 정보

3. 직무에 대한 오리엔테이션

직무에 대한 오리엔테이션은 직무에 대한 실제적 수요, 조직의 기대와 직무 환경에 대한 정보를 제공한다. 직무에 대한 오리엔테이션은 일반적으로 다음을 포함하고 있다.

(1) 직무명세서 설명

(2) 멘토 역할을 하는 동료 및 장기적 성공을 위한 멘토의 가치 소개

(3) 어떤 문제에 대해 무엇을 읽어야 하고 누구와 콘택트를 하는가 등

(4) 제품, 절차 및 프로세스에 관한 매뉴얼

(5) 관리기대와 리포팅 절차에 대한 검토

(6) 성과기대, 가이드라인과 기준

(7) 보상 정책(성과검토, 승급제도 및 연봉인상 조건, 급여 지급주기 등)

(8) 고충처리

(9) 상담사 그룹이 구성되는 방법과 콜이 라우팅되는 방법

4. 팀에 대한 오리엔테이션

이직이 자주 발생하는 이유는 팀에 적응하지 못했기 때문이다. 이것은 업무를 수행하는 능력의 문제가 아니고, 오직 소속되지 않았다는 감정의 문제이다. 그래서 관리자는 신입 직원을 팀이 빠르게 수용할 수 있게 조치를 취해야 한다.

07장 경력관리 및 보상

제1절 ▎ 경력 및 스킬경로 모델

○─ 핵심 포인트

- 경력경로는 직원이 발전할 수 있는 조직화된 트랙이나 수준 정도를 포함하는 데 비해, 스킬경로는 개인이 일련의 스킬을 습득하는 데 초점을 둔다.
- 기본적인 경력경로 프로세스는 다음과 같은 3가지의 핵심적인 사항을 포함한다.
  - 고과부문
  - 지도부문
  - 개발부문
- 직원개발에 역사적으로 이용된 승진방식은 콜센터에는 승진 가능한 관리직과 경영 직위가 매우 한정적인 이유로 많은 제약이 있기 때문에, 스킬경로 모델이 더 효과적인 직원개발 접근법이 될 수 있다.
- 기본적인 경력·스킬경로 전략은 다음과 같은 구성요소를 포함한다.
  - 각 직위에 대한 적성 모델
  - 각 직위에 대한 전문가적 경력개발 모델
  - 각 직위에 대한 표준과 기대치
  - 각 개인에 대한 스킬 평가
  - 각 개인에 대한 전문가적 개발 계획
  - 대학스타일의 훈련 커리큘럼
- 경력·스킬경로 프로그램의 가장 중요한 구성요소들 중의 하나는 직원들의 훈련에 대한 접근성의 용이함이다. 콜센터 관리자들은 상담사 훈련에 대한 시간을 포함하는 스케줄을 개발하기 위해 굳건한 인력관리 프로세스를 사용해야만 한다.
- 직원들에게 가장 심각한 경력경로화의 장애물은 성장을 지지하지 않는 조직문화이다.

1. 콜센터 직원 개발 경로

대부분의 콜센터들은 직원개발을 위한 2가지 기본적 접근법 중 하나를 채택한다. 경력경로는 직원들이 나아갈 수 있는 조직화된 진로 혹은 수준 정도를 포함하는 반면, 스킬경로는 개인이 일련의 스킬을 습득하는 데에 초점을 둔다. 이 두 용어들은 단지 어디에 강조를 두느냐에 차이점이 있으므로 종종 교체되어 사용되기도 하는데, 경력경로는 새로운 직위로의 진급에 초점을 두는 반면, 스킬경로는 반드시 업무타이틀을 변화시키지 않더라도 새로운 스킬과 책임감의 획득과 연관된다.

2. 경력 및 스킬경로

(1) 경력경로

경력경로는 콜센터 혹은 조직 내에서 구조화된 승진 기회를 통해 개인적 발전을 이끌어 준다. 대부분의 경력경로는 한 수준에서 그 다음 수준으로 넘어가기 위해서 성공적으로 성취해야 할 구체적인 업무를 필요로 한다. 대부분의 경력경로 프로그램에서 기본급여 인상은 다음 직위로의 승진에 달려 있고, 변동급여는 성과에 따라 좌우된다.

전형적인 경력경로 모델은 직종군의 개발을 필요로 하는데, 이는 등급, 임금 그리고 책임감에 의해 계급화된 많은 직종들로 구성된다. 예를 들면, 상담사, 팀리더, 감독관, 관리자, 상급관리자, 디렉터 등이처럼 계급화된 직종군이 개발되어야 한다. 그런 다음 경력경로는 직종군내의 각각의 일에 대한 요구사항을 나타낸다. 예를 들면, 교육, 경험, 근무, 지식, 스킬, 행동적 능력 등과 같은 것이 있다. 많은 조직은 또한 더 넓고 조직적인 관점을 제공하기 위해 여러 스킬에 걸친 경험을 요구한다. 일반적으로 이것은 마케팅, 판매 혹은 재무와 같은 다른 역할로의 업무순환을 포함한다.

기본 경력경로 프로세스는 다음의 세 가지 핵심 사항을 포함한다.

① **성과평가단계** : 성과평가, 코칭/모니터링, 스킬고과 그리고 흥미평가를 통해 개인에 대한 평가를 하는데, 이는 개인의 강점과 약점을 명확히 한다.

② **방향설정단계** : 경로 방향과 목표 설정을 의미하는데, 이는 직원들이 추구하기를 소망하는 경력의 형태를 결정하고, 그것을 성취하기 위해 필요한 단계를 규명한다.

③ **능력개발단계** : 승진을 준비하기 위한 스킬을 향상시키기 위해 필요로 하는 절차를 밟거나 행동을 취하는 것을 의미한다. 예를 들면 직무순환, 특별한 임무나 프로젝트, 세미나와 워크샵 그리고 자기에게 필요한 훈련과 같은 것이 있다.

(2) 스킬경로

직원개발에 대한 역사적인 승진 방식은 콜센터에게는 승진 가능한 감독과 관리 직위가 매우 한정적인 이유로 많은 제약이 있기 때문에 스킬경로 모델이 더 효과적인 직원개발 접근법이 될 수 있다. 스킬경로는 상담사들이 개인적 필요와 조직의 목표를 고려함으로써 그 조직 사업의 미래를 위해 준비시키고자 한다. 개인은 종종 그들의 직위 내에서 새로운 스킬을 성취할 때 보다 더 많은 보상을 받는다. 만약 그들이 전반적인 사업과 맥을 같이 한다면, 스킬경로에 대한 임원차원의 지지와 투자를 받기는 더 쉽다.

스킬경로는 센터 혹은 조직 전체에서 직위의 상승보다는 구체적인 스킬의 발달에 포커스를 둔다. 스킬경로는 횡단면적으로 움직일 수 있다. 예를 들면, 프린터 스킬 지원 상담사는 팩스기계에 대한 스킬적 지원을 하는 데에 상호연관되어 교육을 받을 수 있다. 또한 상담사는 리더십을 배울 수 있고, 코칭 스킬은 그의 현 직위에 동료 코칭 책임까지 더해질 수 있다. 스킬경로가 경력경로와 다른 점은 새로운 직위로의 승급에 초점을 두는 대신 획득되는 스킬에 초점을 두는 것이다.

3. 경력 및 스킬경로 수립전략

컨설턴트 Elizabeth Ahearn에 따르면, 전반적인 경력 혹은 스킬경로 전략은 다음과 같은 구성요소를 포함한다.

(1) 각 직위에 대한 적성 모델

이 문서는 각 수준의 성과에 필요한 스킬과 행동을 정의하고 자세히 기술해야 한다. 그 직무의 가장 결정적인 능력을 펼칠 수 있는 사람들만을 고용한다.

(2) 각 직위에 대한 전문가적 경력개발 모델

개인이 콜센터 내부와 외부에서 움직일 수 있는 범위를 명확히 한다. 만약 그런 움직임에 대한 기회가 현재 존재하지 않는다면, 조직 내에서 파트너를 맺을 수 있는 계획이 개발되고 공유되어야 한다.

(3) 각 직위에 대한 표준과 기대치

이것은 각 직위에 필요로 한 최소수준의 성과와 스킬, 지식, 그리고 경험으로 구성된다.

(4) 각 개인에 대한 스킬 평가

콜센터 내의 각 개인에 대해 자기고과와 관리자 고과 둘 다를 포함하는 능력평가 모델을 사용한다.

(5) 각 개인에 대한 전문가적 개발계획

새로운 직위에 필요로한 개인의 능력에 대한 상세스킬과 응용, 그리고 비즈니스 수요에 기반을 둔 승진에 대한 현실적인 시간프레임을 포함한다.

(6) 대학 스타일의 훈련 커리큘럼

콜센터와 콜센터 내의 각 일에 대한 핵심 능력에 초점을 둔 필수과정과 직원들이 그들의 전문가적 목표를 성취할 수 있도록 하는 선택과목으로 커리큘럼은 구성된다.

4. 경로수립의 주요 성공요인

다음은 경력·스킬경로 프로그램의 수립시 주요 성공요인이다.

(1) 조직의 요구와 함께 직원들의 요구와도 균형을 맞출 수 있도록 직원을 참여시켜라.

경력·스킬경로 프로그램은 일부분에서만 개발되어서는 안 된다. 콜센터 상담사, 수퍼바이저, 관리자, 인력자원부서 그리고 다른 이들을 포함하는 여러 스킬의 팀과 함께 개발 프로세스를 시작해야 한다. 프로그램에 의해 영향을 받은 사람들로부터의 요청은 조직의 요구와 함께 직원들의 요구와도 균형을 맞추는 접근법을 제공한다.

(2) 프로그램이 어떻게 작동하는지, 어떤 혜택을 주는지 교육시키는 것은 필수적이다.

직원들은 경력과 스킬경로 프로세스를 추구하기 때문에 프로그램이 어떻게 작동하는지 그리고 그것이 그들에게 어떻게 혜택을 주는지 교육시키는 것은 필수적이다.

(3) 발전에 대한 측정과 결과의 공유를 포함하는 계획화된 피드백 프로세스를 구축하라.

(4) 경력 및 스킬을 개발할 수 있는 훈련을 가능하게 하라.

경력·스킬경로 프로그램의 가장 중요한 구성요소는 훈련에의 접근성이다. 훈련은 종종 서비스 수준이 낮을 때, 그리고 업무시간 동안 모든 콜센터 상담사를 동시에 훈련하기가 불가능할 때 연기되거나 취소된다. 콜센터 관리자들은 상담사들의 시간과 관리 훈련을 포함하는 스케줄을 개발하기 위해 굳건한 인력관리 프로세스를 사용해야만 한다.

(5) 직원의 관심과 함께 조직의 필요와 조화를 이루어야 한다.

효과적인 경력·스킬경로 모델은 직원의 관심과 함께 조직의 필요와 조화를 이루어야 한다. 예를 들면 경력·스킬경로화를 통해 나타낼 수 있는 조직적 필요사항은 다중채널 접견을 다루고자 하는 도전장을 내밀 수 있다. 이메일이나 웹 트렌젝션과 같은 더 많은 접견 채널을 다루는 것에 대한 매력적인 승진 기회는 상담사가 이러한 채널들에서 필요로 되는 새로운 스킬을 습득하도록 하는 인센티브를 줄 수 있다.

(6) 선발, 코칭, 훈련, 멘토링, 성과 피드백과 같은 다른 관리 프로세스와 어울려져야 한다.

경력·스킬경로가 제자리를 찾았다면, 콜센터 관리자는 선발, 고용, 코칭, 훈련, 멘토링, 성과 피드백과 인센티브와 같은 다른 관리 프로세스를 점검해야 한다. 이러한 프로세스는 경력·스킬경로와 어울려져야 한다.

(7) 콜센터 규모의 영향을 고려해라.

큰 센터는 포커스 영역에서 전문가를 창출 할 수 있는 구체적인 경력·스킬경로에 대한 계획을 강화하기를 원한다. 더 작은 센터는 보다 다양한 책임감을 다룰 수 있는 상담사와 관리자를 원할 수 있다.

(8) 고객접촉이 간단하고 반복적인 환경에서는 경력경로에 초점화될 필요가 있다.

고객접촉이 상대적으로 간단하고 반복적인 환경에서 성장기회는 보다 경력경로에 초점화될 필요가 있다. 예를 들면 감독, 코칭 그리고 품질 직위와 같은 경로이다. 반면에 다양하고 복잡한 거래 환경에서는 많은 스킬경로에 중점을 두어야 한다.

5. 성공적인 경로수립의 장애물

직원들에게 가장 중요한 경력 경로화에 대한 장애물은 성장을 지원하지 않는 조직문화이다. 이 외의 다른 장애물은 다음과 같다.

(1) 상세화된 스킬 요구서, 다양한 승진 옵션, 그리고 구조화된 피드백 프로세스를 포함하는 견고한 모델의 부족

(2) 불충분한 복합적 스킬의 기회

(3) 이직률이 낮을 때 이용 가능한 직위의 부족

(4) 코치나 멘토에 대한 접근의 제한성

(5) 훈련에 할당된 시간의 부족

(6) 훈련과 보상에 대한 불충분한 기금

(7) 평평한 조직 구조

(8) 상급 관리자의 지원 부족

(9) 상담사 관여도의 부족

(10) 비생산적인 인력자원 정책

ICMI 보고서, Agent Staffing and Retention Study Final Report는 경력·스킬경로 프로그램을 개발하는 데 대한 조직적 장애물을 밝혔다. 결과는 다음의 그래프로 요약된다.

Organizational Obstacles in Developing Career or Skills Path

	Company culture	Getting funging needed	Senior management buy-in	Flat organization	Agent buy-in	HR Policies
Pecentage of call Centers	31	29	19	23	11	10

[조직적 장애물]

안심Touch

제2절 ┃ 승계계획

핵심 포인트

- 승계계획은 상위 직급에 대해 높은 잠재력을 가진 개인을 선별하여 준비시키는 과정이다.
- 효과적인 승계계획을 수립시 중요한 여러 요인들은 다음과 같다.
  - 콜센터에 알맞게 만들어져야 한다.
  - 핵심 리더십 기준에 근거해야 한다.
  - 상위 집행부에 의해 지원을 받아야 한다.
  - 공유된 책임감과 함께 발달에 초점을 두어야 한다.
  - 미래 나아갈 방향과 전략에 의해 추진되어야 한다.
  - 목적적 고과에 의해 결정되어야 한다.
  - 능력있는 소규모 그룹에 초점을 두어야 한다.

승계계획은 상위 직급에 대한 높은 잠재력을 가진 개인을 선별하여 준비시키는 과정이다. 승계계획은 리더십 성장이 조직적 성장과 함께 이루어질 수 있도록 해야 한다. 이는 개방직위에 대한 적절한 사람을 단순히 선별하는 것 이상을 의미한다. 오늘날 조직은 리더십 팀에 대한 개인의 맥락으로 초점이 놓여야만 한다는 것을 인식하고 있다. 효과적인 승계계획은 각 후계자 후보자가 팀성과에 어떻게 가치를 더할 것인지를 면밀히 조사하는 것이다.

1. 승계계획 프로세스

승계계획의 첫 번째 단계는 리더십 기준을 결정하는 것이다. 이러한 기준들은 일반적 리더십 자질과 함께 콜센터에서 구체적으로 요구되는 사항으로 이루어진다. 그 다음 어떤 관리자가 잠재적 리더십을 행사할 수 있을지 결정하기 위해, 그들은 몇 개의 객관적인 측정 수단에 기초하여 평가되어야 한다. 선별된 관리자들은 그에 알맞게 준비가 되었는지 평가되어야 하며, 그런 후 적절한 개발 계획, 코칭, 멘토링이 확립되어야 한다. 각 관리자에 대한 평가결과는 코치와 멘토가 그들의 발달을 촉진하는 데 이용할 수 있도록 해야 한다. 집행부의 직위가 공석이 되었을 때, 후계자 후보들은 그 직위의 구체적인 요구사항을 기준으로 평가되어야 하며 가장 적절한 사람이 선출되어야 한다.

2. 승계의 중요한 요인

다음과 같은 효과적인 승계계획에 대한 중요한 요인들이 있다.

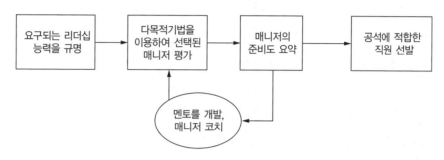

[승계계획 플로우차트]

(1) 센터에 적합하게 만들어져야 한다.

승계계획의 절대적인 방법은 없다. 콜센터의 특정 요구사항에 맞도록 만들어져야 한다.

(2) 핵심 리더십 기준에 근거해야 한다.

콜센터에서 상위직급으로 오르는 데 필요로 되는 리더십의 자질과 배경이 선출 프로세스를 이끌어 나가야 한다. 후보자의 프로필과 기준은 다음과 같은 사항을 포함해야 한다.

① 콜센터, 리더십/관리, 회계책임, 성취업적과 전략계획을 포함하는 다양한 경험

② 산업, 조직, 고객, 트랜드에 대한 지식

③ 교 육

④ 리더십 자질

⑤ 실제 성취한 업적

(3) 고위 중역에 의해 지원을 받아야 한다.

고위 중역들은 승계 계획 프로세스를 모델화하고 지원해야 한다.

(4) 책임감의 발달에 초점을 두어야 한다.

개인 개발 계획은 승계 계획하에서 전개되어야 한다. 직원들을 다양한 리더십 스타일과 상황에 노출되도록 기회를 개발하는 것은 가장 큰 효과를 가져 올 것이다.

(5) 미래 나아갈 방향과 전략에 의해 추진되어야 한다.

승계계획은 콜센터의 미래 전략적 방향과 부합되어야 한다. 전략적 미션에 상응하는 능력을 가진 리더십 그룹을 개발하는 데 초점이 놓여야 한다. 단지 승계 계획이 6개월에서 1년 이내에 공석이 생길 직위에 대한 후보자만을 선별하는 데에 초점이 놓여진다면, 이는 매우 단기적이다.

(6) 객관적 평가에 의해 결정되어야 한다.

개인을 평가하는 가장 효과적인 방법은 360도 다면평가, 시뮬레이션, 프로젝트 리더십 경험 등을 포함한 다양한 방법을 사용하는 것이다.

(7) 능력 있는 소규모 그룹에 초점을 두어야 한다.

승계계획은 전체적인 인력 혹은 모든 콜센터 관리자를 개발시키는 것이 아니다. 그 대신에 미래 집행부 직위에 대한 잠재능력을 가진 소수 개인을 선별하는 데 주안점을 둔다.

3. 승계계획의 이점과 당면과제

(1) 승계계획은 다음과 같은 여러 가지 면에서 콜센터에 이익을 준다.
① 고위 경영진들이 규율화되고 지속적인 방식으로 그들의 리더십 능력을 평가하는 것을 고무시킨다.
② 핵심 집행부의 개발 계획을 이끈다.
③ 리더십의 지속성을 보장하고 변화에 따르는 문제를 피할 수 있다.
④ 관리자의 상급직위 혹은 전략적 역할로의 시기상조의 승진을 막을 수 있다.

(2) 많은 회사들이 승계계획의 가치를 인식은 하지만, 다음과 같은 문제점들로 인해 그러한 계획을 수행하는 데 어려움을 겪고 있다.
① 중역들은 개발과 승계계획에 할애할 시간이 거의 없다.
② 중역들은 그들 자신과 비슷한 후계자를 선별하여 개발시키고자 하고, 이는 그 직위의 속성을 고착화하여 다양성을 저해시킨다.
③ 개인개발은 일반적으로 보상되지 않는다.

(3) 오늘날 콜센터 환경은 승계 계획이 지속적인 프로세스가 되고, 조직의 전략적 계획과 통합될 것을 요구한다. 이는 장기적 관점에서 수행되어야 하지만, 그 혜택은 매우 클 것이다.

제3절 | 보 상

- 한 직원의 총 보상은 세 가지 구성요소로 이루어진다.
  - 기본급여(한 개인이 받는 고정액)
  - 인센티브(성과에 대한 보상)
  - 복리후생
- 직무에 기반한 급여는 직무의 가치에 따라 보상이 결정된다. 스킬 기반의 급여는 다양한 직무 책임과 의무를 처리할 수 있는 직원의 능력, 잠재력과 유연성에 근거한다.
- 콜센터에서는 승진 기회가 한정되어 있기 때문에 스킬 기반의 급여가 상담사가 전문적으로 성장할 수 있는 여지를 제공하는 효과적인 방법이다.
- 콜센터의 역할이 임무 의존적이며, 전략적이고 경쟁적 강점이 있도록 발전함에 따라 콜센터 직원에 대한 급여는 우수한 직원을 이끌기 위해 발전되어야 한다.
- 보상계획은 직원의 통제하에서 콜센터 목표의 성취를 야기하는 성과목적에 근거를 두어야 한다.
- 조직은 최고의 직원을 찾고, 훈련하고 유지하는 데 주안점을 두는데, 직원확보를 위한 경쟁이 치열해짐에 따라 콜센터 산업에서 인력의 수급상황은 급여인상의 가장 큰 요인이 되었다
- 효과적인 보상계획은 다음과 같은 문제를 피해야 한다.
  - 팀워크를 저해하는 인센티브
  - 실적목표만 강조하는 보상계획
  - 적절하지 못한 실적목표에 근거한 보상계획
  - 정확하지 못하게 측정된 실적목표
  - 노동조합의 대표가 참여하지 않은 보상 계획

1. 보상의 유형

한 직원의 총 보상은 세 가지 구성요소로 이루어진다.

- 기본급여(한 개인이 받는 고정액)
- 인센티브(성과에 대한 보상)
- 복리후생

(1) 기본급여의 형태

직원들은 그들이 수행하는 구체적인 일이나 혹은 그들이 조직 내에서 그들의 역할에 적용시키는 지식과 스킬에 근거하여 보상을 받는다. 보상은 경력·스킬경로를 지원해야 한다.

① 직무에 기반한 급여

보상은 개인이 수행하는 직무의 가치에 의해 결정되며, 그 일을 얼마나 잘 수행 했는가 와는 무관하다. 직무에 기반한 급여는 잘 정의된 일을 수행하는 데 대해 급여를 받은 개인은 만족할 만하게

일을 완성한다는 것을 가정한다. 직무분석과 평가를 통해, 직무의 가치는 그 일을 수행하는 개인과 무관하게 결정된다. 그런 다음 확정된 범위 이내에서 그 직무를 수행하는 직원은 급여를 받는다.

Note : 이 접근법에 따르면 직원이 급여 등급의 최정상에 도달했을 때 문제가 발생한다. 그러한 상황에서는 그들은 다른 직무로 이동하거나, 그 직무를 재평가하도록 요구한다.

② 스킬에 근거한 급여

이 접근법은 직원의 능력과 여러 임무를 수행할 수 있는 잠재력과 유연성에 근거하여 가치를 평가한다. 직원은 그들이 할 수 있는 스킬 혹은 다양한 임무와 상황에 적용시킬 수 있는 재능에 근거하여 보상을 받는다. 그들은 추가의 지식과 스킬을 획득함으로써 진일보한다. 콜센터 내에서 제한된 승진 기회 때문에 이 접근법은 상담사가 전문적으로 성장할 수 있는 기회를 제공한다.

Note : 조직은 한 개인이 가지고는 있지만 사용하지 않을 수 있는 지식과 스킬에 보상한다. 조직은 직원들이 더 높은 보상을 받기 위해 그들의 스킬을 향상시키고자 함에 따라 훈련비용이 증가한다. 그러나 이 접근법은 더 나은 직원의 유연성을 위해 여러 스킬을 훈련시키는 기회를 제공한다.

연구결과 대부분 콜센터는 직원들에게 스킬이 아니라 구체적인 업무에 근거하여 보상을 하였다.

(2) 인센티브

인센티브 또한 보상과 관련하여 중요한 역할을 한다. 단, 인센티브는 늘 상위그룹만 받아가지 않도록 다양한 측면에서 동기부여를 할 수 있도록 운영하는 것이 필요하다.

(3) 복리후생

복리후생 혹은 간접적 보상은 직원과 그들의 가족 구성원에 대한 안전성을 제공한다. 다음은 법적으로 정해진 4개의 주요 법적 복리후생이다.

① 국민연금

② 고용보험

③ 산재보험

④ 건강보험

교육지원금, 퇴직금과 같은 다른 복리후생은 법적으로 필수사항은 아니지만, 조직이 직원을 채용, 유지, 동기부여 시키도록 돕는다. 휴가, 병가와 같은 몇몇 복리후생은 스케줄에 영향을 미친다. 상담사의 스케줄은 Service Level을 맞추어야 하는 콜센터의 성과에 매우 큰 영향을 주므로, 콜센터 관리자들은 직원의 요구와 조직의 필요 모두를 충족시킬 복리후생 정책을 마련하기 위해 인력관리부와 함께 일을 해야만 한다.

2. 보상과 관련된 요인

보상은 콜센터 직원들의 채용, 유지, 동기부여에서 중요한 역할을 수행한다. 적절한 급여 수준을 결정하기 위해, 관리자들은 정밀한 직무평가를 수행해야만 하며, 다음과 같은 요인들을 고려해야 한다.

(1) 경제상황

큰 맥락에서 경제력은 임금의 상한 · 하한선과 급여인상의 양을 결정한다. 경기 침체기에 조직은 좀 더 보수적으로 급여와 인상분을 책정하는 경향이 있다. 경제부흥기에는 급여와 인상분은 좀 더 높게 설정된다. 좋은 경제상황에 근거하여 급여와 인상분이 너무 높게 설정된다면 경기가 점점 후퇴할 때 인건비에 대한 부담감이 심각해 질 수 있다. 마찬가지로 침체국면의 이유로 인상분이 너무 보수적이라면 직원들이 좀 더 나은 기회를 찾아 떠나고자 하는 유인을 제공하게 된다.

(2) 급여의 차이

보통의 급여형태는 기간에 기초한다. 예를 들어 많은 24×7센터에서 야간과 주말에 근무하는 직원들은 수당을 받는다. 수당은 또한 휴일에 일하는 상담사에게도 책정될 수 있다. 다른 보통의 급여형태는 지역에 기초한다. 지역기반 급여는 세계와 각 나라의 여러 지역에서의 생활비의 차이를 인식하는 것이다. 멤피스에서 사는 것보다 보스톤이나 샌프란시스코에 사는 것이 훨씬 비용이 많이 든다. 보통 조직은 더 높은 생활비를 반영하기 위해 급여조정을 행한다.

(3) 이연 보상

이연 보상은 이연 보너스나 퇴직금 증분액의 형태를 취한다. 이는 직원이 더 낮은 소득세율의 입장이 될 때까지 세금납부를 연기해서 직원의 세금을 줄여줌으로써 개인의 세후 수입을 극대화하고자 하는 것이다. 이연 보상의 목적은 직원을 계속 회사 내에 보유하고 그 조직의 집행부로 이끌고자 하는 것이다.

(4) 생활비

생활비 조정은 보통 CPI(Consumer Price Index)로 나타나는 인플레이션률에 따른다. 생활비 조정이 보상전략의 한 부분이지만, 어떤 직원은 급여조정을 받고, 어떤 직원은 그렇지 못한 경우가 있을 수 있다. 예를 들면 노동조합에서 생활비 조정이 장기적 계약으로 포함된다. 게다가 몇몇 노동계약은 급여의 재조정을 요구하는 단서를 포함한다. 하지만 어떤 사람들은 급속히 빠른 인플레이션 시대에는 자동적으로 임금인상을 제공한다는 문구에 의해 자동적 급여인상을 받을 수도 있다.

(5) 최저생계비

기관은 직원들이 표준 생활을 유지할 수 있는 임금의 수준을 정하도록 법제화 되었다. 이 임금은 한 국가의 최저임금의 상향선에 의해 설정되며, 그 지역 국가가 적절하다고 마련한 최저생계비 기준에 근거한다. 몇몇 경우에 그 비용은 국가 보조금 등의 인센티브에 의해 상계된다.

(6) 노동력의 수급상황

노동력의 수급상황은 콜센터 생존력에 영향을 미친다. 보상이 수요 공급에 의해 결정되는 선보다 아래의 수준에서 책정된다면 콜센터는 필요한 직원을 모집 혹은 유지할 수 없게 된다. 만약 보상이 수요·공급의 균형수준보다 더 높게 책정된다면 그 조직의 높은 인건비는 경쟁력에 큰 피해를 줄 것이다. 콜센터 관리자는 이러한 매커니즘을 이해하고, 적절히 잘 이용해야 한다.

3. 보상계획의 수행

콜센터의 역할이 임무 의존적이고, 전략적이며 경쟁적 강점을 가지도록 발전함에 따라 콜센터 직원의 급여는 우수 직원을 이끌기 위해서 발전해야만 한다. 콜센터 관리자는 적절한 급여와, 직원에 대한 인정과 경력 기회에 대해 늘 관심을 기울여야 한다.

(1) 보상계획 실행을 위한 고려사항

효과적인 보상계획을 수행할 때 고려해야 할 사항은 다음과 같다.

① 인력의 수요를 고려해라.

② 예산제약을 고려해라.

③ 필요한 직무 혹은 직능에 관한 계획에 주안점을 두어라.

④ 일관성 없는 보상관행은 관리자와 직원 간의 불신을 초래하기 때문에, 일관성 있게 계획을 실행하라.

⑤ 직원의 통제하에 있으면서 콜센터 목표의 성취를 이끌 수 있는 적절한 실적 목표에 대한 계획에 기초하라.

⑥ 벤치마킹 데이터나 산업 평균에 너무 많이 강조를 하지 마라. 당신 회사의 콜센터 직원은 요구되는 스킬과 그 환경에 적합한 보상 관련 요인에 기인하여 보상되어야 한다.

⑦ 인센티브를 고려해라. 기본급여와 복리후생은 조직 정책에 의해 책정되기 때문에 인센티브는 콜센터의 요구를 충족시키는 데 더 큰 유연성을 줄 수 있다.

⑧ 직원을 참여시켜라. 보상에 대한 수용을 증가시키는 좋은 방법은 급여계획과 인센티브 정책을 마련할 때 직원을 참여시키는 것이다.

(2) 보상계획을 수행할 때 피해야 할 문제점들

보상계획을 수행할 때 다음과 같은 잠재적인 많은 문제점들이 있다.

① 팀워크를 저해하는 인센티브

콜센터의 상담사들이 팀으로 조직되었을 경우 팀구성원들이 불충분한 자원을 위해 경쟁하지 않도록 주의가 요망된다. 협력과 팀워크를 장려할 수 있도록 팀에 기초한 인센티브제를 수행할 것을 고려해라.

② 실적목표에 강조하는 보상계획

보상계획이 너무 가시적으로 특정 목표에 치우쳐 있다면, 비가시적에 다른 중요한 직무가 간과될 수 있다. 상담사들은 보상과 관련되지 않는 그러한 활동들은 수행할 가치가 없다는 메시지를 받을 수 있다.

③ 적절하지 못한 실적목표에 근거한 보상계획

콜센터 상담사는 그들의 성과에 영향을 미치는 모든 요인들에 대한 통제력을 가지고 있지는 않다. 예를 들면 전화가 걸려오는 시점, 컴퓨터 시스템의 속도, 혹은 인력관리의 정확성 등을 통제할 수는 없다. 그러므로 스케줄에 대한 충성도와 질적 응대 등과 같은 상담사의 통제하에 있는 목표들이 보상을 결정하는 데 사용되어야만 한다.

④ 정확하지 않게 측정된 실적목표

개인과 팀성과를 정확히 측정하는 것은 어렵다. 특히 적절하지 못한 데이터와 분석방법이 존재할 때는 더욱 어렵다. 상담사들에게 정확히 그리고 객관적으로 측정되지 않은 실적목표를 충족시키도록 강요해서는 안 된다.

⑤ 노동조합의 대표가 참여하지 않은 보상 계획

노동조합은 종종 생계비 조정 혹은 노동조합원에 대한 전반적인 급여 인상을 요구한다. 그러므로 노동조합의 조건과 일치될 수 있도록 보상이 책정되어야 한다.

기관은 수익에 대한 고객서비스 상담사의 영향을 간과한다.

Sikorski-Tuerpe & Associate의 경영 파트너인 Laura Sikorski에 따르면 대부분의 회사는 고객서비스 상담사의 직위는 하위수준이며, 신입 수준과 비슷하다고 느낀다. 그들이 이러한 상담사가 수익에 끼치는 영향을 깨닫지 못한다. Sikorski는 판매부는 새로운 고객을 데려오지만, 이는 고객충성도를 종종 창출하는 고객서비스 상담사에 의해 야기된다고 지적한다. 또한 판매부가 창출한 돈에 대해 인정을 받을 만한 가치가 없다는 말이 아니라, 경영진은 헌신적인 고객서비스 상담사가 행한 중요한 역할을 인식하여 거기에 맞는 보상을 해줘야 된다고 주장한다.

콜센터 훈련 컨설턴트사 PHONE PRO의 사장인 Mary Beth Ingram은 부적절한 상담사

보상에 대해 모두가 관심을 두지 않는데, 콜센터의 역할이 많아짐에 따라, 프론트라인 직원의 직무 분류와 급여 스케일의 조정이 뒤따라야 한다고 주장한다. 또한 콜센터 상담사의 급여는 심각하게 낮으므로 다시 가치가 평가되어야 한다고 주장한다.

Ingram은 고객서비스 상담사는 더 나은 보상을 받을 가치가 있다는 그녀의 주장을 뒷받침하기 위해 SOCAP(Society Of Consumer Affairs Professional in Business)에 의해 연구된 논문을 언급한다. SOCAP의 Consumer Loyalty Study의 요약에 따르면 콜센터는 서비스 질을 전달하는 데 탁월할 뿐 아니라 소비자의 미래구매 패턴에도 상당한 영향을 미친다. 구체적으로 그 연구는 전형적인 소비자 응대 상담사는 SOCAP가 평생 소비자 충성도 달러라고 언급한 것의 연평균 $1,359,745 만큼에 공헌했다. 전형적인 고객으로부터 소비자 응대 콜센터로의 전화에서 얻은 가치는 $95에 불과했다.

Ingram은 많은 소비자 응대 전화는 치약, 식료품 등과 같은 조그만 상품이기 때문에 $95는 더 큰 상품과 서비스(컴퓨터, 은행계좌 등)를 지원하는 콜센터에 비해 아마도 낮은 수치일 거라고 지적한다.

Ingram은 전형적인 상담사에게 보수적인 관점으로 하루에 50통화를 다루도록 시키면, 그 상담사는 회사를 위해 하루에 $4,750($95×50)을 다루게 될 것이고, 일주일 후에는 $23,750을, 일 년 후에는 무려 $1,235,000을 다루게 될 것이다. 우리가 아는 바에 의하면 많은 콜센터에서 하루에 상담사들은 100통화 이상을 다룬다. 말하고자 하는 바는 프론트라인의 직원이 기여하는 달러는 이처럼 매우 놀랍지만, 대부분의 상위 관리자들에 의해 간과되고 있다는 것이다.

위의 수치에 근거했을 때, 자격이 갖추어진 고객 서비스 상담사들은 얼마나 많이 받아야 할까?

Ingram의 대답 : 급여는 판매부보다 더 많아야 한다. 수준을 결정하기 위해서는, 벌어들이는 수익에 대해 판매부에 지불하는 방식을 고려해야 한다. 그들은 연 $1,235,000을 벌어들인다. 판매부의 평균 커미션은 약 5%로, 약 연간 $61,750을 받을 것이다. 비록 경험 있는 고객서비스 상담사에게 겨우 3%의 커미션을 주지만, 그들은 연간 $37,000을 벌어들일 것이다.

Sikorski처럼 Ingram 또한 판매부의 급여를 줄이기 위해 노력하지 않는다. 열심히 일해서, 많은 돈을 벌어들이는 판매부에게는 전혀 문제가 되는 것은 없으며, 단지 고객서비스 상담사들에게 그들이 기여한 가치에 대해 인정하고 그만큼을 지불하자고 주장한다.

〈자료 : "Call Center Professionals Speak Up for Underpaid Agents", by Greg Levin,
Published in Call Center Management Review, April 1999〉

08장 직원 만족도 관리

제1절 | 직원 만족에 공헌하는 요인

◯─ 핵심 포인트

- 콜센터에서 직원 만족은 결근과 이직, 고객만족, 그리고 전반적인 콜센터 성과에 큰 영향을 미친다. 직원 만족에 영향을 미치는 많은 요소들은 조직내부 특히 콜센터 관리자의 직접 통제하에 놓여 있다.
- 다음과 같이 콜센터에서 직원 만족에 영향을 미치는 핵심요소가 여러 연구에 의해 검증되었다.
  - 효과적인 의사소통
  - 전문적 자질 개발
  - 믿음, 존경, 그리고 공정성
  - 도전적이며 다양한 프로젝트와 임무
  - 개인적인 삶과 직장에서의 삶 사이의 건강한 균형
- 콜센터의 정책, 절차 그리고 방향에 조그마한 변화조차도 직원 만족도에 긍정적 영향을 미칠 수 있다.

1. 직원 만족의 영향

직원 만족도를 최적화하는 것은 모든 콜센터에게 중요한 성공요인이다. 직원들이 그들의 직무에 대해 느끼는 바는 다음과 같은 부분에 중요한 영향을 준다.

(1) 결 근

(2) 이 직

(3) 고객만족

(4) 생산성

(5) 전반적 콜센터 성과

2. 직원 만족을 저하시키는 요인

직원 만족을 높이는 문화를 창조하는 것은 콜센터 관리자의 책임이다. 직원이 하는 일과 환경에 만족하도록 하기 위해 관리자는 규칙적으로 만족도 서베이를 실시하여 그 결과를 분석하고, 그것에 입각하여 즉각

적으로 행동할 필요가 있다. Radclyffe Group에 의해 행해진 최근 조사에 따르면, 콜센터 내에서 직원들이 그들의 직무에 대해 느끼는 방식에 부정적으로 영향을 미치는 주요 4가지 요인이 있다.

(1) 규칙이 각박하고 비유연적이라고 인지할 때

(2) 일 자체를 스트레스로 받을 때

(3) 콜센터가 전반적인 성과측정을 정성적인 부분을 고려하지 않고 오직 정량적으로 측정할 때

(4) 스케줄과 업무 시간이 계획적이지 못하고, 순간순간에 결정될 때

그러나 콜센터 관리자는 긍정적 문화를 조성함으로써 부정적 느낌과 인지에 영향을 미치는 요인들을 제거할 수 있다(예 효과적인 리더십 발휘, 상담사에게 임파워먼트의 부여, 올바른 지원 프로세스의 수행).

3. 직원 만족에 대한 핵심요인

몇몇 산업에 관한 연구에서 다음과 같이 긍정적인 콜센터 문화에 이바지하는 요인들을 이끌어냈다.

(1) 효과적인 의사소통

정기적으로 상담사들에게 어떻게 일이 진행되고 있는가에 대해 도전하고 향상시키도록 격려하는 관리자들은 임파워되고 동기부여된 직원들이 고객응대에 헌신하도록 하는 길을 만들어준다. 더 나아가 관리자들은 콜센터의 목적과 프로세스에 대해 투명화를 시킴으로써, 직원 만족도를 더욱 높인다.

(2) 전문적 자질 개발

콜센터 내의 높은 수준의 상담사의 만족도는 시기적절한 코칭과 피드백, 그리고 지속적으로 스킬을 향상시키고 그들의 경력을 발전시킬 수 있는 기회를 부여하는 것과 밀접한 관계가 있다. 이를 위해 관리자는 직능별 급여와 경력경로 프로그램뿐만 아니라 효과적인 훈련과 정성적 부분을 성과로 인정해주는 관행을 실행하기 위해 노력해야 한다.

(3) 믿음, 존경, 공정성

직원들이 지나치게 세밀한 관리를 받는다거나, 저평가되거나 혹은 주관적으로 대우받는다는 것을 느낀다면, 그 콜센터는 운이 다했다고 할 수 있다. 관리자들은 직원들이 모든 콜센터와 상급관리자에 의해 신뢰와 존경을 받는다는 것을 느낄 수 있도록 해주어야 하며, 자부심을 가지고 일 할 기회를 주어야 한다. 이는 자기주도의 팀을 실행함으로써, 그리고 상담사들에게 문제를 풀고 변화를 만들 수 있는 임파워먼트를 부여함으로써 성취될 수 있다. 또한 급여, 인센티브, 모니터링, 스케줄에 대한 충성도 등에 관해 명확하고 일관성 있는 정책을 실천함으로써 얻어질 수 있다.

(4) 도전적이며 다양한 프로젝트와 임무

일반적으로 직원들은 다양하면서도 보상을 받을 수 있는 일을 추구한다. 표면적으로 몇몇 콜센터의 일은 반복적이고 매우 지루하게 보인다. 그러나 임무를 고도화하거나 확장할 수 있는 기회는 많이 있다. 예를 들면, 상담사들에게 특별한 프로젝트를 맡기거나, 특별한 스킬을 가진 직원에 맞는 임무를 만들수도 있으며, 재미를 주면서도 인센티브를 더욱 강화하는 방법을 취할 수도 있다. 상담사들에게 반드시 그들의 일을 좀더 변화무쌍하며 흥미롭게 만들 수 있는 방법을 모색해야 한다.

(5) 개인적인 삶과 직장에서의 삶의 건강한 균형

직원들이 그들의 개인적 삶과 직업의 세계 사이에서 균형을 얻을 수 있도록 방법을 모색하는 콜센터들은 높은 직원 만족도, 성과와 유지율을 나타내었다. 직원들이 자랑스러워 할 수 있는 콜센터 환경을 창조하는 것은 콜센터 관리자의 지속적인 몰입을 필요로 한다. 긍정적인 콜센터 문화는 어느 날 갑자기 만들어 질 수 없다. 그것은 지속적인 과정이므로, 자주 직원들의 의견을 구하고 그들의 의견에 입각하여 개선점을 만들어 나아가야 한다. 콜센터 정책, 절차, 그리고 방향에 있어 아주 작은 조정조차도 직원 만족도 수준에 긍정적인 영향을 미칠 수 있음을 유념해야 한다.

직원 만족도를 향상시킬 수 있는 대안들

- 일상적인 직무의 한 부분으로 상담사들이 스킬습득을 할 수 있는 계획된 프로그램을 수립하고, 고객 서비스 스킬과 지식을 향상시킬 수 있도록 웹 기반 혹은 컴퓨터 기반의 훈련을 제공하라.
- 흥미 있는 주제에 관한 점심식사 세미나를 개최하여, 업무와 관련되거나 혹은 업무 이외의 것과 관련된 정보를 공유하고 점심식사 세미나의 계획과 운영에 상담사가 동참하도록 하라.
- 업무와의 관련성에 상관없이 외부에서 받는 교육에 대한 수업료를 제공하라.
- 업무 관련 이유에 대한 정보를 공유하고 현재 문제가 되는 사안에 대한 해결책을 얻기 위해 상담사와 정기적으로 미팅을 갖도록 하라.
- 기관전체의 영역에 대한 지속적인 교육을 주최하고, 학습을 공유하도록 동기부여하라.
- 사업과 관련된 사이트에 연결하기 위해 회사 웹페이지나 인트라넷을 사용하고, 상담사에게 관련 산업 동향에 대해 탐색하도록 고무하라.
- 조직 내에 주제별로의 전문가 리스트를 작성하게 하고, 상담사들에게 리스트에서 요구되는 스킬을 획득하도록 고무하라.

〈자료 : "The Role of Corporate Culture in Agent Commitment", by Jean Bave-Kerwin, Agent Development and Retention Special Issue, published in Call Center Management Review, 2000〉

제2절 | 직원 만족도 서베이

> **● 핵심 포인트**
>
> - 직원 만족도 서베이는 직원의 일과 관련된 어떤 부분이 그들의 직무만족에 공헌하거나 혹은 방해가 되는지를 조사하기 위해 고안된 것이다.
> - 성공적인 직원 만족도 서베이를 수행하기 위해서는 콜센터 관리자는 다음과 같은 사항을 지켜야 한다.
>   - 직원들에게 서베이의 목적을 말하라.
>   - 직원들에게 그 결과가 어떻게 사용될 지에 대해서 말하라.
>   - 직원들에게 서베이 결과와 이에 근거하여 취해질 조치를 알려라.
>   - 언급된 목적에만 데이터를 사용하라.
>   - 직원 만족을 이끌기 위한 기초 자료로서 이용하라.
>   - 서베이를 수행하고 분석하기 위해 제3자를 이용하라.

직원 만족도 서베이는 직원의 일과 관련된 어떤 부분이 그들의 직무만족에 공헌하거나 혹은 방해가 되는지를 조사하기 위해 고안된 것이다. 전형적인 측정 부분은 관리의 효과성, 동료·팀 효과성, 경력기회, 급여의 평등성, 평가의 수준, 훈련의 혜택과 질에 대한 만족도, 피드백과 코칭 부분이다.

1. 직원 만족도 서베이를 위한 원칙

성공적인 직원 만족도 서베이를 수행하기 위해서는 콜센터 관리자는 다음과 같은 사항을 지켜야 한다.

(1) 직원들에게 서베이의 목적을 말하라.

(2) 직원들에게 그 결과가 어떻게 사용될 지에 대해서 말하라.

(3) 직원들에게 서베이 결과와 이에 근거하여 취해질 조치를 알려라.

(4) 언급된 목적에만 데이터를 사용하라.

(5) 직원 만족을 이끌기 위한 기초 자료로서 이용하라.

(6) 서베이를 수행하고 분석하기 위해 제3자를 이용하라.

2. 데이터 수집 및 분석

서베이 데이터의 평가는 보다 향상된 직원 만족을 위해 실행될 조치에 대한 근거가 된다. 중요하게 고려해야 할 사항은 다음과 같다.

(1) 서베이가 실행된 이후에는 직원들은 그 결과로 변화를 기대한다. 다음과 같은 사항을 고려하여 항목을 결정한다.

    ① 직원 만족도를 향상시키는 데 크게 기여할 항목들을 선별한다.

    ② 선별된 항목들은 단기에 실행할 사항과 장기간에 걸쳐 이루어질 사항에 대해 구별한다.

    ③ 직원들이 즉각 알아챌 수 있도록 빨리 실행될 수 있는 사안부터 실행할 수 있도록 한다.

    ④ 장기간 동안 이행될 사안에 대해서는 계획을 설립하고 의사전달한다.

(2) 데이터를 직위나 재직기간과 같은 기준으로 분류하고, 쉽게 데이터를 분류할 수 있도록 프로파일 문항(직위, 근무기간, 성별 등)을 넣는다.

(3) 정성적인 응답을 일관성 있는 주제로 묶는다. 숙련된 전문기관에 의한 에디팅 작업이 필요하다.

(4) 직원 만족도가 낮은 이유를 탐색할 팀을 구성한다. 그 팀은 콜센터 전체를 대표할 수 있도록 다양한 그룹에서 선정된 사람들로 구성되어야 한다.

직원 만족도를 향상시킬 수 있는 대안들

• 목표를 확실히 한다.

무엇을 알고자 합니까? 어떤 정보를 얻기 위해 노력하고 있습니까? 서베이 결과를 어떻게 사용할 것입니까? 등의 목적과 목표를 구체적으로 설정할 수 있게 한다.

• 누가 그 결과를 볼 것인지를 결정한다.

서베이 디자인은 그 결과 보고서를 볼 사람이 누구냐에 따라 달라질 수 있다. 일반적으로, 상위 중역은 완벽한 결과를 볼 것이며, 각 부서의 장은 그들 부서부문만의 결과를 볼 것이고, 직원들은 요약된 결과만을 볼 것이다.

• 접근방법을 계획한다.

정량적 응답을 원하는지 정성적 응답을 원하는지를 결정해라. 정량적 응답으로, 직원들은 선택형 문제로부터 숫자가 부여된 순서를 고를 것이다. 정성적 조사는 직원들의 의견과 주제를 포착함으로써 더 잘 수행될 수 있지만, 결과를 이끌어내기가 많이 어렵다.

- **전달 방법을 결정한다.**

  종이, 전화, 이메일 혹은 웹사이트 중에서 어떤 방법을 선택할 것인지는 서베이의 형태와 의견일치의 필요 유무와 직원들의 스킬적 능력에 달려 있다.

- **서베이를 준비하고 사전테스트를 한다.**

  서베이의 문항은 이해하는 데에 구체적이고 쉬워야 한다. '우리 회사의 사명을 이해하고 있다.' 와 같은 문항은 대답하기 쉬운 질문들을 이용한다.

- **인센티브를 고려한다.**

  인센티브는 응답률을 상당히 높일 수 있다. 복권, 점심식사 쿠폰과 같은 비싸지 않은 인센티브를 제공하기를 원할 수 있다.

- **서베이를 공표한다.**

  직원들이 서베이의 목적과 원하는 사항, 그리고 결과가 나올 시점을 알 수 있도록 하라. 급여봉투와 함께 서베이를 동봉하거나 갑작스러운 이메일 등을 이용하여 당황하게 해서는 안 된다.

- **결과를 평가한다.**

  어떤 결론을 이끌어 낼 수 있는지를 알기 위해 면밀히 나온 결과를 보아라. 조직의 강점과 약점은 무엇인가? 더 좋게 만들 수 있는 방법은 무엇인가? 놀라운 사항은 무엇인가? 큰 개선을 만들 수 있는 빠른 기회가 있는가? 어떤 문제가 존재하는가?

- **조직을 바꾼다.**

  그들의 의견이 중요하다고 강조했으면서도 서베이의 결과 어떤 변화도 발생하지 않았을 때 직원들은 몹시 실망한다. 할 수 있는 일을 결정하고, 반드시 실행하라.

- **결과를 측정한다.**

  일단 변화를 시도했으면, 그 결과에 대해 평가하라. 아마도 비교의 목적으로 또 다른 서베이를 하길 원할 수 있다. 그런 다음 당신이 향상하고 있는지 결정하기 위해 이 데이터를 사용하라. 당신의 행동을 필요로 하는 어떤 새로운 문제가 나타나고 있는지를 잘 살펴보아라.

  직원들의 필요에 관심을 기울이는 것은 직원들의 만족도를 증가시켜, 유지율을 높일 것이다. 이는 당신 조직의 성과에 지대하고 직접적인 영향을 미친다. 당신의 직원이 생각하는 것은 항상 중요하다고 아는데, 오늘날의 매우 각박한 노동시장에서 직원을 유지시키고자 한다면, 이는 필수적인 사항이 된다.

  〈자료 : "Use Survey to Assess Your Employees' Satisfaction", by Ingrid Marro Botero, published in
  The Business Journal of Phoenix, November 12, 1999〉

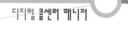

3. 결과 리포팅

서베이 결과는 경영진과 직원 모두에게 보고해야 한다. 긍정적·부정적 피드백의 공개적 공유는 직원들에게 일반적으로 행해지고 있는 관심에 대한 명백한 그림을 알게 한다. 서베이 리포트는 다음과 같은 사항을 포함해야 한다.

(1) 직원들의 참여에 대한 감사

(2) 서베이의 진행 목적

(3) 최종 결과는 객관성을 가져야 하고 잠재적으로 논쟁의 여지가 있는 문제를 규명한다. 한 두 명의 관리자에 대해 대다수의 낮은 직원 만족도 결과를 나타낸다면, 한 명을 해고한다. 개별적으로 관리자들이 결과를 검토할 수 있게 한다.

(4) 정책, 절차 및 실무에 관한 초기 결정은 직원 만족도를 향상하기 위하여 변경할 필요가 있다.

안심Touch

제3절 ▌ 임파워먼트의 형성

1. 임파워먼트의 의의

어떤 이에게 임파워먼트를 준다는 것은 그에게 어떤 일을 수행할 공식적 권한을 준다는 것을 의미한다. 상담사에게 프로젝트를 맡게 하는데 중요 결정을 하게 하며 긍정적 변화를 창출할 수 있도록 권한을 부여하는 것은 정적인 콜센터를 역동적이고 효과적이며 이익을 내는 집단으로 변모시킬 수 있다. 일단 고객관리를 제어하고, 프로세스를 개선할 기회나 자원이 주어진다면 콜센터와 조직의 임무에 적합한 전문가가 될 수 있다.

사람들에게 좀더 많은 힘과 권한을 주는 것이 콜센터 관리자의 권위를 하락시키는 것은 아니다. 임파워먼트는 개인들이 그들의 지식과 관여도를 증폭시키고, 관리자와 더불어 고객충성도와 성과를 향상시키고자 열심히 일하게 만든다. 관리자는 구성원들에게 그들이 필요로 하는 것을 주고, 그들이 그들의 일을 하도록 도와주는 데 중점을 두기 때문에 코치와 멘토 그 이상이 될 수 있다. 결국 관리자는 콜센터 성과에 최종적 책임을 지고 있지만, 책임과 권한은 공유될 수 있는 것이다.

일반적으로 콜센터 내의 임파워먼트는 우수한 직원 채용과 좋은 훈련 프로그램이 센터 내에 있다는 것을 전제로 한다. 개인은 독특한 문제와 기회를 효과적으로 식별하고 대응할 수 있는 스킬과 지식을 가지고 있음을 전제로 하는 것이다.

2. 임파워먼트의 효과

임파워먼트는 콜센터와 조직 전체뿐만 아니라 직원, 관리자, 그리고 고객에게도 많은 혜택을 준다.

(1) 권한이 부여된 상담사는 보다 효과적이고 효율적인 서비스를 제공한다. 즉각적으로 해결방안을 찾고 의사결정을 할 툴과 지식, 그리고 권위를 부여받기 때문에, 상담사는 최초콜 해결 결과를 높일 수 있다. 이것은 고객만족과 충성도를 증가시키고, 많은 원가절감을 가져온다.

(2) 모든 역할에 있는 개인이 더 많은 책임감을 부여받음에 따라, 콜센터에 대한 그들의 헌신과 그로 인한 조직의 성과는 향상된다.

(3) 수동적인 자세에서 임파워먼트가 형성된 환경으로의 변화는 직무가 다시 평가받고, 정의되는 것을 요구하는데, 이는 스탭들에게 더 발전할 수 있는 기회를 제공한다.

(4) 임파워먼트가 형성된 환경에서는, 창조성과 시도할 수 있는 문화가 장려되며, 이로 인해 조직과 고객에게서 더 좋은 결과를 줄 수 있다.

(5) 임파워된 개인은 전형적으로 더 동기부여가 되며, 기존의 상위하달 시스템에서 보다 좀더 인정받고 있다고 느끼게 된다. 이는 더 높은 성과를 창출하며, 도덕적으로 보다 나아지고, 직원 유지율도 더 높아진다.

3. 임파워먼트를 장려하기 위한 경영진의 행동

관리자들은 일반적으로 임파워먼트가 그들에게, 직원들에게, 그리고 콜센터에게 주는 이점에 대해 이해하지 않은 채로 임파워먼트의 환경을 조성하려고 시도한다.

임파워먼트는 작업프로세스, 성과 측정, 그리고 관리자와 직원의 관계방식을 포함한 콜센터 문화의 전반적 변화를 요구한다.

기존의 조직 환경으로부터 임파워먼트의 환경으로 효과적으로 변모하기 위해서는, 관리자는 다음과 같은 행동지침에 따라야 한다.

(1) 자율성을 격려한다.

관리자는 직원이 임파워먼트를 경험할 기회를 만들어야 한다. 직원들이 콜센터 성과와 고객만족을 향상시키면서도 그들의 의사결정 권한과 책임을 행사할 수 있는 프로젝트와 임무를 구별하라.

(2) 정보를 공개적으로 공유한다.

임파워먼트는 직원들이 적절한 의사결정을 할 수 있도록 더욱 많은 정보공개를 필요로 한다. 콜센터, 고객, 기관 전체에 영향을 미친 최근의 정보에 늘 접근할 수 있도록 하라.

(3) 정책, 절차, 시스템을 재구축한다.

임파워된 환경하에서 직원은 명백한 의사결정 지침과 고객을 다루는 데 주어진 경계선을 알 필요가 있다. 성과측정은 새로운 목표를 반영하고 실수를 어느 정도 선에서는 인정을 해줌으로써 임파워먼트를 장려할 수 있도록 만들어야 한다. 관리자들은 또한 임파워된 부하 직원들이 성공할 수 있도록 만들어 주는 시스템과 툴을 제공해야 한다.

(4) 핵심화된 훈련과 코칭을 한다.

임파워된 개인은 옳은 의사결정을 할 수 있도록 필요로 되는 훈련과 지지를 받아야만 한다. 지속적인 코칭과 멘토링은 도전적인 환경에 대한 스킬, 지식, 그리고 자신감을 부여해 줄 것이다. 단, 관리자는 코치와 멘토로서의 새 역할에 적응하기 위해 훈련을 받아야만 한다.

(5) 상담사의 지지를 얻는다.

관리자는 직원들이 더 많은 책임감을 받아들이고, 추가적인 스킬을 기꺼이 배우도록 하기 위해 임파워 먼트의 이점에 대해 의사소통을 해야 한다. 만약 직원들이 임파워먼트 프로그램을 단지 더 많은 일로 서만 인지한다면, 그 효과는 없어질 것이다.

(6) 의사결정을 하는 상담사를 믿는다.

만약 관리자와 상사가 자율권을 방해한다면, 직원은 센터의 임파워먼트 노력을 단지 장식품으로 보기 시작할 것이며, 결국 흥미를 잃게 된다. 직원들에게 일과 고객관계에 대한 전반적 권한을 진정으로 가지고 있다는 것을 확신시켜야 한다. 또한, 실수는 있을 수 있는 일이며, 이는 처벌이 되지 않음을 적극적으로 알린다면, 직원들은 그들의 새로운 역할에 적응할 것이다.

(7) 좋은 성과에 대해 인정한다.

만약 직원들이 발전에 대한 그들의 의사결정과 생각이 인정받는다면, 그들은 임파워먼트를 수용할 것이다. 그리고 콜센터 내·외부의 사람들에게 그들의 훌륭한 업무성과를 알린다.

4. 임파워먼트를 장려할 상담사의 행동

임파워된 환경하에서 일을 하는 상담사들은 그들의 새 역할에 대해 보다 진지하게 받아들일 필요가 있다. 임파워된 상담사들이 그들의 자율권을 보장받으면서도 콜센터의 지속적인 성과향상을 위해 따라야 하는 일반적인 가이드라인은 다음과 같다. 상담사들이 이것을 숙지하느냐는 관리자에게 달려 있으며, 상담사들이 다음과 같은 사항을 수용하도록 적극 권장해야 한다.

(1) 구체화된 가이드라인 이내에서 의사결정을 하고, 시도하도록 한다.

(2) 콜센터, 고객, 그리고 상담사가 그들의 일을 잘 할 수 있는 능력에 해를 미칠 수 있는 문제를 해결한다.

(3) 추가적인 전문가가 필요할 때를 잘 인식하고, 채용한다.

(4) 동료 상담사, 상사, 그리고 관리자가 협력·협동할 수 있도록 정신을 함양시킨다.

상담사 해방을 위한 아이디어

상담사들의 역할을 확장하고 더불어 콜센터가 지속적으로 발전할 수 있는 제안은 다음과 같다.

- **상담사가 주도하는 태스크포스를 만들어라.**

    상담사들은 그들의 업무에 직접적으로 영향을 미치는 이슈에 대한 얼마간의 제어권이 주어질 때, 여러 방법을 이용해 대처한다. Laura Sikorski는 그들이 모니터링, 스케줄링, 콜센터 디자인과 같은 핵심 프로세스에 대해 향상을 기하도록 특별한 태스크포스팀을 이끌도록 하는 것은 상담사들을 문제 발견자로부터 문제 해결자로 바꿀 수 있는 가장 좋은 방법이라고 말한다. 어떤 문제를 해결하고자 할 때 불평하는 상담사를 선발하는 태스크포스 방법을 사용하라고 그녀는 말한다. 만약 어떤 상담사가 현재의 모니터링 프로세스를 좋아하지 않는다면 그에게 향상시킬 수 있는 좀 더 나은 방법을 묻도록 해라. 아니면 상담사들의 일을 좀 더 쉽고 재미있게 만드는 방법을 강구하는 임무를 부여받은 일반적 태스크포스팀을 만들어라. 만약 당신이 상담사들에게 그 시스템을 바꿀 기회를 준다면, 그들은 얼마나 많이 동기부여가 되는지를 보고 놀랄 것이다.

- **공식적인 멘토링 프로그램을 실행하라.**

    신입훈련 프로그램에 신입 사원에게 베테랑 직원을 연결해주는 멘토링 요소를 추가하는 것은 탑 상담사들이 학습하고 그들의 스킬을 강화할 수 있는 좋은 방법이다.

- **모니터링에 동료 평가를 믹스해라.**

    성과 평가팀에 상담사를 합류시킴으로써, 모니터링에 대한 고정 관념인 수퍼바이저 vs 직원에 대한 생각을 바꿔라. 동료의 관찰과 평가가 덧붙여진 수퍼바이저가 이끄는 모니터링 프로그램은 콜센터의 성과 향상을 위해 상담사들이 팔목할 만한 기여를 할 수도 있다.

- **채용 과정에 상담사가 참여하도록 해라.**

    콜센터의 리쿠르팅과 선발 절차를 강화시키기 위해 상담사가 이끄는 고용팀을 만드는 것을 고려해라. 그 팀의 구성원들에게 상세한 직무명세서와 이상적인 상담사의 프로파일을 쓰도록 해라. 지

원자들을 직접 인터뷰하고, 그들을 가이드해서 회사 전체를 안내하도록 해라. 나중에는 그 팀의 구성원들에게 각 후보를 평가하고 그들의 선발을 슈퍼바이저에게 프리젠트할 기회를 주어라.

• **상담사의 재능을 활용해라.**

상담사들이 그들의 독특한 경험과 능력을 사용하도록 무한히 기회를 주어라. 예를 들면, 작문을 매우 잘하는 상담사에게 회사의 뉴스레터를 쓸 수 있는 기회를 주어라. 화가적 재능이 있는 상담사에게는 특별 이벤트에 시각적 자료나 포스터를 만들 수 있는 기회를 주어라. 혹은 스피킹을 유창히 잘 한다면 각부서 간의 미팅이나 콜센터에서 프레젠테이션을 할 수 있는 기회를 주어라.

• **스페셜리스트 직위를 만들어라.**

시간이 흐름에 따라, 경험이 있는 상담사들은 특정 상품과 서비스 혹은 까다로운 고객을 응대하거나 교차판매와 같은 특정스킬부분에서 전문가가 된다. 이러한 상담사들에게 그들의 영역에서 스페셜리스트가 되도록 만들어주는 것으로 보상을 하라. 그리고 이러한 스페셜리스트가 다른 직원들이 성과향상을 꾀하도록 이끌고 격려하도록 만들어 주어라.

• **기관에 상담사를 몰입하도록 해라.**

직원이 각 부서의 내부 프로세스를 더 많이 알수록 그들은 고객에게 서비스를 더 잘하고, 기관 전체의 청사진 내에서 그들이 하는 역할이 맞을 수 있도록 노력한다. 신입과 유지 훈련의 부문으로써, 마케팅, 판매, IT, 재무, 선적부서 등 직·간접적으로 콜센터와 접촉이 있는 부서들을 두루 살필 수 있도록 하라. 상담사들이 그들의 지식을 좀더 강화하도록 다른 부서의 관리자나 슈퍼바이저와 정보와 관련된 인터뷰를 하도록 장려하라.

• **그들을 자유롭게 해라.**

단순히 상담사들에게 그들이 중요한 일을 한다고 말하는 것만으로 유지율과 성과를 올리기에 충분하지는 않다. 상담사들은 그들이 어떻게 가치 평가되고 그들이 행하는 일이 얼마나 중요한지를 느끼고 확인하고자 한다. 그러므로 상담사들이 콜센터 전역에 그들의 스킬과 지식을 확산할 수 있도록 기회를 주어라. 만약 그렇지 않다면, 그들은 다른 곳에서 그러한 스킬과 지식을 펼치고자 한다.

〈자료 : "Enhance Agent Retention by Turning Them Loose", by Greg Levin, published in The Business Journal of Phoenix, February 2002〉

제4절 ▌신뢰 구축

○─ 핵심 포인트

- 조직 내에서 높은 신뢰를 쌓는 것은 지속적인 성공을 위해 필수사항이다.
- 믿음은 구매할 수도 위임 받을 수도 없으므로 형성해 나가야 한다. 믿음은 성실성과 능력 둘 다에 기초한다.
- 정책과 절차뿐만 아니라 조직 구조 또한 믿음에 긍정적 혹은 부정적 영향을 미칠 수 있다.

1. 신뢰 구축을 위한 제언

개인수준에서 믿음은 다른 이의 성실성과 능력 모두에 대한 믿음이다. 즉, 그 사람의 행동에 대한 어떤 확신감의 표현일 수 있다. 성실성은 주로 개인이 그들의 의무를 잘 수행해 나가고, 그들이 할 거라고 말했던 것을 잘 이행하는지에 달려있다. 능력에 대한 믿음은 증명된 스킬과 능력 혹은 자격증으로부터 기인한다. 조직 내에서 높은 수준의 믿음을 형성하는 것은 성공을 유지하기 위한 중요 요소이다. 그러나 그것은 쉽게 자동적으로 만들어지는 프로세스는 아니다. Warren Bennis 와 Burt Nanus는 그의 고전 'Leaders'에서 오늘날과 같은 복잡한 사업 환경에서는 어떠한 조직도 이해하고 다루기에는 너무 많은 아이러니, 모순, 양극화된 이중성, 파라독스, 혼란, 대립, 그리고 혼돈이 있다고 언급한다. 또한 저자는 믿음이 조직이 진행해 나가는 것을 가능하게 만들어 주는 윤활유라고 덧붙여 말한다. 간단히 말해서, 복잡성은 믿음이 생성되기에 어려운 환경을 조성하지만, 바로 그 믿음이 복잡한 조직이 함께 나아가도록 만드는 것이다.

조직 내의 믿음은 살 수도 위임을 받을 수도 없다. 그것은 축적해 나가야만 하는 것이다. 단계적으로 믿음을 형성해야만 하는 것이 정석이다. 그것은 리더십처럼 그것을 창조하고자 하는 사람들에게 명확히 정의하고 구체적인 방법을 주기에는 어려운 것과 같다. 그러나 믿음이 형성되어 튼튼한 기초가 될 수 있도록 하는 환경을 창조할 수 있는 가시적이며, 구체적인 다음과 같은 절차가 있다.

(1) 여러분의 가치, 행동, 그리고 결정을 일치시키고, 다른 사람에게도 그렇게 할 것을 고무시켜라.

(2) 다음과 같이 명확하고 진지하게 의사소통을 해라.

  ① 현재의 입장과 관망을 명확히 진술하기 위해 개방되고 진솔한 어구를 사용해라.

  ② 실수를 인정해라.

  ③ 질문에 정직하고 완벽한 대답을 해라.

  ④ 사람들이 알 수 있도록 해라.

  ⑤ 다른 사람으로부터 피드백을 얻어라.

(3) 약속을 지켜라. 만들었던 약속들이 실현될 수 있음을 확신시켜라.

(4) 자신감을 지켜라.

(5) 중간에 목적을 바꾸지 않도록 유념해라.

(6) 다른 이를 존엄과 존경심을 가지고 대해라. 다양한 관점에 개방적이 되도록 해라.

(7) 조직 내에서 정직성에 어긋나는 것을 그냥 지나치지 마라.

(8) 좋은 소식뿐만 아니라 나쁜 소식도 알려라.

(9) 종종 콜센터의 비전과 목적에 대해 토의하라.

2. 신뢰 구축을 위한 구조와 정책

리더가 그들이 만들어 가는 환경에 대해 숙지하는 것은 중요하다. 예를 들면, 조직 구조는 믿음에 영향을 미칠 수 있다. 계층적 조직구조에서는, 상충된 목적이나 희소자원에 대한 경쟁 등이 쌓여 있을 수 있다. 보다 평탄하고 협력적인 조직은 믿음이 잘 형성될 수 있는 환경을 만들어 가는 경향이 있다.

정책과 절차 또한 신뢰에 영향을 미친다. 예를 들면, 실수나 과실 그리고 규율에 대한 모니터링과 코칭 프로그램은 불신을 야기할 수 있다. 그러나 개인과 조직의 성장과 번창에 이바지하는 프로그램은 믿음이 형성되도록 돕는다.

3. 변화 프로세스 모델

변화의 시간은 종종 조직이 이미 형성해 놓은 믿음에 위협을 줄 수도 있다. 아래의 것은 관리자가 변화를 조정해 나가도록 도와주는 4단계 변화 프로세스 모델을 제시한다.

> **4단계 변화 프로세스 모델**
>
> 변화는 필수적이지만, 늘 쉬운 것만은 아니다. 그러기에 오늘날 변화를 추구하며 조직을 성공적으로 이끌어 가는 것이 중역들에게 부여된 가장 도전적인 임무이다. 다행히도 조직적 변화를 관리하는 데 중점을 둔 50년 이상의 연구결과는 오늘날 리더들을 가이드 해 줄 수 있는 강한 핵심 요소 몇 가지로 귀결된다.

변화 모델(Transitions Model)

성공적인 조직 변화는 다음과 같은 4단계를 거친다.

- 인식·알기
- 반응하기
- 탐색하기
- 실행하기

조직 변화는 4가지의 주요 리더십 스킬을 적절히 적용시킴으로써 성공적으로 나아갈 수 있다.

- 알리기
- 지원하기
- 격려하기
- 강화하기

각각의 스킬은 변화모델 4단계의 각각 다른 수준에서 가장 적절히 이용된다. 각 스킬은 또한 다양한 변화 스타일 선호도를 가진 개인들 사이에 감도는 긴장감을 효과적으로 잘 다룰 수 있도록 한다. 변화 스타일 선호도에 대한 이해와 함께 잘 다룰 줄 아는 리더는 그들이 변화 프로세스를 따라 갈 수 있도록 더욱 성공적으로 이끌어 주는 변화 모델에 의지할 수 있다.

1단계 : 변화가 공표될 때

모든 3가지 변화 스타일은 그것을 의식적으로 인지해야 하는 똑같은 상황에 직면한다. 때때로 사람들은 부인하는 수준을 극복해야 한다. 더 나아가 리더는 변화 사이클의 각 단계의 마지막에서 공유해야 할 정보들과 싸워야 할 때도 있다. 그러나 모든 정보는 중요하다. 그것은 조직의 모든 구성원이 변화를 현실로써 인정하도록 돕는다.

2단계 : 사람들이 반응할 때

감정이 때때로 행동을 지배할 수 있다. 몇몇은 새로운 기회에 대해 흥분할 수도 있는 반면, 다른 이는 불확실한 상황에 대해 근심할 수도 있다. 보수주의자들은 이 단계에서 가장 길게 반응을 할 수 있다. 그들은 또한 변화 전에 가장 좋은 결과를 낳았던 부문에 오히려 흥미를 나타낼 수도 있다. 반면에 창시자(Originator)들은 이 단계를 건너뛰고, 바로 3단계로 나아갈 수 있는데, 이 단계에서 그들은 가능성과 생각을 다룰 때 오히려 편안함을 느낀다. 2단계에서 3단계로 이동할 때 창시자와 보존자(Conserver) 사이에서 긴장감이 형성되면, 이는 변모해가는 조직에서 가장 현저히 드러난다.

3단계 : 사람들이 탐색할 때

모든 가능한 염려와 제안이 고려되어야 한다. 2단계에서의 보존자는 조직적 관점에서 저항자들로 볼 수 있다. 창시자는 3단계에서 보존자에 의해 열광자로 보여질 수 있다. 2단계와 3단계의 과도기에 있는 조직에서, 효과적인 리더십은 보존자에게는 지원을 그리고, 창시자에게는 격려를 발휘한다. 2단계에 있는 사람들에게 주어진 격려는 창시자들이 앞질러 나가고자 하는 것을 늦추고, 이는 보존자들이 관심을 가지고 생각할 수 있도록 해준다. 3단계에 있는 사람들에게 부여된 격려는 창시자들이 새로운 아이디어를 탐색할 수 있도록 해주며, 이는 보존자들이 피할 수 없는 변화를 꾀하는 데 필요로 되는 대화에 참여할 수 있도록 해준다. 그러나 몇몇 창시자들은 이 단계에 너무 오랫동안 집중하는 듯하다.

4단계 : 사람들이 새로운 아이디어를 실행할 때

새로운 변화가 일어난다. 탐색단계에서 실제적 실행단계로 옮겨가는 것은 또 다른 긴장감을 조성한다. 3단계의 창시자들은 새로운 생각을 고안하느라 분주하며, 그 단계에서 그들은 가장 편안함을 느낀다. 따라서 그들을 4단계로 이끌어 오는 것은 어려울 수도 있는데, 이는 결정과 계획, 그리고 세밀화라는 행동을 수반하기 때문이다. 이러한 행동들은 오히려 새로운 시스템을 정착시켜서 예측가능하고 일상적인 영업활동으로 만들고자 하는 보존자들의 강점이 될 수도 있기 때문이다.

결과적으로 2단계에서 많은 시간을 소요했을 수 있는 보존자들은 재빨리 3단계를 건너서 4단계인 새로운 시스템을 실행, 테스트 그리고 그 결과에 대해 보고서를 작성하는 4단계로 진입할 수 있다. 그러나 창시자들은 어떤 것을 실제적으로 실행하기 전에 새로운 생각을 고안해 내는 3단계에 집착을 나타낸다. 그들은 3단계를 벗어나는 것을 꺼려하는데, 이는 한 가지 의견에 대한 결정은 그들이 이제껏 제시했었던 그 이외의 다른 것들을 하지 않겠다는 결정이기 때문이다.

〈자료 : "Staging Change", by Randell Jones, Excursions, Volume 5, No.2, Sumer 2002, Discovery Learning Inc., www. Discoverylearning.com〉

제5절 ┃ 갈등해결

- 효과적인 리더십과 의사소통의 개방체계는 콜센터 내의 방해적 갈등요인을 방지하는 최선의 방법이다. 직원의 열의와 임파워먼트를 찾고자 하는 매니지먼트 팀은 정형적 갈등해결 절차를 요구하는 상황에 처하지 않을 것이다.
- 갈등은 총론적, 개인적, 혹은 서로 상관되어 나타날 수 있다. 조직 내에서 가장 일반적인 갈등의 요인은 다음과 같다.
  - 희소 자원에 대한 경쟁(인력, 돈, 시간)
  - 다르거나 서로 상충되는 목표
  - 다른 아이디어나 아이디어의 해석
  - 다른 가치
  - 개성의 충돌
  - 불분명하거나 비현실적인 성과에 대한 기대
  - 개인적 삶과 직장생활의 균형
- 분규 처리 수단, 개방적 정책, 동료평가와 중재는 조직 내에서 개인 혹은 그룹들 사이의 분쟁 혹은 갈등을 해결하기 위해 고안된 정형적 방책이다.

직원들이 조직에 대한 그들의 공헌도가 인정받지 못하거나, 혹은 그들의 불만을 효과적으로 표현할 어떠한 수단도 가지지 못한다고 느낄 때, 조직 내의 갈등은 피할 수 없다. 갈등이란 직원 간이나 집단 내에서도 일어날 수 있으며 다양한 방식으로 표출되곤 한다. 그러나 이는 항상 긍정적 업무 관계나 강한 의사소통을 방해하므로 조직에게는 바람직하지 않다. 그러므로 콜센터 관리자는 적극적인 갈등 해결을 위한 활동을 장려, 촉구할 수 있어야 한다.

콜센터 내에서 갈등을 처리할 수 있는 방법을 강구하기 전에, 갈등을 다루기 위한 사후적 접근을 피할 수 있는 가장 좋은 방법은 효과적인 리더십과 긍정적 환경, 그리고 의사소통의 개방화를 추진하는 것이다. 직원의 참여와 임파워먼트를 추구하는 매니지먼트 팀은 정형화된 갈등해결 절차를 요구하는 상황에 별로 처하지 않을 것이다.

1. 갈등의 유형

해결 절차를 결정하기 전에 갈등의 형태를 정확히 파악하고, 어떠한 요인이 직원에게 불만족을 야기시키는 지에 대해 알아야만 한다. 갈등의 형태는 다음과 같다.

안심Touch

(1) 본원적 갈등(Topical)

어떤 일이 왜, 어떻게 일어났는지에 대해 다른 접근방법을 이용하기 때문에 초래되는 갈등이다. 예를 들면, 이벤트, 우선권, 방법, 스타일, 프로세스, 시간의 사용 등이 있다.

(2) 개인적 갈등(Personal)

직원들이 그들 자신을 어떻게 바라보며, 그들이 무엇을 원하는지에 관심을 갖는다. 예를 들면, 자부심, 가치, 목표, 인식, 성공, 외모, 건강 등이 있다.

(3) 관계적 갈등(Relational)

개인 간의 상호 관련성의 문제로부터 기인한다. 예를 들면, 믿음, 지원, 인정, 통제와 질투 등이 있다.

2. 갈등의 요인

조직 내에서 가장 일반적인 갈등의 원천은 다음과 같다.

(1) 희소 자원에 대한 경쟁(인력, 돈, 시간)

(2) 다르거나 서로 상충되는 목표

(3) 다른 아이디어나 아이디어에 대한 해석

(4) 다른 가치

(5) 개성의 충돌

(6) 불분명하거나 비현실적인 성과에 대한 기대

(7) 개인적 삶과 직장생활의 균형

갈등의 진정한 요인이 무엇인지 명확히 이해하는 것이 갈등해결에 대한 방법을 강구하기 전에 반드시 요구된다. 그 요인은 관련된 모든 사람에게 항상 명백하게 보이지 않고 다른 이슈에 섞여 가려져 있을 수 있다.

3. 효과적인 갈등 해결

몇몇 콜센터 관리자들은 직원들의 관점이나 감정을 고려하지 않고 독재적으로 어떤 정해진 사항을 지시하거나 혹은 갈등상황을 처리하는 데 실패함으로써 센터 내의 갈등을 더욱 가속화시킨다. 다음에 이어지는 행동들은 센터 내의 갈등을 해결하는 데 도움이 될 것이다.

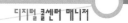

(1) 갈등통제

① 팀과 계속해서 관계를 유지하며, 그들로 하여금 자유롭게 문제점이나 불만사항을 표현할 수 있는 환경을 조성하라.

② 상충되는 목적이나 자원의 부족 등과 같은 잠재적 문제점에 경청하라.

(2) 갈등관리와 해결

① 만약 갈등을 일으킬 수 있는 잠재요인에 대해 알게 되었다면, 그것을 즉각적으로 조사할 수 있는 방안을 마련하라. 이는 비공식적 회의나 좀더 공식적인 조사의 형태를 취할 수 있다.

② 적극적으로 불만사항에 귀를 기울이고, 질문을 하고, 구두의 의미를 명확히 하라.

③ 직원들로 하여금 갈등상황을 해결하기 위해 무엇을 계획하는지, 그리고 그 계획을 언제 실천에 옮길지를 알도록 하라.

④ 모든 미팅과 진술들을 문서화하라.

⑤ 직원들에게 중요한 사건을 진술한 것에 대해 문서로 만들어 서명해 줄 것을 부탁하라.

⑥ 갈등에 대한 조사와 그 문제를 해결하기 위한 행동에 대한 시간표를 작성하라.

⑦ 가정은 하지 말며, 조사를 할 때에는 공정하며 분별력 있게 행동하라.

⑧ 마련한 계획과 절차를 행동으로 옮겨라.

(3) 갈등 결과 평가

① 갈등해결 프로세스와 당신의 행동에서 어떤 요소가 효과적이었는지, 그리고 다음에 더 향상된 방법은 무엇일지에 대해 검토하라.

② 학습자와 관찰자로부터 피드백을 받아라.

4. 기타 대처 방법

(1) 개방정책

① 의사소통을 개방화시키는 노력에서 조직은 개방정책을 장려할 수 있다. 이는 직원들에게 관리 팀과 어떤 문제에 대해 논의를 원하는 어느 누구에게나 관리자의 방은 늘 열려있으며, 금지사항은 없음을 확신시켜 준다.

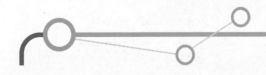

② 개방정책의 관행은 조직에 따라 매우 다양하다. 어떤 개방정책은 경계선이 거의 없는 것으로 특징되기도 한다. 직원들은 채널 혹은 계층에 구애됨이 없이 불만을 표시할 수 있도록 장려된다. 어떤 다른 조직은 조직 내에서 다른 관리자에 다가가기 전에 그의 직속상사에게 이슈화하도록 요구하는 좀더 정형화된 구조를 실행하기도 한다. 구조와 상관없이 의사표현을 할 수 있는 문은 반드시 열려 있어야 한다.

(2) 불만처리절차

① 노동조합계약의 가장 중요한 사항인 불만처리절차는 직원들에게 관리에 따른 불평사항을 공식적으로 표현할 수 있는 프레임을 제공하도록 발달되었다. 그러나 그 절차는 또한 설정된 정책에 대한 관리차원의 이해와 실행에 대한 직원들의 불만을 해결하는 효과적인 수단으로서 비조합환경하에서도 사용될 수 있다.

② 불만처리절차는 직원과 경영진 간의 분쟁을 해결하기 위한 공식적 절차로써, 관련된 모든 이의 의견이 수렴된 단계적 절차이다. 이는 공식적 프로세스의 일부분으로써, 각 단계에 대한 제한된 타임 프레임과 책임에 대한 명백한 설명이 있다.

(3) 중 재

대립되는 이해관계자들은 중재자의 도움으로 해결점을 향하여 함께 나아갈 수 있다. 중재는 긍정적인 갈등 해결 단계가 막다른 골목에 있을 때, 혹은 양방 간의 의사소통이 잠시 정지되었을 때 사용된다. 중재자는 어떤 판단을 하거나, 관련된 사안에 대한 의사결정을 공표하거나 지배를 하지는 않는다. 다만, 중재는 다시 대화를 원활히 진행시키고, 서로 간의 합의점에 도달할 수 있도록 대립된 당사자들을 보조해 줄 뿐이다.

노동조합 환경은 계약의 일부분으로서 적용되는 공식적인 중재 프로세스를 가지고 있다. 비노동조합 조직에서는 인력자원의 대표나 동료평가 패널이 종종 미해결된 분쟁을 중재한다.

① 효과적인 중재자의 태도

　㉠ 공평하고, 비판단적이며, 편견에 치우치지 않는다.

　㉡ 유연성을 지닌다.

　㉢ 자신에 대한 확신을 가진다.

　㉣ 경청을 잘한다.

　㉤ 강력한 개인간 의사소통 조정을 잘한다.

② 효과적 중재 프로세스의 절차

　㉠ 서로 합의된 대화가 이루어질 시간과 장소를 찾아라.

　㉡ 방해를 방지해라.

　㉢ 토의에 대한 전반적인 룰을 정해라.

　㉣ 당사자들의 참석에 대한 감사와 중재절차의 성공에 대한 낙관적 자세를 표현해라.

　㉤ 긴장감을 누그러뜨리는 제스처를 취해라.

　㉥ 구체적인 행동의 방법과 내용에 대해 토의하라.

　㉦ 의견일치가 되었는지 확인하라.

(4) 동료평가

① 동료평가 패널은 선별된 직원의 동료와 직속상관이 아닌 관리자로 구성된다. 그 패널은 불만을 처리하기 위해 정기적으로 소집되기도 하고, 혹은 어떤 특정 문제를 다루기 위해 선택되기도 하는데, 해결안이 결정된 후에는 해산된다. 동료평가 패널은 관리자의 결정이 논란 중에 있을 때 설득하기 위한 프로세스의 일부로써 사용되기도 한다.

② 선별된 패널은 불만과 제안된 해결안에 대해 검토하고, 객관적으로 불만사항을 조사하기 시작한다. 그런 다음 원래의 방법을 지지할 것인지, 혹은 수정된 의견으로 결정할지에 대해 고민을 한다.

09장 모니터링 및 코칭

제1절 | 모니터링과 코칭 프로그램의 개발

> **○─ 핵심 포인트**
>
> • 모니터링과 코칭은 상담사의 성과 품질을 지속 발전시키거나, 훈련 갭과 고객 욕구의 파악과 고객 만족 수준을 평가하는 데 필수적이다.
> • 효과적인 모니터링과 코칭 프로그램을 전개하기 위해서 다음의 단계를 사용한다.
>   – 모니터링 프로그램의 목표와 목적을 파악하라.
>   – 프로그램의 필요사항들을 결정하라.
>   – 성과를 위한 표준을 만들어라.
>   – 평가표, 스코어카드를 포함한 모니터링 측정 시스템을 만들어라.
>   – 평가조율 전략을 개발하라.
>   – 코칭 전략과 표준을 결정하라.
>   – 직원과 프로그램의 세부사항을 함께 공유하라.
> • 모니터링과 코칭은 서로 협력하에 진행된다. 효과적인 모니터링 프로그램은 생산적 코칭 프로그램을 위한 견고한 틀이 되어준다. 코칭은 모니터링 결과에 대해 취할 수 있는 가장 유효한 방법 중의 하나이다.

모니터링과 코칭은 상담사의 성과 품질을 지속 발전시키며 훈련 갭과 고객 욕구를 파악하고 고객 만족 수준을 평가하는 데 필수적이다. 최근 모니터링에 관한 ICMI 보고서에 따르면, 북미 콜센터의 약 90% 정도가 Real-time Remote와 Side-by-side 모니터링을 포함하는 다양한 방법을 이용하여 상담사 콜을 모니터한다.

1. 모니터링의 목적과 활용

모니터링은 콜을 처리하는 품질적 측면을 평가하는 콜평가 과정이다. 모니터링 프로그램은 상담사 각자와 전반적 콜센터 성과 추세, 예상되는 문제, 그리고 훈련과 코칭의 필요를 알기 위해 데이터를 추적, 조사하는 과정을 포함한다. 모니터링의 주요 목적과 활용은 다음과 같다.

(1) 조직 전반의 품질 향상과 혁신에 대한 근거를 제공한다.

(2) 응대의 품질과 제공된 정보의 정확성을 측정한다.

(3) 콜센터 프로세스의 일관성과 효과성에 기여한다.

(4) 콜계약의 형태, 팀, 그리고 센터에 걸쳐 유효한 패턴을 찾기 위해 추세조사를 할 때 데이터를 제공한다.

(5) 피드백에 대한 구체적인 예를 줌으로써 코칭을 지원해 준다.

(6) 상담사에게 추가적인 훈련의 필요성을 확인시켜준다.

(7) 훈련의 유효성을 평가한다.

(8) 고객 필요나 기대를 찾아낸다.

(9) 콜센터와 전사적 관점에서 전략을 실행하도록 지원한다.

(10) 고객 만족도를 평가한다.

(11) 기능과 능력의 프로파일을 개발하는 데 모니터링이 도움을 준다.

(12) 법적 사항을 준수하게 함으로써 책임을 완화시킨다.

(13) 상담사로 하여금 조직의 정책을 따르도록 만든다.

2. 코칭의 목적과 활용

모니터링과 코칭은 병행하여 진행된다. 효과적인 모니터링 프로그램은 생산적인 코칭 프로그램에 견고한 초석이 된다. 코칭은 모니터링 결과에 대해 행동을 취하는 가장 유효한 방법이다.

비공식적, 1:1 토의, 창의적으로 고안된 활동과 빈번한 모니터링을 통해서, 코칭은 직원들에게 긍정적 행동을 지속시키도록 장려하고 건설적인 피드백을 제공하도록 디자인된다. 코칭은 모니터링에 수많은 보완적 이점을 제공한다.

(1) 지원적 환경하에서 개별화된 피드백을 제공한다.

(2) 성과목표와 개선할 사항들을 명확히 한다.

(3) 개인별로 적합한 실무나 행동 등을 제공한다.

(4) 즉각적 피드백을 제공한다.

(5) 효과적인 성과를 강화한다.

(6) 직원들의 향상이 필요로 되는 구체적인 행동을 권유한다.

(7) 성공적인 전문가의 행동을 모델화한다.

(8) 커뮤니케이션을 촉진하고 관계구축을 장려한다.

3. 모니터링과 코칭 프로그램 개발

모니터링과 코칭 프로그램은 콜센터에서 응대품질의 기본이다. 효과적인 프로그램을 개발하기 위해서는 시간을 요한다. 그러나 그 보답은 응대의 품질이나 직원 역량 향상의 관점에서 매우 크다.

모니터링과 코칭 프로그램을 개발하기 위해서는 다음과 같은 단계가 포함되어야 한다.

(1) 모니터링 프로그램의 목표와 목적을 파악하라.

프로그램 목표와 목적은 프로세스의 향상, 준법확정, 콜센터 스킬 추세, 모니터링과 코칭의 표준화 같은 프로그램에서 얻고자 하는 것을 용어로 정의해야 한다. 프로그램의 필요사항들을 결정하라.

(2) 어떤 유형의 모니터링을 사용할지 결정하라

콜센터 환경에서 어떠한 유형의 모니터링을 사용할 것인가? 얼마나 자주 모니터링 할 것인가? 컨택 유형이 새로운 모니터링 기술을 필요로 한다면 어떻게 모니터링 결과를 성과 대비 급여 프로그램과 연결시킬 것인가 등에 대한 결정을 검토한다.

(3) 성과 표준을 만들어라.

성과표준은 기본 요구사항(최소 수준의 수용가능한 성과를 보이는 행위)과 기대(지속적으로 정제하고 향상된 행위)로 나눌 수 있다. 모든 성과표준은 상세하고, 식별가능하고, 현실적이고 타당성이 있어야 한다.

(4) 평가표를 포함한 모니터링 측정 시스템을 만들어라.

모든 모니터링 프로그램은 모든 모니터된 콜의 문서기록(전자 혹은 하드카피)을 포함해야 한다. 모니터링의 평가표는 상담사 이름, 콜 ID, 날짜, 시간 등 정보를 구별할 수 있는 필드를 가져야 한다.

(5) 평가조율 전략을 개발하라.

평가조율은 모니터링 활동에 참여하는 슈퍼바이저와 다른 직원들이 일관성 있고 공정하게 상담사를 평가하게 한다.

(6) 코칭 전략과 표준을 결정하라.

누가 코칭에 책임을 질 것인지 결정한다. 코칭과 모니터링을 분리하는 책임은 추천하지 않는다. 상호작용을 모니터하는 직원은 코칭과 피드백을 제공해야 한다.

(7) 직원과 프로그램의 세부사항을 함께 공유해라

명확하게 모니터링의 목적, 수행 방법, 결과이용방법을 상담사에게 알린다. 직원들이 성문화된 모니터링 정책, 모니터하는 범주 및 모니터링 평가표와 스코어카드를 쉽게 이용할 수 있게 해야 한다. 모니터링 프로그램의 설계와 프로세스를 수정하는 동안 상담사의 피드백을 고려해라.

4. 상담사의 동의 얻기

모니터링 프로그램이 효과성을 얻기 위해서 거쳐야 하는 중요한 테스트가 있다. 바로 상담사가 그 프로그램을 좋아해야만 한다. 만약 그들이 모니터링의 가치를 알지 못하거나 혹은 희생양이 된다거나 감시를 받는다고 느낀다면, 그 모니터링 방법은 개선될 필요를 나타내는 것이다. 만약 모니터링이 개선을 필요로 하는 영역을 확인하고, 잘 진행되고 있는 부분을 인식할 수 있도록 돕는다면, 일반적으로 상담사는 모니터링을 좋아할 것이다.

(1) 모니터링의 운영

상담사의 지지를 얻기 위해서는 모니터링을 다음과 같이 운영해야 한다.

① 고객 만족에 영향을 미치는 행동에 초점을 두는 도구
② 상담사 능력을 개발시키기 위한 프로세스
③ 훈련 프로그램을 향상시키기 위한 수단

(2) 중요 혜택 3가지 사항

상담사의 동의를 얻고, 이를 모니터링 프로그램에 적용한다면, 다음과 같은 3가지의 중요한 혜택을 얻을 것이다.

① 상담사가 이해하고, 품질 기준에 동의하면 할수록, 그들이 높은 성과를 내는 것이 더 쉬워질 것이다.
② 상담사는 그들 자신이 진행과정상의 감독관이 될 수 있으므로, 사후적이 아니라 사전적으로 문제를 정정한다.
③ 결과는 조직 전반적 프로세스 향상에 기초가 될 수 있다.

5. 텍스트 상담의 필요사항

이메일, 문자채팅, 웹 협업과 같은 텍스트 상담이 급격히 증가함에 따라, 품질을 관리하기 위한 각 채널별 모니터링과 코칭에 대한 분명한 원칙이 필수적으로 요구된다.

(1) 모니터링을 하는 사람들은 글로 의사소통을 하는 데 능숙해야 한다.

(2) 단지 콜 모니터링으로부터 모방하는 것이 아닌 문서만의 독특한 평가표와 기준을 모니터링하는 것이 개발되어야 한다.

(3) 내용적 필요사항에 더하여, 모니터링과 코칭은 완벽성, 간결성, 논리적 흐름, 문법, 적절한 인터넷 은어의 사용, 그리고 고객욕구에 대한 예상 등에 집중해야 한다.

제2절 ▎모니터링의 유형

○─ 핵심 포인트

상담사의 성과를 모니터링하는 방법은 다양하다. 다음과 같은 각각의 방법은 고유의 장점과 단점을 갖는다.
- 원격 모니터링(Silent Monitoring)
- 콜 리코딩(Call Recording)
- Side-by-side 모니터링
- 동료 모니터링(Peer Monitoring)
- 미스터리 쇼퍼(Mystery Shopper)

상담사의 성과를 모니터링하는 방법은 다양하다. 다음과 같은 각각의 방법은 고유한 장점과 단점을 갖는다.

1. 원격 모니터링(Silent Monitoring)

모니터링을 수행하는 책임을 지는 사람 혹은 슈퍼바이저는 다른 장소에서도 실시간으로 상담사 콜을 들어볼 수 있다. 몇몇 콜센터에서 슈퍼바이저는 또한 상담사가 콜을 처리하는 동안 상담품질과 시스템상황을 확인하기 위해 상담사의 키보드 활동도 모니터 할 수 있다.

(1) 원격 모니터링의 장점

① 콜은 무작위로 추출되므로, 연이어 우수 콜이 청취될 수 있다.

② 상담사는 모니터되고 있다는 것을 모르므로, 좀더 자연스럽게 행동한다.

③ 상담사와 고객 사이에서 방해되지 않는 응대를 할 수 있다.

④ 다양한 장소에서 모니터링이 실행될 수 있다.

(2) 원격 모니터링의 단점

① 즉각적 피드백을 하기 어렵다.

② 모니터링을 하는 사람이 콜이 오기를 기다리는 비생산적인 시간을 경험할 수 있기 때문에 비효율적일 수 있다.

③ 녹음되지 않는 한 콜은 재생될 수 없기 때문에 중요한 정보를 놓치기 쉽다.

④ 누군가가 지켜보고 있다는 두려움이 상담사 사이에 생길 수 있다.

⑤ 일부에서는 이러한 원격 모니터링을 금지할 수 있다. 예를 들면, 상담사와 고객에게 모니터링이 시행되고 있다는 것을 알려주는 삐~소리를 요구한다.

2. 콜 리코딩(Call Recording)

슈퍼바이저 혹은 자동화된 시스템이 콜 샘플들을 녹음한다. 그런 다음 상담사의 성과를 평가하기 위해 모니터링을 수행하는 사람은 무작위로 콜을 선택한다.

(1) 콜 리코딩의 장점

① 상담사들은 그들이 고객을 어떻게 다루었는지 알기 위해 그들 자신의 콜을 경청할 수 있다.

② 자동화된 시스템은 사전에 준비된 프로그램에 따라 시행될 수 있으므로, 더 많은 유연성과 통제권을 제공한다.

③ 원격 모니터링에서 경험할 수 있었던 비생산적 시간을 제거할 수 있다.

④ 상담사와 슈퍼바이저는 필요한 만큼 콜의 대화 내용을 반복해서 검토할 수 있다.

(2) 콜 리코딩의 단점

① 휴대용 테잎 레코더와 같은 일반적인 장비로 시행된다면 매우 귀찮은 일이 될 수 있다.

② 완전히 자동화된 시스템은 비싸고, 효과적으로 사용되기 위해서는 적절한 훈련을 요구할 수 있다.

3. Side-by-side 모니터링

모니터링을 수행하는 사람은 상담사 옆에 앉아서 상담사가 콜을 다루는 동안에 경청한다.

(1) Side-by-side 모니터링의 장점

① 상담사는 즉각적인 피드백과 코칭을 받을 수 있다.

② 상담사는 슈퍼바이저의 도움을 받아 즉각적으로 새로운 행동을 연습할 수 있다.

③ 모니터링을 수행하는 슈퍼바이저는 상담사가 시스템과 참고자료, 그리고 다른 보조품 등을 사용하는 것을 지켜볼 수 있다.

④ 신입 사원에게 상호적이고 지원을 해 주는 환경을 제공한다.

⑤ 상담사와 슈퍼바이저 사이의 관계를 강화시킨다.

(2) Side-by-side 모니터링의 단점

① 직접적인 관찰은 성과에 영향을 줄 수 있다. 상담사는 신경이 예민해져서 성과에 부정적 영향을 미친다. 상담사는 모니터링되는 동안에 표준에 따라 행동하므로, 평상시 행동을 발견하기 어려울 수 있다.

② 모니터링을 하는 사람이 많은 시간을 소비하게 한다.

4. 동료 모니터링(Peer Monitoring)

콜센터 상담사가 동료의 콜을 모니터해서 그들의 성과에 피드백을 제공한다.

(1) 동료 모니터링의 장점

① 질적 프로세스에 상담사를 참가시킨다.

② 모니터링을 수행할 때 거부감이나 두려움을 줄일 수 있고 코칭이 우정적 관점에서 행해진다.

③ 임파워먼트와 직무충실도가 좋은 환경을 지원한다.

④ 상담사가 모니터링의 책임을 수행하므로 관리자의 시간을 아낄 수 있다.

(2) 동료 모니터링의 단점

① 상담사가 뒤떨어진 기능과 행동을 전파시킬 수 있으므로, 관리자는 직접 동료 모니터링을 하기 위한 우수 수행자들을 신중하게 선별해야 한다.

② 동료 모니터링을 수행하는 상담사는 피드백을 주는 방법에 대해 훈련받아야 한다.

③ 우수 수행자들이 고객과 응대할 수 있는 시간을 많이 감소시킬 수 있다.

④ 모니터링을 실시한 상담사에 대한 인정 및 보상 시스템이 함께 병행되어야 한다.

5. 미스터리 쇼퍼(Mystery Shopper)

지정된 미스터리 쇼퍼가 콜센터에 콜을 해서 상담사의 기능을 모니터하는 것으로 드러나지 않은 관찰의 형태이다.

(1) 미스터리 쇼퍼 접근법의 장점

① 콜이 무작위로 선출되어 좋은 샘플이 될 수 있다.

② 상담사는 모니터된다는 것을 모르기 때문에, 좀더 자연스럽게 수행한다.

③ 구체적인 콜 형태나 기능을 테스트할 수 있다.

④ 모니터링과 관련된 소요시간을 줄일 수 있다.

(2) 미스터리 쇼퍼 접근법의 단점

① 상담사에게 즉각적인 피드백을 할 수 없다.

② 피드백이 슈퍼바이저에게 전달된 다음에 상담사에게 전해지므로 평가가 잘못 의사소통되거나 잘못 이해될 위험이 있다.

③ 미스터리 쇼퍼는 신중히 선출되어 훈련되어야만 하므로 시간과 비용을 증가시킨다.

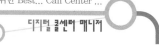
제3절 | 측정방식과 평가조율

○─ 핵심 포인트

- 효과적인 측정방식과 평가조율은 모니터링 프로세스의 일관성과 공정성을 위해 필수적인 것이다. 측정은 거래의 질적인 면에서 향상 정도나 흐름을 알기 위한 맥락에서 행해진다. 평가조율은 그 프로세스를 테스트하고 일관성 있는 표준이 각 모니터되는 콜에 적용되는가를 알기 위한 목적으로 행해진다.
- 모니터링 프로세스의 근간은 구체적이고 관찰 가능한 행동을 기록함으로써 개별적 콜에 맞추어 상담사에 대한 맞춤 코칭을 지원하는 것이다. 따라서 평가 시스템을 더 바람직하게 하기 위한 다른 측정방식이나 정량적 평가 방법을 사용하는 것도 필요하다.
- 모니터링 프로세스가 성공하기 위해서는, 계획과 실행, 그리고 모니터링 프로그램을 계속적으로 수행하는 과정에 평가조율 단계를 통합하는 것이 필수적이다.

효과적인 측정과 관리자는 모니터링 프로세스의 일관성과 공정성을 위한 필수사항이다. 측정은 거래의 질적인 면에서 향상 정도나 흐름을 알기 위한 맥락에서 행해진다. 평가조율은 그 프로세스를 테스트하고 일관성 있는 표준이 각 모니터되는 콜에 적용되는가를 알기 위한 목적으로 행해진다.

1. 측정방식의 유형

모니터링 프로세스의 근간은 구체적이고 관찰 가능한 행동을 기록함으로써 개별적 콜에 맞추어 상담사에 대한 맞춤 코칭을 지원하는 것이다. 따라서 평가 시스템을 더 바람직하게 하기 위한 다른 측정방식이나 정량적 평가 방법을 사용하는 것도 필요하다.

측정 시스템만큼 다양한 형태의 모니터링 평가 방법이 있다. 한 개의 모니터링 평가표는 여러 기능을 평가할 수 있도록 하는 다양한 측정 시스템을 포함해야만 한다. 측정 시스템의 사례는 다음과 같다.

(1) Yes/No 측정

어떤 행동이 만족스럽게 달성되었는지를 나타내기 위해 1/0 혹은 Y/N으로 나타나는 Yes/No 형태를 사용한다. 결과는 Yes와 No의 개수(8Y와 2N), 비율(8/10), 혹은 백분율(80%)로 나타낸다.

Yes/No 측정은 행동이 분별적일 때 사용하면 유익하다. 예를 들면, 그들이 정확한 정보를 주었는가? 그렇지 않았는가? 와 같다. 행동의 정도를 측정할 때는 맞지 않다. 예를 들면 스킬의 수준을 물어볼 때이다.

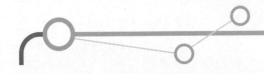

(2) 수치적 측정

주관적 스킬을 측정하기 위해서는 수치적 측정 시스템이 사용될 수 있다. 수치적 측정법은 종종 범위 (1-5)로 나타나는데, 각각의 수는 스킬을 발휘하는 데 있어 상담사의 적합성의 정도를 나타낸다. 수치적 측정은 직원의 스킬 수준을 나타내는 데 있어서 다양성을 주고, 고객응대의 질을 반영하는 스킬을 측정하는 데 적합하다. 범례는 응대의 개별적 특성을 측정하고 상담사의 현재 스킬수준과 경험을 통합한다. 수치적 측정은 콜센터 목적과 측정되는 각 스킬의 가치와 중요성을 반영하기 위해 가중치가 부여될 수 있다.

수치적 측정 방법에 점수의 간격을 더 넓히면, 미묘한 스킬적 향상도 측정할 수 있게 만든다. 일례로 한 직원이 스킬을 향상시켰지만 완전히 통달하지 않았을 때 사용될 수 있다. 가중 수치적 측정 방법은 각 모니터링되는 대상에 가치를 부여할 수 있다. 일례로 정확한 정보가 정확한 인사보다 더 가치가 높게 부여될 수 있다. 가중 수치적 측정 시스템은 어떤 목적이 가장 중요한지를 반영할 수 있다.

측정 방법은 다양하게 조합하여 사용 가능하다. 다른 측정지표로 세야 하거나, 혹은 전혀 셀 수가 없을 때는 N/A(Not Applicable)를 사용할 수 있다.

2. 측정시 고려할 점

(1) 측정 시스템은 사용자가 사용하기에 쉬워야 한다.

(2) 측정 시스템은 부정적 행동의 감소가 아니라 긍정적으로 행해진 기능에 할당된 점수에 대한 보상에 강조를 두어야 한다.

(3) 콜센터 관리자와 상담사는 측정 시스템이 어떻게 운영되는지를 철저히 이해해야 한다.

(4) 구체적인 피드백과 코칭이 모니터링과 코칭 프로세스의 가장 중요한 부분이자 질을 향상시키는 모니터링 프로세스의 구성요소이다. 점수 그 자체에 너무 많은 강조를 하지 말도록 하라.

(5) 측정을 위한 훈련이 되지 않도록 한다. 측정은 응대의 질을 향상시키지 않는다. 구체적인 피드백과 행동에 대한 코칭이 그 질을 향상시키는 것이다. 몇몇 콜센터는 코칭 세션이 끝난 후에야 점수를 알려준다.

(6) 측정 시스템은 콜센터의 목적과 격려하기를 원하는 행동을 반영해야 한다. 결함이 있는 모니터링 시스템은 결정적 행동 요소를 과소평가하고, 비핵심적 기능에 너무 많은 강조를 둔다.

(7) 측정 시스템의 수리적 유효성을 확인해라. 특히 총점이 계산되거나 시스템에 가중치가 부여될 때는 더욱 그렇다.

(8) 개인에게 실행하기 전에 테스트를 함으로써 모니터링 시스템의 유효성을 점검해라. 예를 들면 성과급의 부분으로써 그 점수가 반영되기 전에 유효성을 점검해라.

(9) 점수가 보너스나 성과평가 그리고 급여평가에 반영될 때 많은 상담사가 측정시스템에 높은 관심을 보일 수 있다는 것을 이해해라. 그들의 질문과 관심을 다룰 수 있도록 준비해라.

(10) 가능하다면, 스킬과 그에 관련한 점수와 관련해서 구체적 행동들을 정의해라. 예를 들면, 어떤 행동이 1인지 3인지 5인지를 정의해라.

3. 평가조율 작업의 필요성 및 선행조건

(1) 평가조율 통합

모니터링 프로세스가 성공하기 위해서는 계획, 실행과 모니터링 프로그램의 지속적인 사용 시에 평가조율단계를 통합하도록 해라. 콜센터에서 평가조율단계는 성과기준에 대해 해석할 때 개인별로 다양하게 해석하는 것을 최소화시키는 과정이다.

다음과 같은 이유 때문에, 모니터링 프로그램의 평가조율단계는 매우 중요하다.

① 평가의 일관성을 제공한다.

② 상담사가 공정성에 대해 의심할 여지를 줄인다.

③ 모니터링 기준을 지속적으로 개발시킨다.

④ 평가자의 평가능력을 점검할 수 있다.

적합한 평가조율 작업은 상담사가 불공평과 차별대우를 느끼지 않도록 할 수 있게 하는 사전적 조치이다. 그것은 콜 표준과 점수의 일관성 있는 적용을 강조함으로써 지각된 편차를 제거할 수 있다. 평가조율이 잘 이루어졌을 때에는 누가 모니터링을 하고 점수화하는 것에 대해서 관심을 두지 않아도 된다. 상담사가 이것을 이해한다면, 코칭 프로세스는 어떤 점수가 정확한지에 대해 신경 쓰는 대신 개선을 위한 기회들을 찾고 성과를 인정하는 데 중점을 둘 수 있게 된다.

평가조율은 빨리, 그리고 쉽게 획득될 수 있는 단계는 아니다. 이는 상당한 의견일치를 이끌어야 하고, 측정을 하기 전에 수 시간의 토의와 연습을 필요로 한다. 어려운 과정이지만, 그 결과는 매우 가치가 있다.

(2) 선행사항

일관성 있는 평가조율 작업을 시행하기 위해 다음과 같은 사항이 선행되어야 한다.

① 콜에 대한 모니터링과 측정에 책임이 있는 모든 직원은 콜센터 서비스에 대해 매우 높은 수준의 과업지식이 있어야만 한다.

② 모니터링을 수행하는 사람은 어떻게 그런 표준이 책정되었는지 이해해야만 한다.

③ 모니터링을 수행하는 사람은 적합한 기준과 정의뿐만 아니라 프로그램에 대해서도 공식적 훈련을 받아야만 한다.

(3) 전형적인 평가조율단계

① 방해 받지 않는 최소한의 1시간을 스케줄해라.

② 관리시간 동안 많은 정보를 얻을 수 있도록 녹음된 콜을 준비해라. 만약 기록된 콜이 이용가능하지 않다면, 평가조율 시간동안 걸려오는 전화를 듣도록 준비해라.

③ 주도하는 사람을 선출해라. 주도하는 사람의 역할은 토의를 이끌고, 필기를 하며, 팀이 계속적으로 집중할 수 있도록 하는 것이다.

④ 콜을 듣고, 모든 참석자들이 필기를 하고, 콜을 측정하는 데 현재의 평가표를 사용하도록 해라.

⑤ 콜 후에 한 사람에게 들었던 것을 다시 말하도록 해라. 콜을 재생하는 것은 경청기술과 세부적인 사항에 집중하는 것을 강화시킨다. 모두가 이런 방법을 배울 수 있도록 돌아가며 시켜라. 재생하는 동안, 모니터는 그가 말하는 부분을 감지할 것이다.

⑥ 주도하는 사람은 평가측정을 위해 토의를 주도해야만 한다. 이러한 토의가 열정적이 되도록 준비하되, 기진맥진 되어서는 안 된다. 중요한 사항은 이해를 불러일으키고, 그러한 이해를 밑바탕으로 앞으로의 콜에 대해 평가를 할 때 적용시키고자 함이다.

⑦ 평가조율기간의 마지막에서는 주도하는 사람은 필기한 사항을 검토하고 결정된 그룹 의견이나 어떤 변화를 강조해야만 한다.

성공적인 평가조율수준을 얻기 위해서는 단계적 접근방법을 이용해라. 초기 평가조율단계일 때에는 얻을 수 있는 목표를 설정해라. 예를 들면, 성취되어야 할 총체적 콜점수 혹은 일관성을 얻기 위한 세션의 기간 등이 있다. 목표는 특정 점수에 초점이 맞추어지기 보다는 성과가 어떻게 측정되는지에 대한 공통의 이해를 얻는 데 놓여져야 한다.

초기 목표가 달성된 후에는 5 포인트에서 3포인트로 측정 분산을 낮춤으로써 경계선을 높여라. 한 달에 2~3번 정도 관리자 작업을 행할 수 있는데, 이는 프로그램의 복잡성에 따라 달라질 수 있다.

4. 평가조율 작업시 주요규칙

(1) 모든 사람이 그의 의견이 공유되고 있다는 안도감을 느낄 수 있는 환경을 조성해라.

(2) 충돌을 피해라. 당신의 직위를 설명하기 전에 팀 구성원들이 그들의 생각을 설명할 수 있도록 해라. 모든 이의 의견이 경청되는 것은 중요하다.

(3) 감정이 아니라 사실에 대해 말해라. 성과기준은 측정 가능한 업무에 의해 정의되므로 생각이 아니라 어떤 사항을 배울 수 있는지에 초점을 맞추어 토의를 진행하도록 해라.

(4) 의사결정시에 프로그램의 전반적 성공을 위해 가장 좋은 것이 무엇일지 고려해라. 모든 이가 그 이슈에 대해 토의하는 데 싫증이 났다는 이유만으로 빨리 결론을 내리지 말라.

(5) 수행하는 것을 강조해라. 전반적 프로그램의 성공을 위해서 관리기간 동안에 합의된 기준이 아닌 자신의 기준을 사용해서 모니터 하는 사람을 식별하여 경고하는 것은 매우 중요하다.

(6) 프로세스가 어려움에 처하거나, 몇 명의 사람이 그만두려고 할 때, 포기하거나 좌절하지 마라. 관리자 프로세스는 단거리 경주가 아니라 마라톤과 같이 장기적인 시간을 필요로 한다.

제4절 │ 모니터링 시스템 및 법적 고려사항

○— 핵심 포인트

- 콜센터 고객 접촉 채널이 확장되고 발전함에 따라, 모니터링 기능 또한 많이 개발되었다. 가장 향상된 모니터링 시스템은 전형적인 전화뿐만 아니라, VoIP(Voice over Internet Protocol), 이메일 거래, 문자채팅과 같은 웹 기반 접촉사항까지도 기록할 수 있다.
- 자동화된 콜 모니터링 시스템은 모니터링에 들어가는 시간과 노력을 현저히 줄여서, 질적 향상 프로그램의 전반적 효과성을 향상시킨다.
- 상담사의 참여를 얻는 것은 성공적인 질적 프로그램의 핵심사항이다. 상담사의 거래 기록과 업무 트래킹에 대한 두려움과 염려를 줄이기 위해서 관리자는 센터의 모니터링 기능이 어떻게 작동하는지, 그것이 어떤 종류의 데이터를 수입하는지, 그리고 이 정보가 콜센터의 훈련과 시스템을 향상시키는 데 어떻게 이용될 것인지에 대해 설명을 해 주어야 한다.
- 미국에서 콜 모니터링은 적용되는 주 법에 따라서 당사자 간의 동의를 필요로 한다. 연방법, ECPA는 콜센터 내의 한 쪽의 동의를 확립했을 때 모니터링을 허용한다. 그 법은 또한 주가 양방 간의 동의와 같은 더 엄격한 규칙을 확립할 수 있는 것을 허용한다.
- EPCA는 한쪽의 동의로 레코딩을 허용하며, 주에게 더 강화된 규칙을 제정할 수 있는 옵션을 부여한다.

콜센터 고객 접촉 채널이 확장되고 발전함에 따라, 모니터링 기능 또한 많이 개발되었다. 가장 향상된 모니터링 시스템은 전형적인 전화뿐만 아니라, VoIP(Voice over Internet Protocol), 이메일 거래, 문자채팅과 같은 웹 기반 접촉사항까지도 기록할 수 있다.

오늘날 시장에 있는 질적 모니터링 시스템의 대부분은 다양한 제조업자가 있는 부속 시스템(Adjunct System)이다. 이 기능을 그들의 제품에 결합시키는 ACD(Automated Call Distributor)공급업자는 조금밖에 없다. 그러나 부속 시스템(Adjunct System)은 가장 완벽한 기능과 연결성을 제공한다.

새로운 세대 시스템의 큰 매력은 음성과 데이터 모두를 기록하고 평가할 수 있는 능력이다. 예를 들면, 키보드 활동, 고객의 상호적인 음성 반응 메뉴 선택, 트랜스퍼의 수 등이 있다. 음성과 데이터의 혼합이라고

알려진 이러한 능력은 관리자가 상담사의 화면에서 일어나는 활동들을 분석하고 검증할 수 있다.

컴퓨터 스크린 모니터링의 대부분 사용자는 그것이 훈련과 질적인 면을 매우 증가시킨다고 결론을 내린다.

1. 모니터링 시스템의 필요기능

(1) 콜 모니터링을 임의적으로 스케줄 할 수 있는 기능

(2) 사후 평가를 위해 접촉사항을 기록할 수 있는 기능

(3) 상담사가 컴퓨터와 상호작용하는 모든 채널(예 레코딩, 키스트로크, 스크린, 웹/이메일 등) 을 기록할
수 있는 기능

(4) 상담사의 경험 수준, 업무시간, 특별 촉진활동 혹은 캠페인 등과 같은 다양한 요인에 기초한 콜 기록을
스케줄 할 수 있는 기능

(5) 상담사의 요구에 따라 콜을 기록할 수 있는 기능

상담사나 슈퍼바이저가 들어야만 하는 불만 고객 혹은 다른 중요한 콜에 대해 청취를 제안 했을 때 들
어볼 수 있어야 한다.

(6) IVR 신호에서부터 콜의 마지막 종료까지 이르는 전반적 거래 동안 콜을 따라갈 수 있는 기능

이것은 콜이 두 단계로 진행될 때 매우 유용하다. CTI(Computer Telephony Integration) 또한
ANI(Automatic Number Identification) 혹은 계정넘버와 같은 특정 고객에 근거한 콜 기록의 확인
을 가능하게 도와준다.

(7) 성과평가 폼을 레코딩에 끼워 넣을 수 있는 기능

이것은 레코딩 세션과 평가세션 사이의 연결고리를 만들어서 상담사에 대한 평가를 할 때 시간을 절약
시켜준다.

**(8) 성과결과, 상담사 콜 비율, 추세 데이터, 그리고 심지어는 훈련제안을 제공하는 것까지 자동적
으로 평가할 수 있는 기능**

매니저가 추가적 훈련이나 시스템 적응에 대한 문제를 파악할 수 있는 비이상적인 상황들을 보도록 돕는다.

(9) 레코딩을 이메일에 첨부하거나 혹은 워드프로세스 문서로 끼워 넣을 수 있는 기능은 레코딩이 쉽게 배
부되도록 돕는다.

2. 모니터링 시스템의 효과적 활용

(1) 오늘날 모니터링 시스템은 콜센터의 질적 프로그램을 크게 강화할 수 있다. 그러나 이는 잘 정의된 모니터링 전략과 결합되었을 때만 가능하다. 기술에만 의존하는 것은 고객만족도 혹은 상담사의 모니터링에 대한 수용도 등을 향상시키는 데 별다른 영향을 줄 수 없다.

사실, 기술에 대한 지나친 믿음은 심지어 문제를 초래할 수도 있다. 고객 응대 동안에 일어난 모든 활동들을 쉽게 기록하는 고도화된 모니터링 기술은 상담사가 지나치게 감시받는다는 느낌을 갖게 해서, 신경쇠약과 전반적인 윤리성 문제를 초래할 수도 있다.

(2) 모니터링 시스템을 적절히 사용하는 것과 상담사에게 이 기술이 콜센터 전반적인 질적 프로그램에 어떻게 부합하는지 명백히 설명해 주는 것은 매우 중요하다. 상담사에게 이러한 시스템이 그들이 일을 잘못하는 것을 잡기위해서가 아니라 그들의 성과와 고객만족을 향상시키기 위해 이용된다는 것을 확신시켜야 한다.

3. 모니터링의 법적 고려사항

(1) 미 국

미국에서 콜 모니터링은 적용되는 주 법에 따라서 당사자 간의 동의를 필요로 한다. 연방법, ECPA(Electronic Communications Privacy Act)는 콜센터 내의 한 쪽의 동의를 확립했을 때 모니터링을 허용한다. 그 법은 또한 주가 양방간의 동의와 같은 더 엄격한 규칙을 확립할 수 있음을 허용한다. 상담사 동의는 이 요구를 충족시킨다.

양방 간의 동의가 필요로 되는 주에서는, 발신자들은 모니터링과 레코딩 안내방송을 들어야만 하고, 콜센터의 상담사들은 동의서에 반드시 사인해야만 한다. 몇몇 주 규칙은 도청(Overhear) 혹은 녹음(Record)과 같은 말을 포함하도록 하고 있으며, 몇몇 주는 Intercept a Communication과 같은 용어를 사용한다. 또한 주 내에서의 콜과 주간의 콜에 대해 적용하는 각각 다른 규칙이 있다.

콜을 기록하는 것과 관련하여, EPCA는 한쪽의 동의로 레코딩을 허용하며, 주에게 더 강화된 규칙을 제정할 수 있는 옵션을 부여한다. 더 나아가 FCC(Federal Communications Commission)규칙은 다음 중 하나를 요구한다.

① 레코딩할 때 양 상대방에게 다 들릴 수 있는 경고음

② 대화를 레코딩하기 위해 양방 간의 사전 동의

③ 레코딩되고 있다는 것을 사전에 다른 상대방에게 알리기

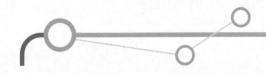

그러나 몇몇 주는 레코딩하기 위해서는 명확히 양방 간의 합의를 필요로 한다.

DMA(Direct Marketing Association)는 SGRD(State Government Relations Division)을 운영하는데, 이는 주 법에 대한 정보를 알려주기 위해 설립되었다. 유사하게 ATA(American Teleservices Association)는 LAWS(Legislative Alert Warning Service)를 가지고 있는데, 이는 회원들에게 주에서 교섭 중인 최근의 정보에 대해 알려주는 것이다.

(2) 국 내

우리나라에서는 통신비밀보호법 제3조 제1항, 제14조 제1항의 공개되지 아니한 타인 간의 대화를 제3자가 녹음 또는 청취하면 위법이며, 표준 개인정보지침 제12조에 근거하여 콜센터에서 하는 고객과의 통화내용은 당자사간 통화내용인 만큼 직원과 고객에게 사전고지 후 서비스품질 관리와 민원해결을 위해 통화내용을 녹음할 수 있다.

표준 개인정보 보호지침(행안부 고시) 제12조(동의를 받는 방법)

⑤ 개인정보처리자가 제17조 제1항 제2호의 규정에 따라 전화에 의한 동의와 관련하여 통화내용을 녹취할 때는 녹취사실을 정보주체에게 알려야 한다.

제5절 ┃ 효과적인 코칭과 피드백

- 코칭과 피드백은 다음과 같아야 한다.
  - 적절해야 한다.
  - 구체적이어야 한다.
  - 상담사 개발에 초점이 맞추어져야 한다.
  - 쌍방 커뮤니케이션과 참석으로 이루어져야 한다.
  - 긍정적 피드백과 부정적 피드백 사이에 균형을 이루어야 한다.
- 코칭과 피드백 세션은 상담사가 중심이어야 하며, 개인의 배경지식과 경험 모두를 고려해서, 상담사에게 그들 자신을 평가할 기회와 지원이 제공되어야 한다.
- 코칭은 직원을 개발시키고 동기부여를 시키는 데 큰 역할을 차지한다. 성공적인 결과를 얻기 위한 구조화된 코칭을 하기 위해 SAFE 모델을 이용해라.
  - (S)ummerarize : 한 두 개의 관찰된 행동과 결과를 요약해라.
  - (A)sk : 필요할 때에 참여를 요청해라.
  - (F)ormulate : 행동과 바람직한 결과에 대한 계획을 세워라.
  - (E)xpress : 감사하는 마음을 표현해라.
- 전형적으로 코칭은 콜센터 트레이너나 슈퍼바이저에 의해 시행되지만, 많은 콜센터는 슈퍼바이저의 피드백과 함께 자기평가나 동료평가 프로그램도 훨씬 효과적이며 임파워할 수 있는 기회로 활용한다.

코칭과 피드백 프로세스는 관리자와 슈퍼바이저가 상담사의 구체적인 업무를 관찰한 후에 그들 성과의 강점과 그들이 발전할 필요가 있는 부분을 상의하기 위해 상담사와의 미팅을 갖는 것을 포함한다. 그 프로세스 동안에 상담사는 그들이 현재 콜센터에서 제공받는 자원과 지원뿐만 아니라 그들의 개별적 성과에 대한 피드백을 받을 기회가 주어져야 한다.

1. 코치의 역할

코치는 상담사가 향상될 수 있도록 기능과 행동적 지원에 대한 세부사항과 격려를 제공한다.

(1) 코치의 역할

① 성과 목표와 발전될 필요가 있는 사항을 분명히 하도록 도와준다.

② 효과적인 성과를 강화시킨다.

③ 상담사가 향상을 필요로 하는 구체적인 행동을 권유해준다.

④ 성공적인 전문가적 행동을 증명해주는 역할 모델이 된다.

(2) 좋은 코치의 역할 수행 사항

① 상담사의 성과 관찰과 평가

코치는 공식적 모니터링 세션, 리포트 분석, 콜센터 내의 비공식적 관찰 등을 통해 상담사의 성과를 관찰하고 평가할 시간을 가질 필요가 있다. 코치는 상담사들이 너무 세밀하게 감시받는다는 느낌을 갖지 않도록 하기 위해 모니터링이 언제 그리고 왜 시행되는지를 설명해야만 한다.

② 유용한 피드백 제공

모든 콜센터 질적 프로그램의 핵심사항으로 코치는 코칭과 피드백의 규칙을 적용해야만 한다.

③ 경 청

이는 상담사가 고객응대 동안에 면밀하게 관심을 기울일 뿐만 아니라 코칭과 피드백 세션 동안에 상담사의 의견과 염려에도 귀를 기울여야 함을 의미한다. 코칭은 일방적 과정이 아니라, 상담사와 코치 둘 다의 상호 작용적인 학습경험이다.

2. 코칭과 피드백의 규칙

직원 성과와 관련된 문제는 집중된 코칭과 피드백을 통해 해결할 수 있다. 그러한 코칭과 피드백은 다음과 같아야 한다.

(1) 적절해야 한다.

즉각적인 혹은 고객접촉이 관찰 된 바로 직후에 피드백을 해주는 것은 그 사건이 상담사의 마음에서 상기되고 있다는 것뿐만 아니라 그의 성과 문제가 알려지기 전에 수백 명의 고객에게 범할 수 있는 같은 실수를 하지 않게 할 수 있다.

(2) 구체적이어야 한다.

애매모호한 피드백은 그들의 성과와 그들이 어떤 점에 초점을 두고 향상을 시켜야 되는지에 대해 정확히 알 수 없도록 만든다. 좋은 피드백은 분명하고, 간결하고, 그리고 구체적인 성과와 기능에 연관되어야 한다.

(3) 상담사 개발에 초점이 맞추어져야 한다.

단순히 상담사에게 필요한 임무 사항만을 말하는 것으로 충분하지 않다. 코치는 바람직한 기능 혹은 행동을 몸소 보여주고, 측정가능하고 명확한 성과계획을 발전시키기 위해 상담사와 함께 일해야 한다. 그러한 계획은 상담사가 필요한 기능을 획득하고 구체적인 성과를 성취할 수 있도록 세부화된 단계를 포함해야 한다. 게다가 바람직한 결과에 대한 보상과 그렇지 못했을 경우의 결과 등에 대해 토의해야 한다.

(4) 양방 커뮤니케이션과 참석으로 이루어져야 한다.

단순히 코치만이 일방적으로 떠드는 코칭 세션은 정체되며, 동기를 떨어뜨린다. 상담사는 그들의 복잡성을 그 누구보다 잘 알고 있다. 따라서 그들 자신의 성과를 평가하고 향상을 위한 좋은 아이디어를 제공하도록 격려하여야 한다.

(5) 긍정적이고 부정적 피드백 사이의 균형을 이루어야 한다.

칭찬과 건설적인 비판의 적절한 결합은 상담사 사이에서 지속적인 개선을 이끌어낼 수 있는 핵심사항이다.

3. 효과적인 코칭과 피드백의 단계

코칭은 직원을 개발시키고 동기 부여시키는 데 큰 역할을 차지한다. 고객응대가 모니터된 후 코칭은 적절한 때에 제공되어야 한다. 코칭 세션은 올바른 행동이 지속되도록, 바람직하지 않은 행동을 어떻게 개선시킬 수 있는지에 대한 지침을 주기 위해서, 혹은 상담사에게 그들이 마스터하기에는 특별히 어려울 수도 있는 행동을 연습할 기회를 주기 위해 사용할 수 있다.

구조화된 접근법이나 모델을 사용하는 것은 코치들이 상담사들에게 효과적이고, 일관된 피드백을 주는 데 필요한 지침을 마련해 준다. 이용 가능한 많은 모델이 있지만, SAFE 모델은 리스크를 최소화하는 가운데 직원들이 그들의 새로운 기능을 신장시키는 데 있어서 지원과 보호를 받고 있다는 것을 느낄 수 있도록 하는 안정된 환경하에서 코칭을 하는 구조화된 형태를 제공하도록 디자인되었다. 다음과 같은 4가지 구성요소로 이루어진다.

(1) (S)ummerarize : 한 두 개의 관찰된 행동과 결과를 요약해라.

코칭 세션 동안 중점을 둘 한 두 개의 행동을 선택하는 단계이다. 한 번에 너무 많은 스킬들을 코치하려고 노력하면 상담사들에게 너무 많은 부담감을 준다. 코칭 세션은 자주 진행되어야 하므로, 다음에 다른 행동에 대한 기회는 주어지게 된다.

구체적이고 객관적인 관점에서 그 행동과 그 행동이 낳을 결과에 대해 확신시켜라. 상담사들이 그들이 개선해야 할 필요가 있는 스킬과 그들이 잘 수행했던 행동 등을 이해하는 데 도움이 되도록 콜센터로부터 모니터된 실제적인 인용구를 사용하는 것은 좋은 방법이다.

(2) (A)sk : 필요할 때에 참여를 요청해라.

이 단계는 어떤 상황에서는 매우 유용하지만, 항상 필요한 단계는 아니다. 코치는 상담사가 낙담하는 것을 원하지 않으므로, 상담사와의 상호적인 토의를 할 시간이 없다면, 빠른 피드백과 빈번한 칭찬 등으로 이루어져야 한다.

그러나 바람직하지 않은 행동이 지속되거나 앞전의 코칭 세션에서 어떤 개선도 보이지 않았을 때, 상담사와의 상호적인 협력은 필요하다. 코치는 바람직한 행동에 대한 상담사의 이해를 명확히 하고자 질문을 사용하거나, 개선되고자 하는 상담사의 바람을 테스트하며, 그리고 상담사가 필요로 되는 스킬을 습득할 수 있도록 시간을 주어야 한다.

(3) (F)ormulate : 행동과 바람직한 결과에 대한 계획을 세워라.

일단 긍정적 혹은 부정적 행동이 식별되고 명확히 되었다면, 바람직하지 않은 행동을 바꿀 방법을 제안하거나 혹은 바람직한 행동을 지속하도록 격려하는 것은 코치의 역할이다. 제안된 행동은 구체적이고 측정 가능해야 하며, 코치는 상담사가 제안된 행동을 수행하는 데 필요한 툴을 가질 수 있도록 해주어야 한다. 만약 그 제안이 어떤 특정한 기능을 연습하는 것을 요한다면 코치가 바람직한 행동의 모델이 되는 것은 매우 바람직하며, 상담사에게 코치가 시범을 보이는 동안 연습할 기회를 주는 것 또한 매우 유익하다.

코치는 또한 부정적 행동을 변화시키거나, 혹은 좋은 행동을 지속시킴으로서 얻는 이점을 알려야 한다. 어떠한 설명을 해주지 않아도 상담사가 이러한 관계를 알 것이라고 가정해서는 안 된다. 상담사는 그의 특정 임무에만 주의를 기울이기 때문에, 그러한 절차나 프로세스가 전체 콜센터 목적에 어떻게 영향을 미치는지 잘 모를 수도 있다. 왜 행동이 수정 혹은 지속되어야 하는지에 대한 이유를 잘 전달함으로써 상담사가 행동계획에 잘 참여할 수 있도록 만들 것이다.

(4) (E)xpress : 감사하는 마음을 표현해라.

코칭 세션을 감사하는 마음을 표현하는 것과 연결시켜라. 상담사가 기대치를 충족시키기 위해 많은 노력을 해야 하든 혹은 지속적으로 기대치를 훨씬 넘어선 성과를 이루었든 간에 상관없이, 그의 시간과, 반성, 노력, 그리고 주의에 대한 감사하는 마음을 표현하는 것은 중요하다. 이 단계는 상담사들에게 성의와 격려를 전달할 수 있게 하며, 콜센터 내에서 상담사의 중요한 역할을 되새길 수 있게 한다.

4. 동료 코칭

전통적인 코칭 관행을 보조할 수 있는 동료 모니터링 프로그램을 생각해 보아라. 코칭 세션을 위해 아직 경험이 부족한 상담사와 베테랑 상담사를 한 팀으로 묶는 것은 직원에게 임파워를 시킴과 동시에 성과를 향상시킬 수 있는 좋은 방법이다. 직원들은 종종 슈퍼바이저보다는 동료와 함께 일할 때 편안함을 느껴서, 제공된 피드백에 좀더 열린 마음을 갖게 된다. 동료 모니터링 프로그램은 효과적이고 일관성 있는 피드백이 제공되도록 하기 위해 슈퍼바이저에 의한 감독이 필요하다.

03 과목 연습문제

제1장 ┃ 리더십

01 효과적인 리더의 특성들 중 Stephen Covey의 효과적인 습관으로 적합하지 않는 것은?

① 긍정적 에너지 발산
② 균형 잡힌 삶의 유도
③ 서비스 중심의 실천
④ 리더가 되기 위한 활력은 지속적인 학습과 지식

02 효과적인 리더가 되기 위해 요구되는 초점은 개척 정신과 집중력이다. 효과적인 리더의 시간과 정력은 어떻게 사용할 것인가의 다음 내용의 비율을 작성해 보시오(JohnMaxwell).

(1) 강점 = ( )%
(2) 새로운 일 = ( )%
(3) 약점 = ( )%

안심Touch

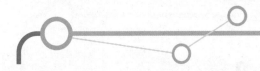

03 타고난 리더와 리더십 개발에 대한 내용이다. 빈칸을 채우시오.

> 사람들은 리더들은 타고난다고 보며 리더십 능력은 선천적인 개인적 특성이라고 보는 견해
> 가 있다. "효과적인 리더의 실행들은 천성적인 것이 아니다"라고 주장한 경영 컨설턴트는
> (   )이다.

04 서번트 리더십의 서번트 리더의 주요 특성에 관한 내용이다. 잘못된 것은?

① 경청 – 부하를 존중과 수용적인 태도로 이해하는 것이다.
② 공감 – 차원 높은 이해심이라고 할 수 있는데 리더는 부하의 감정을 이해하고 이를 통하여 필요
   한 것이 무엇인지 알아내고 리드해야 한다.
③ 치유 – 리더는 부하들을 위해 자원을 관리하고 봉사해야 한다.
④ 부하의 성장을 위한 노력 – 리더는 부하들의 개인적 성장, 정신적 성숙과 전문분야에서 발전하
   기 위해 기회와 자원을 제공한다.

05 콜센터 리더십과 관리에 대한 내용이다. 관리와 리더의 차이점에 대해 기술하시오.

⑴ 리 더
⑵ 관 리

06 콜센터 관리의 방법에 대한 내용이다. 권위주의형과 참여형에 대해 간단하게 기술하시오.

(1) 권위주의형

(2) 참여형

....

....

....

07 다음은 Good to Great의 리더의 구분 5단계 중 1~4단계까지 설명이다. 단계별 순서가 맞는 것을 고르시오.

① 역량 있는 관리자 → 합심하는 팀원 → 능력이 뛰어난 개인 → 유능한 리더
② 합심하는 팀원 → 능력이 뛰어난 개인 → 역량 있는 관리자 → 유능한 리더
③ 유능한 리더 → 합심하는 팀원 → 역량 있는 관리자 → 능력이 뛰어난 개인
④ 능력이 뛰어난 개인 → 합심하는 팀원 → 역량 있는 관리자 → 유능한 리더

08 다음은 Good to Great의 리더의 구분의 5단계인 유능한 리더의 내용 중 리더십의 두 측면의 설명이다. 빈칸을 채우시오.

(1) (　　　　　　　　)는(은) 오랜 기간 최고의 성과를 내는 데 필요한 일이라면 아무리 어렵더라도 해 내고야 마는 불굴의 의지를 보인다.

(2) (　　　　　　　　)는(은) 차세대의 후배들이 훨씬 더 큰 성공을 거둘 수 있는 기틀을 갖추어 준다.

안심Touch

09 콜센터 내의 일반적인 리더십의 도전들이다. 다음 설명은?

> 콜센터에 대한 요구의 복잡성 증가에 따라 필요한 기술은 증가되고, 콜센터의 목표를 할 수 있는 적합한 인재를 얻기 위해 모집, 채용과 훈련에 중점을 두어야 한다.

① 인력의 적재적소 배치
② 새로운 리더의 창출
③ 필요한 자원의 보존
④ 다른 부서와 협력

10 콜센터 내의 일반적인 리더십의 도전들이다. 다음 설명은?

> 콜센터에 고용된 직원의 리더십 재능은 변화를 성공적으로 수용할 수 있는 산업으로 만들려는 책임성과 권한 위임, 신뢰, 성실함 등을 통해 개발된다.

① 인력의 적재적소 배치
② 새로운 리더의 창출
③ 필요한 자원의 보존
④ 다른 부서와 협력

11 콜센터 내의 일반적인 리더십의 도전들이다. 다음 설명은?

> 콜센터 관리자들은 인적자원과 표준작업량 사이의 균형적인 관리를 위한 교육을 통해 고객들이 만족하는 서비스 수준을 유지할 수 있도록 조직 구성원들의 요구를 안전하게 지도할 수 있다.

① 인력의 적재적소 배치
② 새로운 리더의 창출
③ 필요한 자원의 보존
④ 다른 부서와 협력

12 다음은 어려운 환경하에서 효과적인 리더십에 관한 내용이다. 이와 관련하여 빈칸에 알맞은 말을 써넣으시오.

> • 당신들의 직원들에게 절대적으로 정직해라.
> • 직원들의 개인적 욕구에 대하여 개별적으로 이야기할 수 있는 시간을 가져라.
> • 직원들에게 가능한 한 많은 지원과 도움을 주어라.
> • 바뀌는 것이 없더라도, 매일 기본적으로 의사소통하라.

※ (   )할 동안 조직원의 유지 방법

....

....

....

제2장 ▌채용과 선발

01 다음은 모집 프로세스에 대한 설명이다. 적합하지 않은 것은?

① 조직을 위한 자격 있는 지원자 풀 개발
② 지원자에게 실제 직무의 사전 검토를 제공하여 어떠한 종류의 직무와 기회가 잠재적으로 유효한 가에 대한 정직하고 솔직한 평가를 얻고자 함
③ 자격 있는 후보자들 풀 가운데 업무에 적합한 최고의 후보자 식별
④ 실제적으로 증명된 프로세스로 주도될 때 가장 효과적

02 다음은 신규 채용인원수 결정시 고려할 요건이다. 적합하지 않은 것은?

① 정기적/ 주기적 이직률   ② 스케줄링 고려사항
③ 신규 채용자의 훈련기간   ④ 인구 증가율 및 실업률

03 다음 조건을 참고하여 신규 채용인원 수를 산출하시오.

> A 콜센터는 지난 6월에 10%의 이직률을 보이고 7월 현재는 100명의 상담사를 보유하고 있다. 업무 증가에 기초, 8월에 투입되어야 할 상담사는 40시간 기준으로 10명이 필요할 것으로 예상하였다. 교육기간은 3주 소요되며, 경험에 의거, 풀타임 상담사 필요인원의 10%가 각 20시간을 근무할 수 있는 파트타임 상담사로 구성되는 스케줄링이 가장 효과적이다.

① 11명 ② 21명 ③ 31명 ④ 41명

04 다음은 인터뷰 매체에 대한 설명이다. 무엇에 대한 설명인가?

> 최초의 심층 인터뷰에 실시할 것을 추천한다. 이 매체는 면접관들이 지원자들을 인터하기 전에 필수 요구사항 즉, 구두 커뮤니케이션 스킬을 평가할 수 있고, 시간과 비용측면 모두에서 효율적이다.

① 전 화 ② E-Mail ③ 문자 / 채팅 ④ Face to Face

제3장 ▌조직구성 및 스태핑

01 다음은 콜센터 조직 설계에 대한 문제이다. 효과적인 조직 설계를 위한 원칙이 아닌 것을 고르시오.

① 조직의 미션과 전략이 조직 구조를 결정한다.
② 공식 조직뿐 아니라 비공식 조직 구조도 고려되어야 한다.
③ 보고 책임과 라인을 정하는 것이 책임 소재를 분명히 하는 것이다.
④ 조직 구조에 변화를 줄 때는 내부 직원의 동의를 얻지 않아도 된다.

02 다음은 콜센터 작업량 요구변화에 따른 유연성과 스킬을 필요로 하는 콜센터에 제공되는 대안 중 하나이다. 무엇에 대한 설명인가?

> • 프로젝트나 지정된 기간 동안 사용될 전문지식 때문에 채용된다.
> • 일반적으로 공석인 적은 수의 전문화 직책 즉 관리직이나 분석가 직책에 이용된다.
>   예를 들면 새로운 고객정보 시스템 설계, 통합 프로젝트 관리, 인력관리 팀의 구성이나
>   새로운 품질 개선 프로세스 조직 등을 포함한다.

① 임시직원 　　　 ② 계약직원 　　　 ③ 정규직원 　　　 ④ 관리직원

03 다음은 매니저가 재택근무 프로그램의 성공을 최대화하기 위하여 취해야 할 단계들이다. 적합하지 않은 것은?

① 기술과 장비 비용을 이익과 비교
② 적합한 상담사 선별
③ 5년 이상 장기근속 계약 체결
④ 성과측정과 모니터링

04 다음은 서비스 용역업체와의 계약 단계이다. 올바른 단계로 구성된 것은?

① 전략적 분석 수행 → 요구사항 정리 → 용역업체 후보 식별 → 용역업체 선택 → 업무 이관 → 관계 관리
② 요구사항 정리 → 전략적 분석 수행 → 용역업체 후보 식별 → 용역업체 선택 → 업무이관 → 관계 관리
③ 요구사항 정리 → 전략적 분석 수행 → 용역업체 후보 식별 → 용역업체 선택 → 관계관리 → 업무이관
④ 전략적 분석 수행 → 관계 관리 → 요구사항 정리 → 용역업체 후보식별 → 용역업체 선택 → 업무이관

안심Touch

제4장 ┃ 이직률 관리하기

01 콜센터 이직과 관련된 설명이다. 적합하지 않은 것은?

① 이직률은 모든 콜센터의 주요 성과 지표로 적극적으로 추적·관리되어야 한다.
② 이직률이 높은 조직은 많은 비용이 필요하다.
③ 이직은 콜센터에 매우 부정적인 영향만을 끼친다.
④ 이직률이 높은 콜센터는 품질이나 생산율이 예상치 보다 다음에 있다.

02 다음 기준에 의거, 연간 이직률을 계산하라.

> • 2007년 6월 현재, 이직자 총수 : 30명
> • 2007년 6월까지 기간 동안 실제 일한 상담사 수의 평균 : 104명
> • 2007년 6월까지 기간 동안 실제 일한 상담사 총수 : 624명

① 9.6% ② 28.6% ③ 38.8% ④ 57.7%

03 다음은 상담사 유지전략에 영향을 미치는 요인이다. 적합하지 않은 것은?

① 콜센터 및 조직의 리더십
② 콜센터 환경
③ 스트레스로부터 상담사 쇠진을 감소시키는 적절한 인원배치
④ 연간 이직률 0% 목표설정

04 다음은 콜센터 이직을 사전에 방지할 수 있는 세부 전략들이다. 맞지 않는 것은?

① 효과적인 오리엔테이션과 전환 훈련 프로그램을 수립한다.
② 최초 훈련 시작시 멘토 프로그램을 창출한다.
③ 진행 중인 스킬과 경력 개발에 대한 기회를 제공한다.
④ 자기 중심적 대우를 요구하는 상담사라 하더라도 절대 해고해서는 안 된다.

제5장 ▌ 콜센터 훈련 및 개발(I)

01 O, X로 답하시오.

(1) 긍정적인 ROI(Return-Of-Investment)는 훈련이 수행되어야 한다는 결정을 내릴 수 있는 충분한 요소가 된다. (　　)

(2) 훈련계획은 최소 예산을 고려하기 전에 세워져야만 한다. (　　)

02 훈련 요구 분석의 3가지 기능을 작성하시오.

....

....

....

03 기대되는 성과와 현재의 성과 사이에서 차이의 원인이 되는 일반적인 3가지 범주는 무엇인가?

....

....

....

04 다음 문장의 내용 중에 성인 학습의 원리에 해당되는 내용에는 O로, 성인 학습의 원리에 해당되는 내용이 아닌 경우에는 X로 표시하시오.

(1) 외부 압력에 의해 가장 강력히 동기부여된다. (　)

(2) 다양한 학습스타일을 갖고 있다. (　)

(3) 다른 사람에 의해 학습 노력이 요구되어 졌을 때 최선의 학습이 이루어진다. (　)

(4) 학습해야 하는 이유를 알고자 한다. (　)

(5) 실제적인 적용을 원한다. (　)

(6) 실제 경험이 인식되고 평가되길 원한다. (　)

안심Touch

제6장 ┃콜센터 훈련 및 개발(II)

01 전형적인 교수설계모형의 5단계를 작성하시오.

....

....

....

02 클래스룸 훈련방식의 강점을 선택하시오

① 많은 직원들이 수행하기가 용이하다(예를 들면, 파트타임, 교대근무자, 지리적으로 분산된 직원들).
② 거의 모든 유형의 콘텐츠에 대해 효과가 있다.
③ 지식이 직무에 전이되는 것이 실제로 보장된다.
④ 비용이 적게 든다.

03 자가진단 학습의 강점을 선택하시오.

① 기존의 스킬을 강화하거나 교정적 훈련에 적합하다.
② 학습자의 선호도와 스타일을 수용할 수 있어 쉽게 커스터마이즈가 가능하다.
③ 세션별 콘텐츠를 변경하기 용이하다.
④ 조직의 커뮤니케이션과 직원 만족에 기여 할 수 있게 관계를 증진시킨다.

04 훈련프로그램을 평가하는 4가지 레벨을 작성하시오.

....

....

....

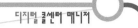

제7장 ▎경력 관리 및 보상

01 경력경로에서 기본적으로 고려되어야 하는 3가지 단계를 작성하시오.

....

....

....

02 상담사의 경력경로 장애물로서 가장 중요한 요소를 선택하시오.

① 상담사의 성장을 지원하지 않는 조직문화
② 불충분한 직무기회
③ 훈련평가의 미흡
④ 상세화된 기술 요구서, 다양한 승진 옵션, 구조화된 피드백 프로세스를 포함하는 견고한 모델의
   부족

03 고객 접촉이 비교적 간단하며, 반복적인 근무환경에 일반적으로 적합한 경로 모델을 쓰시오.

....

....

....

04 승계계획 플로우 차트의 빈칸을 채우시오.

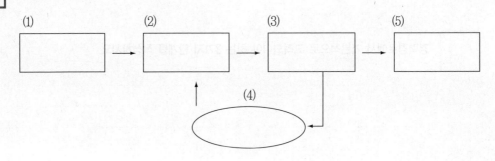

(1) ☐ → (2) ☐ → (3) ☐ → (5) ☐

(4) ⬭

05 보상을 구성하는 3가지 요소를 작성하시오.

....

....

....

제8장 ┃ 직원만족도 관리

01 직원만족도 조사 결과가 나왔을 때 효과가 가장 큰 사안을 먼저 개선하는 것이 필요한가 아니면 시급히 변화를 보여 줄 수 있는 것을 먼저 개선하는 것이 바람직한가에 대해 의견을 작성하시오.

....

....

....

02 O, X로 표시하시오.

(1) 신뢰구축은 직무가 명확하게 정의되어 있는 관료적인 조직에서 가장 용이하다. (　　)
(2) 혼란이 거의 없으며, 좀더 솔직한 환경에서 신뢰를 구축하기가 더 쉽다. (　　)

03 갈등의 3가지 유형을 작성하시오.

04 각 단어에 알맞은 정의를 연결하시오.

_____ 갈등통제 _____ 개방정책 _____ 중재 _____ 불만처리 _____ 동료평가

① 관리자가 항상 누구와도 문제에 대해 대화를 나눌 수 있다는 확신을 심어준다.
② 상충되는 목적이나 자원의 부족 등과 같은 잠재적 문제점에 경청하라.
③ 긍정적 갈등 해결 3단계가 성공적이지 못할 때 종종 사용한다.
④ 관리자에게 불만이 생겼을 때 공식적으로 상담사가 제시할 수 있다.
⑤ 관리자의 결정에 대해 논쟁 있을 때 상고과정으로 종종 사용한다.

제9장 ┃ 모니터링 및 코칭

01 **효과적인 모니터링 및 코칭 프로그램의 7단계에 적합한 단어와 문장을 채워 넣으시오.**

(1) 모니터링 프로그램의 (   )을 파악해라.
(2) 모니터링의 (   )을 결정해라.
(3) 성과 (   )을 만들어라.
(4) (   )를 포함한 모니터링 측정 시스템을 만들어라.
(5) (   )전략을 개발해라.
(6) (   )전략을 결정해라.
(7) (   )과 프로그램의 세부사항을 함께 공유해라.

02 **원격 모니터링(Silent Monitoring)의 장점이 아닌 것은?**

① 상담사가 즉각적인 피드백을 받을 수 있다.
② 모니터링을 여러 지역에서 할 수 있다.
③ 임의적으로 추출되므로 연이어 우수 콜이 추출될 수 있다.
④ 상담사가 자연스럽게 행동할 수 있다.

03 과목 정답 및 해설

디지털 콜센터 매니저

제1장 ┃ 리더십

01 ④

해설 ▶ ④는 '리더의 핵심 7가지' John maxwell에 관한 설명이다(타고난 개인 성격).

02 (1) 70%, (2) 25%, (3) 5%

해설 ▶ 강점(최대화), 새로운 일(새로운 영역 변화와 개선유지), 약점(최소화)

03 피터 드럭커(Peter Drucker)

해설 ▶ 효과적인 리더는 학습하여 얻게 된 것이라고 주장, 습관이 될 때까지 실행 성공

04 ③

해설 ▶ 치유가 아니라 스튜어드십에 대한 설명이다.

05 (1) 리더 : 조직의 비전 제시와 편안한 의사소통은 가능 조직의 운영을 효과적으로 관리하지 않는다.
(2) 관리 : 현실적이고, 일상적, 창의력 없이 조직의 정해진 프로세스와 절차를 따른다.

06 (1) 권위주의형 : 지휘 명령 체계에 따라 명령을 수행하는 것
(2) 참여형 : 부하 직원을 적극적 의사 결정에 참여시키고 성과에 대한 책임도 수용

07 ④

08 (1) 직업적 의지
(2) 개인적 겸양

안심Touch

09 ①

해설 ▶ 콜센터의 성공적인 운영은 인력의 적재적소 배치로 우수한 성과를 내기 위함

10 ②

해설 ▶ 콜센터의 리더십의 재능은 변화를 성공적으로 수용할 수 있어야 함

11 ③

해설 ▶ 콜센터의 고객의 다양한 욕구 충족을 위하여 인적자원과 표준작업량을 통해서 고객의 만족한 서비스 수준을 유지할 수 있도록 구성원의 요구를 안전하게 지원

12 다운사이징

제2장 ▌채용과 선발

01 ③

해설 ▶ ③은 선발 프로세스에 관한 설명

02 ④

해설 ▶ ④는 콜센터 위치 재선정시 고려사항에 관련한 설명

03 ②

해설 ▶ • 이직에 의한 필요인원 = 10명
　　　 • 업무증가에 의한 필요인원 = 10명
　　　 총 20명, 그 중 10%인 2명을 파트타임으로 구성하면 19+1(파트타임 2) = 19+2 = 21명

04 ①

해설 ▶ 전화면접은 전화 구두 커뮤니케이션 스킬을 평가할 수 있다.

제3장 ▌조직구성 및 스태핑

01 ④

해설 ▶ ④ 내부 직원의 동의를 얻어야 한다.

02 ②

해설 ▶ 계약직원에 대한 설명

03 ③

해설 ▶ '표준 재택근무 계약' 체결을 통해 양측의 책임과 요구사항 이해

04 ①

해설 ▶ 전략적 분석 수행 → 요구사항 정리 → 후보식별 → 업체선택 → 이관 → 관리관리

제4장 ▌이직률 관리하기

01 ③

해설 ▶ 이직의 긍정적인 측면 있음

02 ④

해설 ▶ (30명/104명) * (12/6) = 57.7%, $\dfrac{\text{이직자 수}}{\text{기간 동안 실제 일할 상담사 수 평균}} \times \dfrac{12}{\text{기간(개월 수)}}$

안심Touch

03 ④

해설 ▶ 어느 정도의 이직은 당연하고 수용할 수 있다.

04 ④

해설 ▶ 팀의 결속력을 저하시키므로 직원들의 사기를 저하시키기 때문

제5장 ┃ 콜센터 훈련 및 개발(I)

01 (1) ×, (2) ○

02 (1) 현재 프랙티스가 무엇인지를 확립한다.
(2) 기대되는 결과가 무엇인지를 기획한다.
(3) 비용 당위성/정당화의 근거를 제공한다.

03 (1) 개인, (2) 경영, (3) 조직

04 (1) × , (2) ○, (3) ×, (4) ○, (5) ○, (6) ○

제6장 ┃ 콜센터 훈련 및 개발(II)

01 (1) 분 석
(2) 설 계
(3) 개 발
(4) 실행/구현
(5) 평 가

02   ②

03   ①

04   (1) 반응평가   (2) 학습평가   (3) 업무에 대한 응용   (4) 효과와 ROI 평가

제7장 ▌경력 관리 및 보상

01   (1) 성과평가단계 (2) 방향설정단계 (3) 능력개발단계

02   ①

03   (1) 경력경로 (2) 스킬경로

04   (1) 콜센터에서 요구되는 리더십 능력을 규명
      (2) 다목적 기법을 이용하여 선택된 후보관리자 평가
      (3) 선별된 관리자의 준비수준 진단
      (4) 멘토를 개발, 관리자 코치
      (5) 공석에 적합한 직원선발

05   (1) 기본급여
      (2) 인센티브
      (3) 복리후생

안심Touch

제8장 ┃ 직원만족도 관리

01 직원은 조사가 이루어지면 가능한 빠른 변화를 기대하고 있기 때문에 변화를 가시적으로 보여줄 수 있는 것을 먼저 개선하고 효과적으로 가장 큰 사안은 구체적인 계획을 세워 장기적으로 실행해 나가는 것이 바람직하다.

02 (1) (×) (2) (○)

03 (1) 본원적 갈등
(2) 개인적 갈등
(3) 관계적 갈등

04 ②, ①, ⑤, ④, ③

제9장 ┃ 모니터링 및 코칭

01 (1) 목표/목적
(2) 유 형
(3) 표 준
(4) 폼, 스코어카드
(5) 평가조율
(6) 코칭 전략과 표준
(7) 직 원

02 ①

여기서 멈출 거예요? 고지가 바로 눈앞에 있어요.
마지막 한 걸음까지 시대에듀가 함께할게요!

여기서 멈출 거예요? 고지가 바로 눈앞에 있어요.
마지막 한 걸음까지 시대에듀가 함께할게요!

제4과목

기술관리

01장 콜센터 환경 및 기술동향

제1절 ▌ 최근 비즈니스의 중심

> ●— 핵심 포인트
>
> • 최근 고객이 정보화되고 네트워크로 연결됨에 따라 조직은 고객에게 더 좋은 서비스를 제공하기 위해 영업 및 고객서비스 전달시스템을 변화시켜야 한다.
> • 기존의 전화업무 위주의 콜센터는 신뢰도 확보가 용이한 다양한 채널 환경으로 변화하고 있다.

인터넷, 통신, 컴퓨터 기술의 융합에 의해 새로운 서비스 유형이 나타나고 고객, 조직, 공급자, 산업관심그룹 및 정부와의 그룹간-그룹별 연결이 다양화, 복합화되고 있다. 최근 고객은 정보화되고 네트워크에 의해 연결되어 있으며, 조직은 고객에게 더 좋은 서비스 제공을 위해 또는 고객의 불만족, 환상을 야기하거나 최악의 경우 고객의 이탈 위험을 관리하기 위해 영업 및 고객서비스 전달시스템을 변화시켜야 한다.

결과적으로 콜센터는 다음과 같은 과중한 압력에 직면해 있다.

• 응대할 고객수 증대
• 고객 유지
• 더 많은 볼륨(Volume)의 처리
• 복잡해진 요구사항의 처리
• 보다 많은 정보의 제공
• 개인화된 서비스의 제공
• 서비스 제공의 가속화
• 비용 절감
• 수익의 생성
• 최고급 서비스 전달
• 보안과 의무 이행의 보증
• 신기술의 통합
• 접근성과 이용가능성의 증대
• 고객들이 선택하고 조절할 수 있는 권한 부여

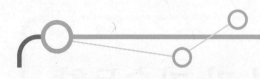

이러한 구체적인 도전 이외에, 콜센터의 임무 및 운영방식 측면에서의 근본적 개발이 필요하다. 다음의 표는 기존의 전화 중심 콜센터가 어떻게 진화하는지를 서술하고 있다.

[콜센터 진화]

From	To
비용센터	이익중점
볼륨중점	고객관계
신입인력	전문인력
높은 이직률	이력진로
규칙중심	능력 중심
일정한 처리	개인화된 처리
포괄적 캠페인	타겟을 가진 캠페인
크고 중앙 집권적 센터	분산화되고 지리적으로 떨어진 센터
통 화	다양한 미디어
전통적인 통화 센터	다양한 채널의 환경

조직의 성장을 위해서는 직원의 기능을 업그레이드하고 프로세스를 개선하며, 기술을 이용하여 도전 과제에 대처할 수 있도록 하는 것이 요구된다.

제2절 ▌ 주요 기술동향

○─ 핵심 포인트

- 콜센터 기술은 변화하는 고객의 요구사항, 경쟁압력의 증대, 새로운 사업 목적 등을 수용하기 위해 빠르게 진화하고 있다.
- 콜센터 기술동향은 다음을 포함하고 있어 조직에 유연성을 부여한다.
  - Web-Based 환경
  - 표준공개 플랫폼과 표준도구 미들웨어(Middleware)
  - 범용 프로그램이지만 환경 설정 또는 맞춤이 가능한 솔루션
  - 서비스고객의 요구사항에 적절한 데이터
  - 개선된 데스크톱 도구
  - 멀티미디어 큐잉(Queuing) 및 업무 처리
  - 이러한 진화로 인해 새로운 경영 과제가 발생한다. 예를 들면, 관리자는 기획 및 경영학적 방법론에 대해 재고해야 하고 거래처에서는 다양한 접촉 채널을 통해 증가하는 복잡한 거래를 취급해야 한다.

콜센터는 빠르게 변화하는 고객의 요구사항, 증가하는 경쟁압력과 적은 자원으로 더 많은 서비스를 제공하기 위해 필수적인 사업 등을 수용하며 진화하고 있다. 기술은 이러한 수요를 충족하기 위한 요소이다. 빠른 변화를 수용하기 위해서는 기술을 적절히 적용하고 효과적 프로세스에 대한 명확한 정의가 필요하다. 기업들이 신속하고 적절하게 변화에 대처하기 위해서는 유연성을 가져야 한다. 기술적 측면에서 유연성을 갖기 위해서는 다음과 같은 조건이 필요하다.

- Web-Based 환경
- 표준공개 플랫폼과 표준도구 미들웨어(Middleware)
- 범용 프로그램이지만 환경설정 또는 맞춤이 가능한 솔루션
- 서비스 고객의 요구사항에 적절한 데이터
- 개선된 데스크톱 도구
- 멀티미디어 큐잉(Queuing) 및 업무 처리

1. Web-Based 환경

이전 Client-Server 환경에서 웹기반의 환경으로 기술이 진보되었다.

이전 Client-Server 환경은 사용자(상담사)의 PC에서 업무를 처리하는 데 필요한 비즈니스 로직이 구동되고, Server는 Client에서 요청하는 단순 처리 업무를 수행하는 Thick Client 구조이다.

이러한 방식은 대량의 데이터 로직에 대한 Client의 성능 저하 및 소프트웨어 관리의 어려움, 시스템의 확장성이나 유연성 부족 등의 문제점을 야기하였고, 이에 더 발전된 형태의 시스템 환경을 필요로 하게 되었다.

이에 웹기반의 환경은 Client가 서버에 요청하고 Server가 응대하는 방식이나, Client는 단순히 작성된 프로그램의 다운로드를 요구하고 이를 통해 서버 측의 프로그램을 작동시켜 그 결과를 요구하는 구조로 업무를 처리하는 비즈니스 로직이 Client 측이 아닌 서버 측에서 대부분 일어나는 Thin Client 구조이다.

한편, 기업의 업무들이 전산화를 통하여 높은 생상성 향상을 가지고 왔다. 그러나 이러한 전산시스템들은 서로 독립적으로 운영되는 경우가 많고, 이로 인하여 각 전산시스템 간의 유기적인 구동을 필요로 하게 되었다. SOA는 1996년 Gartner 그룹에서 처음 소개된 시스템설계상의 방법으로 전산시스템들이 가지고 있는 개발환경 등과 같은 특성을 고려하지 않아도 모든 전산시스템들이 네트워크를 경유하여 서비스로써, 자유롭게 조합하여 이용할 수 있도록 구성된 방안이다.

2. 표준공개 플랫폼과 표준도구 미들웨어(Middleware)

오늘날의 기술환경에서 시스템은 표준운영환경을 가진 표준 플랫폼을 운영해야 한다. 시스템은 개방되어야 하는데, 이는 다른 시스템과 쉽게 통합되어 확장될 수 있어야 한다. 조직은 오래되고 폐쇄적인 레거시 시스템을 완전히 교체하는 것은 불가능할 수도 있지만, 기능적 특성은 레거시 시스템에서 새로운 클라이언트-서버 시스템으로 이전될 수 있다. 레거시 시스템은 큰 데이터베이스 서버 또는 후위 처리 컴퓨터(Back-end Processor)가 되고, 데스크톱 컴퓨터는 이 데이터베이스에 접근하기 위한 전단 응용프로그램(Front-end Application)을 운영할 것이다.

시간의 흐름에 따라 사업이 진화하면서 중요한 고객데이터는 수많은 레거시 시스템, 데이터베이스 서버 및 데이터 웨어하우스에 확산될 수 있다. 대다수의 경우 콜센터 상담사는 모든 고객 정보에 접근하지 못하여, 고유한 서비스를 제공할 수 있는 능력에 제한을 받게 된다. 미들웨어는 필수적 기술 요소로서 진화하고 있다. 콜센터 상담사는 데스크톱 컴퓨터와 현재의 모든 정보데이터베이스 사이의 버퍼(Buffer) 역할을 하는 미들웨어 응용프로그램은 고객 기록이 어디 있는지에 관계없이 모든 고객 기록을 추적하기 위해 설계되었다.

3. 범용 프로그램이지만 환경설정 또는 맞춤이 가능한 솔루션

이러한 표준이 어떤 기업의 환경에 상관없이 구매되고 통합될 수 있는 범용 패키지로서 제공되지만, 여전히 대부분은 사업의 구체적 요구사항을 충족시키기 위해 주문화(Customization)를 필요로 한다. 패키지 솔루션의 이점은 저렴한 비용, 빠른 투자수익률(ROI), 신속한 실행에 있다. 신제품을 더 빨리 시장에 출시하는 것은 최근 경쟁 환경에서 매우 중요한 요인이 될 것이다. 공급자가 신기능과 새로운 매체에 대한 수요에 부응하기 위해 새로운 능력을 지속적으로 추가하는 동안 향후 가격 인상도 더 쉬워진다. 결국 오픈 아키텍처와 표준 인터페이스는 기업이 주문형 서비스를 제공하기 위해 강력한 데이터 분석능력에 접근하도록 해준다.

4. 서비스고객 요구사항에 적절한 데이터

한때 조직의 사업 응용프로그램의 모든 측면을 제공하였던 레거시 시스템은 많은 기업에서 조직 내 데이터 기반의 일부에 해당하는 저장소 이상으로 큰 비중을 차지한다. 실시간 정보는 더욱 중요성이 증가되는 추세이다. 상담사는 접촉과 접촉의 연결성을 유지하기 위해 다른 기록들에 따른 동시적 접근을 위한 기록을 업데이트할 능력을 갖추어야 한다. 데이터는 보편적이고, 최신의 정보를 포함해야 하며, 업데이트가 가능하고 수많은 매체 옵션을 통해 접근 가능해야 한다.

데이터의 수집은 사업목표, 절차와 목적을 지원하기 위해 점점 구조화되고 있다. 콜센터의 예를 보면, 기업들은 사용된 매체 또는 접촉빈도와 관계없이 접촉주기 동안 무엇이 일어났는지를 측정하고 있다. 이러한 접근법은 상담사와 ACD 통계에 의존했던 초기의 관점과는 매우 다르다. 기업들은 고객에게 약속했던 의무를 이행할 수 있는 기업의 능력도 측정하고 있다. 기업들은 접촉 또는 고객의 가치 및 비용을 비교, 측정하기 원한다. 예를 들면, 수익에 전혀 도움이 되지 않는데 자주 전화를 하는 고객이 측정되고, 이 고객이 단 한 번의 전화에 많은 수익이 생길 수 있는 고객에 대하여 평가될 수 있다면, 이 지식을 이용하여 차별화된 서비스를 제공할 수 있을 것이다.

많은 조직들이 데이터를 웨어하우스에 수집하고 성과분석 검증과 동향분석을 위해 또한 이 데이터를 사용하기 위해 점점 복잡해지는 도구에 관심을 돌리고 있다. 관련된 활동의 하나인 데이터마이닝은 별개의 데이터 셋 간의 상관관계를 파악하기 위해 사용하는 분석적 도구이다. 그 예로 보고서는 어느 고객이 더 수익성이 좋은지, 개별 고객들이 어떤 제품을 더 많이 사려고 하는지 등을 보여주기 위해 개발될 수 있다. 이러한 정보를 이용하여 상담사는 주요 고객에게 더 좋은 서비스를 제공하고 교차판매의 기회를 활용할 수도 있다.

5. 개선된 데스크톱 도구

상담사 데스크톱도 역시 변화하고 있다. 오늘날의 최고급 센터에서 서비스 상담사는 그들이 요구하는 모든 정보에 대한 능률적 접근이 가능하며, 응용프로그램을 통해 보고 느낄 수 있는 사용자 인터페이스를 사용할 수 있는 지원시스템과 멀티미디어 도구를 가지고 있다.

상담사 데스크톱은 모든 정보와 모든 매체를 연결하는 단일 접근 포인트이다. 음성에서 IP전화, 이미지 파일, 이메일, 비디오 수신 등에 이르는 접촉을 취급하기 위해 멀티미디어 기능을 지원하며 앞서 언급되었던 표준과 개방형 접근법과 유사한 개념에서 브라우저 기반 인터페이스는 데스크톱 전단으로서의 선호도가 높아지고 있다.

6. 멀티미디어 큐잉(Queuing) 및 업무 처리

고객들은 어떤 매체를 선택하느냐와 상관없이 프로세스, 용어, 보고 느끼는 측면에 있어서 유사한 경험을 가져야 한다. 더 중요한 것은 고객이 사용한 매체 유형과 관계없이 거래 행위에 따른 반응 시간과 행동이 비슷해야 한다는 점이다. 접촉방법과 고객의 유형에 따라 다른 취급방법을 필요로 하기 때문에 사업규칙은 어떤 거래방법, 문의 또는 문제점이 고객의 종류별 또는 목적별, 현재 직원조건 및 다른 범주에 기반하여 어떻게 진행되는지를 정의할 것이다.

7. 새로운 경영과제

새로운 환경을 지원하고 관리하는 경영진은 응용프로그램이 어떻게 상호작용을 하는지를 깊이 이해해야 하며, 하나 또는 그 이상의 요소를 포함하는 사업 관점으로부터 문제의 실행에 대해 인지가 필요하다. 콜센터, 인터넷, IVR(음성자동응답), 대리점과 같이 고객이 다양한 채널을 활용할 수 있는 새로운 세상에서는 수익성의 기준이 주어진 채널에 대한 수익성으로부터 전반적으로 고객관계의 수익성을 강조하는 것으로 옮겨질 것이다. 상담사의 평가가 복잡해짐에 따라서 관리자들은 성과를 측정하기 위한 새로운 방법을 결정해야 할 것이다. 게다가 이러한 유형의 환경에서 스케줄링과 예측은 더욱 중요해질 것이다.

상담사는 다양한 매체 내에서 의사소통 및 관리할 수 있어야 한다. 이를 위해 상담사는 이메일, 팩스, 문자-대화 세션 또는 우편에 대한 응대, 판매 및 지원능력, 단순한 대표자 또는 상담사가 아닌 관계 관리자로서 서비스를 제공할 수 있는 능력 등을 갖추어야 한다.

제3절 ▌ 기술기반 요소

> **○— 핵심 포인트**
>
> - 오늘날의 기술환경에서 시스템은 표준운영환경을 포함하는 표준플랫폼상에서 운영되어야 한다. 시스템은 다른 시스템과 쉽게 통합되어 확장될 수 있어야 한다.
> - 기업들은 사용된 매체 또는 접점의 개수와 상관없이 접촉이 이루어지는 동안 무엇이 일어났는지에 대한 관심이 더욱 많아진다.
> - SIP(Session Initiation Protocol)는 다양한 벤더에 의해 공급되는 콜센터 Component 간의 표준화된 통신규약 역할을 하는 매우 간결하고 속도가 빠른 프로토콜이다.
> - SOA(Services Oriented Architecture)는 웹서비스를 이용하는 새로운 응용프로그램 호환이 가능한 개방형 표준이다.

다음의 도표는 오늘날의 진보적인 콜센터 환경에서 발견되는 기술기반 요소의 상위 레벨을 보여준다.

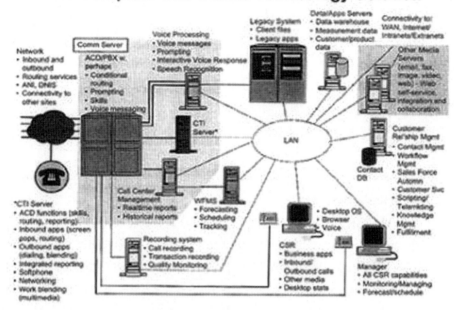

[기술기반 요소]

오늘날의 기술적 환경에서 시스템은 표준운영환경을 포함하는 표준플랫폼상에서 운영되어야 한다. 시스템은 다른 시스템과 쉽게 통합되어 확장될 수 있어야 한다. 오래되고 폐쇄적인 레거시 시스템을 완전히 교체하는 것이 항상 가능한 것은 아니지만 레거시 시스템으로부터 새로운 클라이언트-서버 시스템으로의 기능성은 이전될 수 있다. 레거시 시스템은 데이터베이스에 접속하기 위한 프론트 엔드의 응용프로그램을 운영하는 데스크톱 컴퓨터를 포함하는 데이터베이스 서버 또는 백 엔드의 처리장치가 된다. 데이터 이전 및 미들웨어는 성공적으로 신기술을 레거시 시스템에 통합하기 위한 두 개의 중요한 요소이다.

이 새로운 개방형 시스템의 특성은 다음과 같다.

- 보통 NT 서버인 인텔 기반 컴퓨팅 아키텍처상의 마이크로소프트 윈도(윈도가 클라이언트-서버환경을 위한 주도적 운영시스템이 되고 있지만, 아직도 상당수 다양한 UNIX 환경이 존재하며 이들은 Sun, Hewlett Packard 또는 IBM 등의 플랫폼상에서 운영되고 있다)
- 네트워크 수송 프로토콜로서의 TCP/IP
- 개체지향적이고 수송 가능한(Transportable) 개발환경, 예를 들어 C++, JAVA(수송 가능하다는 것은 프로그램 코드가 다양한 플랫폼상에서 읽혀질 수 있음을 의미한다)
- 데스크톱 응용프로그램간 의사소통 프로토콜(DDE, OLE, ActiveX)

- 공개 데이터베이스를 연결하는(ODBC) 공개 데이터베이스(Oracle, SQL, Sybase 등)
- 표준 컴퓨터-전화 프로토콜(TSAPI, TAPI, CT Connect, S.100)
- 브라우저 기반 사용자 인터페이스(Netscape Navigator 또는 마이크로소프트 인터넷 익스플로러)

1. 개방형 프로토콜

SIP 프로토콜은 하나 이상의 멀티미디어 세션 또는 호를 설정, 수정, 해제하는 역할을 하는 VoIP용 신호 프로토콜이다.

이는 5년 전 Internet Engineering Task Force(IETF)에서 정의한 시그널링 프로토콜이며, Text 기반의 Client-Server 프로토콜이다.

기존에 존재하던 H.323 프로토콜은 오버헤드가 크고, 시스템의 리소스를 많이 필요로 하며, 또한 프로토콜 자체가 복잡하여, 이에 비해 가볍고 확장성이 뛰어난 SIP 프로토콜이 이를 대신하고 있다. 그러나 H.323 프로토콜은 초기에 정의되어진 프로토콜로 상용화되어진 제품들이 다수 존재한다.

SIP 프로토콜의 특징은 회선교환방식의 호 제어용 프로토콜과 유사하게 패킷교환에서의 호 또는 세션 제어용 프로토콜이며, 텍스트 기반의 응용계측 프로토콜로 HTTP 프로토콜 통신방법을 그대로 사용하는 등 전반적으로 구현이 용이하며, 메시지 구조가 헤더와 바디로 구성되어 HTTP 구조와 유사하다. SIP의 구성 요소는 다음과 같다.

(1) Proxy Server

호를 요청 받고 좀더 상세한 사용자 위치 정보를 가진 서버로 호를 넘겨주는 역할을 수행한다.

(2) Location Server

수신자의 위치정보를 지원하는 역할을 수행한다.

(3) Redirect Server

자체적으로는 접속을 만들어 내지는 못하나 원래 요청을 재시도할 곳에 대한 정보로 응답해 주는 역할을 수행한다. 즉, 사용자의 현재 위치를 알려주는 역할을 수행한다.

(4) Register Server

사용자의 현재 위치의 등록, 수정, 삭제 및 현재 리스트를 보여주는 기능을 수행함으로서, SIP 프로토콜은 현재 사용 중인 Analog, TDM Trunk를 대체할 미래의 통신 프로토콜로 보고 있다.

02장 ACD / CTI / 멀티미디어 콜센터

디지털 콜센터 매니저

제1절 ▌ 자동 콜분배(ACD)시스템

◎— 핵심 포인트

- 자동 콜분배(ACD ; Automatic Call Distributor)는 전화를 라우팅하고, 배열·연결하여 큐잉(Queueing)하는 시스템으로, 기획과 관리의 목적으로 실시간 및 히스토리 리포트를 제공한다.
- ACD는 콜을 라우팅하기 위한 수많은 대안을 제공한다.
  - 최장시간 가능한 상담원 라우팅
  - 전문화 그룹 라우팅
  - 기술기반 라우팅
  - 데이터에 의해 유도된 라우팅
  - 시간이 지남에 따라 ACD는 콜센터의 중심신경시스템이 되었다.

ACD는 100년 전 전화가 처음 발명된 시기부터 지속적으로 발전되어 왔으며, 최근의 발전되는 방향의 경향은 다음과 같다.

- 아날로그/TDM 스위칭기술에서 IP 스위칭으로 전환
- ACD 라우팅 기반에서 CTI 스위칭으로 전환
- Multi-site 개별 라우팅에서 Virtual Call 라우팅으로 전환(IP기반)
- SIP 국선 출현으로 라우팅전략이 Transactional Base에서 Policy Base로 전환
- SIP 출현으로 CTI의 라우팅의 중요성 증대
- 통합 Admin, 통합 Reporting의 중요성 증대

자동 콜분배(ACD)는 유입되는 콜을 라우팅하고 그 콜과 관련된 정보를 수집하는 소프트웨어 응용프로그램이다. ACD의 기본 능력은 다음과 같다.

- 콜라우팅 : 보통 콜중계선군(Trunk Group) 또는 콜을 한 발신자의 수에 기반하여 그룹 내 최장시간 가능한 상담사에게 콜을 라우팅한다. ACD는 조건부 파라미터 또는 서비스 응대 기술에 기반하여 라우팅할 수도 있다.
- 콜순서 배열 : 처음 걸려온 콜을 처음으로 배열한다는 원칙에 의거한다. 그러나 ACD는 콜 또는 발신자에 대해 수집된 정보에 따라 배열을 바꿀 수도 있다(예를 들어 데이터베이스 내의 발신번호 또는 계좌정보로부터 정보를 얻음).

- 콜큐잉 : 연결 가능한 상담사가 없다면 콜은 대기된다.
- 발신자의 대기를 유도 : 어떤 경우에는 지연된다는 방송을 통하여 대기 시간을 예상하게 하거나 알린다.
- 상담사간 콜분배 : 업무가 가중되는 것을 조절하기 위하여 모든 상담사는 콜을 다른 곳으로 분배할 수 있는 선택권이 있다.
- 실시간과 기존 기록 데이터 모두에 대한 계획 및 성과를 기록 : 대부분의 ACD는 ACD 소프트웨어의 일부 기능 또는 부가 패키지에 의해 리포트하는 기능을 제공한다.
- 다른 시스템과의 통합 : ACD는 종합 솔루션을 표방하는 많은 시스템 중 하나가 되었다.

1. ACD 라우팅 정보 및 방법

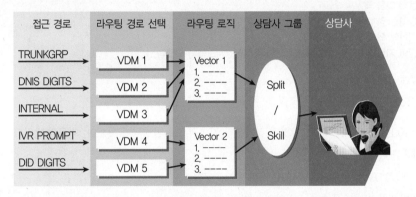

〈자료 : 어바이어〉

[ACD 콜라우팅 정보 및 방법]

ACD 라우팅의 방식은 고객의 접근 경로에서 수집된 데이터를 바탕으로 라우팅 로직 및 라우팅 경로를 통하여 상담사에게 배분되는 방식이다.

세부적으로 고객의 접근경로 및 이로 인하여 수집될 수 있는 데이터들은 다음과 같은 내용 등이 있다.

(1) TRUNK GRP - 일반 국선

(2) DNIS Digits

DNIS(Dialed Number Identification Service)는 발신자가 건 수신자의 전화번호를 제공하는 서비스로, 이를 사용하는 라우팅의 예는 VIP를 대상으로 콜센터의 별도의 전화번호를 배부, 이 번호로 전화를 건 고객에게 특별한 서비스를 하는 경우가 될 수 있다.

(3) Interanl – 내부 전화 IVR Prompt

IVR에서 정해진 시나리오에 따라 고객의 선택을 요구하고 고객에 의하여 선택되어진 번호에 따라 라우팅 경로가 달라지는 경우이다.

(4) DID Digits

교환기의 가입자 전화로 오는 착신호가 중계대를 거치지 않고 지정된 내선 전화기에 자동 접속되는 서비스로 각각의 번호에 따라서 라우팅 경로를 달리 구성할 수 있다.

이러한 접근경로를 통하여 인입된 콜은 라우팅 로직에 따라 라우팅 경로가 선택되어지는데 이를 VDN(Vector Directory Number)이라고 한다.

VDN은 라우팅 로직인 Vector(Avaya의 경우 라우팅 로직을 작성하는 프로그램) 프로그램과 일대다 혹은 다대일의 관계로 연계되어 라우팅을 행할 수 있다.

예를 들어, VDN 1번을 VIP 전용 라우팅 경로로 설정해 놓고, Vector 프로그램에서 DNIS의 번호가 VIP 전용 번호인 경우 해당콜을 1111의 VDN으로 연결할 수 있다는 것이다.

또한, VDN 3번을 업무시간 외 처리 VDN으로 구성해 놓으면 Vector 프로그램에 의해 인입되는 콜이 업무시간 이외에는 3번 VDN으로 라우팅을 행하게 된다. 즉, Vector 프로그램과 VDN을 통하여 다양한 라우팅 정책을 정할 수 있다.

상담사 라우팅된 콜을 처리하는 그룹은 Skill/Split이라 한다. 즉, 상담사를 VIP, 고객불만 등과 같은 Skill로 구분하여 이를 처리할 수 있도록 한다.

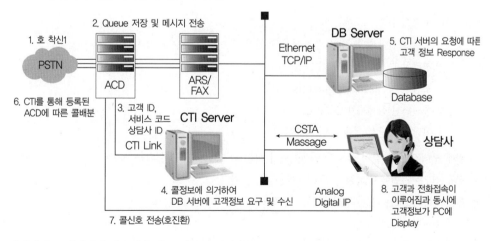

일반적인 콜센터에서 라우팅을 하는 경로를 예시한 그림으로, 고객의 호를 착신하면, IVR등의 시스템을 통하여 라우팅에 필요한 정보를 수집하여 CTI를 통하여 고객 DB에 정보를 요청하고, 이를 통하여 수집된 정보를 토대로 하여 상담사에게 콜을 분배하는 과정을 나타낸다.

이러한 과정 중에 대기호 관리기능, ARS 회선을 점유하지 않고 안내멘트를 제공하는 기능, 예상 대기시간 안내멘트 제공 등의 기능들이 함께 수반된다.

2. 실시간 및 기존 기록 리포트

ACD 벤더가 다양한 이름의 ACD 리포트를 사용하며, 리포트는 다음과 같은 항목을 포함한다.

(1) 실시간 리포트
① 대기하는 콜의 수
② 최장 시간 대기한 콜
③ 상담사 업무상황
④ 가능한 상담사의 수

(2) 기존 기록 리포트(가장 최근의 내역 데이터 또는 요약 데이터에 기반)
① 평균응답속도
② 걸려온 콜을 받은 횟수
③ 응답되기 전에 콜이 끊긴 횟수
④ 콜이 끊기기 전까지의 평균지연시간
⑤ 평균대기시간
⑥ 서비스 수준
⑦ 모든 회선이 통화 중인 경우(모든 회선이 사용 중인 횟수 및 총시간)
⑧ 처리된 콜
⑨ 포함된 시간(Time Signed In)
⑩ 통신회선 점유시간(Occupancy)
⑪ 상담사 생산성(예를 들면 처리된 업무 로드)

위에 보여진 바와 같이 실시간 업데이트가 되는 리포트는 ACD가 최근 데이터를 사용하여 내역 리포트를 제공한다는 측면에서 기존 기록으로 이용되는 것이다.

ACD 시스템(또는 다른 기술)에 의한 리포트를 고려하고 있다면, 시스템에서 사용되는 용어와 계산을 확실하게 이해할 필요가 있다.

• 서비스 수준 계산
• 제공된 콜, 서비스 수준, 통화 후 업무 등의 용어
• 응답되기 전에 끊긴 콜의 처리방법
• 콜이 시작되고 끝나는 시간 간격을 측정하는 방법

3. ACD 리포트 실례

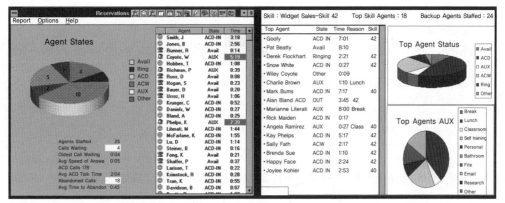

〈자료 : Avaya Korea〉

현재 운영 중인 콜센터의 상담사의 근무상태(로그인된 상담사수, 대기 등)를 나타내는 리포트 및 상담사의 처리상태를 나타내는 실제 리포트 예시이다. 이외 사용자가 설정한 시간에 따른 실시간 리포트의 변화 및 사용자의 설정에 따른 상담사별 근무현황 및 상태표시가 가능하며, 또한 특정시간 이상의 상담이 이루어지고 있는 경우에는 처리시간에 별도의 표시를 두어 관리자가 조치할 수 있는 근간을 제공한다.

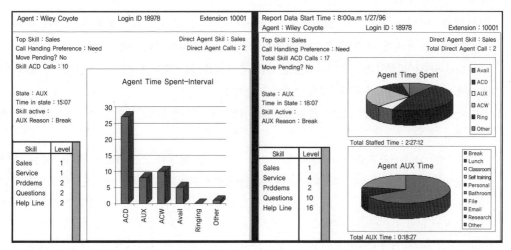

〈자료 : Avaya Korea〉

또 다른 화면 예시로서, 상담사별 실시간 근무현황 및 기간별 실적관리 화면의 예시로 특정상담사의 일과 중 상태를 모니터링하여 이를 도식화하여 나타내고 있다.

제2절 ┃ 컴퓨터통신통합(CTI)

○— 핵심 포인트

- 컴퓨터통신통합(CTI)은 음성과 데이터 세계에서 같은 방법으로 정보를 공유하여 발신자 처리를 개선하기 위한 것이다.
- 일반적 CTI 기능은 다음과 같다.
  - 지능형 라우팅
  - 스크린 팝(Screen Pops)
  - 통합 보고서
  - 데스크톱 소프트폰(Softphone)
  - 발신 다이얼링
- CTI의 사업적 편익은 운영비 절감, 수익성 개선, 고객서비스 증진 및 상담원 만족도의 증대이다.

컴퓨터가 우리 생활에 영향을 미치기 시작한 지 얼마되지 않듯이, CTI가 국내에 도입된 지는 불과 십여 년 밖에 되지 않는다.

CTI란 Computer Telephony Integration의 약자로 전화의 통신기능과 컴퓨터의 지능화된 기능을 통합하여 다양한 통신서비스를 제공하는 기술이다.

다시 말해 컴퓨터와 Telephony 장비인 PBX, Keyphone, IVR, Fax, 전화기 등을 서로 연결, 통합하여 데이터와 콜을 동시에 컨트롤함으로써 발신인 정보를 전화수신자(상담사)에게 자동으로 전달(Screen Pop-up)하거나, 발신인 정보에 따른 맞춤형 상담, 음성 녹음, Fax 자동 송수신, 자동 다이얼링 등의 기능을 제공하여 업무 효율성을 극대화시킬 수 있는 기술이다.

CTI 기술은 90년대 초반 IT 기업을 중심으로 발전하였으며 교환기 업체들과의 연동 노력으로 계속 발전되어 왔다.

초기의 CTI는 컴퓨터와 PBX를 RS232C 등의 접속 인터페이스를 통해 상호 제어정보를 교환하는 시스템으로 출발하였다. 그러나 컴퓨터의 처리능력이 향상됨으로써 PBX의 제어뿐만 아니라 라우팅 알고리즘을 이용한 스위칭 기능까지 컴퓨터에서 제공하게 되었으며 현재는 IP 기반에서 컴퓨터와 네트워크 시스템 만으로도 호(Call)처리를 수행하고 있다.

일반적으로 CTI의 구현방식은 전화기를 사용자 PC에서 직접 제어하는 방식인 First Party Call Control과 교환기와 CTI 서버를 통해 제어하는 Third Party Call Control로 구분된다.

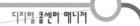
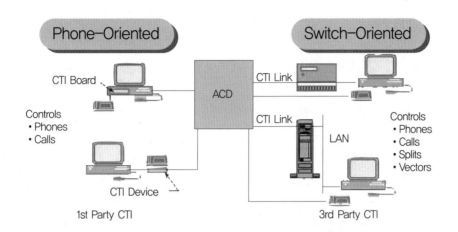

First Party Call 제어방식은 사용자의 PC에 전화기와 연결하는 카드가 삽입되어 있어 이를 통해 전화 라인을 모니터링하고 제어할 수 있다. 그러므로 이 방식은 연결되어 있는 전화기가 제공하는 기능만 활용할 수 있는 방식이라 할 수 있다.

Third Party Call Control 제어방식은 사용자의 PC가 LAN 환경에서 CTI 서버와 연결되며 CTI 서버는 교환기와 CTI 링크를 통해 연결하여 교환기와 연결되어 있는 전화 정보를 모니터링하고 통제할 수 있다. 따라서 이 방식은 CTI 서버가 교환기와의 인터페이스 방식을 통해 제어하므로 교환기의 스위칭 기능뿐만 아니라 다양한 서버(DB, Application)와의 인터페이스를 통해 더욱 강력한 기능을 제공할 수 있다. 현재 대형 콜센터에서 일반적으로 이용하고 있는 방식이다.

1. CTI 기능

(1) CTI는 다음과 같은 영역의 기능을 추가하거나 개선할 수 있다.

① 음성과 데이터의 통합

② 스크린 팝

데이터베이스 파일 및 콜과 관련된 발신자에 대한 정보가 동시에 상담사의 데스크톱으로 전달된다.

③ 지능형 전송

발신자는 관련 데이터와 함께 다른 상담사나 큐잉 그룹으로 전달된다.

④ IVR 통합

고객의 음성 응답 트랜잭션 및 문의는 발신자와 함께 상담사로 전달된다.

(2) 지능형 라우팅

① 조건부 라우팅

고객 선호도나 프로필과 같은 특정 분류에 의해 콜을 라우팅한다.

② 기술 기반 라우팅

단순 ACD 이외의 정보(예를 들어 데이터베이스 시스템의 발신자 프로필을 이용)를 기반으로 상담사에게 콜을 라우팅한다.

③ 멀티사이트 라우팅

다양한 시스템으로부터 연결 가능한 사전 정의된 분류를 기준으로 복수 콜센터 사이의 콜을 라우팅한다.

④ 데이터에 의해 유도된 라우팅

라우팅 시스템 외부의 데이터베이스에 있는 정보를 기반으로 콜을 라우팅한다. 고객세분화나 우선순위 부여와 같은 응용프로그램에 이용된다.

(3) 통합 보고서

① 요람에서 무덤까지 기능

발신자가 IVR에 처음 콜을 했을 때부터 가장 마지막으로 상담사와 콜을 완료하는 순간까지의 모든 발신자의 경험을 기록한다.

② 콜과 트랜잭션 데이터

양방향으로 처리되는 컴퓨터 트랜잭션에 대한 고객정보를 입수하여 보고한다.

(4) 데스크톱 소프트폰(Softphone)

① 로그인/로그아웃 기능, 업무상황 변화, 유지, 전화연결, 컨퍼런스 및 기타와 같은 전화통신 특성으로 이 정보는 상담사의 모니터에 나타난다.

② 상담사, 대기(Queue), 그룹수행에 대한 통계정보가 상담사의 모니터로 확인 가능하다.

(5) 발신 다이얼링

① 발신번호 미리보기

다이얼링 전에 발신 대상에 대한 정보가 상담사에게 보여진다.

② 사전 다이얼링

시스템에 의해 발신되는 콜은 고객 정보와 함께 상담사에게 라우팅된다.

③ 단계적 다이얼링

상담사가 가능한 경우 콜이 다이얼링된다.

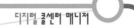

④ 콜혼합

　　착신과 발신콜 사이에 자원을 할당하는 능력이다.

위에 열거한 것은 CTI의 잠재기능 중 일부 단순한 예이다. CTI 실행에 의해 다른 시스템 기능이 개선될 수도 있다.

2. 사업 편익

CTI 기술의 장점은 다음과 같다.

(1) 운영비 절감 또는 조절을 통한 비용 유지

　　조직의 네트워크와 상담사 시간에 소요되는 비용 및 인력과 간접비에 영향을 주는 비효율성을 줄인다.

(2) 서비스 개선

　　대기 시간이 단축되고, 콜의 처리가 신속해지며, 응답을 위해 다른 부서로 전화 전달하는 횟수가 가능한 짧아지며, 정확한 정보를 얻을 수 있도록 담당자에게 정확하게 연결되고, 전화 연결 후 이미 제공된 정보는 중복되어 다시 전달되지 않을 수 있다. 그리고 한 번의 콜에서 여러 트랜잭션이 처리될 수 있다.

(3) 수익 증대

　　상담사에게 수익성이 높은 콜을 받거나 걸 수 있는 시간을 제공한다.

(4) 새로운 서비스

　　특정 고객 요구에 맞춘 주문화된 서비스를 제공한다.

(5) 고객유지 증대

　　개인화를 위해 계획된 서비스를 제공함으로써 고객유지를 높일 수 있다.

(6) 새로운 고객

　　새로운 고객 탐색에 도움을 줄 수 있도록 사전에 추가적으로 접속하는 기능을 제공한다.

CTI가 실행되면 고객은 일반적으로 개선된 서비스에 만족한다. 예전처럼 말을 여러 번 할 필요도 없을 뿐 아니라 한 번의 전화 전달로 해당 담당자에게 바로 연결될 수도 있다. 개선된 콜라우팅 옵션을 통해 고객은 짧은 대기 시간과 개인화된 서비스를 경험해야 한다.

3. CTI 도입 및 실무 구축

CTI의 도입은 조직의 많은 부분을 손보는 것이기 때문에 복합기능적 프로젝트 계획 및 팀구성은 성공적 실행에 있어 매우 중요한 역할을 한다. 복합기능 팀은 CTI를 통해 새로운 업무 프로세스를 수용해야 한다는 기업의 의지를 명확하게 이해해야 한다. 또한 현재 시스템 능력과 CTI의 실행을 위해 어떤 업데이트가 필요한지에 대한 정확한 이해가 필요하다. 스위치 기반 응용과 컴퓨터 기반 응용 간에는 유연성, 신뢰성, 관리도 및 특성 등에서 중요한 상충작용이 생길 수 있다.

4. CTI 확산

현재 CTI를 구현하고 있는 콜센터는 5분의 1에 불과하지만, 멀티미디어와 고객관계관리 같은 다른 기술과 접목된 새로운 응용프로그램이 개발되고 있다. 새로운 응용에 의해 상담사가 고객의 웹경험을 검토하고 공유할 수 있게 해주는 부가적 통합기능이 가능하다. 사실 웹으로 구현된 콜센터는 오늘날 CTI 개발의 주역이 되고 있다. 현재 고객관계관리 확산에 CTI가 매우 중요하기 때문에 벤더들은 데이터 웨어하우스, 마이닝, 리포팅 능력을 개선하고 있다.

제3절 ▎멀티미디어 콜센터

○― 핵심 포인트

- 멀티미디어 라우팅 및 큐잉은 음성, 문자기반 및 웹처리 등 매체에 의한 접촉을 취급하는 것이며, 이는 어떤 거래 내역, 문의 또는 문제점이 어떠한 절차를 가지고 있는지를 정의하는 사업규칙에 기반하고 있다. 이 차별화의 핵심 기준은 매체가 아니라 고객과 요구사항에 의한 것이다.
- 사업규칙은 개별대체매체에 대한 서비스 수준 또는 반응시간과 관련하여 수립되어야 한다.
- 멀티미디어 라우팅은 멀티채널 콜센터가 지속적으로 개발됨에 따라 보편화될 전망이다.

고객들은 그들이 선택하는 매체를 통해 조직과 접촉할 능력을 요구하고, 콜센터는 모든 유형의 접촉에 의해 효율적이고 효과적으로 처리하기 위한 기술과 프로세스를 가져야 한다. 고객들은 그들이 선택하는 매체와 관계없이 동일한 프로세스, 정보, 단계, 인터페이스를 '보고 느껴야' 한다.

다양한 접촉의 유형에 따라 다양한 취급방법이 요구된다. 팩스와 음성 콜의 경우처럼, 어떤 유형은 긴급함을 요구하는 반면, 다른 방법은 긴급함을 덜 요구하는 경우도 있다. 접촉의 중요도는 고객에 대해 알려진 정보를 기반으로 해야 하지만, 사용된 매체의 유형을 고려하여 결정해야 한다. 사업규칙은 어느 거래, 문의 또는 문제점이 어떠한 절차를 갖추고 있는지를 정의하는 것이다.

예를 들면 팩스문의는 보통 전화문의에 비해 시스템으로 입력되고 응답을 받기까지 더 오래 걸린다. 또한 멀티미디어 라우팅과 처리에 의해 전화, 이메일, 전화응답을 요구하는 음성 메시지, 문자기반 대화세션, 웹전화 등 혼합된 매체 대기로 교체될 것이다. 팩스는 다만 사업 규칙에 의거하여 처리되는 것이며, 누군가 물리적으로 팩스를 끄집어내어 주문을 할 시간이 있어서 사용되는 것이 아니다.

'if…then' 논리 및 조건부 전달, 또는 컴퓨터전화통합(CTI)을 위한 데이터에 의해 유도된 전달(Data-directed Routing)을 사용하는 복잡한 전화-전달 능력을 포함하는 ACD와 같이, 멀티미디어 큐잉 시스템은 고객의 종류 및 목적을 파악하고, 적당한 처리 및 우선권 배우를 결정할 수 있는 적절한 기능을 갖춘 자원에의 접촉으로 전달하는 사업 규칙을 적용한다. 이러한 접촉은 고객의 요구사항 및 프로필에 따른 여러 매체를 통해 내부에서 외부로 이루어질 수도 있고, 또는 외부로부터 전달될 수도 있다.

전형적 멀티미디어 큐잉은 사업규칙에 의거하여 매체를 적당한 대기에 전달하기 위한 일반적 전달엔진을 통해 수익을 창출한다. 또한 모든 유형의 매체를 추적하는 일반적 보고 매커니즘을 사용한다.

1. 채널별 기능 설명

(1) VoIP

고객이 전화를 원하는 경우 MS-Netmeeting 같은 Application을 통하여 인터넷으로 콜센터에 전달되어 VoIP Gateway을 통하여 음성으로 변환 상담사와 통화

(2) Web Text Chat

고객과 상담사 간의 Call Control Java Applet을 통하여 문자로 의사소통
① 고객의 PC가 VoIP를 제공하지 못하는 경우나 음성대화를 원치 않는 경우
② 고객과의 정확한 의사소통을 위하여

(3) Call Back

고객의 PC가 VoIP를 제공하지 못하는 경우 상담사가 고객에게 전화를 걸어 주는 기능

(4) Call Back & Collaboration

고객이 Call Back을 요청할 때 다른 인터넷 액세스가 있어 고객이 웹페이지를 보고 상담사와 같은 웹 페이지를 서핑하는 기능

(5) E-mail & FAX

E-mail & FAX가 전자 Mail Box를 통하여 일반의 전화와 같이 상담사에게 배분되어 확실한 빠른 응답을 고객에게 보낼 수 있는 기능

2. 채널별 통합관리

접속채널	전 화	이메일	웹	팩 스	메 일
인터페이스	• 인바운드 • 아웃바운드 • IVR	• 인바운드 • 아웃바운드	• 채팅 • 웹콜백 • 웹콜래버레이션	• 인바운드 • 아웃바운드	• 청구서 • DM

컨택센터 – 단일 상담사 화면, UQ(유니버셜 큐), 공용 데이터 모델, 동일 방식의 상담 처리

위의 그림은 채널별 통합관리 이전에는 전화, 이메일, 웹채팅, 팩스 등을 처리하는 별도 스킬을 가진 상담 조직을 두어야 하는 경우의 예시이며, 멀티미디어 큐잉을 가진 컨택센터는 상담사의 채널별 Skill에 구분을 두지 않고, 공용 데이터 모델과 동일방식의 상담으로 처리하게 된다.

멀티미디어 큐잉은 현재 알려진 것보다 더 유망하고 멀티채널 환경에서 성공적 운영을 위하여 멀티미디어 큐잉을 갖추는 것이 필수 사항은 아니다. 그러나 상담사가 복수접촉유형의 처리기능을 습득하는 데 있어 서 멀티미디어 큐잉은 가장 효율적 옵션이 될 수 있다.

3. 멀티미디어 콜센터 아키텍쳐

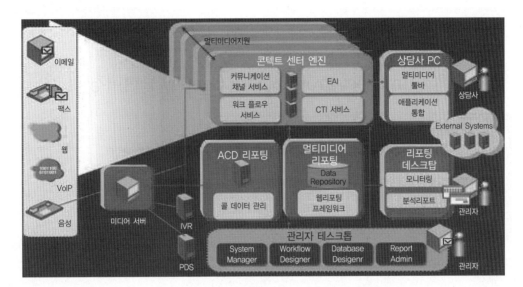

03장 IPCC 및 재택근무

제1절 | IPCC(Internet Protocol Call Center) 출현배경 및 개념도

●— 핵심 포인트

- IPCC는 물리적으로 떨어져 있는 콜센터들을 하나의 콜센터로서 운영할 수 있도록 해준다.
- IPCC가 출현한 배경으로는 다음과 같은 내용 등이 있다.
  - 기존 TDM 기술의 한계 및 초고속 네트워크의 급진적인 발전
  - 콜센터의 대형화 및 단일화
  - 시스템 분산구축 가능
  - 고객가치별 고객서비스 강화

1. 출현 배경

일반 콜센터가 전화선 기반으로 운영되는 데 반해 IP컨택센터는 IP라는 인터넷 망을 기반으로 운영된다. IP컨택센터를 구현하는 이유는 비용 절감과 서비스 강화다. 일반 전화보다 저렴한 통신비용으로 운영이 가능하고 다양한 CRM 활용을 통해 고객의 모든 접촉을 관리한다는 의미를 담고 있다. 또한 상담원 운영도 보다 효율적으로 할 수 있다.

IPCC는 다음과 같은 배경으로 출현하게 되었다고 볼 수 있다.

(1) 기존 TDM 기술의 한계 및 초고속 네트워크의 급진적 발전

(2) 독립적으로 운영되던 콜센터들이 단일화되는 추세

지방 개별적으로 운영되던 콜센터들이 운영을 효율적으로 하고자 점차 단일화하고 있는 추세이다.

(3) 콜센터의 대형화

고객관리에 대한 기업의 관심이 고조되면서 고객 접근성을 향상시키고자 콜센터가 대형화되는 추세이다.

(4) 단일화되면서도 시스템을 분산환경으로 구축

지방에 분산되어 있는 기존 인프라를 활용하기 위해 개념적으로는 단일화하지만 실질적인 인프라는 각 지방에 분산하는 분산환경으로 구축하는 추세이다.

288 • 제4과목 기술관리

(5) 고객가치별 서비스에 대한 니즈 강화

고객가치에 따른 기여도가 다름에 따라 가치별 적합한 상담원 응대에 대한 니즈가 강화되었으며, 멀티 사이트 전체적으로 등급별 운영이 필요해졌다.

(6) 재택 근무 솔루션 요구 증가

상담좌석 사용을 위한 부동산 비용의 절감효과를 볼 수 있다. 또한 기혼여성이 대다수인 상담사가 육아와 가사를 병행할 수 있어서 만족도를 제고할 수 있으며 이직률의 감소를 기대할 수 있다.

(7) 콜센터와 지역 영업소의 연계를 통한 업무의 일원화

IPCC로 가상적(Virtual)으로는 하나의 컨택센터로 운영함으로써 실시간으로 고객의 DB가 상호교류 되는 등 업무를 일원화할 수 있다.

2. 개념도

IPCC를 도식화하면 다음과 같다.

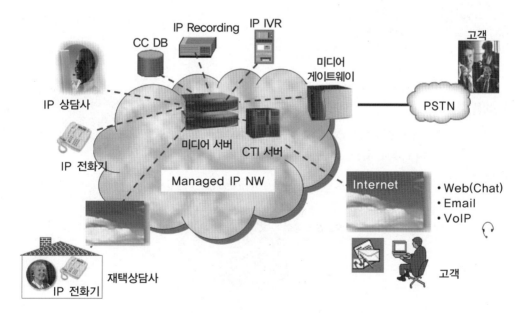

가운데 구름처럼 표현된 것이 Managed Network로 네트워크가 네트워크에 의존하는 상호간의 로지컬한 연결이 가능한 상태를 보여준다.

또한 인터넷이 연결되어 있으면 어디서든지 한 시스템으로 구성될 수 있어 재택상담사도 같은 콜센터에서 근무하는 것처럼 업무처리를 볼 수 있다.

고객의 경우도 전화, 홈페이지 웹챗팅, 이메일을 통한 고객센터 접촉이 모두 하나의 서버에 저장되어 일관된 상담을 받을 수 있다.

제2절 ▌IPCC 기능 및 유용성

○─ 핵심 포인트

• IPCC를 도입함으로써 얻는 유용성
  – 비용절감
  – 고객맞춤 서비스
  – 재택근무
  – 전국 단일시스템관리

1. 비용 절감

IPCC(Internet Protocol Call Center)는 음성과 데이터가 통합된 단일 IP Network를 이용하여 구축 및 운용하기 때문에 비용의 절감효과를 기대할 수 있다.

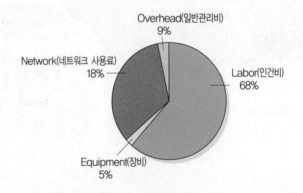

〈출처 : Gartner〉

[Call Center Cost Component(콜센터 비용분포도)]

위의 콜센터 비용 분포도에서 살펴보면, 인력에 투입되는 비율이 68%로 가장 많이 차지하고 콜센터 장비 5%, 일반적인 관리비용 9% 외에 네트워크에 사용하는 비용이 18%로 큰 비중을 차지하고 있다. 인력에 투자하는 비용은 줄였을 때 성과가 크게 달라질 수 있지만 네트워크 등 장비에 사용하는 비용은 효과적으로 사용하면 비용을 줄이면서 성과에 차이가 없기 때문에 이런 비용을 줄이는 것이 운영을 성공적으로 잘 하는 것이라 할 수 있겠다.

[비용절감 실례 : E1 전용선 VS. VoIP 전용선]

서울 부산간 동시 최대 30콜 전환시, (301~400km)

3분	E1 전용선*	VoIP 전용선**	
동시 통화 콜수(예)	30	30	
타 미디어 동시 사용	×	○	
압축 여부	×	○(VoIP)	
콜당 필요한 대역폭	60Kbps	60Kbps(G.729 음성압축시)	
전송시 RTP 헤더 압축***	N/A	N/A	130Kbps
30콜 통화를 위해 필요한 대역폭	2.048Mbps	900Kbps (1,024Mbps)	390Kbps (448Kbps)
한 달 망임대 비용	₩ 8,965,700	₩ 5,379,400	₩ 3,576,700
필요한 부대 장비	DSU/CSU	라우더 DSU/CSU	

* : 센터간 호를 전환하기 위하여 음성압축을 하지 않고 전송
** : 센터간 호를 전환하기 위하여 음성압축 후 전송
*** : 센터간 호 전송시 라우터에서 다시 압축을 실시할 수 있음. 이 경우 퍼포먼스 저하발생 가능성 내포

[TDM 구현시와 IPCC 구현시 구성도 비교]

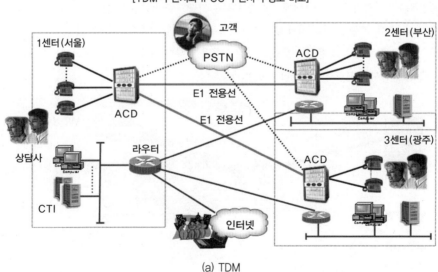

(a) TDM

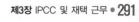

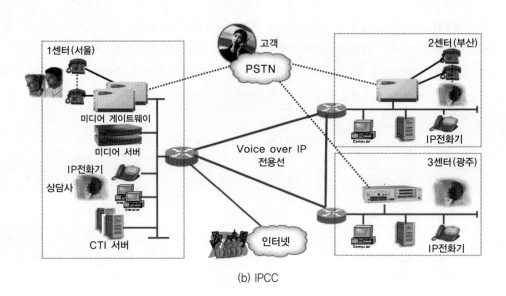

(b) IPCC

2. 고객맞춤 서비스

IPCC를 활용시 멀티사이트 센터 전체를 통틀어서 가장 적절한 상담원을 연결하는 인텔리전트 라우팅 (Intelligent Contact Routing)이 가능하다.

물론 TDM 콜센터에서도 가능했던 서비스지만 TDM 콜센터로, 분산 콜센터로 구축했을 때에는 상당한 비용이 요구되는 기능이다.

대출업무를 상담하기 위해 콜센터에 전화한 고객은 가장 근거리인 서울 콜센터에 상담원이 모두 통화중일 경우 대전, 광주, 부산 등 다른 지역 콜센터 대출업무 상담원의 응대를 받을 수 있다.

또한, 멀티 사이트 전체를 통틀어 상담원 스킬 그룹을 분류한 다음, 각 등급별 고객콜 인입시 전체에서 가장 적절한 상담사를 연결하여 응대하는 것이 가능하다.

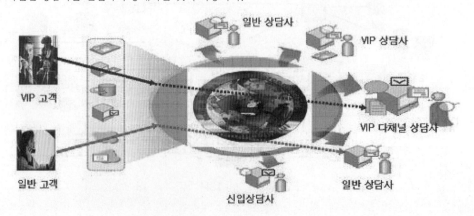

3. 재택근무

재택근무는 업무능률향상과 비용절감 측면에서 획기적인 업무형태라 할 수 있다. TDM 환경 아래에서는 보안 및 네트워크 회선 비용의 한계로 실질적으로 구축하는 데에 제약이 많았다. 재택근무를 기술적으로 구현하는 데에 있어서 주요 이슈문제였던 보안에 대해서는 VPN이라는 기초기술이 발전하면서 해결이 되었고, IPCC의 경우 회선 비용이 저렴하기 때문에 IPCC 콜센터에서 재택근무가 용이하게 되었다.

재택근무의 업무형태를 두는 것은 우수한 인력을 장기적으로 보유할 수 있고, 일반 관리비 등을 절감할 수 있으며, 재택근무자 입장에서도 탄력적인 근무시간과 개선된 노동기회, 통근시간과 기회비용 등의 감소로 상당히 혜택을 볼 수 있다.

※ 홈쇼핑사 자회사인 CJ텔레닉스의 경우 장애우를 중심으로 한 재택센터 운영 성과로 2005년 대통령 표창을 받는 성과를 거두기도 하였다.　　　　　　　　　　　　　　　〈자료 : 한국경제 2005. 9. 11〉

4. 전국 단일 시스템 관리

TDM 환경하에서는 각종 서버들이 지역별로 분산되어 있기 때문에 전체를 한눈에 볼 수 있는 통계보고서 등이 자동화되어 나오지 못했다. IPCC 환경으로 구현할 경우 메인 데이터 센터에서 통합하여 관리가 가능하므로 각종 통계 보고서 등을 전체적으로 신속하게 볼 수 있는 장점이 있다.

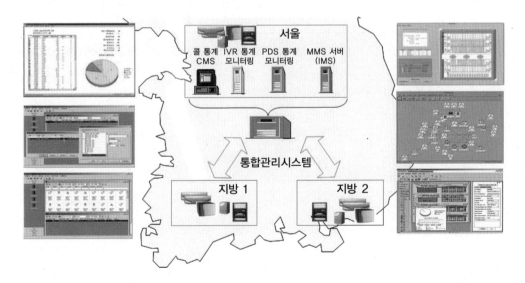

[IPCC Vendor List]

Table 22 : Competitive strengths technology	ACD	IP-ACD	CTI	IVR	PD
3Corn	○	●	○	○	○
Alcatel	●	●	●	●	●
Altitude	○	○	●	●	●
Amcat	○	○	●	○	●
Apropos	○	○	●	●	●
Aspect	●	●	●	●	●
Avaya	●	●	●	●	●
Cisco	○	●	●	●	○
Concerto	○	○	●	●	●
CosmoCom	○	○	●	●	●
Civine	○	○	○	○	●
Edify	○	○	○	●	○
eOn	●	○	●	●	○
Ericsson	●	○	●	●	●
Genesys(ind.Telera)	○	●	●	●	○
IBM	○	○	○	●	○
Infinity Communicaciones	○	○	●	●	○
Interactive Intelligence	●	○	●	●	●
Intervoice	○	○	○	●	○
Magnetic North	○	○	○	○	●
Mitel	●	●	○	●	○
NEC	●	●	●	○	●
NetCentrex	○	●	●	○	○
Noble	●	○	●	●	●
Nortel	●	●	●	●	●
Oracle	○	○	●	○	●
Rockwell	●	○	●	○	○
Siemens	●	●	●	●	●
Syntellect	○	○	○	●	○
Tellme	○	○	○	●	○
Tenovis	●	○	●	○	●
Wicom	○	●	●	○	○
Zeacom	○	○	●	○	●

〈자료 : DataMonitor Report, Nov 2002, Contact Center Technologies To 2007〉

※ 이 외에도 국내사 중 삼성전자와 LG전자가 있음

제3절 ▍IPCC 도입

IPCC는 기존의 TDM 방식보다 많은 이점과 활용도가 있는 만큼 고려해야 할 사항이 많이 있다. 우리나라의 컨택센터 관련 기술이 10여 년 밖에 되지 않지만 발전속도는 상당히 빨리 진행되어 실제적으로 업무에 활용하는 정도는 세계 최고 수준이라 할 수 있다.

1. IP 컨택센터 구축에 필요한 요소

(1) 센터 구축시 사전에 검토되어야 할 공통적인 솔루션 선정 기준을 제시하면 다음과 같다.

① 검증된 시스템의 안정성 및 확장성

② 기존 텔레포니 기능을 100% 수용 가능

③ 멀티 사이트일 경우 센터간 완벽한 Load Balancing 기능

④ 무중단 서비스 제공을 위한 시스템 백업 아키텍처 보유

⑤ 통합 리포팅 기능

⑥ 웹기반의 실시간 통합 네트워크 모니터링 관리 툴의 제공 여부

(2) 신규로 컨택센터를 구축하는 경우에는 문제가 없지만 기존 TDM 기반의 컨택센터를 운영하고 있으면서 IP 컨택센터로 변환하고자 하는 경우에 기존 투자 보호라는 쉽지 않은 문제에 봉착하게 된다. 이 경우에 기존 장비들을 활용할 수 있는지 여부도 비용적인 측면에서 검토해 보아야 한다.

(3) IP컨택센터 운용에 필요한 대역폭 확보, QoS(Quality of Service) 지원, 센터간 IP Call 처리를 위한 Bandwidth 계산, 다양한 Codec 제공, 음성통화 암호화 등 전반적인 Network 인프라 검토가 선행되어야 원활한 센터 운영이 가능하게 된다.

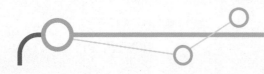

TDM 방식 또는 아날로그 방식의 전용회선 이용 시에는 음질문제가 그렇게 심각하지 않으나 IP회선 이용 시에는 Packet 전달지연, 로스(Loss), 유실 또는 패킷이 찌그러지는 Jittering 같은 현상이 나타날 수 있으며, 그런 이유로 IP단말기, 게이트웨이 등 다양한 QoS(Quality of Service) 지원사항을 고려해야 한다. IP Network을 진단(Assessment)하여 최적화(Optimization)하며, 다양한 Codec을 제공하고 센터간 IP Callcenter 처리를 위한 Bandwidth를 계산하는 것도 고려한다.

IP Network을 통한 보이스 전송시 누구나 쉽게 랜(Lan) 상에서 Packet Monitoring을 통해 VoIP 통화 내용을 감청하고 녹음할 수 있다는 단점이 있으므로 보이스를 암호화하여 음성통화가 노출되는 일이 없도록 해야 한다. 또한 암호화로 인해 음성품질이 저하되지 않는 지 고려하도록 한다.

IPCC를 활용한 재택근무 프로그램을 성공적으로 실행하기 위해서는 다음을 실행하는 것이 좋다.

• 치밀한 사전 계획
• 사전 모의 테스트 실행
• 네트워크 서비스 등을 통한 비용 절감
• DSL 서비스 등 향상된 기초기술 활용
• 완벽한 HR 관리계획

04장 IVR, Fax 및 QM

제1절 | IVR/음성-처리 능력

○— 핵심 포인트

- 오늘날 보편화된 '음성 처리 시스템'과 관련된 세 가지 용어가 있다.
  - 자동입력(Auto Attendant)
  - 음성응답단위(VRU ; Voice Response Unit)
  - 음성자동응답(IVR ; Interactive Voice Response)
  - 전통적으로 이러한 시스템은 DTMF(복합 주파수 부호 또는 누름 방식으로 알려진) 입력을 콜라우팅하기 위한 ACD와 같은 다른 시스템, 또는 데이터베이스 접근을 위한 계정번호(Account Number)와 같은 식별번호와 같은 신호로 변환된다. 최근 음성인식이 이러한 시스템과 잘 어울리는 쉽고 선호되는 대체재로 빠르게 부상하고 있다.
- IVR 시스템은 사용에 용이하게, 그리고 발신고객이 상담원의 연결을 위한 '옵트 아웃(Opt-out)' 설정 권한을 부여하도록 프로그램되어야 한다.

1. IVR 개요

(1) IVR 시스템을 이용하는 다수의 조직은 운영비 절감 또는 운영시간확대를 위해 이를 사용한다. IVR 시스템을 사용함으로써 얻을 수 있는 편익의 예는 다음과 같다.

① 더 많은 콜볼륨을 처리할 수 있는 능력

② 직원 요구사항이 줄어듦

③ 콜당 비용 절감

④ 서비스 운영 시간의 확대

⑤ 누름방식의 전화기가 있는 어느 장소에서든 사용할 수 있는 접근 편의성 제공

⑥ 셀프서비스에 의해 선택과 제어를 고객이 직접 할 수 있음

(2) IVR 시스템은 지속적으로 진보하고 있으며 트랜잭션을 단순하고 효과적으로 처리하는 능력이 점차 증가하고 있다. 최근에는 다음과 같은 고급기능이 발견되었다.

① 주문형 팩스

IVR 시스템은 팩스 서버와 상호작용하여 상담사의 중재 없이도 발신 고객에게 형식과 다른 정보를 전송한다.

② 통화 후 설문

발신 고객에게 콜이 종료된 이후의 설문지 작성에 대한 공지를 하여 콜이 완료됨과 동시에 단순한 설문지를 작성할 수 있는 애플리케이션으로 연결된다(이 설문은 보통 2분 남짓 소요된다).

③ 문자의 음성변환기능

IVR은 저장되어 있는 고객에 대한 정보를 읽고 말한다. 예를 들어 이름 또는 주소를 읽는 동안 정확히 맞는지 확인한다.

④ 음성 인식

DTMF(누름방식) 입력에 의하는 것이 아니라, 이 시스템은 발신자가 말을 하면 그 음성 언어가 시스템이 이해할 수 있는 디지털 수요로 변환되는 것이다.

(3) IVR은 다른 콜센터 시스템처럼 다양한 콜센터 리포트를 제공한다.

① 포트(Port) 이용(사용 중인 포트의 비율)

② 제공된 콜

③ IVR 시스템의 평균처리시간

④ 완료율 퍼센트(상담사와 대화 없이 셀프서비스에 의해 성공적으로 완료된 발신고객의 비율)

⑤ 상담사 그룹으로 전송된 콜의 횟수

⑥ 메시지를 사용하지 않고 초기화된 콜의 횟수

⑦ 포기자(IVR 루틴의 완료 전에 전화를 끊은 고객)

⑧ Exit Points(발신자가 IVR에서 상담사와 직접 연결을 선택한 시점)

⑨ (IVR로부터 상담사로의) 전화연결

IVR 리포트를 효과적으로 사용하기 위한 핵심은 애플리케이션의 지식과 연결된 루틴 분석이다. 잘 운영되는 것과 그렇지 않은 것 등 동향, 사용을 최적화하기 위한 조정 애플리케이션과 스크립트를 추적하는 것이 매우 중요하다.

IVR 시스템의 성과는 일반적으로 IVR 완료율(Completion Rate)에 의해 측정된다. IVR 완료율은 시스템 내에서 처리가 완료되어 상담사에게 (자발적이든 비자발적이든) 연결이 되지 않은 발신자의 비율로 표기된다. 완료율은 산업에 따라 달라진다. (기술 지원과 같이) 콜이 보다 복잡한 조직의 완료율은 10% 정도이면 만족스러운 정도이다. 다른 사업에서는 70~80%의 완료율이 일반적이다(예 잔액조회 또는 자금이체를 위한 은행 응용프로그램).

(4) 양방향 음성 응답(IVR) 시스템은 수많은 콜센터에서 사용되고 있다. '음성 처리 시스템' 이라는 용어는 일반적으로 발신자의 종류에 대한 입력을 요구하는 시스템이라고 설명되며, 오늘날 유사하지만 조금씩 다른 의미를 지니며 사용되는 세 가지 일반적 용어가 있다.

① 자동입력(Auto Attendant)

자동입력시스템은 저렴한 비용으로 부가적 기능을 ACD에 첨부하는 것으로 라우팅 기능만을 제공할 뿐 데이터베이스와 상호작용하지 않는다. 자동 입력 기능은 발신 고객에게 "이것은 1번, 저것은 2번을 눌러라"는 가이드 요구가 있는 경우에 적용된다.

② 음성응답단위(VRU ; Voice Response Unit)

IVR과 호환이 되기도 하며, VRU는 시스템 자체나 능력보다는 보통 시스템을 운영하는 장비에 대한 음성응답단위를 말한다.

③ 음성자동응답(IVR ; Interactive Voice Response)

정보의 복구 및 업데이트, 사업 거래의 수행 또는 콜을 라우팅하기 위한 목적으로, 발신 고객이 전화 키패드(또는 음성 인식이 사용되는 경우 구두 명령)를 사용하여 기업 컴퓨터 시스템에 접속하는 시스템을 말한다.

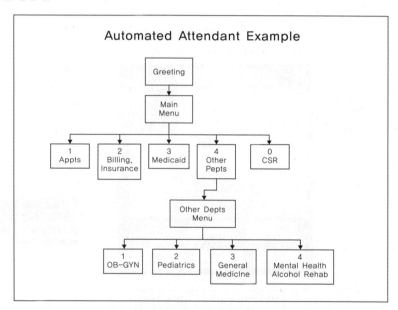

[Automated Attendant]

아래의 예시는 제한된 선택과 상담사 연결을 없애기 위한 일련의 메뉴를 위한 가장 좋은 실행을 강조한다.

과거에 모든 시스템은 전화기 키패드상에 사용자가 입력한 구분된 DTMF(통합 또는 누름 방식) 코드를 시스템이 이해할 수 있는 데이터 바이트(bytes)로 변환하는 역할을 하였다. 이는 현재도 가장 보편적으로 사용되는 방법론이다. 그러나 음성인식은 시스템과 상호작용하는 간편하고 보다 선호되는 방법이라고 인지되고 있다.

IVR 시스템은 직통 중계방식(Direct Trunking)에 의해 ACR을 대체하거나 스위치에 의해 연결될 수 있다. 어떠한 경우이든 IVR은 콜의 시작 순간부터 발신 고객과 상호작용한다. 그러나 IVR 시스템은 콜의 완료 시점에 발신 고객 설문을 수행하는 데 사용될 수도 있다. IVR 아키텍처는 ACD, 데이터베이스, 네트워크와 다른 응용프로그램 등 다른 시스템과의 통합을 지원한다.

2. IVR 아키텍처

대부분의 IVR 시스템은 Unix나 NT 운영시스템을 사용하여 PC에 설치된다. 주요 구성요소는 스위치 또는 네트워크를 연결하는 인터페이스와 음성 하부조직(Subsystem)의 두 가지로, 오디오 입출력의 적용과 프로세스를 포함한다. 일반적으로 외부 데이터베이스 또는 애플리케이션에 연결하는 인터페이스를 가진다. 음성인식, 문자의 음성변환, 팩스와 같은 선택적 요소들 역시 IVR 플랫폼의 일부분으로 존재한다.

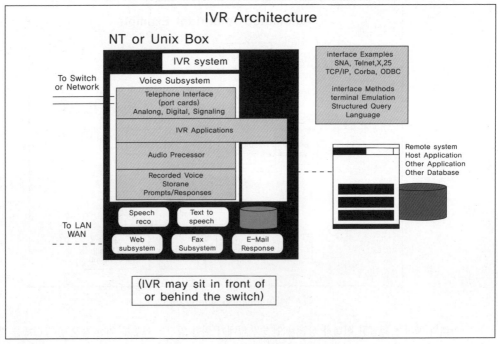

[IVR Architecture]

3. IVR 관리

IVR 시스템은 너무 길거나 너무 복잡하다는 이유로 사용자의 비판을 받기도 한다. 해당 산업과 응용분야에서 만족도와 완료율을 최대한 높게 유지하기 위한 최고의 실전 전략들이 있으며 다음과 같다.

(1) 고객 훈련

웹에 첨부된 문헌, 정보, IVR 공지 등을 통해 고객들이 IVR 메뉴를 신속하고 쉽게 탐색할 수 있는 교육의 기회를 준다.

(2) IVR 직원에 의한 서비스 영업

상담사 및 다른 직원들에 의해 고객이 이 서비스를 사용하도록 유도해야 한다.

(3) 단순화

신속성이 가장 중요하며 메뉴 레이어와 선택은 가능한 적게 유지되어야 한다.

(4) 옵트 아웃 기능 등 단순한 방법을 발신 고객에게 제공

이 방법을 통해 고객이 시스템을 제어한다고 느끼게 할 수 있다.

(5) 짧고 간단한 메시지

FAQ 및 자주 요청되는 서비스를 메뉴의 처음에 배치한다.

(6) IVR 모니터(중계선 또는 중계국을 통해 조용히 모니터)

고객의 경험을 경험하고, 제3자로서 리포트 능력을 사용하며 IVR 응용을 개선해야 한다.

전반적으로 정보로의 쉬운 접근과 주문형(On Demand) 상담사 연결기능은 IVR을 이용하여 고객 만족도를 높이는 데 매우 중요한 역할을 한다.

4. 음성 인식

음성 인식은 그것으로 인해 IVR 시스템을 새로운 수준의 성과로 끌어들일 잠재성이 있기 때문에 오늘날 수많은 각광을 받고 있다. 전화기 키패드에 의한 것이 아닌 구두 언어를 사용하여 데이터베이스와 상호작용하기 때문에 인터페이스가 확대되고 따라서 응용의 기회도 넓어진다. 게다가 설계가 잘 된 음성인식 애플리케이션은 셀프서비스 트랜잭션에 익숙하지 않은 고객들의 지지를 얻을 것이다.
콜센터에서 최근에 사용되는 음성인식의 주요 종류는 다음과 같은 두 가지이다.

(1) 직접 대화 또는 구조적 언어

명령을 입력하는 유형은 선택 대안을 보여줌으로써 발신자의 이해를 돕는다. 예를 들어, 은행 응용프로그램은 "무엇을 원하십니까? 잔액 조회, 자금 이체, 특정 거래 탐색 등이라고 말씀하시면 됩니다"라고 알려준다.

(2) 자연적 언어

이런 유형은 더 자유로운 명령문을 사용하며, 가이드라인 없이 발신 고객의 언어를 인식한다. 발신 고객은 자연스럽게, 예를 들어 무엇을 하고 싶은지에 대한 메시지에 "음, 나는 예금계좌에서 적금계좌로 자금 이체를 하고 싶습니다"라고 말할 수 있다.

음성 응용프로그램은 다양한 강세와 구어적 표현을 인식을 하는 등 말하는 사람에 제한을 받지 않는다. 언어기반 시스템의 어휘는 수천만으로, 주식과 펀드 시세 및 여행 상황과 같이 누름방식으로 사용하기에 너무 복잡한 응용 프로그램을 가능하게 해준다.

제2절 ▌ 팩스 서버(Fax Server)

> ○─ 핵심 포인트
>
> • 웹과 IVR 기능의 급속한 확산에도 불구하고, 팩스는 여전히 콜센터에서 보편적 도구이며 많은 고객들이 팩스를 일부 형태의 트랜잭션을 위한 의사소통에 있어 선호하는 도구로 사용한다.
> • 다수 기업들은 주문형 팩스 기능을 확장하여 더 많은 고객이 셀프서비스 트랜잭션할 수 있도록 하고 있다.
> • 팩스 트래픽은 다른 유형의 접촉방식과 함께 계획되고 관리되어야 한다.

팩스-처리 시스템은 아날로그 신호를 받아서 저장하고, 복사하고 재생하는 기능을 가지고 있으며, 단일 플랫폼과 혼합될 수 있으나 일반적으로 다른 공급자에 의해 비즈니스 응용프로그램의 다양성을 추구하기 위해 제공된다.

콜센터의 팩스기는 팩스 서버와 표준 하드웨어 플랫폼에서 운영되는 소프트웨어 솔루션으로 급속하게 교체되고 있다. 이 LAN 기반시스템은 착신 및 발신기능을 모두 지원한다. 어떤 시스템은 자동적으로 착신 팩스를 분배하거나 이를 이미지 처리 시스템으로 전송하여 상담사가 복구할 수 있도록 해준다.

1. 새로운 기능

사적 네트워크를 통해 인터넷이나 인터넷 프로토콜(IP)을 사용하는 새로운 전송전략은 팩스 신호를 패킷(Packet)화된 데이터로 변환함으로써 전송 비용을 급격히 줄일 수 있다. 기존 표준보다 훨씬 효과적인 IP 팩스라는 새로운 표준이 출현하고 있고, 이 표준은 게이트웨이(Gateway)를 통해 현재 장비를 지원할 것이다. 게다가 심지어 일반 팩스기를 사용하는 사람들을 위한 많은 진보적 성능을 지닌 새로운 게이트웨이가 나타나고 있으며 그 특성은 다음과 같다.

(1) 이메일 메시지를 받아서 팩스기에 전송한다.

(2) 팩스 트래픽을 인터넷 내외부로 라우팅한다.

(3) 고급 리포팅, 보안, 보증서 전송 및 영수증기능을 제공한다.

(4) 방송기능을 제공한다.

CPE서버 또는 서비스 당국의 방송 팩스는 발신 고객 접촉 응용프로그램에 사용된다. 주문형 팩스 시스템은 다수 콜센터의 셀프서비스 전략의 중요한 요소이다. 어떤 제품은 웹사이트를 통합하여 HTML 웹 페이지를 팩스전송으로 변환시킨다. 팩스 서버는 콜센터에서 주문 확인이나 다른 주문처리 과정의 애플리케이션에서 사용된다.

2. 팩스 트래픽 관리

팩스 트래픽을 관리하는 것은 콜센터 업무의 주요한 이슈이며 간과해서는 안 된다. 공급자는 효율적 처리를 위하여 음성콜, 착신 팩스 및 이메일 트래픽을 상담사의 워크스테이션으로 통합하는 멀티미디어 큐잉 기술을 개발하고 있다.

제3절 ▌품질 모니터링/리코딩 시스템

◯— 핵심 포인트

- 품질 모니터링/리코딩 시스템이 적절하게 사용된다면 전체 프로세스 및 시스템 사용을 개선한 것뿐 아니라 상담원의 콜취급 성과를 상당히 개선하게 되는 기회가 될 것이다.
- 품질 모니터링/리코딩 시스템은 모든 콜, 콜의 퍼센트, 계획적 콜의 선택 또는 개별 주문형 콜을 기록하기 위해 설치될 수 있다.
- 품질 모니터링/리코딩 시스템은 콜의 음성요소 및 스크린 활동을 포착할 수 있다.
- 품질 모니터링/리코딩 시스템은 또한 품질 관련 제반 데이터를 위한 중심 저장소로서 서비스될 수 있다.

품질 모니터링/리코딩 시스템은 완료된 트랜잭션의 영구기록보존 및 취급되는 콜의 품질의 개선을 위하여 콜을 기록하기 위해 사용된다. 모든 벤더가 독특한 기능을 제공하지만, 콜기록 능력은 이러한 시스템의 중심부이다. 리코딩 전략은 다음과 같다.

- 로깅(Logging) : 조직 내의 모든 착신 콜은 테이프에 녹음된다.
- 퍼센트 : 특정 비율의 콜은 품질 검토 과정을 증진시키기 위해 기록된다. 콜퍼센트는 임의적으로 선택되거나 지정된 유형의 콜에 의해 선택될 수 있다.
- 시간표 : 사용자가 콜을 계획하여 특정 시간에 특정 상담사의 콜이 기록된다.
- 주문형 : 상담사 또는 감독자가 어떤 순간이 파악되면 기록기능을 활성화한다.

1. 리코딩 전략

어느 전략을 사용할 것인가를 결정하는 것은 조직의 요구사항과 목표에 따라 달라진다. 로깅은 헬스 케어나 금융 서비스 산업의 경우와 같이 하나의 오류, 분쟁에 의해 심각한 비용 초래나 잠재적 부채가능성이 존재할 때 적절한 방법이다. 로깅은 어떤 내용이 오갔는지에 대해 완벽하고 영구 보존할 수 있는 기록을 제공하지만, 모든 콜의 리코딩과 저장에 사용되는 비용이 상당히 크다.

품질평가의 목적에 콜의 일부 샘플만이 필요한 경우에는 퍼센트와 시간표에 의해 제한된 리코딩 전략이 선호된다. 이 방법을 사용함으로써 로깅에 필요한 추가 비용 지불 없이 개별성과의 평가를 위해 충분한 양의 콜을 기록할 수 있다. 퍼센트나 시간표 리코딩을 사용하는 조직은 이 전략에 부가적으로 주문형 리코딩을 추가하여(협박이나 곤란한 경우의) 중요한 콜을 받은 경우 조직적 차원의 보호를 할 수 있다.

리코딩 전략에 상관없이 시스템은 콜을 추적하고 검색하는 능력을 갖추어야 한다. 이 시스템이 고객관계관리나 다른 접촉추적시스템과 통합되는 경우 특유의 식별자가 콜의 계정에 추가되어 검색을 도울 수 있다. 이러한 통합과정이 없다면 시스템은 상담사 식별, 시각, 날짜 등과 같은 변수에 의한 검색기능을 제공할 것이다.

2. 사업 사례

조직들은 콜처리를 일관성 있게 개선하고, 프로세스 및 시스템을 개선하기 위한 방법을 탐색하기 위해 품질 모니터링/리코딩 시스템을 실행한다. 그에 대한 보상은 에러, 중복업무, 불만사항 접수, 환불 등의 절감으로 정의된다. 어떤 조직은 비효율적 콜처리 방법을 사용하고 있는 상담사를 파악한 결과로 얻어진 콜처리 타임의 단축이라고도 한다. 다른 조직에서는 하나의 콜에 필요한 문서화 작업을 줄여 처리 시간을 단축한다(그러나 이러한 결과는 모든 콜이 녹음되는 로깅 전략에서만 가능하다). 품질 모니터링/리코딩 시스템으로부터 수집된 정보는 교육의 효과도 평가 및 프로세스의 효율화를 위해 사용될 수도 있다.

리코딩 시스템은 단순 모니터링(Silent Monitoring)과 관련된 비효율성을 어느 정도 줄여주기도 한다. 감독관이나 품질 확인 부서는 콜처리 중간에 세션을 시작하거나, 방해로 인해 모니터 대상 콜을 포기하거나, 콜이 착신되기를 여유 있게 기다리는 것과 같은 이슈를 더 이상 논하지 말아야 한다. 결과적으로, 콜센터는 더 적은 노력과 비용으로 더 많은 콜을 모니터 할 수 있다.

이러한 시스템의 일반적 특성은 다음과 같다.

(1) 피드백 폼

대부분의 시스템에서 시스템을 평가하는 모든 사람이 사용하는 피드백 폼은 사용자가 주문화할 수 있다.

(2) 통합된 데이터 리코딩

시스템은 콜처리 시간 동안의 스크린 활동을 기록하여 콜의 음성 부분을 통합하여 검토자에게 돌려보낸다.

(3) 문자대화/이메일 리코딩

데이터 리코딩 능력을 이용하여 시스템은 문자대화, 이메일 등 전화가 아닌 채널에 사용된다.

(4) 리코딩/재생을 위한 그래픽유저인터페이스(GUI)

사용하기 편리한 인터페이스는 검토자가 리코딩 세션을 설정하고 회신 콜을 재생하는 데 도움을 준다.

3. 성공적인 실행

품질 모니터링/리코딩 시스템은 중요한 기능을 제공하지만, 이 시스템을 통합하는 것도 매우 중요하다. 강건한 시스템은 일반적으로 ACD, 인력관리시스템, CTI 시스템 및 상담사가 사용하는 데스크톱 도구(고객관계관리 패키지, 메인프레임 애플리케이션 등)를 통합해야 한다. 결과적으로 통합 난관은 품질 모니터링/리코딩 시스템을 구매하는 조직이 직면한 가장 큰 도전과제라 할 수 있다.

성공적 사용을 극대화하기 위해서 콜센터 관리자는 모든 직원이 이 프로그램의 목적을 이해하고 받아들인다는 것을 확인해야 한다. 이러한 이해가 없다면 상담사들은 이 시스템으로 인하여 업무에 대한 규제감독이 강화되는 데 대한 부정적 반응을 보일 수도 있다. 이 프로젝트의 모든 단계에 걸친 의사소통은 종종 간과하기 쉬운 주요 성공 요인이다.

4. 새로운 기능

수많은 품질 모니터링/리코딩 벤더가 시스템 기능을 보강하기 위해 일하고 있다. 새로운 기능에 대한 설명은 다음과 같다.

(1) 고객경험 전체에 대한 정보수집

IVR에서 시작하여 트랜잭션이 완료될 때까지 모든 시스템을 통해 연결되면서, 고객의 관점에서 스크린 샷과 음성이 수집된다.

(2) e-러닝 기능과 통합

소프트웨어는 시스템에 탑재된 성과 측정 데이터를 사용하여 내외부의 e-러닝 시스템에 연결하고, 주문화된 일대일 교육과 코치 솔루션을 파악하고 받을 수 있다.

(3) 통합 보고서/데이터마이닝

일부 시스템은 다른 시스템으로부터 얻은 데이터를 이용하여 콜패턴을 새로운 방법에 의해 분석하고 이해하기 쉬운 품질 보고서를 만드는 기능을 포함한다.

이러한 통합의 도전에도 불구하고, 많은 조직들이 다원화되는 환경에서 일관적 서비스를 확신할 수 있는 효과적 방법으로서의 품질 모니터링/리코딩 시스템으로 전향하고 있다.

05장 WFMS(Work Force Management System)

제1절 ▌ WFMS 개요

> **○─ 핵심 포인트**
>
> • WFMS(Work Force Management System)이란 콜센터 관리자에게 콜예측 및 이에 따른 상담사 운용 계획, 스케줄링, 추적(Tracking) 기능 등을 제공함으로써 콜센터의 효율성을 높이는 기술이다.
> • WFMS의 가장 핵심적인 가치는 제한된 자원을 최대한 활용하여 전사적 비용 절감을 실현하는 능력에 있다.
> • WFMS가 콜센터에 도입되는 배경에는 권한위임 및 성과관리의 필요성 증가, 중장기적 인력계획 수립 필요성 강화와 콜센터 프로세스의 자동화 추세 등이 있다.
> • WFMS는 예측 → 추적과 리포팅 → 스케줄링 → 인력배치계획 수립의 단계를 거친다.

1. WFMS

콜센터의 대형화, 통합화, 자동화 등 산업의 새로운 변화에 따라 보다 정교한 예측을 통한 효율성 극대화를 위해 도입되기 시작한 WFMS는 상담사를 위한 애플리케이션이라기 보다는 관리자를 위한 애플리케이션이다. 즉, 콜센터 관리자의 기본적인 고민인 제한된 인적 자원을 활용하여 가장 큰 업무 효율성 증대를 해결하기 위한 자동화된 인력 계획 및 예측 기술이다.

WFMS는 콜센터 관리자에게 콜예측 및 이에 따른 상담사 운용계획, 스케줄링, 추적(Tracking) 기능 등을 제공함으로써 콜센터의 효율성을 높이는 기술이라고 정의할 수 있다. WFMS를 활용하여 콜센터 관리자는 앞으로 콜센터에 들어오게 될 고객의 전화량을 예측하여 실제 인력을 가장 효율적으로 사용할 수 있는 계획을 수립한다. 따라서 콜센터에 있어서 WFMS의 가장 핵심적인 가치는 제한된 자원을 최대한 활용하여 전사적 비용 절감을 실현하는 능력에 있다.

WFMS의 활용분야는 전화뿐만이 아니라 웹기반 커뮤니케이션 등 다양하게 활용되고 있다.

(1) 전 화

(2) 이메일

(3) 채팅(Web-chatting)

(4) 웹 콜백(Web-callback) 등

2. WFMS 도입배경

이와 같이 WFMS 기술이 콜센터에 도입되는 이유는 첫째, 콜센터에 근무하는 상담사의 업무가 복잡해지고 고객의 문의 수준이 높아져 교육훈련과 같은 스케줄링이 굉장히 복잡해졌다는 점이다. 둘째, 콜센터에서 사용되는 각종 정보통신 기기들이 생성하는 자료를 통합할 필요성이 커지고 있으며 셋째, 과거 단일 콜센터에서 멀티(Multi) 콜센터의 발전으로 인해 멀티 환경을 반영하는 성과관리 필요성이다. 마지막으로 데이터 수집, 성과 리포팅, e-learning 등 콜센터 업무 과정의 자동화 추세로 발전하고 있다는 점이다.

(1) 권한위임(Empowerment)

콜센터 기술 진보에 따른 업무 자동화로 셀프서비스(Self Service) 기능이 강화됨에 따라 상담사에게 연결되는 콜의 난이도가 높아지고 있어 과거 상담 매뉴얼을 보고 응대하는 방식에서 복잡하고 다양한 상담기술이 요구되고 있다. 이에 따라 상담사의 업무교환(Shift)이 더욱 더 많아지고 있으며 휴가 및 교육훈련과 같은 스케줄이 굉장히 복잡해지고 있다. 이와 같은 콜센터의 변화에 경영층에서의 매뉴얼에 의한 관리보다는 슈퍼바이저나 상담사의 자유로운 의사결정의 비중이 점차 많아지고 있어 WFMS가 제공하는 스케줄링 기능이 필요하게 되었다.

(2) 데이터를 통한 성과관리

콜센터에는 다양한 기기들(Components)이 존재한다. 예를 들면 교환기, CTI, IVR 등이 있는데 이들은 각각 데이터를 생성하고 있다. 이와 같은 데이터는 콜센터에서 매우 유용한 정보들인데 분리된 정보는 효과성이 낮아 데이터의 통합이 요구되고 있다. WFMS는 이렇게 통합된 데이터를 바탕으로 정보를 통합하는 동시에 이렇게 통합된 데이터를 활용하여 정확한 예측과 스케줄링을 가능하게 해준다.

(3) 멀티 환경을 반영한 성과관리 필요성 증대

최근의 콜센터들은 대형화되고 있으며 단일 콜센터에서 지역별로 분산되어 있는 멀티 콜센터로 진화되고 있다. 또한 기존에는 전화만을 응대하던 곳에서 현재는 전화는 물론 인터넷, 채팅 등 다양한 커뮤니케이션 채널들을 이용한 멀티 콜센터로 성장하고 있어 상담사들의 상담스킬(Skill)들도 점점 세분화되고 있다. 따라서 여러 가지 스킬을 가진 멀티 상담사들이 등장하고 있다. WFMS는 이와 같은 변수들을 통합해서 관리할 수 있는 기능들도 지원하고 있다.

(4) 콜센터 프로세스 자동화 추세

콜센터 기술의 발전은 업무 자동화를 수반하기 때문에 이를 관리할 수 있는 새로운 기술들이 요구되었다. WFMS는 중장기 인력계획을 지원하고 프로세스 전체적인 데이터 수집, 성과 리포팅(Reporting), e-learning 등에 이르는 전 과정에 자동화 기능들을 제공하는 추세이다.

3. WFMS 프로세스

(1) 예 측

예측이란 과거의 데이터(Historical Data)로부터 출발한다. 즉, 과거의 일정한 패턴을 통해 미래의 추이에 대한 예측이 가능하다. 이와 마찬가지로 WFMS도 과거의 패턴 및 동향을 평가하여 미래의 패턴이나 동향을 계획하는 시간 기반의 접근법이다.

(2) 추적과 리포팅

추적과 리포팅은 현재 진행되고 있는 데이터들은 반드시 과거에 어느 시점에 예측을 했던 예측 데이터를 바탕으로 현재 값들을 정하고 있다는 가정하에서 과거의 예측이 현재의 실제 데이터를 놓고 비교했을 때 얼마나 정확했는가를 평가하는 프로세스이다. 즉, 과거의 예측과 현재의 실제 데이터 간의 오차가 존재한다면 과거의 예측에 틀린 변수를 고려하였거나 적절한 변수를 측정하지 않았다라고 하는 반성적인 프로세스로 오차 수정에 대한 리포팅을 수반한다.

(3) 스케줄링

스케줄링은 WFMS가 존재하는 가장 큰 의미를 갖는 프로세스이다. 콜센터는 각각의 특성을 가지고 있는데 그 특성들은 사용자가 가장 잘 알고 있다. 이와 같은 특성에 대한 특정 값들을 변수로 조정하고 과거 데이터를 통해서 미래를 예측하는 알고리즘(Algorithm)이 결합을 해서 상담사에 대한 최적의 스케줄링을 제공하는 프로세스로 소프트웨어 내의 상호작용 접근법에 기반을 둔다.

(4) 인력배치 계획

콜센터 자원(Resource)을 크게 두 가지로 나누면 시스템 자원과 인적 자원으로 구분된다. 이 중 인적 자원 차원에서 살펴보면 걸려오는 예측콜에 대비하여 적정 상담사의 규모에 대한 추천 값(Recommendation)과 콜의 특성들에 따른 상담사 그룹의 그룹핑(Grouping)에 있어 가장 효과적인 추천 값을 제공한다. 이러한 추천 값은 얼랭(Erlang) 공식을 통해 계산할 수 있다.

제2절 ▌ 기술 및 시장동향

○─ 핵심 포인트

• WFMS를 공급하는 해외기업으로는 IEX, Blue Pumpkin, Genesys, Symon Communications, Envision Telephony, Pipkins Inc 등이 있으며 국내 기업으로는 (주)MPC와 (주)인티큐브 등이 있다.
• 국내에서 사용되는 WFMS는 일반적으로 다음과 같은 기능들을 제공한다.
  - 콜수요 예측   - 인력배치   - 스케줄링
  - 평가 및 인사   - QM 기능   - 리소스 예측기능
  - 고객만족도 자동조사 - 상담사 교육가능 - 상담사 정보공유

1. WFMS 시장동향

WFMS는 선진국 시장의 경우 콜센터 하드웨어 산업의 시장 포화 경향에도 불구하고, 가장 성장률이 높은 분야이기도 하다. 북미 시장의 예를 들면 2005년에 2.07억 달러에서 2010년에 4.6억 달러 규모로 증가가 예상된다. 주요 외산 Vendor는 Aspect, Blue Pumpkin(Witness에서 인수), Genesys, IEX, Symon, Envision 등이 있으며, 국내 Vendor로는 (주)인티큐브, (주)MPC 등이 있다. 세계 1위의 시장점유율을 가지고 있는 Aspect는 Concerto를 합병하면서 WFMS 시장에서 명실상부한 선두 지위를 확보하고 있다. 이 회사의 가장 대표적인 제품은 eWFM이고 전 세계에서 가장 많이 팔린 제품이기도 하다. 그리고 2위는 IEX으로 Totalview라는 제품을 판매하고 있으며, 3위는 Witness에서 인수한 기업의 제품인 Blue Pumpkin이다. 이 제품은 국내에 가장 먼저 소개된 WFMS 제품이다.

국내 기업들로는 MPC와 Inticube 등이 있다. 국내 WFMS 시장의 경우 우리나라 기업들의 제품이 강세를 보이고 있는데 그 이유는 우리나라 기업들의 높은 커스터마이징(Customizing)에 대한 요구 때문이다. 그렇기 때문에 WFMS 시장이 초기 외산 제품들에 의해 개척되었음에도 불구하고 (주)MPC의 CenterMax와 (주)인티큐브의 Teleforce가 매우 높은 국내 시장점유율을 보이고 있다.

2. WFMS의 실제제공기능[(주)MPC]

(1) 콜수요 예측

다음 그림에서와 같이 콜센터에서 발생되는 콜의 전반적인 증감추세, 전체 콜수, 콜의 구분 및 패턴분석, 업무부담, 응답률 분석 등 콜과 관련한 다양한 결과 값을 제공한다. 또한 이를 바탕으로 적정 상담

사수 산정에 필요한 운영변수를 반영한다. 이와 같은 WFMS 기능을 활용하면 서비스 응대율 향상, 포
기호 발생 저하, 상담 이행률 향상의 효과를 기대할 수 있다.

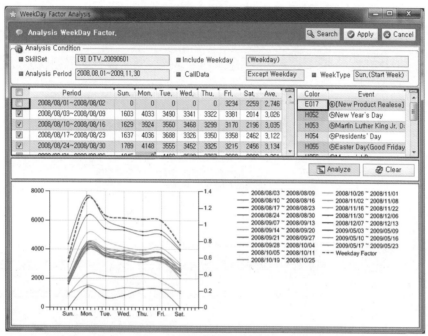

[주중 팩터 생성화면]

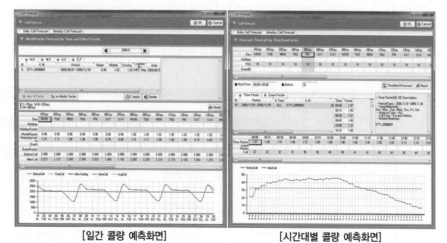

[일간 콜량 예측화면] [시간대별 콜량 예측화면]

〈자료 : (주)MPC〉

(2) 인력배치 및 스케줄링

WFMS는 인력배치 및 Tracking, 스케줄 배치표 제공, 월별 필요상담사 예측, 상담사 스케줄 준수율을 한눈에 살펴볼 수 있도록 구성되어 있다.

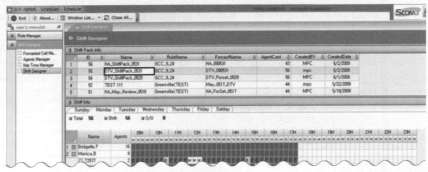

[스케줄링 화면]

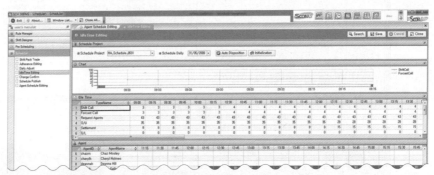

[스케줄 배포 화면(관리자 배포)]

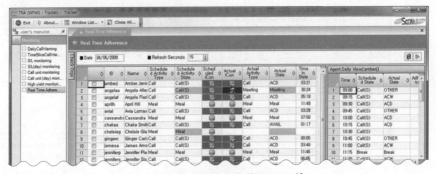

[리얼타임 상태 표시 화면(Tracking)]

〈자료 : (주)MPC〉

(3) 평가 및 인사

상담사 그룹별 평가항목 차별화, 평가항목별 가중치 반영, 평가결과 개별공지기능, 상담사가 보유하고 있는 자격증 및 기타 스킬 정보를 활용하여 평가 및 인사에 반영한다. 상담사 그룹별 평가는 그룹 간의 평가 항목들에 따라 상담품질 기준이 다를 수도 있기 때문에 평가항목들을 달리하여 평가하거나 가중치를 달리 할 수 있다. 이와 같은 기능들을 활용하여 상담사 평가의 객관화, 성과 보상시스템 보완, 상담사 업무만족도 상승의 효과를 기대할 수 있다.

(4) QM 기능

QM이란 녹취된 상담사의 녹취파일을 바탕으로 상담사가 어떤 수준의 서비스를 제공하였는지를 모니터링하고 평가하는 것으로 이 기능을 이용하면 실제로 녹취된 파일 중에 어떤 특정 부분을 선택하여 상담사의 상담 품질을 모니터링할 수 있다. 이와 같은 QM 기능을 제공하는 것은 최근 WFMS의 추세이지만 아직은 전문적인 QM 소프트웨어와는 기능적 차이가 존재한다.

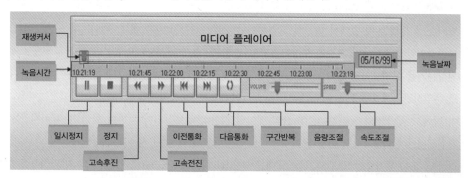

[미디어 플레이어 예시]

〈자료 : (주)인티큐브〉

(5) 리소스 예측 및 고객만족도 조사

WFMS는 콜센터 시스템 증설 예측, 적정 회선 및 네트워크의 증설 필요 예측, 교육 필요 리소스 예측 등 시스템 자원 및 인적 자원에 대한 예측을 지원한다. 또한 고객만족도 조사를 위해 조사대상 고객리스트 추출, 상담유형·시간대 등 고려, 조사결과 QA 시스템 반영, 조회·공유기능을 통한 이의신청 및 피드백을 지원하여 고객만족도의 자동조사를 지원한다.

(6) 상담사 교육기능 및 정보공유

상담사 교육기능 및 상담사 간의 정보를 공유하고 상담사에 대한 현재 데이터 및 정보들을 관리자에게 제공할 뿐 아니라, 지속적으로 데이터 및 정보를 업데이트할 수 있는 기능도 동시에 제공한다.

제3절 ┃ 도입 실무

●─ 핵심 포인트

- WFMS를 도입하기 앞서 반드시 고려되어야 할 사항은 데이터의 보존성, 스케줄링 능력, 시스템 유연성, 운영 시간의 유연성 등이다.
- WFMS를 도입함으로써 콜센터가 얻을 수 있는 효과는 다음과 같다.
  - 서비스 품질 향상 및 일관성을 높여 수익 및 고객 만족도 증대
  - 효율적 스케줄링 자체의 편익(즉시적인 인력비용의 절감)
  - 대기 시간의 감소에 따른 통신비용 절감
  - 수동 예측 및 수동 스케줄링에 소요되는 관리비용의 절감

1. WFMS 도입시 고려사항

WFMS를 도입할 때 있어서 반드시 고려하여야 사항은 4가지이다. 첫째, 데이터의 보존성이다. 데이터의 보존성이란 충분한 보존기간을 보장하는가이다. 둘째, 스케줄링 능력으로 스킬별 세분화된 스케줄링을 지원하는가를 살펴보아야 한다. 셋째, 시스템 유연성으로 스케줄 변경이 가능하며 용이해야 하며 마지막으로 운영시간의 유연성(Flexible Hours of Operation)이 보장되어야 한다.

이 밖에도 WFMS와 교환기(ACD) 간의 데이터 정합성이 보장되어야 하며 회의 및 휴식시간 스케줄링이 지원되어야 한다. 그리고 만일 급여시스템을 운영하고 있다면 이 시스템과의 연동성이 확보되는 것이 유리하다. 또한 휴가승인 및 관리기능, 교대근무(Hift)기능, Multi-site 연계기능의 지원 여부를 추가적으로 고려하여야 한다.

2. WFMS 도입의 기대효과

WFMS를 도입했을 때 나타나는 효과들은 먼저 서비스 품질향상 및 서비스의 일관성을 높여 수익 및 고객 만족도가 증대된다는 점이다. 두 번째는 콜센터 자체의 비용효율성을 높여주는 효과가 있다. 즉, 운영비용을 절감하는 효과이다. 예로써 동일한 인입 콜을 처리하는 데 필요한 상담사의 수를 최소화 내지는 최적화시키는 것이 가능하다. 따라서 즉시적인 인력비용 절감효과가 나타난다. 셋째, 대기시간 감소에 따른 통신비용의 절감효과이다. 또한 고객의 입장에서도 대기시간이 줄어들기 때문에 고객만족도도 높아진다. 넷째, 과거의 스케줄링 및 예측을 수동으로 했을 때는 시간과 인적 자원이 많이 소요되었으나 WFMS를 통해 자동화된 스케줄링 및 예측으로 관리비용이 절감된다.

06장 CRM과 상담사 Application

디지털 콜센터 매니저

제1절 ▎CRM

○─ 핵심 포인트

- CRM이란 고객정보를 이용하여 고객별로 개인화된 판매와 서비스를 가능하게 하여 기업과 고객 간의 관계를 최적화하는 전략과 진보된 기술도구, 데이터베이스 및 Application을 사용하여 다양한 채널을 통해 각 고객별 차별화된 서비스를 가능하게 해주는 것이다.
- CRM은 비용절감 측면보다는 고객유지 및 신규고객 창출을 통한 수익 극대화에 목표를 둔다.
- CRM의 성공 요건으로는 시스템 통합(SI) 외에도 비즈니스 규칙, 업무흐름, 필요 데이터의 구축 및 사용자 인터페이스(UI)를 성공적으로 수립하는 것이다.
- CRM 전략의 필수 구성요소
  - 고객 세분화
  - 서비스 선택권 부여(상담사–셀프서비스)
  - 고객 접점 분석
  - 프로세스 재구성
  - 프라이버시 보호 정책 수립·유지
  - 고객 가치향상 방법의 정의
  - 채널 통합
  - 실시간 정보 제공
  - 이벤트 정보 획득
  - 효율성의 측정 및 개선

1. CRM의 기본 개념과 전략적 가치

콜센터가 운영된다는 것은 조직 또는 기업이 가지고 있는 CRM이라는 큰 전략의 틀에서 움직인다는 것이며, 전략이란 적절한 계획을 세우고 이에 소요되는 다양한 자원들을 배치하고 조직들을 구성하는 일련의 과정들을 포함하는 활동이다.

CRM이란 고객관계관리로 'Customer Relationship Management'라고 한다. 즉, CRM은 전략적 개념으로서 끊임없이 진보하고 있는 기술적 도구와 데이터베이스 및 애플리케이션 기술 등을 사용하여 다양한 채널을 통해 각 고객별 차별화된 서비스를 가능하게 해준다. 또한 고객 정보를 이용하여 고객별로 판매와 서비스를 개인화할 수 있기 때문에 기업과 고객 간의 관계를 최적화할 수 있도록 하는 전략이다.

실제 운영 단계에서 볼 때, CRM의 가시적인 효과가 비용절감 측면에서 두드러지기 때문에, CRM의 최우선 목표를 비용절감으로 오해하는 경우가 적지 않다. 그러나 CRM의 목표는 비용절감 측면보다는 고객유지 및 신규고객 창출을 통한 수익 극대화에 있다고 보아야 한다.

안심Touch

CRM이 성공하기 위해서는 여러 가지 도전과제들이 있다. 그 중에서 가장 중요한 것이 CRM을 구성하는 다양한 시스템들을 어떻게 하면 목적 달성을 위한 가장 효과적인 방향으로 정렬할 것인가의 문제이다. 따라서 성공적인 시스템 통합(SI)의 중요성은 CRM 전략의 성패를 좌우하는 가장 중요한 영역이라 할 수 있을 것이다. 또한 비즈니스 규칙, 업무 프로세스에 필요한 데이터의 구축 및 사용자 인터페이스(UI)를 수립하는 것도 CRM 전략의 성공에 매우 중요한 요소들이다.

2. CRM의 2가지 개념

CRM의 개념은 보통 좁은 의미의 CRM과 넓은 의미의 CRM으로 구분된다.

(1) 협의의 CRM

좁은 의미의 CRM은 시스템 통합(SI)이라고 한다. 다음 그림과 같이 큰 CRM이라는 우산 아래 CRM을 구성하는 다양한 하위시스템들이 있다. 전자문서시스템, 지식관리시스템, 데이터 마이닝, CTI 등과 같은 하위시스템들을 어떻게 효율적으로 통합하느냐가 CRM 성공의 관건이 된다는 것은 결국 다양한 시스템 구성요소들에 대한 효율적인 시스템 통합(SI)만으로도 좁은 의미에서의 CRM의 성공을 말할 수 있는 근거가 된다.

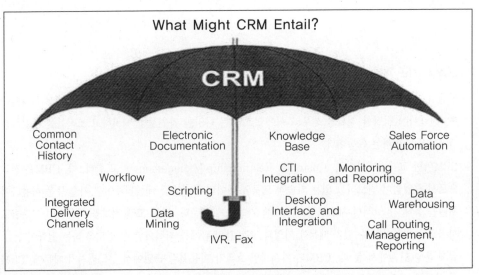

[협의의 CRM 개념도]

(2) 광의의 CRM

넓은 의미의 CRM이란 앞에서 살펴 본 좁은 의미의 CRM, 즉 시스템 통합(SI)에 전사적 전략 부분이

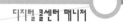
포함되고, 그에 따른 각각의 프로세스들을 정의하고 이를 유기적으로 잘 연계하는 영역뿐 아니라, 이러한 CRM이 가장 성공적으로 구축되고 실행될 수 있도록 최적의 조직을 구성하는 영역과 각각의 프로세스에 따른 추진 방법론까지를 포괄하는 것이다. 즉, 시스템 통합(SI), 전략, 프로세스, 조직 및 방법론의 영역을 모두 묶어서 광의의 CRM 또는 넓은 의미의 CRM이라고 표현한다.

3. CRM 전략의 필수 구성요소

적절한 방법 및 기준을 이용하여 고객을 세분화한다는 것은 고객도 조직 또는 기업의 CRM 전략에 따라 그룹별로 세분화할 수 있다는 것이다. 이렇게 세분화된 고객 그룹에 맞는 상담사를 매칭시킬 수 있어 보다 나은 서비스를 제공한다. 이 같은 CRM 전략요소는 가장 중요하다.

또한 그룹화된 각 유형별 고객의 가치 및 이와 같은 가치들을 향상할 수 있는 다양한 방법론들을 사전에 정의할 필요가 있다. 세 번째로는 각 고객의 가치에 따라 고객 유형을 나눌 수 있으며 이렇게 세분된 고객 유형별로 셀프서비스(ARS, IVR 등)를 통해서 서비스를 제공할 것인가 아니면 상담사와 직접 대화를 통해서 서비스를 제공할 것인가에 대한 사전 정의가 필요하다.

인바운드 센터와 아웃바운드 센터, 판매 및 영업 등을 전체 시스템적 관점에서 하나로 통합하여야 한다. 마지막으로 적절한 추적 기능이나 판단기능을 통해 각각의 고객접점을 분석하는 기능이 구성되어야 한다.

(1) CRM 전략의 필수 구성요소

① 적절한 방법 및 기준을 이용하여 고객을 세분화한다.
② 각 유형별 고객가치 및 가치향상을 위한 방법을 정의한다.
③ 고객에게 셀프서비스 및 상담사 서비스 중 선택을 제공한다.
④ 판매, 서비스 제공 등의 모든 채널을 통합한다.
⑤ 적절한 추적기능, 판단기능을 통하여 모든 고객접점을 분석한다.

또한 CRM 전략의 필수 구성요소들로 실시간 정보제공 및 고객의 요구사항 및 기대수준에 초점을 두고 프로세스를 재구성하여야 한다. 또한 상담사와 시스템 간의 정보를 분석하여 조직 및 기업에 있어 발생하는 이벤트에 대한 정보를 구하여야 한다. 이 밖에도 고객 프라이버시 보호규정을 수립하고 정착시켜 CRM 활동으로 인하여 야기될 수 있는 개인정보에 대한 문제점을 최소화하고 지속적으로 시스템의 효과성을 측정하고 개선하여야 한다.

(2) CRM의 추가적인 구성요소

① 판매조직과 서비스조직에 직접적으로 실시간 정보를 제공한다.

② 고객 요구사항 및 기대에 초점을 두고 프로세스를 재구성한다.

③ 상담사 – 시스템 정보를 분석하여 이벤트 발생시 정보를 얻는다.

④ 건전한 고객 프라이버시 보호규정을 수립하고 정착시킨다.

⑤ 시스템의 효과성을 측정하고 지속적으로 개선한다.

4. CRM 전략 수행의 이점

CRM 전략을 수행하는 이점으로는 약 7가지 정도가 있다. 먼저 CRM 전략을 성공적으로 구축하게 되면 고객을 신규로 유치하는 비율이 높아질 뿐만 아니라 기존 고객 유지율을 높여 매출 향상에 큰 도움이 된다. 둘째, CRM 전략을 통해서 상담사의 교육시간을 단축시킬 수 있다. CRM 센터를 통해서 나오는 다양한 측정값들이 보다 계량화되고 수치화된 데이터를 제공하기 때문에 상담사의 교육목표를 확인하는 데 객관적이고 효과적인 근거를 확보할 수 있어 교육시간을 단축시키는 효과로 나타난다. 셋째, 회사의 제반시스템과 인프라 등 관련 업무에 소요되는 기반 비용을 절감할 수 있으며 넷째, 기존 고객 유지에 소요되는 비용을 절감하고 유지율 향상에 기여한다. 다섯째, 타깃 마케팅에 소요되는 비용을 감소시키며 응답률을 증가시키는 효과가 있다. 여섯째, 이로서 전체적인 수익을 증대시킬 수 있다. 사실 이점은 CRM이 궁극적으로 추구하는 목표에 해당되는 것이라고 볼 수 있다. 마지막으로 판매 주기가 단축됨으로써 비용 등이 감소되는 이점이 있다.

[CRM 전략의 이점]

제2절 ▌Application 기술의 진보

○— 핵심 포인트

- 애플리케이션(Application) 기술은 초기 메인프레임 → Client/Server → Web → X-Internet으로 진보되었다.
- X-Internet 기반의 애플리케이션은 개발 및 유지보수가 용이하며 통신자원을 최소화하고 사용자의 만족도를 극대화하는 강점이 있다.

1. 애플리케이션 기술의 단계별 특성

애플리케이션이 구현되는 기반기술은 크게 메인프레임 세대, Client/Server 세대, Web 세대, X-Internet 세대로 발전하였으며 각 세대별로 특징을 가지고 있다.

(1) 메인프레임 세대

일반적으로 메인프레임 세대라고 하면 PC가 출현하기 전, 하나의 대형 컴퓨터를 조직 내의 여러 사람들이 공유하여 사용하던 세대를 의미한다. 이 세대를 이후의 세대와 비교할 때 여러 특징들이 있겠으나, 가장 중요한 차이는 단말기 혹은 데스크톱(Dumb 터미널, 터미널 에뮬레이션 PC)의 사양이 상대적으로 낮은 반면 중앙 통제를 하는 메인프레임의 성능이 매우 강하다는 특징을 갖는다. 따라서 시스템의 구성은 중앙집중형이었고 분산화에는 많은 한계가 있었다. 또한 사용자의 편의성과 접근성이 낮은 CUI(Character User Interface) 방식이었기 때문에 시스템 사용의 보편성과 활용도 측면에서 한계를 가질 수밖에 없었다. CUI 방식이란 GUI(Graphic User Interface)와 상대적인 개념으로, 현재 우리가 사용하는 Windows라는 시스템이 GUI 기반이라면, 그 이전에 사용하던 DOS 명령어는 CUI 기반이라 할 수 있다. DOS 명령어는 특정 명령어를 입력하여야만 원하는 정보를 불러올 수 있다. 이때 단 한 글자라도 틀리게 되면 오류가 발생하기 때문에 사용이 매우 불편하고 모르는 사람이 이용하기에는 어려운 시스템이었다.

(2) Client/Server 세대

메인프레임 세대에서 발전한 Client/Server 세대는 가장 오랜 시간 동안 기반기술의 지위를 차지하였다. 이 세대의 특징은 단말기 혹은 데스크톱(PC)의 사양이 매우 높아지고, 과거의 메인프레임에 해당하는 서버(Server)의 사양은 상대적으로 낮아져 분산형 시스템에 적합한 환경으로 변모하게 된다. 즉, 중앙 서버에 연결할 필요성을 최소화시키고 PC 안에서 되도록 많은 정보들을 처리할 수 있게 구성된 시스템이다. 또한 이때부터 과거 메인프레임의 CUI 방식에서 GUI(Graphic User Interface) 기반으

제6장 CRM과 상담사 Application ●**319**

로 진화하였다. 또한 단말기에 해당하는 PC는 기능이 강화된 특징을 반영하여 Thick Client라고 표현하며, 분산환경의 특성상 필요한 소프트웨어의 분배 및 업데이트가 필요하게 되었다.

(3) Web 세대

Web 세대에서는 Client/Server 세대에서 분산형으로 발전된 시스템이 다시 중앙집중형으로 회귀한다. 이 같은 변화의 가장 큰 이유는 멀티채널 환경 때문이다. 채팅이라든지 이메일 등 새로운 미디어들이 계속 등장하면서 중앙서버에서 정보를 구분하여 주는 것이 효율적이기 때문에 다시 중앙집중형으로 회귀하게 되었다. 따라서 상담사의 PC는 다시 가벼워지고 대신에 중앙의 서버는 다시 커지고 무거워졌다. 이 시기의 단말기에 해당하는 PC는 필수적인 기능만을 탑재한 간소화된 특징을 반영하여 Thin Client라고 표현한다.

중앙집권형 시스템의 특징을 가지고 있음에도 불구하고 지속적인 소프트웨어의 업데이트가 필요하다는 점은 주목할 만하다. 또한 Web 세대의 중요한 특징 중 하나는 대규모 네트워크의 확충을 전제로 한다는 점이다. 서로 주고받아야 할 정보의 양이 비약적으로 커지기 때문에 LAN, WAN과 같은 네트워크 망의 대역폭(Bandwidth)이 더욱 크게 확장되었다.

(4) X-Internet 세대

Web 세대와 X-Internet 세대는 유사한 기술을 배경으로 하고 있지만 무선을 연동한다는 점에서 확연한 차이점을 가지고 있다. 즉, 무선(Mobile)을 연동해서 유선과 무선의 통합된 서비스를 제공하는 세대가 바로 X-Internet 세대이다.

X-Internet 기반의 장점은 크게 3가지로 구분할 수 있다. 첫째, 개발 및 유지보수가 용이하다. C/S, Web, Mobile 등의 채널마다 표준화된 소스(Source)를 기반으로 개발되기 때문에 다른 공급사의 애플리케이션으로 변경되어도 전부를 새로 개발할 필요가 없이 기본적인 틀을 유지한 상태에서 애플리케이션 인터페이스의 조정만으로 충분할 수 있다. 따라서 개발 및 유지보수가 용이해지고 유무선 통합 UI(User Interface) 개발이 가능해 진다. 둘째, 통신 자원을 최소화할 수 있다. 통신 패킷(Packet)을 압축 및 이진화(Binary)하여 C/S 환경 수준의 네트워크 트래픽(Traffic)만 소요된다. 또한 기존 Web 애플리케이션과 대비하여 10% 정도의 트래픽 개선효과가 있다. 셋째, 사용자 만족도를 극대화할 수 있다. 정밀하고 정교화된 UI 구현을 통하여 업무효율성을 개선하는 장점과 압축 암호화 기술을 통해 데이터(Data)의 보완성을 강화할 수 있다.

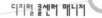
제3절 ▌ 상담사 Application의 기능

◐— 핵심 포인트

• 상담사 애플리케이션은 고객서비스, 상담사관리, 채널관리, 고객리스트관리, 리포트관리, 데이터베이스관리, 시스템관리 등 다양한 기능을 제공한다.

상담사 애플리케이션은 상담사가 고객의 전화를 받을 때 모니터에 항상 띄워놓고 보는 화면으로 고객 서비스를 하는 데 필요한 화면과 다양한 기능들을 제공하고 있다. 또한 슈퍼바이저 등 관리자들이 상담사에 대한 정보, 업무실적 등의 정리, 채널관리, 고객리스트관리, 리포트관리, 데이터베이스관리, 시스템관리 등 다양한 기능을 제공한다.

상담사의 상담화면은 고객의 기본적인 정보를 제공하고 있다. 이를 통해 상담사는 고객에 대한 정보를 가지고 상담을 할 수 있다. 또한 다음 그림에서 보는 바와 같이 현재 고객과 연결된 콜의 상담경과시간, 작업처리경과시간 등을 표시하고 있어 상담사가 항상 보면서 시간관리를 할 수 있는 기능들을 제공한다. 이 밖에도 상담사의 상담상태, 대기 중이거나 통화시도 중 상태표시 등이 나타나며 슈퍼바이저가 해당 상담사를 지정하게 되면 같이 공유하여 볼 수 있다.

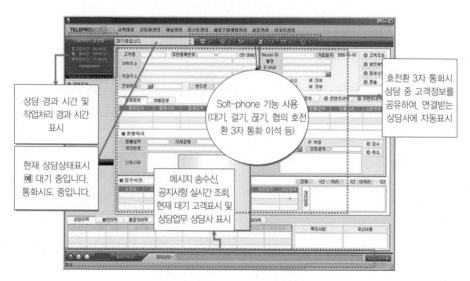

[상담 애플리케이션 기본 구성화면1]   〈자료 : (주)인티큐브〉

다음 그림 또한 기본적인 상담 애플리케이션의 기본 화면이다. 현재 CTI의 상태, 대기 중이라든지 통화 중이라든지 등을 볼 수 있는 기능들이다. 특히 이 화면에서 가장 중요한 것은 고객에 대한 세부 정보들이나 상담 이력들을 조회할 수 있는 기능을 제공할 수 있다.

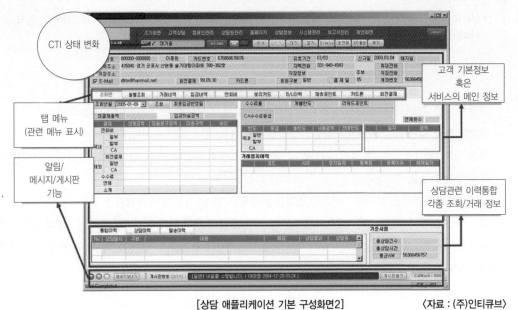

[상담 애플리케이션 기본 구성화면2]　　　　　　　〈자료 : (주)인티큐브〉

07장 다이얼링 시스템

제1절 | 다이얼링의 개요

> ●― 핵심 포인트
>
> • 아웃바운드 CRM의 업무영역을 업무성격에 따라 구분하면 서비스 만족도 조사, 공지사항 알림, 콜백(Call Back) 서비스, 신상품 안내, 서비스 가입 안내 등 다양하다.
> • 다이얼러의 가장 대표적인 기능은 전화를 거는 데 꼭 필요하지 않은 시간들을 최소화시키는 기술인 다이얼러를 사용하여 자동화된 시스템으로 전화를 거는 일에 소비되는 시간을 줄여주는 것으로 현재 콜센터에서 사용하고 있는 다이얼러는 Preview, Progressive, Predictive 3가지를 모두 사용하고 있다.
> • 블렌딩은 인바운드와 아웃바운드 콜에 대하여 상담사를 유기적으로 유연하게 이동 적용함으로써 콜센터의 전체적인 인적 효율성을 극대화하기 위한 기법이다.

다이얼링 시스템은 콜센터의 장비영역 즉, 핵심기술영역에 속할 수도 있고 애플리케이션에 속할 수도 있는 양자적 특징을 동시에 가지고 있는 시스템이다. 따라서 매우 정교하고 대용량의 장비가 필요한 동시에 상담사 내지는 관리자가 볼 수 있는 고도로 개발된 애플리케이션인 동시에 콜센터에서 필요로 하는 기술이다.

다이얼링 시스템은 아웃바운드 콜센터라는 개념과 매우 밀접하게 연관되어 있다. 인바운드 콜센터가 고객의 필요에 의해서 콜센터로 걸려오는 전화를 응대하는 것이라면, 아웃바운드 콜센터는 콜센터의 필요에 의해서 고객에게 전화를 하는 것으로 이때 콜의 생산성과 효율성을 높여주기 위한 시스템이 다이얼링 시스템이다.

1. 아웃바운드 다이얼링의 개요

(1) 아웃바운드 CRM의 정의

아웃바운드 CRM이란 기업이 고객을 획득 및 유지하기 위한 목적으로 고객 데이터베이스를 활용하여 콜센터의 텔레마케팅 기능을 통해 고객과 커뮤니케이션 하는 활동을 의미한다. 이를 보다 쉽게 설명하면 콜센터의 필요에 의해서 고객에게 전략적으로 전화를 거는 행위가 아웃바운드 다이얼링이라고 한다.

(2) 아웃바운드 CRM의 업무영역

아웃바운드 CRM의 업무영역을 업무성격에 따라 구분하면 서비스 만족도 조사, 공지사항 알림, 콜백(Call Back) 서비스, 신상품 안내, 서비스 가입 안내 등 다양하다.

콜백(Call Back) 서비스란 상담사가 전화를 받을 수 없는 시간에 걸려왔던 전화를 추후 상담사가 아웃바운드 콜업무를 수행할 기회가 생겼을 때 그 고객에게 다시 전화를 드리는 서비스이다. 아웃바운드 CRM의 업무영역을 조직에 따라 구분하면 텔레마케팅 센터, 채권센터 해피콜 센터 등이 있다.

2. 다이얼러(Dialer)의 기능

다이얼러의 가장 대표적인 기능은 전화를 거는 데 꼭 필요하지 않은 시간들을 최소화시키는 기술인 다이얼러를 사용하여 자동화된 시스템으로 전화를 거는 일에 소비되는 시간을 줄여주는 것이다.

만일 다이얼러가 없다면 전화번호를 누르고 착신음이 가는 것을 듣고 상대방의 통화 연결음을 계속 듣다가 상대방이 수신을 할 경우 대화를 시도하게 된다. 이 경우 상대방이 내가 꼭 통화를 하고자 하는 고객이 아닐 경우도 있으며 심지어는 자동응답기나 팩스번호로 전화가 연결되거나 결번인 경우도 많다. 따라서 다이얼러를 이용하게 되면 전화연결의 시간을 단축시켜 상담사의 생산성을 높여준다.

또한 다이얼러는 인바운드 전화 응대와 병행하는 아웃바운드 업무를 지원한다. 콜센터에서 인바운드 콜은 예측이 가능하지만 매 순간마다 콜의 증감이 있다. 만일 인바운드 콜이 가장 많을 때를 대비하여 상담사를 배치하게 된다면 인바운드 콜이 적을 때에 상담사의 운영 효율성이 떨어진다. 따라서 인바운드 콜이 폭주할 때는 아웃바운드 업무를 잠시 중단하고 인바운드 업무로 투입하여 전체적인 콜센터의 업무 효율성을 높이는 기술을 블렌딩(Blending)이라고 한다.

다이얼러는 슈퍼바이저의 캠페인 전략수립 및 실행을 지원한다. 일반적으로 아웃바운드 콜센터에서 슈퍼바이저는 고객 데이터베이스를 특성별 상담사 그룹별로 구분하는 작업을 하는 데 많은 시간을 소비한다. 이 경우 다이얼러는 이와 같은 시간을 줄여줌으로써 슈퍼바이저의 업무 부담을 경감시키는 이점이 있다. 또한 다이얼러는 아웃바운드 콜센터에 상담사 업무평가를 수치화된 자료로 지원하고 개선활동 기능을 동시에 제공하고 있다.

3. 다이얼러(Dialer)의 종류

다이얼러는 Preview Dialing, Progressive Dialing, Predictive Dialing의 순서로 발전하였으며 현재 콜센터에서 사용하고 있는 다이얼러는 Preview, Progressive, Predictive 3가지를 모두 사용하고 있다.

(1) Preview Dialing

Preview 다이얼링은 과거 수동으로 직접 전화번호를 눌러주는 단계를 줄여준 상태로 상담사가 전화를 걸 리스트를 모니터에 띄워 놓고 해당 전화번로의 콜버튼만 누르면 자동으로 전화 다이얼링이 걸리는 기능을 지원한다. 즉, 상담사의 통제에 의해 교환기가 특정 전화번호를 발신하도록 지시하는 응용프로그램으로 대개 CTI의 추가기능으로 개발되었다. 이와 더불어 전화를 걸고자 하는 고객에 대한 정보가 화면에 같이 제공이 되어 상담사는 전화가 연결되기 전 고객에 대해 사전정보를 가지고 아웃바운드 상담업무를 진행할 수 있다.

(2) Progressive Dialing

Progressive 다이얼링은 Preview 다이얼링을 자동화한 것으로 하나의 상담이 끝나면 일정 시간 후에 리스트의 다음 고객에게 자동으로 발신하는 것이다.

Progressive 다이얼링이 Preview 다이얼링과 비교할 때 가장 큰 차이점은 전체 콜리스트에서 첫 번째 리스트에서 두 번째 리스트로 넘어가는 시간을 미리 설정해 둘 수 있다는 점이다. 과거 아웃바운드에서 한 통화당 소요되는 후처리 시간에 대한 평균치가 40초일 경우, Progressive 다이얼링은 이와 같은 평균치를 설정하여 한 통화가 완료된 후 40초 후에 다음 대상 리스트에 자동으로 전화를 걸어준다.

(3) Predictive Dialing

Predictive 다이얼링은 Progressive 다이얼링 기능에 예측기능과 콜탐지기능(Call Detection) 등이 추가된 고도화된 기술이다. 예측기능이란 과거 데이터를 분석한 결과, 100명에게 동시에 전화를 걸어 인통화가 성공률이 50%라는 결과 값을 얻었다면, 실제 20명의 아웃바운드 상담사가 있는 콜센터에서 40통까지 전화를 동시에 연결하도록 발신통화의 배수 값(Pacing Rate)을 정해줄 수 있는 기능을 말한다.

그리고 Predictive 다이얼링은 탐지(Detection) 기능을 가지고 있다. 수신 측의 결번ㆍ오번, 팩스, 자동응답기 등 오수신자를 식별하여 자동으로 걸려주는 기능으로 실제 사람의 육성과 기계음을 구별할 수 있는 탐지비율(Detection Rate)은 Predictive 다이얼링 시스템을 평가하는 기준이 되며 현재 기술로는 약 97~98% 정도로 알려져 있다.

4. 블렌딩(Blending)

블렌딩은 인바운드와 아웃바운드 콜에 대하여 상담사를 유기적으로 유연하게 이동 적용함으로써 콜센터의 전체적인 인적 효율성을 극대화하기 위한 기법으로 다음과 같이 수행된다.

(1) 콜센터의 상담사를 인바운드 및 아웃바운드 상담에 능률적으로 활용하기 위한 기능으로 콜센터의 개별조건과 서비스 전략 및 서비스 목표에 따른다.

(2) 동일 상담이 좌석의 이동 없이 같은 위치에서 인바운드와 아웃바운드 콜을 모두 처리할 수 있게 해준다.

(3) 블렌딩 기능을 적용하는 콜센터의 경우 인바운드 전담팀, 아웃바운드 전담팀 외에 블렌딩 팀을 운영하거나 아웃바운드 팀을 블렌딩 팀으로 운영한다.

(4) 일반적으로 블렌딩 팀은 아웃바운드 업무를 수행하다가 인바운드 콜이 인바운드 전담팀의 수용 능력을 초과하는 상황이 발생할 경우 인바운드 팀을 지원하는 형태로 운영된다.

제2절 ┃ PDS 기술 및 시장동향

> ○─ 핵심 포인트
>
> **PDS란 Predictive Dialing System을 의미하며 아웃바운드 콜의 정확성과 업무 효율성을 최적화하기 위한 전문 솔루션으로 예측 다이얼링 알고리즘(Pacing)과 콜검출 알고리즘(Detection)을 사용한다.**

1. PDS의 개요

PDS란 Predictive Dialing System을 의미하며 아웃바운드 콜의 정확성과 업무 효율성을 최적화하기 위한 전문 솔루션으로 예측 다이얼링 알고리즘과 콜검출 알고리즘을 사용한다.

(1) 예측 다이얼링 알고리즘

상담사 그룹별 평균통화시간 등의 과거 축적(Historical) 데이터를 기반으로 미래의 예상 가용 상담사수를 예측하는 기능이다. 이를 바탕으로 본인 통화율을 감안한 자동발신 통화의 배수값을 추천한다(Pacing).

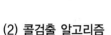

(2) 콜검출 알고리즘

PDS의 탐지(Detection)기능은 실제 수신자 목소리를 확인하는 기술을 탑재하고 있어서 통화 중 신호, 팩스, 자동응답기를 걸러주는 역할을 한다. 이를 통해 수신자 본인 통화율을 극대화하여 콜센터의 생산성과 효율성을 동시에 향상시킨다.

2. PDS의 특징

PDS의 특징은 예측 다이얼링 알고리즘, 콜검출 알고리즘, 통계 및 리포팅 지원, 전담상담사에 따른 발신기능을 제공한다는 점이다.

예측 다이얼링 알고리즘은 포기 콜 감소 및 대기시간 단축의 장점을 가지고 있고 콜검출 알고리즘은 무효통화 즉, 연결되지 않아도 되는 전화를 차단하여 고객연결을 극대화시킨다는 장점을 가지고 있다. 통계 및 리포팅을 지원하는 기능으로 실시간 데이터관리가 가능하고 통계 툴을 제공하며 전담상담사에 따른 발신기능으로 예측 다이얼링, 시간설정 다이얼링, 콜리스트 선별 다이얼링이 가능하다. 즉, 특정 A라는 고객그룹을 B라고 하는 상담사 그룹과 1 : 1로 매칭시킬 필요가 있을 때, A 고객 콜리스트를 B 상담사 그룹과 자동으로 매칭을 시켜주는 기능이다.

3. PDS의 구성도

PDS 시스템 또한 교환기 등과 마찬가지로 하나의 구성을 이루는 한 부분이다. 다음 그림에서 보듯이 상담사 1팀은 인바운드, 2팀은 아웃바운드를 하고 있다가 인바운드 콜 폭주시에 1, 2팀이 모두 인바운드로 연동될 수 있도록 모든 콜센터 시스템들이 PDS와 연동이 되어 있다.

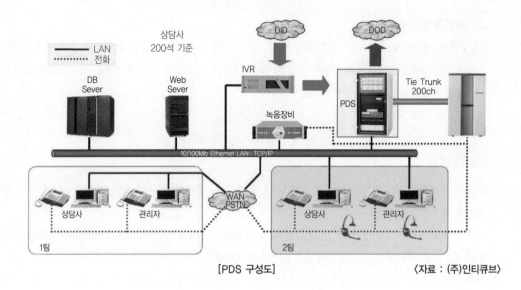

[PDS 구성도] 〈자료 : (주)인티큐브〉

4. PDS 시장동향

현재 국내에 소개된 외산 및 국산 다이얼러 장비 회사들과 특징은 다음과 같다.

(1) AVAYA(미국)

세계 1위의 PDS 공급사로 제공하는 제품은 AVAYA PCS(Proactive Contact System)이다. 국내 PDS 시장점유율도 가장 높다.

(2) Aspect(미국)

Concerto Software사를 인수하여 PDS를 해외 및 국내에서 제공하고 있으며 제품명은 Aspect Ensemble-pro이다. 해외에서 AVAYA와 함께 시장점유율이 높지만 국내에서는 후발주자로 많은 고객을 가지고 있지 못하다.

(3) Nexus Community(한국)

국내 기업으로 CTMP Suite라는 제품의 PDS를 제공하고 있다. 이 CTMP Suite는 CTI에서 시작해서 CTI에 다이얼링 기능을 추가한 형태로 발전하였다.

(4) 기 타

국내 기업으로 한맥 소프트웨어가 있다. 한맥 소프트웨어는 Genesys와 제휴하여 확장형 CTI 기능을 추가한 Soft Dialer이며 Genesys는 한맥 다이얼러와 제휴하여 PDS를 제공하고 있다. 이 밖에 에이블컴 등이 있다.

제3절 ▌ 다이얼링 시스템 도입효과

○─ 핵심 포인트

• DS의 도입효과는 통화시간, 후처리 시간, 대기시간, 무효통화, 포기통화를 최소화시켜 생산성이 향상되고 매출이 증대하는 반면 비용은 감소한다.
• PDS ROI 분석의 가장 일반적인 방법은 PDS 도입에 따른 인건비 감소를 통한 생산성 향상을 계량화하여 분석하는 기법이 있다.

1. 도입효과

모든 아웃바운드 콜센터가 최소화시켜야 하는 5가지 핵심 요소들은 통화시간, 후처리 시간, 대기시간, 무효통화, 포기통화이다. 첫째, 통화시간을 최소화하는 것이다. 고객과 통화하는 시간도 가급적이면 줄이는 것이 효율적이다. 따라서 고객에 대한 사전 정보를 가지고 통화를 할 경우 전체 통화시간 절감효과가 있다. 둘째, 후처리 시간을 최소화하는 것이다. 후처리 시간도 상담과 관련한 정보 값을 자동으로 인식하도록 지원하게 되면 자연히 감소하게 된다. 셋째, 대기 시간의 최소화이다. 전화가 걸리는 착신음을 듣고 있는 시간 등 대기 시간이 콜센터에서 매우 큰 부분을 차지하고 있다. 넷째, 무효통화의 수를 최소화하는 것이다. 응답기가 받았거나 팩스가 받았거나 하는 콜을 최소화하는 것이다. 다섯째, 포기통화의 최소화이다. 이와 같은 5가지 핵심 요소들은 다이얼러 시스템을 도입함으로써 최소화할 수 있어 콜센터가 가지는 3가지 목표인 업무 생산성과 수익의 증대, 그리고 비용 절감의 목표를 달성할 수 있다.

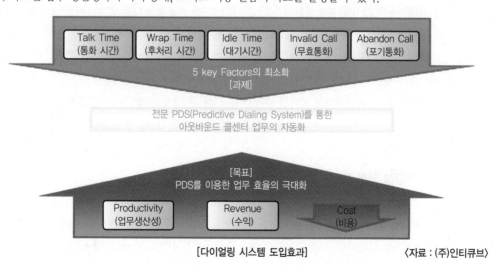

[다이얼링 시스템 도입효과]　　　　　　　　　〈자료 : (주)인티큐브〉

2. ROI 분석방법 및 실제 사례

다이얼러 시스템을 도입하면 생산성과 효율성이 증가한다는 점을 앞에서 설명하였다. 그렇다면 과연 얼마나 생산성과 효율성이 증가하며 이를 어떻게 계산하고 측정할 수 있는가에 대한 가장 기본적인 방법으로 인건비 절감효과를 통한 생산성 향상을 중심으로 분석하는 방법이 있다.

이와 같은 방법을 실제 사례를 통해 살펴보도록 하자. 먼저 그림에서 보는 바와 같이 공통의 전제조건으로 한 통화당 약 2분의 시간이 걸린다는 전제하에 2가지를 비교해보자.

PDS를 도입하기 전에 수동으로 60분의 업무시간을 한 상담사가 진행을 한다고 가정하였다. 과거 실측데이터를 보면 대기 및 준비시간이 약 30분 걸리고 후처리에 약 6분이 걸려서 60분 중에서 단 24분만이 실제통화시간이 된다. [ROI 분석의 예시]에서 오른쪽 계산식을 보면 통화당 2분이 소요된다고 가정했을 때, 총 12통화를 성공하였다. 성공한 콜 중에서 약 10% 정도가 매출로 연결이 되었다고 본다면 시간당 약 1.2건의 성공 영업 건수가 도출된다.

반면 PDS를 도입한 경우를 살펴보면, 똑같은 60분의 시간을 투여했을 때 실통화에 쓸 수 있는 시간이 54분으로 늘어난다. 이때 54분을 성공한 콜수로 환산하면 12콜에서 무려 27콜로 늘어났음을 확인할 수 있다. 여기에 동일한 영업 성공률 10%를 적용했을 때, 시간당 약 2.7건의 성공 영업 건수가 도출된다.

한 통화당 인건비를 똑같다고 가정한다면, 성공 건당 비용은 수동일 때 10,000원 대비 PDS 적용 시에는 약 4,444원 정도가 되어 약 55.6%의 비용 효율성을 기대할 수 있게 된다.

(1) 인건비 절감에 의한 ROI

인건비 절감에 의한 ROI 비교분석표를 위의 사례를 가지고 설명을 하자면 수동일 때는 1개의 영업 성공당 판매비용이 10,000원의 인건비가 들었지만 PDS를 적용했을 때는 약 4,444원 정도가 들었다.

예를 들어 1개월의 성공수를 200건으로 똑같이 봤을 때 월간 판매비용이 수동일 경우 약 200만원, PDS의 경우에는 약 89만원이 소요되었다. 월별 약 200명의 아웃바운드 콜센터라고 한다면 월간 절감되는 총 비용은 2억 2천 200만원 정도의 비용절감 효과가 나타난다.

PDS 도입비용이 5억원이라고 한다면 투자한 총 5억원은 약 2.25개월이 지난 후에 모두 회수할 수 있다는 ROI 계산식이 나온다(단, 회수기간이 단기간인 관계로 내부수익률, 즉 투자비에 대한 이자율을 감안하지 않았음).

(2) 매출 수익금에 의한 ROI

매출 수익금에 의한 ROI 비교분석표를 위의 사례를 가지고 똑같이 비교해 보자. 시간당 매출건수가 수동일 때 1.2건, PDS일 때 2.7건이며 매출 수익금이 각각 똑같이 한 건당 5,000원씩이라고 가정하고 1일 8시간을 일한다면 두 경우의 수익 매출금액이 각각 4만 8,000원 대비 10만 8,000원으로 증가하게 된다. 월 20일 일한다고 가정한다면, 월 매출액은 각각 96만원 대비 216만원으로 증가한다. 마찬가지로 200명 규모의 콜센터의 경우, PDS 도입에 따른 월 매출 증가액은 약 24억원 정도가 된다. PDS 도입비용이 5억원이라고 한다면 투자한 총 5억원은 약 2.08개월이 지난 후에 모두 회수할 수 있다는 ROI 계산식이 나온다(마찬가지로 회수기간이 단기간인 관계로 내부수익률, 즉 투자비에 대한 이자율을 감안하지 않았음).

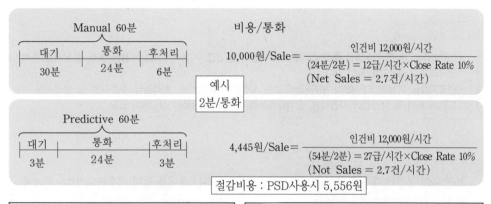

인건비 절감에 의한 ROI		
구 분	Manual	Predictive
판매비용	10,000원	4,445원
성공수/월	200건	200건
판매비용/월	2,000,000원	889,000원
절감비용/월	1,111,000원×200명 = 222,200,000원	
PDS도입가	500,000,000원	
환급일수	2.25개월	

매출 수익금에 의한 ROI		
구 분	Manual	Predictive
Net Sale/시간	1.2	2.7
매출 수익금	5,000원	5,000원
수익금/1일(8시간)	48,000원	108,000원
수익금/월(20일)	960,000원	2,160,000원
수익금증가/월	1,200,000원×200명 = 240,000,000원	
POS도입가	500,000,000원	
환급일수	2.08개월	

[ROI 분석의 예시]　　　　　　　　　　〈자료 : (주)인티큐브〉

08장 웹 커뮤니케이션 채널

제1절 ┃ ERMS

> **○─ 핵심 포인트**
>
> - ERMS의 기능은 이메일을 통한 고객문의에 대한 자동답변, 자동적 FAQ 게시판 등재, 응답시간 추적기능 및 관리리포트 제공기능 등이 있다.
> - 인공지능을 이용한 ERMS의 부가기능으로는 사전자동 통보기능, 최적응답 추천기능 및 응답자동 제공기능, 자연어 처리 및 다중언어 지원기능, 문자대화능력(무인자동화 채팅기능) 등이 있다.

최근 들어 콜센터 대신에 컨택 센터(Contact Center)라는 용어를 많이 사용하고 있다. 과거에는 '인바운드 콜수신' 및 '아웃바운드 콜발신'과 같이 음성전화만을 취급하던 콜센터가 이제는 인터넷의 발달로 콜센터에서 처리해야 될 채널이 단순한 음성이 아닌 이메일, 화상 채팅, 문자 채팅 등 다양한 채널들이 콜센터의 영역으로 들어오면서 모든 컨택 접점들을 포괄하는 컨택 센터라는 개념이 새롭게 형성되고 있다.

1. ERMS의 개념

ERMS란 이메일 응답관리 시스템(Email Response Management System)으로 고객이 웹사이트에 접속해서 문의사항이나 불만사항을 제기하면 이를 콜센터의 온라인 상담사에 전달하는 시스템이다. 이렇게 전달된 문의 및 불만에 대한 대답을 고객에게 음성전화 또는 이메일로 회신할 수 있다.

ERMS는 웹을 통해 접수된 내용을 상담사에게 전달하는 역할뿐 아니라 과거의 유사 상담이력이나 FAQ(Frequently Asked Question) 등을 참조하여 권장되는 답변을 검색한 후, 상담사에게 추천하는 역할을 동시에 수행한다. 즉, 일정 유형의 질문이 들어왔을 때 일일이 상담사가 답변하는 것이 아닌 자연어 검색엔진이라는 기술을 가지고 고객이 제기한 문의 및 불만사항에서 키워드를 검색하여 ERMS가 추천하는 모범응답 내용을 가지고 응답한다.

향후 의사소통 채널로써 이메일 내지는 인터넷이 차지하는 비중이 점점 커짐에 따라 ERMS의 효용은 지금보다 성장할 것으로 예측되고 있다.

2. ERMS 프로세스

고객이 웹에서 문의 및 불만사항을 제기하면 지식관리시스템(KMS ; Knowledge Management System)과 연동되어 접수된다. 그리고 문의 및 불만사항의 주요한 키워드들을 검색하여 데이터베이스의 가장 적합한 대답들을 매칭한 후 FAQ 지식 데이터베이스로 전달한다. 이 FAQ 지식 데이터베이스에서는 가장 적절한 답변들을 결정하여 인공지능화된 자동답변이 제공된다.

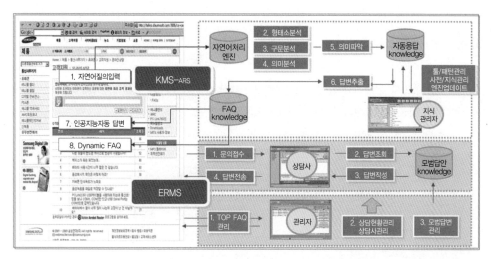

[ERMS 프로세스]　　　　　〈자료 : (주)인티큐브〉

3. ERMS의 기능

ERMS의 중요 기능들을 살펴보면 먼저 셀프서비스(Self Service)기능이 있다. 이 기능은 첫째, 지능형 언어처리 및 인공지능 엔진에 의한 자동답변을 제공해주는 기능을 한다. 둘째, 다이나믹(Dynamic) FAQ로 고객문의 중 가장 빈도가 높고 중요한 사항에 대해서 자동적으로 FAQ 게시판에 등재하여 자동답변이 추천되도록 하는 기능이다. 셋째, 기능 및 고객의 중요도에 따른 선별적인 전달기능, 즉 필터링 기능도 가지고 있다. 넷째, 질의 · 응답 및 상담의 우선순위를 고려한 중요도 설정기능을 가지고 있다. 그래서 우선순위가 높은 것을 우선으로 답변을 제공한다. 마지막으로 응답시간 추적기능 및 관리 리포트 제공을 제공하는 것도 ERMS의 영역에 포함된다.

4. ERMS와 인공지능

ERMS의 기능 중에서 인공지능을 사용하고 있는 기능들은 다음과 같다.

(1) 사전자동 통보기능

(2) 최적응답 추천기능 및 응답자동 제공기능

(3) 자연어 처리 및 다중언어 지원기능

(4) 문자대화능력(무인자동화 채팅기능)

이 외에도 제품마다 인공지능을 활용한 다양한 부가기능이 제공되고 있으며, 특히 응용서비스사업자(ASP)에 의해 제공되는 차별화된 부가서비스 이용도 가능하다.

제2절 | 인터넷 콜센터

●─ 핵심 포인트

- 인터넷 콜센터의 목적은 고객에게 다양한 채널을 통한 상담서비스를 제공하는 동시에 콜센터에 통화상담에 부과되는 업무 부담을 최소화하며 신속하고 정확도 높은 응대를 통하여 고객만족경영을 실현하며 또한 대면 상담을 통해 고객에게 보다 친근하고 신뢰성 높은 상담서비스를 제공하는 것이다.
- ERMS의 일반적 기능은 이메일을 통한 고객문의에 대한 자동 답변, 자동적 FAQ 게시판 등재, 응답시간 추적기능 및 관리 리포트 제공기능 등이 있으며 인공지능을 이용한 부가적 기능으로 사전자동 통보기능, 최적응답 추천기능 및 응답자동 제공기능, 자연어 처리 및 다중언어 지원기능, 문자대화능력(무인자동화 채팅기능) 등이 있다.
- 인터넷 콜센터의 기능으로는 인터넷 채팅 및 화상 채팅, 인터넷망 음성통화 및 화상통화, 웹협업 및 Escorted Browsing 등이 있다.
- 인터넷 콜센터의 도입으로 고객에게 다양한 상담채널을 제공, 상담업무 외 시간에도 고객의 질의 및 문의를 접수 가능, 고객에게 답변을 제공하는 시간이 단축되어 고객 서비스 품질이 향상되며 이메일 처리에 소요되는 상담사 인력을 절감할 수 있어 비용절감 및 이메일 상담사 업무 만족도 향상과 음성통화 상담업무의 부담이 감소되어 인건비 및 통신자원의 절감효과가 있다.

1. 인터넷 콜센터의 개념

인터넷 콜센터에 대해 살펴보기에 앞서 CTI에 대한 개념을 다시 한번 되짚어 보자. CTI란 Computer Telephony Integration의 약어로 컴퓨터와 통신, 특히 전화를 통합한 기능을 말하는 것이라는 것을 기억하고 있을 것이다. 즉, 컴퓨터라는 것은 상담사의 화면에 홍길동이라는 고객의 상담정보가 상담사의 컴퓨터 모니터에 뜨고 홍길동 고객의 음성전화는 상담사의 전화선을 통해서 연결이 된다. 그래서 같은 홍길동이라는 고객의 음성 전화와 기존 가지고 있던 데이터를 컴퓨터 모니터에 통합하여 보여준다는 것이다.

(1) ITI적 접근

인터넷 콜센터 또한 CTI와 유사하다. 먼저 인터넷 콜센터에서 사용하는 ITI는 Internet Telephony Integration이다. 즉, 기존의 CTI의 모든 정보들을 인터넷의 정보와 같이 통합한다는 개념이다. 따라서 인터넷 콜센터의 ITI적 접근으로 살펴보면 PSTN 기반의 CTI와 인터넷을 이용한 음성전달기능을 융합한 통합채널로 인터넷 채팅 및 화상 채팅이 가능하고 인터넷망을 이용한 음성통화 및 화상통화가 가능하며 웹협업(Collaboration)과 에스코트 브라우징(Escorted Browsing)을 구현할 수 있다. 보다 쉽게 설명하자면 기존의 CTI 기능에 추가하여, 인터넷 채널을 통한 고객 접점을 포괄적으로 통합한 개념이라고 이해해도 좋을 것이다.

(2) 인터넷 콜센터의 목적

인터넷 콜센터의 목적은 고객에게 다양한 채널을 통한 상담서비스를 제공하는 동시에 콜센터에 통화 상담에 부과되는 업무 부담을 최소화하며 신속하고 정확도 높은 응대를 통하여 고객 만족 경영을 실현하며 또한 대면 상담을 통해 고객에게 보다 친근하고 신뢰성 높은 상담서비스를 제공하는 것이다.

2. 인터넷 콜센터의 도전과제

향후 인터넷 콜센터가 발전하기 위해서는 몇 가지 극복해야 할 과제들이 있다. 우선 다양한 채널들을 얼마나 효과적으로 통합하고 관리하느냐의 이슈가 남아 있다. 이메일, 인터넷 전화(화상 전화), 웹채팅(화상 채팅), 웹콜백, 웹협업(Collaboration) 등 다양한 채널들을 효과적으로 통합할 때 인터넷 콜센터는 보다 더 발전하게 될 것이다. 두 번째는 웹 셀프서비스로 인한 불편사항들을 어떻게 보완할 것인가에 대한 이슈이다. 웹 셀프서비스는 서비스의 신속성 및 콜센터 운영비용 효율화 등의 측면에서 긍정적 효과를 기대하게 하지만 셀프서비스로 인하여 취약해지기 쉬운 고객서비스 측면에 대한 보완대책을 수립하여 시행해야 한다. 즉, 비용효율성과 고객만족도는 별개의 문제인 것으로 셀프서비스가 비용절감의 장점들이 존재하기 때문에 현재 가지고 있는 고객의 불편사항들을 찾아내서 보다 발전적으로 해소하는 노력들이 앞으로 필요하다. 마지막으로 계속적으로 발전하고 있는 인터넷에 대한 신기술의 수용이다. 새로운 서비스 채널이 출현하는 속도가 더욱 빨라지고 그 효과성 검증 및 기술수용에 대한 구체적인 전략과 안목을 가지고 이와 같은 도전과제를 극복해 나가야 한다.

3. 인터넷 콜센터 구성도

다음 그림에서 보는 바와 같이 기존 음성 중심의 콜센터는 전화, IVR, 팩스 등이 전화망을 통해 사설교환기에 인입되면 각각의 구성시스템을 통해 상담사에게 전달되었으나 인터넷 콜센터는 기존 콜센터의 시스템에 다양한 인터넷 접점을 포괄하여 수용하고 있으며 지식관리시스템과 ERMS 등의 시스템이 추가되었다. 즉, 고객에게 서비스를 제공하는 전체적인 개념은 같지만 채널과 고객과의 접점 영역이 기존 콜센터와는 다르다.

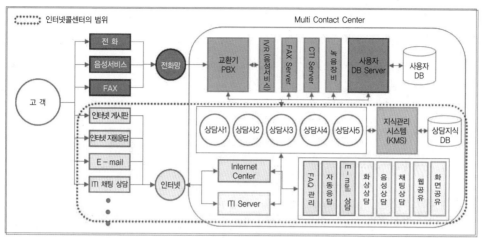

[인터넷 콜센터 구성도]　　　　　〈자료 : (주)인티큐브〉

4. 인터넷 콜센터 서비스 구성

다음 그림은 인터넷 콜센터에서 제공되는 서비스를 보여주고 있다. 앞서 설명한 바와 같이 인터넷 콜센터에서는 자동응답시스템, ERMS, 화상 채팅 및 통화, 상담화면 공유, 화면 및 문서의 공유, 이메일 자동응답 등의 서비스를 제공하고 있어 고객이 웹에서 질의하는 내용에 대해 자동으로 응답을 하거나 상담사에게 전달하고 상담사는 고객과 화상채팅 및 통화를 통해 답변한다. 또한 상담사가 고객의 화면을 공유하기도 한다.

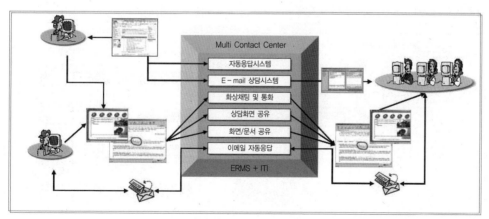

[인터넷 콜센터 서비스 구성도]　　　　　〈자료 : (주)인티큐브〉

5. 인터넷 콜센터 서비스 프로세스

고객이 인터넷 콜센터를 처음 접하게 되는 화면은 다음 그림과 같다. 고객은 음성상담, 화상상담, 웹공유 상담 중 전체를 선택할 수 있고 그중 일부만을 선택하여 서비스를 받을 수 있다. 또한 고객의 정보를 입력 하는 란을 통해 상담사는 고객정보를 사전에 제공받을 수 있다.

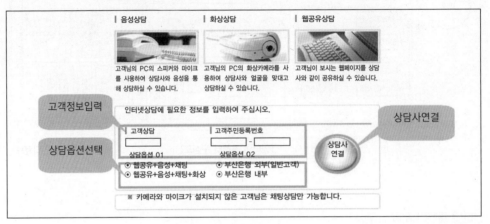

[서비스 초기화면 예시]　　　　　　　　〈자료 : (주)인티큐브〉

이렇게 연결된 문의 및 질의는 ITI 서버를 통해 고객이 지정한 서비스 카테고리에 의해서 화상상담을 하는 상담사그룹, 음성상담을 하는 상담사그룹, 문자채팅을 하는 상담사그룹, 웹협업 상담을 하는 상담사그룹 별로 구분되어 배정된다. 예를 들면 고객이 화상으로 해도 좋고 웹공유로 해도 좋다고 선택한 경우라면, 그 시점에서 가용한 상담사가 많이 남아 있는 그룹으로 배정한다든가, 혹은 우선적 상담 스킬그룹으로 배 정하는 등 콜센터마다의 특성화된 전략에 의해서 서비스가 이루어진다.

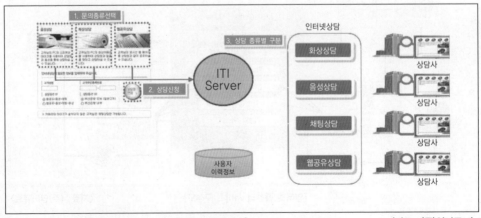

[서비스 프로세스]　　　　　　　　〈자료 : (주)인티큐브〉

6. 인터넷 콜센터 서비스의 특징

(1) 이메일

인터넷 콜센터의 다양한 서비스의 특징적 부분을 살펴보자. 우선 첫 번째 이메일을 통한 인터넷 콜센터의 서비스를 보면 이메일은 비 동시성이라는 것이 장점이자 단점이 될 수 있다. 즉, 상담사 업무시간이 종료된 시간에 콜센터로 전화가 들어오면, 고객은 '상담업무가 종료되었다' 라는 안내를 받게 된다. 또는 콜이 많은 시간의 경우, '상담사가 모두 통화 중이다' 라는 안내를 받게 되는데, 이렇듯 고객응대가 이루어지지 못하는 시간에도 이메일은 고객의 문의 및 불만사항을 접수할 수 있는 비동시성의 장점을 갖는다. 반면, 비동시성은 고객서비스의 품질 측면에서는 단점으로 작용할 수도 있다. 이를테면 질문의 재확인이나 즉각적인 오류수정이 불가능하고 또한 답변의 지연에 따른 잠재적인 고객 불만이 야기될 수 있기 때문이다.

또한 FAQ가 시간을 절약해주고 가장 적합한 모범답안을 제공하는 장점이 있는 반면, 획일화된 답변 및 불충분한 설명 등으로 인하여 고객의 사용기피 경향이 발생할 수 있다는 단점도 동시에 존재하는 채널이 바로 이메일 채널의 특징이다.

(2) Web Chat

Web Chat란 인스턴트 메신저(IM)를 사용하여 고객과 문자채팅을 통한 상담을 진행하는 서비스이다. 이 서비스의 장점은 이메일이 가지고 있지 않은 동시성 서비스를 제공할 수 있기 때문에 비동시성이 주는 여러 가지 단점들은 극복될 수 있으며 또한 상담사가 멀티태스킹(Multi-tasking)이 가능하다면 다른 일을 하면서 문자채팅을 할 수가 있어 생산성이 높아지게 된다. 문자채팅은 모든 문자를 다 입력할 필요가 없으며 상황에 따라 필요한 답들을 문장구조 형태로 라이브러리에 보관하고 있기 때문에 필요한 답들을 마우스로 끌어다가 자동화된 답변을 제공할 수 있는 기능이 있다.

Web Chat의 단점은 상담사에게 과중한 업무 부담을 초래할 수 있다는 점이다. 멀티태스킹을 하는 경우를 생각해 본다면, 웹채팅 서비스를 수행하면서 동시에 음성 콜을 받아야 하는 데서 오는 피로도 가중의 문제가 야기될 수 있다. 또한 멀티스킬 상담사를 추가로 채용하거나 육성해야 하는 어려움이 수반되기도 한다. 기술적 단점으로는 현재 음성통화의 경우에는 자동으로 녹취 장비에 상담 내용이 모두 녹음되지만 문자채팅도 법적인 필요성 혹은 추후 증빙을 위해서 별도로 저장할 필요성 등에서 오는 저장공간 확보의 문제 또는 비용상의 문제들이 수반될 수 있다.

(3) Web 콜백

Web 콜백은 상담사가 모두 통화 중이거나 아니면 업무가 종료된 시간에 걸려온 전화에 대해서 고객이 원하면 고객의 전화번호를 남겨 그 전화번호로 추후 상담사가 전화를 걸어서 고객이 원하는 상담을 진행할 수 있는 서비스이다.

Web 콜백의 장점은 가용 상담사가 없는 시간대의 인바운드 콜 부담을 경감시켜 주는 점이다. 반면 단점으로는 즉시적인 콜백이 어려울 경우 고객의 불만이 가중될 수 있으며 고객이 인터넷에 계속 접속해 있는 경우 별도 회선을 필요로 하는 사용 환경상의 제약이 존재한다.

(4) Web 협업(Collaboration)

Web 협업(Collaboration)은 비교적 최신 기술에 해당하는 것으로 고객과 상담사가 인터넷 상담 중에 실시간으로 화면을 공유하는 서비스이다. 상담사와 고객 간에 같은 서비스 화면을 보면서 상담하는 것으로 화면이 변환될 때에도 동일한 화면을 동시에 볼 수 있어 음성과 화면이 같이 제공되어 훨씬 더 이해도를 높일 수 있고 상담 품질도 높일 수 있는 장점을 가지고 있다.

이 서비스의 단점으로는 고객이 보안에 대한 불안감 및 이를 구현하기 위한 기술적 요건들이 고객에게 부담으로 작용할 가능성이 존재한다는 점과 상담사의 업무 처리량이 많아 경우에 따라 상담사의 업무 부담이 가중될 수 있다는 점이 있다.

7. 인터넷 콜센터 세부기능

(1) 인터넷 전화

인터넷 전화는 고객과 상담사가 인터넷 전화(VoIP)를 통해 음성 및 화상으로 통화하는 서비스 기능으로 저렴하고 누구나 PC 환경에서 접속할 수 있는 편의성으로 각광을 받고 있다. 이에 대한 관련 기술로 음성 데이터 처리(Web to Web, Web to Phone), MPEG4, Codec(양방향 화상통화) 등이 있다.

(2) Web Escorted Browsing

Web Escorted Browsing은 고객과 상담사가 인터넷 대화 중에 실시간으로 화면을 공유하여 상담의 효율성을 극대화한다. 이에 대해 사용되는 기술은 다음과 같다.

① Follow Me/전자칠판기능(양방향 마우스 공유 및 밑줄과 판서 공유기능)
② Form Filling 기능(상담사가 고객의 동의하에 양식 작성을 도와주는 기능)
③ Web 페이지 새창 공유기능 등

(3) 실시간 파일(File) 송수신 기능

인터넷 고객과 상담사가 상담 중에 양방향으로 필요한 서식 파일 등을 주고받는 기능이다. 과거에는 서식을 주고받을 때 팩스 등을 통해 별도로 처리해야 했으나 고객 컴퓨터와 상담사 컴퓨터 간에 서로 파일을 송수신할 수 있어 한 번에 업무를 처리할 수 있는 장점이 있는 반면 상담사에 의한 정보유출의 불안이 단점으로 남아 있다.

(4) 상담이력 데이터를 CTI 서버에 연동

CTI 데이터와의 연동을 통한 통합 리포팅을 지원하며 인터넷 상담 시에도 CTI 서버 애플리케이션을 통해 고객의 정보를 실시간으로 조회할 수 있다.

(5) 화상통화 녹화 및 음성통화 녹음기능

화상정보와 음성정보에 대한 녹취기능이 제공된다.

8. 도입효과

인터넷 콜센터와 웹 커뮤니케이션 채널을 도입했을 때의 효과는 다음과 같다.

(1) 고객에게 다양한 상담채널을 제공하기 때문에 고객서비스 품질이 향상된다.

(2) 상담업무 외 시간에도 고객의 질의 및 문의, 접수 가능하여 고객서비스 품질이 향상된다.

(3) 고객에게 답변을 제공하는 시간이 단축되어 고객서비스 품질이 향상된다.

(4) 이메일 처리에 소요되는 상담사 인력을 절감할 수 있어 비용 절감 및 이메일 상담사 업무 만족도가 향상된다.

(5) 음성통화 상담업무의 부담이 감소되어 인건비 및 통신자원의 절감 효과가 나타난다.

09장 콜센터 도입 및 운영실무

제1절 ┃ 제안요청

○— 핵심 포인트

- 사업전략을 개발하는 과정에서 다양한 전문가의 조언을 종합하는 정보수집의 역할을 하는 것에는 제안요청서 (RFP ; Request For Proposal) 외에도 정보요청서(RFI ; Request For Information)와 인용요청서 (RFQ ; Request For Quote) 등이 있다.
- 일반적으로 제안요청서가 가장 기본적인 역할을 하며 보편적으로 활용된다.
- 신기술 도입의 주체가 기반지식 및 정보가 부족할 때 정보요청서를 요구한다.

콜센터의 장비나 솔루션을 선택하기 위해서는 각각의 조직 및 기업에서 요구되는 업무를 가장 잘 지원할 수 있는 회사를 찾아야 한다. 그러기 위해서는 먼저 잘 정의된 질문과 요청이 필요한데 이런 질문을 하는 절차적 방식이 제안요청서이다. 좋은 제안요청서는 좋은 제안을 만들기 때문에 콜센터를 도입하는 가장 첫 번째 단추가 될 것이다. 그 다음으로 프로젝트 관리 기법을 통해 콜센터를 구축단계에서 구축 프로젝트의 성공적 수행을 위해 필요한 사항들을 살펴 볼 것이다. 아울러 콜센터 도입과 관련한 비용과 편익을 비교하여, 투자 여부의 결정 및 투자시의 기대효과를 재무적으로 판단하는 기본적인 방법론을 살펴보고자 한다.

1. 제안요청서

제안요청서(RFP ; Request For Proposal)는 구축하고자 하는 시스템과 솔루션을 제공할 수 있는 회사들을 대상으로 요구사항을 정의하는 공식적인 절차이자 서류를 의미한다.

올바른 제안요청서를 작성하는 것은 프로젝트 성공에 있어 매우 중요한 요소이다. 따라서 제안요청서의 작성에 앞서 명확한 전략적 비전을 수립하는 것이 가장 우선이고 중요한 일이다.

또한 사업전략을 개발하는 과정에서 다양한 전문가의 조언을 종합하는 정보수집의 역할을 하는 것에는 제안요청서 외에도 정보요청서와 인용요청서가 있다. 일반적으로 제안요청서가 가장 기본적인 역할을 하며 보편적으로 활용된다. 정보요청서는 신기술 도입의 주체가 기반지식 및 정보가 부족할 때 요청하는 것으로, 정보요청서를 받은 업체들은 프로젝트에 필요한 정보뿐 아니라 자사의 장점을 부각시킬 수 있는 기술적, 전략적 우월성을 기술할 수 있다. 도입 주체는 정보요청서를 통해 수집된 자료들을 검토하여 짧은 시간에 효과적으로 프로젝트에 대한 이해를 높일 수 있다. 인용요청서는 가격정보가 포함되는 특징을 갖지만, 보편적으로 활용되는 프로세스는 아니다.

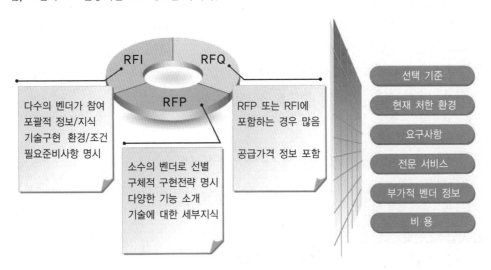

[RFI, RFQ, RFP의 비교]

2. 제안요청서 구성항목

위 3가지 요청서 중 가장 일반적이고 자주 사용하는 제안요청서에 포함되는 항목들을 실제 사례를 통해 살펴보자.

(1) 개 요

먼저 개요 부분이다. 제안요청서의 가장 처음에 제공되는 항목으로 사업의 명칭을 정하고 사업의 추진배경을 설명한다. 사업의 추진배경을 알아야 제안사들이 그 취지에 맞는 제안을 할 수 있게 된다. 또한 추진방향, 사업기간, 사업예산 등을 명시해주는 가장 일반적인 내용들을 제시한다.

① 사업명칭 예 ABC은행 IP기반 콜센터(IPCC) 구축사업
② 추진배경 예 장비노후화로 인한 운영 효율성 저하를 개선하고, 인터넷환경에 적합한 IP기반의 미래형 콜센터 구축을 통하여 고객만족도 향상 및 콜센터 생산성 향상
③ 추진방향 예 기반 시스템의 IP화, 인터넷 상담기능, 4대 도시 멀티센터 운영

④ 사업기간 예 2007. 11. 1~12. 31(2개월간)

⑤ 사업예산 예 장비구축(32억원), 개발비용(15억원)

(2) 시스템 현황

현재 구축되어 있는 시스템 현황이 필요한 경우가 대부분이다. 왜냐하면 아무것도 없는 상태에서 신규 프로젝트를 구축하는 것이 아니라 기존 시스템 위에 새로운 시스템을 추가하기 때문에 기존 시스템에 대한 정보는 제안하는 회사에서 공개해주어야만 그것을 바탕으로 새로운 제안이 나올 수 있다.

① 현재 콜센터 시스템 구성도

② 현행 업무 흐름도

③ 현재 콜처리 현황

　　연도별 추이, 응답률, 서비스레벨, 평균통화시간 등의 정보

④ 시스템 내역

　　하드웨어 현황, 소프트웨어 현황

(3) 사업추진전략

사업추진전략을 제시한다. 예를 들면 멀티 센터로 운영을 할 것인가 또는 목표하는 서비스 수준에 대한 내용 등 전략적 측면에 대해 기재할 부분 또는 이해를 도울 수 있는 부분들을 기술한다.

① 사업추진내용 및 전략

　　멀티 센터 운영전략 세부내용, 서비스 목표에 따른 상담화면의 구현전략 등 전략적 목표구현방향

② 사업추진방법 및 체계

　　사업자 선정방식 및 향후 협업 진행방식 설명, 사업추진 조직에 대한 소개(조직도) 등

(4) 제안요청내용

제안요청내용에는 이번 사업에서 고려하는 사항들을 충족시켜 달라는 내용에 해당하는 것으로 제안사에 요청하는 모든 항목을 제시한다.

① 시스템 목표 구성도

　　제안받고자 하는 시스템 구성도

② 공통 요구사항

　　보안성, 신뢰성, 확장성 등 전략적 필수충족 조건 등 명시

③ 사업별 세부 요구사항

　　㉠ 기술적 표준이나 기간계 시스템과의 호환조건 등 기술적 세부사항

　　㉡ 서비스 목표와 관련한 필수 구현항목 등 개발 관련한 세부사항

　　㉢ 자료의 보관 및 보존 등과 같은 관리지표충족을 위한 세부사항

④ 장비별 요구사항

개별장비의 성능, 규격, 용량 등에 관한 세부조건명시 **예** 교환기, CTI, IVR 등 구성장비 각각에 대한 세부조건 등

⑤ 시스템 운영 및 유지보수 방안

장애복구 및 유지보수 비용조건 등

⑥ 교육 및 기술 지원 사항

구축 후 교육 및 기술이전 계획명시

⑦ 프로젝트 관리 방안

프로젝트 진행일정 및 품질관리방안 등

(5) 기타 사항

본 프로젝트의 중심적인 내용에 포함되지 않는 항목들을 제시한다. 여기에는 제안서 작성 및 제출과 관련한 정보가 포함된다. 예를 들면 제안서 제출기한, 제출하여야 할 제안서의 부수, 목차, 제안서 작성양식 등의 내용이 있을 수 있다.

① 제안 목차 작성 기준

목차 예시

② 제안서 작성 방법 및 유의 사항

문서의 유형 및 규격 등

③ 제안서 제출 정보

제출처, 제출방법, 제출기한, 프레젠테이션 일정안내 등

④ 사업자 선정

사업자 평가 및 선정방식, 선정통보 등에 관한 정보

3. 제안서의 평가 항목(예시)

제안서를 여러 업체로부터 받았을 경우 객관적인 평가를 수행하여야 하며, 이를 위해 객관적 기준을 사전에 수립하여야 한다. 또한 평가 항목에 대한 가중치와 이에 따른 각 배점별 점수를 사전에 정해 놓으면 추후 평가를 했을 때 공정하고 객관적인 평가를 할 수 있다.

평가항목은 사업을 발주하는 조직 및 기업에서 가장 중요하다고 생각하는 항목들을 선별하여야 하며 이에 따라 가중치를 정한다. 그리고 평가란에는 정량적 척도를 제시한다.

[제안서 평가표 예시]

기 준	가중치	X	미 흡	보 통	우 수	평균점
제품 특징	10	X	2	3	4	30
초기 비용	5	X	2	3	4	15
지속적 비용	10	X	2	3	4	30
유용성	10	X	2	3	4	30
업계 경험	5	X	2	3	4	15
지원 조직	2	X	2	3	4	6
보조 능력	10	X	2	3	4	30
구축 기간 및 준수	8	X	2	3	4	24
교육 서비스	10	X	2	3	4	30
통합 능력	10	X	2	3	4	30
고객 맞춤 능력	10	X	2	3	4	30
재정적 능력	10	X	2	3	4	30
총 계	100					300

제2절 | 프로젝트 관리

●― 핵심 포인트

다음의 프로젝트 관리 관련 용어의 정의를 실무와 연관지어 이해한다.
- 프로젝트의 범위
- 프로젝트 계획
- 간트 차트(Gantt Chart)
- 일정표
- 실행 가능 업무
- 종속성
- 임계 경로
- 오너와 스폰서/챔피언

이번 장에서는 구축업체가 선정되어 새로운 프로젝트를 킥오프했을 때 그 이후의 프로젝트 기간 동안 어떻게 관리해야 할 것인지에 대한 방법론에 대해 알아본다.

1. 프로젝트 관리 용어의 정의

(1) 프로젝트의 범위

해당 프로젝트에 포함되는 사항과 포함되지 않는 사항을 명확히 정의 및 기술한 것이다.

(2) 프로젝트 계획

프로젝트 완수에 필요한 업무를 나열하고 이에 대한 시작 및 완료시점, 투입자원, 인력배치 등을 나타낸 것이다.

(3) 간트(Gantt) 차트

작업계획과 실제의 작업량을 작업일정이나 시간으로 견주어서 평행선으로 표시하여 계획과 통제기능을 동시에 수행할 수 있도록 설계된 일종의 막대도표(Bar Chart)로서 필요한 시간의 양을 길이로 표현한다.

(4) 일정표

프로젝트 계획의 진전상황을 측정하기 위한 방법이다.

(5) 실행가능 업무(Deliverable)

가시적 성과를 보인 업무의 완료된 단위

(6) 종속성(Dependency)

어떤 업무에 대한 계획이 다른 업무의 계획의 완료에 따라 결정되는 업무간 관계

(7) 임계경로(Critical Path)

프로젝트 완료 시점이 종속성을 가진 연속적 업무로서, 연속된 업무 중 하나의 기간 변경이 발생하면 임계 경로상의 업무간 종속성으로 인하여 프로젝트 완료 일자가 변경된다.

(8) 오 너

업무의 완료까지 책임을 지는 사람

(9) 스폰서/챔피언

프로젝트 착수의 권한이나 자금 지원을 결정할 수 있는 조직 내 사람, 또는 프로젝트와 관련하여 조직 내 의사 결정권자에게 영향을 주는 사람

2. 프로젝트 관리

(1) 프로젝트 조직별 역할분담 및 책임

프로젝트 발주사와 공급사는 다음 표에서와 같이 프로젝트 초기에 각각의 역할분담을 정의하는 것이 매우 중요하다. 만일 조직별 역할분담 및 책임이 정의되지 않으면 프로젝트 도중 새로운 일이 발생할 경우 책임의 소재를 놓고 분쟁이 발생하는 부작용을 막는 기능도 있다.

[프로젝트 조직별 역할분담 및 책임]

주 체	조 직	역할 및 책임
발주사 (ABC 은행)	프로젝트 추진위원	• 프로젝트의 정책 및 제반사항 승인
	프로젝트 관리자	• 프로젝트의 업무 범위를 결정하고 산출물 승인 및 진도 관리 • 업무부서 및 지원부서와의 업무협의 및 조정
	ABC 은행 TM 센터 TFT	• TM 센터 구축 실무추진(업무범위, 업무설계, 사용자 테스트) • 기존인프라 연동부분을 포함한 프로젝트의 전반적인 업무지원
공급사 (XYZ 기술)	프로젝트 품질보증	• 품질보증 계획수립, 유지, 관리 및 프로젝트 단계별 품질보증 지원
	프로젝트 관리자	• 프로젝트 Work Plan 수립 및 관리, 위험요소 관리 및 진도관리 • 프로젝트 개발조직 업무부여, 감독 및 역할 조정 • 프로젝트의 원활한 수행을 위한 제반 지원업무 총괄
	컨설팅	• 캠페인 업무 프로세스 정의 • 고객관리 Factor 정의
	CRM 기술개발팀	• 사용자 요구분석/설계, 시스템 개발/테스트, 시스템 이행 • Host I/F 시스템 설계, 개발/테스트 및 이행 • PDS I/F, DB I/F, UI 화면 디자인 • TM용 상담사 애플리케이션 개발 • X-Internet 연동
양사공동	Steering Committee	• ABC 은행과 XYZ 기술 간의 프로젝트 이견사항 조정

(2) 프로젝트 추진 일정계획

세로 칸에는 각각의 공정들이 적혀져 있고 가로 칸의 작업수행기간에는 주단위의 시간단위들로 구성되어 있다. 막대그래프 형식으로 각 공정에 필요한 소요시간들이 한눈에 볼 수 있게 표시되어 있는 이와 같은 차트를 간트 차트라고 한다.

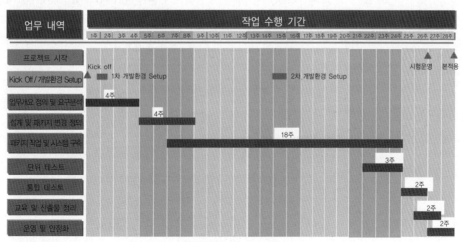

[프로젝트 추진 일정계획]

(3) 프로젝트 인력투입계획

프로젝트 인력투입계획표는 구축하는 업체에서 제출하는 양식이다. 각각의 업무별 특성에 따라 실제 투입되는 인력을 실명으로 모두 기입한다. 또한 투입되는 개발자 및 기술자로써 수준을 측정하여 기록하고 실제 각각의 인력이 어느 정도의 비중으로 투입되는가를 명시한다. 이것을 합산한 것이 전체적인 인력투입계획이며 총인력으로 계산이 된다. 다음 표에서의 총 인력은 71 Men/Month가 된다.

[프로젝트 인력 투입 계획]

번호	업무	직급	성명	특급	고급	중급	초급	M1	M2	M3	M4	M5	M6	M7	합계 (M/M)
								프로젝트 기간							
1	PM	과 장	이○○		1			1.0	1.0	1.0	1.0	1.0	1.0	1.0	7.0
2	QA	차 장	김○○		1			－	－	－	－	－	0.5	－	0.5
3	PL	과 장	조○○			1		1.0	1.0	1.0	1.0	1.0	1.0	1.0	7.0
4	DBA	과 장	윤○○			1		－	0.5	－	－	－	1.0	－	1.5
5	프레임워크	과 장	이○○			1		－	0.5	－	－	－	－	－	0.5
6	Design	대 리	최○○			1		－	1.0	0.5	－	－	0.5	－	2.0
7	컨설팅	이 사	조○○	1				1.0	1.0	－	－	－	－	－	2.0
8	AP개발	대 리	심○○			1		1.0	1.0	1.0	1.0	1.0	1.0	1.0	7.0
9	AP개발	대 리	신○○			1		1.0	1.0	1.0	1.0	1.0	1.0	1.0	7.0
10	AP개발	과 장	최○○			1		1.0	1.0	1.0	1.0	1.0	1.0	1.0	7.0
11	AP개발	과 장	김○○			1		－	1.0	1.0	1.0	1.0	1.0	1.5	6.5
12	AP개발	대 리	이○○			1		－	1.0	1.0	1.0	1.0	1.0	1.5	6.5
13	AP개발	대 리	조○○			1		－	1.0	1.0	1.0	1.0	1.0	0.5	5.5
14	AP개발	사 원	정○○				1	－	1.0	1.0	1.0	1.0	1.0	0.5	5.5
15	AP개발	사 원	안○○				1	－	1.0	1.0	1.0	1.0	1.0	0.5	5.5
소 계				1	2	10	2	6.0	13.0	10.5	10.0	10.0	12.0	9.5	71.0

(4) 프로젝트 품질보증계획

품질보증계획은 향후 해당 프로젝트가 진행되는 기간 동안 전체적인 프로젝트의 품질을 보증하기 위한 계획을 구축업체에 요구할 수 있다. 즉, 공급사가 제공하는 서류이다.

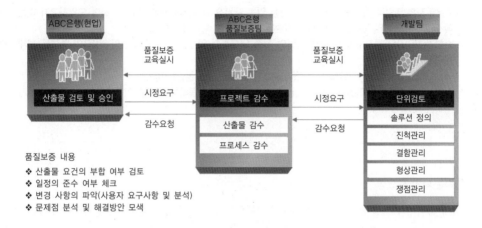

[프로젝트 품질보증계획]

제3절 ┃ 투자분석

○─ 핵심 포인트

• 기술투자의 정량적 가치를 결정하는 일관성 있는 재무적 방법론이 뒷받침되어야 하며 도입하고자 하는 신기술에 대한 비용-편익 분석을 통해 해당 기술투자의 가치를 측정해야 한다.
• 순현가(NPV)란 투자사업으로부터 사업의 최종 연도까지 얻게 되는 순편익(편익-비용)의 흐름을 현재 가치로 계산하여 이를 합계한 것이다.
• 내부수익률(IRR)이란 프로젝트의 순현가를 0이 되도록 하는 할인율이다.
• 수익성지수(PI)는 투자금액이 각기 다른 복수의 투자안이 경합하는 경우에 이를 비교하여 최선의 투자안을 선택하는 데 유용하다.

1. 투자분석의 필요성

실제 조직이나 기업에서는 수시로 신규시스템 또는 솔루션 도입의 필요성이 생기거나 부족한 자원의 증설 및 교체의 필요성이 생기게 된다. 콜센터의 경우에도 마찬가지로 실제 업무를 담당하는 현업조직에서 이러한 필요성을 가장 먼저 느끼게 되고, 이에 수반하는 투자 품의를 집행하게 되는데, 이때 빠뜨려서는 안 될 절차가 투자분석이다. 달리 말하면 기업이 현재 투자하는 금액이 장래에 어느 정도의 편익을 초래할 수 있을 것인가에 대한 분석이다. 이러한 양적인 분석, 즉 기술 투자의 정량적 가치를 결정하기 위해서는 일관성 있는 재무적 방법론이 뒷받침되어야 하며 도입하고자 하는 신기술에 대한 비용-편익 분석을 통해 해당 기술투자의 가치를 측정하여야 한다.

이와 같은 가치측정방법으로 가장 많이 사용하는 것은 투자원금에 대한 회수기간의 의미로 Payback Period를 측정하는 방식을 많이 사용하고 있다. 더욱 일반적으로는 ROI(Return On Invest ment)이라는 측정방식을 사용하는 경우가 많다.

ROI를 측정하는 방식은 기업마다 조금씩 다르지만 가장 보편적으로 사용하는 방식으로 순현재가치(순현가, NPV ; Net Present Value)방식과 내부수익률(IRR ; Internal Rate of Return) 방식이 널리 사용되고 있다. 내부수익률 방식이란 순현가 방식을 기업 고유의 내부수익률이라는 관점에서 바라본 것으로, 이 두 방식은 같은 개념을 다른 관점에서 바라본 것이라 할 수 있다.

투자 분석과 관련된 용어의 정의는 다음과 같다.

(1) 원금회수기간(PD ; Payback Period)

프로젝트에 대한 초기투자를 회수하기 위해 필요한 기간

(2) 순현가(NPV ; Net Present Value)

투자사업으로부터 사업의 최종 연도까지 얻게 되는 순편익(편익－비용)의 흐름을 현재가치로 계산하여 이를 합계한 것

(3) 내부수익률(IRR ; Internal Rate of Return)

프로젝트의 순현가를 0이 되도록 하는 할인율

2. 순현재가치(NPV)법

(1) 순현재가치(NPV)법의 개요

순현재가치(NPV)법은 화폐의 시간가치 개념에 근거한 투자안 평가방법이다. 모든 예상되는 현금 유입에서 모든 현금 유출을 빼서 이를 현재가치로 인식하는 방법으로 오늘의 100원과 내일의 100원의 가치는 결코 동일하지 않다는 생각에서 출발한다.

순현가(NPV)를 계산하여 결과 값이 0보다 크면 그 투자안은 채택되고, 0보다 작으면 그 투자안은 기각된다.

순현가(NPV) 계산에서 가장 중요한 개념 중 하나가 할인율이다. 할인율은 일반적으로 해당 기업이 기준으로 삼고 있는 이자율을 의미한다. 예컨대 할인율이 15%라고 한다면 연간 이자율을 15%로 본다는 것이다.

(2) 순현재가치(NPV)법의 예제

시스템 도입에 초기 투자하는 금액이 5억원이고, 이 투자를 통하여 기대하는 수입은 첫해 1.5억원에서 매년 10%씩 증가되어 4년간의 기간 동안 인식된다고 가정해 보자. 또한 이때 적정(시장) 할인율은 15%로 가정하여 이 프로젝트의 순현가를 계산하여 도표와 수식으로 나타내면 다음과 같다.

[프로젝트 투자안]

(단위 : 천원)

기 간	0	1	2	3	4
현금흐름	−500,000	150,000	165,000	181,500	199,650

* 할인율 15%

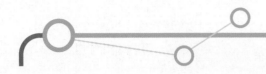

이 경우 순현재가치(NPV)를 계산하는 식은 다음과 같다.

$$NPV = -500,000 + \frac{500,000}{1.15} + \frac{165,000}{(1.15)^2} + \frac{181,500}{(1.15)^3} + \frac{199,650}{(1.15)^4}$$
$$= -500,000 + 130,435 + 124,764 + 119,339 + 114,151$$
$$= -11,312$$

최초 투자시기(0기)에 5억원이 투자된 후 첫해 1.5억원으로 시작하여 매년 10%씩 수입이 증가되었다. 하지만 증가되는 비율(10%)에 비하여 할인율(이자율, 15%)이 높기 때문에 1기에서 4기로 갈수록 수입금액의 현재가치는 감소한다. 최초 투자시기(0기)의 투자금액과 1기~4기까지의 수입을 비교하면, −11,312천원으로 적자이며, 이 수치가 순현가가 된다. 이는 곧 부족한 수입금액을 의미한다.

달리 말하자면, 총할인(이자율)을 감안하지 않은 총수입금액은 696,150천원으로 초기 투자금액(500,000천원)보다 크지만, 초기투자금액에 대한 이자비용을 고려하게 되면 투자손실이 발생하게 되는 것이다. 할인율이 적용되지 않았을 경우(할인율 0%)의 계산식은 다음과 같다.

$$NPV = -500,000 + 150,000 + 165,000 + 181,500 + 199,650 = 196,150천원$$

결론적으로 위 예제의 투자안은 순현가(NPV)가 0보다 작은 음수가 되어 투자안은 기각된다. 하지만 만일 현금흐름의 기간을 4년보다 길게 보거나, 할인율을 15%보다 낮게 설정한다면 위 프로젝트에 대한 투자안 분석 결과는 달라질 수 있다.

3. 내부수익률(IRR)법

내부수익률(IRR)법은 NPV값을 0이 되게 하는 할인율이다. 앞의 예제로 돌아가서 내부수익률(IRR)을 계산해보면 NPV값을 0으로 만들기 위한 할인율이 얼마인지를 역으로 계산해 보자. NPV값이 0이 되기 위한 할인율은 13.93%이다. 이때의 할인율 13.93%를 내부수익률(IRR)이라고 한다. 즉, 위 투자안의 내부수익률은 13.93% 가치를 지니는 것이며 이때 시장에서 일반적으로 통용되는 할인율에 비해 내부수익률이 크면 투자안을 채택하고 일반적으로 통용되는 할인율에 비해 내부수익률이 작으면 투자안은 기각된다.

따라서 위의 예제에서 내부수익률 13.93%는 시장에서 일반적으로 통용되는 할인율을 15%로 본다면 투자안은 기각될 것이고, 통용 할인율을 12%로 본다면 투자안은 채택될 것이다. 일반적으로 통용 할인율에 대한 판단은 기업이 조달하는 자금의 이자율과 밀접하게 연관되어 있다고 본다. 결국 NPV나 IRR은 같은 개념을 다른 관점에서 바라본 것으로 결과는 항상 동일하다(즉, NPV 관점에서는 채택, IRR 관점에서는 기각 결론이 나올 확률은 없다).

내부수익률(IRR)법에서 참고할 만한 개념으로 Huddle Rate가 있다. Huddle Rate란 목표성과기준 또는 수익률 기준 등으로 번역되며, IRR을 평가하는 기업 고유의 내부 기준으로 기업마다 다른 기준을 가지고 있다. 만약 특정 기업이 조달하는 금리가 안정적으로 정해져 있다면 그 기업은 투자분석을 위한 내부 기준을 일정 기간 동안 확정하여 사용할 수 있게 되는데, 이것이 Huddle Rate이다. 만약 위의 예제에서 해당 기업의 수익률 기준(Huddle Rate)이 12%로 이미 정해져 있다면 투자분석담당자는 시장이자율을 조사하지 않고도 위 투자안을 채택할 수 있을 것이다.

4. 수익성지수(PI)법

수익성지수(PI ; Profitability Index)법이란 투자금액이 각기 다른 복수의 투자안이 경합하는 경우에 이를 비교하여 최선의 투자안을 선택하는 데 유용하다. 그래서 복수의 투자안 중에서 수익성지수(PI)가 가장 큰 순서로 채택의 우선순위를 부여하는 방법이다. 수익성지수를 계산하는 공식은 다음과 같다.

$$PI = \frac{(투자금액 + NPV)}{투자금액}$$

예를 들어 5개의 투자안이 있다고 가정하고 이를 도표로 나타내어 수익성지수를 계산해보자.

[수익성지수(PI) 계산표]

투자안	투자금액	NPV	PI	우선순위
A	1,000	600	1.6	1
B	4,000	2,000	1.5	2
C	6,000	2,400	1.4	3
D	3,000	600	1.2	4
E	5,000	500	1.1	5

위 표를 보면 NPV가 모두 양수로 채택이 가능하여 복수의 투자안이 경합하고 있다. 이 경우 최적의 투자안을 채택하기 위해 수익성지수(PI)법을 사용한다.

A안의 수익성지표 계산방법은 투자금액 1,000원과 NPV 600원을 더한 1,600원을 최초의 금액인 1,000원으로 나누었더니 수익성지표는 1.6이 나왔다. 다른 투자안들의 수익성지표를 이와 동일한 방법으로 계산하여 우선순위를 산정한 결과 위 표에서와 같이 나타나 다른 기준을 제외한 순수한 회계적 기준만으로 투자안을 채택한다면 A 투자안을 채택한다.

5. 원금회수기간(Payback Period)

원금회수기간이란 현금흐름상 투자금액을 회수하는 기간이 빠를수록 좋은 투자안이라는 개념이다. 앞에서 살펴 본 투자안을 예로 들면 다음과 같다.

[원금투자회수기간 계산표]

* 할인율 15%

기 간	0	1	2	3	4	5
현금흐름	−500,000	150,000	165,000	181,500	199,650	219,615
할인율 적용	−	130,435	124,764	119,339	114,151	109,188
누계현금흐름	−500,000	−369,565	−244,802	−125,462	−11,312	97,876

위의 표에서 현금흐름을 살펴보면 맨 처음 투자금액이 발생한 후 1기에서 5기로 가면서 계속적으로 수입이 있었으며 마지막 5기에 219,615천원 정도의 수입이 발생하였다. 여기에 할인율을 적용하였더니 109,188천원이 나왔으며 누계현금흐름을 보기 위하여, 초기 투자한 금액에서 할인율을 적용한 현금유입을 매기수별로 합산을 하였다. 그래서 4기까지는 −11,312천원의 누계 현금흐름상의 적자가 남아 있어, 아직 원금회수가 되지 않았다고 판단한다. 하지만 5기에 이르러 누계 현금흐름은 97,876천원의 현금순유입이 측정된다. 따라서 위 표로 본다면 약 4.1년이 경과한 시점에서 원금회수기간이 정해진다.

이 회사의 경우 현금흐름기간(예컨대 감가상각기간)을 4년으로 보았기 때문에 원금회수기간 약 4.1년과 비교하여 판단하더라도 이 투자안은 기각될 가능성이 높다고 할 수 있다.

04 과목 연습문제

제1장 | 콜센터 환경 및 기술동향

01 **다음 나열된 용어를 사용하여 질문 (1)~(6)의 빈칸을 채우시오.**

> - 브라우저-기반
> - 미디어
> - 비용
> - TCP/IP
> - 구축(Implementation)
> - 가치(Value)
> - 통합(Integrated)
> - 투자 효과(ROI)

(1) 클라이언트-서버 환경

오늘날, 인터넷 전송 프로토콜로서의 데이터 통신 프로토콜은 ( )이다.

(2) 개방형 표준 도구

오늘날 기술 환경에서의 시스템은 반드시 표준 플랫폼에서 운영되어야 한다. 그러한 시스템들은 쉽게 다른 시스템들과 ( )되어야 한다.

(3) 패키지, 맞춤 솔루션

패키지 솔루션의 장점은 저비용 그리고 빠른 ( )이다.

(4) 고객 요구에 서비스할 수 있는 적절한 데이터

회사들은 고객의 접점 및 고객의 ( )대비 ( )를 측정할 필요가 있다.

(5) 향상된 데스크톱 도구

개방형 표준 플랫폼과 연관지어 ( ) 인터페이스가 선호하는 데스크톱이 되고 있다.

(6) 멀티 미디어 큐잉 및 업무 처리

고객이 선택한 ( )와 무관하게 처리에 필요한 응답 속도와 방식은 거의 동일해야 한다.

제2장 ▎ACD/CTI/멀티미디어 콜센터

01 다음 중 인입호의 접근 경로가 아닌 것은?

① Trunk Groups   ② DNIS Digits
③ ANI   ④ CTI

02 콜 라우팅 변수 4가지를 나열하시오.

....

....

....

03 CTI를 이용한 통계에서 모니터링이나 관리할 수 있는 정보가 아닌 것은?

① Trunk   ② DN
③ 스 킬   ④ 상담사

04 CTI의 역할이 아닌 것은?

① 콜센터 상담사에게 스크린 팝업을 제공한다.
② 다른 상담사에게 전달될 음성과 데이터 정보를 조율한다.
③ 고객 프로필에 기반한 지능적인 라우팅 기능을 수행한다.
④ 예상대기시간에 대한 안내멘트를 제공한다.

05 CTI의 기대효과가 아닌 것은?

① 총통화 예측 및 상담사 스케줄링을 통한 콜센터 운영효율성 향상을 꾀할 수 있다.
② 상담사의 생산성 향상을 도모할 수 있다.
③ 통화시간과 네트워크 사용시간을 단축시킨다.
④ 콜센터 최적화의 진단 도구로서의 역할을 수행한다.

06 발신 다이얼링의 대표적인 유형 3가지를 나열하고 간략히 설명하시오.

....

....

....

07 다음 설명 중 적절한 내용이 아닌 것은?

① SIP기반의 프로토콜은 멀티미디어 채널 통합을 용이하게 한다.
② 음성, 웹, 이메일 등 멀티채널을 통해 들어오는 컨택은 유니버셜큐를 통합한 유형의 컨택유형처럼 처리한다.
③ 음성, 웹, 이메일, 팩스 등 모든 컨택을 Point 솔루션 형태로 관리하는 것이 단일 플랫폼 상에서 통합 관리하는 것보다 유지보수나 운영 측면에서 유리하다.
④ 음성, 웹, 이메일 등의 멀티채널은 나름의 채널 속성을 가지고 있으므로 각 채널별로 서비스 수준과 응대시간 등에 대한 차별 전략을 수립하는 것이 중요하다.

안심Touch

08 다음 빈칸에 들어갈 적당한 CTI 표준 규약은?

> 텔레포니 환경과 컴퓨터 환경 사이의 커뮤니케이션 표준을 설정한 표준 규약 중 대표적인 것은 (   )이며 이 기반 위에 만들어져 시중에서 많이 사용되는 소프트웨어가 CT-CONNECT이다.

09 다음 빈칸에 들어갈 프로토콜 용어는?

> 인터넷상에서 통신하고자 하는 지능형 단말들이 서로를 식별하여 그 위치를 찾고, 그들 상호 간에 멀티미디어 통신세션을 생성하거나 삭제 · 변경하기 위한 절차를 명시한 응용 계층의 시그널링 프로토콜을 (   )라고 부르며, 인터넷 기반 회의, 전화, 음성 메일, 이벤트 통지, 인스탄트 메시징 등 멀티미디어 서비스 세션의 생성, 수정, 종료를 제어하는 Request/Response 구조로서 TCP와 UDP에 모두 사용할 수 있다.

제3장 ▌IPCC 및 재택근무

01 **다음 나열된 IP컨택센터의 장점 중 가장 거리가 먼 것은?**

① 멀티사이트 컨택센터의 통신비 및 전용회선 비용 절감

② 컨택센터와 지점/재택근무자 통합 연계 용이

③ 계층적 아키텍처를 통한 주종관계의 시스템 구성을 통한 안정성 확보

④ 단일 인프라 구축으로 이중적인 인프라 구축에 따른 관리 비용 절감

02 **다음 IPCC 고려 사항 중 가장 거리가 먼 것은?**

① 음성암호화 및 품질

② 비즈니스 애플리케이션

③ 사내 네트워크 Bandwidth

④ 비 용

03 **IPCC의 출현 배경으로 가장 적절한 것은?**

① 기존 TDM 기술의 안정성

② 독립적으로 운영되던 콜센터들의 대형화 및 단일화 추세

③ 지역적으로 흩어져 있는 공통 업무를 단일 기능조직에서 수행할 필요성

④ 서로 연관이 없는 업무 단위로 별개의 콜센터 분리 운영

04 **재택 근무를 고려하게 하거나 가능하게 하는 것과 거리가 먼 것은?**

① 부동산 및 시설 운영 비용

② IPCC의 기술적 성숙

③ 상담사 만족도 증가

④ 고객 가치별 고객 서비스 강화

안심Touch

05 다음 빈칸에 들어갈 적절한 용어는?

> VoIP 방식은 각 지역간 통신을 위하여 지불하던 통신 비용을 절감하기 위한 2세대 Telephony로써 기존 1세대(TDM or Circuit) 방식이 벗어나지 못하는 지역적 한계를 서로 저비용으로 Communication하게 하기 위한 기존 Network상에서 이루어진 기술인 반면 ( )는 중앙의 Media Server가 모든 각 지역의 Media Gateway를 관리하고 중앙에서 텔레포니 기능을 수행함으로써 가입자의 회선 이동, 통신 회선의 변경 등을 최소의 경비로 구현할 수 있다.

06 재택근무 프로그램 성공 요인과 거리가 먼 것은?

① 멀티미디어 솔루션   ② 비용 절감

③ 기반 인프라   ④ 완벽한 HR 관리 계획

07 현재 TDM이 아닌 IP기반의 컨택센터에만 사용되는 인프라나 기술이 아닌 것은?

① H.323   ② PSTN   ③ Codec   ④ SIP

제4장 ┃ IVR/FAX서버 및 QM

01 IVR 도입효과가 아닌 것은?

① 한정된 운영비용 범위에서 보다 많은 콜 처리가 가능하다.
② 콜센터 서비스를 24시간 제공할 수 있다.

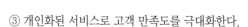

③ 개인화된 서비스로 고객 만족도를 극대화한다.

④ Virtual Agent 운영으로 센터 운영비용을 절감할 수 있다.

02 IVR과 관련된 용어가 아닌 것은?

① Text To Speech

② Blending

③ ASR(음성인식)

④ MRCP(Media Resource Control Platform)

03 고객 서비스 유형 중 Self Service의 동향이 아닌 것은?

① 교환기에 종속적인 계층구조로 IVR환경을 구축하고 있다.

② 음성인식과 TTS를 통해 보다 향상된 Self Service를 제공한다.

③ 지리적인 종속성을 극복한 IP 기반의 IVR로 환경이 변하고 있다.

④ VXML, MRCP, Web Service 등의 표준을 채택해 기업 요구에 신속하게 대응한다.

04 다음 각 설명에 적합한 답을 예시에서 고르시오.

> (1) 발음에 따라 입 모양과 혀의 위치 변화로 특정한 주파수를 갖는 인간의 음성을 이용, 발성된 음성을 저기신호로 변화한 후 음성 신호의 주파수 특성을 추적하여 발음을 인식해 인간의 음성을 컴퓨터가 분석해 이를 인식하고 이해하는 기술
>
> (2) 문자정보를 음성으로 변환하여 들려주는 기술로 발음 데이터 베이스를 구축하고 이를 연결 시켜서 연속된 음성을 생성해 음성의 크기와 길이 높낮이를 조절해 자연스러운 음성을 합성해 내는 기술
>
> (3) AT&T, IBM, Lucent Technologies, Motorola에 의해 창립된 FORUM에서 규정한 표준으로 Voice Browser를 통해 자바로 해석하고 텔레포니와 음성 드라이버에 명령을 지시한다.

① Text To Speech

② VXML

안심Touch

③ SOA
④ Voice Portal
⑤ ASR(음성인식)
⑥ MRCP (Media Resource Control Platform)

05 레코딩이 필요한 이유 중 적절치 않은 것은?

① 상담사의 콜 응대 성과를 측정하고 개선하기 위한 QM용으로 사용한다.
② 사후 증빙용으로 활용한다.
③ 상담원 배치 사전 계획의 기초자료로 활용한다.
④ 음성 레코딩를 통해 고객의 감정, 사용하는 단어를 분석해 보다 나은 고객 서비스를 제공한다.

06 다음 내용 중 레코딩 방식이 아닌 것은?

① 내선/스테이션 ② 트렁크
③ 포트 미러링 ④ 로 거

07 다음 언급된 용어 중 가장 관련이 적은 것은?

① 전수 녹취 ② 선택 녹취
③ 스크린 녹취 ④ 주문(On-Demand) 녹취

08 다음은 컨택센터 내의 FAX에 대한 설명이다. 설명이 적절하지 않은 것은?

① 팩스는 다른 컨택센터 매체와 속성이 달라 통상적으로 멀티채널이나 유니버설 큐를 채용하지 않고 별도의 전담조직에서 처리한다.
② 신호를 '패킷화된' 데이터로 변환함으로써 전송비용을 급격히 줄일 수 있는 IP 기반의 솔루션으로 채용하는 고객이 늘고 있다.
③ 콜센터에서는 서버와 표준 하드웨어 플랫폼에서 운영되는 소프트웨어 솔루션으로 급속히 교체되고 있다.

④ 일반 음성콜처럼 하나의 컨택으로 간주되어 미리 설정된 라우팅 전략에 따라 가장 적절한 상담 그룹으로 라우팅한다.

제5장 ▎WFMS(Work Force Management System)

01 다음 중 WFMS의 기능이라고 볼 수 없는 것은?

① Call 예측
② 적정 상담사 예측
③ 상담사 스케줄링
④ 예측 다이얼링

02 현재 공급되고 있는 WFM 제품 및 공급사의 예를 드시오.

(1) 공급사
(2) 제품명

....

....

....

03 다음 중 WFMS의 최근 경향을 설명한 것으로 적절하지 않은 것은?

① 콜센터 셀프서비스 능력의 향상으로 상담사에 대한 권한위임은 감소 추세
② Multi-Site, Multi-channel, Multi-skill 환경의 증가 추세
③ 계획 및 예측 기간의 장기화 추세
④ 데이터 수집, 성과 리포팅 및 교육훈련 등 프로세스의 자동화 추세

안심Touch

04 현업에서 사용하는 WFMS 화면에서 일반적으로 볼 수 없는 것은?

① 주별 Inbound Call 예상　　　　　② 상담 그룹별 성과 평가
③ 상담그룹별 실시간 대기 Call 현황　④ 상담사별 녹취 모니터링 결과

05 WFMS 도입시 고려할 사항을 알맞게 짝지은 것을 고르시오.

① 데이터 보존성 – 스케줄 고정성　　② 데이터 보존성 – 스케줄 변동성
③ 데이터 가변성 – 스케줄 고정성　　④ 데이터 가변성 – 스케줄 변동성

06 WFMS의 4가지 주요 프로세스에 관한 설명으로 옳지 않은 것을 고르시오.

① 예측 – 과거의 패턴 및 동향을 파악하여 미래의 동향을 예상한다.
② 추적과 리포팅 – 상담사 업무 패턴을 추적하여 서비스품질 결함을 보고한다.
③ 스케줄링 – 사용자의 정의에 의하여 스케줄을 계획하고 운영한다.
④ 인력배치 계획 – Erlang 공식을 활용, Call 수요 및 시스템 용량을 반영한 상담사 배치계획을
　수립한다.

07 WFMS 도입의 기대효과를 가장 잘 서술한 것을 고르시오.

① 총통화 예측 및 상담사 스케줄링을 통한 콜센터 운영효율성 향상
② 통화 대기시간 절감을 통한 통화 성공률 및 매출 향상
③ 고객 상담이력 관리를 통한 고객 응대서비스 품질 향상
④ 데이터 보존 능력 증대를 통한 데이터베이스 마케팅 능력 극대화

08 WFMS 도입시의 고려사항으로 적절치 않은 것을 고르시오.

① 데이터의 보존 기간　　　　② 스케줄링 능력
③ 시스템 유연성　　　　　　④ 고객 정보 검색 능력

제6장 ▎상담사 Application

01 다음 중 CRM의 목표를 가장 잘 설명한 것은?

① 신규고객 유치 및 기존 고객 유지를 통한 수익의 극대화

② 고객불만 최소화를 통한 고객만족도 극대화

③ 고객 관리업무의 자동화를 통한 효율적 고객관리시스템 구현

④ 제반 비용의 획기적 절감을 통한 기업의 운영 효율성 극대화

02 CRM의 도전과제(성공요인) 중 시스템 관점에서 가장 중요한 것은?

① 선진 시스템의 도입　　　　　② 성공적인 시스템 통합

③ 기업 환경에 맞는 커스터마이징　　④ 표준화된 시스템 관리체계 확보

03 다음 중 CRM의 영역에 포함되기 어려운 것 하나를 고르시오.

① 조직(Organization)　　　　　② 전략(Strategy)

③ 시스템 통합(System Integration)　　④ 예산(Budget)

04 상담사 애플리케이션 기술진보단계에 대한 연결이 잘못된 것을 고르시오.

① 메인프레임- 덤(Dumb) 터미널　　② C/S Thin Client

③ Web GUI방식　　　　　　　④ X-Internet 모바일 연동

05 다음 중 X-Internet 기반의 특징으로 적절하지 않은 것은?

① 한 번 개발한 Source로 유무선 서비스가 모두 가능하다.

② 분산형 시스템 구현이 용이하여 서버의 사양을 최소화할 수 있다.

③ 통신 패킷을 압축함으로써 Web기반에 비해 통신자원을 절감할 수 있다.

④ 정밀화된 User Interface를 통하여 상세한 업무 구현이 가능하다.

안심Touch

06 다음 중 상담사 애플리케이션의 기능이라 보기 어려운 것은?

① 상담사 관리
② 고객 리스트 관리
③ 채널 관리
④ 인바운드 콜 수요 예측

제7장 ▌다이얼링 시스템

01 다음 중 아웃바운드 CRM의 영역에 포함되지 않는 것은?

① 연체 대금 안내 　　　　　　② 채권 추심
③ 사고 신고 접수 　　　　　　④ 신상품 안내 및 판매

02 다음 중 다이얼러의 역할로 적절치 않은 것은?

① 상담사 스케줄링 업무 지원을 통한 콜센터 생산성 향상
② 발신통화에 소요되는 시간을 단축하여 콜 생산성 향상
③ 인바운드 및 아웃바운드 업무 병행 업무 지원
④ 캠페인 전략 수립 및 실행업무 지원을 통한 수퍼바이저 업무 생산성 증대

03 다음 중 Predictive Dialing의 구별되는 특징들로 짝지어진 것은?

① 예측알고리즘 – 스케줄 Tracking
② 예측알고리즘 – 통화 Detection
③ 랜덤 샘플링 – 스케줄 Tracking
④ 랜덤 샘플링 – 통화 Detection

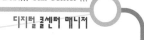

04 **인-아웃바운드 블렌딩의 개념을 가장 잘 설명한 것을 고르시오.**

① 한 대의 교환기로 인바운드 – 아웃바운드 콜을 동시 처리
② 동일 상담사가 위치 이동 없이 인바운드 – 아웃바운드 콜 업무 병행
③ IVR 기능을 이용하여 인바운드 – 아웃바운드 콜을 셀프서비스로 처리
④ 인바운드 고객 및 아웃바운드 – 고객의 데이터베이스를 통합 및 효율화

05 **PDS 공급사를 외국기업, 국내기업 1개사씩을 적으시오.**

(1) 외국기업
(2) 국내기업

06 **다음 PDS 도입효과 중 잘못 기술된 것을 고르시오.**

① Talk Time 감소　　　　　　　② Invalid Call 감소
③ Idle Time 감소　　　　　　　④ Claim Call 감소

07 **다음 중 PDS 도입에 따른 ROI 분석에 가장 많이 쓰이는 기준으로 옳은 것은?**

① 인건비 감소 요인　　　　　　② 통화요금 감소 요인
③ 고객불만 감소 요인　　　　　④ 추가적 설비투자 감소 요인

제8장 | 웹 커뮤니케이션 채널

01 ERMS의 기능에 대한 설명으로 적절치 않은 것을 고르시오.

① 고객의 이메일 문의에 대하여 자동으로 답변을 제공하는 시스템이다.
② 중요하고 빈번한 문의에 대하여 자동적으로 FAQ에 답변을 등재한다.
③ 고객에게 상담용 이메일 계정을 공급하고 이를 관리하는 시스템이다.
④ 응답 시간을 추적하고 관련 리포트를 제공한다.

02 인공지능을 이용한 ERMS의 부가기능으로 볼 수 없는 것은?

① 문자-음성 변환 기능(TTS)
② 최적 응답 추천 기능
③ 자연어 처리 기능
④ 자동 문자 대화 기능

03 인터넷 콜센터의 서비스 내용에 포함되지 않는 것을 고르시오.

① 화상 통화   ② Web Chat
③ Web Collaboration   ④ VOD 서비스

04 Web Callback 서비스에 대한 설명으로 적절치 않은 것은?

① 가용 상담사가 없을 때 걸려 온 전화에 대해 자동 발신을 해 주는 기능이다.
② 즉시적인 Callback이 이루어지지 않으면 서비스 품질에 부정적 영향을 미칠 수 있다.
③ 고객이 별도의 데이터 회선을 확보하고 있어야 하는 제약이 있을 수 있다.
④ Callback 서비스와 연관된 전문 Skill을 지닌 상담사를 필요로 한다.

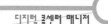

05 문자대화(Web Chat)의 특성을 잘못 표현하고 있는 것을 고르시오.

① 동시성 서비스이다.
② Multi-skill 상담원이 필요하다.
③ 다양한 정보수용에 한계가 있다.
④ 화상 대화도 가능하다.

06 Web Collaboration의 기술 중 Escorted Browsing에 대한 설명으로 적절치 않은 것은?

① 인터넷 사용에 관한 지식이 일정 수준 이상인 고객에게 적합한 서비스이다.
② 고객과 상담사가 상담 중 실시간으로 화면을 공유하는 기능이 있다.
③ 고객이 인터넷 보안에 대해 불안을 느낄 수 있는 서비스이다.
④ 경우에 따라서는 상담사의 업무 부담을 가중시킬 수 있는 서비스이다.

07 다음 중 인터넷 콜센터의 도입효과를 가장 적절하게 표현한 것을 고르시오.

① 고객의 인터넷 활용도 편차에 관계없이 균등한 서비스 품질을 제공하고 상담사의 전문화를 실현함으로써 고객만족도 향상과 콜센터 운영효율성 향상에 기여한다.
② 고객과 상담사 간의 상담 내용에 대한 신뢰도를 증진하고 상담 기록에 대한 웹 서비스를 제공하여 콜센터 내 서비스 품질 향상에 기여한다.
③ 고객에게 다양한 채널을 제공하는 동시에 상담사 음성통화 부담을 경감하여 줌으로써 고객만족도 향상과 비용절감에 기여한다.
④ 인터넷 기술을 이용한 재택근무 및 이동근무가 가능하게 되어 상담사와 관리자의 업무환경을 개선시키고 콜센터 운영효율성 향상에 기여한다.

안심Touch

제9장 ┃ 콜센터도입 및 운영실무

01 다음 중 바르게 짝지어진 것을 고르시오.

① RFI – 정보요청서
② RFI – 인용요청서
③ RFP – 정보요청서
④ RFP – 인용요청서

02 다음 중 RFP의 일반적 구성항목 중 적절치 않은 것을 고르시오.

① 현재 시스템 현황
② 사업 추진 전략
③ 법률적 검토 사항
④ 제안서 작성 기준

03 다음 중 RFP의 일반적 구성항목 중 적절치 않은 것을 고르시오.

① 임계 경로 – 연속된 업무 중 하나의 기간 변경이 발생하면 업무간 종속성으로 인하여 프로젝트 완료 일자가 변경된다.
② 간트 차트 – 작업계획과 작업량을 정규분포 곡선으로 나타내는 차트이다.
③ 프로젝트의 범위 – 프로젝트 포함/비포함 사항을 정의하여 기술한 것이다.
④ 종속성 – 특정 업무의 일정이 타 업무의 종료에 의해 결정되는 관계이다.

※ 다음 주어진 투자 안에 대한 투자분석을 하시오(4~6).

(단위 : 천원)

기 간	0	1	2	3	4
현금흐름	–100,000	30,000	40,000	50,000	50,000

*할인율 10%

 투자안의 NPV 값은 얼마인가?

① 약 32,000천원   ② 약 34,000천원
③ 약 36,000천원   ④ 약 38,000천원

05 투자안의 IRR 값은 얼마인가?

① 약 21.3%   ② 약 22.8%
③ 약 24.3%   ④ 약 25.8%

06 투자안에서 기업의 Huddle Rate가 23.5%라고 한다면 투자 결론은?

① IRR이 Huddle Rate보다 높으므로 기각된다.
② IRR이 Huddle Rate보다 낮으므로 기각된다.
③ IRR이 Huddle Rate보다 높으므로 채택된다.
④ IRR이 Huddle Rate보다 낮으므로 채택된다.

※ 다음 주어진 투자안에 대한 투자분석을 하시오(7~8).

투자안	투자금액	NPV	PI
A	1,000	400	1.4
B	2,000	1,200	1.6
C	3,000	1,500	ⓐ

07 ⓐ의 PI 값으로 적당한 것은?

① 1.3   ② 1.5   ③ 1.7   ④ 1.8

08 투자안의 투자 우선순위로 옳은 것은? (1위→2위→3위)

① A→B→C
② A→C→B
③ B→A→C
④ B→C→A

04 과목 정답 및 해설

제1장 ▌ 콜센터 환경 및 기술동향

01　(1) TCP/IP
　　(2) 통합(Integration)
　　(3) 구축(Implementation)
　　(4) 고객접촉방법, 성과
　　(5) 브라우저기반

해설 ▶ 과거의 Client-Server기반의 Thick Client보다 Web기반의 Browser Interface는 이제 선택사항이 아닌 거의 모든 Client에 적용되고 있다.

　　(6) 미디어

해설 ▶ 미디어(Media)는 통상 정보 전달의 매개채로 사용되고 있으며, 여기서는 Contact Center의 Channel이 어떤 미디어로 고객이 접속하든지 처리 방식 및 속도가 비슷하여야 한다.

제2장 ▌ ACD/CTI/멀티미디어 콜센터

01　④

해설 ▶ Trunk Groups, DNIS Digits(고객이 Dial한 DID Number), ANI (콜러id) 등이 인입호의 접근 경로이며 Routing의 입력 변수로도 사용되어진다.

02　시간 · 요일, Traffic, 상담원 현황, ANI 또는 고객입력번호

해설 ▶ 1)시간, 요일 2) Traffic 3) 상담원 현황 4)ANI 또는 고객입력번호(DNIS)는 주요 Routing 변수이다.

03　②

해설 ▶ CTI는 인입 국선, 상담사의 Skill및 상담사 그룹/개별 통계를 관리한다.

04 ④

해설 ▶ 예상대기 시간에 대한 안내멘트(Announcement)는 ACD에서 제공한다.

05 ④

06 Preview Dialing : 다이얼링 전에 발신 대상에 대한 정보가 상담사에게 보여진다.
Predictive Dianling : 시스템에 의해 발신되는 콜은 고객 정보와 함께 상담사에게 라우팅된다.
Progressive Dialing : 상담사가 응대 가능한 경우 콜이 다이얼링된다.

07 ③

해설 ▶ ③ 음성, 웹, 이메일, 팩스 등의 컨택은 응대 및 처리 방법을 가능한 동일한 방법으로 처리하는 것이 고객의 경험을 동일하게 하여 고객만족을 향상한다.

08 TSAPI 3rd Party Call Control

09 SIP

제3장 ▌ IPCC 및 재택근무

01 ③

02 ②

해설 ▶ ② 비즈니스 애플리케이션은 IPCC이나 TDM 기반 모두 개방형인지 고려해야 한다.

03 ②

04 ④

해설 ▶ ④ 고객 가치별 고객 서비스 강화는 재택 근무와 무관하게 전사적인 CRM차원에서 강구되어야 한다.

③ 상담원 만족은 지리적으로 출퇴근이 불가한 경우 또는 장애 상담원일 경우 만족도가 증가할 수 있다.

05 IPCC

06 ①

07 ②

해설 ▶ ② PSTN은 Public Switched Telephone Network의 약어로서 공공 전화망으로 번역 가능하다. Analog/TDM기반에서 사용되어진 용어이다.

제4장 ┃ IVR/FAX서버 및 QM

01 ③

해설 ▶ ③ 개인화된 서비스로 고객 만족도를 극대화가 아닌 고객 만족도 저하

02 ②

해설 ▶ ② Blending은 Inbound와 Outbound를 CTI 통제에 의한 자동화된 운용을 Blending이라 한다.

03 ①

안심Touch

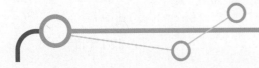

04 (1)–⑥ , (2)–① , (3)–②

05 ③

06 ④

해설 ▶ ④ 로거(Logger)는 Recording의 다른 의미의 총칭으로 사용된다.

07 ③

08 ①

제5장 ▌WFMS(Work Force Management System)

01 ④

해설 ▶ ① · ② · ③은 WFMS의 주요한 3대 기능이므로 세부 내용에 대한 이해가 요구된다. ④의 예측다이얼링은 Predictive Dialing System(PDS)의 주요 기능이다.

02 Aspect사의 eWFM, IEX사의 TotalView, Witness사의 Blue Pumpkin, Genesys사의 Genesys WFM, Symon사의 Symon Enterprise Server, Pipkins사의 Maxima(이상 외산), MPC사의 CenterMax, Inticube사의 TeleForce(이상 국산)

03 ①

해설 ▶ 상담사에 대한 권한위임(Empowerment)은 강화 추세이다.

04 ③

해설 ▶ 실시간 대기 Call에 대한 데이터는 Call 통계시스템의 주요 리포트 사항으로서, WFMS에서 연동 구현은 이론상 가능할 수 있으나 일반적인 기능으로는 볼 수 없다.

05 ②

해설 ▶ WFMS는 과거 및 현재 데이터의 왜곡되지 않은 축적이 필수조건이다. 또한 스케줄 작성 지원 기능뿐 아니라 스케줄 변경이 용이할수록 시스템의 효용은 커진다. 따라서 데이터의 보존 능력과 스케줄 가변성은 WFMS선정의 주요 요소이다.

06 ②

해설 ▶ 추적 및 리포팅 프로세스는 과거의 예측 리포팅이 현재 상황에 얼마나 부합하는지를 추적하여 예측의 정확도를 판별하고 이를 지속적으로 개선하기 위한 프로세스이다.

07 ①

08 ④

제6장 ┃ 상담사 Application

01 ①

해설 ▶ CRM의 목표는 비용절감보다는 고객 확대를 통한 수익 극대화에 초점을 둔다.

02 ②

해설 ▶ 시스템 관점에서 가장 중요한 성공요인은 CRM을 구성하는 다양한 시스템 컴포넌트들을 성공적으로 통합하는 것(System Integration)이다.

03 ④

04 ②

해설 ▶ C/S 기반환경은 서버의 기능이 단순화되고 클라이언트(단말 PC)의 기능이 최고의 사양을 갖는 Thick Client를 특징으로 한다.

05 ②

해설 ▶ X-Internet 기반 환경은 Web 기반과 마찬가지로 중앙 집중형이며, 이에 따라 서버의 강력한 성능과 사양을 요구한다.

06 ④

해설 ▶ 인바운드 콜 수요 예측은 WFMS의 주요 기능이다.

제7장 ┃ 다이얼링 시스템

01 ③

해설 ▶ ③ 사고 신고 접수는 일반적으로 손해보험사의 인바운드 콜센터 업무이다.

02 ①

해설 ▶ ① 상담사 스케줄링 업무 지원 기능은 WFMS의 주요 기능이다.

03 ②

04 ②

05   Avaya, Aspect, Genesys(이상 외국기업), Nexus, 한맥, 에이블컴(이상 국내기업). 단,
Concerto, Mosaix, Melita, Divine 등 인수합병된 기업명을 쓴 경우라도 현재 현업에서 사용하고
있는 시스템 Vendor이므로 정답이 될 수 있다.

06   ④

해설 ▶ ④ PDS와 항의전화의 감소는 별 상관관계가 없다.

07   ①

제8장 ▌웹 커뮤니케이션 채널

01   ③

해설 ▶ ③은 인터넷 서비스 제공자(ISP)의 역할이다.

02   ①

해설 ▶ ERMS는 Text 기반의 서비스로서 텍스트–음성 변환과 관련한 기술과는 별다른 연관성을 찾기 어렵다.

03   ④

해설 ▶ VOD(Video On Demand)란 주문형 화상 컨텐츠 제공을 의미한다.

04   ④

해설 ▶ Web Callback 서비스와 관련해서 별도의 Skill을 필요로 하지 않는다. Web Chat이나 Web
Collaboration 서비스의 경우에는 Multi-skill 상담사 혹은 특정 기반 지식을 확보한 상담사가 필요할 수
있다.

05 ③

> **해설 ▶** Web Chat 서비스 도중에 고객으로부터 다양한 정보를 수집하는 것이 충분히 가능할 뿐 아니라, 대화 도중 File 송수신이 실시간으로 가능하기 때문에 다양한 정보의 수용에 매우 유리한 서비스이다.

06 ①

> **해설 ▶** Web Collaboration, Escorted Browsing 서비스는 인터넷 사용 경험이나 지식이 상대적으로 낮은 고객에게 매우 유용한 서비스이다.

07 ③

제9장 ▌콜센터도입 및 운영실무

01 ①

> **해설 ▶** RFI(정보요청서), RFP(제안요청서), RFQ(인용요청서)

02 ③

03 ②

> **해설 ▶** 간트 차트는 작업계획과 작업량을 나타내는 차트로서, 막대그래프 형태로 나타낸다.

04 ①

기 간	0	1	2	3	4
현금흐름	−100,000	30,000	40,000	50,000	50,000
할인율 적용		27,273	33,058	37,566	34,151
누계현금흐름	−100,000	−72,727	−39,669	−2,104	32,047

NPV = −100,000 + 30,000/(1.1) + 40,000/(1.1)^2 + 50,000/(1.1)^3 + 50,000/(1.1)^4 = 32,047

05 ②

해설 ▶ 산출식에서 NPV 값을 0으로 만드는 할인율은 약 22.8%이다.

06 ②

해설 ▶ IRR(22.8%) 〈 Huddle Rate(23.5%)이므로 제안을 기각한다.

07 ②

해설 ▶ PI = (투자금액 + NPV) / 투자금액
C안의 PI = (3,000 + 1,500) / 3,000 = 1.5

08 ④

해설 ▶ PI의 수치가 높을수록 투자의 우선순위가 높으므로, B(1.6) → C(1.5) → A(1.4)이다.

안심Touch

여기서 멈출 거예요? 고지가 바로 눈앞에 있어요.
마지막 한 걸음까지 시대에듀가 함께할게요!

제5과목

운영관리

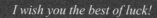

I wish you the best of luck!

(주)시대고시기획
(주)시대교육

www. **sidaegosi**.com

시험정보 · 자료실 · 이벤트
합격을 위한 최고의 선택

시대에듀

www. **sdedu**.co.kr

자격증 · 공무원 · 취업까지
BEST 온라인 강의 제공

01장 다양한 콜센터 성과지표

제1절 ▌ 콜센터 성과관리의 정의 및 중요성

> ●─ 핵심 포인트
>
> • 콜센터에서 성과관리는 콜센터 운영의 가장 기본이다.
> • 콜센터 성과관리는 단순한 지표의 측정과 평가가 목적이 아니라 지속적인 개선을 통해 성과의 향상을 이루는 것이 보다 더 중요하다.

콜센터를 효과적으로 관리하기 위해서는 상당한 양의 정보가 필요하다. 예로 고객 필요와 기대치, 통화 대기열과 고객 인내심, 시스템이 감당할 수 있는 업무량, 상담사 만족도와 성과, 콜패턴, 비용 요소, 조직 내 다른 부서의 활동, 외부환경조건 등에 관한 데이터들이 효과적인 콜센터 운영을 위해 필요하다. 이러한 것들에 대해 세부적인 사항까지 데이터가 필요하나 한편으로는 관리자 입장에서는 많은 양의 보고서를 읽지 않고도 전체적인 성과를 한 눈에 알 수 있어야 한다.

콜센터 성과관리(Performance Management)란 콜센터 운영전략에 따라 콜센터 운영이 제대로 되었는지를 주요 관리지표를 통해 측정하며 그 결과를 이해관계자들에게 보고하거나 커뮤니케이션하며, 지속적인 개선활동을 통해 보다 나은 결과를 만들어 내도록 하는 일련의 과정을 의미한다.

이러한 성과관리는 기획하고(Plan) 실행하고(Do) 관찰하고(See) 재고하는(Revise) 일련의 사이클(Plan-Do-See-Revise)을 반복한다.

측정할 수 없는 것은 관리할 수 없다는 피터 드러커의 말처럼 콜센터 지표에 대한 이해 및 성과관리는 콜센터 운영의 가장 기본이 되는 주요한 업무이기도 하다.

콜센터는 기업의 중요한 전략적 조직이며, 회사에 따라 핵심 영업조직인 경우도 있는 많은 인력과 많은 비용이 투입되는 조직이다. 콜센터만큼 동일한 업무를 수백 명, 수천 명의 대규모 인력이 수행하는 조직이 없기 때문에 성과관리를 통한 개선시 효과가 다른 조직에 비해서 크다. 또한 콜센터에서 나오는 데이터들은 무수히 많기 때문에 이를 관리하지 않으면 통제가 불가능하다.

우리가 콜센터 성과관리를 하는 이유는 콜센터 운영을 잘 하고 있는지 알아보고 개선 포인트를 찾기 위함이다. 성과관리를 통해 구성원을 평가 및 보상하여 동기부여를 할 수 있기도 하며 성과 결과를 가지고 부서장 및 임원들과 객관적이고 근거있는 커뮤니케이션을 할 수도 있다.

성과관리는 측정이나 평가 자체가 목적이기보다는 지속적인 개선을 통해 발전을 이루는 것을 궁극적 목적으로 삼는 것이 바람직하다.

바람직한 성과관리를 위한 보고 프로세스는 다음과 같다.

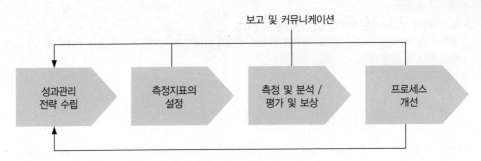

[성과관리 보고 프로세스]

제2절 ┃ 콜센터 성과관리전략의 수립

◉─ 핵심 포인트

- 콜센터 성과관리를 위해서는 기업 경영전략과 연계되는 콜센터 전략수립이 가장 먼저 이루어져야 한다.
- 콜센터에서 측정할 수 있는 성과지표는 다양하므로 자사 콜센터 운영 전략에 맞는 핵심성과지표를 선정하는 것이 중요하다.
- 성과목표를 설정시 업계 평균이나 Best Practice는 큰 의미가 없다.

콜센터 성과관리의 첫 단계는 성과관리를 위한 전략을 수립하는 것이다. 모든 콜센터가 같은 기업 경영상황 및 경영전략을 가진 것이 아니기 때문에 자사에 맞는 운영전략 및 성과관리 전략이 필요하다. 콜센터에서 성과관리를 위한 전략을 수립할 때는 콜센터를 운영하는 목적이 무엇이고, 어느 수준으로 목표를 잡을 것인지를 먼저 정의내려야 한다. 그리고, 목표를 달성하기 위해서 무엇을 측정할 것인지 핵심성과지표(KPI)를 선정하고 성과지표를 측정, 분석하고 보고하는 프로세스를 설계한다.

전략을 수립할 때에는 콜센터 전략이 전사경영전략 및 목표와 연계되는 범위 내에서 설정하는 것이 중요하다.

예를 들어, 전사경영목표가 제품의 원가절감을 통한 비용경쟁우위를 유지하는 것이라면 콜센터는 운영비용을 최소화 하기 위해 서비스 자동화(IVR, KIOSK 도입 등)를 목표로 할 수 있겠다. 콜센터는 운영비용을 효율적으로 사용하기 위해 새로운 고객 서비스 채널(ChatBot, 옴니채널 도입 등)의 도입을 목표로 할 수 있겠다.

전사경영목표가 각 고객별 요구사항에 맞는 특화된 서비스를 제공하는 거라면, 콜센터는 고객별 CRM을 위한 데이터 수집활동 및 개인화 된 상담활동을 최우선으로 하는 것이 바람직하며, 전사목표가 서비스수준의 향상을 통한 고객만족 극대화라면 콜센터는 편리한 접촉을 위한 접근성 향상 및 교육과 모니터링을 강화한 상담품질의 극대화를 목표로 하는 것이 바람직하다.

[전사경영목표와 콜센터 목표와의 연계 예]

전사경영목표	콜센터 목표
제품의 원가절감을 통한 Cost 경쟁 우위를 유의	운영비용의 효율화를 위해 서비스 채널 효율화
각 고객별 요구사항에 맞는 특화된 서비스 제공	고객별 빅데이터와 각종 사물인터넷을 통한 센싱데이터 등을 통한 개인화된 상담서비스
서비스수준의 향상을 통한 고객만족 극대화	편리한 접촉을 위한 접근성 향상 및 상담품질의 극대화(교육 및 모니터링 강화)

전사경영목표와 연계하여 콜센터 성과관리전략을 수립한 후에는 이를 달성하기 위한 지표를 설정하며, 지표는 콜센터 전체, 팀, 상담사 단위로 세분화하여 지표를 설정한다.

콜센터는 다양하고 수많은 데이터가 나오는 조직이므로 이 데이터들을 각 단위에 맞게 선별하고, 활용에 대한 명확한 방침이 설정되어야 한다.

각 성과지표에 대한 목표를 설정할 때는 벤치마킹을 하거나 고객설문조사를 통해 목표를 설정할 수 있다. 이때 고려할 점은 기업마다 운영전략이 다르고 고객의 기대수준이 모두 다르기 때문에 산업표준이나 Best Practice(최선의 실행)를 따를 필요가 없다는 것이다.

제3절 ┃ 다양한 콜센터 성과지표 및 핵심성과지표(KPI) 선정시 고려사항

○─ 핵심 포인트

• 콜센터의 성과지표는 측정방법에 따라 내부 측정지표와 외부 측정지표로 크게 구분할 수 있으며 측정 분야에 따라 서비스지표, 품질지표, 효율성 지표, 기타 관리지표로 구분할 수 있다.
• 핵심성과지표(KPI ; Key Performance Index) 선정을 위한 기준으로 콜센터 운영전략, 신뢰성 및 객관성, 측정의 용이성, 통제 가능성, 의미 중복성 등이 있다.

몇몇의 주요 성과지표를 추적하기 위해 필요한 자료를 구하는 것은 직접적인 방법으로는 시스템에서 제공하는 각종 보고서를 활용하여 구할 수 있다. 그러나 일부 KPI들은 시스템에서 제공하는 보고서로는 나오지 않고 더 많은 자료 소스와 복잡한 계산 과정을 필요로 하기도 한다. 시스템이 다양하고 보고서와 통계 데이터를 쉽게 구할 수 있다면 CTI/미들웨어나 별도의 성과관리 시스템을 사용하여 통합된 성과관리 보고서를 만들어 낼 수도 있다.

문제는 "콜센터의 다양한 업무성과를 적절히 요약해 보여 줄 수 있는 지표(Metrics)는 무엇인가?"이다.

지표에 대한 이해를 다음 파트에서 들어가기 앞서 이번 장에서는 이러한 지표들의 분류방법과 전체적인 개념을 이해하도록 하겠다.

1. 측정방법에 의한 분류

(1) 외부 측정지표(External Performance Metrics)

(2) 내부 측정지표(Internal Performance Metrics)

2. 지표의 특성에 의한 분류

(1) 서비스지표(Service Metrics)

(2) 품질지표(Quality Metrics)

(3) 효율성 지표(Efficiency Metrics)

(4) 기타 관리지표

3. 측정 / 평가 대상에 따른 분류

(1) 상담사 성과지표

(2) 팀 성과지표

(3) 센터 성과지표

외부 측정지표는 콜센터 외부 고객에 의해 결정되는 성과지표로 콜센터 서비스에 대한 고객만족도(CSI ; Customer Satisfaction Index)가 대표적인 지표이다. 고객만족도는 많은 해외 선진콜센터에서 가장 중요하게 관리해야 할 지표로 설정되어 있기도 하다.

품질지표는 콜센터에서의 고객응대 품질 수준에 관련된 지표를 의미하며, 서비스지표는 콜센터 전체의 고객응대 수용능력(Capacity) 및 응대 속도에 관련된 지표이다. 효율성 지표는 상담사의 업무 비중 또는 콜당 투입시간 등으로 효율에 관련된 지표이며, 기타 관리지표에는 콜센터 활동으로 인한 비즈니스 성과를 측정하기 위한 지표, 콜센터 운영관리를 위해 필요한 지표, 아웃바운드 환경에 맞는 지표들이 포함된다.

[콜센터의 다양한 지표의 분류]

분류방법	지 표	설 명
측정 방법	외부 측정지표	콜센터 외부 고객 등으로부터 결정되는 지표
	내부 측정지표	콜센터 내부에서 측정되는 지표
지표의 특성	서비스지표	고객응대 수용능력(Capacity) 및 응대속도에 관련된 지표
	품질지표	고객응대 품질수준에 관련된 지표
	효율성 지표	상담사의 업무비중 또는 콜당 투입시간 등으로 효율에 관련된 지표
	기타 관리지표	콜센터 활동으로 인한 비즈니스 성과를 측정하기 위한 지표
측정 / 평가 대상	상담사지표	상담사 성과측정/평가지표
	팀지표	팀 성과측정/평가지표
	센터지표	센터 성과측정/평가지표

이러한 다양한 지표 중에서 핵심성과지표를 선정해야 하는데, 이때 고려사항은 다음과 같다.

① 콜센터 운영전략

콜센터 운영전략 및 기본방침을 어떻게 설정하느냐에 따라 측정 및 관리해야 할 지표가 달라진다. 동일 콜센터라 하더라도 운영전략의 수정에 따라 관리지표가 달라질 수 있다.

② 신뢰성 / 객관성

얼마나 객관적으로 측정이 가능한지 살펴보아야 한다. 질적 항목의 경우 평가자의 주관적 평가가 들어갈 수 밖에 없지만, 이 경우에도 가능하면 객관적으로 평가가 되도록 평가자 간의 편차를 줄일 수 있는 각종 활동 및 명확한 배점기준 등을 마련하여 운영하여야 한다.

③ 측정의 용이성

지표 측정이 얼마나 쉽고, 비용이 적게 드느냐의 관점으로 아무리 좋은 지표라도 시스템 환경상 측정이 불가능하거나 측정하는 데에 있어 시간이나 비용이 많이 소요될 경우 지표로서 적당하다고 볼 수 없다.

④ 통제 가능성

평가의 대상자가 자신의 노력에 의하여 결과를 바꿀 수 있는 지표여야 한다. 예를 들어 상담사 평가지표로 콜센터 전체 이직률을 포함시킬 경우, 이는 상담사 본인이 아무리 노력해서 달성하기 어려운 지표이다.

⑤ 의미중복성

다른 평가지표와 의미가 중복되거나 비슷한 분야를 측정하는 지표들은 중복 사용되지 말아야 한다. 통화성공률(응대율)과 콜 포기율은 동일한 내용을 다른 각도에서 보여주는 두 가지 지표이다. 이를 동시에 평가지표로 채택하는 것은 의미가 없다.

02장 품질지표와 서비스지표

제1절 | 품질지표

> ○— 핵심 포인트
>
> • 품질지표는 콜센터의 응대 내용의 품질수준을 평가하기 위한 지표이다.
> • 품질지표의 기본이 되는 것은 고객에 의해 평가되는 품질, 즉 고객만족도이다.
> • 첫 번째 콜 해결률, 에러율 등은 고객만족도 뿐 아니라 콜센터 내부 비용절감에도 관련이 되며, 이 지표들은 조직마다 정의와 측정방법이 다를 수 있다.

콜센터의 핵심성과지표들은 하나의 지표 그 자체만으로는 정확하지 않을 수 있으나 동시에 측정되고 해석될 때에는 콜센터 운영의 전체적인 모습을 잘 보여 줄 수 있다.

각 지표별로 정의, 측정을 위한 공식이나 방법, 기초 데이터의 출처와 측정방법, 지표의 활용방법 및 주의사항은 다음과 같다.

1. 고객만족도

고객만족은 잘 운영되는 콜센터의 우선순위가 되어왔다. 그러나 오늘날은 고객충성도를 측정하고 향상하기 위해 단순한 만족도 점수 이상을 관리하는 경향이 있다.

정확한 고객만족도/충성도 평가를 위한 준비는 컨택트 채널과 이슈의 전 범위에 걸친 고객 경험과 견해를 대표할 수 있는 샘플에서 데이터를 수집하는 것이다. 그러기 위해 많은 기업들은 아웃바운드 콜, 우편, 소셜네트워크 서비스를 통한 푸쉬 메시지, 이메일, 웹폴(인터넷설문), 웹, 자동화 IVR 기반의 샘플 등을 통한 지속적인 고객만족설문조사를 실시한다.

충성도 평가(자연적으로 고객 습성의 예측을 포함하고 있는 새로운 학문)는 고객만족도를 측정하는 것보다 더 어렵다. 그러나 많은 조직들이 충성도를 정의하고 측정하는 관련 자료들을 제공하고 있다.

좋아 보이고 싶은 조직의 욕구와 무엇이 잘못되는지 알아야 하는 필요 사이에서 조직 내에 종종 갈등이 생긴다. 지속적으로 99% 만족도를 산출하는 고객만족도 척도의 디자인은 조직으로 하여금 기분은 좋게 할지 모르나 조직에게 소중한 정보를 제공하는 데에는 실패할 경우가 대부분일 것이다.

(1) 업계 기준의 부재

고객만족도를 계산하는 업계의 표준화된 방법이 없다. 다른 콜센터들의 아주 다양한 고객들은 많은 다른 이유들로 하나의 기준을 만드는 것을 거의 불가능하게 한다. 그러나 다양한 산업연구는 불만족스런 고객들의 습성을 자세히 알아내었다. 적절한 데이터 수집과 콜센터를 변화시키는 영향을 모델링함으로써 불만족스런 고객들의 마음을 풀게 하고 서비스를 발전시키기 위한 투자를 할 수 있게 한다.

(2) 외부 업체 활용 이유

어떤 조직은 고객만족 측정을 위해 외부업체를 사용하는데 그 이유는 다음과 같다.

① 외부업체를 사용함으로써 그 결과에 따른 이익에 대한 내부 갈등을 피한다.

② 대체로 필요한 전문적인 통계적, 설문적 자원이 내부에서 만드는 것보다 오히려 덜 비쌀 수 있다.

일반적으로 고객만족도를 내부에서 평가하게 되면 실제보다 좋게 평가하는 경향이 있다. 고객의 만족도라는 것은 서비스에 대한 고객의 기대와 콜센터에서 제공한 실제 서비스에 대한 고객의 인식과의 차이에서 나오는 것이므로 고객만족은 반드시 고객에게 물어봐야 정확한 측정이 된다. 기업의 서비스에 대한 고객의 기대는 기업의 상황에 따라 다르고, 개인이 느끼는 서비스의 수준 또한 개인 성향에 따라 다를 수 있기 때문에 고객만족도는 모델에 의한 추정이나 예측이 불가능하고 실제 고객에게 물어봐서 파악할 수밖에 없다.

③ 고객만족도 수행 이유

고객만족도를 수행하는 이유는 다음과 같이 5가지로 크게 나누어 볼 수 있다.

㉠ 현 서비스에 대한 고객의 만족도 수준에 대한 평가

㉡ 콜센터 개선방향 도출(성과지표 조정, 대체)

㉢ 운영지표의 목표 설정

㉣ 상담사 개별 코칭자료로 활용

㉤ 불만고객 조기 발견

④ 고객만족도 중요성

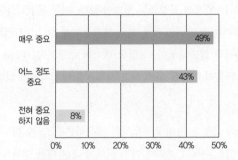

[콜응대에 대한 만족감이 기업 이미지 형성에 미치는 영향]
〈자료 : BenchmarkPortal Inc./ Purdue University, One-Minute Survey 결과〉

위의 표에서 보면 응답자의 대부분(92%)이 콜센터의 응대에 대한 만족도가 기업의 전사적인 이미지에 영향을 끼친다고 대답하였다.

고객이 기업과 접촉하는 채널 중 가장 접촉이 많이 일어나는 곳이 바로 콜센터이기 때문에 콜센터는 기업 이미지를 형성하는 데 주요한 영향력을 가질 수 밖에 없다.

콜센터에서 만족한 응대를 받은 대부분의 응답자가 향후 재구매 의사를 보이며 충성도를 보이는 반면에 불만족이라고 응답한 고객 중 상당수가 콜센터에서 받은 불만족한 서비스로 인하여 경쟁사로 옮겨갈 의사를 가지는 것으로 나타났다.

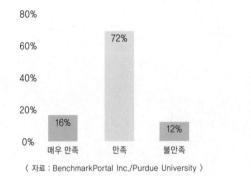

〈 자료 : BenchmarkPortal Inc./Purdue University 〉

[콜센터 상담사들의 응대 서비스에 대한 고객 만족도]　　　　　[향후 재구매 의사]

이는 고객의 충성도와 재구매 의사는 기업의 매출/성과에 직접적으로 영향을 줄 수 있는 요인이며 따라서 고객만족도 여부가 기업의 성과에 직접적인 영향을 준다고 말할 수 있다.

고객만족도와 기업에 대한 고객의 충성도 역시 상관관계가 있다.

다음 그래프에서는 기업의 성과를 높이기 위해서는 단순히 '만족' 하는 고객이 아니라 '매우 만족' 하는 고객을 많이 확보하여야 한다는 것을 보여준다.

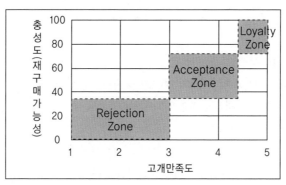

[고객만족도와 충성도의 상관관계]

〈자료 : Customer Obsession, Jon Anton 저〉

전략적 영향 관련 목표치

고객 만족도

(1) 정 의

콜센터 서비스에 대한 고객들이 만족한 정도를 측정한 지표로 고객만족설문지, 미스터리 콜, IVR을 활용한 자동 조사, 포커스 그룹 조사 등의 여러 가지 방법으로 측정할 수 있다.

(2) 활 용

콜센터의 전체적인 운영수준을 측정하기 위한 가장 대표적인 관리지표이다. 고객만족 데이터는 종종 분기별, 월별로 구해지며 컨택트 채널과 고객 그룹에 따라 구분되어 측정된다.

(3) 주 의

고객만족을 고객 충성도, 재구매, 구전 광고 등으로 연결한 연구가 많다. 고객만족은 시간의 변화, 환경 변화에 따른 수치의 상대적 변화를 관리하는 데 가장 큰 가치가 있고 콜센터 운영정책을 결정하는 데 지침이 된다(예 정책, 서비스수준 성과, 시스템 강화나 다른 변화들이 있을 때 고객만족은 어떤가).

2. 첫 번째 통화 해결률(First-Call Resolution)

첫 번째 통화 해결률은 전체 통화 중에서 고객이 동일한 문제 해결을 위해 더 이상 컨택할 필요가 없는 콜의 비율을 말한다. 고객은 해결을 위해 더 이상 콜센터에 컨택 할 필요가 없으며 조직의 누구도 Follow Up을 할 필요가 없다.

첫 번째 통화 해결률과 관련되는 지표인 '에러와 재작업' 지표는 품질 지향의 경향에 따라 꾸준히 채택되고 있다. 연구에 의하면 고객의 문제가 첫 번째 통화에 완전히 해결되지 않을 때 회사들은 온갖 종류의 추가 비용이 발생하며, 많은 경우 숨겨져 있고 추적하기 힘들다. 따라서 첫 번째 통화 해결은 비용 절감과 운영 효율을 향상시키기 위한 관리지표로 사용될 수 있다.

그러나 다른 목표치들과 마찬가지로 수확 체감의 포인트가 있다. 한 예로 두 개의 콜센터가 운영에 있어 100퍼센트의 첫 번째 통화 해결률이 비용 효율적인 방법이라고 하자. 적절한 첫 번째 통화 해결률 목표를 정하기 위해 각 콜센터의 특정 데이터, 비용 구조, 다른 KPI와 경쟁 환경 등의 분석을 필요로 한다. 종종 첫 번째 통화 해결률 측정은 목표하는 교육 프로그램의 필요성을 제시할 것이다(예 높은 전환율을 보이고 있는 종류의 업무를 위한 교육이 필요).

(1) '해결된 콜'과 '총 콜'의 이슈

실제 첫 번째 통화 해결률을 계산하는 방법에 있어 콜센터 업계에는 광범위한 변종이 있다. 기본 컨셉은 간단하나(첫 통화에 해결된 콜 ÷ 총 콜수), '해결된 콜'이나 '총 콜'을 어떻게 정의 하느냐에 따라 결과가 확 바뀔 수 있다. '첫 번째 통화에 의한 해결'이라는 정의는 콜센터에 따라 다를 것이며 첫 번째 통화 해결에 데이터를 벤치마크하는 것은 콜센터 운영에 있어 해석의 어려움을 가져올 것이다.

① '해결된'의 정의

　ⓐ 고객의 콜 이유가 해결되었을 때의 고객 상태를 말한다.

　ⓑ 콜의 결과로 인한 상담사의 사후점검이 없다.

　ⓒ 상담사가 콜을 다른 곳으로 전환할 필요가 없다.

　ⓓ 콜센터의 정해진 책임하에 해당되는 고객의 모든 고려사항을 상담사가 해결한다.

　ⓔ "해결되었다"로 세는 콜 트랙킹 코드의 하나는 콜과 연관 있다.

② '해결된' 콜을 세는 방법

　ⓐ 모니터링 요원에 의해 샘플 콜을 대상으로 평가할 수 있다.

　ⓑ 고객만족도 조사를 통해 고객의 평가를 통해 측정하는 것이다.

　ⓒ 상담 시스템이나 교환기 시스템을 통해 동일 고객과 일정 시간 내에 동일 업무 통화가 이루어지지 않은 통화를 '해결된' 것으로 측정하는 방법이다.

③ 총 콜을 세는 여러 방법

ㄱ 응답된 콜

ㄴ 응답된 콜 + 불통된 콜

ㄷ 콜센터에 시도된 모든 콜

ㄹ 특정 기준에 맞는 응답된 콜(예 잘못된 번호, 콜 트랙킹 시스템으로부터 무효한 데이터를 가진 콜, 전체가 IVR에 의해 처리된 콜 혹은 콜센터가 해결하도록 인정받지 않은 콜 등의 삭제)

(2) 노력할 만한 가치

첫 번째 통화 해결률의 계산이 명확하지 않고 여러 가지 논란의 소지가 있으나 이 지표는 시간에 따른 변화를 측정 · 관리한다면 매우 유용하게 활용될 수 있다.

품질 관련 지표

첫 번째 통화 해결률(FCR ; First Call Resolution/Once & Done)

(1) 정 의

첫 통화에 의해 해결된 콜수 / 총 인입콜수

(2) 측정방법

첫 번째 통화 해결률을 구하는 방법은 크게 3가지가 있다. 첫 번째 방법은 품질관리요원 (QAA)에 의한 샘플 콜평가이며, 두 번째 방법은 고객만족도 조사를 통한 통화 고객의 평가를 반영하는 것이다. 세 번째 방법은 상담시스템이나 ACD 등의 시스템을 통한 중복통화 또는 재통화를 확인하는 방법이다.

첫 번째 통화 해결률을 구할 때 고려해야 할 점은 '해결'의 기준을 어떻게 하느냐이다. 업무 프로세스 상 반드시 전환 되거나 후속콜이 필요하다 하더라도 이것은 첫 번째 콜로 '해결'된 콜이 아니다.

(3) 활 용

첫 매월 측정 · 관리되어야 할 콜센터 수준의 관리지표로 활용 가능하다.

첫 번째 통화 해결률은 콜센터의 고객 만족도에 가장 크게 영향을 미치는 요소로 알려져 있다 (Purdue University 연구 결과).

(4) 주 의

첫 번째 통화에서 문제가 완전히 해결되지 않을 때 조직에는 여러 가지 부수 비용이 발생한다. 콜센터 프로세스, 시스템과 고객요구의 변화에 따른 첫 번째 통화에서의 해결률의 상대적 증가와 감소 정도와 그 원인을 분석하는 것은 상당한 의미가 있다.

3. 에러율/재작업률(Errors and Rework)

품질 관련 지표

에러율/재작업률(Errors and Rework)

(1) 정 의

상담사가 상담과정에서 발생시킨 오류 또는 오류로 인해 재작업해야 하는 경우의 비율이 지표는 조직마다 정의가 다를 수 있으며, 일반적으로 1,000콜당 오류 건수로 측정한다.

(2) 측정방법

측정은 품질평가요원에 의한 평가 또는 상담사에 의한 발견에 의해 측정된다.

(3) 활 용

월간보고 또는 관리자가 필요로 할 때마다 보고 되는 하이레벨 목표로 적합. 에러나 재작업의 정의는 상담사를 위한 품질목표에 맞춰 정의할 수 있다. 단, 반드시 상담사가 컨트롤 할 수 있는 업무상의 에러나 재작업으로 정의가 되어야 한다.

(4) 주 의

에러는 재작업과 신뢰할 수 없는 데이터와 해석 문제를 발생시킨다. 콜센터 프로세스, 시스템, 고객요구의 변화에 따라서 에러 및 재작업 비율의 증가와 감소를 분석하는 것은 상당한 의미가 있다.

4. 심각한 에러(Critical Errors)

품질 관련 지표

심각한 에러(Critical Errors)

(1) 정 의

상담사가 상담과정에서 발생한 심각한 오상담/오처리로 사회적 큰 이슈가 된 에러

(2) 종 류

① End-User Critical Errors : 최종 사용자의 만족도 불만족도에 직접 영향을 미치는 에러

② Business Critical Errors : 거래 업무 전체에 대한 영향을 미치는 에러로 컨택센터 고객사 또는 비즈니스 관점에서 장애를 일으킬 것으로 보이는 에러

③ Compliance Critical Error Accuracy : 법률 상 규제의 관점에서 범한 에러. 이러한 실수는 국제 및 국내 지방 법률과 규정위반 에러

(3) 측 정

① 측정은 품질평가요원에 의한 평가 시 발견하여 측정된다.

② 모니터링 건수 : 100 건 심각한 실수의 발생 안건 : 5건

③ 5 / 100 = 5 %(에러 비율) : 95 / 10 = 95 %(에러의 정밀도)

5. 모니터 요원에 의한 품질평가

고객과 이루어지는 각 통화의 품질은 콜센터 성공에 필수적이다. 모니터 요원에 의해 평가되는 품질은 조직과 고객의 필요와 목표치를 반영하도록 정해져야 한다. 일반적으로 품질평가기준은 고객 요구를 정확히 해석하고, 정확한 데이터의 입력, 정확한 정보 제공, 정확한 콜 코딩, 필요한 정보를 수집하는 것 등을 포함한다.

모니터 요원에 의한 콜 품질지표는 콜센터 전체의 운영 정도를 평가하는 것과 상담사 개인성과를 측정하는 두 가지 모두에 적합하다. 콜센터 전체의 품질 데이터는 콜센터 프로그램과 프로세스의 효율성을 알아보기 위해 사용될 수 있다(예 교육이나 훈련 프로그램이 효율적이거나, 데이터 입력 시스템이 정확한 데이터를 확보하는 등). 개인별 품질 점수는 개인성과의 평가와 교육 필요성을 알아내기 위해 활용된다.

품질평가의 전제가 되는 중요한 부분은 상담사가 업무를 제대로 처리하기 위해 필요한 만큼의 적정 시간을 사용하여야 한다는 것이다. 이것은 성급하게 콜을 하거나 지나치게 고객을 서비스 하기 위해, 정확하고 완전하게 처리하기 위해 필요한 적정 시간보다 많이 사용하지 않아야 한다는 것이다. 콜 품질평가는 상담사의 스케줄 준수율과 함께 상담사 개인의 성과를 측정하고 평가하는 중요한 지표로 활용 될 수 있다. 일부 관리자들은 아직도 상담사 개인성과관리를 위해 시간당 콜이나 평균 처리시간 등의 생산성 결과를 트랙킹 하는 것이 필요하다고 믿는다. 그러나 품질을 중요시하는 선진 콜센터에서는 생산성 지표보다는 품질 위주의 평가지표가 개인성과평가에 주로 활용되고 있다.

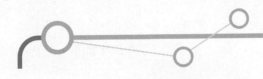

> **품질 관련 지표**
>
> **모니터요원에 의한 콜 품질평가(Call Quality)**
>
> **(1) 정 의**
> 각 통화의 품질을 품질관리요원이 평가하여 수치화한 값
>
> **(2) 측정방법**
> ① 콜 품질평가를 위한 데이터는 실시간 콜 모니터링이나 녹취 샘플을 통해 구한다. 샘플링 기준은 교환기에서 구하는 콜 특성 정보나 고객정보 시스템 상의 데이터를 기준으로 정해진다. 관리자나 품질관리 전문가(QAA)가 수집된 콜의 품질수준을 사전에 정의한 기준에 따라 평가한다.
> ② 활용 : 콜센터 전체의 품질성과관리 뿐 아니라 상담사 별, 팀별 품질성과관리를 통해 특정 집단의 관리를 위해서도 활용 가능하다.
>
> **(3) 주 의**
> 통화품질은 성공적인 콜센터 운영를 위해 필수이다. 품질은 조직과 고객의 필요와 목표를 반영하도록 정해져야 한다. 기준은 일반적으로 고객요구에 대한 정확한 해석, 정확한 데이터 입력, 정확한 정보 제공, 정확한 콜코딩, 필요하고 유용한 정보의 획득 등을 포함해야 한다. 이 기준은 모니터링과 코칭 프로세스에 필수적으로 포함되어야 한다.

제2절 ┃ 서비스지표

○─ 핵심 포인트

- 서비스지표는 콜센터 전체적인 접근성 및 서비스 수용수준을 측정하기 위한 지표들로 콜센터 전체적으로 측정되고 관리되어야 하는 개인이 통제(Control)하기 어려운 지표이다.
- 서비스수준과 응답시간은 콜센터의 접근성(Accessibility)을 측정하기 위한 가장 대표적인 지표이다.
- 응대율과 평균 대기시간은 콜센터의 서비스 수용수준을 측정하기 위한 지표이지만 고객들의 평균적인 경험을 나타내지는 못한다.

서비스지표는 콜센터 전체적인 접근성 및 서비스 수용수준을 측정하기 위한 지표들로 콜센터 전체적으로 측정되고 관리되어야 하는 개인이 통제(Control)하기 어려운 지표이다.

서비스지표에는 서비스수준, 응답시간, 응대율, 포기율, 불통률, 평균 응답속도, 평균 대기시간 등이 있다.

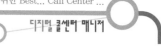

1. 서비스수준과 응답시간

서비스수준(때때로 접근성이라 불린다)의 본질은 효율적인 콜센터 운영의 중심에 있다. 서비스수준의 기대치 없이는 많은 중요한 질문들에 대한 답을 할 수 없을 것이다. 콜센터의 접근성이 어느 정도인가? 얼마나 많은 인력이 필요한가? 경쟁력은 어떠한가? 마케팅 캠페인의 대한 반응에 대한 준비는 되어있는가? 상담사가 얼마나 바빠질 것 같은가? 얼마나 많은 비용이 들것인가? 같은 질문에 답을 주기 위해서는 먼저 서비스수준의 목표를 어디까지로 할 것인지가 결정되어야 한다.

서비스수준과 응답시간 목표치는 달성하고자 하는 결과를 얻기 위해 필요한 자원의 투입량과 관련 있다. 이는 업무를 초반에 얼마나 잘 처리하는지 측정하고 계획과 예산의 구체적 목표를 정할 수 있게 한다.

(1) 서비스수준에 관한 정의

① 서비스수준은 'Y초 내에 X퍼센트의 컨택트가 응답되었다'로 정확하게 정의한다(예 20초 내에 90퍼센트가 응답되었다).

② 서비스수준은 평균 응답속도나 응대율, 대기시간 등과는 다른 의미로 콜센터에 접촉하는 고객들의 평균적인 경험을 가장 잘 표현해 준다.

③ 목표시간 내에 응답되는 콜의 비율(X Percent of Calls Answered In Y Seconds)로 일반적으로 많은 콜센터에서는 목표시간에 해당되는 Y 값은 고정으로 두고(20초 또는 30초 등) 이 시간 내 응대가 이루어지는 콜의 비율, 즉 X 값 만으로 서비스 레벨을 표현한다.

④ 서비스수준값을 계산하는 공식은 다양한데 그 중에서 응답 콜수와 포기 콜수를 모두 분자 분모에 포함시키는 1번 공식이 가장 일반적이다.

서비스수준을 계산하는 다양한 공식

(1) (Y초 내 응답 콜수 + Y초 내 포기 콜수) / (응답 콜수 + 포기 콜수) : 가장 일반적으로 사용되는 공식

(2) Y초 내 응답 콜수 / 응답 콜수 : 응답 콜만을 고려, 좋은 방법 아님

(3) Y초 내 응답 콜수 / (응답 콜수 + 포기 콜수)

  ① 잘 사용하지 않으며, 대기하다가 포기하는 콜이 많은 경우 서비스 레벨 저하

  ② 단, 사전 안내를 통해 지체되고 있음을 알려 주는 경우에는 유용한 측정방법. 왜냐하면 안내를 통해 포기할 고객의 상당수는 큐에 들어오기 전에 포기하기 때문임

(4) Y초 내 응답 콜수 / (응답 콜수 +Y초 이후 포기 콜수) : Y초 이후의 포기 콜만이 서비스 레벨에 영향을 줌, 초기에 포기된 콜은 영향 없음

인바운드 콜센터에서는 서비스수준(Service Level)이 콜센터에 전화한 고객이 경험하는 것을 가장 정확히 규명할 수 있는 지표로 평균값의 함정을 피할 수 있는 장점이 있다.

일반적으로 20초 내, 80% 응대를 목표로 하나 산업별 표준은 없고 조직마다 또는 콜센터 운영전략에 따라 목표수준이 달라질 수 있다.

(2) 응답시간의 정의

응답시간은 즉시 처리할 필요가 없는 상담에 있어서 서비스수준과 같은 뜻을 가지고 있다. 응답시간은 'N일/시간/분 동안 100퍼센트의 컨택트가 처리되었다'로 정의할 수 있다. '모든 이메일은 120분 안에 답을 받고 모든 팩스는 24시간 안에 응답될 것이다' 등이 그 예이다.

(3) 서비스수준과 응답시간의 차이점

적용성과 기능에 있어서 서비스수준과 응답시간은 비슷하다. 둘 다 필요한 기본인력과 원하는 결과 간의 필요한 연계성을 가르쳐준다. 그러나 이 둘 사이에는 중요한 차이점이 있다. 가장 다른 것이 기본필요인력에 대한 계산이다. 서비스수준은 랜덤하게 발생되는 컨택트에서 사용되며 Erlang C나 컴퓨터 시뮬레이션을 필요로 한다. 응답시간이 사용되는 컨택트는 나중 처리를 위해 미루어 질 수 있기에 사업계획의 좀 더 전통적인 방법을 사용할 수 있다.

이메일 처리를 하는 고객센터에서 주요지표로 사용하는 응답시간(Response Time)은 건별 응답시간을 측정하는 방법과 배치 묶음별 응답시간을 측정하는 방법 두 가지가 있다.

건별 응답시간(Rolling Response Time)은 건 별로 응답시간을 측정하고, 목표치를 24시간 이내 등으로 두어 모든 건들이 24시간 이내에 응답되도록 하는 것이며, 배치 묶음별 응답시간(Scheduled Response Time)은 오전 시간대에 들어온 이메일은 그날 오후 4시까지 응대하고, 오후에 들어온 이메일은 그 다음날 오전 10시까지 응대하는 식으로 시간대별로 묶어서 응대하는 것이다.

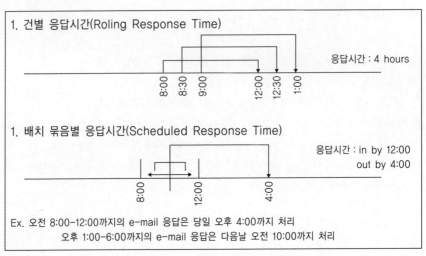

(4) 응답시간이 서비스수준이 되는 경우

응답시간이 서비스수준 카테고리에 속하도록 아주 빨라지는 지점이 있다. 한 예로 고객서비스의 수준을 높이기 위해 조직은 고객 이메일 응답을 1~2일에서 15분 응답으로 응답 기대치를 높일 수 있다. 대부분의 큐잉(Queuing) 전문가들은 한 시간 미만의 서비스를 위해서는 기본인력 계산은 무작위 컨택트 발생을 위해 사용되는 Erlang C나 컴퓨터 시뮬레이션 프로그램을 사용하여야 한다고 한다.

몇몇의 가정들과 정의는 변해야 한다. 통화에 있어서의 서비스수준은 상담사가 언제 콜을 받아서 통화가 시작되냐를 기본으로 한다. 그러나 이메일의 경우 고객은 그들이 응답을 받았을 때로 친다. 15분 내에 이메일에 응답하기 원한다면 이는 5분의 처리시간과 고객이 보낸 후 10분 후에는 상담사가 받아야 한다. 이것이 필요인력 계산을 위한 시초가 되는 것이다.

(5) 서비스수준과 품질은 병행되어야 한다.

분명히 서비스수준의 기대치에는 도달할 수 있지만 계속 손해와 가외의 일과 낮은 품질은 계속 될 수 있다. 장기간으로 보았을 때 서비스수준과 품질은 병행되어야 한다. 즉, 컨택트는 이루어지고 처리되어 콜센터의 목적을 이룬다. 그러나 품질이 나쁠 때 반복되는 콜과 불필요한 서비스 콜, 상부로의 불만족 콜의 증가, 콜백 등은 오히려 서비스수준을 저하시키는 요인이 될 것이다. 서비스수준과 품질은 상호 보완적이다.

[서비스수준과 응답시간 활용 비교표]

구 분	서비스수준	응답시간
인바운드 콜	○	
아웃바운드 콜		○
이메일		○
텍스트 채팅	○	
실시간 연결되는 웹콜	○	
콜백(Call Back)		○
팩 스		○
우 편		○

서비스지표

서비스수준과 응답시간(Service Level and Response Time)

(1) 정 의

① 서비스수준 – 목표로 하는 시간 내에 최초 응대가 이루어진 콜의 비율

② 공식, Y초 내에 응답된 X퍼센트의 콜

③ 응답시간 – 응대해야 할 컨택 100%를 응대하는 데 걸리는 시간으로 이메일같이 즉각적인 응대가 필요없는 경우 사용

④ 공식, N일/시간/분 내에 처리된 100% 컨택트

(2) 측정방법

① 서비스수준은 ACD 시스템 상의 보고서에서 바로 구할 수 있다. 응답시간 보고서는 이메일 응답 관리 시스템 (ERMS), 웹서버, WFMS 등과 같은 부가적 시스템이 필요하다.

② 활용 : 서비스수준과 응답시간은 주요 접근성 척도이며 콜센터 전체의 성과를 측정하기 위한 하이레벨 성과지표로 적합하다. 일일, 주, 월간 평균이 아닌 30분 단위의 목표치와 같은 시간 단위당 보고가 필요하다. 매니저는 관리에 적합한 시간 단위를 찾아야 한다. 서비스수준과 응답시간 목표치는 인바운드 콜센터 운영계획을 위한 주요 지표로 기본필요인력 계산을 위해 사용된다.

(3) 주 의

통화 중 신호로 인한 연결 실패콜을 고려해야 한다. 서비스수준 계산시 분모에 잡히는 콜은 일단 콜센터 교환기에 들어오는 콜만 해당된다. 회선부족으로 들어오지 못하는 콜은 통계에 잡히지 않기 때문에 서비스수준을 높이기 위한 자원 산정시 오판을 할 수 있다.

또한, 콜센터 인입콜량은 시간별로 차이가 크기 때문에 30분, 15분 등 적절한 시간 간격으로 분석해야 한다.

2. 응대율과 포기율

서비스지표

응대율(Response Rate)과 포기율(Abandoned Rate)

(1) 정 의

응대된 콜/총 인입콜. 여기서 응대는 상담사에 의한 것과 IVR에 의한 것을 포함하는 것이 일반적이며 콜대기시간은 고려하지 않는다. * 포기율 = 1 – 응대율

(2) 측정방법

응대율 및 포기율은 교환기 (ACD) 또는 CTI에 의해 측정된다.

(3) 활 용

포기 콜은 부족한 상담 인력이나 회선에 의해 발생한다. 서비스수준과 응답시간 목표설정 및 관리를 위해 매우 중요한 지표이다.

(4) 주 의

포기율은 콜센터가 직접 컨트롤 할 수 없는 고객의 행동에 의해서도 달라지기 때문에 콜센터 구성원의 성과평가에 사용할 수 있는 척도는 아니다. 서비스수준과 함께 콜센터 전체의 접근성을 측정하는 척도로 활용되어야 한다.

응대율은 콜의 대기시간을 고려하지 않으므로 고객의 경험을 제대로 표현하는 지표는 아니나, 콜센터 전체적인 Capacity를 표현할 수 있는 지표로 대다수 콜센터에서 주요 지표로 사용하고 있다. 기업에 따라 응대율의 반대개념인 포기율을 사용한다.

응대율이 저조할 때에는 콜인입량 증가여부, 상담사 스케줄 준수 여부, 평균 통화시간 증가 여부 등을 점검해 보아야 한다.

① 포기율 계산

포기는 다음의 두 공식 중 하나를 사용한 포기율로 계산된다.

㉠ 포기된 총콜 / (포기된 총콜 + 응답된 모든 콜)

㉡ 목표 응답시간 후 포기된 콜 / (목표 응답시간 후 포기된 콜 + 응답된 모든 콜)

두 번째 공식은 조직의 서비스수준 목표치 전에 포기된 콜은 포함시키지 않음으로써 그 발신자들로 인한 문제는 없앤다. 어떤 공식이 당신의 조직에 제일 좋은지를 결정하는 것은 서비스수준 목표치를 포함한 많은 요인들과 모든 콜에 다 응답하는 것이 얼마나 중요한지에 따라 다르다. 예로 대부분의 세일즈 콜센터 환경에서는 받지 못한 콜은 경쟁사의 서비스를 선택하게 되기 때문에 첫 번째 공식을 사용하길 원할 것이다.

포기율 계산은 상당히 단도직입적이다. 다음 테이블은 첫 번째 포기율 계산방법을 이용한 예이다.

[포기율 계산방법 예]

구 분	응답된 콜	포 기	포기율
월요일	1,551	149	8.7%
화요일	1,429	93	6.1%
수요일	1,364	28	2.0%
목요일	1,300	57	4.2%
금요일	1,363	183	11.8%
일주일 동안의 합계	7,007	510	6.8%

일주일간의 포기율은 평균을 평균 내는 방법으로 계산되지 않는다는 것을 테이블에서 볼 수 있다. 대신 응답된 콜과 포기 콜의 합계를 먼저 구한 후 일주일의 포기율을 계산하였다.

② KPI로서의 포기율 고려

극소수의 콜센터에서는 포기율을 콜센터가 얼마나 적절한 인력을 가지고 있나를 계산하는 데 있어 중요 척도로 간주한다. 통상적인 가정은 (a)포기에 관한 업계의 기준이 있을 것이다. (b)포기율은 콜센터의 좋은 성과지표이다. 그러나 둘 다 사실이 아니다.

적어도 포기는 일관된 정확성을 가지고 예측하기가 어렵다. 그렇게 한다는 것은 고객의 인내심에 영향을 미치는 7개 요인을 정확히 예상할 수 있다는 것을 뜻하는 데 이는 불가능하다. 콜환경이 지속적으로 변하고 고객의 콜포기행위에 영향을 미치는 변수들이 거의 무제한으로 있다는 것을 감안하면 더욱 그렇다.

또한, 포기율은 콜센터 성과를 잘못 측정할 수도 있다. 일반적으로 긴 대기열은 높은 포기율로 연결된다고 생각한다. 그러나 인내심의 요인으로 인해 역설적인 상황도 발생한다.

예를 들어, 주식시장이 상당히 불안정할 때 금융기관들은 아주 많은 콜들이 물밀듯 몰려올 것이다. 서비스수준이 떨어지더라도 포기 또한 적을 것이다. 이는 고객들이 필요하다면 오래 기다리기를 마다하지 않을 만큼 높은 동기를 가지고 있기 때문이다.

마지막 분석에서 조직이 얼마나 접근성이 높은지를 얼마나 많은 회선을 가지고 있나, 얼마나 많은 훈련된 상담사가 일하고 있는가를 통해 조절할 수 있다. 그러나 고객이 어떤 반응을 보일 것인가 또는 그들의 행동에 영향을 미칠 수 많은 상황 등은 컨트롤 할 수 없다. 너무나 많은 콜센터 매니저들은 그들이 직접 제어할 수 없는 포기콜에 대하여 책임을 지고 있다. 서비스수준 등과 같이 그들이 컨트롤 할 수 있는 것들에 대해서만 책임지게 하는 것이 훨씬 더 공평하고 생산적이다.

3. 불통률

포기콜과 불통된 콜은 콜센터에 통화 시도된 콜의 분류 종류이다. 시도된 콜은 콜센터와 통화하기 위한 고객들이 걸어오는 모든 콜을 의미한다. 모든 시도콜은 처리 결과에 따라 세 가지 가능성이 있다.

• 통화 중 신호를 들을 수 있다(불통된 콜).
• 시스템에 의해 응답 받으나 상담사가 받기 전에 끊는다(포기콜).
• 상담사에 의해 응답 받을 수 있다(응대콜).

(1) 데이터 예측

콜센터로 통화 시도된 콜은 콜센터 인력 계획을 위한 중요한 근거 데이터이다. 만약 포기콜과 불통콜을 무시하면 콜센터의 수요 자체를 과소평가하게 된다. 시도된 콜은 미래 수요 예측을 위한 기초가 된다. 통화 중 신호는 재시도를 고려해야 한다. 그럼으로써 예측이 콜센터와 연락하려는 고객의 실제 숫자를 정확하게 반영할 수 있다.

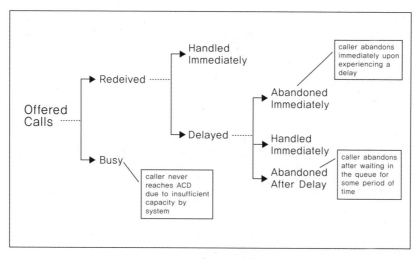

[데이터 예측]

원리적으로, 콜의 양을 처리할 만한 충분한 물질적 능력을 가지고 있지 않거나 처음 정한 한계를 넘어설 만한 대기열이 생길 것 같으면 콜이 대기열에 들어오는 것 자체를 거절하도록 ACD 시스템을 프로그램할 때 불통된 콜이 생기는 것이다. 그에 따라 통화 중 신호 데이터는 ACD 시스템, 지역 전화 회사, 장거리 전화서비스 제공자로부터 발생하는 것일 수 있다.

실제로 콜의 업무는 서비스수준이 떨어질 때 커지는 것으로 인력을 증강하면 통화 중 신호를 없앨 수 있다.

불통률은 많은 콜센터에서 미처 고려하지 못하고 있는 지표이나 인력산정을 정확히 하기 위해서는 상당히 중요한 지표이다.

서비스지표

불통률(Blockage Rate)

(1) 정 의

콜센터의 인입회선 부족으로 고객이 전화를 했으나 콜센터 교환기까지 도달되지 못한 콜의 비율로 고객은 통화 중 신호를 듣고 끊게 된다.

(2) 측정방법

① 불통콜에 관한 통계는 콜센터 회선을 제공하고 있는 통신회사로부터 신청하여 구할 수 있다.

② 활용 : 불통콜은 부족한 회선에 의해 발생한다. 불통콜이 높을 경우 기업의 다른 연락처로 접속이 안된다는 클레임 전화가 들어갈 수 있으며 매체 광고 세일즈 콜센터일 경우 특히 점검해 봐야 할 지표이다.

(3) 주 의

불통콜은 회선 부족이 첫 번째 원인일 것이나 종종 적정 상담 인력의 부족으로 인해 발생하기도 한다.

4. 평균 응답속도

평균 응답속도는 즉각 답을 얻은 콜을 포함한 모든 응답 콜의 평균 지연을 반영한다. 평균 응답속도는 종종 10초, 20초나 30초 등과 같이 콜센터에 의해 정해지는 목표치나 목표와 비교된다.

어떤 콜센터는 평균 응답속도와 서비스수준 두 개의 타겟을 정할 것이다(예 20초 내에 80퍼센트의 응답률 목표와 15초의 평균 응답속도 목표). 그러나 다음 그림에서 볼 수 있듯이 80/20 서비스수준이나 다른 서비스수준 목표치 경우에도 평균 응답속도는 그래프에서 보는 바와 같을 것이다. 또한 어떤 이들은 잘못 가정하고 있지만, 평균 응답속도는 전형적인 고객의 경험을 반영하지 않는다. 대부분의 콜은 평균 응답속도보다 빨리 응답되며 몇몇의 콜은 평균 응답속도보다 훨씬 오래 기다려야 한다.

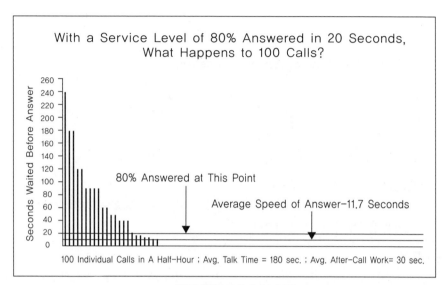

[평균 응답속도와 서비스수준]

평균 응답속도는 응답된 모든 콜이 기다려야 했던 총 응답에 걸린 시간을 응답된 콜의 수로 나눔으로써 구한다. 이 계산은 대체로 특정한 타임프레임에 근거해 만들어진다. 예로 보고서는 하루 종일 매 30분 단위로 만들어질 수 있다 할 때 응답 평균속도는 30분에 한정된 것이다. 이는 평균이기에 하루 평균 응답속도는 아주 의미 있는 측정이 아니다.

ACD에 의한 평균 응답속도의 타이밍은 일반적으로 콜이 대기열에 들어오자마자 시작하여 응답될 때까지 기다리는 것이다. 어떤 ACD 시스템은 콜이 대기열에 들어오기 전에 메시지를 내보낸다. 그러나 이 시간은 평균 응답속도 측정에 포함해서는 안 된다. ACD가 오버플로를 사용하고 있다면 평균 응답속도는 고객의 관점, 즉 콜이 대기열에 들어서자마자 시작하는 타이밍을 반영해야 한다.

서비스지표

평균 응답속도(ASA ; Average Speed of Answer)

(1) 정 의

콜센터에 들어오는 모든 콜들이 IVR 또는 상담사에 의해 최초 응대되는 시간의 평균

총 대기시간 / 총 인입콜수

(2) 측정방법

교환기로부터 구할 수 있으며 IVR을 거쳐 상담사에게 가는 프로세스일 경우 교환기에 잡히는 대기시간은 설정에 따라 다르게 나온다.

(3) 활 용

ASA는 서비스수준과 같은 데이터 셋에서 구한다. 서비스수준과 ASA 목표치가 같을 필요는 없다. 서비스수준 데이터가 없다면 ASA를 대신 사용할 수 있다. ASA는 회선 양을 결정하는데 중요한 지표이다.

(4) 주 의

① 일반적으로 콜센터에서 이야기 되는 평균 대기시간은 상담사와의 통화를 신청한 콜만을 가지고 구하는 것으로 이 콜들의 상담사 연결신청 때부터 상담사 통화 때까지 걸리는 시간의 평균으로 구해진다.

② 교환기가 없던 시기에는 벨이 울리는 횟수로 정하기도 하였으며 현재는 IVR을 거쳐서 응대되는 콜센터가 많아져서 평균 응답속도의 의미가 크게 없다.

5. 평균 대기시간

대부분의 콜은 대기시간 없이 바로 연결되고 대기시간이 있는 일부 콜들에 의해 평균이 올라가는 현상이 있어 평균 대기시간은 고객들의 경험을 제대로 표현하지 못하는 경향이 있다. 고객들의 대기시간에 대한 만족도는 일정 시간까지는 변화가 없으나 임계점을 넘어서게 되면 급격히 떨어지게 되어 서비스수준(Service Level)에 대한 목표 시간을 정할 때 이러한 적정한 대기시간을 고려하여 정하는 것이 바람직하다.

관련되는 지표로는 '대기 호 평균 대기시간' 과 '대기 호 최장 대기시간' 이 있으며, 대기 호 최장 대기시간의 경우 실시간 관리지표로 활용한다.

서비스지표

평균 대기시간(Average Delay Time, ADT)

(1) 정 의

사전적 정의는 평균 응답속도와 비슷하나 실제적으로는 상담사 신청 콜의 상담사 신청시부터 최초 응대 때까지의 평균 대기시간으로 사용된다.

> 상담신청부터 상담사 연결 때까지 시간의 합 / 상담사 신청 콜수

(2) 측정방법

교환기 또는 CTI에 의해 계산될 수 있다.

(3) 활 용

고객이 상담사 신청시부터 응대까지 얼마정도 기다리는지를 측정하는 데에 활용된다.

(4) 주 의

계산방식에 있어서 상담대기 중 포기 콜을 분자, 분모에 포함하느냐 여부에 따라 계산방법이 달라질 수 있다. 분자, 분모 모두에 포함시키는 방법을 많이 사용한다.

03장 효율성 지표와 기타 관리지표

제1절 | 효율성 지표

> ● 핵심 포인트
>
> • 효율성 지표는 상담사의 업무 비중 또는 콜당 투입시간 및 효율에 관련된 지표이다.
> • 일반적으로 효율성 지표는 교환기나 CTI 시스템에 의해 측정, 산출되며, 상담사별 측정·관리가 가능한 경우가 많다.
> • 효율성을 나타내는 지표에는 예측 적중률, 스케줄 준수율, 일평균 상담시간/업무점유율, 평균통화시간, 평균 후처리시간, 평균통화 대기시간, 시간당 통화수 등이 있다.

콜센터의 핵심 성과지표들은 하나의 지표 그 자체만으로는 정확하지 않을 수 있으나 동시에 측정되고 해석될 때에는 콜센터 운영의 전체적인 모습을 잘 보여 줄 수 있다.

각 지표별로 정의, 측정을 위한 공식이나 방법, 기초 데이터의 출처와 측정방법, 지표의 활용방법 및 주의사항은 다음과 같다.

1. 예측 적중률(예측 콜량 vs 실제 콜량)

업무량 예측은 콜센터를 효율적으로 운영하는 데 근본적으로 영향이 큰 활동이다. 콜량의 과소 예측은 좋은 서비스를 제공하기 위한 모든 노력들을 수포로 되게 할 것이다. 그리고 콜량의 과대 예측은 자원의 낭비를 가져온다. 정확한 예측은 지속적인 결과 추적과 예측 방법의 발전으로부터 가능하다.

많이 사용되는 것이 정량적인 시계열 예측을 판단적 예측과 섞어서 하는 것이다. 예컨대, 새로운 마케팅 캠페인의 예상되는 콜량의 예측 등을 말한다. 정기적으로 큰 센터의 경우 3~5%, 작은 센터의 경우 10%씩 예측과 실제 콜량에 차이가 난다면 부정확을 초래하는 요인들을 찾을 필요가 있고 더 나은 예측이나 그 문제들을 풀어야 할 것이다.

정확한 예측을 하는 콜센터가 꼭 가장 안정적인 환경을 가지고 있는 것은 아니다. 그들은 정확한 예측을 최우선으로 하는 사람들로 구성되어 있다. 그들은 책임감을 가지고 있으며 다른 부서와 좋은 관계를 유지하며 필요한 데이터를 구하고 지속적으로 발전시키는 예측 방법을 수립했다. 정확한 목표를 정하고 진행 상황을 모니터한다. 정확한 예측이 미션 완수에 있어 매우 중요하다고 여긴다.

효율에 관련된 지표

예측 적중률(Forecast Hit Ratio)
예측 콜량 vs 실제 콜량

(1) 정 의

스케줄링을 위해 예측한 콜량과 실제 발생된 콜량의 비율

(2) 측정방법

예측된 콜량은 WFMS나 스프래드시트 등의 통화량 예측 시스템을 통해 구할 수 있다.

시간에 따른 콜량 예측은 많은 변수를 고려해야 하므로 주로 WFMS에 의해 가능하다.

실제 통화량은 WFMS, ACD, ERMS, 팩스서버, 웹서버 등의 콜센터 시스템들의 보고서로 구할 수 있다.

(3) 활 용

일정 시간 간격으로 보고되는 하이 레벨 목표로 활용이 가능하며, 콜센터 인력 운영전략의 수립에 기본적으로 활용된다.

(4) 주 의

콜량 예측은 효율적 콜센터 운영에 있어 가장 기본적으로 영향을 미치는 활동이다. 인입 콜량을 과소하게 예측하여, 이에 따라 인력 운영계획을 세우게 되면 아무리 해도 고객에게 좋은 서비스 제공을 할 수 없게 된다. 인입 콜량을 과다하게 평가하는 것은 투입 자원의 낭비를 가져올 것이다. 관리지표로 예측 정확도를 측정할 때에는 일/주/월 단위의 예측 정확도로 관리해서는 안 되고 스케줄링 단위가 되는 짧은 시간 단위로 관리되어야 한다.

계획한 인력 VS 실제 투입 인력

계획한 인력 대비 실제 투입 인력은 센터에서 스케줄에 따라 정해진 업무에 스케줄 배치된 상담사와 실제 투입된 상담사수의 비교이다. 이 측정은 목표한 서비스수준이나 응답시간을 달성하기 위해 필요한 인력을 실제로 보유하고 있느냐 없느냐 와는 별개이다. 이는 단순히 미리 정한 스케줄과 실제가 얼마나 비슷한가를 비교하는 것이다.

이 측정이 문제를 제기한다면 여러 분야에 원인 분석을 해야 할 것이다.

(1) 상담사들의 스케줄 준수율

(2) 부정확하거나 실현 가망성이 없는 스케줄(**예** 예상한 것보다 통화 이외 업무가 많다)

(3) 우선순위의 차이로 상황이 발생함에 따라 관리자가 그의 그룹이 스케줄에서 벗어나도록 조장한다(각 일정은 업무의 실제량을 제대로 반영하거나 관리자들은 계획된 일정을 지킬 수 있도록 훈련되어야 한다).

(4) 부정확한 업무량과 감소된 예측(예측이 목표에서 벗어나면 그룹이나 개인에 의해 스케줄이 변화할 것이다)

2. 스케줄 준수율

스케줄 준수율(Adherence to Schedule)은 상담사가 근무시간 내에 미리 주어진 스케줄을 얼마나 잘 지켰는지를 측정하는 지표이다. 상담사는 스케줄 시간 단위(보통은 30분, 경우에 따라 1시간 또는 15분 단위도 활용됨)별로 미리 지정된 업무를 하도록 사전에 스케줄을 통보 받게 되는데, 각 시간 단위별로 지정된 업무를 제대로 하였는지의 여부에 따라 스케줄 '준수' 여부를 판정하게 된다. 각 상담사가 측정 기간 동안 근무하게 되는 총 스케줄 시간 단위 중에서 몇 %의 시간 단위를 원래 예정된 업무로 하게 하였는지를 측정한 것이 스케줄 준수율이다.

스케줄 준수율은 타이밍의 문제와 연관시켜야 한다. 즉, 미리 정해진 시간 단위에 정해진 활동을 하여야 의미가 있다는 것이다. 이를 때때로 '스케줄 컴플라이언스' 라고 부른다.

정해진 시간에 계획된 숫자의 인력이 활용 가능하게 투입되어야 하는 필요성 때문에 상담사들의 스케줄 준수율은 단지 그들이 얼마나 자리에 있었느냐 뿐만 아니라 그들이 있도록 예정된 시간에 실제로 있었는지가 또한 중요하다는 것을 아는 것이 중요하다. 예로 콜센터에서는 15분 늦은 것에 대해 나중에 15분 더오래 있다고 해서 이미 지나간 시간대에서의 인력 부족이 보충되는 것은 아니다.

스케줄 준수율은 합리적이고, 상담데스크에 상담사들을 합리적으로 머물게 하는 많은 것들을 반영하는 수준에서 수립되어야 한다. 또한 업무량이 적을 때는 탄력적이어야 한다.

(1) 스케줄 준수율 vs 업무 점유율(Occupancy Rate)

스케줄 준수율과 업무 점유율은 서로 다른 두 개의 지표이다. 스케줄 준수율이 높아지면 업무 점유율이 떨어지고 서비스수준은 올라갈 것이다(업무 점유율 부분 참조).

스케줄 준수율이라는 지표의 가장 큰 장점은 상담사 입장에서 상당히 객관적인 측정지표라는 것이다.

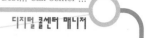

상담사들은 얼마나 많은 콜들이 걸려올 것인지, 고객의 기분, 그들이 처리할 콜의 종류, 자원 계획이 얼마나 정확히 되는지 등을 조절할 수는 없다. 그러나 주어진 스케줄에 따라 정해진 시간에 계획된 장소에서 계획된 업무를 수행하는 것은 본인 통제하에 할 수 있으므로 개인의 성과지표로 스케줄 준수율이 사용되는 것에 대해서는 충분히 동의할 수 있다.

(2) 중요성의 증가

콘택트의 다양한 채널과 책임이 증가하고 있는 오늘날 상담사들이 정해진 장소에서 계획된 시간에 지정된 일을 하는 것은 점점 중요해지고 있다. 모든 시스템이 콘택트의 모든 채널을 통해 완벽한 보고서를 제공하는 것은 아니므로 데이터를 종합하는 것이 필요하다.

효율에 관련된 지표

스케줄준수율(Adherence to Schedule)

(1) 정 의

상담사가 미리 정의된 스케줄을 얼마나 잘 지켰는지를 측정하는 지표로 상담사별로 스케줄 관리 시간단위별로 활동 계획이 사전에 주어지고, 해당 시간에 실제 지정된 활동대로 하였는지를 측정하는 것이다.

(2) 측정방법

WFMS와 ACD 보고서에서 자료 수집 가능. 단순히 상담업무에 임한 것이 중요한 것이 아니라 원래 상담 업무가 예정된 시간에 근무하였는지 여부가 중요하다. 사전에 상담사별 스케줄이 정해지지 않는다면 측정이 무의미한 지표이다.

(3) 활 용

KPI로 활용 가능한 지표이며 특히 상담사 개인 및 팀평가에 유용하게 활용할 수 있다.

(4) 주 의

통화시간, 통화 후 업무, 콜이 오기 기다리고 아웃바운드콜을 걸기 위해 기다리는 시간 등이 상담 업무시간에 해당한다.

특히 인바운드 환경에서 상담사가 사전에 주어진 스케줄에 따라 예정된 장소, 예정된 시간에 예정된 일을 하고 있는 것은 콜센터 전체의 원활한 운영을 위해 매우 중요하다. 이 지표는 콜센터가 실제로 목표 서비스수준/응답시간을 맞추기 위해 필요한 인원을 가지고 있나 와는 무관하며 상담사들이 주어진 일정을 얼마나 준수하느냐를 측정하는 것이다.

3. 업무 점유율

업무 점유율(Occupancy Rate)은 상담사가 콜을 응대할 준비가 되어 있는 시간 중에서 실제로 고객과의 통화를 처리(후처리 포함)하는 데 투입된 시간의 비율이다. 예를 들면 특정 30분 동안의 업무 점유율은 '(콜수×초 단위의 평균처리시간) / (상담사수×1,800초)'로 구해질 수 있다. 실제 통화 처리에 투입된 시간 외에 있을 수 있는 시간은 콜을 기다리는 시간, 시스템에 연결하는 시간 등이다. 업무 점유율은 랜덤콜 도착 환경에서의 서비스수준에 따른 결과이며, 서비스수준 자체를 통제할 수 있는 지표는 아니라는 것을 기억해야 한다. 즉, 주어진 시간에 달성되는 서비스수준 값에 따라 업무 점유율이 결정될 뿐이지, 업무 점유율 자체를 목표를 가지고 관리할 수는 없다.

다음 표에서 설명하듯이 20초 내에 82% 콜응답의 서비스수준을 달성하면 그 시점에서는 86%의 업무 점유율을 보인다. 서비스수준이 20초 내에 24% 콜응답으로 감소하면 업무 점유율은 97%까지 증가한다.

[콜응답의 서비스수준과 점유율]

Avg. Talk Time : 180 Sec ; Avg. Work Time : 30 Sec ; Calls : 250		
Agents	SL% in 20 Sec.	Occ.
30	24%	97%
31	45%	94%
32	61%	91%
33	73%	88%
34	82%	86%
35	88%	83%
36	92%	81%
37	95%	79%
38	97%	77%
39	98%	75%
40	99%	73%
41	99%	71%
42	100%	69%

대부분의 콜센터에서는 인바운드콜의 양이 줄어들면 상담사들은 다양한 콜상담 이외의 일들을 처리한다. 사실 모든 시간에 완벽한 예측을 할 수 없고 스케줄은 인력과 업무량을 항시 완벽하게 매치시킬 수 없기 때문에 혼합된 환경이 더 적합하다. 그러나 오해하지는 말아야 한다. 통화상담 외 업무가 끝났을 때 그 시간대에 서비스수준에 맞추기 위한 콜량 대비 필요한 기본 인원보다 많은 상담사가 있거나 서비스수준 목표치를 맞출 수 없을 것이다. 다시 말해, 기본인력 계산 예측보다 높게 업무 점유율을 맞추려 하지 말라는 것이다. 업

무 점유율은 서비스수준 결과에 의해 나타나는 지표이다.

콜센터의 누구나 높은 업무 점유율을 장기간 가져가는 것은 콜센터 종사자들에게 많은 스트레스를 가져온다는 것을 안다. 연구에 의하면 오랜 기간 88%~92%의 업무 점유율이 유지될 때 상담사들이 극도의 피로를 느끼기 시작한다고 한다. 대부분의 콜센터 매니저들도 동의하기는 하지만 아쉽게도 낮은 업무 점유율이 나타나면 그 경향을 계속유지하려는 현상이 일어나고(즉, 업무가 타이트하지 않을 경우에는 그 상태를 계속 유지하려고 함), 높은 업무 점유율 환경에서는 쉬는 시간을 가지려는 현상이 나타나며, 이는 문제를 더욱 악화시키게 된다(서비스수준을 더 나빠지게 해서 업무 점유율이 더욱 높아지게 된다).

(1) 업무 점유율 vs 스케줄 준수율

스케줄 준수율과 업무 점유율이라는 용어는 종종 서로 바뀌어서 잘못 사용된다. 이 둘은 다른 뜻을 가진 것뿐만 아니라 서로 반대 방향에서 접근한다는 것이다. 스케줄 준수율이 향상되면 업무 점유율은 떨어진다. 스케줄 준수는 개인의 컨트롤 범위 안에 있지만 업무 점유율은 개인의 컨트롤 밖에 있는 자연의 법칙에 의해 정해진다.

(2) 상담사당 콜

전통적으로 상담사당 콜은 거의 전 세계적으로 생산성 측정으로 사용된다. 양을 위해 질을 희생한다는 염려가 있으나 실제로 시간당 콜은 생산성 기준 수립, 상담사들간 그리고 그룹간의 성과 비교, 콜센터 프로세스에 대한 변화의 영향 등에 선호되는 벤치마크지표이다. 그러나 시간당 콜은 언제나 문제가 되고 있다. 인바운드 환경에서는 개인의 컨트롤 밖에 있는 수학적인 현실이 있다. 예로 작은 그룹은 덜 효율적인데 이는 다음 표에서 볼 수 있듯이 주어진 서비스수준에서 큰 그룹보다 적은 업무 점유율을 보일 수밖에 없게 되기 때문이다.

[시간당 콜]

Calls in 1/2 Hour	Service Level	Agents Required	occupancy.	Avg. Calls PerAgentTrue	True Calls Per Agents
50	80/20	9	65%	5.6	8.6
100	80/20	15	78%	6.7	8.6
500	80/20	65	90%	7.7	8.6
1,000	80/20	124	94%	8.1	8.6
Assumption : Calls last an average 3.5 minutes					

하루 종일 콜의 숫자는 변하므로 그룹이나 그룹 내의 개인별 시간당 혹은 30분당 평균콜도 변한다.

(3) 상담사당 실제콜(표준화된 콜)

업무 점유율이 개인이나 상담사 그룹의 컨트롤의 범위 내에 있지는 않지만 처리된 콜을 업무 점유율의 퍼센트로 나눠줌으로써 공평한 비교 기준을 줄 수 있다. 그 예로 위의 '시간당 콜' 표에 나와 있는 숫자를 보면 상담사당 5.6의 평균콜을 65%로 나누면 8.6의 표준화된 콜이 된다. 6.7의 콜을 78%로, 7.7콜을 90%로, 8.1콜을 94%로 나눠도 마찬가지이다. 이 결과는 본질적으로 평균처리시간의 측정이고 (평균처리시간이 같으면 표준화된 콜수는 같을 수 밖에 없다는 의미) 시간당 콜보다 상대적으로 더 공평하고 의미가 있다.

그러나 생산성이 표준화되어도 고질적 문제는 남아 있다. 콜의 종류, 발신자의 지식과 의사소통능력, 콜라우팅, 분배와 다른 요인들은 콜처리시간에 자연적 변동을 초래한다. 마지막으로 시간당 표준화된 콜은 시간당 콜의 발전이나 절대적으로 확실한 생산성 기준은 아니다. 커지는 복잡성과 거래의 다양성이 두드러진 다음 세대의 콜센터가 자리를 잡을 때는 콜센터 매니저들은 예정된 시간에 예정된 장소에 예정된 수의 인력을 투입시키고 좋은 품질 수준을 유지하면서 많은 업무량을 처리할 수 있는 장비, 교육, 환경을 제공하는 데 더욱 더 중점을 둘 것이다.

일평균 상담시간

일평균 상담시간은 한 명의 상담사가 하루 중 고객상담 업무에 사용한 시간의 평균으로 이때 업무시간에는 고객 통화 대기시간을 포함한다. 스케줄 준수 여부와는 별개로 업무에 투입한 총 시간의 평균이다.

일평균 상담시간은 주로 상담사 기본급 지급 조건 중 하나로 사용하고, 업무량 단순 비교시 대중에서 사용하기도 하나 상담사의 스케줄, 근무시간대 등 여러 고려사항을 포함하지 못하므로 바람직하지는 않다.

상담사 기본급 설정

일평균 상담시간 00시간 이상이면서 결근 3회 이내일 경우 기본급 00원 지급 등

효율에 관련된 지표

업무 점유율(Occupancy Rate)

(1) 정 의

상담사의 실제 근무시간 중에서 순수하게 콜 처리를 위해 보내는 시간의 퍼센트이다. 나머지 시간은 상담 대기상태에서 콜이 오기를 기다리는 시간이다.

> (상담 시간 + 후처리 시간) / (상담시간 + 후처리 시간 + 콜 대기시간)

(2) 측정방법

WFMS, 교환기(ACD), CTI 등에서 구할 수 있다.

(3) 활 용

업무 점유율은 콜센터의 업무 강도를 나타내 주는 가장 적절한 지표이기는 하나, 관리지표가 될 수는 없다. 왜냐하면 업무 점유율은 콜량 예측 및 스케줄링의 정확 정도에 따라 결과로 나타나는 지표이며 개인이 컨트롤할 수 있는 지표가 아니기 때문이다.

일반적으로 업무 점유율이 85~90%일 경우 가장 효율적으로 상담사에게 업무가 주어진다.

너무 낮으면 비용의 낭비, 90%를 넘어서면 상담사의 Burn-out 현상이 발생한다.

(4) 주 의

상담사의 스케줄 준수가 좋아지면 일인당 평균처리 콘택트와 함께 업무 집중률은 감소할 것이다.

---

4. 평균통화시간 / 평균후처리시간

평균통화시간(ATT ; Average Talk Time)은 콜당 상담사와의 평균통화시간이며, 평균후처리시간 (Average Wrap Up Time)은 상담을 마치고 콜 관련 상담 내용을 정리하는 데 걸리는 시간이다. Average After Call Work Time이라고도 한다.

콜센터 전체 또는 팀단위로 측정된 ATT나 AWT의 변화는 상담업무 내용 또는 처리 프로세스가 변경되었거나 투입된 상담사의 스킬 수준에 변화가 생긴 경우에 발생한다.

평균통화시간과 평균후처리시간의 합인 평균처리시간(AHT)은 콜센터에서 업무량을 정하는 데 있어 콜의 양만큼이나 중요하다. 볼륨, 재통화량, 통화량과 합해졌을 때 평균처리시간은 중요하다. 업무량 단독만으로는 계획과 관리에 부족하다.

콜볼륨과 같이 평균처리시간은 일반적으로 30분 단위 계획으로 예측된다. 예측 목적으로 하루 종일 같은 평균처리시간을 가정하는 것은 환경을 정확히 반영하지 못할 것이다.

(1) 반복되는 패턴

콜볼륨과 마찬가지로 평균 통화시간, 평균후처리시간은 대부분 추측 가능한 반복되는 패턴으로 나타난다. 예측 목적으로 최근 일주일의 30분단위로 구한 평균처리시간을 조사한다. 그 주가 전형적이면 이 패턴으로 보여지는 데이터는 계속 될 것이다.

각 상담 그룹별로의 고유한 평균처리시간의 패턴도 있을 것이다. 또 한 주의 하루, 한 해의 계절, 빌링 사이클, 마케팅 캠페인 등에 따른 패턴도 발견할 수 있을 것이다. 평균처리시간은 종종 개선 포인트를 발견하는 데 유용하며, 트랜드, 교육 필요성, 그리고 콜타입 믹스, 그룹 구조, 고지서 날짜 등의 변화에 따른 영향을 식별해 내는 데 유용하다.

(2) 자원 요건

평균처리시간은 서비스수준과 응답시간 목표치를 달성하기 위해 요구되는 자원과 직접적인 관련이 있다. 모든 조건이 같을 때 콜볼륨이나 처리시간의 감소는 비용을 감소시키고 이윤을 증가시킬 것이다. 그러나, 감소는 품질의 저하로 동반하면 안 된다. 실제로 콘택트가 점점 복잡해지고 목표치가 관계형성과 필요자료 확보에 중점을 둠에 따라 많은 센터들의 평균처리시간이 길어지고 있다. 평균처리시간의 효율적인 감소는 사람, 프로세스, 기술에 실질적 향상을 만듦으로써 이루어질 수 있다.

인력관리의 목적으로 실제평균처리시간이 사용되어야지 목적이 되지 말아야 하는 것은 필수적이다. 실제 평균처리시간보다 낮은 목표는 부족한 인원과 낮은 서비스수준, 그리고 높은 점유율을 자초한다. 목표가 실제보다 높으면, 그 반대 상황이 생길 것이다. 양쪽 경우 다 자원을 능률적이고 효율적으로 사용하기 위한 목표는 이루지 못 할 것이다.

효율에 관련된 지표

평균처리시간 (AHT)

(1) 정 의

한 콜당 평균통화시간(ATT ; Average Talk Time) + 평균후처리시간(AWT ; Average Wrapup Time)

(2) 측정방법

교환기(ACD)나 CTI에 의해 쉽게 구할 수 있다. WFMS를 통해서도 구할 수 있기도 한다.

(3) 활 용

콜센터 관리에 있어서 중요하다. 특히 예측 콜로드를 산정하는 데 매우 중요한 지표이다. 상담사 평가지표로도 사용은 가능하지만 획일적인 상담시간의 기준으로 삼는 것은 콜품질 관리를 위해서는 적당하지 않은 경우가 많다.

(4) 주 의

많은 센터에서 고객상담의 내용이 점점 복잡해지고 콜센터의 운영목표가 고객과의 관계형성과 필요한 정보 수집에 중점을 두면서 콜당 평균처리시간(AHT)은 오히려 증가할 소지가 있다. 그러나 모든 것이 동일하다면 프로세스 개선, 신기술 적용, 스킬 훈련 등을 통한 AHT의 감소는 상당한 효과를 가져올 것이다.

5. 평균통화 대기시간

효율에 관련된 지표

평균통화 대기시간(Average Hold Time)

(1) 정 의

고객과 상담하는 동안에 일시적으로 고객을 대기시키는 시간

전체 콜통화 대기시간의 합 / 총 통화건수

(2) 측정방법

교환기 또는 CTI 시스템에 의해 측정이 가능하다.

(3) 활 용

통화 대기는 상담 중 상담사가 정보를 찾아보거나 업무 처리를 위한 별도작업을 위해 발생한다. 이런 통화 대기시간 통계자료는 상담사 개별 코칭 등에 활용할 수 있다. 평균통화 대기시간이 긴 상담사의 경우에는 모니터링 등을 통해 대기 사유를 파악하여 코칭하며, 통화대기 시간을 없애기 위한 개선을 지속적으로 할 필요가 있다.

(4) 주 의

기본적으로 통화 대기는 고객입장에서는 시간의 낭비이고 콜센터 입장에서는 비용요소이므로 발생하지 않는 것이 좋다.

6. 시간당 콜수

효율에 관련된 지표

시간당 콜수(Calls Per Hour)

(1) 정 의

상담사 1인당 1시간에 처리하는 평균 콜수

총 처리 콜수 / 투입시간(Man Hour)

(2) 측정방법

교환기 또는 CTI 시스템에 의해 측정이 가능하다. 콜센터 전체, 팀, 상담사 개인 단위로 측정 가능하다.

(3) 활 용

인바운드 콜센터, 아웃바운드 콜센터 모두에게 공통적으로 사용될 수 있는 지표로 아웃바운드의 경우에는 상담사 개인이 얼마나 성실히 일하느냐에 따라 결과가 달라질 수 있으므로 개인별 평가 지표로 활용해도 되나, 인바운드의 경우는 개인별 시간당 콜수는 얼마나 많은 콜이 인입되었느냐에 따라 결과가 달라지므로 개별 평가지표로 활용하지 못한다.

(4) 주 의

인바운드 콜센터에서 CPH의 차이가 상담사별 스킬의 차이일 수도 있으나 근무조건에 따른 영향이 더 크게 작용하므로 전체적인 콜처리수준을 파악하기 위한 보조지표로 사용하는 것이 바람직하다.

제2절 ┃ 고객채널지표

핵심 포인트

- 고객 채널관련지표는 콜센터의 주요채널의 효과적인 관리를 위해 사용된다.
- 대부분 콜센터 핵심 고객채널에 맞게 정의되고 별도의 관리 시스템에 의해 측정, 관리된다.
- 최근 4차산업혁명 시대에 맞춰 새로운 채널이 개발되고 있어 고객채널의 유용성을 위해 사용된다.

고객채널 관리지표는 다음과 같이 크게 세 가지로 구분될 수 있다.

- 주요 채널을 통한 효과적인 고객대응성과를 측정하기 위한 지표
- 콜센터를 통한 마케팅 성과를 측정하기 위한 지표
- 고객채널의 증가로 인한 채널전략을 수립하기 위한 지표

각 지표들의 정의와 측정방법, 활용 및 주의사항에 대해서 살펴보도록 한다.

1. 소셜미디어 고객 참여 지표(SNS Customer Engagement Metrics)

소셜미디어 고객채널이 콜센터에서 중요성이 높아지고 있다. 전통적인 일방향의 커뮤니케이션에서 양방향의 커뮤니케이션이 가능하고 기업의 홈페이지, 캠페인 등의 마케팅의 효과성을 트래픽과 같은 계량적으로 측정할 수 있으며 전통적인 고객만족도, 고객충성도, 잠재적 고객의 소리 등을 모니터링 할 수 있는 있으며 고객의 관심과 만족에 대한 부분도 측정이 가능하다.

먼저 소셜미디어 중 대표적인 채널인 트위터, 페이스북, 인스타그램은 다양한 콘텐츠를 다양한 채널로 확산 할 수 있는 허브 역할을 하여 웹사이트나 블로그에 트래픽을 유발시키며 잠재 고객의 소셜 미디어의 발언을 모니터링하여 타겟 잠재 고객의 과제와 고민, 고객의 진정한 상태를 알 수 있는 것입니다. 또한 고객들이 스스로 콘텐츠 제작에 도움으로써 궁극적으로 잠재고객을 유치하는 것에 도움이 된다.

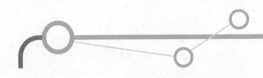

소셜미디어 고객참여에 관련된 지표

트위터 고객참여 지표

(1) 정 의

콜센터 트위터 채널의 고객 참여 트래픽(참여 고객의 수)

트위터 고객참여 지수 = retweets + favorites + mentions + replies

(2) 측정방법

트위터를 통한 고객의 참여지수를 리트윗, favorites(즐겨찾기), 맨션(고객의 트윗 중간에 콜센터 기업의 트위터 계정을 언급하는 것), replies(댓글)등의 수치의 합으로 구할수 있다.

*특정기간을 설정하여 측정 (예 일일/주간/월간)

(3) 활 용

트위터 고객 참여지표는 트위터의 효과성과 대 고객 마케팅의 성과를 잘 나타내는 지표이며 그 이후에는 트위터를 통해 콜센터와 다른 채널로의 유입비율 등을 통한 효과적인 소셜 미디어 전략을 수립할 수 있다.

(4) 주 의

소셜미디어의 경우 단순한 양적인 수치도 중요하지만 빅데이터 분석방법중의 하나인 감성분석 등을 통한 정성적인 부분을 통한 분석도 병행하여 잠재적인 고객의 소리 등을 찾을 수 있다.

소셜미디어 고객참여에 관련된 지표

페이스북 고객참여 트래픽

(1) 정 의

콜센터 페이스북 채널의 고객 참여 트래픽(참여 고객의 수)

페이스북 고객참여 지표 = likes + comments + shares + clicks / reach

(2) 측정방법

페이스북의 likes(좋아요), comments(댓글), shares(공유), clicks(클릭 수)의 합으로 reach(글을 본 사람의 수)로 나누어 측정하고 페이스북 계정의 참여도를 측정할 수 있다.

* 짧은 기간보다 최소 분기단위로 측정하여 추이 분석

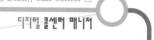
(3) 활 용

페이스북 고객 참여지표는 페이스북의 효과성과 페이스북의 활성화 정도를 잘 나타내는 지표이다. 또한 페이스북을 통해 콜센터 와 다른 채널로의 유입비율 등을 트래킹할 수 있으며 위의 지표를 총 친구의 수로 나누어 페이스북 활성화 지표로 활용할 수 있으며 또한 reach의 증가 추이도 페이스북의 효과성을 나타낼 수 있다.

(4) 주 의

페이스북의 계정 중 개인과 기업과 단체 등 분류하여 B2B, B2C 등의 페이스북으로 구분하여 운영하는 것도 필요하다.

2. 소셜미디어 서비스 관련 지표

소셜 미디어의 정량적인 지표관리도 중요 하지만 일반적인 콜센터와 유사한 소셜미디어 품질관리 지표의 관리도 중요하다. 서비스는 정량적인 측정과 정성적인 측정이 적정하게 활용되어야 콜센터의 지표의 적정성을 확인할 수 있다.

소셜미디어에서 품질관련 지표는 고객과의 얼마나 효과적인 소통을 하고 있느냐이다. 주요 지표에는 소셜미디어 서비스 레벨, 첫번째 게시물, 답변 만족도, 채널전환율, 평균처리시간, 답변포기율등을 통해 소셜미디어의 전반적인 서비스 수준과 문제점을 도출하여 소셜미디어 채널의 관리를 효율적으로 할 수 있다.

소셜미디어 서비스에 관련된 지표

소셜미디어 서비스 레벨

(1) 정 의

소셜미디어 채널 별 서비스 레벨

소셜미디어 서비스레벨 = 규정 시간내 처리 건수 / 총 처리건수 × 100

(2) 측정방법

각 소셜 미디어별 규정된 처리시간 내 처리건과 총 처리건수를 백분율로 처리하여 측정 일반적으로 규정시간은 30분 또는 1시간 등으로 콜센터의 환경에 맞게 측정하며 평균값은 가중평균을 활용하는 것이 효과적이다.

(3) 주 의

소셜 미디어별 규정시간을 측정하여 각 소셜미디어별 규정시간으로 다르게 하는 것이 중요하다.

소셜미디어 서비스에 관련된 지표

소셜미디어 서비스 평균 처리 시간

(1) 정 의

소셜미디어 개별건별 평균 처리 시간 산정

소셜미디어 평균 응답 시간 = 총 근무시간 – 총 응답 시간 / 특정 기간 내 평균 응답 시간

(2) 측정방법

소셜미디어 업무 상담사가 특정 근무 기간내에 처리하는데 일반적으로 30분 단위로 측정하는 것을 추천하며 평균 응답 시간의 경우 통계학의 중간값을 이용하는 것이 효과적이다.

(3) 주 의

소셜 미디어별 평균 응답시간의 경우 30분 단위로 트래킹하고 일일단위로 지표를 관리하는 것이 좋다.

소셜미디어 서비스에 관련된 지표

First Post Resolution(첫번째 답변 해결율)

(1) 정 의

첫 번째 통화 해상도 (FCR)에서 채택되었으며, 고객 만족. 첫 번째 연락 시 고객 문제가 해결되었는지 여부를 측정

소셜미디어 평균 응답 시간 = 특정기간내 총 문의건수 / 특정기간내 중복문의 건수

(2) 측정방법

소셜미디어 채널별 설정된 처리기한을 기준으로 총 문의건수를 중복 문의건수를 가지고 측정 측정 시 고객의 아이디를 중심으로 중복여부 검증

(3) 주 의

정량적인 측정으로는 한계가 있으므로 정기적인 고객설문조사를 통한 지표의 보완이 필요하다.

3. 옴니채널 관련 지표

인터넷 환경의 발전과 스마트 기기의 보급 등에 의해 EC 시장이 확대 SNS가 등장하면서 기업이 주도하는 고객채널을 다양화하는 동시에 고객과의 소통하는 채널도 다양화 되었다는 것을 알 수 있습니다.

기업과 고객의 접점이라는 의미에서 콜센터는 기업이 보유하고 있는 채널 중 하나입니다. 그리고 콜센터 중에도 여러 응대 채널이 존재합니다. 콜센터의 옴니채널 전략은 여러 고객접점 채널을 통과 한 완벽한 경험을 통해 고객에게 더욱 편의를 제공 하여 고객만족과 충성도를 높이는 것 입니다. 옴니채널의 콜센터에서의 활용성은 고객행동 분석과 채널 모니터링이며 고객의 어떻게 소셜 미디어를 활용하는지, 어떤 장치 (PC 또는 스마트 폰 또는 태블릿 등)를 이용 하는지, 콜센터 인입 고객이 어디에서 오고 있는지 등을 파악 하는 것이 중요 합니다.

옴니채널과 관련된 지표

첫해결 고객 전환율

(1) 정 의

옴니채널 인입고객 중 실 구매고객의 비율로 측정

옴니채널 고객 전환율 = 채널별 인입 고객수 / 옴니채널 첫해결 고객수

(2) 측정방법

옴니채널내의 특정기간내 채널별 인입 고객수를 특정기간내 첫 해결고객수를 나누어 측정

(3) 주 의

옴니채널중 가장 효과적인 고객채널을 찾고자 하는 목적의 지표로 중장기적인 추이 분석이 중요 하다.

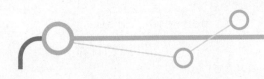

옴니채널과 관련된 지표

채널별 방문 가치(Channel Visit Value)

(1) 정 의

옴니채널의 채널별 인입 고객에 대한 가치를 수익을 기반으로 평가

옴니채널 채널별 방문 가치 = 채널별 인입 고객수 / 채널별 고객 기여 수익 또는 매출액

(2) 측정방법

채널별 인입 고객수를 채널별 고객기여 수익으로 나누어 측정

(3) 주 의

효과적인 마케팅 채널을 찾는 지표로 인바운드 채널보다는 아웃바운드 업무채널로 활용하는 것이 효과적이다.

옴니채널과 관련된 지표

고객 충성도

(1) 정 의

옴니채널의 채널별 인입 고객 중 신규고객과 기존고객의 비율

옴니채널 채널별 고객충성도 = 특정기간내 신규고객 / 특정기간내 기존고객

(2) 측정방법

채널별 특정기간내 의 신규고객과 기존고객의 비율로 측정하며 추가적으로 신규고객의 경우 잠재고객인지 관심고객 등의 세분화 필요

(3) 주 의

옴니채널 인입 시 다양한 데이터를 분석하여 구매가능고객 찾고 그에 대한 추가적인 크로스 / 업셀링을 가능 고객으로 분류하여 관리가 필요하다.

제3절 ▌기타 관리지표

○─ 핵심 포인트

• 기타 관리지표는 콜센터 운영을 통한 재무적 성과를 측정거나 조직관리를 위해 측정한다.
• 관리될 지표들로 대부분 콜센터 상황에 맞게 정의되고 별도의 성과관리 시스템에 의해 측정, 관리된다.
• 아웃바운드 고유의 관리지표들은 주로 자동 다이얼링 환경에서의 생산성을 측정하기 위해 정의된 지표들이다.

기타 관리지표는 다음과 같이 크게 세 가지로 구분될 수 있다.

• 콜센터 활동으로 인한 비즈니스 성과를 측정하기 위한 지표

• 콜센터 운영관리를 위해 필요한 지표

• 아웃바운드 콜환경에 맞는 지표

각 지표들의 정의와 측정방법, 활용 및 주의사항에 대해서 살펴보도록 한다.

1. 콜당 비용(콘택트당 비용)

콜당 비용을 계산하는 데에는 다양한 기준이 있을 수 있다. 예를 들면 인건비에 어디까지를 포함시키고 건물 비용이나 장비 비용은 어떻게 포함시키느냐에 따라 비용이 달라진다. 일반적으로 콜센터 총 비용에는 직·간접 인건비뿐 아니라 인건비성 경비(4대보험, 복리 후생비), 조직운영 경비(교육비, 프로모션비 등), 건물 임대료 및 관리비, 시스템 감가상각비, 전사 지원조직 간접비 등도 포함되어야 한다.

콜당 비용 지표의 유용성은 금액자체보다 금액의 변화 정도와 그 원인들을 밝혀내는 데 있다.

콜당 비용의 상승은 대체로 긍정적 신호이며 증가 원인이 되는 요인들을 잘 보아야 한다. 한 예로 프로세스 향상은 그 전의 인입콜보다 적은 콜을 유발시킬 것이므로 결과로 분자인 고정비용 (콜센터 비용)은 분모인 더 적은 콜수로 나누어지므로 콜당 비용이 증가되게 보인다. 그러나 물론 낭비와 재업무의 제거는 요소 비용을 낮출 것이므로 시간이 지남에 따라 콜센터 총 비용 자체가 감소할 것이다. 비슷하게 일년 중 성수기에는 콜당 비용이 내려가고, 비수기에는 비용이 올라간다.

콜당 비용은 콘택트의 각 채널에 따라 따로 계산되고 관리되어야 한다. 계산도 제공되는 서비스의 종류(예 주문, 주문변화, 계좌상태 체크, 문제해결 등)에 따라 나눠져야 한다.

비용성과 관련 지표

콜당비용(콘택트당 비용)

(1) 정 의

콜센터에서 한 콜을 처리하기 위해 투입되는 비용

> **콜센터 운영 총 비용 / 총 처리콜**

(2) 측정방법

콜센터 운영 비용에는 직·간접 인건비뿐 아니라 인건비성 경비(4대보험, 복리 후생비), 조직운영경비(교육비, 프로모션비 등), 건물 임대료 및 관리비, 시스템 감가상각비, 전사 지원조직 간접비 등도 포함되어야 한다.

즉, 콜센터 운영에 소요되는 비용항목을 정의하고 각 항목별 실제 소요비용을 계산하는 모델이 있는 것이 바람직하다.

(3) 활 용

인바운드 콜센터에서 콜당 비용은 인입 콜량의 변화에 따라 차이가 있으므로 콜당 비용뿐 아니라 콜센터 전체 비용에 대한 관리도 중요하다. 평균처리시간이나 사업 규모에 변화가 없었는데 콜당 비용이 올라가는 것은 인입콜이 줄었다는 것으로 이는 중복되는 콜의 인입이 줄었다고도 해석될 수 있으므로 이때는 좋은 징조로 해석한다.

(4) 주 의

콜당 비용은 이상적으로 각 채널과 콘택트 채널의 배합에 따라 달라야 한다(예 인바운드 콜, IVR, 상담사의 IVR, 웹, 상담사를 위한 웹 등).

또한, 콜센터 총 비용에 관련된 가정(예 장비와 시설을 어떻게 분배하나)들을 정의할 필요가 있다.

2. 콜당 가치

기본적인 레벨에서 콜당 가치는 수입 창출형 콜센터에서 효과적으로 KPI로서 사용될 수 있다. 그러나 콜을 처리하는 데 필요한 업무량보다 콜의 볼륨에 근거한 측량은 이해의 용이함(Ease of Understanding)과 깊이(Depth of Understanding) 사이의 트레이드오프 관계를 보이게 된다. 평균통화시간이나 평균후처리시간에서의 변화는 콜센터 비용에 영향을 미치나 콜당 가치 계산에는 반영되지 않는다. 대안은 처리시간의 분당 평균가치를 측정하는 것이다.

처리시간(분)당 평균 가치

총 수입(총 콜센터 수익가치) / [콜수량×(평균통화시간 + 평균 후 처리시간)]

콜당 가치 계산에서의 변동은 구할 수 있는 데이터에 따라 다른 콜센터에 적용할 수 있다. 그 예로 콜당 가치는 기존 고객과 구분하여 새 고객을 상대로 계산할 수 있으며 다른 제품의 고객을 위하여 계산할 수도 있다. 주문접수센터, 세일즈센터와 같이 콜로 인한 수입이 명백한 콜센터를 제외하고는 측정이 어려웠으나 최근에는 많은 콜센터에서 콜센터 활동의 가치를 측정하고자 하는 노력이 이루어지고 있다. 이 경우 콜센터의 가치는 회계적 기준에서의 실제적인 수익가치라기보다는 수익창출 부서의 활동을 지원함으로서 전체적인 수익활동에 기여하는 공헌가치(Contribution Value)의 개념으로 사용된다.

타부서와 합의된 기준에 의한 콜센터의 공헌가치를 측정할 수 있다면 콜센터의 관리 포인트를 콜센터 내부 성과가 아니라 회사 전체의 재무적인 성과로 가져갈 수 있다.

비용성과 관련 지표

콜당 가치(Value per Call)

(1) 정 의

　콜센터 생성 가치 / 총 처리 콜수

(2) 측정방법

　공헌 수익 정보는 사전에 합의된 모형에 따라 계산된, 콜센터 콘택트에 의해 발생된 수익을 의미한다. 판매시스템, 주문관리시스템, CRM 시스템 등 여러 시스템과 수익계산모형을 통해 추적이 가능하다. 총 콜수는 ACD 보고서와 콘택트를 트랙하는 다른 시스템에서 구한다.

(3) 활 용

　총 공헌 수익은 전통적으로 콜이 수입으로 연결되는 것이 확실한 성격을 갖는 예약센터나 주문센터, 카달로그 회사와 같은 환경에서는 측정이 용이하다.

(4) 주 의

　콜당 가치는 콜의 가치를 측정하기 힘든 콜센터에는 적용하기 쉽지 않으며(예 고객서비스 센터, 헬프 데스크 등) 이런 콜센터에서는 별도의 공헌수익 측정 모형이 개발되어 전사적으로 합의되어야 한다.

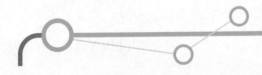

3. 전환율

비용성과 관련 지표

전환율(Converstion Ratio)

(1) 정 의

콜을 통해 목적한 결과를 달성하는 비율

성공 콜수 / 시도 콜수

성공의 기준은 목적에 따라 작위적으로 설정되며, 시도 또한 전화, 이메일, 우편 등 다양한 채널과 기준을 가질 수 있다.

(2) 측정방법

주로 상담 시스템에 의해 측정된다. 성공 여부는 상담사가 직접 입력하거나 상담시스템에 입력된 내용 또는 영업시스템 등 회사 내 다른 시스템의 분석을 통해 판정된다.

(3) 활 용

인바운드, 아웃바운드 모두에 적용할 수 있는 지표로 조직 및 업무 종류별로 전환율이란 단어를 다르게 정의한다.

• 주문 고객에 대한 크로스 셀 시도 후 성공률
• 문의 인입콜 중 세일즈로 연결 성공률
• 아웃바운드 시도콜 중 통화 성공률
• 아웃바운드 시도콜 중 세일즈 성공률 등

(4) 주 의

전환율에 대한 정의는 조직마다 기업마다 다르므로 그 안에서 어떻게 사용하는지에 대한 올바른 이해가 필요하다.

4. 상담사 만족도

상담사 만족도를 극대화하는 것은 어떤 콜센터에서도 중요한 성공 요인이다. 상담사가 그들의 업무에 대해 어떻게 느끼느냐는 다음에 상당한 영향을 미친다.

- 결 근
- 이 직
- 고객 만족도
- 생산성
- 전반적 콜센터 성과

(1) 조사방법

상담사 만족도 설문조사는 일반적으로 1년에 1회~2회 진행되며 피드백을 신속히 얻을 수 있는 좋은 방법이고 필요시 익명으로도 가능하다. 몇몇의 정량적 결과를 설명하는 데 도움이 되는 정성적 질문들과 더불어 쉽게 요약할 수 있는 정량적 질문들을 물어보는 것이 좋다.

포커스 그룹으로 진행하는 것 또한 상담사 만족에 대한 피드백을 얻는 데 효과적인 방법이다. 아무래도 상담사들은 콜센터 매니지먼트 앞에서는 덜 솔직할 수 있으므로 편견이 없는 외부업체가 피드백을 관장하는 것이 최선일 것이다.

설문조사나 포커스그룹을 실시하기 전에 상담사는 결과가 어떻게 소통될 것이며 문제향상을 위해 행동이 취해질 것인지 아닌지 알아야 한다. 상담사에게서 이런 종류의 피드백을 수집하는 것은 대체로 운영진이 업무만족을 위해 행동을 취할 것이라는 기대를 생성한다.

(2) 상담사 만족도 조사의 중요성

고객만족은 상담사의 일에 대한 만족도가 증가함에 따라 증가한다고 연구에서 입증되었다. 상담인력 유지, 생산성과 품질은 종종 상담사의 만족과 분명하고 긍정적 관련이 있다.

다음 도표에서 미국에서 조사한 내용을 살펴보면, 종업원충성도가 고객충성도와 상관관계가 높고 고객충성도는 기업성과와 관련이 높은 것으로 나타난다. 즉, 기업 성과를 높이는 데에는 종업원충성도를 높이는 것이 중요함을 알 수 있다.

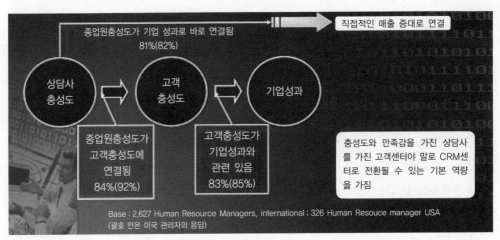

〈자료 : Understanding the Employee / Customer Satisfaction Connection, Liz Ahearn & LindaLautitzen, ICCM2002〉

운영관리를 위해 필요한 지표

상담사만족도(ESI ; Employee Satisfaction Index)

(1) 정 의

콜센터 상담사들이 그들의 일에 얼마나 만족하였는지 값을 매긴다.

데이터는 설문, 포커스 그룹, 1 : 1 인터뷰 등을 통해 수집하며, 객관성 확보를 위해 콜센터 외부 조사기관에 의해 측정되는 것이 바람직하다.

(2) 활 용

하이레벨 목표치로 모든 환경에 적절하며 일반적으로 연간 1~2회 조사된다.

(3) 주 의

고객만족은 상담사의 일에 대한 만족도가 증가함에 따라 증가한다고 연구에서 입증되었다. 상담 인력 유지, 생산성과 품질은 상담사의 만족도와 분명히 긍정적 관련이 있다. 상담사 만족을 측정 하는 설문조사 결과는 조직의 다른 부서에서의 업무 만족도와 비교되어야 한다.

5. 이직률

콜센터에서 가장 큰 비용은 대체로 인건비 부분이기에 중요성과 지표로서 이직률 관리의 중요성은 명확하다. 예로, 높은 이직률은 품질을 떨어뜨리고 콜당 비용을 증가시키고 에러나 재작업을 증가시키고 평균처리시간 또한 증가시키는 등 많은 부분에 영향을 미친다. 그러나 상담사들의 업무 자체가 종종 반복적인 업무를 포함하며 적은 승진 기회와 빡빡한 일정 준수 등을 요구하기 때문에 전통적으로 많은 콜센터는 다른 사무환경보다는 높은 수준의 이직률을 보여오고 있다. 콜센터가 점점 더 복잡해지고 효율적 전략에 중심을 두게 됨에 따라 콜센터의 업무 성격도 채용과 유지에 긍정적 영향을 주는 쪽으로 변화하고 있다.

이직률은 일반적으로 그들의 위치를 떠나는 인력의 비율로 정의된다. 내부승진, 사직, 은퇴 등과 같은 자발적 이직이나 면직이나 해고등과 같은 강제적 이직을 포함한다.

비교와 트랜드 변화의 지속적인 기초 자료를 제공할 수 있는 이직률 계산을 위해 콜센터 매니저들은 연간 이직률을 계산하여야 한다.

연간 이직률 환산 계산은 다음과 같다.

> 연간 이직률 환산식 = (그 업무를 떠난 상담사의 수 / 기간 동안 상담사의 실제수의 평균) × (12 / 그 기간 동안의 월수)×100%

> 월간 이직률 = (그 업무를 떠난 상담사의 수 / 기간 동안 상담사의 실제수의 평균)×100%

[이직률 계산을 위한 투입량]

구 분	한 달 동안 일을 관둔 상담사수	한 달 동안 근무한 상담사 평균수
1월	2	104
2월	1	103
3월	4	101
4월	0	101
5월	3	109
6월	5	106
7월	2	105
8월	3	103
총/평균	20	104

＊한 달 동안 근무한 상담사의 평균수는 종종 그 달의 각 주의 마지막 날 평균 숫자로 계산한다. 아니면 각 달의 첫날과 마지막 날의 훈련된 상담사들의 평균으로 계산하기도 한다.

위 표의 데이터를 사용하여 계산한 결과는 다음과 같다.

$$(20 / 104) \times (12 / 8) = 28.8\%$$

따라서 위 콜센터의 연간 이직률은 대략 29%이다.

※연간 이직률과 연평균이직률은 다르다.

운영관리를 위해 필요한 지표

이직률(Turnover Rate)

(1) 정 의

재직 인원 대비 일정기간 동안 콜센터를 이직한 직원의 수 비율로 콜센터에서는 주로 상담사에 대해서만 이직률을 측정한다.

기간 내 이직한 상담사수 / (기초 상담사수 + 기말 상담사수) / 2

데이터는 인사 시스템이나 WFMS 등을 통해 수집되고 일반적으로 매뉴얼 계산이나 WFMS 보고서에서 검색된다.

(2) 활 용

하이레벨 목표치로 모든 환경에 적절하다. 이직률 보고서는 종종 매달(일년 단위로 계산) 만들어지고, 자발적인 것과 비자발적인 것으로 구분해야 한다.

(3) 주 의

콜센터가 점점 복잡해지고 상담사, 운영기법, 증원 요건이 증가함에 따라 유지는 점점 중요한 목표치가 된다. 이직률 감소는 일반적으로 조직의 재정적 절약을 주고 품질과 생산성에 전체적 향상을 가져온다.

6. 아웃바운드 관리지표

아웃바운드 환경을 위한 KPI는 인바운드 환경에 적용되는 같은 KPI들에 의해 만들어졌다. 업무는 업무대로 상담사는 상담사대로 품질을 유지하면서 적은 자원으로 더 많은 업무를 처리하는 것은 양쪽 다의 목표이다. 콜 블랜딩은 말 그대로 인바운드와 아웃바운드 업무를 합한 것으로 인바운드와 아웃바운드 업무의 KPI 측정을 통합하는 것을 필연적으로 만든다.

(1) 용어의 이해

인바운드 용어와 개념과 겹쳐짐에도 불구하고 아웃바운드 환경에만 있는 KPI들이 있다(주의 : 다른 아웃바운드 다이얼링 시스템은 한 개념에 다른 용어를 사용할 수 있으며 추적하거나 계산하는 데 있어서 다른 방법을 사용할 수도 있다).

[중요 용어와 목표치]

용어	설명
불통률	회선 및 상담사의 부족으로 상담사에게 연결되지 못한 콜의 비율을 말한다. 예측 가능한 다이얼링 모드에서 불통률은 상담사에게 전달되지 못한 발신자의 연결된 콜의 퍼센트이다. 전화가 연결되었을 때 응대할 상담사가 더 이상 없다면, 수신자는 아무 소리도 못 듣거나 아니면 '잠시 기다려주세요'라는 메시지의 아웃바운드 버전을 들을 것이다. 이때, 고객이 끊거나 어느 상담사도 연결이 가능하지 않으면 정해진 시간 후에 자동적으로 끊어질 것이다.
시도콜	결과가 어찌되었건 전화 연결을 시도한 건수
연결콜	상담사에게 연결된 전화(메시지를 남길 수 있다면 응답 기계에 연결된 콜도 포함)
성공콜	원하던 사람에게 연결된 전화 (예 어른과 통화를 원했으나 다섯 살 자녀가 받을 경우는 성공콜이라 보기 어려움)
시간당 성공콜수	콘택트의 수량 / 자동다이얼장치에서 일한 상담사의 시간
통화 성공률	콘택트가 된 시도된 콜의 퍼센트(콘택트 / 시도된 콜)
성공콜당 비용	총 지출 / 콘택트
분당 비용	총 지출 / 분당 상담사의 업무량
리스트 소진률	전화를 건 콜 리스트의 퍼센트
유효 시간대	가장 많은 콘택트가 이루어진 하루 중 시간대 아웃바운드 환경에서 최적의 인력 배치를 위해 가장 중요한 요소이다.

(2) 개선 요소

아웃바운드 환경에서 시스템을 활용하여 아웃바운드 다이얼링 프로세스를 자동화하는 것은 종종 생산성을 향상시키는 최상의 길이다. 그러나 자동화 다이얼링 때 운영효율을 극대화 하는 대신 불통되는 콜이 발생할 수 있다. 예측 다이얼링은 수학적 모델에 의해 상담사의 가용상태(Availability)를 예측하는 것으로 때로는 잘못 예측을 하여 가용 상담사가 없을 때 고객에게 다이얼링될 수도 있다.

다이얼러의 속도를 급하게 정해놓을수록 이런 일들은 자주 일어날 것이다. 그러나 이런 적극적인 속도는 인력이 시간을 낭비하는 경우는 적을 것이다. 이것이 트레이드 오프이다.

전화를 건 목록의 질은 아웃바운드 효율에 상당한 효과를 가질 수 있다. 인바운드 환경과는 반대로 상대적으로 단도직입적인 KPI도 영향을 받을 수 있다. 예로, 무효한 전화번호가 많은 DB는 낮은 콘택트율로 나타날 것이다. 시간당 콘택트 또한 나쁜 DB로 인해 줄어들 수 있다.

고객이 원하는 때 거는 인바운드 환경과는 다르게 아웃바운드에서는 콜센터 매니저가 언제 콜을 할 것인지 컨트롤 할 수가 있다. 인바운드 콜센터 매니저들이 언제 인력을 준비시키냐를 알아내는 시간대 단위의 분석은 약간 다르게 적용된다. 아웃바운드 환경에서는 가능한 많은 상담사들이 전화를 걸어 가장 좋은 결과가 나올 수 있는 일정을 가지도록 가장 생산적인 시간대를 찾는다.

(3) 단위비용 측정

아웃바운드 다이얼링에 의해 증가되는 복잡성 때문에 단위 비용 측정은 하이 레벨 KPI로서 특정한 매력이 있다. 콘택트당 비용은 직접적이고 이해하기 쉽다. 그러나 콜의 길이에 따른 확연한 차이(예 간단한 환영 인사와 복잡한 고객유지콜 비교)는 콘택트당 비용에 직접적인 영향을 주기 때문에 다른 종류의 아웃바운드 캠페인 간에는 비교할 수 없다.

아웃바운드 관리지표

아웃바운드를 위한 지표

(1) 정 의

아웃바운드 콜센터의 경우에 적용될 수 있는 관리지표들로 주로 통화 시도수와 그에 따른 성공 통화수에 관련된 지표들이다. 통화 시도한 수와 퍼센트, 연결된 콜, 콘택트, 불통, 시간당 콘택트, 연결률, 콘택트당 비용, 분당 비용, 획득률 등이 있다.

(2) 활 용

이 지표들은 아웃바운드 환경에 적절하고 필요하다.

(3) 주 의

콜 블랜딩을 통해 많은 콜센터는 인바운드와 아웃바운드 일을 동시에 수행하므로, 인바운드와 아웃바운드 일을 위한 통합된 KPI 측정이 필요하게 된다.

---

7. 예산 / 비용 보고서

예산/비용 보고서는 다양한 예산 항목에서 예상되는 지출과 실제 지출의 차이를 보는 것이다.

예산 지출과 실제 지출 사이의 차이는 퍼센트나 실제 금액으로 나타낼 수 있으며 일반적으로 인건비, 전화비용, 기술비용, 임대료, 전기료 등의 세부 항목으로 나누어진다. 전형적 예산 변동 보고서는 많은 장으로 구성될 것이다. 다음 표는 외국계 기업에서 많이 사용하는 보고서의 전형적인 형식을 보여주고 있다.

[전형적 예산 변동 보고서]

구 분		당월(Month)				해당 년 당월까지 누적치(Year to Date)			
		예 산	실 제	차이(금액)	차이(%)	예 산	실 제	차이(금액)	차이(%)
급여	1팀	36,434	33,079	-3,355	-9.21%	101,497	94,331	-7,166	-7.06%
	2팀	39,502	41,441	1,939	4.91%	116,595	120,037	3,442	2.95%
	3팀	31,117	34,508	3,391	10.90%	95,021	102,595	7,574	7.97%
	4팀	34,049	35,089	1,040	3.05%	101,314	101,010	-304	-0.30%
소 계		141,102	144,117	3,015	2.14%	414,427	417,973	3,546	0.86%
건물비용	임대료	9,000	9,000	0	0.00%	27,000	27,000	0	0.00%
	장비비	3,988	4,161	173	4.34%	12,131	12,337	206	1.70%
	보 안	11,150	13,000	1,850	16.59%	33,450	37,150	3,700	11.06%
소 계		24,138	26,161	2,023	8.38%	72,581	76,487	3,906	5.38%
계		165,240	170,278	5,038	3.05%	487,008	494,460	7,452	1.53%

비용성과 관련 목표치

예산/비용 목표치

(1) 정 의

여러 예산 카테고리에서 예측된 것과 실제의 지출의 차이이다.

예산 vs 실제 정보는 기업 회계 시스템을 통해 만들어질 수 있다.

(2) 활 용

변화하는 업무량의 상황과 콜센터 운영을 종합적으로 보여주는 하이레벨 관리 지표이다.

(3) 주 의

주로 분기나 연 단위로 만들어지고 특정 콜센터에서는 월단위로도 관리한다.

안심Touch

8. 총체적 콜센터 ROI

콜센터의 포괄적 투자수익률(ROI ; Return On Investment)을 구하는 것은 센터의 밸류 프로포지션이나 조직과 고객에게 주어지는 뚜렷한 이윤을 인식하는 것으로 시작한다. 실행 가능한 많은 콜센터 밸류 프로포지션이 있지만 대부분이 다음에 기여한다.

- 비즈니스 단위 전략
- 고객 만족도와 충성도
- 향상된 품질과 혁신
- 많이 리버리지된 마케팅과 CRM 주도
- 혁신적 제품과 서비스
- 효과적인 서비스의 전달
- 셀프 서비스 시스템 보조
- 수입/판매

콜센터의 포괄적 ROI는 조직과 고객의 이윤을 요약하기 위한 것이다. 일반적으로 이는 데이터 샘플링과 다양한 소스의 분석을 통하여 측정할 수 있다.

콜센터 매니저들은 콜센터가 고객과 조직에게 줄 수 있는 이윤의 총량을 알아야 할 필요가 있다.

전략적 영향 관련 목표치

총체적 콜센터 ROI

(1) 정 의

콜센터의 전체적 투자에 대한 이윤(ROI) 관련 목표치는 조직에 대한 콜센터의 영향을 찾고, 측정, 트랙을 향상시키고 커뮤니케이트한다. 이 목표치는 다음을 포함한다.

① 고객만족
② 향상된 품질과 혁신
③ 혁신적 제품과 서비스
④ 많은 영향을 주는 마케팅과 CRM 시작
⑤ 서비스의 효율적 전달
⑥ 셀프서비스 시스템 보조
⑦ 수익/세일 (상업조직)

이 측정은 샘플과 분석의 통합이고 데이터는 여러 출처를 통해 구한다.

(2) 활 용

ROI 관련 목표치는 하이 레벨 목표치로 모든 환경에 적절하다.

(3) 주 의

수익과 이윤 관련 측정은 정부나 비상업 조직에는 적용하지 않는다. 그러나 혁신, 품질 등에 미치는 콜센터의 영향은 샘플과 분석을 통해 측정되어야 한다.

9. 핵심성과지표들에 대한 전반적 이해

인바운드 콜센터는 프로세스나 인과관계로 얽혀 있는 시스템이다. 크게 보았을 때 콜센터는 큰 프로세스, 즉 조직의 부분이다. 작게 보면 콜센터 내의 각 상담사 그룹은 그룹 내의 각 상담사로 인한 인과관계로 연결된 시스템이다.

프로세스의 주요 초점은 어느 한 KPI가 될 수도 있고 사실상 어느 다른 측정이나 목표일 수도 있다. 단지 모든 것이 서로 밀접한 관련이 있다는 것을 유념하여 성과에 대한 문제의 원인을 따로 떼어놓고 생각하거나 측정하기가 종종 어렵다는 것을 알아야 한다.

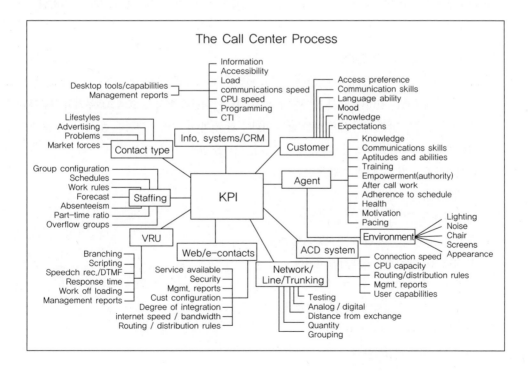

The Call Center Process

안심Touch

하이레벨 측정을 트랙킹하는 것이 저절로 발전을 가져오지는 않는다. 향상시키기 위해서는 결과들이 나오는 데 원인이 되는 요인들에 대한 일을 해야 한다. 다시 말하면, 더 안쪽 레벨 원인의 핵심에서 일을 해야 한다는 것이다.

(1) KPI의 밀접한 관련성

KPI는 각각 따로 보면 안 된다. 몇 개의 예를 들어보자.

① 콜당 비용이 감소하는 것은 나쁜 징조이다. 콜당비용은 하나만 보면 비용 감소가 좋은 현상같이 보일 수 있다. 그러나 콜의 볼륨, 실수, 재업무가 증가하면 고정 비용이 많은 수의 콜에 나눠지면서 콜당 비용은 자연적으로 감소할 것이다. 이는 좋은 신호가 아니다.

② 평균처리시간의 증가는 긍정적 신호이다. 하나만 보았을 때는 평균처리시간의 증가가 비효율적성을 나타내는 것으로 보일 것이다. 그러나 상담사는 교차판매와 추가판매 기회를 만들고 있거나 평균 콜가치를 높일 수 있다.

③ 높은 서비스수준이 꼭 긍정적인 것만은 아니다. 하나만 생각하면 좋은 서비스수준은 아주 좋은 것으로 보인다. 그러나 적당하지 않은 응답시간을 내면서까지 필요 이상의 상담사들을 서비스수준에 맞추기 위해 배정하는 것은 예측과 스케줄링 프로세스를 위해서 조절이 필요하다.

결국 KPI는 서로 밀접하게 관련이 되어 있으며 이들을 총체적으로 보는 것은 상황을 이해하는 데 필수적이다.

(2) 고객 기대치와 KPI의 연관성

앞으로 콜센터 운영에 있어서 가장 결정적이고 어려운 것의 하나는 변하는 고객의 요구를 만족시키는 서비스를 제공하는 것이다. 이를 따라갈 수 없는 센터는 불만족한 고객, 조직으로부터의 불충분한 지지, 콜센터 내의 낮은 사기 등의 비싼 값을 치러야 할 것이다. 그러나 고객의 변하는 요구를 맞출 수 있는 센터는 강력한 고객충성도와 그에 따른 많은 이익을 얻을 것이다.

10개의 중요 고객 기대치는 다음을 포함한다.

① 접근성이 용이하다.

② 친절하게 대우받는다.

③ 내가 필요하고 원하는 것에 바로 응답한다.

④ 내가 요구하는 것을 신속하게 행한다.

⑤ 잘 교육받고 정보가 풍부한 직원이 상주한다.

⑥ 내가 무엇을 기대해야 하는지 말해준다.

⑦ 책임을 다한다. 약속을 지킨다.

⑧ 처음에 바로 해결한다.

⑨ 사회적으로 책임감 있고 윤리적이다.

⑩ 사후 점검을 한다.

[KPI 고객 기대치]

카테고리/KPI	고객 기대치
[고객 견해 측정] • 고객만족 • 에러와 재작업/첫 번째 통화 해결	• 접근성이 용이하다. • 친절하게 대우받는다. • 처음에 바로 해결해준다. • 내가 요구하는 것을 신속하게 행한다. • 내가 필요하고 원하는 것에 바로 응답한다. • 내가 무엇을 기대해야 하는지 말해준다. • 잘 교육받고 정보가 풍부한 직원이 상주한다. • 책임을 다한다. 약속을 지킨다. • 사회적으로 책임감 있고 윤리적이다. • 사후 점검을 한다.
[콜센터 접근성 측정] • 서비스수준 • 평균응답속도 • 불 통	• 접근성이 용이하다. • 내가 필요하고 원하는 것에 바로 응답한다. • 약속을 지킨다.
[효율성/계획성 측정] • 예측 콜량 vs 실제 콜량 • 평균처리시간 • 업무 점유율과 생산성/비생산성	• 내가 필요하고 원하는 것에 바로 응답한다. • 훈련 받은 직원과 상대한다는 확신이 있다. • 약속을 지킨다. • 접근성이 용이하다.
[상담사 성과 측정] • 스케줄 준수 • 품질(에러와 재작업/첫 번째 통화 해결)	• 접근성이 용이하다 • 친절하게 대우 받는다. • 처음에 바로 해결한다. • 책임을 다한다. 약속을 지킨다. • 사후 점검을 한다.

위의 표는 KPI를 구분하는 하나의 방법이고 카테고리에 의해 영향받은 고객의 기대치를 제시한다. 어떤 KPI와 기대치들은 한 개의 카테고리 이상에서 나타난다.

중요한 전략적 책임이란 KPI와 고객 기대치 사이의 관계를 이해하고 관리하는 것을 말한다. 이는 다음을 포함한다.

• KPI와 고객 기대치의 경향을 트랙킹하고 비교한다.

• 모든 직위의 콜센터 근무자는 KPI와 고객기대치가 어떻게 관련되어 있는지 교육받는다.

• 확실한 목표, 시스템, 프로세스와 기술 지원을 확보하고 콜센터가 고객의 기대치를 만족시키고 지속적으로 KPI를 발전시키도록 한다.

04장 성과 평가 및 보상

제1절 | 성과 평가

○— 핵심 포인트

- 성과 평가는 콜센터 운영이 계획대로 되고 있는지 판단해 보고 개선 점을 찾아내는 것과 동시에, 콜센터 구성원에 대한 보상의 근거를 마련하기 위해 꼭 필요한 활동이다.
- 평가를 위해서는 평가의 대상과 시기, 평가지표의 선정, 점수화 방법, 금전 및 비금전적 보상방법 등이 설계되어야 한다.
- 성과 평가 방법은 객관적이어야 하며, 결과 전달시에는 성과 이외의 다른 내용과 연계되지 않도록 주의해야 한다.

콜센터에서 성과 평가는 콜센터 운영이 계획대로 되고 있는지 판단해 보고 개선 점을 찾아내는 것과 동시에, 콜센터 구성원 노력에 대한 인정과 보상의 근거를 마련하기 위해 꼭 필요한 활동 이다.

[성과 평가 결과의 5가지 주요요인]

- 운영상태 점검 : 콜센터 운영 목표 달성 여부에 대한 평가 및 부진 항목에 대한 점검시 활용할 수 있다.
- 보상 : 평가 결과에 따라 성과급을 지급하며, 다양한 프로모션 보상을 수행한다.
- 승진 : 승진시 평가 결과를 반영한다.
- 배치 : 평가 결과에 따라 필요한 경우 상담사 배치를 결정한다.
- 개선 : 평가 결과를 분석하여 개인별 부진항목 부분을 찾아내어 교육 등을 통해 개선하며, 센터 전체적으로 개선사항을 도출하여 개선한다.

콜센터의 성과 목표는 개인, 팀, 콜센터와 그 조직에 대해 목표 또는 타깃을 제공하며, 콜센터의 주요성과 지표(KPI)에 근거한다. 그러나 KPI가 실제성과에 대해 높은 수준으로 측정한 반면, 성과목표는 콜센터가 성취하고자 노력하고 있는 것의 결과물이다. 또한, KPI가 높은 수준의 결과에 국한되는 경향이 있으나, 성과목표는 KPI를 지지하기 위해 필요로 되는 많은 구체적인 목표로 세분화될 수 있다. 성과목표 그리고 그것이 적용되는 방법은 콜센터의 미션, 핵심업무, 문화, 그리고 크기에 따라 기관별로 매우 다양화되는 경향이 있다. 더 나아가 몇몇 목표는 비록 흔히 사용되더라도 역효과를 가져올 수도 있다. 적절한 성과목표를 선택하는 것은 중요한 경영책무이다.

성과측정은 여러 가지 시스템에 의해 측정되며, 보상방법은 사용된 기술에 따라 다양화된다. 트래킹하는 데 필요한 데이터를 얻는 일부목표는 간단하다. 직접 일반 시스템 보고서에서 얻을 수 있는 반면, 어떤 다른 성과 목표는 많은 다른 데이터 원천과 훨씬 더 많은 데이터의 조합을 필요로 한다.

1. 성과 평가 방법

센터 전체의 성과는 미리 설정된 핵심 성과 지표별 목표 달성 여부로 판단한다. 개인별 성과 평가는 보상과 연계되므로 정교하게 평가방법이 설계되는 것이 바람직하다.

[개인성과 평가와 보상방법시 고려사항]

• 평가 대상과 시기 정의 : 평가의 대상 단위와 평가 주기·시점은 어떻게 할 것인가?

• 평가 지표 결정 : 각 평가 대상별로 어떤 지표로 성과를 측정하고 평가할 것인가?

• 평가 지표의 점수화 방법 : 다양한 평가 지표들을 어떤 비율로 반영하고 어떻게 점수화할 것인가?

• 평가 결과와 급여와의 연계 방법 : 평가에 따른 가장 직접적인 보상수단인 급여 금액의 결정과평가 결과, 급여액과의 연계 방법은 어떻게 할 것인가?

• 급여 외 평가 결과의 활용 방안 : 평가 결과를 급여 외 타 부문에 어떻게 활용할 것인가?

(1) 평가의 대상과 시기

콜센터에서 일반적으로 평가 대상은 상담사, 슈퍼바이저, 품질관리자(QA), 교육담당(사내강사) 등 상담업무와 직접 관련되는 인력이 1차 대상이며, 팀장·센터장, 스텝(직원) 등은 회사의 인사평가 기준을 따른다. 상담사는 스킬 그룹별로 분리하여 평가한다. 평가 시기는 일반적으로 월 단위로 하며, 일부 콜센터에서는 분기 또는 반기평가를 하기도 한다.

중간 관리자는 월별 평가를 하기도 하지만 일부 기업에서는 관리자로 간주하여 월별 성과 평가를 하지 않고 일반 관리직과 함께 반기 또는 연간 인사고과로 평가하기도 한다.

(2) 평가 지표 결정

평가 지표를 결정할 때 고려할 사항으로는 콜센터의 운영 전략, 신뢰성·객관성, 측정의 용이성, 통제 가능성, 의미중복성의 5가지를 주로 고려하여 평가 대상별 평가 지표를 결정한다.

(3) 평가 지표의 점수화 방법

① 콜센터의 상담사 성과 평가 지표는 다양한 측면의 활동을 측정할 수 있도록 설계된다.

② 다양한 측정 지표를 통해 관리자는 상담사에게 균형잡힌 활동을 하도록 유도할 수 있다.

③ 개별 측정 지표별 성과에 따라 별도로 보상안을 마련할 수도 있으나 대부분의 콜센터에서는 여러 측정 지표들을 하나의 점수로 묶고 이 점수에 따라 등급을 평가하거나 점수에 비례하여 성과 급여를 결정하는 등 최종적인 보상을 결정한다.

④ 측정 지표 자체의 선정과 함께 이를 어떻게 점수화하고 등급을 결정하느냐도 평가 방법 설계시 중요한 고려요소이다.

    ㉠ 평가 지표별 반영비율

    ㉡ 절대평가 vs 상대평가

    ㉢ 등급별 배정비율

(4) 평가 결과와 급여와의 연계 방법

성과 평가의 결과는 최종적으로 하나의 점수 또는 등급으로 나타난다. 이를 금액으로 환산하기 위한 로직(Logic)을 결정하는 것도 평가 제도 설계의 중요한 고려요소이다. 급여액 결정의 로직은 콜센터 전체적으로 지급할 수 있는 성과 급여액의 규모와 업무의 성격에 따라 성과급 배분 전략(개인별 차이가 많게 배분할 것인가, 최소화할 것인가 등)에 따라 결정된다.

(5) 급여 외 성과 평가 활용 방안

① 승진 결정

    상담사가 성장하여 파트장, 슈퍼바이저, 품질관리자(QA)를 맡게 되는 것이 콜센터의 일반적인 승진 경로이다. 상담사의 승진 여부를 결정함에 있어서 성과 평가 결과는 가장 기초적인 자료가 된다.

② 배치 결정

    상담사별로 본인의 역량과 선호도에 잘 맞는 스킬 그룹이 있을 수 있으므로 개인별 적성에 맞는 스킬 그룹을 찾는 데 성과 평가 결과가 활용가능하다.

③ 교육 분야 결정

    상담사별로 부진한 항목을 찾아내어 이를 개선할 수 있는 교육을 진행할 수 있다.

2. 성과 평가 목적

성과 평가는 직원이 그의 업무를 효과적으로 수행한 정도를 측정하기 위한 구체적이고 공식적인 평가이다. 성과 평가 기준은 직무명세서에 기재된 책임감과 매니저에 의해 설립된 성과의 수준 혹은 측정치이다(정성적 측면, 정량적 측면, 혹은 시간에 기준한다).

성과 평가는 직원들에게 그들의 전문적 능력과 조직에 대한 기여도를 향상시키는 데 필요한 정보를 제공한다. 시기적절한 평가는 직원들에게 동기 부여시키고, 고객만족과 충성도에 계속적으로 영향을 미치기 전에 관련된 문제를 정정하도록 돕는다. 성과 평가는 또한 조직이 각 직원의 가치와 조직의 성공에 대한 공헌도에 대해 주요 금전적 결정을 하도록 도와준다.

성과 평가는 모니터링이 아니다. 모니터링은 특정 고객을 응대할 때 필요로 되는 특정기능과 지식을 가지고 있는가에 중점을 두며, 더 빈번히 일어난다. 성과 평가는 직원의 총 업무책임량에 기초하여 전반적 업무 성과를 측정해야만 한다.

성과 평가는 단순히 직원의 성과를 평가하는 것 그 이상이다. 대부분의 성과 평가는 두 개의 주요 목적과 다른 두 개의 부수적 목적이 있다. 주요목적은 다음과 같다.

(1) 직원 개발

성과 평가는 조직의 필요에서 뿐만 아니라 각 직원의 구별된 강점과 약점에 근거하여 개별화된 개발 계획을 포함해야 한다. 계획은 다음과 같은 사항을 포함한다.

① 긍정적 강화

② 개선되어야 할 영역 혹은 기능

③ 기대치

④ 기대치를 성취하기 위한 행동계획

⑤ 구체적 날짜가 기입된 성과향상 시간표

⑥ 기대치가 만족되지 않았을 때의 결과

⑦ 바람직한 결과가 달성되었을 때의 보상

매니저는 직원이 성과를 향상시키도록 필요한 지원을 제공해야 한다. 예를 들면, 집중화된 코칭, 훈련, 직원이 기대치를 달성하는 데 필요로 하는 기능과 툴 등과 같은 것이 있다. 또한, 직원이 개발계획을 완수하도록 적정 시간을 주어야 한다.

그러나 직원개발은 공식적 성과 평가를 기다리기 위해 지체되어서는 안 된다. 더 도전적인 일을 요구하거나 특정 영역에서 도움을 요청하는 직원들은 그들의 슈퍼바이저로부터 시기적절한 행동 가이드를 받아야만 한다.

(2) 재정적인 목적

성과 평가의 두 번째 주요 목적은 성과급의 배분이다. 매니저는 성과급이 주어져야 하는지, 만약 그렇다면 금액 정도와 효과적인 날짜는 언제일지 등에 대해 결정을 내려야 한다. 대부분의 조직에서 인사부나 재무부는 성과급의 양을 포함하는 봉급에 대한 가이드라인에 대해 많은 신경을 쓴다. 성과급은 매니저가 개별 직원을 그들 동료의 성과뿐만 아니라 그들의 개인적 성과에 기초하여 평가할 것을 요구한다.

(3) 부수적 목적으로 동기적인 목적과 정보적인 목적이 있을 수 있다.

① 동기적인 목적

성과 평가는 매니저가 객관적인 자료와 성과 결과에 기초하여 직원들을 인정할 수 있도록 한다. 바람직한 성과를 강화하기 위해 구체적인 업무의 일례를 활용하고, 직원들의 긍정적 성과에 대해 인정을 해주어라. 가끔은 일 내용 자체가 동기를 부여시킬 수 있다. 많은 직원들은 헌신과 전문성을 요하는 도전적인 일에 반응한다. 성과 평가 프로세스는 상호 존경과 믿음을 장려하여 더 강한 매니저-직원의 관계를 구축한다.

② 정보적인 목적

성과 평가는 목표와 목적뿐만 아니라 상호 관계, 일의 스타일과 가치에 대해 토의할 기회를 제공한다. 평가기간 동안 콜센터 매니저와 직원은 아래와 같은 사항에 대해 토의해야 한다.

㉠ 지원, 행동, 커뮤니케이션, 접근성 그리고 성과 등에 대한 상호간의 기대치

㉡ 목표달성의 결과가 왜 중요한가

㉢ 콜센터와 조직에 대한 직원들의 상대적 가치

㉣ 매니저의 관리 스타일

3. 성과 평가의 혜택

(1) 직원의 관점에서 보았을 때, 성과 평가는 다음과 같은 이점이 있다.

① 그들의 조직에 대한 성과와 공헌에 대해 피드백을 준다.

② 성취에 대해 인정을 해준다.

③ 객관성과 공평성을 위해 모든 직원에게 같은 시스템을 사용함으로써, 일관성 있게 직원에게 보상을 준다.

④ 발전할 사항과 발전해야 할 부분을 알기 위해 성과 평가를 한다.

⑤ 동기부여를 시켜준다.

⑥ 경영진이 평가에 대해 책임을 가지며 유용한 피드백을 줄 것이라는 점을 확신시켜준다.

(2) 경영진의 관점에서 보았을 때, 성과 평가는 다음과 같은 이점이 있다.

① 좀더 많은 재능이 있고 높은 잠재력을 가진 직원을 구별시킨다.

② 최상, 중간, 열악한 정도로 직원을 구별하여 문서화할 수 있다.

③ 고용과 선별 프로세스를 유효하게 할 수 있으며, 이러한 방침을 개선시킬 방법을 준다.

④ 훈련의 필요성, 개발 계획과 훈련의 효과성 등에 대한 정보를 제공해 준다.

⑤ 조직의 보상 시스템에 기초하여 보사의 배분에 대한 방법을 제공해 준다.

⑥ 개인적 성과를 사업체 성과와 연결시켜준다.

⑦ 인종, 성별, 나이와 같은 차별적 요인에 반하는 성과에 기초하므로 승진·강등·해고에 대한 법적 유효성을 부여해 준다.

⑧ 경영진은 평가에 책임이 있고 피드백을 준다는 것을 확신시킨다.

제2절 ┃ 성과 평가 실행

○─ 핵심 포인트

- 효과적인 성과 평가를 실행하기 위해서는 면밀한 계획과 준비를 필요로 한다. 매니저는 평가를 실행하기 전에 피평가자와 밀접한 관계를 갖는 직원들로부터 피드백을 받아야 한다.
- 성과 평가 기간 동안 직원을 특별하고 가치 있는 존재로써 대우하는 것은 지속적인 개발을 향한 열정을 불러 일으키는 데에 매우 중요하다.
- 매니저·디렉터는 다른 사람을 통해서 성과를 달성해야 하는 책임이 있다. 그 결과 전반적으로 넓은 범위의 목표와 책임을 갖는다.
- 경영에 있어서 중요한 점은 사람들이 그들이 콜센터와 그 조직의 목표를 달성하는 데 이바지하는 그들의 공헌 도를 이해할 수 있도록 해야 한다.

정량적인 성과 평가만을 시행하는 콜센터에서는 이번 장에서 언급하는 내용에 해당사항이 없을 것이다. 일반적으로 정성적 평가는 직원들에게 행해지며, 콜센터 매니저/디렉터로서 직원들에 대한 성과 평가시 평가 실행에 대한 내용을 참고하는 것이 바람직하다.

1. 성과 평가 실행

많은 조직에서 인력관리 정책은 성과 평가를 위한 시기를 설정해 놓고 있으며, 보통 직원의 채용 혹은 승진날짜에 기초하거나 일 년에 한 번(12월 평가) 구체화된 시기에 행해진다. 평가 기간을 연간으로 잡는 것은 높은 이직과 개별성과를 위해 지속적 성장을 필요로 하는 콜센터에게는 적절하지 않다. 콜센터 매니저는 성과 평가를 위해 가장 알맞은 평가기간을 결정하기 위해서 인사부와 함께 작업을 해야 하며, 만약 조

직의 나머지 사람들과 같지 않다면 콜센터 직원들에게 이를 분명히 전달해야 한다. 다음은 매니저들이 성과 평가를 하는 데 참고할 만한 단계들이다.

(1) 문서를 수집하라.

성과 평가를 위한 정보의 주요 원천과 툴은 다음과 같다.

① 피평가자의 직무명세서

② 성과 목표와 표준

③ 주관적이지 않는 실제 성과에 대한 문서화

④ 상담사의 경우 지속적으로 상호작용이 있고 그들을 관찰한 슈퍼바이저, 팀리더, 트레이너 등으로부터 자료를 구하라.

⑤ 예전의 성과 평가와 같은 성과 파일을 만들어라.

⑥ 동료, 직속 상사와 슈퍼바이저 등에 의한 360도 다면평가

⑦ 자기 평가

⑧ 콜센터의 목적과 최종 목표는 성과에 대한 기록과 관측이 전체 기간과 모든 평가 영역을 포함할 수 있도록 하라.

(2) 평가를 위한 포맷을 개발하라.

유연한 평가 프로세스를 위해서, 그리고 주어진 피드백에 대해 상담사를 잘 이해시키기 위해서는 성과 평가에 대한 분명한 기준을 가지는 것이 중요하다. 이는 다음과 같은 요소를 포함한다.

① 목표에 대한 설명

② 성과 표준에 대한 정의

③ 성과 측정의 방법

④ 피평가자의 강점과 약점에 대한 구별

⑤ 이해와 동의에 대한 확인란

⑥ 다음에 이어지는 미팅에 대한 계획

(3) 여러분 자신의 성과를 평가하라.

직원 성과 평가가 진행되는 동안에, 효과적인 매니저는 매니저에게 영향을 미칠 수 있는 그들 자신의 행동에 대해 면밀히 살핀다. 당신 자신에 대해 묻는 좋은 문항들을 포함시켜라. 직원의 성과와 당신 성과 사이의 관련성은 무엇인가, 당신의 업무 스타일 혹은 리더십 스타일은 경쟁력이 있는가, 당신은 적절한 비전과 툴, 그리고 자원과 재료들을 공급해 주었는가, 당신은 직원에 대한 관계를 향상시키기 위해 어떻게 바뀔 수 있는가, 직원이 목표를 달성하도록 돕기 위해 어떤 지원을 제공할 수 있고, 제공할 것인가 등

(4) 현재의 직무명세서를 평가하라.

지금의 것은 여전히 정확한가, 상담사 등 직원이 직무명세서 이내에서 일을 하는가, 그 범위 밖에서 일을 하는가, 해당 직원의 기능과 지식이 직무명세서에서 서술된 바와 일치하는가 등

(5) 성과 파일을 평가하라.

현재의 성과 표준과 그러한 목표에 대한 개인의 성과를 평가하라. 수행된 일의 질적인 측면과 시간적 측면을 나타내는 기준을 포함시켜라. 조직은 너무도 많이 결과에만 집중하는 경향이 있다.

(6) 콜센터의 목표를 평가하라.

직원의 일과 성취를 콜센터의 목표와 조직의 미션과 목표의 맥락에서 평가하라.

(7) 새로운 성과 목표와 표준을 설정하라.

콜센터 목표와 지난 성과를 바탕으로 다음의 평가 기간을 위한 목표와 표준을 설정하는 단계에 들어가라.

(8) 사전 평가를 준비하라.

성과 평가 바로 전에 사전 등급과 정렬된 형태로 준비하는 것은 좋은 생각이다. 그러나 직원과 함께 평가하기 전에는 성과 등급을 마치지도 말고, 성과급 결정을 하지도 말아라. 이는 평가기간 동안에 어떠한 새로운 추가사항이나 변화도 있을 여지가 없음을 보일 것이다.

(9) 평가를 위한 시간과 장소를 결정하라.

평가는 진지한 대화를 요하는 기밀적 대화이다. 콜센터는 공개되고, 볼 수 있는 공간이므로, 매일의 운영활동과 떨어진 곳에서 평가를 하도록 하라. 그 공간이 진지한 대화를 하기에 적절하며, 외부의 방해도 없도록 해야 한다. 급하게 평가가 진행되지 않도록 충분한 시간이 주어져야 한다.

(10) 개인적 반응을 위해 준비하라.

각 피평가자의 독특한 성질이 성공적인 평가를 수행하는 데 중요하다는 것을 고려하라. 보여 줄 일련의 정보를 생각하고, 그의 반응을 예상하고 그 반응이 어떻게 다루어져야 하는지에 대해 사전에 생각이 되어야 한다. 피평가자에게 자기평가를 준비하도록 하고, 그것을 행할 구체적인 포맷을 제공하라.

이 중 (8) 이후의 항목은 평가 결과를 면담을 통해서 결정할 때 해당된다. 대부분 사전평가에서 종결되는 경우에도 평가 결과에 대한 사후 면담시에 참고하면 바람직하다. 전체적인 프로세스는 상담사에 대한 평가보다는 정규직원에 대한 평가시 주로 해당되며, 주로 외국계 기업에서 많이 활용한다.

2. 성과 평가 미팅

성과 평가 미팅은 피평가자가 편안한 상태일 때 가장 효과적이다. 스트레스와 불안을 줄일 수 있는 방법을 찾아라. 커피와 편안한 의자, 원형탁자에 배치하거나, 공간적 권력을 줄이기 위해 같은 방향으로 앉도록 배려하라. 충분한 토의를 할 수 있는 시간을 제공하라. 피평가자는 당신이 바쁘거나 혹은 분산되었는지를 빨리 감지할 수 있으며, 이는 그들의 성과에 별로 관심이 없는 것으로 해석될 수 있다.

(1) 다음과 같은 미팅의 일반적 목표를 언급하면서 평가를 시작하라.

① 객관적 데이터에 근거하여 성과를 평가하고, 급여조정을 한다.

② 확인된 강점과 약점에 기반하여 개발 계획을 세운다.

③ 직무에 대한 기대치를 명시한다.

④ 새로운 목표와 표준을 설정한다.

⑤ 당신의 관리 스타일에 대해 피평가자의 피드백을 구한다.

성과 평가는 개발계획을 창출해야 하고, 개발 행동, 시간 그리고 자원에 대한 방법적 측면과 영역을 명시해야 한다. 또한, 기대된 결과의 산출물에 대한 언급도 해주어야 한다.

(2) 성과 평가를 할 때 다음과 같은 사항은 피하도록 하라.

① 어떤 종류의 방해

② 구체화할 수 없는 일반적 비판

③ 긍정적 혹은 부정적 행동에 대한 언급으로 피평가자에게 위압감주기

④ 적극적으로 경청하지 않기

⑤ 피평가자가 동의하지 않을 때 짜증을 내거나 방어적이기

⑥ 논 쟁

⑦ 직무와 관련 없는 요인이나 피평가자의 통제 밖의 사항에 대해 중점두기

3. 성과 목표의 설정

상호 중첩되는 역할이 개인과 팀에 대한 구체적인 성과 표준으로 다시 표현되면 어떨까, 한편으로는, 결국 모든 사람은 콜센터 성과목표에 대해 관련성을 가지게 될 것이다. 다른 한편으로는, 개인의 직접적인 통제 밖에 있는 것들에 대해 성과표준을 설정하는 것은 정당한가라는 의문이 생긴다.

규칙과 관행에서 그 대답은 꽤 단순하다. 매니저는 원래 다른 사람들을 통해서 성과를 달성하는 책임이 있다. 그 결과 콜센터 상위직급인 매니저/디렉터는 전반적으로 조직이 설정한 넓은 범위의 목표에 책임이 있

다. 물론, 그들은 이해 상충되고 서로 배타적인 목표에 책임이 주어져서는 안 된다. 그리고 그들은 그들이 활용해야 할 자원의 맥락 내에서 가능한 일을 달성할 수 있을 뿐이다. 그러나 자연스럽게 그들은 전반적 결과에 대해 책임을 진다.

지원역할을 하는 매니저와는 같은 상황하에 있다. 그러나 그들 각자에게는 주책임을 지는 영역과 관련되어 더 구체적인 책임감이 주어진다. 예를 들면, 예측과 스케줄링을 담당하는 매니저는 예측에 대한 정확성이 다른 많은 변수와 그들의 직접적 통제권 밖에 있는 사람들과 부서에 의해 영향을 받을지라도, 일반적으로 예측의 정확성에 대해 책임을 진다. 심지어 예측이 빗나갔다면, 그들은 그에 대한 이유와 개선될 수 있는 방법에 대해서도 대답해야 할 필요가 있다.

잘 경영되는 조직 내의 상담사는 그들 자신의 업무뿐만 아니라 그들의 팀에 대해서도 책임감을 갖는다. 그러나 그들에게 부여된 구체적인 일에 대한 주요한 책임이 신중하게 선정되고 예측되어야 한다.

콜센터의 상호 중첩된 책임을 고려할 때, 높은 성과의 센터는 엄격한 산출 할당액보다는 전반적인 프로세스의 개선에 더 많은 역점을 둔다. 그들은 프로세스의 상호 연관된 속성과 각 개인이 결과에 미치는 영향에 대해 모든 사람에게 교육을 시키기 위해 열심히 노력한다. 그리고 그들은 책임을 지는 핵심영역을 설정한다.

물론 출근 시간의 정확성, 업무 품질과 같은 몇몇 표준은 모든 사람에게 적용된다. 그러나 잘 경영된 콜센터에서는 각 콜센터의 직위에 결부되는 책임영역을 설정하는데, 이는 직무명세서에 근거하여 결정된다. 이는 일반적으로 다음과 같은 사항을 포함한다.

(1) 상담사

① 스케줄 준수

② 품질적인 면의 요소(공통)

ⓗ 고객 질문을 잘 파악해서 응대하기

ⓛ 고객 서비스 정책을 준수하기

ⓒ 고객 문제를 해결하기

ⓔ 제품의 이점과 소비자의 욕구를 매칭하기

ⓜ 코딩과 트래킹 정보를 완전히 그리고 정확히 입력하기

많은 콜센터는 평균 처리 시간 혹은 전화 후의 업무에 대한 표준을 설정한다. 그러나 엄격한 수치로서 이러한 결과물에만 너무 중점을 둔다면 잘못된 모드 사용 등의 형태로 역효과를 내서 필요로 하는 서비스의 수준을 떨어뜨릴 수 있다.

(2) 슈퍼바이저(Superviser)

① 스케줄 준수

② 팀의 품질

　　　㉠ 팀이 품질목표를 충족시키기

　　　㉡ 개인에게 모니터링과 코칭 등 제공하기

　　　㉢ 시스템적인 품질 문제를 파악하기 위해 경영진과 함께 작업하기

③ 성과 평가와 팀 미팅의 효과성

④ 피크타임 동안에 상담사 일을 수행하기

⑤ 특별한 프로젝트에 대해 팀을 대표하기

(3) 품질관리자(Quality Specialists)

① 모니터링 프로세스의 진행과 관리

② 지속적인 교정작업 수행

③ 정보 입력 등에 대한 모니터링과 시기적절한 보고서 준비 등을 종합적으로 수행

④ 개인과 프로세스 향상 기회 파악

⑤ 모니터링 결과 vs 고객만족도 수치 등을 트래킹하여 분석하기

(4) 인력관리 플래너/WFM 담당자(Workforce Planners)

① 정확한 작업량 예측치 산출

② 작업량과 상담사의 요구사항에 잘 부합되는 스케줄 작성

③ 예산과 자원의 필요사항을 파악

④ 다른 부서와 계획을 조정하기 위한 작업 수행

⑤ 적합한 작업 모드 사용(애프터 콜작업, 보조 모드 등)

⑥ 중역에게 주요한 성과 결과를 프레젠테이션

(5) 기술지원자(Technical Supports)

① 최소한의 고장율로 현재 시스템 운영

② 유용성 이슈 처리(컴퓨터 구성, 프로그래밍)

③ 요구되는 콜라우팅 테이블과 시스템 업데이트

④ 기능적 문제해결하기

⑤ 시스템 향상 기회 권고

(6) 매니저/디렉터(Managers/Directors)

① 콜센터가 다음과 관련한 핵심 목적을 처리할 수 있도록 조정

　　　㉠ 품 질

　　　㉡ 접근용이성/접근가능성

ⓒ 효율성

ⓔ 비용 대비 성능

ⓜ 전략적 효과

② 직원을 위한 명확한 목표수립

③ 윤리성 준수

④ 예산안을 준비하고, 예산적 균형을 설명

⑤ 채용과 훈련에 대한 노력들을 관리

⑥ 콜센터의 목표를 기업전체와 고객의 목표에 맞게 조정

⑦ 콜센터의 전략적 파급효과를 극대화

4. 성과 기준에 대한 설정

성과 기준은 임금과 승진에서 훈련과 코칭에 이르기까지 모든 것에 영향을 미치므로, 그들은 신중히 결정되어야 한다. 직무수준에서 성과 기준을 설정할 때 평균 성과에 초점을 두지 않는 것은 중요하다. 그 이유 중 하나로서, 평균 성과는 콜센터 목표를 충족시킬 수도 그렇지 않을 수도 있다. 더 나아가 평균 그 속성에 의해서 그룹이 수행하고 있는 실제 능력에 상관없이 그룹의 반 정도가 평균 이상을 수행할 것이고, 나머지 반은 평균 아래에 머물 것이다.

그 대신에, 콜센터 매니저는 일반적으로 개인성과 목적을 설정하기 위해서 다음과 같은 2가지 방법을 이용한다.

(1) 최소 기준(Minimum Standard)

콜센터의 목표를 달성할 수 있는 최소한의 성과 표준을 결정한다. 품질과 스케줄 준수 같은 영역에서 목표를 수립하기 위하여 이러한 방법을 사용한다.

(2) 수용범위(Acceptable Range)

수용할 수 있는 성과범위를 결정한다. 범위는 목표를 수립하기 위한 가이드가 된다. 수용범위 이하의 직원들에게는 훈련이나 다른 행동들이 필요하다. 범위 이상의 직원들은 나머지 그룹들이 적용할 수 있도록 훈련이나 프로세스 개선 노력에 있어서 역할 모델을 하게 한다. 성과 측정기준은 첫머리글자를 따서 SMART해야만 한다.

① Specific : 구체적

② Measurable : 측정가능

③ Actionable : 행동가능

④ Relevant : 타당성

⑤ Timely : 시기 적절성, 24장 목표에 따른 역할과 책임 규명

5. 목표에 따른 직무별 역할 및 책임

콜센터에서 많은 상호 연관된 고유 활동들이 있다고 전제하면, 높은 수준의 목표를 충족시키기 위해서는 상호 중첩되는 역할·책임들이 늘 있게 마련이다. 예를 들면, 상담사, 슈퍼바이저, 매니저, 인사담당, 기술담당, 트레이너 그리고 다른 이들 모두는 고객만족을 향상시켜야 한다는 공통된 역할을 가지고 있다. 그러나 이들 중 누가 그것에 책임이 있는가, 이렇게 역할이 상호 중첩되면 각 개인에게 그들의 역할과 콜센터가 얻고자 노력하는 것 사이에 직접적인 연관이 없다고 느끼게 만들 수 있다. 하지만 비록 역할과 책임이 이렇듯 상호중첩 되더라도, 각 개인과 팀이 콜센터의 목표를 이룩하는 데 얼마만큼 공헌을 하는가를 이해하는 것은 중요하다.

다음 내용은 핵심 역할과 콜센터의 주요한 목표 사이의 연관관계를 요약해서 보여준다. 모든 직위와 역할이 포함되지는 않았지만, 각각의 역할이 콜센터가 생산하고 있는 결과에 미치는 전반적인 영향을 묘사하고 있다.

(1) 품질목표(Quality Objectives)

> • 콜(콘택트) 품질
> • 최초 콜 해결
> • 에러와 재작업

① 상담사

전반적인 품질, 최초의 콜해결, 그리고 에러와 재작업률을 낮추는 등 콜품질에 직접적인 영향을 미친다.

② 슈퍼바이저

팀 내의 구성원들이 콜을 질적으로 처리하는 데에 필요로 하는 자원, 코칭, 피드백을 받도록 해 줌으로써 품질을 향상시키고자 하는 목적에 기여한다. 경험 있는 슈퍼바이저는 구성원들에게 품질적인 면에서 향상하도록 동기 부여해줄 뿐만 아니라 최전선의 일을 처리할 수도 있다.

③ 품질관리자(QA)

콘택트별로 품질관리자나 슈퍼바이저에 의해 얻어진 데이터들을 모집하여 관리한다. 이러한 정보에 대한 분석은 프로세스, 시스템, 훈련, 코칭 등을 향상시킨다.

④ 인력관리 플래너(WFM 담당)

콜센터의 업무량을 정확히 예측하고, 스케줄이 정확히 수요를 충족한다는 것을 확신시킴으로써 품질적인 면에 영향을 미친다. 그들은 또한 품질관리와 훈련에 대해 사람들이 일하는 최적의 시간을 확보하는 책임을 진다.

⑤ 기술담당자(IT)

IT는 콜센터에 적절한 툴과 기능을 설치함으로써 품질향상에 기여한다. 예를 들면, 상담사에게 고객, 상품, 서비스에 대한 정확하고 실시간의 데이터를 제공하는 정보시스템은 전화품질과 최초의 콜해결에 상당히 기여한다. 이와 유사하게, 심사숙고하여 프로그램된 시스템은 콜이 적재적소에 배분되도록 돕는다.

⑥ 매니저/디렉터

매니저는 상담사, 슈퍼바이저, WFM 플래너 및 다른 직원들이 그들의 직위에서 성공할 수 있도록 돕는 훈련, 스킬, 툴, 프로세스에 만족하도록 도움으로써 품질향상에 기여한다. 그들은 콜센터가 본질적으로 조직적 차원의 프로세스의 한 부분임을 명확히 한다. 그리고 그들은 일반적으로 상층부에서 하위부에 이르기까지 품질에 가치를 두는 문화를 형성하는 데 책임을 진다.

(2) 접근용이성 목표(Accessibility Objectives)

- 서비스 수준과 응답 시간
- 평균 응답 시간(ASA)
- 포기 및 불통콜

① 상담사

적시에 알맞은 곳에서 올바른 일을 수행함으로써 접근성에 기여한다.

② 슈퍼바이저

상담사가 적시에 알맞은 곳에서 올바른 일을 수행하게 함으로써 접근성에 기여한다. 그들은 준수율과 관련된 문제를 해결하도록 돕고, 인력관리 매니저가 있을 경우 그와 팀 사이의 가교 역할을 한다.

③ 품질전문가

처리시간과 다른 핵심적 접근가능성에 영향을 주는 프로세스에 밀접한 관련성을 갖는다.

④ 인력관리 플래너

접근성은 인력관리 플래너의 중요한 책임이다. 인력관리 플래너는 콜센터의 업무량을 정확히 예측하고 스케줄이 정확히 수요를 충족한다는 것을 확신시킴으로써 접근성에 영향을 미친다.

⑤ 기술지원자(IT)

IT는 시스템이 잘 구축되도록 하고, 책임을 지고 지원을 하는 실시간 콜처리 요구조건을 만족시킴으로써 접근성에 영향을 미친다. 그리고 IT는 기술적 문제가 재빨리 해결되도록 하는 시스템이 운용되는 데 책임이 있다.

⑥ 매니저/디렉터

매니저는 콜센터의 접근성에 최우선 순위를 두고 지원함으로써 접근성에 이바지한다. 그들은 종업원이 필요로 하는 자원을 공급받도록 하고, 프로세스와 시스템이 일관성 있는 접근성을 지원하도록 하는 데에도 책임을 진다. 그들은 콜센터의 업무량에 영향을 미칠 수 있는 조직 내의 다른 부서가 콜센터 플래너와 함께 협조하도록 돕는다.

(3) 효율성 목표(Efficiency Objectives)

- 예측 콜량 vs 실제 콜량
- 계획한 인력 vs 실제 투입 인력
- 스케줄 준수율
- 평균 처리 시간
- 업무점유율과 생산성/비생산성

① 상담사

상담사는 그들이 콜을 처리하는 방법뿐만 아니라 그들이 일을 코드화하는 방법으로도 효율성을 달성하는 데에 공헌을 한다. 예를 들면, 그들이 대화시간, 콜업무 후의 작업 그리고 다른 일 모드를 일관성 있게 정확히 사용할 때, 그들은 예측, 스케줄링, 또 다른 목적을 위해 사용할 수 있게 더 안정적이고 신뢰할 만한 데이터를 생성하는 데 이바지 한다. 상담사는 또한 스케줄 준수율에 직접적인 영향을 미친다.

② 슈퍼바이저

작업이 안정적 결과와 신뢰할 만한 데이터를 산출하고자 하는 필요한 사항대로 처리되게 한다. 그들은 또한 미팅을 계획하고, 스케줄이 변화하는 업무량의 요구를 충족시켜야 할 때 조정자로서의 역할을 수행한다. 그들은 상담사가 준수율을 잘 달성하도록 코칭하는 핵심적 역할을 갖는다.

③ 품질관리 전문가

품질관리 전문가는 품질만을 위해서가 아니라 서로 상관된 효율성을 위해서 책임을 갖는다. 예를 들면, 한 상담사가 똑 같은 일을 하는 데 7Screen을 필요로 하고, 다른 상담사는 3Screen을 필요로 한다면, 품질관리 전문가는 훈련과 코칭 개선에 대한 동기부여를 이끌어 낼 수 있다.

④ 인력관리 플래너

효율성과 관련한 목적이 인력관리 플래너의 주임무이다. 실시간 조정뿐만 아니라 정확한 예측, 스태핑 그리고 스케줄링은 효율성에 엄청난 영향을 미친다.

⑤ 기술지원자(IT)

IT는 업무량을 트래킹하는 툴이 정확히 프로그램될 수 있도록 하며, 트레이너와 슈퍼바이저가 상담사에게 그것의 적절한 사용법을 가르치도록 함으로써 효율성에 공헌한다. 그들은 또한 계획 프

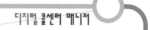

로세스에 필수적인 보고서와 데이터를 제공하는 시스템(ACD, WFMS, ERMS 등)을 보조하는 데 책임이 있다.

⑥ 매니저/디렉터

매니저는 콜센터에 알맞은 툴, 방법, 훈련 등을 갖도록 하는 것뿐만 아니라 협조문화와 정확성 및 포괄적 계획의 중요성을 강조하는 문화를 수립함으로써 효율성에 영향을 미친다. 또한, 다른 부서의 데이터 정보와 계획이 콜센터와 공유되도록 함으로써 효율성에 영향을 준다.

(4) 비용 대비 성능 목표(Cost-performance Objectives)

- 콜당 비용(콘택트 당 비용)
- 평균 콜가치
- 수 익
- 예산/원가 대상
- 아웃바운드 목적

① 상담사

비용 대비 성능 목표에 간접적이지만 매우 큰 영향을 미친다. 그들은 적시에 올바른 일을 함으로써, 그리고 품질적으로 콜업무를 처리함으로써 접근성과 품질에 공헌하고, 바꾸어 말하면 비용 대비 성능에 기여한다. 또한, 수익창출 환경하에서 판매 기능은 수익에 막대한 영향을 미친다.

② 슈퍼바이저

슈퍼바이저 또한 상담사처럼 비용 대비 성능 목표에 간접적이지만 매우 큰 영향을 미친다. 그들의 팀이 적시에 올바른 일을 하게 함으로써, 그리고 품질적으로 전화업무를 처리하게 함으로써 그들은 접근성과 품질에 공헌을 한다. 달리 말하면, 비용 대비 성능에 기여한다. 코칭과 모니터링 또한 전반적인 예산과 수익 목표를 달성하도록 지원한다.

③ 품질관리 전문가

품질관리의 중요한 측면은 수익과 비용 대비 성능 목표를 이끄는 것들을 포함해야 한다는 것이다 (효율적 프로세스, 교차판매 기회 등).

④ 인력관리 플래너

사실상 모든 비용 대비 성능 목표는 인력관리 계획의 정확성과 그러한 계획을 실행했을 때의 효과성에 의해 영향을 받는다. 예를 들면, 1% 혹은 2% 정도 향상된 예측과 스케줄은 중간에서 큰 규모의 콜센터에게 매일 수천달러의 절감효과를 가져온다. 적절한 스케줄은 오버타임 원가를 줄이고, 정확한 계획은 걸려온 콜이 적시에 가장 알맞은 상담사 그룹에게 배분될 수 있도록 돕고, 그 결과로 수익향상과 원가 절감에 기여한다.

⑤ 기술지원자(IT)

콜센터의 이용가능한 기술은 비용 대비 성능 목표에 상당한 영향을 미친다. 이는 상담사가 품질적으로 콘택트를 처리하는 데 필요한 정보시스템과 고객 지향 시스템, 콜센터 효율성과 효과성에 영향을 주는 경영진이 사용하는 리포팅 시스템 모두에 이용된다. 시스템의 효율성, 가동시간, 기술적 지원, 응답시간 등 이 모두는 비용 대비 성능 목표에 기여한다.

⑥ 매니저/디렉터

매니저는 예산상에서 필요사항을 파악하고, 콜센터가 미션을 달성하는 데 필요한 자원을 확보할 수 있도록 하는 책임이 있다. 그들은 또한 적절한 인력, 프로세스, 그리고 기술이 적재적소에서 이용되도록 함으로써 비용 대비 성능에 많은 공헌을 한다.

(5) 전략적 효과 목표(Strategic Impact Objectives)

- 고객만족
- 직원만족
- 이 직
- 전반적 콜센터 ROI

① 상담사

상담사는 그들의 접근용이성과 품질에 대해 공헌함으로써 고객만족에 기여한다. 상담사는 더 큰 전략적 영향력을 갖는다. 예를 들면, 고객접촉 동안 획득된 정보는 완전하고 정확하다고 가정하면, 이들은 생산과 서비스 개선과 혁신에 대한 기초가 될 뿐 아니라 더 나은 마케팅 캠페인과 품질향상에 기여한다. 상담사는 또한 셀프서비스 접촉 채널의 사용과 활용가능성에 대해 고객에게 교육을 시킴에 있어 핵심적 역할을 수행한다.

② 슈퍼바이저

슈퍼바이저는 그들 팀의 성공을 촉진하도록 도움으로써 센터의 전략적 영향에 공헌을 한다. 또한, 조직에 대한 콜센터의 영향력을 파악·측정하고, 개선·전달하여 프로젝트와 Initiative에 빈번히 포함된다.

③ 품질관리자

전형적으로 품질관리자는 고객접촉시간 동안 획득된 정보를 모으고, 분석하며, 유용한 다른 부서에 보내는 데에 관여한다. 또한, 품질관리자는 더 높은 수준의 고객 만족과 상담사 지원에 기여할 수 있는 프로세스 개선을 추천할 책임이 있다.

④ 인력관리 플래너

인력관리 플래너는 고객만족과 직원만족 둘 다에 비슷한 영향력을 갖는다. 예를 들면, 정확한 예측과 스케줄 덕분에 콜센터가 접근용이할 때, 고객은 그들이 필요로 하는 서비스를 빨리 그리고 쉽게 받음으로써 더 행복해 한다. 정확한 계획은 올바른 고객접촉에 알맞은 자원배분을 하는 것이며 이는 품질수준과 고객만족을 고도로 높일 수 있게 한다.

⑤ 기술지원자(IT)

기술은 처음에 사용자 인터페이스 관점에서 고객만족에 영향을 미친다. 그러나 보이지 않는 곳에서의 시스템 또한 커다란 역할을 수행한다. 고객을 잘 이해하기 위해서 뿐만 아니라 상품과 서비스, 마케팅을 향상시키기 위해서 사용될 수 있는 데이터를 획득하기에 충분한 능력이 되는가, 이에 대한 답들이 고객만족, 직원만족, 콜센터의 전반적인 ROI에 영향을 미친다. 기술적 지원은 또한 재해복구 플랜을 개발하고 지속하도록 하는 데 핵심적 역할을 수행한다.

⑥ 매니저/디렉터

매니저는 문화, 환경, 툴, 자원이 고가치의 환경을 지원할 수 있게 한다. 또한, 그들은 콜센터 콘택트 동안 획득한 정보를 사용, 고객의 요구를 처리하여 조직의 전반적 효과성을 향상시킨다. 그들은 조직의 비전에 중점을 두고 콜센터의 직원 유지를 한다. 그러한 행동은 회사의 가이드라인 이내에서 이루어지고, 회사의 브랜드와 방향을 지원한다.

요약하자면 상담사, 슈퍼바이저, 품질관리자, 인력관리 플래너, IT, 매니저 그리고 다른 콜센터 직위 모두는 전반적 결과에 대한 영향력을 가지고 있다. 결론적으로 다음과 같이 관리하는 것이 필수적이다.

• 콜센터 목표와 역할 · 책임의 상호 연관된 속성은 모든 수준에서 이해되도록 해야 한다.
• 적절한 그룹의 사람들에게 꼭 맞는 목표를 설정한다.
• 개인과 팀의 역할 · 책임과 프로세스, 기술, 그리고 전략의 역할과 책임 사이를 규명한다.

6. 상담사의 핵심 목표

성과 측정은 보통 기대치와 표준에 얽매이며 공정성, 상담사가 통제할 수 있는 부문과 없는 부문, 사람들이 다른 능력과 동기를 가지는 이유, 그리고 그들이 일하는 프로세스에 대한 이슈 등을 제기한다. 결론적으로 어떠한 측정방법도 그렇게 강하고 다양한 의견을 유도할 수는 없다.

많은 콜센터만큼이나 상담사에 대한 많은 성과 측정치와 표준들이 있다. 그러나 3가지 형태의 성과 측정치가(처리된 콘택트, 스케줄 준수율, 품질평가) 일반적으로 사용된다. 처리된 콘택트의 사용은 점점 시들해지는 반면, 나머지 2가지의 측정치가 지속적으로 받아들여지고 있다.

(1) 처리된 콘택트(상담사 당 콜)

처리된 콘택트는(상담사 당 콜, 시간 당 콜/콘택트) 전통적으로 이용된 범세계적인 생산성 측정방법이다. 사실 많은 콜센터 매니저들은 처리된 콘택트을 생산성에 대응되는 수치로서 바라보았다. 따라서 양 때문에 품질을 희생한다는 우려가 늘 있어왔지만 실제적으로 처리된 콘택트는 생산성 기준을 설정하는 데 대한 벤치마크로서, 또한 상담사와 그룹 간의 성과를 비교하는 수단으로서 콜센터의 변화와 개선의 효과를 알아보는 데 널리 사용되어 왔다.

그러나 처리된 콘택트는 성과 측정치로서는 늘 문제를 야기시켜 왔다. 첫째로, 처리된 콘택트에 영향을 미치는 많은 변수가 상담사의 통제영역권 밖에 있다. 예를 들면, 전화 도착율, 발신자에 대한 지식, 발신자의 대화능력, 예측과 스케줄의 정확성, 다른 직원의 스케줄 준수율, 결근 등이 이에 해당한다.

또한, 각 상담사의 통제권 안에 있을 수 없는 수치 그 자체에 내재된 제약이 있다. 예를 들면, 서비스 수준이 주어져 있다면, 더 규모가 작은 그룹이 큰 규모의 그룹보다 덜 효과적이다. 왜냐하면 전화의 수가 매일 변화하기 때문에 상담사 당 평균 수신율도 변화한다.

[처리된 콘택트]

1/2시간 내 콜	서비스수준	필요한 상담사	점유율	상담사 당 평균콜	상담사 당 실제콜
50	80/20	9	65%	5.6	8.6
100	80/20	15	78%	6.7	8.6
500	80/20	65	90%	7.7	8.6
1000	80/20	124	94%	8.1	8.6

※ 가정 : 콜은 평균 3.5분 지속한다.

더 나아가 만약 처리된 콘택트가 너무 강조된다면 품질이 간과되기 쉽상이다. 상담사는 그들의 전화수를 증가시키고 표준을 달성하기 위해 시스템을 속일 수도 있다.

(2) 실제(정규화된)콜/상담사 당 콘택트

몇몇 콜센터 매니저는 처리된 실제 콘택트를 더 명확하고 의미있는 조정된 측정치로 변환시킨다. 예를 들면, 개인의 통제권 안에 있지 않는 점유율은 처리된 콘택트를 점유율의 퍼센트로 나누어 줌으로써 중립화할 수 있다. (1)의 [처리된 콘택트]의 수치를 이용하면, 평균 상담사 당 콜수인 5.6콜을 65%로 나누면 8.6의 정규화 된 콜이 산출되며, 6.7 콜은 78%로 나뉘고, 7.7 콜은 90%로 나뉘고, 8.1 콜은 94%로 나뉜다. 다른 콜센터 매니저는 단계를 더 나아가서 프로세스가 통제권 영역에 있는지, 무엇이 산출되고, 어떤 상담사가 통계적으로 통제권 밖에 있는지를 알기 위해 통계적 통제 차트를 개발시킨다.

그러나 이렇게 더 정교화된 방법에도 불구하고, 상담사 당 콜은(Calls Per Agent) 점점 정교하고 다양화된 콜처리 과정을 가능하게 하는 CTI, 기능기준의 라우팅과 웹의 통합과 같은 기능이 비약적으로 발전함에 따라 그 의미를 잃어가고 있다.

(3) 준수율의 측정

준수율은 상담사가 콜을 처리하도록 스케줄된 시간에 대비한 콜을 처리하기 위해 이용가능한 시간에 대한 측정치이다. 만약 스케줄 충성도가 85%라면 상담사는 0.86×60분 준수상황에 있다고 기대되거나 혹은 시간당 평균 51분 정도 준수하고 있다고 예상된다.

준수율은 토크타임, 콜 후의 작업(Wrap-up Time), 다음 콜이 오기까지 기다린 시간, 필요한 장거리 전화를 하는 것 등을 포함한 모든 관련된 시간 등으로 구성된다. 점심식사시간, 휴식시간, 훈련 등은 콜을 처리하는 데 배정된 시간으로 간주되지는 않는다. 스케줄 준수율은 합리적이고 합법적으로 상담사가 전화를 기피하는 것을 막는 많은 사항들을 반영하는 수준에서 설정되어야 한다. 똑같은 준수율을 스케줄링 목표로 설정하는 것은 모든 상담사그룹에게 적절하지는 않다. 왜냐하면 각 그룹 콘택트 자체의 성질이 전화를 기피하는 데 대해 더 많은 합법적 이유를 갖기도 하고, 그렇지 않기도 하기 때문이다. 콜의 양(Volume)이 낮을 때는 유연적이 되도록 한다.

몇몇 콜센터는 스케줄 준수율을 얼마나 많은 시간이 활용가능한지에 대해서 뿐만 아니라 언제 콘택트를 처리할 수 있는지를 통합시킬 수 있는 더 정제된 측정치로 개발시킨다. 콜이 몰려드는 오전 중반에는 일에 전념하고, 콜이 줄어드는 때에는 목요일과 금요일 오후를 위한 특별 프로젝트를 수행하게끔 한다. ACD와 예측/스케줄링 소프트웨어는 최근에 준수율 보고서를 매우 향상시켰다.

스케줄 준수율의 장점은 매우 객관적이다. 상담사는 콘택트를 처리하도록 스케줄된 직원의 수, 걸려오는 콘택트의 수, 길고 짧은 콘택트의 분배, 혹은 쉽고 어려운 콘택트의 분배와 같은 변수를 통제할 수 없다. 그러나 그들은 일반적으로 얼마나 콘택트를 다루는 데 이용가능한지에 대해서는 통제할 수 있다.

(4) 품질 측정(Qualitative Measurement)

대부분의 콜센터에서 제품과 서비스에 대한 지식, 고객 서비스와 콜처리 기능, 그리고 조직의 정책 등에 중점을 두는 품질 기준은 지속적으로 더 정제되고 구체화되고 있다. 대부분은 개인성과를 평가하고 훈련과 코칭에 대한 필요성을 파악하기 위해 모니터링 형태를 사용한다.

품질의 중요하면서도 발전하고 있는 부분은 상담사가 직무를 옳게 하는 데에는 필요로 되는 시간을 소비한다는 것이다. 이것은 쏟아지는 콜이 아니라, 발신자를 만족시키고, 콜을 완벽하고 정확히 처리하는 데 필요로 되는 시간보다 덜하지도 더하지도 않는 정확한 시간을 사용함을 의미한다. 만약, 품질측정이 상담사가 콜을 처리하는 데 적절한 시간을 사용하고 있다는 것을 확신할 만큼 충분히 정제된다면, 준수율과 품질 측정은 강력한 한 팀을 이룰 것이다. 사실 처리된 콘택트를 측정하는 것은 불필요하게 되고, 평균 처리 시간에 대한 수치 또한 불필요하다.

많은 매니저들은 여전히 시간당 콜수 혹은 평균 처리 시간과 같은 산출물을 트래킹하는 것이 필수적이라고 믿는다. 그러나 추세흐름은 분명히 말해주고 있다. 정제된 품질측정이 실제 산출치에 대한 신뢰

성을 감퇴시키고 있다. 거의 모든 곳에 적용되는 생산성 수치로 사용·처리된 콘택트는 시들해져가고 있는 반면 집중적이고 구체적인 품질과 준수율에 대한 측정치가 그 자리를 대신하고 있다. 상담사는 각 개인의 요구에 따라 각 거래를 처리하고 이용되는 데 집중할 수가 있다. 만약 품질과 준수율에 대한 측정이 잘 수행된다면, 더 좋은 작업환경과 더 나은 품질, 그리고 더 높은 생산성을 산출할 수 있다.

(5) 기타 성과 목표

품질과 준수도 측정의 주요 목표 이외에 목적을 도와주는 데 적절한 다른 성과 목표들이 있다. 예를 들면 다음과 같다.
① 출근(혹은 결근)
② 독창성·창의력
③ 팀 오리엔테이션
④ 콘택트에 대한 판매·주문의 백분율
⑤ 환경에 따른 사항

7. 상충되는 목표 제거

상충되는 목표는 불행히도 콜센터 내에서 흔하다. 어떠한 콜센터 매니저도 의도적으로 매우 반대되는 성과 목표를 설정하지는 않음에도 불구하고, 최소한 부분적으로라도 상충되는 기대치와 표준을 가지는데, 이는 서로간 혹은 콜센터 현실과의 사이에서 발생한다.

아래의 예는 불분명한 우선순위, 오해, 일관성 없는 결과 그리고 방해 받은 성과 등과 같은 골치 아픈 문제들을 낳는다.

(1) 평균 처리 시간 vs 품질

품질의 가장 중요한 점은 상담사가 거래를 정확히 처리하는 데에는 그만한 시간이 필요하다는 것이다. 물론 이것은 콜을 급하게 처리하지 말라는 것을 의미한다. 하지만 이는 또한 발신자를 만족시키고, 거래를 완벽하고 정확히 처리하는 데에 필요로 되는 시간과 횟수 이상을 소비하지 말라는 것을 의미하기도 한다.

콜의 속성, 위치하고 있는 곳의 프로세스, 상담사의 기능과 지식이 콜이 얼마나 오랜 시간이 걸리느냐를 결정한다. 만약 정략적 측정이 상담사가 콜을 처리하는 데 적절한 시간의 양을 사용하고 있다는 것을 확신하기에 충분히 다듬어진다면, 평균 처리 시간목표는 비생산적이게 될 것이다.

(2) 업무점유율 vs 서비스수준과 스케줄 준수율

업무점유율은 30분 동안 전화상에 있는 상담사들이 말을 하고 사후 처리를 하는 데 걸리는 시간의 비율이다. 점유율의 반대되는 개념은 그들이 콜이 도착하기를 기다리는 데 걸리는 시간이다. 몇몇 벤치마킹 보고서는 85% 정도의 업무점유율이 적절한 목표라고 제안한다.

문제는 업무점유율이 랜덤하게 도착하는 콜의 현상과 서비스수준, 그룹 크기에 영향을 받는 데 있다. 만약 당신이 서비스수준 목표 아래에서 콜로드를 처리하기 위해 정확하게 직원을 사용한다면, 업무점유율은 그것 자체가 될 것이다. 그것은 여러분이 수립한 작업량과 서비스수준 목표의 속성에 좌우된다.

> • 평균 상담시간 : 180초   • 평균 작업시간 : 30초   • 콜 : 250

결론적으로, 업무점유율에 목표를 설정하는 것은 성취하고자 하는 다른 것들과 상충하기 쉽다. 예를 들면, 서비스수준과 스케줄 준수율이 향상될 때 업무점유율은 내려간다. 이에 대한 해결책으로서 업무점유율을 목표로 설정하지 말라는 것이다.

(3) 상담사 당 처리된 콜 vs 대기 행동

상담사 당 처리된 콜에 영향을 주는 많은 변수들은 그들의 통제권 밖에 있다. 예를 들면, 콜 도착률, 콜타입, 발신자의 지식, 발신자의 의사전달 능력, 예측과 스케줄의 정확성, 그리고 그룹 내 다른 사람들의 스케줄 준수율과 같은 것이 있다. 점유율과 함께 상담사 당 처리된 콜은 서비스수준과 스케줄 준수율이 좋지 않을 때 사용하는 것이 더 좋다.

해결책은 이 목표를 제거하고, 대신에 스케줄 준수율과 품질에 더욱 중점을 두는 것이다. 처리된 콜은 프로세스와 대기자의 속성의 맥락 내에서 자연히 해결될 것이다.

(4) 콜당 비용 vs 프로세스 개선

콜당 원가를 계산하는 다양한 방법이 있지만, 가장 기본적 공식은 일정기간의 전체 원가를 전체 콜수로 나누는 것이다. 일반적 견해에 의하면, 콜당 원가가 낮을수록 더 좋은 것이다. 그러나 원가를 상승시키는 변수에 따라서는 콜당 원가가 증가하는 것은 좋은 사인이 될 수도 있다. 예를 들면, 다른 부서와의 좋은 협력은 고객이 센터를 콘택트해야 할 회수를 줄여줄 수 있다. 그 결과 고정원가가 더 줄여진 콜에 할당되어, 콜당 원가를 상승시킨다. 그러나 시간소비와 재업무를 줄이는 것은 변동원가를 낮추기 때문에 전체 원가는 시간에 걸쳐 줄어든다.

(5) 서비스수준 vs 서비스수준

넓게 배포된 벤치마킹 보고서는 최근 서비스수준에 대한 한 개의 표준을 설정하는 것은 문제를 일으킬수 있다는 것을 제시한다. 왜냐하면 20초 안에 80%가 대답되는 서비스수준을 설정한다면, 20초 이상을기다려야만 하는 20%의 영향을 간과하기 때문이다. 제안된 해결책으로는 2개의 표준을 가지는 것이다.첫째는 80%의 콜이 20초 안에 대답되는 것과 둘째는 나머지 20%는 50초 안에 대답되는 것이다.

(6) 서비스수준 vs 평균 응답 속도

비슷한 문제는 서비스수준과 평균 응답 속도(ASA) 둘 다를 위한 목적을 설정하는 것에 기인한다. 예를 들면, 서비스수준 목표는 20초 안에 콜의 90%를 대답해 주는 것이고, ASA 목표는 15초이다. 비록서비스수준과 ASA 계산은 같은 데이터 셋에 근거할지라도, 그것들은 매우 다른 속성을 갖는다. 둘 중한 개를 선택해야지 둘 다를 위한 목표를 세우지는 말아야 한다.

(7) 자원 vs 미션

아마도 가장 흔하고 늘상 반복되고 있는 양립할 수 없는 목표는 자원과 미션 사이에 있다. 예를 들면,너무 많은 할 일과 너무 적은 사람, 가지고 있는 자산과 성취하도록 요구되는 것 사이에 괴리가 생길수 있다. 이러한 문제는 콜센터 경영진의 중심부로 올려져서 자원을 작업량과 매치되도록 해야 한다.잘 관리된 콜센터의 특징은 지속적 관점에서 이용가능한 자원과 바람직한 결과 사이의 양립할 수 없는사항을 파악하고 분류하는 능력이다.

어떤 누구도 의도적으로 상충되는 목표를 세우지는 않는다. 그러나 많은 상호 연관된 활동과 프로세스, 무작위적인 콜도착의 속성, 그리고 대리행렬을 고려할 때 그렇게 하기가 쉽다. 중요한 관리적 책임은 상충되는 목표를 제거하여 가장 중요한 사항에 중점을 두는 데 있다.

제3절 | 보 상

● 핵심 포인트

• 잘 구성되고 실행된 보상 프로그램은 상담사의 지속적인 동기부여와 생산성에 큰 영향을 미친다.
• 보상 프로그램의 잠재적인 문제는 고객만족도를 간과한 채로 목표에만 너무 집착하게 할 뿐 아니라 팀워크의 저해 및 상담사들 간의 협력 부재 등을 포함한다.
• 보상은 생산성 혹은 정성적 측정뿐만 아니라 개인 혹은 팀의 결과에 근거할 수 있다.

콜센터 매니저는 지속적으로 상담사의 성과와 생산성을 향상하기 위해 노력해야 한다. 만약 매니저가 이런 면으로 성공하고자 한다면, 직원에 대한 동기부여는 필수적이다. 매니저가 직원들에게 지속적인 높은 수준의 동기부여를 장려하고자 할 때 가장 좋은 방법은 효과적이고, 잘 구축된 보상 프로그램이다.

좋은 보상 프로그램은 기초 급여를 경쟁적 관점에서 대체하는 것이 아니라 보완하도록 만들어져야 한다. 각각의 인센티브는 구체적인 콜센터 혹은 조직의 목표의 성취와 연계된 행위에 대해 보상이 주어져야 한다. 예를 들면, 구체적인 서비스수준을 달성하고자 하는 콜센터는 스케줄에 굳건한 충성심을 보이는 상담사에게 보상하는 것을 고려할 수 있다.

콜센터는 이러한 목표가 고객기대치와 부합하도록 해야 한다. 예를 들면, 처리한 콜횟수, 평균 통화 시간 등과 같이 단지 생산성을 기준으로 인센티브를 부여하는 콜센터는 그들의 목표는 달성했지만, 결국 질적 수준이 낮아지고 고객이 떠나는 현상을 초래한다.

보상 프로그램의 효과성을 향상시키기 위해서 매니저는 직원으로부터의 유인동기를 구해야 한다. 상담사들은 무엇이 그들을 동기 부여하는지 그리고 그들을 고무시키는 인센티브의 형태에 어떤 요인이 장애가 될 수 있는지를 알고 있다.

1. 보상의 유형

보상은 다양한 형태와 크기를 갖는다. 때때로 인센티브는 상담사의 전체 보상액 중 아주 일부분만을 차지할 수도 있고, 상당한 부분에 기여할 수도 있다.

잘 수행되었을 때 콜센터에 많은 효과성을 가져올 수 있는 보상의 형태는 다음과 같다.

(1) 성과급(Merit Pay)

좋은 성과의 결과로 개인의 기본급여가 인상되는 것이다. 성과 평가 기간 동안에 상담사에게 전달되며 그 액수는 반드시 콜센터에 대한 상담사의 상대적 공헌도와 부합되어야 한다.

(2) 금전적 프로모션

기본급여와 완전히 구분되는 일시에 주어지는 금전적 보상이다. 금전적 프로모션은 상담사나 팀이 구체적인 콜센터 목표를 성취했을 때 주어진다. 또한, 상담사가 단기간의 목표를 위해 전념하도록 격려하기 위해 주어지기도 한다. 예를 들면, 매니저는 상담사들이 특별홍보기간 동안에 특별 상품을 팔 때마다 재빨리 현금으로 보상하기도 한다.

(3) 비금전적 프로모션

일회성으로 좋은 서비스나 판매 혹은 지원활동에 대한 인식의 차원으로 상담사나 팀에게 비금전적으로 보상하는 것이다. 흔히 이용되는 보상은 작은 선물, 영화티켓, 저녁식사 쿠폰, 휴가, 상품을 살 수 있는 포인트 등이 있다. 상담사에 대한 보상의 다른 형태는 그룹미팅에서 구두로 감사하는 마음을 표시하거나, 회사 뉴스레터에 기사화해주고, 특별한 트레이닝 세션에 참석시켜주거나 자격증 등을 수여해 주는 방법이 있다.

(4) 수당(Commissions)

판매 목표에 일치하거나 초과된 부분에 대해 금전적으로 지급하는 방식이다. 판매 상담사는 수당만 지급받기도 하고 혹은 급여에 수당이 결합되어 지급받기도 한다.

최근 ICMI 연구에 따르면, 가장 흔한 보상 유형은 다음의 그림처럼 나타난다.

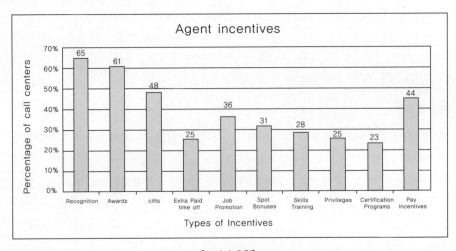

[보상의 유형]

2. 팀별 보상 VS 개인별 보상

(1) 팀별 보상의 장점

보상 프로그램은 팀에 기초하거나 혹은 개인에 기초할 수 있다.

① 팀 구성원이 같은 목표를 가짐에 따라 팀의 단결력을 강화시킨다. 결과에 대한 주인의식은 그룹 내 상담사들이 협동을 하도록 격려한다.

② 팀 목표를 콜센터와 조직 전체의 목표와 일치시킴으로써 성과의 일치성을 강화한다.

③ 몇 명의 개인보다는 전체 성과 성공과 더 밀접히 연결된 더 높은 수준의 목표를 설정하여 향하도록 한다.

(2) 개인별 보상의 장점

개인별 보상은 매니저가 팀 구성원들로부터 좀더 높은 성과를 이끌어내고자 할 때 종종 사용된다.

① 개별적으로 보상된 성과는 앞으로도 반복된 성과를 이끌도록 만든다.

② 콜센터 내의 평등을 달성하도록 한다(개인들의 성과를 측정하고, 그 성과를 기반으로 보상한다).

③ 개인들은 그들의 목표를 충족하기 위해 다른 사람들에게 의지하지 않는다.

④ 상담사의 자신감과 임파워먼트를 향상시킨다.

보상 프로그램은 신중히 계획되어 수행된다면, 종업원의 도덕성과 유지율뿐만 아니라 콜센터와 상담사의 성과, 고객 만족도에 지대한 영향을 미칠 수 있다. 오늘날 경쟁사회에서 매니저들은 콜센터 내에 강력한 보상 프로그램의 영향을 간과해서는 안 된다.

노조(Union)가 있을 경우 고려할 점

노동조합이 구성된 콜센터의 매니저들은 종종 보상의 방법에서 제약을 받는다. 계약을 작성할 동안 종업원에게 명백한 구조를 설계하도록 조합의 리더와 함께 일하되, 매니저에게 적절히 상담사를 동기부여 할 수 있는 권한을 부여하도록 계약을 맺는 것은 중요하다. 물론, 그 계약이 일단 성사되면 보상 프로그램은 계약에서 명시한 사항에 따라 구축되어야 한다.

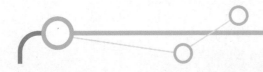

3. 물질적 보상 프로그램의 장단점

대부분의 콜센터 전문가들이 잘 구성된 보상 프로그램이 상담사 성과를 이끌 수 있다는 긍정적인 측면만 보는 경향이 있다. 많은 센터들은 객관적 목표와 표준을 성취한 상담사들에게 추가적 보상 혹은 비금전적 보상을 베푸는 등의 전반적인 프로그램을 개발하여 실행해 왔다.

(1) 장 점

성공적인 보상 프로그램은 다음과 같은 잠재적인 혜택이 있다.

① 콜센터와 조직이 주요 성과 목적을 결정하여 충족시킬 수 있도록 도와준다.

② 상담사들에게 중요한 사항과 그렇지 않은 사항에 대해 명확하게 말해준다.

③ 높게 성취한 개인 혹은 팀에게 더 많은 돈을 벌 수 있는 기회를 제공하므로 이직률을 낮춘다.

④ 체계화되지 못한 보상 모델에 내재하는 주관성을 줄여준다.

⑤ 회사가 얻은 만큼 보상한다는 인식을 심어준다.

⑥ 상담사들에게 직무를 흥미롭고 도전적인 것으로 인식하도록 만든다.

(2) 단 점

만약 신중히 실행되고 평가되지 않는다면, 몇몇 보상프로그램은 정성적 측면과 효과성 면에서 목표를 달성하는 데 장애물이 될 수 있다. 다음은 잠재적인 문제를 나열했다.

① 상담사들은 고객만족보다는 성과달성에 너무 지나치게 초점을 맞출 수 있다. 예를 들면, 개인별 보상 프로그램은 팀워크를 저해할 수 있다.

② 조직은 비효율성의 원인에 초점을 맞추기보다는 지속적으로 향상되는 결과를 위해서만 보상 프로그램을 사용하게 될 수도 있다.

③ 슈퍼바이저는 보상 프로그램이 상담사가 필요로 하는 모든 동기부여를 제공할 것이다라는 가정하에 코칭과 개발에 관심을 많이 기울이지 않을 수 있다.

④ 상담사가 보상 프로그램에 몰입하게 되면 이를 제공하지 않는 프로젝트나 임무는 성공적으로 실행하기 어렵게 된다.

4. 효과적인 보상 프로그램의 핵심 규칙과 요소

(1) 콜센터 전문가들이 효과적인 보상 프로그램을 계획할 때 고려할 사항은 다음과 같다.

① 치밀한 사전 계획 없이 바로 실행된다면 실패할 확률이 높다.

② 생산성만 강조하는 보상 프로그램은 질적인 부분과 고객 만족도를 하락시킬 수 있다.

③ 질적인 부분만 강조하는 보상 프로그램은 서비스수준과 전반적인 콜센터의 효율성을 떨어뜨릴 수 있다.

④ 팀보상과 개별 보상의 병행은 그 프로그램에 대한 상담사의 수용도를 매우 향상시킬 수 있다.

⑤ 대부분의 직원은 더 좋은 결과에 대한 높은 급여를 매력적이라고 느낀다. 그러나 보상 프로그램에 비금전적 보상이나 인정 등과 같은 방법 또한 포함시켜야 한다.

⑥ 상당한 액수를 지급하는 보상 프로그램은 바꾸거나 제거하기에는 어렵다.

⑦ 보상받은 성과는 다시 반복될 확률이 높다.

⑧ 콜센터는 미션과 고용된 상담사들의 형태가 각기 다르다. 따라서 한 센터에서 효과적인 방법이 다른 센터에서도 효과적일 거라고 말할 수 없다.

(2) 보상 프로그램이 성공적이기 위해서는 매니저는 다음과 같은 요소들이 존재한다는 것을 인식해야 한다.

① 경영진과 중역의 동의

중역들에게 잘 실행된 보상 계획이 성과와 수익을 향상시키고 이직과 관련된 비용을 얼마나 삭감시킬 수 있는지를 분명히 설명한다.

② 상담사의 동의

상담사들이 보상에 대해 얼마나 설레는지, 즐거워하는지, 공정하다고 느끼는지 등 감정에 대해 상담사를 탐색한다.

③ 명확히 정의되면서도 쉽게 계산이 가능한 형태

각 개인이 언제 보상을 받고, 그 보상 크기는 어느 정도인지 알기 쉬워야 한다. 이는 주관적 대우에 대한 직원들의 불만을 낮추고, 참여율을 향상시킬 수 있다.

아무리 잘 계획되고 실행된 보상 프로그램도 굳건한 리더십 자질이나 핵심 관리지침을 대체할 수는 없다. 보상 프로그램은 효과적인 매니저의 성과 향상을 위한 방법의 일면에 지나지 않는다.

효과적인 인센티브 프로그램을 개발하기 위한 12단계

수행하고자 하는 보상 프로그램의 형태에 상관없이, 직원들을 동기 부여시키고, 원하는 성과를 얻기 위해서는 다음과 같은 12단계를 밟아야 한다.

1. 보상 프로그램의 목적과 목표를 분명히 하라.
2. 프로그램을 계획하고 디자인할 팀을 만들어라.
3. 계획 프로세스와 스케줄을 만들어라.

4. 연간 예산을 편성하라.

5. 이전의 보상과 인정에 관련된 정책들을 조사하고, 다른 콜센터의 정책을 살펴라.

6. 팀과 직원 미팅, 그리고 포커스 그룹 조사 등을 통해 직원들로부터의 피드백을 구하고, 많은 이를 동기 부여시키는 요인과 동기를 떨어뜨리는 요인을 파악하라.

7. 목적과 목표를 충족시킬 수 있는 프로그램과 평가의 대상과 시기, 지표, 점수화 방법 등을 디자인하라.

8. 테스트 해 보아라. 원하는 목적에 합당한지 알아보아라. 상담사, 팀리더, 그리고 슈퍼바이저에게 피드백을 구하라. 프로그램에 참여 할 직원 관점에서 평가해 보아라.

9. 필요로 되는 부분에서 프로그램을 수정하라.

10. 어떻게 프로그램을 공표하고, 유인을 만들고, 보상자를 알릴 지에 대해 의사소통 전략을 구축하고, 자주 질문되는 사항에 대한 답변을 포함한 기타 지원할 수 있는 자료들을 함께 준비하라.

11. 프로그램을 실행하라. 주도면밀히 관찰하라. 참가자들이 참여하는 데 주춤한다면, 그 이유를 분석하라.

12. 결과를 평가하라. 기대했던 결과를 얻었는가, 만약 그렇지 않다면 이유가 무엇인가, 상담사에게 피드백을 구하라. 그들이 좋아한 부분과 그렇지 않은 부분은 무엇인가, 이렇게 발견된 점을 다음 인센티브 프로그램에 보완하도록 하라.

제4절 ▌성과 평가 동기부여

○─ 핵심 포인트

- 콜센터 매니저가 높은 수준의 직원 열정과 지속적으로 향상하고자 하는 욕구를 장려하는 환경을 창조하고, 지속시키는 데에 도움이 될 수 있는 몇 개의 동기이론이 있다.
- Herzberg의 위생동기이론(Hygiene-motivation Theory), Locke의 목표설정이론(Goal-setting Principle), 직무특성이론(Job Charac Teristics Theory), Maslow의 욕구단계설(Hierarchy of Needs)이론
- 높게 동기부여된 작업 환경을 만드는 책임은 사실상 콜센터 매니저에게 있다.
- 상담사가 고객응대를 잘 하고, 지속적으로 발전하도록 고무시키는 환경을 만들어가는 과정에서 매니저들이 참고해야 할 많은 실무지침이 있다. 이러한 실무지침은 훈련, 코칭·피드백, 승진, 인정·보상, 그리고 임파워먼트, 팀워크와 같은 주요 요인들 주변에 늘 존재하고 있어야 한다.

성공하기 위해서 콜센터 매니저는 높은 수준의 직원 열정과 지속적으로 향상하고자 하는 욕구를 장려하는 환경을 창조하고 유지해야만 한다. 콜센터에 적절히 적용되었을 때 매니저가 그런 건강하고 동적인 환경을 창조·유지하도록 도와줄 수 있는 몇 개의 동기이론이 있다.

1. Herzberg의 2요인(Two – factor)이론

심리학자 Frederick Herzberg는 위생-동기이론을 1950년대와 1960대에 고안했다. 그는 연구에서 동기요인이라 불리는 것으로 직업에 대한 만족감에 직접적으로 영향을 미치는 요인과 위생요인이라 언급되는 것으로 만약 충족되지 않으면 단지 불만족만을 야기시키는 요인들을 정리했다. 불만족을 제거하기 위해서는 위생요인에 중점을 두어야 하지만, 그 요인 자체로는 직원들을 동기 부여시킬 수는 없다. 동기요인이 더 높은 직무 만족을 낳을 수 있는 요인이다.

(1) 동기요인에 대한 예

① 일 그 자체

상담사가 전체 조직에 대해 콜센터와 상담사의 직위가 얼마가 가치있는지를 이해하도록 하라. 상담사가 고객만족과 수익창출에 기여하는 그들의 역할을 완전히 이해할 때, 좀더 자긍심과 헌신적 마음을 가지고 일을 수행하려 할 것이다.

② 인 정

잘 수행된 일에 대해 인정을 해 주고 긍정적 피드백을 제공하는 것은 엄청난 동기요인이다. 인정한 부분을 더 공표화할수록, 상담사는 더 동기부여가 될 것이다. 따라서 기업 전체적으로 긍정적 경험과 결과를 공표하도록 하라.

③ 성 취

피드백 세션과 성과 평가 기간 동안에, 상담사에게 시간이 흐름에 따라 그들이 얼마나 향상되었는지를 보여주어라. 진보하고 성취한다는 느낌은 매우 동기부여를 해서 또 다른 결과를 만들 것이다.

④ 책임감

트레이닝을 수행함으로써 책임감과 그것의 가치에 대한 강한 느낌을 전달하도록 하라.

⑤ 성장하고 승진할 기회

아무리 훌륭한 상담사라도 기능 발전과 경력 진보에 대한 기회가 없다면, 빨리 의기소침해 질 것이다. 콜센터 내에서 승진을 할 기회를 주는 기능과 경력경로 프로그램을 시행하라.

(2) 위생요인의 예

① 보 상

만약 급여가 비슷한 콜센터에서 제공되는 수준과 비슷하거나 초과하지 않는다면, 혹은 그들이 콜센터를 위해 희생했다고 느끼는 수준을 따라가지 못한다면, 높은 이직률을 발생시킬 것이다.

② 회사 정책과 절차

모니터링, 스케줄에 대한 충성도, 출석 등과 같은 것에 대한 명확한 정책과 절차가 없다면, 주관적 대우에 대한 불만이 콜센터 내에 쌓이게 된다. 명확한 정책과 절차가 적소에서 잘 시행되고 있고, 상담사들이 그 사항에 대해 잘 인지하고 이해하고 있음을 확인하도록 하라.

③ 직무안정성

상담사는 그들이 기대치에 충족되기 위해 열심히 노력한다면, 그들의 직무는 안정성이 있다는 것을 알 가치가 있다. 이 점을 그들에게 명확히 하도록 하라. 계약직의 경우에는 고용의 명확한 기간에 대해 정직하고, 이와 관련된 사항을 알려야 한다. 직무안정성에 대한 상담사 간의 두려움과 의심은 그들이 제공하는 서비스에 큰 영향을 미칠 것이다.

④ 슈퍼바이저와 동료와의 관계

협조와 팀워크가 잘 이루어지는 환경을 만들어라. 열린 의사소통을 권유하라. 상담사, 슈퍼바이저 그리고 매니저 사이의 일치감은 도덕적인 면에 큰 영향을 미치고, 결과적으로 동기부여와 성과에 영향을 미치게 된다.

⑤ 작업환경

건강한 팀 위주의 환경에 더하여 콜센터의 외적 디자인에도 신경을 써라. 열악한 인체공학, 조명, 그리고 공간구조가 상담사들이 떠나도록 할 수 있으며, 이로 인해 서비스가 악화될 수 있다는 연구보고가 있다.

⑥ 개인적 생활

콜센터의 목표가 중요하지만, 상담사의 개인적 삶 역시 중요하다. 비유연적인 스케줄과 지나친 오버타임은 직원들의 동기를 하락시켜 서비스수준에 심각한 피해를 주게 될 것이다.

⑦ 직 위

만약 상담사가 그들 자신을 그냥 단지 전화를 받는 사람으로 여기고, 콜센터를 무의미한 운영활동으로 본다면, 성과는 저조해 질 것이다. 상담사가 일하는 것을 자랑스러워 할 수 있고, 조직의 다른 구성원들이 일을 하고자 하는 곳으로 인식되도록 하는 긍정적 콜센터 문화를 창조하는 것은 콜센터 매니저의 몫이다.

⑧ 피드백

긍정적이든 부정적이든 정기적으로 피드백을 주지 않는 것은 상담사들에게는 아무 상관하지 않는다는 의미로 해석된다. 이는 매우 전염성을 가져서, 상담사들 사이에 지시어는 고객에게까지 전파될 것이다.

⑨ 목 적

분명한 목표와 성과 기준이 없다면, 상담사는 그들에게 기대되는 것이 무엇인지 모르게 된다. 이는 직원에게 좌절감을 야기시키며, 콜센터 내의 리더십에 대해 의심을 하게 된다.

2. Locke의 목표설정

Edwin Locke는 목표설정이론을 설명하기 위해 몇 권의 책을 썼다. 동기는 목표 지향적이므로, 분명하고 도전적이되 성취할만한 목표를 부여함으로써 상담사에게 동기부여를 할 수 있다고 언급한다. 상담사와 함께 협력적으로 목표를 설정한다면 효과는 훨씬 강화될 수 있음을 명심하라. 그들이 느끼기에 명백하고 달성 가능한 목표가 무엇인지, 그리고 그들의 통제권 밖에 있는 요인은 무엇인지를 결정하기 위해 직원에게 인터뷰나 서베이를 하라.

목표를 성취해 가는 과정에서 빈번히 피드백을 주는 것은 동기부여 성과를 강화하는 데 큰 역할을 한다. 상담사에게 정기적인 코칭과 피드백을 주도록 하고, 그들의 참여를 물어야 한다.

3. 직무특성이론

Richard Hackman과 Greg Oldham은 1976년에 직무특성이론을 제안했다. 3단계의 모델은 심리에 영향을 미치는 중요한 직무 성격을 나타냈었고, 이는 효과적이고 동기가 부여된 결과에 영향을 미친다.

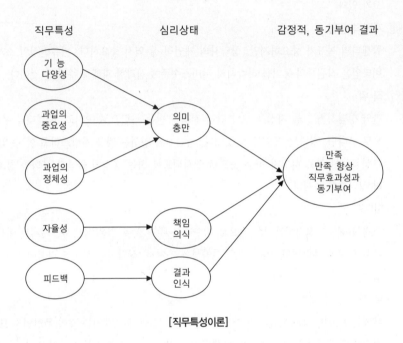

[직무특성이론]

이러한 핵심 요인을 포함한 직무는 직원 만족도를 더욱 높이는데, 이는 동기부여 성과에 직접적으로 연결된다. 핵심 직무 성격은 다음과 같다.

(1) 기능 다양성

직원들은 다양한 범위의 임무와 다양한 기능과 능력을 사용하는 직무에 의해 동기부여가 된다. 상담사를 단순히 전화를 처리하는 사람으로만 보지 말아라. 그들이 전화와 관련 없는 재미있는 활동이나 팀에 기초한 프로젝트 등을 병행할 수 있도록 하라. 지속적인 훈련과 새로운 기능 습득을 위한 기회를 마련해 주어라.

(2) 과업의 중요성

직원들은 어떤 한 임무가 완성되어 가는 과정을 보고, 나중 결과에 대해 책임을 질 수 있는 기회를 원한다. 상담사에게 프로젝트와 책임을 부여 받은 일에 대해 주인의식을 가질 수 있도록 임파워하라. 그리고 그들의 성공을 공개적으로 인정해주어라.

(3) 과업의 정체성

직원은 그들의 일이 다른 이에게 어떻게 영향을 끼치는지를 알기를 원한다. 상담사에게 그들의 일이 고객의 만족과 안녕뿐만 아니라 콜센터와 조직전체의 성공에 어떻게 영향을 미치는지를 보여주어라.

(4) 자율성

직원이 더 많은 독립성, 자유, 책임감을 가질수록 그들은 더욱 동기부여가 된다. 상담사가 문제를 해결하고, 의사결정을 하도록 임파워되고, 최소한의 감독 아래에서 중요한 프로젝트에 합류할 수 있는 팀에 기반한 환경을 수행하도록 하라.

(5) 피드백

상담사가 자율성을 좋아하는 반면에, 그들은 또한 명백하고 일관성 있는 피드백을 받는 것도 좋아한다. 상담사에게 성과 평가 기간뿐만 아니라 정기적인 코칭과 피드백 세션 동안에도 그러한 정보를 제공하도록 하라.

4. Maslow의 욕구단계설

Abraham Maslow는 1943년에 인간의 동기에 관한 이론을 펼쳤다. Maslow의 욕구단계설에서는 개인적 동기부여는 계층화된 욕구를 충족시키고자 하는 바람에 의해 창출된다고 언급한다. 그는 아래와 같은 욕구의 계층을 전개했는데, 기본적 욕구에서 가장 복잡한 수준으로 전개된다.

더 낮은 수준의 욕구는 개인이 더 높은 수준의 욕구에 참여할 수 있기 전에 반드시 충족되어야 한다. 더 낮은 수준의 욕구는 계속적으로 만족된 상태에 있다. 경영진은 더 낮은 수준의 욕구가 충족되도록 해야 하며, 모든 직원이 더 높은 수준의 욕구를 충족시킬 수 있는 기회를 제공해야 한다.

경험적 연구는 처음 3단계의 기본적 욕구에 대해서는 증명을 했지만, 4번째와 5번째 수준인 존경과 자아실현에 대한 욕구는 아직 연구가 되지 않았다.

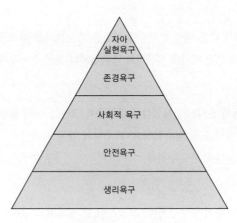

[매슬로의 욕구 5단계]

5. 고도로 동기화된 환경 만들기

격려적이고, 동적인 콜센터 환경을 만드는 것은 상담사의 동기부여 부분에서 핵심이다. 매니저가 그러한 긍정적 환경을 만들고 유지하기 위해 노력하면 할수록 상담사가 그들의 일과 고객에게 헌신하여, 매우 열정적이고 높은 성과를 거둬들일 수 있는 확률이 높아진다.

[상담사의 동기부여 극대화의 조건]

(1) 전반적인 초기 훈련 프로그램을 실시하라.

상담사가 매우 높은 수준의 자신감과 열정으로 콜센터에서 일을 시작하도록 하는 데 있어서 이는 필수 사항이다. 견고한 훈련 프로그램은 신입사원에게 콜센터가 인력자원에게 기꺼이 투자를 하고 있으며, 그들을 성공시키는 데 대해 많은 정성을 기울이고 있다는 것을 보여준다. 신입 상담사를 배치하기 전에 그들이 성공적으로 모든 주요한 훈련을 받았고, 통제된 환경하에서 일반적인 고객 관계를 다루는 어느 정도의 경험을 하도록 하라. 준비되지 않은 채로 상담사를 업무에 파견시키면, 자신감을 무너뜨리며 이로 인해 이직이 증가하게 된다.

(2) 적절한 코칭과 피드백을 제공하라.

신입사원이든 숙련자이든 상관없이 상담사는 일관성 있게 높은 수준에서 일을 수행하기 위해서 지속적인 격려와 안내, 그리고 지원을 필요로 한다. 슈퍼바이저나 매니저는 상담사들의 강점을 칭찬하고 어떻게 발전할 지에 대한 의견을 제공하기 위해 그들과 만나야 한다. 정기적인 코칭과 피드백은 콜센터가 상담사들의 성공과 발전에 늘 관심과 정성을 기울인다는 것을 보여준다.

(3) 도전적이지만 획득 가능한 목표와 표준을 세우기 위해 상담사와 함께 일하라.

목표설정은 탑-다운 방식이 되어서는 안 된다. 가장 중요하면서도 적절한 성과목표를 결정하기 위해 상담사의 경험과 지식을 이용하라. 그들의 참여를 권유함으로써 상담사의 몰입을 장려하여 조직에 대한 그들의 가치를 더욱 높이 평가하도록 이끌 것이다.

(4) 의미 있게 인정을 표현하라(공개적으로 표현하라).

상담사들은 경영진이 그들의 어려운 일과 성공에 대해 알기를 원한다. 상담사가 최선을 다하도록 하는 보상과 인정 프로그램을 실시하라. 팀성과 뿐만 아니라 개인적 성과도 알도록 노력하고, 이를 회사 뉴스레터나 메모 등을 이용하여 전 사원이 알도록 하라.

(5) 상담사 간에 강한 팀워크를 형성시키도록 노력하라.

상담사는 거의 대부분의 시간을 그들의 작업장에서 홀로 고객과의 거래를 다루면서 보낸다. 고립감을 느끼는 것을 막기 위해서는 상담사가 그룹소속감을 느낄 수 있도록 도와주는 것은 매우 중요하다. 팀을 주축으로 한 환경을 구축하는 것과 같은 것에 의해 실행될 수 있다.

(6) 상담사들이 지속적으로 그들의 능력을 신장시키도록 만들어라.

상담사들은 지속적인 관점에서 그들의 기능과 지식을 발달시키도록 격려되지 않는다면, 침체될 수 있다. 그들에게 지속적인 훈련과 경력 경로 기회들을 제공하는 것은 콜센터 매니저의 임무이다. 콜센터에게 도움이 되는 주요 기능을 획득함으로써 그들의 보상을 증가시키는 기능급 프로그램을 고려해 보아라. 그러한 프로그램은 동기부여에 매우 효과적이다. 상담사는 더 많은 돈을 벌 기회를 획득할 뿐만 아니라 지속적으로 그들의 능력을 확장시켜 나갈 수 있으며, 이는 그들의 업무에 다양성을 증가시켜 이직률을 낮출 수 있다.

(7) 상담사가 그들의 창의력을 활용할 수 있는 기회를 마련해 주어라.

하루 종일 전화기 옆에서 일하는 것은 심지어 가장 헌신적인 상담사에게도 기력소진을 야기시킬 수 있다. 상담사들이 그들의 재능을 활용할 수 있는 프로젝트를 위해 일하게 함으로써 단조로움을 깨라. 예를 들면, 화술에 매우 능한 상담사는 미팅에서 프레젠테이션을 맡도록 하고, 글을 매우 잘 쓰는 상담사는 회사 뉴스레터에 칼럼을 기고하도록 하라. 이런 기회들은 얼마든지 만들 수 있으며, 이러한 시도는 상담사의 동기부여에 매우 큰 영향력을 발휘한다.

(8) 상담사 직위에 대한 이미지를 상승시켜라.

상담사가 콜센터, 조직, 그리고 고객에게 얼마나 큰일을 하고 있는가를 알도록 하라. 상담사는 조직의 매우 중요한 부분에 위치한다. 어떤 다른 직원도 상담사만큼 수익 창출과 보유, 운영비용과 고객 충성

도에 영향을 미치지 못한다. 이러한 점을 상담사들에게 명백히 알리고, 질 좋은 서비스에 대해 설명을 해주고, 스케줄을 잘 지키는 것이 콜센터에 얼마나 극적인 효과를 가져오는지에 대해 알려주어라.

(9) 상담사가 프로젝트와 고객관계에서 주인의식을 가질 수 있도록 임파워하라.

콜센터 매니저가 숙련된 직원을 대하는 데 가장 좋은 방법은 그들 스스로가 일을 하도록 놓아주는 것이다. 상담사들은 권한이 부여되고, 의사결정하고 일이 완성되어 가는 과정에서 깊은 신뢰가 주어질 때 그들의 진정한 가치에 대해 깨닫게 된다. 더 증가된 상담사의 자신감, 성과, 그리고 콜센터와 고객에 대한 헌신처럼 이것이 낳을 수 있는 결과는 거대하다. 상담사들이 긍정적 자율성을 발달시킬 수 있는 팀에서 프로젝트를 시행하도록 고무시켜라.

(10) 센터가 노련한 상담사로 적절히 구성되어 있음을 확신시켜라.

콜센터 매니저는 예측과 스케줄링에서 전문가가 되어야 한다. 지속적으로 직원이 부족하거나, 혹은 미숙한 직원들로 팀이 이루어진다면, 고객과 상담사 모두가 좌절하여 흥미를 잃도록 만들 것이다.

(11) 직원 만족도 서베이 혹은 인터뷰를 시행하라.

상담사들이 그들의 업무에 대해 만족하고 있는지를 알아보는 것만으로도 콜센터 내의 동기부여를 강화시킬 수 있는 방법이다. 이는 상담사에게 그들의 복지와 의견에 대해 회사가 관심을 갖고 있다는 것을 보여준다.

(12) 우수하고 열정적 직원의 모델이 됨으로써 더 발전할 수 있도록 격려하라.

매니저의 리더십 기능은 상담사의 동기부여에 있어 매우 중요하다. 매니저가 그냥 한 행동도 상담사들은 따라 할 수 있다. 상담사에게 우수한 성과는 과연 무엇인지 말하기보다는 일관성 있는 행동을 통해 몸으로써 보여주어라.

(13) 사람들이 그들이 하는 일을 즐길 수 있는 작업환경을 만들어라.

본래 콜센터의 작업환경은 역동적이고 도전적이다. 그러한 분위기는 관리가 잘 되지 못할 때는 직원들에게 짐스러울 수 있다. 하지만 잘 관리된다면, 그러한 에너지는 상담사 사이로 흘러서 헌신적 분위기를 형성한다. 매니저는 상담사들이 그들의 일을 자랑스러워 할 수 있는 환경을 구축하기 위해 노력할 때 직원 동기부여와 성과의 수준을 높일 수 있다.

제5절 ┃ 저조한 성과에 대한 태도

○─ 핵심 포인트

• 콜센터 매니저가 저조한 성과를 대하는 방법은 동기 부여되고 지속적으로 향상하는 팀과 윤리성 측면과 더불어 지속적인 저조한 성과를 내는 팀 사이에서 차별화를 시킬 수 있다.

• 전형적인 성과 문제는 다음과 같이 2가지로 분류될 수 있다.
  - Can't do(직원은 그 임무를 효과적으로 수행하는 데 능력이 부족하다)
  - Won't do(직원은 임무를 효과적으로 수행하는 데 동기부여 정도가 부족하다)

• 모든 콜센터의 징계 프로그램은 다음과 같은 기본 관행을 포함해야 한다.
  - 콜센터 직원들이 따라야만 하는 규칙에 대해 명확히 의사전달하기
  - 콜센터에서 발생하는 구체적인 징계케이스에 포함된 사실들에 대한 문서화
  - 일관성 있고 편견 없는 징계적 행동

성과는 개인의 능력, 동기부여, 상황과 환경 요인의 함수이다. 이 세 가지 요소 모두가 성과 평가 시 고려되어야 한다. 상황적 요인은 기구, 프로세스, 인식·보상 프로그램, 경영진의 지원, 조직문화, 자료의 질, 기능, 직원들 간의 협력 그리고 감독의 질 등을 포함한다. 이런 요인들이 불충분하거나 비효과적이라면 직원 성과와 고객 만족에 큰 파장효과를 미친다. 이런 요인들은 직원들의 통제 밖이며, 직원이 아니라 경영진에 의해 확실시 되어야 한다는 것은 매우 중요하다.

1. 저조한 성과의 이유

콜센터 내의 저조한 성과의 일반적인 이유는 다음과 같다.

(1) 직원의 지식, 기능 혹은 능력의 부족

(2) 조직적 혹은 상황적 장애

(3) 콜센터 내의 인센티브의 부족 혹은 비효과성

(4) 종업원의 낮은 동기

(5) 성과에 대한 피드백의 부족

(6) 알려지지 않은 성과에 대한 기대치

2. Can't do vs Won't do

저조한 성과를 대하는 데 중요한 사항 중 하나는 직원들이 문제시 되는 임무를 할 수 없는가와 하려고하지 않는가를 잘 구별하는 것이다. 다음의 표는 위와 같은 각각의 상황에서 취해질 수 있는 조치들이다.

[Can't do' vs Won't do]

구 분	Will	Won't
Can	문제가 없다.	직원들을 동기 부여시킬 수 있는 방법을 협력적으로 모색하라.
Can't	훈련시키고, 피드백을 주고, 연습할 기회를 주어라.	그 직원이 그 임무에 적합한 지를 결정하고, 만약 그렇지 않다면 그 사람에게 다른 임무를 찾아보아라.

3. 저조한 성과를 관리하는 데 대한 지침

매니저가 저조한 성과를 다루는 데 대한 지침은 다음과 같다.

(1) 상황을 즉시 처리하라.

성과가 하락하는 것을 알자마자, 직원들에게 건설적인 피드백을 주는 것을 시작하라.

(2) HR(인사관리) 팀으로부터 지원을 구하라.

HR 팀은 성과와 관련된 문제를 처리하는 데 훈련된 전문가들이기 때문에 효과적인 피드백을 제공하는 데 대한 귀중한 충고를 주어서 행동적 변화를 촉진시킬 수 있다.

(3) 개인이 아닌 행동을 비판하라.

구체적인 행동에 대한 건설적인 비판을 한다면 이는 직원들이 고쳐야 될 부분을 볼 수 있도록 도와준다. 그리고 만약 잘 실행이 되었다면 그들로 하여금 자신감과 동기부여 정도를 높일 수 있다. 그러나 한 개인으로써 직원을 비판한다면, 그 직원에게 분노, 좌절, 무능력감을 느끼도록 야기시키는데, 이러한 것들은 성과향상을 위해서는 핵심적 요소들이므로 무시될 수 없는 사항들이다.

(4) 확신감을 심어주고, 바람직한 행동상을 보여주어라.

특정 행동에 대한 부정적인 피드백과 한 개인에게 가지는 긍정적 확신감 사이에서 균형을 맞추는 것은 매우 중요하다. 긍정적인 행동들을 칭찬하는 것은 비판에 의해 무력화되는 것을 막아줄 수 있다.

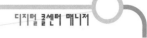

(5) 직원의 성과를 다른 직원들과 비교하는 것을 피하라.

"메리는 할 수 있는데, 왜 너는 못해?"와 같은 언급은 해서는 안 된다. 직원들의 개인적 잠재능력과 그들이 콜센터를 돕기 위해 향상될 수 있는 면에 좀더 중점을 두는 것이 좋다.

(6) 원하는 기대치에 대해 알리고, 행동에 대한 계획을 협력적으로 세워라.

행동계획은 직원들이 중점을 두어야 할 부분, 목적을 달성하기 위해 필요로 되는 단계들에 대해 세부적으로 만들어져야 한다. 그 계획은 또한 콜센터가 직원들을 지원해 줄 수 있는 부분도 명시해야 한다 (슈퍼바이저나 팀의 리더와 함께 하는 훈련과 코칭 세션).

(7) 모든 대응치, 관찰치, 입력변수와 대화 등을 기록하라.

정확히 현재시점까지의 피드백을 유지하고 성과 파일을 만들어라.

(8) 시스템적인 문제에 대해 중역 경영진에게 계속 알려라.

중역 경영진들은 자원을 분배하고, 고용관행을 수정하고 다기능적 프로세스를 향상시키기 위해서는 지속적이거나 빈번히 발생하는 문제에 대해 알아야만 한다.

(9) 현실적이어라.

일부 직원을 해고할 수 있다.

효과적인 리더십의 테스트 사항 중의 하나는 다음과 같다. "저조한 성과를 내는 사람들을 어떻게 관리하는가?" 각 개인이 그들의 저조한 성과를 향상시킬 수 있는 기능을 발달시킬 수 있도록 돕기 위해서 매우 정밀한 접근법이 요망된다. 저조한 성과를 내는 직원들은 계속해서 질 낮은 서비스를 제공할 뿐만 아니라, 조치된 행동의 부족으로 높은 성과를 내는 직원들까지 동기가 감소되기 때문이다.

4. 징계 규칙과 관행

징계는 규칙 위반, 받아들일 수 없는 성과 혹은 다른 방해적 행동 등에 기인해 한 직원에 대해 취해질 수 있는 공식적인 조직적 행동이다. 이것은 매니저가 힘을 과시하기 위한 수단이 아니라, 직원들이 콜센터의 적정성과를 유지하기 위해 행동변화를 필요로 한다는 것을 보여주기 위해 사용될 수 있는 수단이다.

(1) 징계를 야기시키는 전형적 상황

① 받아들일 수 없는 성과

② 낮은 참여 혹은 태만

③ 성추행 혹은 다른 이의 복지 성과에 부정적 영향을 줄 수 있는 행위

(2) 직원을 징계하는 프로세스

점진적 징계는 콜센터에서 가장 많이 사용되는 프로세스이다. 각 연속적인 위반에 대해 엄격성을 높이는 일련의 벌칙 등을 계속적으로 준다. 전형적인 점진적 징계 프로세스는 다음과 같은 것을 포함한다.

① 첫 번째 위반 : 말로써 경고하기

② 두 번째 위반 : 글로써 경고하기

③ 세 번째 위반 : 정지

④ 네 번째 위반 : 해고

각 위반 후에, 직원은 그의 행동을 고칠 수 있는 특정 시간이 주어져야 한다. 만약 위반된 행동이 지속된다면, 그에 대한 처벌은 더욱 강화된다. 매니저는 이런 프로세스의 모든 부분에 대해 말로써 경고를 주는 것도 포함해서 문서화해야 한다.

(3) 직원 해고에 대한 이유

각 조직은 즉각적 직원 해고에 대한 본인의 독자적인 의사결정 모형이 있지만, 가장 공통된 이유들을 종합하면 다음과 같다.

① 직무시간 동안 음주

② 불순종 혹은 반항

③ 도둑질 혹은 사기 등과 같은 불법적 행동

④ 다른 이에게, 특히 경쟁사에게 기밀제공

⑤ 작업장 내에서의 폭력

05장 성과 관리 결과의 활용

제1절 ┃ 보고와 커뮤니케이션

○─ 핵심 포인트

- 성과 관리 결과를 이해 관계자들에게 잘 전달하기 위해서는 보고와 커뮤니케이션 체계 수립이 중요하다.
- 콜센터 운영성과를 효과적으로 파악하기 위해서는 잘 설계된 보고체계를 갖추는 것이 중요하다.
- 콜센터 이해 관계자별로 핵심 관심사항이 다르므로 대상에 맞는 커뮤니케이션 전략을 수립하고 실행하여야 한다.

콜센터도 전체 조직의 일부이므로 성과 관리 결과에 대한 체계적인 보고가 매우 중요하다. 보고와 커뮤니케이션은 콜센터 이해관계자들이 콜센터 운영성과를 쉽게 파악할 수 있도록 알기 쉬운 형태로 보고서의 형식과 내용을 정의하고 이를 각 이해관계자에게 적절하게 전달하기 위한 방법에 대한 것이다.

1. 보고

(1) 보고와 관련된 용어

① 이해관계자 : 임원, 관리자, 팀장, 슈퍼바이저, 상담사

② 형식 : 표, 그래프, 텍스트

③ 내용 : 지표의 종류, 가공 여부

④ 화면 실시간 모니터링, 주기적인 문서 인쇄, 주기적인 파일 전달 등

⑤ 보고, 커뮤니케이션 주기

⑥ 보고, 커뮤니케이션 채널

(2) 보고의 기능

① 실시간 성과 모니터링을 통해 실시간 대응 가능

② 운영 목표 달성을 위한 필요 자원의 조정

③ 상담사 동기부여

④ 스킬 향상을 위한 코칭

⑤ 문제 해결을 위한 근본 원인 분석 지원

⑥ 경향, 추세의 파악

⑦ 임원 및 타부서의 의사결정을 위한 데이터 제공

⑧ 교육 필요점 탐색

⑨ 상벌의 근거

⑩ 개선 활동의 효과 측정 및 분석

보고를 위해서는 전체적인 보고서 양식과 보고 주기와 대상에 따른 프로세스 계획을 수립 한다.

(3) 보고서의 주요 목록

① 보고서명

② 보고서 작성 목적

③ 보고서 구성 내용(측정지표, 분석될 정보 내용 등)

④ 보고서 양식(템플릿)

⑤ 정보의 소스

⑥ 보고서 수령 대상, 보고 대상

⑦ 작성 및 보고 주기

⑧ 보고 및 커뮤니케이션 방법

⑨ 보고서 작성 책임자

일반적으로 슈퍼바이저는 보고서 작성을 위한 관리지표 데이터를 제공하고, 보고서 작성 자체는 통계 담당이 처리하나 때에 따라서 슈퍼바이저가 보고서 작성까지 같이 하는 경우도 있다.

(4) 주기별로 운영 보고 형태

① 일일 운영 보고

　㉠ 상담사 근태

　㉡ 콜현황 : Inbound, Outbound, E-Service, 세부 그룹별 콜현황, 상담사별 콜현황

　㉢ 주요 운영 현황

② 주간 운영 보고

　㉠ 기본적으로 일일 운영 보고와 동일 형태

　㉡ 주간 상담사 근태

　㉢ 주간 콜현황 : 인바운드, 아웃바운드, 요일별 콜현황

　㉣ 주요 운영 현황 및 개선 사항

③ 월간 운영 보고

    ㉠ 당월 운영 현황 및 익월 운영 계획

    ㉡ 월별 콜현황

    ㉢ 콜 추세 분석 (주별, 일자별, 시간대별, 요일별)

    ㉣ 고객의 소리 유형별 정리

    ㉤ 상담 품질 평가

    ㉥ 상담사 사기진작 활동현황(월간 프로모션 현황)

    ㉦ 업무 제안

④ 비정기 보고

    ㉠ 긴급 : 시스템 장애, 업무량 폭주, 문제의 소지가 있는 고객의 클레임 등

    ㉡ 기타 : 운영 계획의 변동, 시스템 지원 요청, 이직 및 충원 내역, 클레임 처리현황, 고객이 요청한 업무수행 결과 등

2. 커뮤니케이션

어떤 콜센터는 문에 들어서자마자 에너지를 느낄 수 있다. 그것은 많은 형태를 지니는데 작업자로서의 자부심, 열정, 공동체의 느낌, 일체감 그리고 추가적인 노력을 위한 의지 등이다. 콜센터를 방문해 보면 모든 사람들이 사명이 무엇인지 알고 있으며, 모두들 동일한 목표를 향해 나아간다. 수많은 공장들은 다양한 환경에서 살아가고 있으며, 이때 효과적인 의사소통은 중심적인 역할을 한다.

(1) 조직 내 커뮤니케이션의 주요 원칙

의사소통은 사람들에게 의미를 창조하고 그들이 나아갈 방향을 제시한다. 모든 형태의 조직들은 조직의 저명한 연구가인 Warren Bennis가 지적한 의미의 공유와 현실의 해석이라는 상황 아래서 조직에 유용한 조정된 행동이 무엇인가에 달려있다. 좋은 의사소통이 결여되면, 다음과 같은 징후가 예측된다. 목표의 불일치, 불명확한 가치, 오해, 조정의 결핍, 혼란, 낮은 도덕성 그리고 사람들은 요구된 최소한의 일만 수행하게 된다. 비록 문화와 의사소통의 스타일은 다양하지만, 오늘날 높은 가치를 실현한 콜센터 사이에 항상 지적되어온 12가지의 중요한 원칙들은 다음과 같다.

① 긍정적인 문화를 창조한다.

문화(굳어져 버린 원칙들이나 조직의 가치)는 행동을 이끌고 더 나아가 지원도 하지만 학습에 있어 어렵고 힘든 길을 걷게 하고, 효과적인 의사소통을 붕괴시키기도 한다. 불행하게도 지원하는 문화를 창조하는 효과적인 어떤 형식은 없다. 하지만 많은 콜센터의 경영자들은 조직의 문화를 형성하

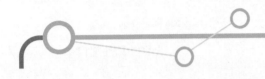

는 데 리더십의 책임이 가장 중요하다는 것에 동의하고 있다. 그들은 문화가 운명적으로 나타난 것으로 믿지 않는다. 결과적으로 그들은 조직과 그 소속 구성원들을 이해하는 데 과도한 양의 시간을 소비한다. 이런 이해는 조직의 상층부에서 직원들의 만족과 불만족, 그리고 이들의 의사소통에 관한 정보를 집적함으로서 온다.

긍정적 문화의 가장 뚜렷한 부분의 한 가지는 비전과 사명이 잘 알려져 있고 잘 이해된다는 것이다. 왜 콜센터가 존재하는가? 무엇을 성취하기 위해 일을 하는가? 직원들을 위한 것이 무엇인가? 고객과 조직을 위한 것이 무엇인가? 불행하게도 어떤 이유들로 인해 소수의 사람들만이 조직의 사명이나 비전 선언문의 창조과정에 참여하기 때문에 행동들에 대한 영향은 거의 없어왔다.

직원들이 비전에 합의할 수 있도록 참여시켜야 한다. 직원들을 참여시켜 비전을 개발하고 모든 직원들이 쉽게 비전에 접근할 수 있도록 공표하며, 직원들과 함께 정기적인 대화와 축하를 함으로써 비전을 실현하는 방향으로 조직을 발전시키는 행동들이 포함되어야 한다.

직원들이 지리적으로 널리 분포되어 있을 때, 긍정적 문화의 설립은 특히 도전을 받게 된다. 여러분의 집단에 분포되어 있는 사람들은 문화 창조의 출발점을 서로 다르게 알 수 있다. 따라서 모든 사람들이 동일한 시간에 중요한 정보를 얻고 있으며 마찬가지로 중요한 의사결정에 참여하는 것으로 믿을 수 있도록 하는 것이 무엇보다 중요하다.

② 구조와 정책들은 의사소통을 확실히 지원한다.

조직의 구조는 사업단위와 부서 그리고 개개인들의 일정한 책임과 역할로 정의된다. 조직의 설계는 끊임없이 조직의 힘을 발휘하기 위해 의사소통 채널과 여러 가지 규약들, 그리고 확립된 권위적 명령계통을 이용한다. 계층적 구조에서 각 기능들은 목표의 상충과 제한된 자원을 차지하기 위한 경쟁이 벌어지기도 한다. 보다 협력적인 조직의 낮은 계층의 실무자들은 믿음직스럽게 활동하고 친절한 의사소통을 함으로써 환경을 조장하는 데 도움을 준다.

정책들과 절차들은 신용과 의사소통에 영향을 준다. 예를 들어 단점이 있거나 처벌을 하는 모니터링과 코치 프로그램들은 불신을 일으키는 경향을 보인다. 이것은 조직이나 절차의 일부분을 실행하는 사람이 비신뢰적인 접근을 하기 때문이다. 그러나 사실은 신뢰를 기반으로 한 프로그램들은 의사소통을 고무시키고 개인과 조직이 성장하고 잘 생활할 수 있도록 도움을 주는 데 기여하고 있다.

③ 두려움으로부터 벗어난다.

효과적인 의사소통이 번창한 고성과 문화의 탄생은 또한 두려움으로부터 벗어남을 의미한다. 이와 관련된 것으로 작고한 W. Edward Deming의 열정적이고 특별한 그의 말년의 'Fourteen Points'가 유명하다. 가끔 공포는 경영자들에 의해 인식되지 않은 형태로 다가온다. 예를 들어 만약 개인적인 성과결과를 정기적으로 보고하도록 한다면 직원들은 자신들의 통계수치를 조작하거나 체계화된 속임수를 쓰게 된다. 근본적으로 그들은 아마 조작된 수치의 보고서보다 실제로 산출된 보고서를 더 두려워하게 된다. 이것이 Deming이 말한 두려움이다.

물론, 사람들은 이런 두려움 때문에 정직하지 못하거나 책임이 없는 일들을 하기도 한다. 그러나 이것들은 이성적인 위험을 감수하기 위한 두려움이나 효과적인 리더가 기존의 것을 파괴하여 더욱 근면하게 일하도록 하기 위한 건설적인 갈등으로부터 오는 두려움과 다른 잘못된 종류의 두려움이다. 두려움은 효과적인 의사소통을 억제한다.

④ 조직원들의 지식을 유지한다.

고성과 조직의 리더들은 조직원들이 가지고 있는 지식에 관심을 기울인다. 그들은 좋거나 혹은 나쁜 모든 소식을 적극적으로 공유한다. 이것은 효과적인 의사소통을 방해하는 유언비어를 최소화하고 정확한 의사소통이 가능하게 한다. 이것은 또한 신용의 환경을 조성하는 데 기여한다.

널리 알려진 Peter Senge의 유명한 학습조직의 개념은 그의 저서 『The Fifth Disipline』을 통해 "어디에서나 사람들은 자신의 진실된 욕망의 결과를 창조하고자 지속적으로 자신들의 역량을 키우고, 새롭고 가치 있는 사고패턴을 교육받고, 자유스럽게 총체적인 야망을 설정하며, 다른 사람들과 함께 어떻게 배울 것인가를 지속적으로 학습한다"라고 기술하였다. 공유된 정보는 조직학습을 하는 데 공헌하는 기본요소이며, 효과적인 의사소통의 근간이 된다.

⑤ 공식적 또는 비공식적 의사소통 채널을 개발한다.

효과적인 경영자들은 공식적이고 비공식적인 의사소통 채널 모두를 잘 다스린다. 의사소통의 형식은 회보, 미팅, 게시판, 전자메일, 음성메일, 포스터, 인트라넷 그리고 비공식적인 복도 미팅을 포함한다. 그러나 사명과 가치는 대화와 일치하지 않을 수도 있다. Bennis는 "리더십은 미래의 예측 가능성을 기반으로 한다"고 하였다. 믿음은 그 사람의 미래, 즉 사람들의 지위가 알려지고 누가 그것을 얻게 되는가하는 그 사람의 미래를 믿는 것이다. 따라서 리더는 구성원들의 지위를 분명하게 하고 스스로 인식할 수 있도록 믿음을 주는 사람이다.

의사소통의 공식적 수단의 한 가지는 일선 근로자와 경영자 사이에서 근로자의 만족도 조사이다. 최고의 콜센터들을 검색하고 그 결과를 분석해보면 지속적으로 만족도가 개선되어 왔음을 알 수 있다. 조사결과는 직원들이나 특수한 문제 해결을 위한 팀들을 뒤돌아보게 하는 정보를 가지고 있다. 그래서 지난 흔적들과 의사소통되었던 것들은 그 문제를 해결하는 방향으로 발전한다.

⑥ 적합한 의사소통 수단을 확립한다.

개인들과 팀들이 의사소통의 기술능력을 적절히 갖는다는 것은 원활한 의사소통을 위한 환경에서 필수적이다. 전화, 이메일, 인트라넷, 그리고 협의회나 회의 같은 도구들은 유효하면서도 조직에 양립할 수 없는 거대한 잠재력을 제공한다. 나아가 조직에 맞는 주소와 숫자를 통해 디렉토리를 만

들어 즉시 사람들에게 그들이 필요로 하는 기본적인 정보를 제공하고 의사소통이 중요하다는 원칙을 강조하기 위한 심벌을 만든다.

이메일 의사소통채널이 최근에 급속히 폭발적으로 증가한 것이 그 좋은 이유라고 하겠다. 이메일은 동일한 정보를 집단의 각 개인들에게 전달하는 효율적인 방법이며, 그리고 모든 수취인이 논평과 질문을 볼 수 있도록 하며, 미래에 과거의 자료를 추적해 참조할 수 있게 한다. 그럼에도 불구하고 이메일은 면대면 의사소통의 필요성을 점차 축출하여 왔다. 지역적으로 분산된 환경에서 면대면 모임은 신뢰를 쌓기 위한 오래된 방법으로 남게 될 것 이다.

⑦ 의사소통의 약속을 개발한다.

모든 기술의 벨소리나 휘슬소리도 의사소통을 방해하기도 한다. 효과적인 의사소통은 우선순위나 적절한 응대를 위한 규정을 필요로 한다.

㉠ 긴급한 메시지는 바로 응답하라.

㉡ 일반적 메시지는 24시간 안에 응답하라.

㉢ 긴급하지 않는 메시지는 응답할 필요가 없다.

이메일 메시지는 묘사적인 제목, 신문의 스토리와 같이 헤드라인을 첫 번째로 하고 주요 포인트를 두 번째, 그리고 필요한 부가설명을 그 뒤에 써야 한다. 일방적 의사소통의 한 가지 방법으로, 예를 들면 이메일은 사람들에게 특히 그들의 성과와 관련된 잘못된 정보를 제공해서는 안 된다. 사람 간의 미팅이나 전화 또는 비디오 화상회의와 같은 것들은 즉각적인 상호작용을 요하는 종류들이지만, 이것들은 보다 심각하고 감정적으로 부담을 주게 되는 문제를 제공할 수도 있다.

⑧ 불필요한 관료주의를 제거한다.

경영 컨설턴트로 존경받는 Peter Drucker는 "우리가 경영이라 부르는 것은 사람들이 일을 수행하는 데 어려운 것들로 이루어져 있다"라고 말했다. 리더들은 정기적이고 신중하게 여러 가지 방법을 동원해서 불필요한 위계와 관료화의 영향력을 최소화하기 위한 방법을 찾는 것이 중요하다. 이는 생산적인 의사소통을 용이하게 하기 위한 가장 중요한 단계 중 하나이다. 그리고 이것은 부서 간의 장벽을 제거하거나 최소화함으로 교차적 기능 직무(Cross-functional Task)를 수행하는 콜센터의 구성원들을 도와주는 역할을 한다.

⑨ 사업과 목표에 관한 끊임없는 대화는 진보한다.

흐릿한 목표와 애매하게 정의된 과업은 생산성과 근로의욕을 떨어뜨린다. 팀의 목표나 개개인의 목표(콜센터의 목표)는 가능한 뚜렷해야 한다. 프로젝트는 시작점과 끝점이 명확하게 정의되어야 한다. 프로젝트 또는 장기목표는 필요로 되는 자원을 식별하고 개인들의 직무 상태나 그들의 성과 결과와 상호 관련된 것들을 파악하기 위해 Gantt Chart와 흐름도(Flow Chart)와 같은 도구들을 이용한다. 구성원들을 과업집단의 사명에 초점을 맞추어주기 위해 도움이 되는 질문들은 우리는 어디에 있는가, 우리의 목표에서 얼마만큼 떨어져 있는가, 다음의 과업은 무엇인가 등이다. 그들은 조직의 명령과 계획들을 실천해가는 동안 몇 가지 중요한 변화들을 경험하게 될 것이다.

⑩ 활동적이고 정상적으로 청취한다.

청취는 의사소통을 고무시킨다. 리더들은 직원들의 이야기를 두루 수렴할 수 있어야 하며 그들에게 아이디어를 제시할 수 있는 기회를 주어 자신들이 소유주와 같은 느낌이 들도록 하여야 한다. 청취는 다양한 예측을 고취시키고 개인적인 성장에 도움을 주며 조직 내에서 공동체를 형성하는 데 도움을 준다. 적극적인 청취는 사람들에게서 최고의 문화를 이끌어 내는 것을 가능하게 한다. 또한, 리더십에 직접적으로 이익을 가져온다. 위대한 경영자는 다른 사람들이 가지고 있지 않은 내부자원을 가지고 조직구성원들을 이끌어 비전을 창조한다는 신화적 이야기는 흔하다. 그러나 리더십과 전략에 대한 주제를 가진 많은 연구들은 우리의 실정에 잘 맞지 않은 역사적으로 위대한 리더들이 사용했던 비전들을 보여주곤 한다. 리더들은 비전의 발원은 아니지만 이것을 구성원들에게 따르도록 의사소통하고 비전의 형태 중 최고의 비전을 선택하게 된다.

⑪ 체계적이고 협력적인 작업 계획화 프로세스를 확립한다.

우수한 콜센터는 작업량 계획화를 위한 체계적이고 협력적인 접근방식을 가지고 있다. 일반적으로 이 과정은 예측과 충원, 계획, 예산과 관련된 활동들을 포함하고 있다. 조직적인 계획화는 몇 가지 방법으로 효과적인 의사소통에 기여한다. 유용성이 없는 것들은 정보의 몸체가 된다. 예를 들어, 여기에서 이것들을 일의 패턴이라 부르며, 그들이 수행한 결과로서 스케줄이 구조화되었다는 사실을 알 수 있다. 이것은 또한 사람들이 미래를 바라볼 수 있는 힘과 큰 틀의 상황에서 자신의 노동을 파악하도록 한다. 가장 중요한 것은 공식적인 계획화는 가치에 관한 의사소통을 요구하고 자원의 할당, 예산, 작업의 우선순위 등과 관련된 의사소통을 요구할 것이다.

⑫ 지나치지 않도록 한다.

경험이 많은 리더들은 흥미로운 역설에 대해 알고 있다. 너무 많은 대화는 효과적인 의사소통을 방해한다는 것이다. 최적의 대화수준은 반생산적인 의사소통 이후에 나타난다. 너무 많은 미팅과 메모, 회의, 이메일, 토론 등은 그 계획과 처리과정에 있어서 약점의 징후가 될 수 있다. 더 좋은 도구들을 갖고 훈련에 초점을 두며 적절한 권한위임은 과다한 의사소통을 회피하는 데 도움이 된다.

콜센터는 훌륭한 의사소통자들로 구성되기를 원한다. 완전히 의사소통이 콜센터의 사업이기 때문이다. 경영 직원들에겐 의사소통 기술이 효과적인 경영을 위해서 꼭 필요하지만, 콜센터의 직원들에게도 기초가 단단한 의사소통 기술들이 필요하다.

면대면 상호작용에 대한 연구를 살펴보면, 58%가 신체언어를 통해 대화하며, 35%가 언어로서 대화하

며, 7%가 메시지의 콘텐츠를 통한 대화를 한다. 신체언어의 이점이 없는 콜센터의 직원들은 고객들과 접속해야만 한다. 예를 들면 신뢰감을 수립하고 질문을 할 때 상대방의 속을 캐내서 읽는 방법을 알게 된다. 직원들은 의사소통의 실패를 최소화하기 위해 고객에게 최대한의 이점을 안겨주기 위한 음성과 톤과 말의 비율을 변환하고 적절한 단어들을 선택하는 방법을 배워야 한다. 효과적인 의사소통은 효과적인 리더십과 분리할 수 없다. 리더는 오로지 그들의 의사소통 능력을 통해 효과를 얻는다. 효과적인 의사소통의 결과는 비전의 공유로 나타난다. 그리고 사람들은 일련의 가치와 열정, 그리고 공약들을 조정함으로써 눈에 띄는 성과를 달성할 수 있다.

2. 대상별 커뮤니케이션

(1) 상담사 대상 커뮤니케이션

콜센터 매니저가 상담사와 커뮤니케이션할 일은 사실상 그리 흔하지 않다. 콜센터 전체적으로 상담사를 대상으로 하는 커뮤니케이션의 종류에 대해서 살펴보면 다음과 같다.

① 공지 목적의 커뮤니케이션

센터 운영 상황 및 목표에 대한 내용이 주를 이루며, 개인별 스케줄 통보, 상담정보의 갱신(상품가격의 변경, 새로운 마케팅 프로모션 등), 콜센터 프로모션 프로그램의 전달로 주로 조회나 게시판을 이용하거나 또는 메신저나 상담 시스템의 알람 기능을 이용한다.

② 피드백 목적의 커뮤니케이션

주로 성과에 대한 내용이 주를 이루며, 개인 성과 평가 결과의 전달, 성과 표를 통한 커뮤니케이션, 코치를 통한 1 : 1 커뮤니케이션으로 개인 성과는 주로 1 : 1 상담을 통해 비밀스럽게 전달된다. 이때, 성과에 대한 실적만 커뮤니케이션할 것이 아니라 개인별 수준을 고려한 개인별 목표를 사전에 설정해 두고 목표와의 갭과 달성 방법에 대해 커뮤니케이션하는 것이 효과적이다.

③ 성과 향상을 위한 커뮤니케이션

상담사 개인별 특성을 감안한 코칭을 하며 QA부서의 코칭을 지원받거나 교육부서의 영역별 부진자 교육 등을 통해서 코칭한다.

상담사 동기 부여를 위한 면담 등도 해당되며, 공식적인 자리뿐 아니라 비공식적 기회도 병행하여 활용하는 것이 바람직하다.

(2) 팀장 및 슈퍼바이저 대상 커뮤니케이션

① 팀 성과에 대한 피드백

팀 성과는 개인 성과와 달리 공개적으로 다루어지며, 팀장과 커뮤니케이션된 내용은 게시판, 인트라넷을 통해 공유하며 이직률, 상담사 만족도 등 상담사 관리에 필요한 자료의 커뮤니케이션이 중요하다.

- 팀별 성과에 대한 피드백 : 트랜드 포함
- 팀 내 상담사별 성과에 대한 피드백
- 팀 간 비교 자료, 팀별 요약 자료. 주로 요약 표(Table) 형식이 사용됨

[팀별 스케줄 고수율 보고서 사례]

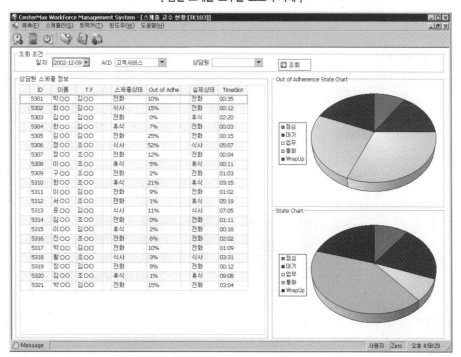

② 센터 전체 성과에 대한 피드백

콜센터 수준의 목표 달성 정도에 대한 정보전달이며 콜센터장, 임원의 방침에 대한 커뮤니케이션이 주를 이룬다.

(3) 센터장 대상 커뮤니케이션

운영 지표의 트랜드를 파악하고 개선점을 도출하기 위한 커뮤니케이션이며, 주로 문서에 의해 보고한다. 실시간 파악이 필요한 정보들은 시스템을 이용하여 모니터링한다.

- 고객접촉의 유형 및 원인 분석
- 전체적인 Traffic 현황 파악 목적
  - 불통율, 서비스레벨, 셀프 서비스 이용율, 콜포기율 등 서비스 관련 지표들의 파악
  - 즉각적인 개선을 위해 배치 파악뿐 아니라 실시간 파악도 중요
- 문의유형별, 팀별, 시간대별 Traffic 현황
- 전체 인원 변동 상황
- 비즈니스 성과 등

[보고서 사례]

① IVR 보고서

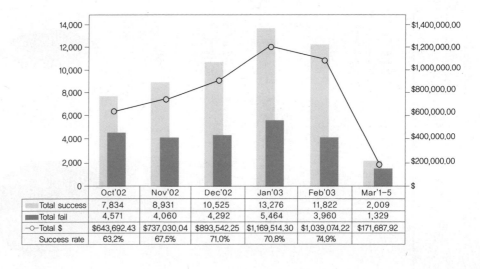

	Oct'02	Nov'02	Dec'02	Jan'03	Feb'03	Mar'1~5
Total success	7,834	8,931	10,525	13,276	11,822	2,009
Total fail	4,571	4,060	4,292	5,464	3,960	1,329
Total $	$643,692.43	$737,030.04	$893,542.25	$1,169,514.30	$1,039,074.22	$171,687.92
Success rate	63.2%	67.5%	71.0%	70.8%	74.9%	

② WFM 보고서

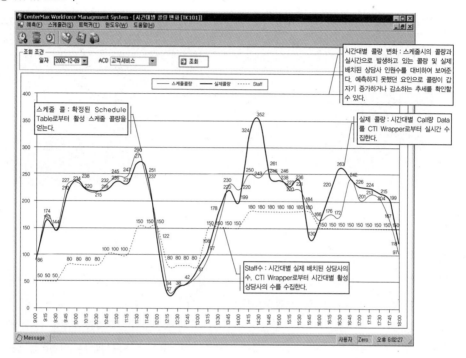

(4) 임원 대상 커뮤니케이션

주로 인원 및 비즈니스 성과에 관한 정보를 위주로 경영적 의사결정을 할 수 있는 판단 근거자료로서 활용될 수 있도록 보고한다. 보고서는 대쉬 보드(Dash Board)의 형식으로 1~2 페이지 내로 작성하는 것이 바람직하다.

- 요약 그래프
- 요약표
- 전월비교
- 목표대비 비교
- 경쟁사 비교

[대쉬보드 보고서 사례]

3. 조회 운영

최소 단위 조장이 상담사와 매일 진행하는 조회에서 콜센터 최고 책임자가 전 직원 앞에서 진행하는 조회까지 주관자별로 주기별로 다양한 조회가 있다.

조회를 진행할 때에는 다양한 소재로 운영하여 지루하지 않게 Fun적인 요소를 도입하고, 참석 대상자 전원이 참석할 수 있도록 유도하며, 팀웍과 공동체 의식을 고취할 수 있도록 회의를 진행하는 것이 좋다. 모든 회의가 마찬가지이지만 조회 역시 정확한 계획하에 실행되고 정해진 시간에 지속적으로 실행이 되도록 유지하는 것이 중요하다.

조회에서 전달한 사항은 사후에 재점검 및 확인하며 제시된 안건은 구체적으로 해결방안을 모색하여 처리하며, 처리결과는 피드백을 하여 조회의 유용성을 높이도록 한다.

(1) 월례 조회

주로 콜센터 장이 진행한다.

① 월별 콜센터 주요사항, 업무내용공지

② 지난달 실적에 대한 공지와 당월 목표공유

③ 신규입사자 및 퇴사자소개, 인사

④ 우수상담사 시상

⑤ 월별주제 설정 후 테마교육식으로 진행해도 좋음(시간경영, 지식경영, 건강경영 등)

(2) 주간 조회

각 팀별 팀장 주관으로 주로 진행된다.

① 그 주 업무의 주요사항, 업무내용 공지

② 지난주 실적에 대한 공지와 금주 목표 공유

③ 특이사항 공지

④ 프로모션 시상

(3) 일일조회

주로 파트장, QAD, SV 등에 의해 진행된다. 일별 주요 사항에 대해서는 교육팀 또는 슈퍼바이저들이 문서로 제작·배포하여 동일한 내용이 전달되도록 하는 것이 중요하다.

① 그날 업무와 관련된 내용을 공지

　[예] Today's Message(업무와 CS내용 기재)

② 전날 결과와 오늘의 목표를 공지하여 목표의식 공유

　특이 사항 공지(시급한 건은 그때그때 공지)

③ 아침기분이 생산성과 통화품질을 달성하는 데 막대한 영향을 끼치므로 상담사의 기분을 전환시켜주는 것이 중요

　[예] 각 팀별로 구호, 발성 연습 등을 실시한다. 분위기 침체가 된 날은 게임을 통해서 분위기 전환, 체조, 명상 등을 시행

④ 3분 스피치를 통한 상담사의 자발적 참여를 유도

　[예] 자유주제(다이어트 기법)

제2절 | 분석 및 개선

○― 핵심 포인트

• 콜센터는 여러 프로세스들이 고도로 상호연결된 시스템이다.
• 개인에 대한 성과 목표와 표준을 설정하는 것은 콜센터 프로세스를 개선하지 않고서는 긍정적 영향을 미칠 수 없다.

콜센터는 많은 프로세스들이 고도로 상호연결된 시스템이다. 그 프로세스의 중심은 주요한 성과 지표일 수 있고, 혹은 다른 측정치 혹은 목표가 될 수 있다. 모든 것이 상호연관되었기 때문에, 성과문제의 원인을 식별하여 측정하는 것은 어렵다. 시스템을 개선시키지 않고서 상담사들에게 품질과 생산성을 향상하라고 권유해 봐야 소용없다. 적절한 방법과 툴 없이, 생산성과 품질적 문제의 원인을 식별하는 것은 매우 어렵다. 발신자에게 불완전한 정보를 주는 것과 같은 반복적으로 어떤 문제가 일어난다고 가정을 해보자. 아마도 그 원인은 데이터베이스 내의 불충분한 정보에 기인할 것이다. 혹은 더 많은 훈련을 필요로 할 수 있다. 아니면, 마케팅과의 협력 부족에 기인할 수도 있고, 부주의에 기인할 수도 있다. 또한 상담사가 만성적으로 오랜 기간동안 근무함에 따라 받는 스트레스에 의할 수도 있으며, 혹은 이러한 원인들이 결합되어 나타날 수도 있다.

1. 품질 개선을 위한 분석 툴

향상시키고, 기회를 잘 이용하기 위해서는 품질을 향상시키기 위한 체계적인 접근방법을 가질 필요가 있다.

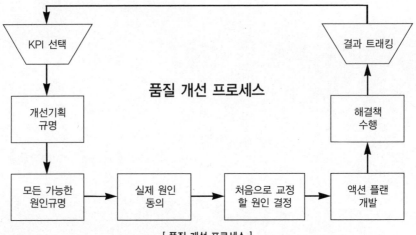

[품질 개선 프로세스]

더 나아가 프로세스를 이해하고, 문제의 원인을 찾아내는 데 유용한 품질 분석과 개선 툴이 많이 있는데, 대표적으로 체크리스트와 작업공정도를 예로 들 수 있다.

(1) 체크리스트(Check List)

프로세스 단계를 리스트하여 꼭 점검해야 할 포인트를 정리해 둔다.

(2) 작업공정도(Flow Chart)

절차를 조사하여 표준화하고, 문제의 원인을 확인하고, 그리고 새로운 프로세스를 계획하는데 사용된다. 작업공정도의 가장 유용한 응용 중 하나는 처리하는 업무의 특정 종류를 분석하는 것이다. 간단한 업무도 많은 단계로 이루어진다. 업무를 이해하기 위해서, 특히 더 복잡한 종류들의 경우 단계별로 무슨 일이 일어나는지 도표를 만드는 것은 필수이다.

응용의 예

- 단계별 업무
- 계획과 운영 프로세스
- IVR과 ACD 프로그래밍
- 중요 절차 등

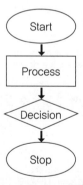

〈자료 : A flow chart is a "map" of a process and is used to analyze and standardize procedures, identify root cauess of problems and plan new processes〉

(3) 인과관계도형 (Cause and Effect Diagram)

연구하고자 하는 원인과 구체적인 결과 사이의 관계를 도표화한 것이다. 인과관계도형은 그 모양 때문에 생선뼈 도형(Fishbone Diagram)이라고도 불리는데 동경대학의 카우루 박사에 의해 1900년대 중반에 처음 개발되었다. 그때부터 세계적으로 알려지고 널리 사용되었다. 도표는 원인과 알고 싶어 하는 특정한 원인 간의 관계를 설명하고 있다. 이 도형에서 사용되어 온 전통적인 원인의 종류는 종종 인력(Manpower), 기계(Machine), 방법(Method), 재료(Material)의 4Ms으로 불린다. 이 네 종류의 변동은 콜센터에 잘 적용된다. 그러나 이 레벨은 단지 제안일 뿐이고 창의적으로 그룹에 적절하게 도움이 되는 것에 중점을 두고 문제 전반에 걸쳐 고민해봐야 한다. 결과를 야기하는 가능한 원인들은 주요 카테고리에서 가지를 쳐서 그려졌다. 마지막 단계는 원인의 순위를 매기고 가장 많이 행하여지는 문제를 첫 번째로 해결하는 것이다.

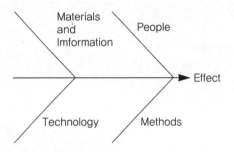

〈자료 : The cause-and-effect diagram illustrates the relationships between causes and a specific effect. Possible causes leading to the effect are drawn as branches off main category〉

인과관계도형을 콜센터 업무개선에 응용할 수 있는 예

- 장시간 콜
- 반복되는 콜
- 일정 준수를 못 지키는 것
- 부정확한 예측 등의 원인을 밝히는 데 활용 가능하다.

(4) 산포도(Scatter Diagram)

산포도는 두 변수의 관계의 정도를 평가하고 가능한 인과관계를 테스트하고 기록하는 데 사용된다. 두 변수 간에 양의 관계가 있다면 점들은 위로 향하는 기울기를 보일 것이다. 음의 관계에서는 아래로 향하는 기울기를 보일 것이다. 점들의 패턴이 직선에 가까울수록 두 변수들의 관계는 밀접하다.

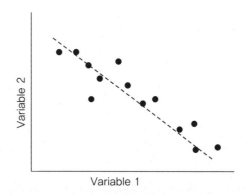

〈자료 : A scatter diagram assesses the strength of the relationship between two variables and is used to test and document possible cause-and-effect〉

콜센터 환경에서의 응용 예제

• 평균 처리 시간 vs 경험 수준
• 평균 처리 시간 vs 발생 수입
• 서비스수준 vs 에러율
• 경험 수준 vs 품질 점수 등의 분석에 활용 가능

(5) 파레토 차트(Pareto Chart)

경제학자 빌프레도 파레토에 의해 만들어진 파레토 도표는 간단하게 이벤트를 중요도나 빈도의 순서로 나타낸 막대그래프이다.

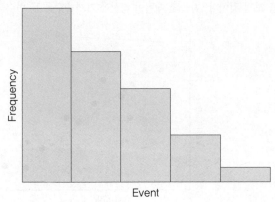

〈자료 : A Pateto chart is a bar chart that ranks the events you are analyzing in order of importance or frequency〉

콜센터 환경에서의 응용 예제

- 종류별 업무
- 종류별 실책
- 고객 데모그라픽에 의한 업무(예 나이, 지역, 고객연도)
- 고객 설문지에 대한 응답 등을 표현하는 데 활용 가능하다.

---

(6) 관리도(Control Chart)

콜센터의 품질 문제가 어렵고 혼란스러운 이유 중 하나는 이들이 복잡한 프로세스의 부분이고 어떤 프로세스이든 간에 이상에서 변동이 있다는 것이다. 관리도는 변동에 대한 정보를 제공하는 툴이다. 크게 특별한 원인과 일상적인 원인의 두 종류의 변동이 있다. 특별한 원인은 산발적이고 예상 밖의 변동을 야기한다. 예상 밖의 선전에 의한 보기 드문 콜이나 간헐적으로 문제를 일으키는 컴퓨터 터미널 등이 특별한 원인이다. 일상적인 원인은 시스템에서의 주기적인 평범한 변동을 말한다.

관리도는 특별한 원인에 의한 혼란을 제거함으로써 프로세스를 통계학적 관리하에 두는 것이다. 그 다음으로 시스템과 전체적인 프로세스를 향상시킴으로써 일상적인 원인을 제거한다. 특별한 원인은 상한관리 한계선이나 하한관리 한계선의 바깥쪽에 나타나거나 한계선 안에서 부자연스러운 패턴으로 점이 찍힌다.

관리도는 문제가 무엇인지는 나타내지 못한다. 대신에 특별한 원인이 어디서 언제 발생하는지를 나타 낸다. 특별한 원인이 제거된 후에는 시스템 자체를 향상시키는 것이 하나하나의 원인에 중점을 맞추는 것보다 훨씬 더 영향이 클 것이다. 시스템의 향상은 전체 프로세스를 옳은 방향으로 이끌 것이다.

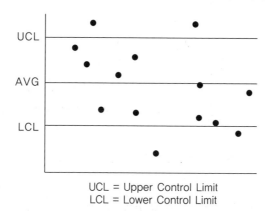

UCL = Upper Control Limit
LCL = Lower Control Limit

〈자료 : A control chart differentiates between two types of variation : random variation and special causes(nonrandom variation). Control charts are based on specific statistical calculations〉

콜센터 환경에서의 응용 예제

• 평균 처리 시간
• 스케줄 준수의 비율
• 에러와 재작업
• 감독 도움을 위한 요청 등의 분석에 활용할 수 있다.

(7) 벤치마킹(Benchmarking)

많은 툴들이 내부의 발전에 중점을 두고 있는 동안 벤치마킹은 특출난 아이디어들이 종종 밖에서 얻어 진다는 것에 중점을 두고 있다. 다른 조직과 비교하여 제품, 서비스, 과정을 측정하는 프로세스이다.

항상 주의할 점이 있다. 한 산업 안에서도 조직들은 서로 다르기에 세계적으로 사용되는 표준들이 보 통 적용되지 않는다는 것이다. 인건비, 고객 데모그래픽, 고객 인내심, 회선과 네트워크의 구성, 업무 시간, 비상근과 상근의 혼합 등은 크게 차이가 난다.

조직들은 종종 성과측정을 다르게 해석한다. 예를 들면, 어디는 서비스수준을 일간 평균으로 측정하고 다른 곳은 월간 평균으로 측정하고, 어느 곳은 특정 범위 안의 목표치를 맞추는 하루 30분간의 숫자로 한다.

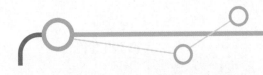

이것을 염두에 두고 잘 구성되고 중점을 맞춘 벤치마케팅 노력은 예측, 처리시간, 서비스수준, 고객 만족도 등과 같은 부분에 상당한 향상을 위해 필요한 정보를 만들어낼 수 있다. 다른 조직에 대비한 상품, 서비스 그리고 절차를 측정하는 과정이다.

2. 6시그마

6시그마는 미국 모토로라에서 근무하던 마이켈 해리(Mikel J. Harry)에 의해 1987년 고안된 프로세스 개선 기법이다. 제조업 생산 현장 중심의 무결함 운동이었던 6시그마는 1995년 GE에서 도입하여 가시적인 성과를 낸 것이 확산의 계기가 되었다.

현재는 전 세계적으로 확산되었으며 국내에는 2000년대에 들어와서 서비스 업종에서도 활발하게 진행되고 있다.

콜센터 분야에서도 일부 기업에서는 6시그마 전담 팀을 콜센터 내에 운영하고 있어 자체 프로세스의 개선 뿐 아니라 관련 부서들의 개선 기회 탐색에도 도움을 주고 있다.

> **6-Sigma**
>
> 모집단의 표준편차를 나타내는 데 쓰이는 통계적 측정 단위를 표현하는 그리스 문자로 데이터의 변동이나 퍼진 정도를 측정하는 데 쓰인다. 시그마가 높으면 높을수록, 프로세스 아웃풋 및 제품, 서비스가 고객 요구사항을 더 충족시키며 불량은 적게 된다.

(1) 6시그마의 5단계

① 정의(Definition) 단계

문제, 기회, 목표에 대한 정의를 하며, 프로젝트 범위 규명 및 역할 분담을 하는 단계로 고객의 요구사항(CTQ)을 파악하여 고객만족을 위한 내부 프로세스를 정의하고 개선 프로젝트를 선정한다.

㉠ 조직에 있어서 Touchpoint 또는 MOT가 무엇인가?

㉡ 각 접촉의 성공에 기여하는 내부 프로세스는 무엇인가, 그것을 하기 위해 얼마나 잘 해야 하는가?

② 측정(Measurement) 단계

품질의 현재수준을 파악하는 단계로 데이터 수집계획을 수립하고, 샘플 채취와 측정에 대한 기술을 팀원들에게 훈련시켜 유효화하기 위한 문제 또는 기회의 양을 측정, 문제의 원인 또는 기회의 근본을 제공하는 수치와 사실을 찾아 계량적으로 규명하는 단계이다.

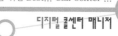

㉠ Control Chart

㉡ Scatter Diagrams

㉢ Pareto Charts, Histograms 등을 이용한 수치에 대한 그래프

③ 분석(Analysis) 단계

문제의 유형과 원인을 규명하는 단계로 불량의 원인을 이해하기 위한 자료를 확보하는 단계이다.

㉠ 원인에 대한 카테고리 : 방법(프로세스), 기계(기술), 인력, 재료(데이터, 지침)

㉡ 분석 방법 : 흐름도 분석, 특성요인도 분석(Fish-bone Cause and Effect Analysis), SIPOC Diagram, Affinity Diagram 분석

④ 개선(Improvement) 단계

프로세스 개선 방안을 도출하는 단계로 브레인스토밍, Action Work-out 등의 기법 등을 활용한다. 문제를 분명하게 확인한 다음 해결하라는 원칙을 이해한다(See Problem, Kill Problem). 이 단계에서는 창조적인 마인드로 해결책의 범위를 넓혀서 최상의 해결책을 결정하는 것이 중요하다. 도입(Implement)시에는 파일롯 프로그램 등을 통하여 단계적으로 도입하여, 잠재적인 문제와 기회를 분석하고, 해결책은 공개하도록 한다.

⑤ 통제(Control) 단계

개선된 프로세스가 지속되도록 관리하는 단계로 개선된 디자인과 절차를 제도화하도록 한다. 고무줄 신드롬(Rubber Band Syndrome)을 기억하여, 프로젝트 이후에 다시 원점으로 돌아가는 일이 없도록 한다. 변화관리를 위한 감시체계를 개발하고 문제해결을 위한 임시 별도계획을 세우도록 한다.

※ 고무줄 신드롬 : 문제가 해결되었다가 다시 발생할 소지가 있음

6시그마를 단계별로 진행할 때의 중점사항

- 실제 문제 해결에 집중할 것
- 4~6개월 이내에 그 성과가 가시화되도록 할 것
- 통계학을 비롯한 다양한 도구와 테크닉을 활용할 것
- 개선된 내용을 지속적으로 유지할 것
- 개선 성과를 전 조직에 전파할 것
- 변화의 촉진자로 활동할 것

[수치에 따른 충족도와 불량률]

시그마	요구사항 충족도	백만개당 불량(품)
2σ	제품이나 서비스의 69.146%가 고객 요구 사항 충족	308,538개
4σ	제품이나 서비스의 99.379%가 고객 요구 사항 충족	6,210개
6σ	제품이나 서비스의 99.9996%가 고객 요구 사항 충족	3.4개

3. 빅데이터 분석

2015년 1월 세계경제포럼(WEF · 다보스포럼) 이후 세계에서 가장 이슈가 되고 있는 키워드는 단연 '4차 산업혁명' 이다. 그 혁명을 일으키는 원동력으로 빅데이터, 인공지능(AI), 자율주행, 드론, 3차원(3D) 프린터 등이 있다. 그 중 기업에서는 빅데이터 활용이 증가하고 있지만 근본적인 빅데이터에 대한 이해가 부족하여 본 강의는 진정한 빅데이터가 무엇인지를 되돌아보고 이제는 맞춤형 데이터인 스마트 데이터를 만드는 방법을 제시한다.

최근 기업에서 가장 중요한 데이터로 여겨지는 고객데이터를 관리하고 실시간으로 직간접적인 교류가 일어나는 콜센터 내의 데이터가 빅데이터 여러 특성을 골고루 갖추고 있다.

그 중 SNS 데이터를 분석하여 진정한 고객의 소리를 찾고, I.O.T를 이용한 고객 센터 상담사들의 행동 데이터를 분석하여 데이터 기반의 인력관리를 하는 사례를 보면서 콜센터에서의 진정한 빅데이터 활용방법과 소셜 네트워크 분석 사이트를 이용하여 키워드만으로 우리가 원하는 데이터를 찾을 수 있는 등 분석 실습에 대한 부분도 보여준다. 주요 빅데이터 분석 방법에는 연관성 분석, 텍스트마이닝, 기계학습, 사회 연결망 분석 등이 있다.

(1) 연관성 분석(Association rules)

장바구니 분석으로 더 잘 알려져 있는 연관성 분석은 여러 번 발생한 거래, 사건 내에서 일정한 규칙을 찾아내는 분석이다. 아웃바운드 마케팅에서 함께 잘 팔리는 상품을 알 수 있다면 크로스 셀링(Cross-Selling)이나 업셀링(Up-Selling), 혹은 고객 맞춤 응대 전략을 세우거나 인바운드 상담에서는 불만 고객 또는 블랙컨슈머와 같은 고객에 대한 유형을 구분하고, 이에 대한 응대 매뉴얼을 작성하는 등에 사용할 수 있다.

연관성 분석의 핵심지표는 SUPPORT(지지도), CONFIDENCE(신뢰도), LIFT(향상도)가 있다. 지지도는 품목 A와 B를 동시에 연관될 확률인 P(A ∩ B)를 나타내고, 신뢰도는 품목 A가 선택되었을 때, 품목 B 가 선택될 확률 즉, P(B | A)를 나타내며 향상도는 A를 선택한 사람이 B를 선택할 확률과 A의 선택과 상관없이 B를 선택할 확률의 비를 말한다,

$$P(B \mid A) / P(B) = P(A \cap B) / P(A)P(B) = Confidence(A \rightarrow B) / P(B)$$

(2) 텍스트 마이닝

콜센터에서 생성, 저장, 재사용하는 정보 중 20% 만이 활용성이 높은 정형 데이터로 구성되어 있고, 나머지 80%는 이미지, 동영상, 소셜미디어, 스프레드시트, 녹취와 같은 복합문서와 인터넷 페이지 등의 비정형 텍스트 형태로 구성되어 있다. 정형데이터의 데이터베이스 검색으로부터 시작한 정보검색

(Information Retrieval)은 비정형 데이터를 위한 검색으로 발전하게 되고 다양한 검색 agent를 이용한 웹 검색으로 발전하게 된다. 그러나 검색엔진들이 너무나 많은 정보를 검색해 주기 시작하면서 검색의 문제는 원하지 않는 정보들 사이에서 유용한 정보를 찾는 것으로 변화하였다. 이와 같은 정보 검색 환경에서 유용한 정보를 효과적으로 찾기 위해서 비정형 데이터인 문서로부터 유용한 정보를 추출하고 가공하는 기술의 필요성이 대두되었다.

데이터 마이닝 관점에서 문서로부터 구조화된 정보를 추출하여 데이터베이스화 시키거나 규칙을 찾아내는 것은 가장 일반적인 응용이며, 사용자가 인터넷 상에서 문서를 찾는 것을 도와주거나 고객 프로파일 의 생성 및 분석, 문서에 쓰인 언어 식별, 대량 데이터베이스에서 문서의 분류 및 군집화, 문서분류 정보를 이용한 문서 재해석, 신문/논문/보고서 요약, 문서 번역, 시계열 정보의 획득을 통한 시장 및 위험도 분석, 문서 색인, 문서 여과 및 추천 대표적 키워드나 토픽 의 추출, 질의응답 시스템 대규모 문서에서의 탐색 등이 가장 대표적인 활용 분야이다.

[텍스트마이닝 분석 시각-워드클라우드]

(3) 기계학습(Machine Learning)

기계학습 또는 머신러닝은 인공지능의 한 분야로, 컴퓨터가 학습할 수 있도록 하는 알고리즘과 기술을 개발하는 분야를 말한다. 1959년, 아서 사무엘은 기계학습을 "컴퓨터에게 배울 수 있는 능력, 즉 코드로 정의하지 않은 동작을 실행하는 능력에 대한 연구 분야"라고 정의하였다.

예를 들어 기계학습을 통해서 수신한 전화번호의 스팸 여부를 확인, 고객의 선호를 학습을 통한 추천 시스템 구축, 승률 예측 등에 활용된다. 기계학습의 핵심은 표현과 일반화에 있다. 표현이란 데이터의 평가이며, 일반화란 아직 알 수 없는 데이터에 대한 처리이다.

최근에는 데이터의 고수준 패턴을 복합적인 다계층 네트워크로 모델링하는 방 법. 딥러닝(Deep Learning)으로 발전되어 문제를 모델링하는 가장 일반적인 방법이며 기계학습 의 가장 어려운 문제를 해결하고 인공지능을 개발하는 중요한 기술로 활용되고 있다.

(4) 사회 연결망 분석 (Social Network Analysis)

사회 연결망 분석은 통신산업에서 처음으로 사용되었다. 그 후, 대인관계를 연구하기 위하여 사회학자들에 의해 빠르게 수용되었고, 지금은 다양한 분야 에서 고객관계 활동을 하고 있는 고객들 사이의 관계를 분석하는 것에 응용되고 있으며, 노드(nodes)는 연결망에서 각 개인을 묘사하며, 연결선(ties)은 각 개인의 관계를 의미합니다. 사회 연결망 분석은 특정집단의 사람들은 어떤 연결관계를 형성하는가. 특정 집단 내에서 중요하거나 영향력이 있는 개인은 누구인가, 두 명의 개인이 연결되기 위한 최소한의 거쳐야 하는 연결 수, 당사 고객의 사회 구조 이해하기 등에 널리 활용되고 있으며 최근 소셜 네트워크 서비스에서 고객의 소리를 수집하고 분석하고 대응하기 위해 특히 불만 고객의 관계성 분석에서 효과적이다.

06장 예측 및 스케줄링 개요

제1절 ▌ 인바운드 콜센터의 특성

> **◯─ 핵심 포인트**
>
> • 인바운드 콜센터는 고객에 의해 업무량이 결정되어 콜센터에서 업무량을 통제할 수 없으며, 이로 인해 인바운드 콜센터의 운영관리는 독특한 특성을 띄게 된다.
> • 인바운드 콜센터는 대기행렬 모형이 적용되는 업무특성을 갖는다.

콜센터에 전화하는 고객은 상담사와 얼마나 빨리 연결되었는가에 따라 만족도가 크게 달라진다. 빠른 응대를 위해서는 많은 수의 상담사를 배치하면 좋겠지만 이런 경우에는 비용이 많이 든다. 그러므로 최소의 인원으로 최대의 효과를 누리기 위해서는 인입 콜에 대한 사전 예측과 예측에 따른 시간대별 상담인력 산정 및 배치가 필요하다. 이 과정의 첫 단추가 예측(Forecasting)이다.

콜센터는 기획과 운영이 거의 동시에 이루어질 만큼 적시성이 필요한 분야이기 때문에 가능한 사전에 정확하게 콜예측을 하는 것이 중요하다.

인바운드 콜센터는 다음과 같은 업무 특성 때문에 콜량의 예측이 중요하다.

(1) 업무량이 외부에 의해 결정된다.

고객의 접촉 시도수에 따라 콜센터의 업무량이 결정된다.

(2) 콜발생은 무작위로 일어난다.

일정 시간 대 콜의 발생 패턴은 예측 가능하며, 이를 통해 특정 시간 범위에 들어올 총 콜수가 예측될 수 있다. 그러나 콜들이 각 시간대 내에서 정확히 언제 들어올 지는 예측할 수 없다.

(3) 센터 현황을 고객이 확인할 수 없다. - 보이지 않는 세상

놀이공원이나 은행의 대기 인원과 콜센터의 대기 인원은 서로 다른 만족 사이클을 가지고 있다. 놀이공원이나 은행 등 대기인원이 줄고 있는 것이 눈에 보일 경우, 시간이 가면 갈수록 만족도가 올라가나 어느 정도 진행되었는지 보이지 않는 콜센터의 경우 대기 시간이 길어질수록 만족도가 떨어진다. 최근에는 시스템의 발달로 어떤 콜센터의 경우 예상 대기시간을 알려주기도 한다.

(4) 서비스 준거가 높다.
콜센터 서비스에 대한 고객의 비교 대상(서비스 준거 집단)은 동종업계 타사가 아니라 업계 전체 최고의 서비스를 제공하는 회사이다.

(5) 주요 고객 접점 채널이다.
해당 기업과 접촉하고자 하는 고객들이 가장 많이 접촉을 시도하는 곳이 콜센터이다.

(6) 대기행렬이론이 적용된다.
상담사수가 증가함에 따라 전체적인 서비스 속도가 향상되기는 하나, 둘 간의 관계가 선형 비례관계를 갖지는 않는다.

대기행렬이론

고객의 도착 시간, 서비스 시간, 유휴 시간 등의 확률을 이용하여 연구하는, 대기행렬에 관한 이론을 말한다. 대기행렬(待期行列)은 어떤 서비스를 받으려는 고객의 도착시간과 서비스시설의 서비스시간이 다르기 때문에 발생하는 것으로, 이들 양자의 불균형으로 대기행렬이 생기거나 서비스시설이 유휴상태가 된다.

대기행렬이론이 적용되는 조건으로는 동일한 업무를 수행하는 복수의 서버(Server), 무작위 인입(Random Arrival), 건당 처리 시간의 확률적 분포 등이 있다.

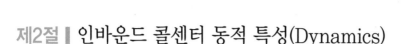

제2절 | 인바운드 콜센터 동적 특성(Dynamics)

> **핵심 포인트**
>
> • 인바운드 콜센터의 업무에 있어서 중요한 불변의 법칙이 있다.
> • 콜량이 동일할 때 서비스 레벨이 올라가면 업무 점유율은 감소하게 된다.
> • 서비스 레벨의 지속적인 향상은 수익체감의 한계에 다다를 것이다.
> • 모든 상황이 동등할 때 공동그룹이 전문화된 그룹보다 더 효율적이다.
> • 일반화(통합)된 그룹과 전문화된 그룹 간에서 완벽한 밸런스를 찾는 것에는 공식이 없다. 그래서 매니저는 너무 전문화되지도 너무 일반적이지도 않은 그룹의 균형점을 찾아야 한다.

인바운드 콜센터는 그 특성 때문에 발생되는 불변의 법칙이 있다. 인바운드 콜센터의 동적 특성(Dynamics)을 이해하는 것은 효율적인 계획 프로세스를 짜고 공정한 기준을 정하고, 정확한 예산을 배분하고 상부 관리자와 콜센터의 업무를 커뮤니케이션 하는 데 있어서 중요한 역할을 한다.

1. 콜센터 불변의 법칙

(1) 서비스 수준(Service Level)의 향상은 업무 점유율(Occupancy Rate)의 감소 초래

이는 서비스 수준과 업무 점유율이 서로 트레이드 오프(Trade-off) 관계임을 의미한다.

업무 점유율은 상담사가 데스크에서 인바운드 상담 업무에 투입되고 있는 시간(Log in Time이라고 함) 중에서 실제로 고객과 상담을 하고 있거나 통화 후 업무(After Call Work)를 처리하는 시간의 비중을 퍼센트로 나타낸 것이다. 즉, 인바운드 업무에 투입된 시간 동안 실제 부가가치가 있는 고객상담 또는 상담 후 처리 업무에 얼마나 투입되었는지를 측정하는 지표이다. 업무 점유율이 낮다는 것은 상담사가 인바운드 전화 인입을 위해 기다리는 통화 대기 시간이 길다는 의미이다.

일반적으로 생각하면 상담사들이 개별적으로 정신없이 바쁘면(즉, 업무 점유율이 높으면) 인당 처리 콜수가 늘 것이므로 서비스 수준이 좋아질 것이고, 따라서 두 수치는 서로 비례관계 일 것이다라고 생각하기 쉽다. 그러나 업무 점유율은 통제 가능한 수치가 아니라, 전반적인 콜센터의 업무 처리 상황에 따라 종속적으로 결정되어 나오는 수치이다. 즉, 서비스 수준이 좋으면, 전반적인 콜처리가 원활하므로 상담사 개인별 업무 점유율은 낮아지고, 서비스 수준이 낮으면 전체적으로 콜이 밀린다는 의미이므로 상담사 개인별로는 처리해야 할 콜이 계속 들어오게 되어 업무 점유율은 높아지게 된다.

다음 그림은 Erlang C 모형을 활용하여 주어진 콜량을 처리하는 데 있어서 투입 상담사수의 변화에 따라 예상되는 서비스 수준, 평균대기시간, 업무 점유율을 계산한 결과 표이다. 이런 유형의 표는 인바운드 콜센터의 예측 및 스케줄링 과정을 설명하는 데 있어서 매우 자주 사용된다.

그림을 보면, 주어진 콜량 환경(30분에 250콜, 콜 당 평균 응대 시간 180초, 평균 업무 후 처리 시간 30초)하에서는 상담사를 34명 투입했을 때 20초 내에 82%의 콜이 응답되는 수준의 서비스 수준을 달성하고, 이때 업무 점유율은 86%를 나타낸다. 상담사수가 30명 수준일 때에는 20초 서비스 레벨이 24% 수준으로 떨어지지만 업무 점유율 수치는 97%로 높아진 것을 알 수 있다. 즉, 전체적인 서비스 수준은 나빠지고, 콜은 밀려 있으므로 개별 상담사의 업무 점유율은 증가하는 모습을 보이게 된다. 이처럼 콜센터의 서비스 수준과 업무 점유율은 Trade-off 관계를 가진다.

Avg. Talk Time : 180 Sec ; Avg. Work Time : 30 Sec ; Calls : 250				
Agents	SL% in 20 Sec.	ASA	Occ.	Trunk load(in hours)
30	24%	208.7	97%	54.0
31	45%	74.7	94%	35.4
32	61%	37.6	91%	30.2
33	73%	21.3	88%	28.0
34	82%	12.7	86%	26.8
35	88%	7.8	83%	26.1
36	92%	4.9	81%	25.7
37	95%	3.1	79%	25.4
38	97%	1.9	77%	25.3
39	98%	1.2	75%	25.2
40	99%	0.7	73%	25.1
41	99%	0.5	71%	25.1
42	100%	0.3	69%	25.0

[서비스 수준]

(2) 수익 체감의 법칙

수익 체감의 법칙은 동일한 환경하에서 추가되는 상담사 한 명당 향상되는 서비스 레벨의 정도가 점점 감소된다는 법칙이다.

그림을 보면 정해진 콜량에 배치된 30명의 상담사가 20초 내에 24%의 서비스 레벨을 나타내고 있다. 이 상태에서 단 1명의 상담사만 추가되어도 서비스 수준이 극적으로 향상되어 45% 수준으로 올라간다.

서비스 레벨이 상당히 낮을 때 큰 폭으로 끌어올리는 데는 오직 4~5명의 상담사가 더 필요할 뿐이다. 상담사 한 명의 추가는 서비스 레벨이 낮을 때는 대기열을 줄이는데 상당히 긍정적 영향을 끼친다. 그러나 계속적으로 증원이 될수록 서비스 수준이 향상되는 정도의 차이는 작게 된다.

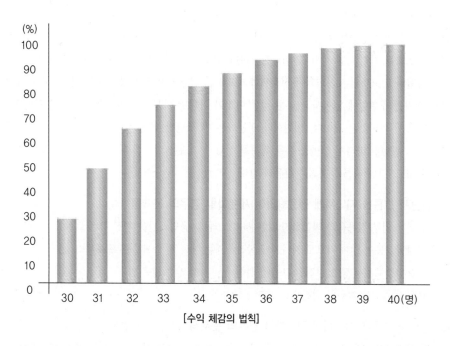

[수익 체감의 법칙]

(3) 인력 통합 운영에 따른 효율성 증대

강력한 풀링(Pooling) 원리에 의하면 자원을 통합하는 방향으로의 모든 움직임은 업무 생산성을 향상시킬 것이다. 반대로 자원 통합의 반대 방향으로의 움직임은 업무 생산성을 감소시킬 것이다. 간단하게 정리하자면 여러 개의 작은 특화된 상담사 그룹을 효과적으로 크로스 트레이닝시켜서 그들을 하나의 스킬 그룹으로 만든다면 업무 생산성이 더 높아지게 될 것이다.

인력을 통합하여 운영하면, 동일 서비스 수준을 달성하면서 동일한 인력으로 더 많은 콜을 처리할 수 있거나, 동일 서비스 수준을 달성하면서 동일한 수의 콜을 더 적은 인원으로 처리할 수 있거나, 동일한 수의 콜을 동일한 인력으로 처리함에도 더 높은 서비스 수준을 달성할 수 있는 장점이 있다.

그러나 무조건적인 인력 통합은 콜센터 운영을 감당할 수 없을 정도로 상담사의 업무를 복잡하게 만들 수 있으므로 적절한 수준의 조화가 필요하다.

2. 통합(일반화)과 전문화의 적절한 조화

풀링 원리(통합 원리)는 전략적 계획의 가장 높은 레벨에서 그룹 간의 오버플로잉 콜에 관한 매 순간의 결정까지 고려해야 하는 사항이다(얼마나 많은 콜센터를 운영해야 하나, 현재의 콜센터들이 어떻게 네트워크되어야 하나).

오늘날의 분명한 경향은 여러 종류의 고객들은 종종 다른 필요와 기대치를 가지고 있고 그에 따라 적성과 기술이 조화된 각기 다른 상담 그룹이 필요하다. 지능형 네트워크와 지능형 교환기의 성능은 콜센터가 자원을 통합하고 고객의 세분화와 우선순위를 매겨서 스킬 기반의 라우팅을 하는 것을 가능하게 해준다.

풀링 원리를 구현함에 있어서 어려운 점은 이것이 아니면 아무것도 아니다라는 식의 단편적인 계획으로 끝나는 것이 아니라는 점이다. 일반화와 전문화는 양 극단만 있는 것이 아니라 정도에 따라 중간 수준의 조정이 가능하다. 따라서 일반화 혹은 전문화 상담사 그룹을 어떻게 나누고 구성할 것인지에 대한 완벽한 공식은 없다. 그에 따른 문제점은 다음과 같다.

(1) 상담사 그룹을 지나치게 전문화하여 세분화할 경우의 문제점

① 낮은 업무 점유율과 적합하지 않은 서비스 레벨, 응답시간을 가진 작은 그룹

② 상담그룹이 많아 지므로 지나치게 복잡해지는 예측 및 스케줄링 프로세스

③ 오버플로우시 당초 지정된 그룹에 의해 처리되지 않는 많은 콜

④ 한정된 업무 범위와 권한으로 인한 상담사의 실망

(2) 상담사 그룹을 지나치게 일반화할 경우의 문제점

① 상담사가 넓은 범위의 상담내용을 다뤄야 하는 데서 오는 필요 이상의 높은 평균처리시간

② 상담사를 업무에 투입시키기 위해 필요한 긴 교육 시간

③ 낮은 상담 품질

④ 너무 많은 것을 알아야 하는 데서 오는 상담사의 좌절

상담사 스킬 그룹을 어떤 수준으로 나누느냐는 전체 콜을 처리하는 처리능력을 극대화하는 데 도움이 되면서 문제점들을 어떻게 잘 조절할 수 있느냐에 달려 있다.

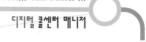

제3절 | 예측 및 스케줄링 프로세스

○— 핵심 포인트

- 인바운드 콜센터의 업무에 있어서 예측 및 스케줄링 프로세스는 관리자가 반드시 기본적으로 알아야 할 중요한 프로세스이다.
- 상담시 필요 인원 계산을 위한 콜량 예측, 예측 결과에 맞춘 상담사수 계산, 배치(스케줄링), 실행 및 수정의 4개 영역으로 구분할 수 있다.

예측 및 스케줄링 프로세스는 인바운드 콜센터에서 인입 콜량을 예측하고 예측된 콜량을 처리하기 위해 필요한 상담인력을 산정하며, 주어진 자원을 효과적으로 배치하는 과정을 통해 고객서비스 레벨을 유지하면서 비용 최적화를 이루는 관리기법을 의미한다.

빠른 접촉을 희망하는 고객들의 니즈를 맞추기 위해 무한정 상담사를 늘릴 수 없기 때문에 이러한 관리기법이 더욱 필요하며, 인바운드 운영관리의 핵심으로 관리자가 반드시 기본적으로 알아야 할 중요한 프로세스이다. 예측 및 스케줄링 목표는 다음과 같다.

- 올바로 예측된 자원들을 올바른 장소와 올바른 시기에 투입함으로서 비용을 최적화한다.
- 상담사의 합리적 배치를 통해 업무 로드를 최적화하고, 이를 통해 근무 만족도를 높인다.
- 예측 및 스케줄링 프로세스는 다음과 같은 9단계를 거치는데 9단계는 크게 4개의 영역으로 구분할 수 있다.

콜량 예측	목표 서비스 레벨 설정, 데이터 수집, 콜로드 예측
상담사수 계산	기본 인력 산출, 회선 산출
스케줄링	RSF(Rostered Staff Factor) 산출, 스케줄 계획
시행 및 수정	실행 및 결과 추적, 차이분석 및 모형수정

(1) 목표 서비스 레벨 설정

목표 서비스 레벨에 따라 필요 인력이 다르게 된다. 설정한 목표 서비스 레벨은 상담사수 계산에서 실질적으로 활용한다.

(2) 데이터 수집

콜예측은 기본적으로 과거 데이터를 기반으로 하는데 과거 데이터를 어느 시스템에서 어떻게 수집하면 되는 지에 대한 내용이다.

(3) 콜로드 예측

하나의 콜을 처리하는 데 걸리는 시간을 반영한 콜로드를 예측한다. 콜처리시간에 따라서 예측한 인입 콜을 처리할 수 있는 필요 상담사 숫자가 달라진다.

(4) 기본 인력 산출

1단계에서 도출한 예상 인입콜수, 콜 로드(통화시간 + 통화마무리 시간), 목표 서비스 레벨의 세 가지 기본 수치를 가지고 인력을 산출한다.

(5) 회선수 산출

콜로드를 고려하여 목표 서비스 레벨을 달성할 수 있는 회선수를 산출한다. 회선수가 부족할 경우 예상 콜이 인입되지 않아 배치한 상담사한테까지 콜이 연결되지 않을 수 있다.

(6) RSF(Rostered Staff Factor) 산출

산출된 기본인력대로 운영하기 위해서는 현실적으로는 결근, 휴가 등으로 어려움이 많다. 결손(RSF) 산출 부분에서는 이러한 실제 업무에 투입이 안 되는 시간들을 산출하는 방법에 대해서 알아본다.

(7) 스케줄 계획

RSF를 고려하여 실제로 업무에 투입할 수 있는 인력수가 나오면 이를 콜인입 추이에 맞게 시간대별, 요일별로 스케줄링한다.

(8) 실행 및 결과 추적

예측치를 기본으로 실행하고 결과를 추적한다.

(9) 차이 분석 및 모형 수정

목표한 서비스 레벨과 실제 응대한 서비스 레벨과의 차이를 분석하여 적절하게 수행되었는지를 평가하고, 실행하는 데에 소요된 비용을 산정하여 적정한 수준인지 판단하고, 적정하지 않다면 서비스 레벨 목표를 수정하여 다시 예측 및 스케줄링 프로세스를 돌리도록 한다. 각 단계별 세부 내용은 다음 장에서 다루도록 한다.

07장 운영목표 설정 및 콜로드 예측

제1절 ┃ 목표 서비스 레벨 설정

○─ 핵심 포인트

- 인바운드 콜센터의 예측 및 스케줄링이 잘 운영되고 있는지를 판단하기 위한 성과지표로는 서비스 레벨을 사용하며, 서비스 레벨은 고객의 만족도를 가장 정확히 표현해 주는 지표로 인정된다.
- 목표 서비스 레벨을 설정하는 방법에는 보편적인 것을 따르거나, 경쟁사 수준을 벤치마킹하거나, 포기율을 최소화하거나 고객서베이를 활용하는 방법 등이 있다.

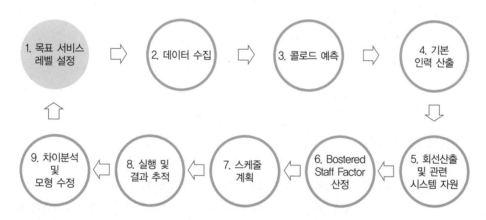

예측 및 스케줄링 프로세스의 첫 단계는 목표 서비스 레벨 설정이다. 서비스 레벨은 인바운드 콜센터의 예측 및 스케줄링이 잘 운영되고 있는지를 판단하기 위한 성과지표로 사용되며, 고객의 만족도를 가장 정확히 표현해 주는 지표로 인정된다.

설정한 목표 서비스 레벨수치는 콜로드, 예상 인입 콜수와 함께 상담사수 인력계산에서 활용된다.

서비스 레벨은 특정 시간 내에 응답되는 콜의 비율(X Percent of Calls Answered in Y Seconds)인데 왜 'X Percent of Calls Answered in Y Seconds' 인가?에 대한 물음에는 이 수치가 콜센터에 전화한 고객의 경험을 가장 정확하게 표현해 주는 수치이기 때문이라고 답할 수 있다.

콜센터에 전화를 건 고객을 100으로 볼 때, 이 중 몇 %의 고객 전화가 목적하는 시간 내에 처리되었는지를 나타내는 것이 서비스 레벨로, 일반적으로 80/20, 90/15 등으로 표기한다. 여기서 앞의 숫자는 %, 뒤의 숫자는 기준시간(초)을 의미한다. 서비스 레벨이 높으면 빨리 상담사와 통화할 수 있으므로 고객 입장에서는 좋으나, 이를 위해 상담사를 여유 있게 배치해야 하므로 비용 부담이 커진다. 고객 만족도를 높이면서 가용한 비용이 들도록 하는 적절한 서비스 레벨의 설정이 중요한 이유이다.

또한 서비스 레벨은 평균응답속도 (ASA)나 응대율 수치에서 보일 수 있는 평균값의 함정에 빠지지 않을 수 있는 장점이 있다.

(1) 서비스 레벨 계산 공식 4가지 방법

① (Y초 내 응답콜수 + Y초 내 포기콜수) / (응답콜수 + 포기콜수)

가장 보편적인 공식

② Y초 내 응답콜수 / 응답콜수

응답콜만을 고려하는 것으로 좋은 방법은 아님

③ Y초 내 응답콜수 / (응답콜수 + 포기콜수)

㉠ 잘 사용하지 않음. 대기하다가 포기하는 콜이 많은 경우 서비스 레벨 저하

㉡ 안내 멘트 후 큐에 쌓이는 경우에는 유용

④ Y초 이내 응답콜수 / (응답콜수 + Y초 이후 포기콜수)

Y초 이후의 포기콜만이 서비스 레벨에 영향을 줌. 초기에 포기된 콜은 영향 없음

(2) 서비스 레벨의 유형

① 요청이 왔을 때 즉시 처리하는 유형으로 전화, 채팅 등이 해당한다.

② 요청이 온 후 나중에 처리하는 유형으로 이메일, 팩스 등이 해당한다.

고객센터에서 이메일, 팩스, 채팅 등 다양한 채널까지 응대하므로 각 채널별 서비스 레벨을 별도로 세우도록 한다.

또한 모든 콜센터가 같은 고객 유형을 가지는 것이 아니므로, 각 콜센터마다 자신의 고객들을 분석하여, 자사 고객들의 인내심 수준에 맞추어 목표 서비스 레벨을 설정하여야 한다.

(3) 고객의 인내심에 영향을 주는 요소 7가지

① 서비스를 받고자 하는 고객의 욕구

② 다른 대안의 이용가능성

③ 경쟁사의 서비스수준

④ 고객의 기대수준

⑤ 고객의 가용한 시간

⑥ 전화비 부담 여부

⑦ 고객 행동 스타일

서비스 레벨 지표 자체는 통화의 품질에 대해서는 고려가 안 되어 있다. 즉, 서비스 레벨을 측정하는 ACD의 데이터만으로는 고객 및 기업이 그 콜의 통화 목적을 달성하였는지는 알 수 없다. 그러나 아래 그림에서도 볼 수 있듯이 서비스 레벨 목표 달성은 품질 유지의 가장 기본이 된다.

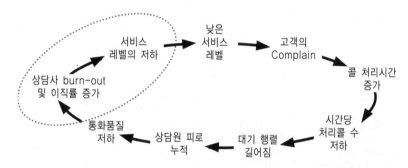

서비스 레벨이 낮으면 고객 불만이 많아져 한 콜당 통화시간이 늘며, 이는 시간당 처리콜수를 낮게 만든다. 결국 대기콜이 늘어나고 상담사는 장시간 콜을 받아야 하므로 응대품질이 떨어진다. 이런 일이 반복되면 상담사가 탈진하여 이직률이 증가하게 되고 이는 다시 서비스 레벨을 더욱 더 낮게 만드는 결과를 초래한다.   서비스 레벨 목표치를 설정할 때 고민되는 부분은 목표를 어디로 두는 것이 최상의 선택이냐는 것이다. 80%/20초를 많이 사용하기는 하나 일반적으로 적용되는 표준은 없으며, 콜의 가치, 인건비, 회선비, 고객들의 인내심 정도, 기업의 전략 등에 따라 개별적으로 결정되어야 한다.

(4) 목표 서비스 레벨을 설정하는 실질적인 방법

① 보편적인 것을 따른다(80/20).

목표 설정하는 데에 들어가는 시간과 노력을 가장 절약할 수 있는 방법으로 일반적으로 많이 사용하는 80% 콜을 20초 내에 받는 것으로 설정한다.

② 경쟁사 수준을 벤치마킹한다.

동종업계 경쟁사의 서비스 레벨 목표치를 벤치마킹하는 방법으로 이때 경쟁사에서 실질적으로 목표달성하고 있는지 등을 점검하여 무리한 목표치가 되지 않도록 한다.

③ 포기율을 최소화한다.

전화콜이 바로 매출과 연결되는 경우(예를 들면 홈쇼핑 콜센터에서의 주문전화) 모든 콜이 매출과 연결되므로, 포기율을 최소화하고 최대한 많은 콜을 받는 것이 중요하다. 하지만, 인바운드 콜센터

의 인력 투입에 따른 생산성 증가 정도는 수익 체감의 법칙이 적용되어 어느 정도 수준을 넘어서게 되면 약간의 서비스 레벨을 향상을 위해 매우 많은 수의 상담사 투입이 필요하게 된다. 따라서 상담사 투입으로 인해 추가되는 비용 대비 추가로 받게 되는 콜로 인해 발생되는 수익(증분수익)을 극대화하는 수준을 찾아내는 증분수익 분석을 통해 가장 비용 효과적인 서비스 레벨 목표치를 산정한다.

④ 고객만족도 서베이를 활용한다.

고객만족도 조사결과, 만족한 고객의 상담사와 통화연결 시간을 계산하여 이를 기준 시간으로 설정할 수 있다. 즉, 상담을 위해 어느 정도 기다릴 때 가장 만족도가 높은지를 조사하여 반영하는 것이다.

위의 방법들 중 어느 하나만 사용하라는 모범답안은 없으며, 콜센터 상황에 따라 위의 모든 방법을 종합하여 반복적이고 지속적으로 서비스 레벨 목표치를 정하는 노력을 하는 것이 중요하다.

대화 시간 = 180초
마무리 시간 = 30초
30분당 인입 콜 = 200
Bostered Staff. Factor =1.3

기본 인력	조정된 인력	20초 안에 응대된 콜	손실 콜 비율 (예측)	영구 손실 콜 비율 (예측)	회선 로드	응대 콜 수	총수익 (콜당 평균수익 =$22.25)	인건비 ($12/hour)	무료 전화비용 ($0.1/min)	순수익	증분 이익
25	33	45%	26.0%	7.80%	14.6	184	$4094	396	88	3610	–
26	34	62%	12.5%	3.75%	12.2	193	$4294	408	73	3813	203
27	35	74%	6.5%	1.95%	11.2	196	$4361	420	67	3874	61
28	36	83%	3.5%	1.05%	10.7	198	$4406	432	64	3910	36
29	38	89%	2.0%	0.60%	10.4	199	$4428	456	62	3910	0
30	39	93%	1.5%	0.45%	10.3	199	$4428	468	62	3898	(12)

[증분수익분석 예]

제2절 ▌데이터 수집

○─ 핵심 포인트

- 데이터를 수집할 때에는 주로 통계용으로 주로 사용하는 데이터를 기준으로, 가능하면 2년 이상치로 평균처리 시간까지도 같이 수집해야 한다.
- 과거 콜량 데이터 수집시 차단콜, 포기통화, 재시도콜에 대해서도 고려한다.

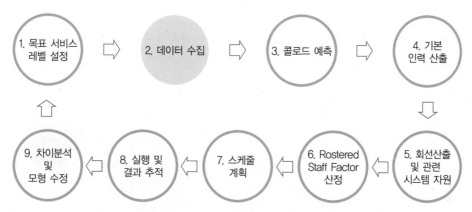

콜수량 예측의 정확도를 높이기 위해서 가장 중요한 것은 좋은 데이터 확보이다. 데이터 수집은 초기에 집중적으로 이루어지며, 이후로는 지속적으로 일정에 따라 수집되어 분석된다.

콜통계 데이터를 산출할 때 기준이 되는 데이터는 기존에 해당 콜센터에서 통계용으로 주로 사용하였던 데이터를 활용하는 것이 좋다.

좀더 정확한 Seasonal 예측과 월단위 예측을 위해서는 2년 이상(24개 이상의 월 데이터)의 데이터 확보가 필요하다.

인입 통화수(Number of Calls Offered)로는 콜량에 대한 정보만을 확보하게 된다. 콜수 외에도 해당 콜을 처리하는 데 얼마나 시간이 소요되었는지를 나타내는 통화 처리시간의 분석도 중요하다.

이러한 데이터를 얻을 수 있는 데이터 소스는 다음과 같다.

- 리포팅 툴(교환기마다 리포팅 소프트웨어를 따로 제공하고 있다)
- 교환기(PBX, ACD, CTI 등)
- WFMS(Work Force Management System)
- 콜데이터 이외의 데이터

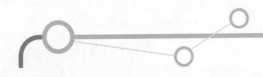

콜데이터 이외의 데이터는 갑작스런 콜폭주시 사건 데이터 등으로 뉴스 등의 보도로 인해 다음날 콜이 폭주하는 사태 등의 사건 기록 데이터 또는 추석 이후 콜량 급증 데이터를 보고 해당 기간이 추석 기간이었음을 기록한 데이터 시스템에서 얻을 수 없는 정보들을 의미한다.

과거 콜량 데이터 수집시에는 콜센터 인입 회선의 한계로 아예 콜센터 교환기로 인입조차 되지 않았던 차단콜(Blocked Call)과 인입은 되었으나 고객이 중도에 포기한 포기통화(Abandoned Call), 그리고 재시도(Retry)콜도 고려하여 정확한 수치를 얻도록 한다.

콜센터 통계에 잡히지 않고 차단되었던 콜은 전화 네트워크 서비스를 제공하는 전화회사를 통해서 확인할 수 있으며, 차단되었던 콜까지 인입되었다고 가정하고 콜량을 산출해야 정확한 예상치를 계산할 수 있다.

차단 콜을 감안하여 총 시도콜을 계산할 때는 포기하는 콜과 재시도하는 콜을 같이 고려하여 추정하도록 한다.

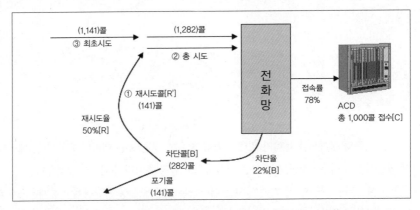

위 상황에서의 최초 인입 콜계산의 예(예시를 위해 실제보다 단순화하여 설명함)

① ACD에 시도한 콜의 22%는 통화자가 busy 신호를 듣게 되고, 다시 전화를 시도한다.

② 총 시도 = C / (1 − B) = 1,000 / (1 − 0.78) = 1,282콜

③ C (1 − BR) / (1 − B) = (1,000 [1 − (0.22)(0.5)] / (1 − 0.22) = 1,000(0.89) / 0.78 = 890 / 0.78 = 1,141콜 또는 ③' 와 같이 계산할 수도 있다.

③' 총 시도콜 − 재시도콜 = C/(1 − B) − B' R = 1282 − 141 = 1,141콜

④ 이 경우, 1,000콜을 사용하여 실제 첫 시도콜이 1,141콜일 때 예측한 입력 데이터로 사용한 ACD 리포트는 Call Offered의 수를 보여준다.

* C = Carried (ACD) Calls, B = Blockage Percent, R = Retry Rate

제3절 ▌콜로드 예측

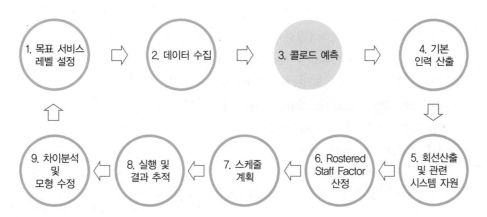

예측 방법론은 넓게 정량적 접근과 판단적 접근으로 구분된다.

콜센터 환경에서 장기간 예측은 1년과 그 이상을 본다. 이는 미래 연간 예산을 추측하고 장기간 고용 계획을 수립하고 향후 필요 시스템을 정하기 위해 이용된다. 단기간 예측은 3개월까지의 업무를 추정한다. 이는 일정 요건을 계획 또는 조절하고, 계절별 인력 예측과 연휴 기간을 위한 계획, 곧 다가올 채용 규모를 정하는 데 필요하다. 주별, 일별, 시간별 예측은 일정을 준수하고 현 상황과 단기적 이벤트 등과 관련하여 우선사항을 조절하기 위한 단기간 전술적 예측이다.

정량적 예측은 '시계열'과 '탐험적' 접근을 포함한다.

시계열 예측 방법은 간단 혹은 단순한 법칙(예 예측은 작년 같은 달에 12%를 더한다), 분해, 간단한 시계열과 고급 시계열 방법을 포함한다. 시계열 예측의 기본 가정은 과거 데이터에서 나타난 시계열적 속성이 미래에도 반복된다는 것이다. 시계열 방법론은 WFMS에서 일반적으로 사용한다. 대부분의 시계열 예측은 3달 또는 그보다 짧은 기간의 예측에 있어서 상당히 정확하다.

탐험적 예측 방법은 간단한 회귀분석, 다중회귀분석, 계량모델과 다변량 분석을 포함한다. 탐험적 예측은 본질적으로 두 개나 그 이상의 요소 사이의 관계를 밝히도록 시도한다. 예로 아이스크림 가게를 운영한다면 날씨와 아이스크림 판매를 통계적으로 관련시킬 수 있을 것이다. 콜센터에서는 가격 인상이 콜볼륨에 미치는 영향을 분석하는 것이 하나의 예가 될 수 있다.

예측을 위해 필요한 과거 데이터는 과거에 얼마나 많은 인바운드 업무를 받았었고 그것들을 처리하는 데 얼마나 걸렸나 등을 포함한다.

(1) 과거 데이터로부터 추정되어야 할 4가지 주요 수치

① 통화시간(Talk Time)

첫인사 "안녕하세요" 부터 "고맙습니다"의 마지막 인사까지 모든 통화가 수행되는 데 걸리는 시간을 말한다. 다시 말해 고객이 상담사와 연결된 시간을 말한다.

② 마무리 시간/통화 후 업무시간(After Call Work/Wrap Up)

통화 완료 후에 상담사가 고객에게 마지막 인사를 한 후 업무를 완료하기 위해 쓰는 시간이다.

③ 평균처리시간(Average Handling Time)

평균통화시간과 평균 마무리시간의 합이다.

④ 통화 업무량(Call Load)

주어진 시간 동안의 인입 콜량에 평균처리시간을 곱하는 것이다. 콜량과 평균처리시간 수치를 각각 추정하더라도 예측을 위해서는 궁극적으로는 두 수치들을 콜로드를 예측하는 데 같이 사용하여야 한다.

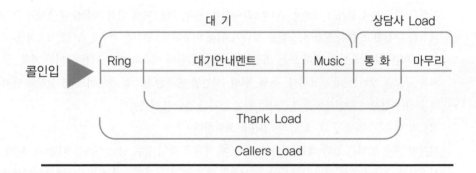

(2) 콜량 예측

콜량을 예측하는 방법에는 점추정법, 평균접근법, 회귀분석, 시계열분석 등이 있다.

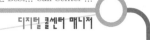

① 점 추정법

예측의 가장 단순한 접근법으로서 과거의 데이터를 현재의 데이터로 그대로 복사해서 쓰는 방법으로 점 추정 방식은 콜센터 예측에서 거의 쓰이지 않는다.

② 평균접근법

점추정의 한 단계 발전된 방식으로 하나의 데이터가 아닌 여러 개의 데이터를 사용하므로 근거가 없는 하나의 데이터로 인한 잘못된 예측 방향의 가능성을 줄여 준다.

평균접근법에는 단순평균, 이동평균, 가중평균의 세 가지 방식이 있다.

③ 회귀분석

미래의 콜량이 이벤트 혹은 과거의 어떠한 변수에 영향을 받는 경우의 예측 방법으로 회귀분석은 독립변수와 종속변수 숫자적인 관계(공식)를 찾아내는 방식이다.

예 카탈로그 쇼핑 업체

독립변수(설명을 하는 변수 : X)와 종속변수(설명되는 변수 : Y) – 카다로그 발송수(X), 인입 콜량(Y)

달	콜량	카탈로그 숫자
9월	72,000	123,000
10월	85,000	135,000
11월	92,000	140,000
12월	101,000	155,000
1월	54,000	86,000
2월	55,000	77,000
3월	78,000	98,000
4월	105,000	165,000
5월	82,000	123,000
6월	85,000	132,000

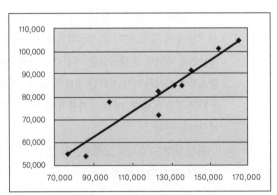

[카탈로그 숫자와 콜량의 회기분석 그래프]

④ 시계열 분석

계절요인과 월마다 발생하는 트랜드를 반영한 콜센터 예측을 가장 정확하게 접근하는 방식으로 대부분의 콜센터와 서비스에 제공하는 WFMS의 예측 모델의 기초가 되는 가장 폭넓게 사용하는 분석방식이다.

기본 가정은 콜량은 다양한 요소(Factor)에 영향을 받는다는 것이고, 각각의 요소는 분리될 수 있다는 것이다.

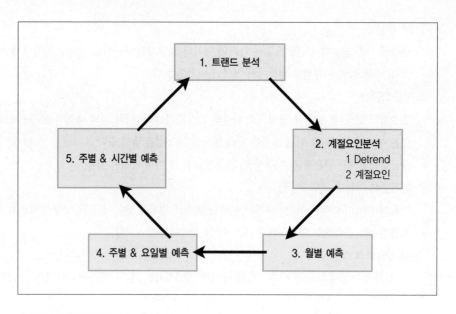

1단계 : 트랜드 분석

• 시계열 분석 과정 중 가장 우선적으로 이루어진 과정이다. 일반적으로 콜량이 증가하는지 감소하는지를 파악하고 증감율을 계산하는 방식으로 분석된다. 최소한 과거 24개월간의 콜정보를 활용하여 계산하여야 정확한 결과를 알 수 있다. 트랜드는 또한 외부의 요인에 의한 변수도 작용하는 경우가 많다. 이를 고려하여 분석을 수행한다.

• 계산하는 공식

　　월간 트랜드 수치 = 12개월간의 (올해 특정 달의 콜량 – 작년 같은 달의 콜량) / (작년 같은 달의 콜량) 수치의 평균

2단계 : 계절요인분석

• Detrend는 계절성을 알아내기 위해 앞에서 구한 트랜드(자연 증감추이)를 제거하는 것으로 즉, Forecasting에 의한 트랜드 비율의 효과나 증가율을 각 달에 현재의 레벨을 적용한 것이다.

　– 2-1 : Detrend 작업은 예측 콜량에서 Trend로 발생된 왜곡을 제거하는 과정이다.

　– 2-2 : 계절요인은 각 센터별 특성으로 인해 발생한다. 이 요인을 분석한다(**예** 가전 서비스의 경우 다른 계절보다 여름철 콜발생량이 크다).

3단계 : 월별 예측(계절 Factor 산출)

• 각 월별로 예측작업을 수행한다. 월 총 콜량을 예측하는 과정으로 실제 계절 Factor와 평균 Factor를 비교한다.

달	전년도	금 년	Detrend	월평균 인입콜	계절요인
1월	113,000	132,000	155,489	164,403	0.946
2월	112,000	128,000	148,549	164,403	0.904
3월	120,000	140,000	160,075	164,403	0.974
4월	126,000	146,000	164,468	164,403	1.000
5월	128,000	152,000	168,696	164,403	1.026
6월	120,000	147,000	160,736	164,403	0.978
7월	110,000	128,000	137,892	164,403	0.839
8월	125,000	156,000	165,573	164,403	1.007
9월	140,000	165,000	172,537	164,403	1.049
10월	142,000	170,000	175,138	164,403	1.065
11월	148,000	179,000	181,685	164,403	1.105
12월	156,000	182,000	182,000	164,403	1.107

위의 표를 토대로 한 단계별 계산 방식은 다음과 같다.

1단계
Trend 분석
	• 평균 트랜드 비율(연간)
	  단순평균으로 구할 수 있음
	  (0.168+0.143+ … +0.167)/12=0.185)
	• 평균 트랜드 비율(월별)
	  연간 트랜드를 12로 나눔. 0.185/12 = 0.015

2단계
계절요인분석
	• Detrend는 금년 각 달의 콜량에 월별 평균 트랜드를 차례로 곱하여 트랜드를 적용한 것이다. 즉, Forecasting에 의한 트랜드 비율의 효과나 증가률을 각 달에 현재의 레벨을 적용한 것이다.
	  – 12월 Detrend = 182,000×1.0150
	  – 11월 Detrend = 179,000×1.01511
	  – 10월 Detrend = 179,000×1.0152
	• 트랜드를 제거하고 난 콜을 살펴 보면, 12월이 일년 중 가장 많은 콜량을 가지고 있으며, 1월은 가장 작다. 또한, 2월과 7월, 5월과 8월의 콜량은 트랜드를 제거하기 전과 제거 후의 차이가 있다.

3단계
계절 Factor 산출
	• 트랜드를 제거한 인입콜의 단순 평균 인입콜량을 구한다.
	  (155,489+148,549+ … +182,000)/12 = 164,403
	• 각 달의 트랜드를 제거한 콜량을 단순평균 인입콜량과 나눈다(1월의 계절 팩터는 155,489/164,403 = 0.964로 계산된다).
	• 1년 중 가장 바쁜 달인 12월은 계절 팩터가 1.107이다.
	  이것은 평균 콜량보다 11% 정도 높은 것이다.

안심Touch

| 4단계
주별 & 요일별 예측 | 4~5주 정도의 데이터면 패턴 파악이 가능하다. 휴일이 포함되는 등 예외적인 주 데이터는 분석에서 제거하여 패턴 파악이 가능하다. 요일별 편차가 가장 큰 것이 콜센터의 일반적 특성이다.
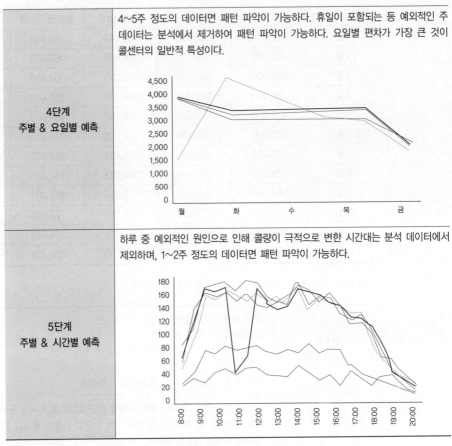 |
| 5단계
주별 & 시간별 예측 | 하루 중 예외적인 원인으로 인해 콜량이 극적으로 변한 시간대는 분석 데이터에서 제외하며, 1~2주 정도의 데이터면 패턴 파악이 가능하다. |

위 그래프는 은행의 자료이다. 화요일의 패턴에서 10시~11시 사이에 시스템 문제가 생겼음을 알 수 있다. 1~2주의 기록은 이 패턴을 읽기에 충분할 것이다.

이 패턴들은 시계열 예측의 기본을 형성하고 그들에 관한 이해에 따라 정확한 예측을 보여준다. 다른 패턴을 가지고 있을 수도 있다. 예로 각 달의 15일~20일 사이에 고지서를 발송한다고 하면 한 달의 하루 패턴에 변화를 감지할 수 있을 것이다. 마케팅 캠페인도 그들만의 트래픽 패턴을 만들 것이다.

콜량 예측 단계를 종합 요약해 보면 다음과 같다.

• 연간 콜량 예측치를 단순히 12로 나눈 트랜드를 고려하지 않은 월간 평균 인입 콜량을 계산한다.

• 트랜드 감안, 이미 분석된 트랜드 팩터를 적용한다.

• 계절/월별 팩터 적용한다.

- 요일별 팩터 적용, 일별 콜량을 수정한다.
- 시간별 팩터 적용하여, 최종 콜량을 시간별로 산출한다.

[콜량 예측 과정 샘플 정리표]

164,403Call	트랜드를 제거한 한 달의 평균 물량
$(\times 1.015)^6$	월별 상장률(트랜드)
179,765Call	6월달에 인입되는 물량(트랜드만 적용)
(×0.978)	계절요인 적용
175,811Call	트랜드 및 계절 요인이 적용된 6월의 물량
/30Day	6월달의 일수
5,860Call	6월 어느 하루에 인입되는 물량
×1.4	월요일의 콜인입 비율(0.20)/각 요일별 기대 비율(1/7=0.142)
8,204Call	6월 월요일의 콜인입량
×0.063	월요일의 한 피크 타임 때의 인입 비율
517Call	피크 타임 때의 인입 물량

- 기타 : 이벤트 요인을 감안한다.

콜센터마다 시간요인과 상관없이 콜량의 변화를 초래하는 이벤트가 있을 수 있다. 예를 들어 보험 회사의 안내장 발송, 통신사의 청구서 발송, 카탈로그 쇼핑회사의 카탈로그 발송 등이다. 또한 추석이나 설날 연휴 전후의 콜량이나 연말 연초 등 특정 시기에만 독특한 흐름을 갖는 경우도 있다. 이러한 요인들은 앞에서 살펴본 시계열 분석으로는 그 영향 정도를 정확히 분석하기 어렵다. 따라서 이런 요인들은 Event Factor로 정의하여 각 Event Factor별 콜량에 미치는 영향 정도를 분석할 필요가 있다. 예를 들어 과거 안내장 발송시 안내장 발송수에 따른 콜량 변화 데이터를 토대로 안내장 발송에 따른 영향도를 수치화 하는 것이다.

이벤트 요인은 콜센터마다 다를 수 있으므로 콜센터의 업무 특성을 고려하여 요인을 짚어내는 능력이 필요하다.

(3) 콜처리시간 예측

AHT는 평균처리시간을 의미하며 Talk Time과 After Call Work를 더한 값이다. 예측에서 중요한 것은 단순한 Call Volume이 아니라 Call 수에 AHT를 곱한 Call Load이다. 그러므로, 콜당 처리시간을 잘못 추정할 경우 콜로드 예측이 잘못될 수 있다

정확한 AHT를 예측하기 위해서는 다음과 같은 사항이 필요하다.

① 호 처리 시간에 영향을 주는 패턴 구분

요일별, 계절별, 요금 주기별, 마케팅 켐페인별 등으로 구분하여 파악한다.

② 관련된 정확한 데이터 수집

마무리 작업을 통화 직후에 할 수 있도록 상담사교육 등이 진행되어야 한다.

③ 다양한 콜유형별로 평균처리시간을 파악

콜유형별로 다른 처리시간을 갖게 된다. 특정 콜의 증가가 전체 평균시간에 미치는 영향을 파악하도록 한다.

④ 신입 상담사의 비중 파악

신입상담사는 기존 상담사와 다른 처리시간을 갖는다.

⑤ 다양한 프로세스 변화에 대한 파악

콜 플로우의 변화, 조직변화 등도 처리시간에 영향을 준다.

(4) 예측 결과의 보정(판단적 예측)

판단적 예측은 단순한 통계적 기법을 넘어서 사람들이 생각하는 것이 일어날 것이라는 것을 포함한다. 이는 직관, 부서간 위원회, 시장조사와 임원진의 견해의 영역 안에 있다.

의사 결정자의 직관, 총괄 위원회의 의견, 시장조사 결과, 경영자의 의견 등이 반영될 수 있으며, 계량적 데이터 또는 경험적인 추측이 반영될 수 있다.

상황과 목적에 따라 필요한 변수들도 있다. 예를 들어 신규 고객의 증감, 매체 반응, 광고, 새로운 보험요율구조, 신규 서비스 런칭, 경쟁사 동향, 신상품 출시 등이 되겠다.

예측 결과 보정시에는 관련자들이 회의를 통해 다양한 변수들을 예측에 반영하는 것이 필요하다.

① 예측 정확도

상담사인원이 많을수록(콜센터 규모가 클수록) 예측은 정밀해진다. 100명 이상의 상담사그룹의 경우 30분 단위 예측시 ±5% 이내가 예측 오차의 목표이다.

② 예측 전문팀

정확한 예측을 하는 콜센터에는 다양한 예측업무를 전문적으로 하는 내부 전담이 있다. 다양한 분석을 수행하고, 예측을 전문적으로 수행하는 콜센터 내의 조직이다. 예측 결과에 대한 책임, 결과에 대한 타 부서와의 조정, 필요 데이터의 수집 등을 수행한다. 예측 결과를 개선하기 위해 프로세스 수정 및 확립, 목표 예측 정확도를 수립하고 모니터링 및 분석을 수행한다.

(5) 과거 데이터가 없는 경우

기존 콜센터가 새로운 업무를 담당할 경우는 이전에 다루던 부서가 있는지 찾아서 있을 경우 담당자를 인터뷰하며, 회사에서 처음 진행하는 신규 업무라면 관계사 벤치마킹 등을 수행한다.

신규 콜센터 설립시 데이터가 완전히 없는 경우는 드물다. 관련회사 또는 이 회사에서의 관련 업무 등의 데이터를 이용한다.

아무런 데이터도 없다면 콜센터 설립에 필요한 기본 고려 없이 설립하려는 것이나 마찬가지이다. 이럴 경우는 최소한 콜센터의 목적, 고객층 등을 고려하여 추정할 수 있다.

08장 필요 인력 및 회선 산정

제1절 ▌기본 인력 산출

●─ 핵심 포인트

• 인바운드 콜센터의 콜로드 대비 상담사수는 선형 비례 관계를 가지지 않으므로, 많은 콜센터에서 간편하게 사용하는 콜로드를 콜당 처리시간으로 단순히 나누어서 필요 인원수를 산정하는 방식은 잘못된 것이다.
• Erlang C 모형은 현실 콜센터의 복잡성을 표현하는 데 한계가 있으나 대기행렬 특성을 띠는 환경에서의 서버 수와 대기 시간과의 관계를 잘 표현해 주고 간편하게 활용 가능하므로 콜센터의 필요 인력 산출에 많이 활용된다.

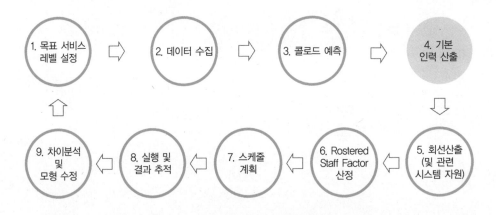

필요 인력을 계산하는 방법으로 콜센터에서 흔히 사용하는 잘못된 방식은 다음과 같다.

• 잘못된 공식 1

130분간 예상 콜수(또는 1시간 당 예상 콜수) × 평균 처리 시간 / 1,800초 × (110~120%)

• 잘못된 공식 2

30분간 예상 콜수(또는 1시간 당 예상 콜수) / 상담사 1인당 30분간(또는 1시간당) 평균 처리 콜수

위의 두 공식은 대기행렬의 특성이 반영되지 않아 목표 서비스 레벨과는 관련 없는 결과가 나오며, 입력 변수들이 고정된 값이 아닌 계속 변화하는 값이다. 콜의 무작위 인입에 대한 고려가 되어 있지

않다는 문제가 있다. 그런 한계에도 불구하고 많은 콜센터에서는 정교한 스케줄링 도구가 없다는 등의 이유로 간단하게 계산할 수 있는 위의 방식을 사용한다.

1. Erlang C 방식

기본 인력 계산에 일반적으로 사용되는 공식은 Erlang C로 WFM 솔루션에서 활용하고 있으며, 사용이 편리하여 널리 이용되고 있다.

Erlang C는 A. K. Erlang이라는 사람이 개발했으며, 목표 서비스 레벨의 달성을 위해 필요한 상담사수를 산출하기 위한 공식이다. 1Erlang은 회선이 한 시간 동안 60분의 Traffic을 처리하는 용량의 단위이며, 한 시간 동안 120분의 Traffic을 처리할 수 있으면 2Erlang이 된다. 공식은 다음과 같다.

Erlang C

$$P\,(>0\,) = \cfrac{\cfrac{A^N}{N!} \quad \cfrac{N}{N-A}}{\sum\limits_{x=0}^{N-1} \cfrac{A^x}{x!} + \cfrac{A^N}{N!} \cfrac{N}{N-A}}$$

Where
A = total traffic offered in erlangs
N = number of servers in a full availabiliry group
P(>0) = probability of delay greater than 0
P = probability of loss – Poisson formula

A. K. Erlang(1879–1929)

Agner Krarup Erlang은 1978년 덴마크에서 출생하였으며, 최초로 텔레폰 네트웍 문제를 연구하였다. Copenhagen Telephone회사에서 20년 동안 근무하였으며, 전화가 포아송 법칙을 따르는 무작위성 분포를 보인다는 가정하에 "The Theory of Probabilities and Telephone Conversations"라는 책을 펴내기도 했다.

(1) Erlang C는 네 가지 변수를 요구한다.

① 평균 통화 시간(초) : Average Talk Time으로 평균 마무리 시간과 더해져 평균 처리 시간(AHT)이 산출된다. 분석하고자 하는 향후 30분에 대한 예상 평균치를 입력한다.

② 평균 마무리 시간(초) : Wrap Up Time으로 분석하고자 하는 향후 30분에 대한 예상 평균치를 입력한다.

③ 콜수 : 분석하고자 하는 향후 30분의 예상 볼륨을 입력한다.

④ 서비스 레벨 목표치(초) : 서비스 레벨 목표치가 20초에 90%의 응답이라면 20초를 입력한다. 15초 내에 80%의 응답률이 목표치라면 15초를 집어넣는다. 다시 말해서 'Y초 내에 X% 콜응답'이라는 서비스 레벨 정의에서의 Y초가 필요하다.

(2) Erlang C의 기본 가정은 다음과 같다.

① 모든 인입콜은 동일한 종류(Single Call Type)이다.

② 일단 Queue에 들어온 콜은 Abandon되지 않는다. 즉, 모든 콜은 접수되고 회선은 무한하다.

③ 모든 Caller들은 서비스를 받을 때까지 기꺼이 기다린다.

④ 서버의 Capacity는 무제한 있다(Busy Signal 없음).

⑤ 상담사들은 First-income, First-served basis에 입각하여 콜처리하며, 모든 상담사의 능력은 일정하다.

⑥ 결근, 점심, 휴식 등의 상담사 부재 요인을 배제한다.

위의 가정대로 하게 되면 포기콜이 전혀 없게 되므로 일반적으로 실제 환경에서보다 처리해야 할 양을 과다하게 계산하게 된다. 따라서 Erlang C의 가정이 적용되는 환경에서는 실제 필요한 인력보다 Overstaff되게 결과가 나올 수 있다. 이러한 점은 뒤에 설명하는 RSF 계산시에 고려되어 보정할 수 있다.

(3) Erlang C를 이용한 인력 산출프로그램 조회 결과 예시는 다음과 같다.

Erlang C의 4대 입력값(변수)인 평균 통화 시간, 평균 통화 마무리 시간, 인입콜수, 서비스 레벨은 각각 180초, 30초, 250콜/30분, 20초로 입력하여 나타난 조회결과이다.

> • 평균 시간 통화 : 180초   • 평균 통화 마무리 시간 : 30초
> • 인입콜수 : 250콜 / 30분   • 서비스 레벨 : 20초 안에 응대된 콜의 비율

상담사수	P(0)	ASA	DLYDLY	Q1	Q2	서비스 레벨	Occupancy	TrunkLoad (시간당)
30	83	209	252	29	35	24	97	54.0
31	65	75	115	10	16	45	94	35.4
32	51	38	74	5	10	61	91	30.2
33	39	21	55	3	8	73	88	28.0
34	29	13	43	2	6	82	86	26.8
35	22	8	36	1	5	88	83	26.1
35	16	5	31	1	4	92	81	25.7
37	11	3	27	0	4	95	79	25.4
38	8	2	24	0	3	97	77	25.3
39	6	1	21	0	3	98	75	25.2
40	4	1	19	0	3	99	73	25.1
41	3	1	18	0	2	99	71	25.1
42	2	0	16	0	2	100	69	25.0

- P(0) : 0초보다 오래 대기해야 할 확률
- DLYDLY : 대기된 통화들의 평균 대기 시간
- Q2 : 모든 상담사들이 바쁜 경우 Queue에 들어있는 평균 통화수
- ASA : 평균 응답 속도
- Q1 : Queue에 들어 있는 평균 통화수

(4) 위 표의 굵은 수치들이 무엇을 의미하는지는 다음과 같다.

① 상담사수(Agents) : 전화를 받고, 콜을 처리하기 위해 필요한 상담사수. 이 경우에는 20초 내의 82% 콜응답을 위해서 34명의 상담사가 필요하다.

② P(0) : 0초보다 큰 지연 확률. 다시 말해 바로 응답되지 못할 확률. 이 예제에서는 29%의 콜이 지연될 것이다. 이는 71%는 지연되지 않고 곧바로 상담사에게 연결된다는 뜻이다.

③ ASA(Average Speed of Answer, 평균 응답 속도) : 콜을 처리하는 데 34명의 상담사가 있으면 ASA는 13초일 것이다. ASA는 모든 콜(지연되지 않은 콜도 포함)의 평균 응답 시간이다. 13초가 옳은 수학적 평균이지만 대부분의 고객들은 이보다 빨리 연결될 것이고 어떤 고객들은 훨씬 더 오래 기다린다. 그 때문에 ASA는 종종 평균이 범하는 오류에 대한 이해가 없이는 잘못 해석될 수 있다.

④ DLYDLY(Average Delay of Delayed Calls, 지연되는 콜들의 평균 지연 시간) : 오직 지연되는 콜의 평균 지연 시간, 여기서는 43초이다.

⑤ Q1 : 특정 시점의 대기 열에 있는 대기 콜수의 평균. 대기 열에 아무 콜도 없는 시간을 포함해 임의의 시점에서 봤을 때 기대되는 평균 대기 콜의 수를 의미한다.

⑥ Q2 : 모든 상담사가 통화 중으로 즉시 가용한 상담사가 없는 시점들만 놓고 봤을 때 당시에 대기 열에 들어 있을 콜수의 평균. 예제에는 상담사가 모두 통화 중인 시점에는 평균 6콜이 대기 열에 있

는 것으로 표현되어 있다. 다시 말하지만 이는 평균이다. 어떤 때는 6콜보다 많은 콜이 대기 중일 것이며, 어떤 때는 더 적을 것이다. 그러나 이 숫자는 실시간 정보를 모니터링할 때 무엇을 봐야 하는지 알려주는 유용한 가이드가 되고 또한 오버플로우 모수를 알아내는 데 유용하게 쓰일 수 있다.

⑦ SL(Service Level, 서비스 레벨) : 정한 시간(초) 안에 응답될 콜의 퍼센트

⑧ Occupancy(업무점유율) : 통화시간, 통화 후 업무를 포함하여 상담사가 콜을 처리하는데 보내는 시간의 퍼센트. 나머지 시간은 전화를 기다리고 있다. 이 예제에서 업무점유율은 86%이다. 서비스 레벨이 올라가면 업무점유율은 감소한다.

⑨ Trunk Load : 한 트렁크(전화회선)에 걸릴 부하를 나타낸다. (통화시간 + 평균 응답 속도)와 시간 당 콜수의 곱으로 회선 트래픽의 시간(Erlangs)이다. 회선 계산을 위한 Erlang B와 다른 계산법들은 시간 단위의 투입량을 요구하기에 즉시 그대로 사용될 수 있다. 각 열에서 30분 동안의 회선에 의한 실제 트래픽은 주어진 것의 반이다.

하루 동안의 각 30분 단위로 다양한 상담사 스킬 그룹별로 서비스 레벨 목표 달성을 위해 필요한 기본 인력을 계산해야 한다. 30분 단위의 계산을 해야 하므로 매우 많은 계산이 필요하고, WFMS를 이용할 경우 이러한 과정을 간단하게 처리할 수 있다.

(5) (3)의 표에서 다음과 같은 인바운드 콜센터의 특성을 다시 확인해 볼 수 있다.

① 콜을 처리하는 상담사가 많을수록 서비스 수준은 높아진다.

② 콜을 처리하는 상담사가 많을수록 회선 할당량은 감소한다.

③ 콜을 처리하는 상담사가 많을수록 점유율은 낮아진다.

2. 컴퓨터 시뮬레이션 방식

컴퓨터 시뮬레이션 방식은 Erlang C보다 좀더 복잡하지만, 복잡한 환경에서는 좀더 정확히 측정할 수 있는 모델이다.

가정한 변수들에 있어서 서비스 레벨, 콜지연, 콜폭주 등에 어떤 변화가 있는 상태에서 시뮬레이션하는 데에 일반적으로 사용되며, 중복 그룹, Skill-based Routing 등의 다양한 변수들을 가정하도록 프로그램할 수 있다.

시뮬레이션 모형을 이용하는 방법은 복잡한 라우팅 체계를 표현해 줄 수 있으므로 예측 정확도를 높일 수 있으나 모형 설계가 어렵고 복잡하여 현실적으로는 잘 사용되지 않는다.

[Erlang C와 컴퓨터 시뮬레이션 방식의 장단점]

구 분	장 점	단 점
Erlang C	• 포기콜이나 Busy Signal이 최소화된 Good service 수준에서는 정확 • 쉽고 빠르게 사용할 수 있으며, 폭 넓고 다양한 자료 형태 또는 소프트웨어 형태로 이용가능 • 콜센터의 Tradeoffs를 잘 표현(예 서비스레벨이 올라갈 경우, Occupancy는 내려간다) • 거의 모든 Workforce Management 소프트웨어 프로그램의 Staffing을 계산하는 기본 공식	• 포기콜 및 Busy Signal이 없음 • 콜인입 가정의 단순 일정 기간 동안 콜은 일정하게 들어오고, 콜량은 일정 수준 이상으로 늘거나 줄지 않는다고 가정 (폭주 없음) • 예측 기간 동안 콜을 응대하는 상담사의 수는 고정되어 있다고 가정 • 그룹 내의 모든 상담사는 해당 그룹에 주어진 모든 콜을 응대할 수 있다고 가정
컴퓨터 시뮬레이션	• Overflow, 그룹 간의 공통적 업무, Skill-based Routing 등과 같은 다양한 변수들에 대한 가정을 프로그램화 할 수 있음 • 분실된 콜이나 통화 중 신호 등이 반영될 수 있음 • 각 콜센터의 환경에 맞추어 프로그래밍이 가능	• 구현과 활용에 시간이 소요되고, 상대적으로 전문적인 사용자가 요구됨 • 단독으로 구성된 Tool이기 때문에, 예측이나 Staffing 모듈과 통합되지 않음 • 단일 Erlang C 소프트웨어보다 고가

3. 이메일·팩스 등에서의 인력 산출

즉각 처리하지 않아도 되는 업무(이메일, 팩스 등)를 위한 필요 인력 계산은 일반적으로 오랫동안 사용되어 온 '산출 단위(Units-of-Output)' 접근법에 기본을 두고 있다. 예를 들어, 평균처리시간 4분동안 60개의 메시지를 받는다면 4시간의 업무량이 된다. 만약 2시간 내에 업무를 끝내야 한다면 적어도 2명의 상담사가 2시간이 넘게 일해야 한다. 그래서 서비스 레벨과 인바운드 콜과 함께 이메일 업무와 응답시간 목표치가 필요한 인력을 정한다.

(1) 최소 필요 인력 계산 공식

$$\left(\dfrac{\dfrac{Volume}{RT/AHT}}{Efficiency} \right) = Agents$$

• Volume : 업무량
• AHT : Average Talk Time + Wrap-up Time (평균 처리 시간)
• RT : 응답 시간 목표
• Efficiency : E-mail 응답 사이의 Free Time

안심Touch

볼륨은 처리해야 하는 업무의 양이다. AHT는 업무를 처리하는 데 상담사가 걸리는 평균 총 시간으로 인바운드 콜센터에서 평균 통화 시간과 평균 통화 후 업무와 동등하다. 응답시간은 메시지를 받은 후 고객에게 응답하는 데 걸리는 시간이다. 공식을 이용하여 앞에서도 언급되었듯이 2시간에 2명 [60/(120/4)=2]의 상담사로 60개 메시지를 처리할 수 있다.

여기에 불가피한 휴식시간 요소를 고려한 지수를 Efficiency 지수로 삽입하여 나눠주면 좀 더 현실적인 필요 인력 계산을 할 수 있다.

(2) 필요 인력 계산시 주의 사항

① 목표치를 맞추기 위해 기본인력 일정을 조정하는 데에는 많은 방법이 있다. 사실 예제에서 60명의 상담사를 약속한 응답시간 바로 전에 투입하여 60개 메시지를 처리하고 목표치를 맞출 수 있다. 정말로 원하는 것은 일정에 전반적으로 걸쳐서 약속한 응답시간 내에 업무를 효과적으로 배분하는 것이다.

② 필요 인력 계산시 : 응답시간 목표치가 한 시간보다 적다면 트래픽 엔지니어는 일반적으로 기본인력 계산 방법으로 Erlang C나 컴퓨터 시뮬레이션을 추천한다. 인바운드 콜과 같이 이는 대기열과 서비스 레벨 시나리오이다.

③ 휴식, 결근 그리고 상담사가 업무를 할 수 없게 하는 모든 일들도 기본인력 계산에 포함시켜야 한다.

④ 상담사가 쉬는 시간 없이 계속적으로 업무를 처리할 수 없기 때문에 효율 요인(Efficiency Factor)을 둔다. 90%까지 효율 요인을 높이고 싶다면 추가 상담사가 필요할 때 기본인력 계산을 0.9로 나누어준다.

제2절 ┃ 회선 산출

◉─ 핵심 포인트

• 필요 회선 수를 계산하는 것은 이론적으로 가장 바쁜 시간대의 Trunk Load를 기준으로 Erlang B 모형을 기반으로 계산한다.
• 동일 콜로드에서 상담사수와 필요한 회선 수는 반비례한다.
• Erlang B, Poisson, Retrial Table은 회선과 IVR포트 계산을 위한 대안이다.

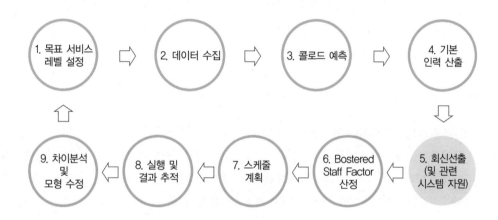

1. 인원과 회선의 관계

다음 그림은 고객이 전화를 하면 콜을 처리하는 상담사 그룹에 직접 연결되는 상황이다(즉, IVR이 도입되지 않은 상황이다).

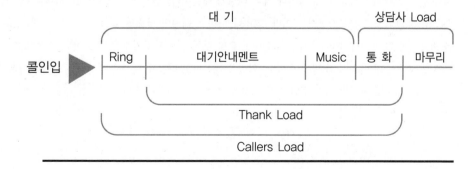

(1) 대기(Delay)

대기는 회선에 전화가 연결된 순간부터 고객이 상담사에게 연결되는 순간까지를 말한다.

(2) 상담사 로드(Load)

통화 시간과 마무리 시간, 두 요소를 포함한다.

(3) 회선 로드

회선 로드는 회선을 필요로 하지 않는 통화 후 업무 이외의 모든 업무를 포함한다. 고객의 로드 (Caller's Load)는 네트워크가 콜을 콜센터에 연결하는 짧은 시간을 제외하고는 회선 로드와 같다. 상담사 로드와 회선 로드는 둘 다 통화 시간을 포함한다. 그러나 회선 로드는 상담사 로드와는 직접 연관이 없는 대기를 포함한다. 그리고 회선과 관련 없는 마무리 일은 상담사가 한다.

2. 인원과 회선 계산에 있어서 중요한 2가지 사항

(1) 인원은 회선과 관련하여 계산되어야 한다.

동일 콜의 양에 주어진 인원이 많을수록 고객들은 덜 지연될 것이다. 다시 말해, 인원은 대기에 영향을 미친다. 따라서 얼마나 많은 회선이 필요한지에 직접적 영향을 미친다. 예상하는 콜의 양을 몇 명의 인원이 처리할 것인지를 알기 전에는 필요한 기본 회선을 알 수 없다.

(2) 확실히 믿을 수 있는 하나의 인원 대 회선의 비율은 없다.

아마 한 상담사 당 1.5회선이 필요하다는 법칙을 들었을 것이다(예 상담사 10명에 15개의 회선). 일반적으로 시스템 벤더사에서 이 비율을 권장하기도 한다. 그러나 이 비율이 당신이 필요한 숫자가 되는 것은 정말 우연이다. 일반적으로 사용될 수 있는 비율은 없다. 첫 번째 이유는 회선은 필요 없지만 상담사가 해결해야 하는 통화 후 업무는 콜센터마다 다르기 때문이다. 두 번째는 '7가지 요인에 의해 영향을 받는 고객의 인내심'이 조직마다 아주 다르기 때문이다. 높은 서비스 레벨을 유지한다면 회선은 '대기(Delay)'를 조금만 감당할 것이다. 그러나 서비스 레벨이 낮으면 회선은 더 많은 '대기(Delay)'를 감당해야 하고 이에 따라 더 많은 회선이 필요할 것이다. 적당하지 않을 수도 있는 비율에 따르느니 자원을 정하는 데 더 적당한 방법이 있다. 인력을 계산하고 다음에 회선을 계산하는 것이 적당하다. 인력 대 회선의 비율이 어떻게 나오던 간에 그것이 그 콜센터에 맞는 것이다.

3. 회선수 계산법

회선 수를 계산하기 위한 가장 일반적인 방법은 다음과 같다.

(1) 예측 기간 중 가장 바쁜 30분 동안 처리해야 할 콜로드를 예측한다.

(2) 목표 서비스 레벨을 유지하면서, 예측된 콜로드를 처리하기 위한 인력을 산출한다.

(3) 콜로드와 현실적인 목표 서비스 레벨을 고려하여 회선 로드를 결정한다.

(4) 계산된 회선 로드를 처리하기 위한 필요 회선 수를 결정한다. 필요 회선 수를 결정하는 데에는 일반적으로 Erlang B를 이용한다.

4. Erlang B

(1) Erlang B가 가장 널리 사용되지만 다른 방법들도 있다.

[인력과 시스템자원의 다양한 방법]

공 식	가 정
Erlang B	• 고객이 통화 중 신호를 받으면 다시는 전화를 하지 않는다고 가정한다. 그러나 어떤 고객은 다시 걸기에 Erlang B는 필요한 회선을 과소측정할 수 있다.
Poisson	• 고객이 통화 중 신호를 받으면 상담사와 연결될 때까지 전화를 건다고 가정하나 어떤 고객은 다시 걸지 않기 때문에 Poission은 필요한 회선을 과대측정할 수 있다(연결될 때까지 재시도하는 것으로 가정).
Retrial Tables	• 통화 중인 경우 일부 고객은 다시 전화를 건다고 가정한다. • 트래픽 엔지니어에 의해 별로 자주 사용되지 않지만 비교적 정확하다.

(2) Erlang B를 이용하여 회선 수를 산출한 예이다.

시간당 회선 로드가 27.0일 경우, 통화 중일 확률을 1%(0.01)로 잡을 때 필요한 회선 수는 38회선이다. 회선 계산을 위해 어느 공식을 사용하든 감당할 수 있는 통화 중 확률을 정할 필요가 있다. 그렇지 않으면 어떤 경우에도 회선이 Available 할 수 있도록 필요 회선이 계산되어야 하는데, 이 수치가 매우 크게 나타날 것이다. 그러나 1%라도 통화 중 확률을 인정하면 필요한 회선 수는 훨씬 더 현실적이 된다.

[통화 중일 확률에 따른 필요 회선 수]

통화 중일 확률 [회선 로드(시간당)]	0.01	0.02	0.05	0.10
25.0	36	34	31	28
25.5	36	34	31	28
26.0	37	35	32	29
26.5	38	36	32	29
27.0	38	36	33	29
27.5	39	37	33	30
28.0	39	37	34	30

회선 수를 산출할 때에는 상담사수뿐만 아니라, 고객의 IVR 이용시간(상담사와 연결되기 전에 계좌번호나 자동안내를 위한 IVR 시스템을 거쳐야 할 수도 있다), 다양한 상담사 그룹에 공통적으로 공유되는 회선 등을 모두 고려해야 한다.

같은 콜로드 수준에서 상담사수가 적어지면, 고객의 대기행렬이 길어지고 필요한 회선 수는 많아지게 된다.

5. 회선 비용과 인력 비용

인바운드 콜센터에서 시스템에 연결되는 각 개인에게는 상담사와 통화를 하고 있던, 대기열에 있던 회선이 필요하다. 수신자 부담 서비스라면 대기 시간의 비용도 콜센터가 지불하는 것이다. 텔레커뮤니케이션 비용은 인력 이슈와 떨어뜨려 생각할 수 없다.

상담사수를 적게 투입하면 인력 비용은 적게 들겠지만 서비스 레벨이 나빠지고, 이는 평균 대기 시간을 높이게 되어 회선 비용은 많이 들게 된다. 반대로 상담사수를 많이 투입하면 빨리 콜을 처리하게 되어 회선 사용 비용은 줄일 수 있지만 인력 비용은 많이 들어가게 된다.

이처럼 상담사수와 관련된 인력 비용과 회선 관련된 비용은 개별적으로 계산, 관리되어서는 안되며 통합적으로 관리되어야 한다. 일반적으로 기업에서 통신비 예산과 상담사 예산을 따로 책정해서 계획을 세운다. 그러나 이것은 Deming이 말한 Sub-optimization의 전형적인 사례로 서로 연관성이 깊은 두 부분을 별개로 해서 최적화하는 것은 전체적으로 보아서는 비효율을 초래한다.

다음 그림은 특정 콜센터 환경에서의 상담사수에 따른 인력 투입 비용과 회선 비용을 합산한 총 비용을 도식화한 것이다. 그림에서 알 수 있듯이 두 비용의 합을 최적화하는 특정 지점이 존재한다.

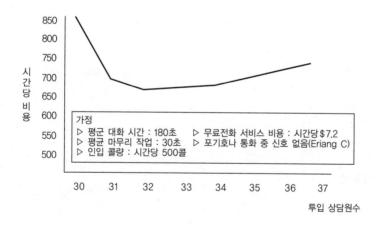

09장 실행 및 모형 수정

제1절 ▌ RSF 산정

◯─ 핵심 포인트

- 결손율(RSF, Overhead, Shrinkage)은 서비스 레벨과 응답시간 목표치에 도달하기 위해 일정 동안 필요한 기본 인력 이상으로 필요한 최소 인력을 산출하는 지수로 휴가, 교육, 회의, 상담 외 업무, 화장실 등 상담사에게 비용은 지급되지만 실제 전화업무에 투입 못하는 시간들을 고려하여 인력 산출하는 것을 도와준다.
- 시계열 예측에서처럼 결손율 계산을 위해서도 과거 데이터를 기반으로 하는데, 이의 기본 가정은 "과거의 패턴이 미래에도 반복될 것이다"라는 것이다.
- 많은 콜센터에서 하루 동안의 결손율은 1.1에서 1.4이다. 이는 일정 동안 필요한 기본 필요 인력보다 최소 10%에서 40%의 추가 인력이 필요하다는 것을 뜻한다. 이는 어떤 콜센터에서는 훨씬 높은 수치일 수도 있다.

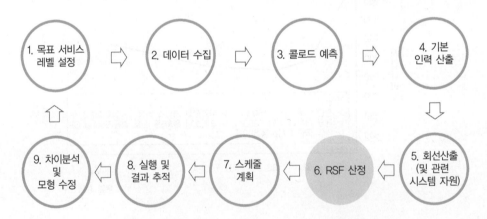

오버헤드(Overhead) 혹은 감소요인(Shrinkage)이라고 불리기도 하는 결손율은 목표 서비스 레벨과 응답시간을 얻기 위해 필요한 기본 인력 이상으로 일정동안 필요한 최소의 인원을 나타내는 수적 요인이다. 이는 기본 인력이 결정된 후 그리고 스케줄이 계획되기 전에 계산한다.

1. 결손율 계산

결손율(RSF) 계산은 예측의 한 종류이다. 중요한 가정은 전화를 받고 있지 않은 상담사의 비율이 미래에도 지금과 비슷할 것이라는 것이다. 다시 말해, 10명의 그룹에서 한 명이 쉬고 있다면 100명의 그룹에서는 10명이 쉴 것이라는 것이다.

(1) 30분 동안 필요한 기본 인력을 입력한다.

기본 인력에 포함되는 것은 그룹의 구조에 따라 다르다. 도달하자마자 바로 처리되어야 하는 업무(전화, 웹 채팅 등)와 추후에 처리될 수 있는 업무(이메일, 팩스 등)에 대해 각기 다른 상담사 그룹을 가지고 있다면 기본 인력은 이 그룹 중의 하나를 나타낸다. 각 그룹에 대하여 감소량 계산이 필요하다. 다른 한편으로는 두 종류의 업무를 다 처리하는 그룹을 가지고 있다면 두 종류의 업무에 필요한 기본 인력을 따로 계산한 후에 두 개를 더한다. 그런 후에 통합된 그룹의 감소 요인을 계산한다.

(2) 상담사가 정기적으로 업무를 할 수 없게 하는 요소를 찾는다.

3열에서 5열은 결근, 휴식, 교육 중인 상담사의 수를 나타내고 있다. 이 카테고리는 단지 예일 뿐이다. 리서치, 아웃바운드 콜(통화시간이나 통화 후 업무 중이 아닌 사람들) 또는 다른 활동을 하고 있는 상담사들을 포함시킬 수 있다. 그리고 카테고리를 더 자세하게 나눌 수도 있다. 예로 결근은 휴가와 같이 미리 계획된 결근과 아파서 출근을 못한 것과 같은 갑작스런 결근으로 나눌 수 있다.

(3) 업무를 못할 상담사 수에 기본 인력을 합한다.

'스케줄 대상' 열은 30분 단위의 전 열들의 합이다.

(4) RSF 계산

마지막 열은 30분 동안 일정에 필요한 인력을 필요한 기본 인력으로 나눈 것이다. 비율은 향후 감소를 예측하기 위해 사용할 것이다.

(5) 향후 일정을 계획할 때 이용한다.

이 계산 결과는 30분 동안 예상되는 감소를 반영한 요인들의 세트이다. 이들을 향후 일정을 만들 때 필요한 기본 인력으로 곱한다. 예를 들면, 지금부터 2주 동안의 일정을 계획하는데 8 : 00부터 8 : 30 사이에 32명의 기본 인력이 필요하다면 그 30분 동안에 40명(32×1.25)의 상담사를 계획할 필요가 있을 것이다. 여기에 프로젝트나 미팅, 또는 감소량 계산에 포함되지 않은 모든 것에 필요한 인원을 더해야 할 것이다.

구 분	기본필요 인력	결근 (휴가, 병가)	휴 식	훈 련	스케줄 대상	오버헤드 인력	RSF
8:00~ 8:30	28	3	0	4	35	7	1.25
8:30~ 9:00	30	3	0	4	37	7	1.23
9:00~ 9:30	37	3	4	4	48	11	1.30

2. RSF 계산시 고려사항

휴식과 결근은 언제나 감소 요인 계산에 포함되어야 하지만 다른 활동들은 분석과 결정을 필요로 한다. 한 예로 교육은 포함되어야 하는가, 교육 일정이 자주 변화하거나 하면 교육정보는 감소량 계산에서 제외시킨다. 기타 활동도 예측 가능성에 따라 계산에 포함할 지 안 할지 여부를 결정한다. 콜센터 상황에 따라 기준시간은 30분, 15분, 1시간 등이 될 수 있으며 실행하면서 결과에 따라 조정하여 정확도를 높여간다.

예산 및 스케줄의 효과적인 설정을 위해서 Shrinkage(1-1/RSF)의 계산을 예산과 함께 고려한다. Shrinkage를 적용한 스케줄링이 실제 어떤 운영결과(저조한 서비스 레벨 결과 등)를 보이는지 검토하고 지속적으로 조정을 수행한다.

※ 주의 : 통화 후 업무는 이미 기본 인력 계산에 평균 처리 시간의 부분으로 포함된다. 그래서 감소요인 계산에는 포함되지 말아야 한다.

많은 콜센터에서 감소요인은 하루 동안 1.1에서 1.4 사이이다. 이는 업무를 처리하는 이들 이외에 10%에서 40%의 추가 인력이 일정을 맞추기 위해 필요하다는 것이다. 그러나 이 일반적 규칙을 무조건 믿어서는 안 되며, 각자에 맞는 계산을 할 필요가 있다. 업무에 관련이 없는 활동이 상당 부분 있다면 감소요인은 2.0까지 올라갈 수도 있다.

[U. S Example]

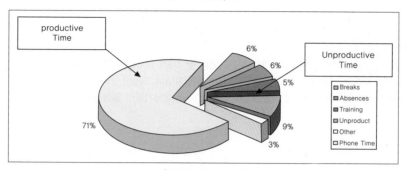

[EMEA Example]

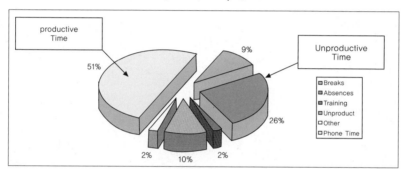

〈자료 : Call Center Staffing, Penny Reynolds〉

[감소율 예시]

제2절 | 스케줄 계획

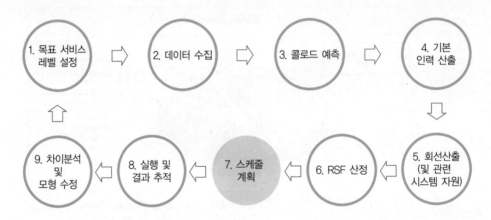

산출된 예측 결과와 RSF를 감안한 인원 수를 가지고 시간별로 배치 계획에 포함시킬 인원을 결정한다. 스킬 그룹으로 구분하여 운영하는 콜센터의 경우 스킬 그룹 별로 구분하여 배치한다.

휴가, 월차 계획을 미리 받아서 그 명단을 제외하여 업무 배치 대상 인원 및 Shift를 결정하고, Shift 별 점심시간 및 휴식시간을 스케줄링한다.

단위 시간별 계획상 필요 인원 대비 과부족 인원을 계산하여 인원 부족 상황(Under Staff/Peak Time), 인원 과다 상황(Over Staff/Idle Time)에 맞는 대처전략을 수행한다.

(1) Peak Time 전략

Peak Time시 또는 필요인원 대비 인원 부족 상황에서는 기본적으로 통화 속도를 감소시켜 많은 콜을 받을 수 있도록 하거나 다른 인력 그룹을 긴급 투입하는 방법을 많이 사용한다.

각 회사별로 상황에 따라 다양한 전략이 있을 수 있으나 중요한 것은 이런 다양한 전략을 수용할 수 있는 콜센터 문화(분위기)를 만드는 것이다. Peak Time시 구사할 수 있는 다양한 방법은 다음과 같다.

① 휴식시간, 점심시간, 회의시간, 훈련 스케줄을 조정한다.

② 유동적인 점심시간, 휴식시간 제안

점심시간 줄이고 다른 시간에 휴식을 할 수 있게 하거나 쉬는 시간을 줄여서 한가할 때 휴가를 제공한다.

③ 휴가 인원을 조정한다.

④ 여러 근무조가 중첩 근무가 되도록 근무시간 배치

예 한 조는 오전 7시에 시작하고 그 다음 조는 7시 30분, 그 다음은 8시에 시작하여 콜량에 적절한 인원수가 되도록 각 조를 다르게 근무시간을 배치한다.

⑤ 파트 타이머의 이용

대학가 근처 콜센터의 경우, 피크 타임대에만 근무하는 파트 타이머 등을 고용하여 운영하기도 한다. 또는 주부인력 등을 활용하여 하루 4시간 근무자 제도를 운영한다. 파트 타이머의 경우 점심시간 등을 제공하지 않아도 되어 좀더 효율적으로 운영할 수 있다.

⑥ 내부(Internal) 파트 타이머의 이용

임금 체계가 유연할 경우, 조직 내 다른 그룹에서 정규 근무 외 시간 동안 파트 타이머를 고용하여 콜을 응대하거나 후처리 업무를 지원한다.

⑦ 특별팀 구성

㉠ 콜센터 내에 많은 유형 또는 모든 유형의 콜을 받을 수 있는 슈퍼상담사 그룹을 두어 해당 콜의 폭주시 특별 팀이 투입되어 응대한다.

㉡ 특별팀의 상담사는 상담능력이 뛰어난 상담사들로 다른 그룹에 비해서 높은 급여를 보장받는다.

> **인 · 아웃바운드 멀티 수행팀**
>
> 아웃바운드 해피콜 등을 하는 팀에서 인바운드 폭주 시간 대에는 인바운드 콜을 받다가 콜이 적은 시간 대에는 아웃바운드 콜을 수행한다. 신문광고를 통한 세일즈 콜센터에서는 고객이 신문을 보고 오전시간 대에 콜을 많이 하므로 오전 4시간은 인바운드 콜을 받고, 오후 4시간은 아웃바운드 콜을 수행하는 팀을 운영하기도 한다.

⑧ 계획적으로 응대시간 줄이기

Call Back 약속을 하여 통화를 간단히 종결하거나 통화 마무리 업무를 Peak Time이 지난 후에 처리한다.

⑨ 초과근무 제시

초과근무를 제시하는 것은 지속적인 전략으로 사용하기에는 비용이 비싸고 계속될 경우 체력이 저하되는 등 효율성이 떨어질 가능성이 높다.

⑩ LWOP(Leave Without Pay, 무급휴가) 옵션을 상담사에게 부여하여 Peak Time 때 휴식시간 없이 근무하고 일이 없는 날에 조퇴할 수 있도록 한다.

⑪ 분할 교대 활용

오전에 일하고 중간에 쉬고 오후에 다시 일하는 방식으로 대학교 캠퍼스 내 또는 대학가 근처 콜센터의 경우 파트 타임 학생들이 수업이 없는 공강시간을 맞춰서 시행할 수 있다.

⑫ 장시간 콜응대팀 별도 운영

항의, 민원 등 장시간 응대해야 하는 콜을 처리하기 위한 특별 팀을 만든다.

⑬ 슈퍼바이저 · 품질관리자 등 투입

콜폭주가 심할 경우 콜센터 내 지원그룹인력 등을 투입한다.

⑭ IVR를 통한 고객 교육

상담사와 접속하기 전 IVR 멘트에서 회사 홈페이지 주소 안내, 콜센터에 접속이 잘 되는 시간대, 근무 시간 등을 알려 콜센터로 인입되는 콜량을 조절한다.

⑮ VIP 고객응대

콜에 우선순위를 부여하여 VIP 고객의 콜은 먼저 처리하도록 한다.

⑯ 재택 근무 제도 도입

피크 타임을 위한 대안은 아니나 상담사들이 선호하지 않는 비인기 Shift 시간대에 재택근무자를 활용하는 등 좀더 좋은 운영환경을 제공한다.

⑰ 일정기간 의도적으로 서비스 레벨 희생

신상품을 출시하는 초기 몇 주 동안이나 성수기 동안은 사실상 서비스 레벨 목표를 달성하는 것은 비현실적이다. 이때 몇 주 정도는 서비스 레벨을 포기하고 고객의 이해를 구할 수 있도록 계획을 세우며, 서비스 레벨의 최저선은 일반적으로 고객들이 예상할 수 있는 범위 내에서 행해져야 한다.

(2) Idle Time 전략

Idle Time시 또는 필요 인원, 대비 인원의 과다 상황 발생시 예상 시간과 상담사 규모에 따라 적절한 전략을 택할 수 있다. 현실적으로는 Peak Time 전략보다 Idle Time 전략을 잘 짜는 것이 더 중요할 수 있다.

① 교 육

㉠ 오프라인 교육이나 온라인 교육을 실시한다.

㉡ 콜이 없을 경우는 동시에 많은 사람이 집체교육에 참여할 수 있으므로 오프라인 교육을 시행할 수 있는 좋은 기회이다.

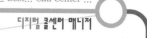

    ⓒ 체험 교육 일환으로 콜센터와 관련있는 타부서 또는 다른 고객 접점을 방문하여 업무의 이해도
를 높이기도 하고, 타 우수 콜센터 벤치마킹을 시행하기도 한다.

② 각종 문서 작업

    매뉴얼, 스크립트, 상담 케이스 정리 등을 새로 하거나 업그레이드한다.

③ 추가 업무

    ㉠ 업무량을 센터에서 결정할 수 있는 아웃바운드 업무를 진행한다.

    ㉡ 고객 만족도 조사나 타사 벤치마킹 모니터링을 수행할 수 있다.

④ 프로모션 : 조퇴, 단체 휴식, 영화 관람 등을 제공한다.

⑤ 관리자 업무 체험 프로그램

    명예 품질관리자, 명예 슈퍼바이저 등 일일 관리자 체험 프로그램을 운영하여 차기 관리자를 양성
한다.

⑥ LWOP(Leave Without Pay, 무급휴가) 옵션을 사용

    Peak Time 때 휴식시간 없이 근무한 상담사의 경우 무급휴가 옵션을 사용하도록 한다. 또는 특별
포상 휴가를 제공한다.

⑦ 기타 : 환경미화, 주변정리, 센터 근처 각종 시설 방문 등을 한다.

(3) 상담사 배치시 고려요인

일정 계획은 본래부터 반복적인 프로세스이고 이는 상당한 양의 실행과 착오를 포함한다는 뜻이다. 상
담사 배치 스케줄링을 진행할 때 고려하여야 할 다른 변수들이 있다.

예로 얼마나 미리 일정을 정하려 하는가? 즉, 일정 범위를 얼마로 둘 것인가이다. 현재로부터 2~3달
앞의 일정을 계획하려 한다면 이는 덜 효과적일 것이다. 콜량이 예측으로부터 달라도 일정은 그대로
일 것이기 때문이다. 그러나 큰 장점은 미리 그들의 업무 일정을 알고 싶은 상담사들에게 호응이 크다
는 것이다. 다른 한편으로 짧은 일정 범위를 사용하면 상담사들에게 있어 호응이 좋지 못할 것이지만
일정은 더 정확할 가능성이 크다. 문제는 둘 사이의 밸런스이다.

① 노조나 법적 요구 사항에 관해서도 조심스레 고려해야 한다.

    비상근 인력에 대한 제한, 업무시간과 초과근무 수당도 스케줄링 전략에 영향을 미친다. 특히 최소
근무시간, 최대 근무시간, 휴일 등은 중요한 사안이다. 노조가 있다면 일정 결정에 노조대표가 맨
먼저 포함되어야 한다.

② 현실적으로 상담사 선호도를 고려하는 것도 중요하다.

    일정계획에 상담사를 포함하면 종종 운영진이 생각하지 못했던 아이디어를 내기도 하고 일정에 대
해 더 잘 받아들이고 지킬 것이다.

③ 가능한 많은 일정 대안(Peak Time, Idle Time 전략)들을 조사하는 것이 중요하다.

즉시처리업무와 나중 처리업무의 혼합을 고려하여 스케줄링하며, 스케줄링 소프트웨어를 활용하는 것도 한 방법이다. 수작업 스케줄링도 충분히 가능하다. 그러나 15분 간격으로 100명 이상의 스케줄링을 할 경우, 수작업으로 최적화하기는 어렵다. 적절한 소프트웨어를 활용해야 하며 WFMS에서 제공하는 스케줄링 기능이 이를 수행한다. 스케줄링은 시행착오를 수반하는 반복적인 프로세스이므로 상담사와 조직 간의 책임의 조화를 잡으면서 고객 요구와 상담사를 연결시킬 수 있는 일정을 찾도록 노력하는 문화를 만들어 가는 것이 중요하다.

(4) 고려요인의 정리

① 일정 범위

② 노조 및 법적 사항

③ 상담사 참여 유도

④ 일정 대안

⑤ 스케줄링 소프트웨어

⑥ 조직 문화

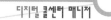
제3절 ▌실행 및 모형 수정

○─ 핵심 포인트

- 스케줄링 실행에 있어 상담사들이 적절한 장소에서 적절한 시간에 적절한 일을 하는 것이 점점 중요해지고 있다.
- 계획은 어디까지나 계획으로 실제로 반드시 일치하지는 않는다. 그러나 전체적인 Trend가 계획대로 움직인 다면 예측 및 스케줄링 과정이 잘 되었다고 판단할 수 있다.

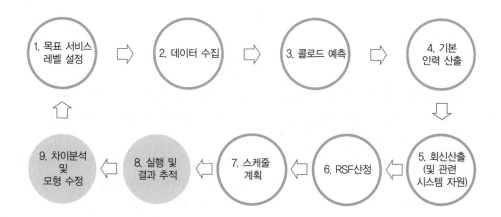

1. 스케줄링 실행

스케줄링을 실행하는 데 있어서 상담사가 일정을 준수하도록 관리하는 것이 중요하다.

(1) 일정 준수(Schedule Adrerence)

일정 준수는 상담사의 교대시간 동안 얼마나 콜을 처리하는 데 시간을 보내고, 언제 콜을 응할 수 있는 지를 측정하는 것이다. 일반적으로 업무가 도착하기를 기다리는 시간도 포함하여 상담데스크에 앉아 있는 모든 시간을 말한다. 더 자세히 말하자면, 말하는 데 걸린 시간, 통화 후 업무, 콜이 오기를 기다 린 시간, 필요한 아웃바운드 콜을 거는 데 걸린 시간 등으로 구성된다.

준수는 타이밍의 문제(언제 콜에 응할 수 있는 가)와 연관시켜야 한다. 이는 상담사가 필요한 시간만큼 그리고 필요한 때 자리에 있도록 확실히 하기 위한 것이다. 준수와 관련지어지는 두 단어는 다음과 같다.

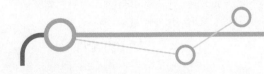

① 가용성 (Availability) : 얼마의 시간 동안 콜에 응할 수 있는가
② 준수(Compliance) : 언제 콜에 응할 수 있는가

적절한 시간에 적절한 숫자의 인력이 가용한 상태로 있어야 하는 필요성 때문에 상담사들의 일정 준수는 단지 그들이 얼마나 자리에 있었느냐 뿐만 아니라 언제 그들이 상담 가능한 상태로 있었느냐 하는 것을 아는 것이 중요하다. 예로 콜센터에서는 예정된 시간보다 15분 늦게 착석했다고 해서 15분 더 오래 있는 것은 별 의미가 없다.

일정 준수는 합리적이고, 상담데스크에 상담사들을 합리적으로 머물게 하는 많은 것들을 반영하는 수준에서 수립되어야 한다. 또한, 업무량이 적을 때는 탄력적이어야 한다.

콘택트의 다양한 채널과 책임이 증가하고 있는 오늘날 상담사들이 적절한 장소에서 적절한 시간에 적절한 일을 하는 것은 점점 중요해지고 있다. 모든 시스템이 콘택트의 모든 채널을 통해 완벽한 보고서를 제공하는 것은 아니므로 데이터를 종합하는 것이 필요하다.

(2) 일정 준수(Schedule Adherence) vs 업무점유율(Occupancy Rate)

일정 준수와 업무점유율은 서로 다른 두 개의 개념이다. 일정 준수가 좋아질 때 업무점유율을 감소시키는 서비스수준은 올라갈 것이다.

일정 준수 측정의 큰 장점은 객관적 측정이라는 것이다. 상담사들은 얼마나 많은 콜들이 걸려올지, 고객의 무드, 그들이 처리할 콜의 종류, 자원 계획이 얼마나 정확히 되는지 등을 조절할 수 없다. 그러나 적절한 시간에 적절한 장소에 있을 수는 있다.

2. 결과 추적

스케줄링의 실행 결과에 대한 점검은 그 센터가 목표로 하는 서비스 레벨 목표를 달성하였는지 안하였는지에 대한 결과로 평가한다. 이는 스케줄링 및 예측의 궁극적인 목표가 서비스 레벨의 목표 달성이기 때문이다.

서비스 레벨이 일관되고 목표에도 부합하는 경우, 서비스 레벨은 일관되나 목표에 부합하지 않는 경우, 서비스 레벨도 일관되지 않고 목표에도 부합되지 않는 경우의 세 가지로 나타날 것이다. 각 결과 별로 점검 사항을 살펴 보자.

(1) 서비스 레벨이 일관되고 목표에 부합한다.

가장 이상적인 상황으로 다음 그림과 같이 나타난다.

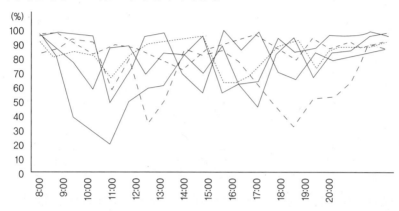

(2) 서비스 레벨은 일관되나 목표에 부합하지 않는다.

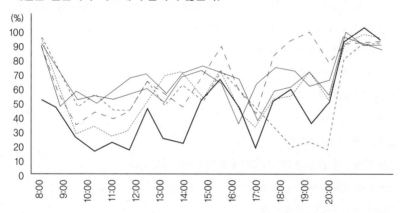

오전 8시와 오후 4시 근방을 제외하고는 대체로 목표 수준에 도달하지 못했으나 각 그래프 선은 대체적으로 비슷한 양상을 보여 일관성 있게 나타나고 있으며, 점검 사항은 다음과 같다.

① 상담사 추가를 고려할 필요는 없는가

② 전화업무와 비전화 업무를 고려한 스케줄링인가

③ 특정 요일 및 시간대를 고려한 스케줄링인가

④ 휴식과 점심시간을 고려한 스케줄링인가

(3) 서비스 레벨도 일관되지 않고 목표에도 부합하지 않는다.

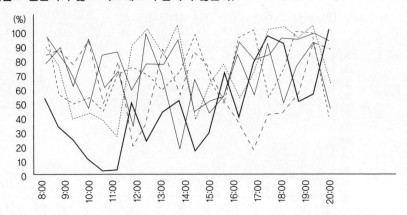

가장 좋지 않은 상황으로 전 시간 대에 걸쳐 각 그래프 선이 모두 제각각으로 일관성이 없으며 점검사항은 다음과 같다.

① 서비스 레벨 현황이 실시간으로 제공되며, 상담사들이 유동적으로 업무하는 것이 가능한가

② 휴식, 교육훈련, 비전화 업무 등이 반영되어 있는가

③ 비전화 업무에 대해 예측하였는가

④ 상담사가 마무리 업무를 잘 수행하고 있는가

⑤ 마무리 업무의 내용이 일관되는가

⑥ 특정 요일 및 시간대를 고려한 스케줄링인가

⑦ 스케줄 준수율이 우수한가

⑧ 신입 상담사를 신입 슈퍼바이저에게 배치하지는 않았는가

⑨ 스케줄링 계획시 상담사, 슈퍼바이저 등을 포함하였는가

⑩ 30분 단위로 관리하고 있는가

3. 차이분석 및 모형 수정

회사의 전략에 따라 서비스 레벨 목표를 정하고 예측 및 스케줄링을 실시하였으나, 이를 실제로 실천하기 위해 비용이 지나치게 많이 소요된다면 현실적으로 실현할 수가 없다. 따라서 재무적으로 타당한 프로그램인지 점검이 필요하다.

(1) 콜센터 운영 비용에는 인건비(직·간접비), 회선 사용비, 경비가 모두 포함되며, 월간 단위 운영 비용 추정을 주로 한다.

(2) 서비스 레벨 목표를 달리하면 동일한 콜로드에 대해서도 필요 상담사수가 달라지며, 이에 따라 필요 회선 또한 달라진다.

(3) 가용한 예산과 다를 경우, 서비스 레벨 목표를 다르게 정해 가면서 각 경우에 소요될 비용을 추산해서 재무적 관점에서 의사결정을 할 수 있다. 그러나 서비스 레벨 목표 설정은 단순히 재무적 관점에서만 이루어져서는 안 되고 회사의 고객 서비스 수준에 대한 전략 또는 목표와 연계하여 결정되어야 한다.

안심Touch

05 과목 연습문제

디지털 콜센터 매니저

제1장 ┃ 다양한 콜센터 성과지표

01 다음 중 콜센터 성과관리에 관한 설명으로 올바르지 않은 것은?

① 콜센터 성과관리는 운영 전략대로 운영이 되고 있는지를 알아보기 위한 기본 활동이다.
② 단순한 지표의 측정 및 평가가 중요한 것이 아니라 지속적인 개선이 중요하다.
③ 콜센터 운영 성과 목표는 항상 모든 면에서 가장 Best가 되도록 설정되어야 한다.
④ 성과관리 결과에 대한 평가 및 보상, 보고 및 커뮤니케이션도 중요한 활동이다.

02 콜센터 성과지표들의 분류 기준으로 적합하지 않은 것은?

① 지표 Source에 따른 분류 – 외부 측정 지표 VS 내부 측정 지표
② 지표의 측정 주기에 따른 분류 – 월간 지표 VS 주간 지표
③ 지표의 성격에 따른 분류 – 품질지표, 서비스 지표, 효율지표, 기타지표
④ 측정 대상에 따른 분류 – 콜센터 지표, 팀 별 지표, 상담원 지표

03 다음 중 콜센터의 서비스 수준에 관련된 지표로만 옳게 연결된 것은?

① 서비스 레벨, 불통률, 응대율
② 통화고객만족도, 첫 번째 통화 해결률, 통화 평가 점수
③ 콜 당 비용, 콜 당 판매액, 콜 당 가치
④ 인당 통화 수, 평균 통화시간, 평균 대기시간

04 핵심 관리 지표 선정시 고려해야 할 사항이 아닌 것은?

① 측정의 용이성
② 지표의 신뢰성
③ 경쟁사에서의 채택 여부
④ 콜센터 운영 전략

제2장 ┃ 품질지표와 서비스지표

01 다음 콜센터 관리지표 중 품질 관련 지표가 아닌 것은?

① 고객 만족도
② 상담사 만족도
③ 첫 번째 통화 해결률
④ 재작업률

02 다음 각 지표명과 지표에 대한 설명을 맞는 것끼리 서로 짝지어 보시오.

① 고객 만족도에 큰 영향을 미치고 콜센터 내부 비용 관리 측면에서도 중요한 지표임
② 100%의 컨택이 처리되는 데까지 걸리는 시간
③ 1- 응대율
④ 콜센터 내부 시스템에서는 구할 수 없고 통신회사 도움을 받아야 함
⑤ 콜센터 서비스 수준을 표현하는 지표이나, 고객의 경험을 총괄적으로 보여주지는 못 함

(1) 평균 대기 시간
(2) 응대 시간
(3) 불통율
(4) 포기율
(5) 첫 번째 통화 해결률

03 A 콜센터의 일 평균 인입 콜수는 9,500 콜인데, 불통율은 5%이며 통화 중 신호를 들은 고객은 평균 1회는 다시 콜을 시도한다고 할 경우, A 콜센터에 하루에 시도되는 순 콜수는 얼마인가?

① 10,000콜

② 10,500콜

③ 9,975콜

④ 9,500콜

04 첫 번째 콜해결률을 측정하는 방법 중 적당하지 않은 것은?

① 정해진 기간 내 전체 통화 고객 수 대비 기간 중 한 번만 통화한 고객 수의 비율로 구한다.

② 고객 만족도 조사 시에 고객에게 문제 해결 여부를 물어봐서 구한다.

③ 시스템상 동일 고객이 일정 시간 내 중복 통화하였는지 체크하여 구한다.

④ 콜 모니터 요원이 샘플 콜을 들어보고 평가한다.

05 다음 지표들 중 측정 시간 단위에 따라 값이 달라질 확률이 가장 낮은 지표는?

① 서비스 수준

② 평균 대기 시간

③ 응대율

④ 첫 번째 콜 해결률

06 심각한 에러(Critical Errors) 종류에 해당되지 않는 것은?

① End-User Critical Errors

② Business Critical Errors

③ Customer Critical Errors

④ Compliance Critical Error Accuracy

제3장 | 효율성지표와 기타관리지표

01 다음 중 상담사 개인의 노력으로 통제 가능한 콜센터 성과지표는?

① 스케줄 준수율   ② 업무 점유율

③ 서비스수준   ④ 평균 대기 시간

02 인 바운드 콜센터에서 상담사들에게 부과되는 업무 Load가 적절한지를 판단할 때 참고 하기에 가장 적당한 지표는?

① 일 평균 근무시간   ② 업무 점유율

③ 인당 통화 수   ④ 평균 처리 시간

03 다음 콜센터 성과관리지표들에 대한 설명 중 틀린 것은?

① 평균 통화 대기 시간은 상담사의 업무 Skill 수준이나 업무처리 프로세스의 결함을 발견하는 데 유용한 지표이다.

② 인 바운드 콜센터에서 시간 당 콜수는 상담사의 업무 스킬뿐 아니라 인입 콜량에 따라 달라질 수 있다.

③ 스케줄 준수율은 일 평균 근무 시간 대비 콜 업무를 위해 투입한 시간의 비율이다.

④ 평균 처리(Handle) 시간 = 평균 통화(Talk) 시간 + 평균 후 처리(Wrap Up) 시간으로 정의된다.

04 콜센터 운영비용을 계산할 때 고려해야 할 비용 항목들에 대한 설명 중 틀린 것은?

① 인건비는 상담에 직접 투입되는 인원에 대한 비용뿐 아니라 콜센터를 지원하는 인원에 대한 인건비를 포함한다.

② 단순 급여뿐 아니라 4대 보험 등 인력 유지에 따른 부대비용도 포함하여야 한다.

③ 콜센터가 사용하고 있는 공간에 대해서는 시중 가격으로 임대료를 계산하여 포함하여야 한다.

④ 콜센터에 사용되는 시스템은 비용 계산되는 기간 중에 투자된 시스템 비용만 고려한다.

05 다음 중 상담사 이직으로 인해 발생할 수 있는 비용을 모두 고르시오.

> (1) 신규 상담사 채용 비용
> (2) 신규 상담사 교육비
> (3) 업무 적응시 까지 생산성 저하로 인한 비용
> (4) 상담 미숙으로 인한 고객 이탈 비용

① (1), (2)   ② (2), (3), (4)

③ (1), (2), (3)   ④ (1), (2), (3), (4)

06 트위터 고객참여지표 산정 시 사용되는 변수가 아닌 것은?

① retweets   ② Reach

③ favorite   ④ mentions

07 소셜미디어 평균응답시간 측정 시 효과적으로 활용될 수 있는 통계값은?

① 중간값   ② 사분위수

③ 분산값   ④ 최대값

08 다음은 옴니채널 지표 중 어떤 지표에 대한 설명인가?

> (1) 옴니채널의 채널별 인입 고객에 대한 가치를 수익을 기반으로 평가
> (2) 채널별 인입 고객수를 채널별 고객기여 수익으로 나눔

① 첫해결 고객 전환율

② 채널별 방문 수익

③ 고객 충성도

④ 채널별 방문 가치

제4장 ▌성과평가 및 보상

01 성과평가 결과의 점수화 방법에 대한 설명으로 틀린 것은?

① 전반적인 상담사의 스킬 수준 향상이 필요할 경우 절대 평가 방법이 좋다.

② 상대평가는 상담사간 경쟁을 유도할 뿐 아니라 상담사간 협력을 촉진시킨다.

③ 동일평가 그룹 내 상담사 별 근무 환경이 동일해야 상대평가를 할 수 있다.

④ 개별평가 지표별 반영 비율은 콜센터 운영 전략에 따라 변경되어야 한다.

02 다음 보기에서 성과평가 결과 전달시 피해야 할 것을 모두 고른 것은?

> (1) 구체적이지 않은 일반적 비판
> (2) 위압적인 태도
> (3) 적극적으로 경청하지 않기
> (4) 논 쟁
> (5) 상담사가 통제할 수 없는 사항에 중점을 둔 언급

① (2), (5)   ② (1), (2), (4)

③ (1), (2), (3), (4)   ④ (1), (2), (3), (4), (5)

03 다음 중 Herzberg의 위생 동기 이론상 동기 요인에 해당되는 것은?

① 인 정   ② 보 상

③ 직 위   ④ 동료와의 관계

04 Maslow의 욕구단계설 상 가장 상위에 위치하는 욕구는?

① 생리욕구   ② 사회적 욕구

③ 자아실현 욕구   ④ 존경 욕구

제5장 ▌성과관리 결과의 활용

01 대상별 커뮤니케이션 방법에 대한 설명 중 틀린 것은?

① 상담사 개인 성과는 공개적으로 전달되는 것이 바람직하다.

② 슈퍼바이저에게는 팀 성과뿐 아니라 센터 전체 성과에 대해서도 전달되어야 한다.

③ 센터장에게는 운영지표의 Trend, 문의 유형 분석 등 주로 추세와 개선점 파악이 필요한 내용 중심으로 커뮤니케이션 한다.

④ 경영진에게는 KPI 및 비즈니스 성과 지표를 중심으로 1~2 Page 요약 보고서로 커뮤니케이션한다.

02 어떤 문제의 근본 원인을 파악해 보기 위해 많이 활용하는 분석 기법은?

① Fish Bone Chart ② Pareto Chart
③ Scatter Diagram ④ Control Chart

03 고객 만족도 조사를 통해 고객만족도 점수와 고객 만족도에 영향을 미치는 요인들에 대한 만족도 점수를 구한 상태에서 어떤 요인이 고객만족도에 가장 영향을 미치는지 알아보고자 할 때 적용하기에 가장 적합한 분석 기법은?

① 관리도 ② 파레토 도표
③ 산포도 ④ 인과관계 모형

04 Six Sigma 적용 프로세스상 빈칸에 들어갈 단계는?

> 개선 기회 정의(Define) → (   ) → 개선 기회 분석(Analyze) → 성과 개선
> (Improve) → 유지 관리 (Control)

05 다음 중 콜센터에서 Six Sigma 기법을 적용하여 개선시키기에 적합하지 않은 개선 기회를 모두 고르시오.

> (1) 콜 대기 시간 단축　　　　(2) 상담원 이석 시간 단축
> (3) 인입 콜 감소　　　　　　　(4) 입력 오류 감소

① (1), (3)　　　　② (2)　　　　③ (4)　　　　④ 없음

06 아래 설명은 빅데이터 분석 중 어떤 방법에 대한 설명인가?

> 장바구니 분석으로 더 잘 알려져 있으며 여러번 거래, 사건 내에서 일정한 규칙을 찾아내는 분석으로 크로스 셀링(cross-selling)이나 업셀링(up-selling), 혹은 고객 맞춤 응대 전략을 세우거나 인바운드 상담에서는 불만 고객 또는 블랙컨슈머와 같은 고객에 대한 유형을 구분하고 이에 대한 응대 매뉴얼을 작성하는 등에 사용

① 사회연결망 분석
② 다중회귀분석
③ 연관성 분석
④ 일원배치분산분석

제6장 ┃ 예측 및 스케줄링 프로세스의 개요

01 다음 중 인 바운드 콜센터 고객의 인내심에 영향을 주는 요소가 아닌 것은?
① 서비스를 받고자 하는 고객의 욕구
② 전화비 부담 여부
③ 다른 대안의 이용 가능성
④ 상담사의 친절도

안심Touch

02 인 바운드 콜센터가 대기 행렬(Queuing) 모형의 특성을 갖게 되는 요인이 아닌 것은?

① 동일 업무를 수행하는 복수의 상담사들이 있다.
② 인 바운드 콜센터에는 항상 상담사를 기다리는 대기 콜이 존재한다.
③ 인입되는 콜이 Random Arrival 특성을 가진다.
④ 한 건의 콜을 처리하는 데 소요되는 시간은 확률분포로 표현 가능하다.

03 다음 설명 중 맞는 것은?

① 서비스 레벨이 올라가면 상담원 업무 점유율(Occupancy Rate)은 낮아진다.
② 상담사 업무 점유율(Occupancy Rate)이 높아지면 서비스 레벨도 높아진다.
③ 상담사의 스케줄 준수율이 낮아지면 서비스 레벨이 좋아질 확률이 높다.
④ 상담사 스케줄 준수율이 높아지면 상담사 업무 점유율(Occupancy Rate)이 높아진다.

04 목표 서비스 레벨을 유지하면서 인입 콜량을 처리할 수 있는 적정 상담사 수에서 몇 명만 빠져도 서비스 레벨은 급격히 나빠진다. 이를 무슨 현상이라 하는가?

① 수익 체감 현상
② 통합 운영의 효율성 증대 현상
③ Swamp 현상
④ Random Arrival 현상

제7장 ┃ 운영목표 설정 및 콜로드 예측

01 인 바운드 콜센터의 예측 및 스케줄링 프로세스가 잘 되고 있는지를 측정하기 위한 성과 지표로 가장 적절한 것은?

① 콜 당 평균 대기 시간　　　　　② 콜 응대율
③ 콜 당 처리 시간　　　　　　　④ 서비스 레벨

02 A 여행사 콜센터는 7~8월 여름 휴가철과 12~1월 겨울 휴가철에 고객 콜이 증가하는 특성을 보이고 있다. 이처럼 업무의 특성에 따라 특정 월에 반복적으로 콜량의 변화가 일어날 때 이 특성을 잡아내기 위한 예측 요인을 무엇이라 하는가?

① Trend 요인   ② Seasonal 요인

③ 요일(Day) 요인   ④ 반복 요인

03 다음 설명 중 틀린 것은?

① 과거 데이터가 전혀 없으면 콜량 예측은 불가능하므로 처음에는 임의로 값을 주어야 한다.

② 과거 콜량 데이터가 많을수록 예측 정확도를 높일 수 있다.

③ 요일 Factor를 찾아내기 위해서는 과거 4~5주 정도의 데이터만 있어도 충분하다.

④ 콜 로드 예측을 위해서는 콜 당 처리시간 예측도 매우 중요하다.

04 이메일 응대와 같이 즉시 응답이 필요 없는 업무에 대한 예측 및 스케줄링의 성과 지표로 적절한 것은?

① 응답률(Response Rate)   ② 건당 처리 시간

③ 응답 시간(Response Time)   ④ 인당 처리 건수

제8장 | 필요인력 및 회선산정

01 Erlang C 모형의 가정으로 틀린 것은?

① 모든 인입 콜은 동일한 종류(Single Call Type)

② 일정 대기 시간이 넘어가는 콜은 자동으로 폐기(Abandon)

③ 상담사의 능력은 동일함

④ First in, First Out

02 상담사 수와 회선 수와의 관계에 대한 설명으로 맞는 것은?

① 동일 콜 로드에서 상담사 수가 줄어들면 필요 회선 수가 늘어난다.
② 동일 콜 로드에서 상담사 수가 늘어나면 필요 회선 수가 늘어난다.
③ 상담사 수와 회선 수는 아무 관계가 없다.
④ 상담사이 소규모일 때는 회선 수가 의미가 없고 대규모일 때 회선 수가 중요하다.

제9장 ▌스케줄링 및 상담원 배치

01 RSF(Rostered Staff Factor)를 계산할 때 Loss로 포함되어야 하는 것이 아닌 것은?

① 휴 가
② 무단 결근
③ 화장실 이용 시간
④ 전화 대기 시간

02 다음에서 Peak Time 대응 전략으로 활용할 수 있는 안을 모두 고르시오.

> (1) S.W.A.T팀(멀티 Skill팀) 운영
> (2) 아웃바운드 조직의 인바운드 투입
> (3) 슈퍼바이저를 상담에 투입
> (4) Call Back 활용

① (1), (2)
② (1), (2), (3)
③ (1), (2), (4)
④ (1), (2), (3), (4)

05_{과목} 정답 및 해설

제1장 ▌ 다양한 콜센터 성과지표

01 ③

02 ②

03 ①

해설 ▶ ② · ③ · ④ 외에도 서비스 지표에는 응대율/포기율, 불통률, 평균응답속도(ASA), 평균대기시간(ADT) 등이 있다.

04 ③

해설 ▶ 핵심 관리 지표 선정을 위한 기준으로는 그 외에도 통제가능성, 의미 중복성 등이 있다.

제2장 ▌ 품질지표와 서비스지표

01 ②

해설 ▶ 품질지표에는 고객만족도, 첫 번째 통화 해결률, 에러비율/재작업률, 모니터요원에 대한 평가 점수가 있다.

02 (1) – ⑤
(2) – ②
(3) – ④
(4) – ③
(5) – ①

03 ③

해설 ▶ 일 평균 콜수인 9,500콜에 불통율 5%에 해당하는 475콜을 더하면 9,975콜이 나온다.

04 ①

해설 ▶ 콜센터 마다 시스템에서 측정되는 지표가 아니며, 조직 마다 측정방법에 차이가 있다. 주로 ② · ③ · ④와 같은 3가지 조사 방법이 사용된다.

05 ④

06 ③

제3장 ▌ 효율성지표와 기타관리지표

01 ①

해설 ▶ 콜센터 목표 서비스 수준을 달성하기 위해서 상담사들이 기본적으로 지켜주어야 할 지표가 스케줄 준수율 이다.

02 ②

해설 ▶ 업무점유율이란 상강사가 업무에 투입한 시간 중 실제 고객의 상담업무에 투입된 시간의 비율을 의미하며, 이는 콜센터 투입인력 대비 콜 Load의 과소 여부를 판단하기 위한 지표이다. 일평균상담시간이란 한 명의 상담사가 하루 중 고객 상담 업무에 사용한 시간(고객 통화 대기시간 포함)의 평균을 말한다.

03 ③

해설 ▶ 스케줄 준수율은 상담사들이 어느 정도로 사전에 정의된 스케줄대로 근무했는지를 측정하는 지표로서 WFMS에 의해 측정 관리된다.

04 ④

> **해설 ▶** 시스템에 대한 감가상각비도 고려해야 한다.

05 ④

06 ②

07 ①

08 ④

제4장 ▌ 성과평가 및 보상

01 ②

02 ④

03 ①

> **해설 ▶** 위생이론의 예로는 보상, 회사정책과 절차, 직무 안정성, 동료관계, 작업환경, 개인적 생활, 직위, 피드백 등이 있고, 동기이론의 예에는 일 그 자체, 인정, 성취, 책임감, 성장하고 승진할 기회 등이 있다. Herzberg에 의하면 불만족을 제거하기 위해서는 위생요인에 중점을 두어야 하지만, 그 요인 자체로는 직원들을 동기부여시킬 수 없다고 주장하였다.

04 ③

> **해설 ▶** Maslow는 인간의 욕구를 크게 5가지로 구분하였다. 즉, 생리적 욕구(가장 저차원의 욕구) → 안전의 욕구 → 사회적 욕구 → 존경의 욕구 → 자아실현 욕구(가장 고차원의 욕구)

안심Touch

제5장 | 성과관리 결과의 활용

01 ①

해설 ▶ 상담원 개인성과가 아닌 팀 성과가 공개적으로 다루어져야 한다.

02 ①

해설 ▶ 인과관계 도형은 모양 때문에 생선뼈 도형(Fish Bone Chart)이라고도 불리며, 동경대학의 카우루 박사에 의해 1990년대 중반에 처음으로 개발되었다.
- 산포도(Scatter Diagram)는 두 변수 간의 관계의 정도를 평가하고 가능한 인과관계를 테스트하고 기록하는데 사용한다.
- Pareto Chart는 간단하게 이벤트를 중요도나 빈도의 순서로 나타낸 막대그래프로 종류별 업무나 종류별 실책을 파악하는 데 사용된다.
- 관리도(Control Chart)는 변동에 대한 정보를 제공하는 툴로 평균처리시간, 일정 준수의 비율을 파악하는데 사용된다.

03 ③

해설 ▶ 산포도(Scatter Diagram)는 두 변수 간의 관계의 정도를 평가하고 가능한 인과관계를 테스트하고 기록하는 데 사용한다.

04 성과측정(Measure)

해설 ▶ Sigma 개선 프로젝트는 개선기회 정의, 4~6개월 이내에 그 성과가 가시화되도록 하며, 통계학을 비롯한 다양한 도구와 테크닉을 활용하며, 개선된 내용을 지속적으로 유지하며, 개선 성과를 전 조직에 전파하고, 변화의 촉진자로 활동한다.

05 ④

해설 ▶ 콜센터의 개선기법으로 Six Sigma가 많이 활용되고 있다.

06 ③

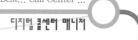

제6장 ▌예측 및 스케줄링 프로세스의 개요

01 ④

해설 ▶ 고객의 인내 심리에 영향을 주는 요소(7가지)에는 ① · ② · ③ 외에도 고객의 가용한 시간, 경쟁사의 서비스 수준, 고객행동 스타일, 고객의 기대수준이 있다.

02 ②

해설 ▶ 대기행렬 이론이 적용되는 조건으로는 ① · ③ · ④ 외에도 건당처리가 있다.

03 ①

해설 ▶ Server의 수가 증가함에 따라 서비스의 속도가 올라간다. 그러나 이는 선형 비례관계를 갖지는 않는다. 예 고속도로 1차선과 2차선, 3차선, 화장실 한 줄 서기

04 ③

해설 ▶ Swamp(늪)현상이란 적정 상담사 수에서 몇 명만 제외되어도 서비스 레벨에는 매우 커다란 영향을 미치는 현상을 말한다.

제7장 ▌운영목표 설정 및 콜로드 예측

01 ④

해설 ▶ 서비스 레벨이란 특정 시간 내에 응답되는 콜의 비율을 말한다.

02 ②

해설 ▶ 시계열 분석은 계절요인과 달마다 발생하는 트랜드를 반영한 콜센터 Forecasting을 가장 정확하게 접근하는 방식이다.

03 ①

04 ③

제8장 ┃ 필요인력 및 회선산정

01 ②

해설 ▶ Erlang C의 기본 가정

일단 Queue에 들어온 콜은 Abandon되지 않는다. 즉, 모든 콜은 접수되고(회선이 무한), 모든 Caller들은 서비스를 받을 때까지 기다린다. 그리고 서버의 Capa는 무제한(busy signal 없음) 이며, 결근, 점심, 휴식 등의 상담사 부재요인 배제 등이 있다.

02 ①

해설 ▶ 같은 콜로드 수준에서 상담원 수가 적어지면, 고객의 대기행렬이 길어지고 필요한 회선 수는 많아지게 된다.

제9장 ┃ 스케줄링 및 상담원 배치

01 ④

해설 ▶ 결손율(RSF)이란 상담사에게 비용이 지급되지만 실제 전화 업무에 투입되지 못하는 시간을 말하며 이에 는 휴가, 교육, 회의, 상담 외 업무, 화장실 등 잡히지 않는 Loss 등이 있다.

02 ④

해설 ▶ Peak Time 대비전략은 각 회사별 상황에 따라 다양한 전략이 있을 수 있으며, 기본은 긴급 투입 팀 운영 과 통화 속도 증대에 있으며, 중요한 것은 다양한 전략을 수용할 수 있는 콜센터 문화와 분위기를 만드는 것이다.

참고문헌

국내 문헌

김이태. CEM과 고객관계관리. 대경출판사 2005

박광태, 오퍼레이션스 경영 (제2판), 홍문사 2006

안톤컨설팅. 콜센터 관리자 과정(콜센터 이해와 관리자 역할). 2003

안톤컨설팅, 해외 우수 콜센터 벤치마킹 보고서 , 2000 – 2008

이학식. 마케팅조사. 법문사. 2005

정미경, STM컨설팅 관리자 과정(콜센터 교육훈련), 2007.

지식경제부 기술표준원(2008), 「서비스 인증심사 기준 및 보고서」

한국콜센터산업정보연구소. 콜센터시스템의 이해. 2007

한국콜센터산업정보연구소. 고객관리. 2007

한국콜센터산업정보연구소. 콜센터 핵심성과지표와 관리기법. 2007

한국콜센터산업정보연구소. 조직과 인적자원 관리. 2007

한국콜센터산업정보연구소. 리더십과 커뮤니케이션 전략. 2007

한국콜센터산업정보연구소. 콜센터 기술경영저널. 1호 ~ 15호

한국콜센터산업정보연구소, 콜센터 기술 DB 보고서

한국표준협회, 「KS-SQI REPORT」2005

한국표준협회, 「KS S 1006 – 1, 콜센터 서비스」2006

한국표준협회, 「KS S 1006 – 2, 콜센터 서비스 – 교육훈련요건」2006

김경태, 데이터분석 전문가/준전문가 단기완성. 시대고시. 2018

국외 문헌

Anita O'Hara, "How to Develop a Retention-Oriented Agent Recruiting and Selection Process" Call Center Management Review, April 2001

Greg Levin, "Call Center Professionals Speak Up for Underpaid Agents", Call Center Management Review, April 1999

Greg Levin, "Enhance Agent Retention by Turning Them Loose", The Business Journal of Phoenix, February 2002

Ingrid Marro Botero, "Use Survey to Assess Your Employees' Satisfaction", The Business Journal of Phoenix, November 12, 1999

Iva Temes, "Maintaining Service Loyalty During A Downsizing", Call Center Management Review, 2002

Jean Bave-Kerwin,"The Role of Corporate Culture in Agent Commitment", Agent Development and Retention Special Issue

John Maxwell, "The 21 Indispensable Qualities of a Leader", Thomas Nelson 1999

Middleton, A, "Building Successful Retail Strategies Using Customer Lifetime Value" Database Marketing Institute,

Randell Jones, Excursions, "Staging Change" Vol.5, No.2, Sumer 2002, Discovery Learning Inc.,

Susan Hash, Leadership skills No.1 Criteria for supervisors, say study, call center management review 2001

TARP, Serving the American Public, 1988

TARP, Cross-industry data, 1995-2000

Brad Cleveland and Debbie Harne, Call Center Operations Management/ People Management / Customer Relationship Management / Leadership and Business Management Handbook and Study Guide, Call Center Press 2004

Brad Cleveland, call center management on fast forward, Call Center Press 1999

기 타

"장애인 고용 표창받은 안중규 CJ텔레닉스 대표" 기사, 한국경제 2005.9.11

한국표준협회 홈페이지 www.ksa.or.kr

ICMI 홈페이지 www.incoming.com

노동부 홈페이지 www.molab.go.kr

www.dbmarketing.com

www.Discoverylearning.com

좋은 책을 만드는 길
독자님과 함께하겠습니다.

도서나 동영상에 궁금한 점, 아쉬운 점, 만족스러운 점이
있으시다면 어떤 의견이라도 말씀해 주세요.
시대고시기획은 독자님의 의견을 모아 더 좋은 책으로 보답하겠습니다.

www.sidaegosi.com

디지털 콜센터 매니저

개정6판1쇄 발행	2021년 03월 05일 (인쇄 2021년 01월 27일)
초 판 발 행	2008년 03월 05일 (인쇄 2008년 01월 25일)
발 행 인	박영일
책 임 편 집	이해욱
저 자	정기주 · 이진아 · 정미경 · 박찬선 · 한승엽
편 집 진 행	김은영 · 전다해
표지디자인	안병용
편집디자인	안시영 · 안아현
발 행 처	(주)시대고시기획
출 판 등 록	제 10-1521호
주 소	서울시 마포구 큰우물로 75 [도화동 538 성지 B/D] 9F
전 화	1600-3600
팩 스	02-701-8823
홈 페 이 지	www.sidaegosi.com
I S B N	979-11-254-9044-9 (13330)
정 가	30,000원

고객만족을 이끌기 위한 핵심 교육과정!
서비스 분야의 전문가가 되기 위한 맞춤 학습!

국가공인 서비스 경영자격

SMAT 취득 추천

팀원들과의 성공적인 커뮤니케이션을 원하시는 분

대학교/특성화 고등학교에서 학점 반영을 원하시는 분

CS강사, 프리랜서 강사, 기업체 사내 강사로의 취업을 꿈꾸시는 분

서비스직에 종사하고 있는 모든 분

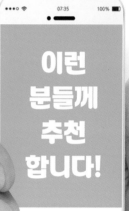

이런 분들께 추천 합니다!

시너지 효과 극대화 연계 자격증

비 서

- 최고경영자 보좌능력 평가
- 어학, 경영, 사무, 대인관계 등 다방면의 전문지식 함양

CS 리더스관리사

- 고객만족 서비스 관련 실무 이론평가
- 교육, 인사, 마케팅 등 관련 지식활용
- 고객만족관리 및 교육능력

텔레마케팅관리사

- 인바인더와 아웃바인더의 직무수행 평가
- 원거리 통신 or 컴퓨터 이용 숙련기능인력 양성

지금은 독자시대

하나라도 해당이 된다면 지금 바로! 시대고시 홈페이지에 제보해주세요!

정답이 다른 것 같은데
물어보고 싶다.

도서를 칭찬하고 싶다.

○○기능사 도서가
만들어지면 좋겠다.

도서에 오타/오류를
발견했는데 고치고 싶다.

자세한 해설이
수록되었으면 좋겠다.

제보하기 전 먼저 확인해주세요!

- 시대고시기획 홈페이지 → 자료실 → 정오표 게시판에서 수정된
  사항인지 확인하세요!

- 도서명 / 발행일 / 오류 페이지 / 오류내용을 작성하여 게시판에
  올려주세요!

- 3일 안에 수정 사항에 관한 내용을 답변 또는 안내를 받으세요!
  (정오표에 없는 사항을 적어주시면 이벤트에 자동 참여됩니다.)

※ 제보해주신 독자님께 매월 15일 추첨을 통해 문화상품권을 드립니다.
※ 선물은 기프티콘으로 지급됩니다.

베타테스터에 지원해보세요!

선정되면 도서지원을 해드립니다. 우수 베타테스터에게는 문화상품권까지!!!
책을 보시고 독자 입장에서 어려웠던 내용, 수정·보완했으면 하는 부분들을
홈페이지 게시판에 올려주세요.

시대고시기획 홈페이지(www.sidaegosi.com) ▶ 고객센터 ▶ 1:1문의(고객신문고)
TEL : 1600-3600 | E-mail : webmaster@sidaegosi.com